U0911478

韩 震

主编

历史的观念

HISTORICAL CONCEPTS

北京师范大学出版集团
BEIJING NORMAL UNIVERSITY PUBLISHING GROUP
北京师范大学出版社

导　言

多年来，我对历史哲学研究有着持久的兴趣。在研究过程中，我深感这是一个非常重要的研究领域。在我看来，历史哲学不仅是一个重要的历史学和哲学的交叉学科，而且对哲学和历史学（特别是史学理论）都有着重要的方法论意义。一方面那些原本被认为是普遍有效的哲学观念，实际上是通过历史活动的探索而逐渐形成的，具有历史性；另一方面，历史情境中生成的哲学世界观和思维方式对史学理论有着重要的框架性构造功能。显然，“历史性”或“生成性”不仅是作为哲学分支学科的历史哲学的一个概念，而且也是哲学概念、观念和理论体系生成的本体概念，它对于理解哲学思想的发展具有本质的意义。因为人类社会及其意义不是先天概念的外化，而是在人类的历史活动中生成的。当代意大利著名的哲学家贾尼·瓦蒂莫（Gianni Vattimo）就认为，存在是生命运动本身，因而存在就是历史，是有限的。“存在在时间中延展，‘在变动，在生生灭灭’。换句话说，存在成为时间，或曰历史。”[1] 从这个意义上说，历史哲学的研究成果反过来将有助于对一般哲学问题的解决和深化。显然，由于我们扩大了历史性概念的适用空间，历史视野也就扩大到了科学哲学、社会哲学等领域，为今后历史哲学的深入研究开辟了道路。

1　［德］布罗伊尔等：《法意哲学家圆桌》，193 页，北京，华夏出版社，2003。

一

中华民族是一个有着悠久历史传统的民族，而且很早就有了自觉而深沉的历史意识。中华民族有着辉煌的历史，不断在历史的演进中将中华文明推向新的高度，特别是自改革开放以来又在民族复兴的梦想中创造新的历史。

历史给人类文明发展以坚实的基础和智慧启迪，这就需要人们对历史进行有哲学深度的思考。无论对于认识人类社会的过去和发展前景，还是对于历史学和哲学研究的深入，历史哲学都是非常重要的研究领域和视角。然而，令人遗憾的是，历史哲学的研究却并没有得到应有的重视。在某种意义上，虽然哲学的历史（history of philosophy）得到了详尽的研究，但是，历史的哲学（philosophy of history）的研究却仍然比较薄弱；在历史学领域，专门的历史叙述或写作方面的著作汗牛充栋，但是，真正有深度和有启发意义的历史哲学研究却并不多。

历史哲学研究之所以薄弱，这首先与历史发展过程自身的特点相关。人类历史进程是无数有主观意愿的人的活动的产物，人们的意愿不仅是有差异的，而且往往是相互矛盾的，因此，历史往往是由人们相互作用的活动的合力所形成的结果。因而，历史往往不符合任何人的意志，成为人们难以把握和认识的偶然性的领域。有鉴于此，人们不是把历史看作上帝或各种神的意志的体现，就是将其视为少数肩负神秘历史命运的天才人物的意志的产物。神的意志是不能被认识的，而天才人物的出现及其意志也是难以把握的。这样，历史所能记述的，无非一些偶然的活动和事件，没有对历史进程进行哲学反思的空间。

历史哲学研究之所以薄弱，还与它的学科交叉性质相关。从哲学方面而言，自古希腊以来，人们都把哲学看作对宇宙理性的把握或对人们先天认识形式的反思，哲学的“真理”只有已经被领悟并被表达出来和未被领悟并被表达出来的区别，它本身没有历史性。人类历史充满了偶然和变化，没有任何理性或真理可言。因此，亚里士多德认为，诗歌也比历史更具普遍意义，因为诗歌已经对人物和事件有了典型化的处理。正因为如此，哲学家往往更倾心于普遍性，而忽视历史性。从历史学科来看，历史学家认为，历史都是具体的事实，哲学的概括和理解往往是值得怀疑的东西，而理论框架也许对历史学家的判断是有害的。另外，对于历史学科的读者而言，大多数人之所以对历史感兴趣，往往是出于历史的故事性，而缺少对历史事实进行反思的兴趣。

尽管历史哲学的研究仍然相对薄弱，但是，古今中外的思想家们对历史进程仍然有许多发人深省的见解或看法。这些见解或看法涉及历史、历史认识和历史写作的方方面面。譬如，历史是什么？历史有无规律？历史能否被认识？历史有无意义？历史意义的性质是怎样的？对这些问题的不同回答，就形成形形色色的历史观念，有些甚至已经构成比较系统的思想体系。在这里，最根本的问题应该是历史是什么，对这个问题的回答往往决定着某种历史观念的基本性质、观点和特点。

二

历史是什么？就这个问题，不同文化背景和不同历史时期的人，有着不同的理解和多样的回答。首先，历史是指过去发生或经历过的事情及其过程。在这个意义上，历史与历史事实的概念相重合，这是历史的本体论或存在论的范畴。历史学家的责任，就是真实地描写过去发生的客观事实。利奥波德·冯·兰克（Leopold von Ranke）所说的“如实直书”（wie es eigentlich gewesen），就是这种朴素的客观主义理想。根据这种理想，历史是曾经存在过的客观实在，这种过去的实在是可知的。因此，历史学家在自己的认识活动中应保持客观性，历史学家应当让客观历史借助自己的手去书写历史，而不应掺进任何属于自己主观的感情、欲望和意志。

然而，历史与当下的事实不一样，当下的事实具有历史事实所不具备的某种在场的性质，历史事实在本质上是不在场的。人们必须通过文字、符号和遗存，经由分析、推理和想象，再现过去发生过的事情。因此，历史事实并不像石块那样具有明晰的样式，它是人们对以往事情的概括或叙述。这样一来，就如雅克·德里达（Jacques Derrida）所说：“在场的历史是关闭的，因为‘历史’从来要说的只是‘存在的呈现’，作为知和控制的在场之中的在者的产生和聚集。”[2]历史记忆是经过人们筛选和重构的东西，它不可能重建在另一个时空体系中存在的所有人的生活和体验，因为在历史的每时每刻，在我们的世界中都充满几乎无限的物理的和心理的事件。再说，即使对同一历史事件，不同的人也会有不同的剪辑和构想。所谓通史仍然是一些局部历史的并置，其中空缺之处显然比充实之处多得多。就算是物态的文物或化石，在人们还没有对其进行历史想象时，它们本身都是某种形式的物质，并不具有历史的形态。就此，法国学者让－克劳德•高概（Jean-Claude Coquet）说过："只有现在是被经历的。过去与将来是视界，是从现在出发的视界。人们是根据现在来建立过去和投射将来的。一切都归于现在。历史之难写，正在于它与我们的现在有关，与我们现在看问题的方式以及投射将来的方式有关。只有一个时间，那就是现在。"[3]显然，高概的判断是有问题的，那就是，他忘记了时间是个过程而不是一个点。我们并非只经历现在，我们还"曾经历过"过去，而且"将要经历"未来。我们的时间有过去、现在和未来的维度，但对它们的观照方式是不同的。"现在"是当下在场的，"过去"与"未来"只有透过现在的视界才能获得"历史性的存在"之资格。

然而，现在也非稳固地在场。一方面，在我们当下考察现在时，它瞬间就已消逝，成为非在场的过去。在这个意义上，与其说时间是永恒的现在，不如说是永恒的过去。另一方面，我们对现在的观照，总是体现主体对现存事物理解中的投射，所以意向中的现在总是指向未来的。在这个意义上，时间又成为永恒的未来。因此，我不同意某些学者用当下的现在否定过去。我认为，过去是存在的，只不过是"曾经"存在而已。历史的存在也是存在，尽管它不是当下的存在。历史存在是存在的一个时态——过去时态，只不过我们往往以现在时态和未来的时态来思索和体悟它。

显而易见，康德以来的近现代哲学家对传统本体论的扬弃，帮助历史学家认识到了客观历史存在的复杂性。哲学家告诉我们，我们所认识到的世界是经验世界，

2　［法］雅克・德里达：《声音与现象》，131 页，北京，商务印书馆，1999。

3　［法］高概：《话语符号学》，7 页，北京，北京大学出版社，1997。

它是我们的主体特点与客观存在互动的产物，纯粹客观的“物自体”是超验的形而上学存在。在历史学中，纯客观的历史是不在场的“存在”，那种存在本身并不在历史学家的视野中。在这种反形而上学的哲学倾向影响下，历史学家们也逐渐认识到，客观历史具有以下特点：

第一，纯客观的历史事实应当是不以人的意志为转移的过程，但那是我们的认识界限，是历史的“物自体”。

第二，历史存在不是客观世界的物质材料本身的存在，而是客观世界在特定的时间和地点表现出的时空特征，也就是说，客观历史是在过去了的或消逝了的时空体系中发生的事情。

第三，尽管现在的世界是过去世界的延续，但这个世界过去的时空特征在当下却是缺席的或不在场的。

第四，由于时间的一维性，已经发生的历史事件就再也没有改变的可能性，因为现在的人与历史上的人处在不同的时空中，我们的行为无法作用到已经消逝了的时空体系中的存在。

第五，客观历史的存在是过去的存在，因此，在存在论上“历史存在”又是一个悖论，因为它的历史性说明它并不存在于现在的时空中。

如果历史本身不是当下的存在，不是在场的存在，那么，历史存在于什么地方呢？它曾经发生于某个经历了变化的空间范围内，曾经存在于已经消失的某个时段上。这就是我们关于历史事实或历史存在的信念。假如没有这个信念，我们就会滑向历史唯心主义。但是，如果认为历史事实就像石块那样存在的话，那么，我们就会停留在朴素实在论的水平上。实际上，如果说自然存在对人来说也需要认识的确证的话，那么历史存在对人的认识的依赖就会更大。从这个角度出发，有些学者认为，历史事实与其说是存在于外部世界的，倒不如说是存在于人们的理解和叙述之中的。

历史学的任务是要研究过去发生的事情及其过程，这是历史学存在的前提。如果否认历史事实的存在，历史学也就没有其研究对象。如果没有其研究对象，历史学也就没有存在的理由和价值。正如乔治• G•伊格尔斯（Georg G. Iggers）所说：“历史与自然科学截然不同，从未与文学的思考方式完全分开，但是历史具有可靠的知识。不管历史科学的前途如何从哲学上怀疑，历史专业化和寻求科学的严密性在20世纪都不会被颠倒的。”[4]朴素的客观主义坚持了历史事实的外在性和客观性原则，认为历史学研究的对象是不依赖于人的意志而独立存在的时空过程；这在原则上是正确的。正因如此，尽管受到后现代主义理论的破坏性冲击，寻找历史真相仍然是大多数历史学家勤奋工作的主要动力。但是，朴素客观主义把历史研究的对象与研究者之间的关系、历史文本与历史事实之间的关系及历史认识的性质简单化了，以为历史事实本身就像自己理解或描述的那样存在，不能反映历史认识的复杂性。主观主义的哲学和史学理论，认识到历史知识之中包含的主观性环节，反映了历史认识的复杂性。毋庸讳言，这是很有意义的。但是，主观主义却将历史研究更多地固定在了认识的中介环节上，甚至把原本客观的历史过程看成是主观的构建物，这就为极端相对主义历史观的盛行开辟了道路。后现代主义的哲学和史学理论就是对主观主义、相对主义和语言游戏论的发展和总结。但是，与以前的主观主义和相对主义相比，新相对主义也确实具有了某些新特征。

尼采的“没有事实，只有解释”的格言，成为以解构主义和后现代主义为旗帜的新相对主义者的理论纲领。根据这种纲领，客观历史不过是人们的形而上学虚构，历史只是人们对过去的理解以及关于这些理解的话语。新的相对主义对历史学和哲学都提出了挑战，接受这一挑战必定使学术研究进入一个更深的层次。历史学和哲学问题，都有话语和语言的层面，对语言的深入研究，必然从广度和深度上把学术研究推向一个更高的境界。但是，如果使研究仅仅停留在话语与语言的范畴，那么我们得到的就只能是话语和语言，却不能增进人们对历史的理解。

可以说，历史首先是历史事实，随后是历史认识或理解，最后也是历史语言。但是，我们绝不能像后现代主义者那样，把历史仅仅看作话语，或者像布赖恩·D·帕尔默（Bryan D. Palmer）所说的使历史“堕落成话语”（Descent into Discourse）[5]。

---

4 ［美］伊格尔斯：《历史研究国际手册》，3页，北京，华夏出版社，1989。

5 帕尔默自认为是马克思主义者，“堕落成话语”是其一部著作的书名，见 *Descent into Discourse: The Reification of Language and the Writing of Social History*（Philadelphia，1990）。

实际上，正是由于语言（话语、符号、文本等）有助于人们认识历史事件，理解历史事实，才与历史联系在一起，否则，语言什么都可以是，但绝对不是历史。同样，我们也绝不能像主观主义者那样，把历史只看作人们的认识和理解活动。历史认识和历史理解的确有助于我们把握历史事实和历史真相，因此，它们才与历史联系起来，否则，认识和理解活动什么都可以是，但绝不是历史。当然，从认识和显现的角度看，没有语言，就没有历史认识；没有历史认识，也就没有“过去客观历史”的当下显现。但是，从基础和存在论的角度看，没有历史事实作为对象，就不可能有历史认识和历史理解；没有历史认识和历史理解，也就没有历史话语和历史文本。一句话，客观的历史事实、历史认识和表述历史的语言三个方面，共同构成历史意义的显现形态。

历史的本体、认识和语言三种形态，既是历史意义显现的类型形态，也是历史观念前后相继的演化进程。作为类型形态，它们以不同的形式体现在不同的历史反思者的理解叙述中；作为一种演化进程，它们反映了意义显现形态本身历史生成的过程。无论是类型还是演化进程，在具体的历史反思的理论或概念中都是或明或暗的不同要素的组合问题，只是组合反映了哪种类型占了主导地位。其中，历史事实一开始就借助了认识和叙述，而认识则依赖历史事件的事实性和语言的故事叙述，同时语言的叙述也以自己的方式解释着历史事实和历史认识的内涵。

历史观念或意义显现的形态也与历史发展进程有着同构的关系。历史本身的演进与历史认识和叙述历史认识或表述历史事实的逻辑是一致的。在农业社会，历史观念是本体形态的，即使现在明显属于想象力产物的历史神话也往往被认为是真实的，因为那是客观逻辑占主导地位的时代。工业社会是主体性的时代，改造世界成为可能，基于正确认识可以反过来构造世界。知识经济社会或后工业社会是反思的时代，人们生活在个性和差异的历史境域中，所以历史不仅能否作为事实存在是令人怀疑的，而且是否有统一的真理性认识也成为一个问题。在农业社会，社会发展很慢，人们相信“天不变，道亦不变”；工业社会打破了自然本身的节律，社会呈现出不断变化的态势，人们以前所未有的力量改造着世界；然而，后工业社会进一步把社会变成不确定的“风险社会”，传统的稳定感被彻底动摇。我们走过了从客体性走向主体性，再以更高的主体性认可人类本身的有限性的过程。农业社会的人们虔诚地服从历史的命运，相信自己所表达的历史是真实的历史；工业社会的人们自信地改造社会，认为自己可以开创历史的新纪元；后工业社会的人们满怀犹疑地反思自己的历史认识和历史叙述，断言所有的历史表述可能无不是表达某种欲求的某种尝试或话语。

三

了解历史上出现的各种历史观念，领悟这些观念所凝结的历史智慧，对于人们的历史性成长和社会文化的提升都是非常有意义的。

首先，了解各种历史观念，有利于提高我们的人文素养。人类之所以成为万物之灵，就在于人有自身的历史，并且在历史中使自身的潜能得到发挥和提升。例如，人文素养就是通过历史经验的历练和理想观念的相互塑造而生成的。可以说，历史是人文素养的基础性素材，而哲学是人文精神的灵魂。时空中发生的任何事情都属于历史，因此马克思曾经认为自己所知道的唯一的科学就是历史学。然而，马克思的历史学是由哲学灵魂所领悟到的学问。随着年龄的增长，马克思愈来愈关注世界历史，他在晚年阅读了大量历史著作和文献，写下了大批有关的读书笔记；同时，他的哲学也愈加成熟。

其次，了解各种历史观念，有利于我们更好地理解不同的历史文化传统和不同的时代特征。由于人类历史有共同的人性和实践基础，因此，所有的文化对历史的理解必然有共性。同时，由于每个民族生存在不同的自然和历史境域之中，所以他们对历史也就有着不同的理解。由于历史的生成性，历史的时空境域就有了时代性差异，这样生活在不同历史时代中的人们对历史就有了各自有时代特点的理解和领悟。

最后，了解各种历史观念，有利于我们继承优秀的文化精华，借鉴世界各国的优秀文化成果，通过历史经验和哲学理念的互相作用，综合创新，创造出无愧于时代并富有民族特色的新文化。在漫长的历史中孕育的中华文化是中华民族生生不息、团结奋进的不竭动力。我们要全面认识自己祖国历史上的传统文化，取其精华，去其糟粕，使之不断发扬光大，成为与当代社会相适应、与现代文明相协调，保持民族性，体现时代性，更具有世界意义的文化。述往事，是为了思来者。

为了提高人们对历史观念的兴趣，提高人们的人文素质，增强人们的历史感，我觉得有必要编一本有关历史理论和历史观的简明读本。这个读本不仅有助于哲学专业和历史学专业的研究者的研究工作，方便学生的学习，对历史哲学和史学理论研究的深入展开起到重要的推动作用，而且从历史感的角度，这个读本对整个人文社会科学也会有重要的启迪作用。

这个读本是由我和几位非常优秀的青年学者共同完成的。我首先提出了一个基本的写作提纲和框架，由章伟文进一步充实了中国部分的基本内容，孟鸣岐、章伟文、董立河、吴玉军和我一起对这个提纲的章节进行了认真的推敲和研究。全书基本观点和思路以我的《西方历史哲学导论》《历史哲学》《20世纪西方历史哲学》《历史·理解·意义：历史诠释学》为依据。撰稿的分工如下：导言，韩震；上编，章伟文；下编的第一、第二、第三章，孟鸣岐；第四、第五、第六、第七章，吴玉军；第八、第九、第十、第十一、第十二章，董立河。最后，由我统稿，通读全书初稿并进行了不同程度的修改和增删。限于水平和时间仓促，本书难免有错谬之处。这首先应该由我负责，也敬请广大读者批评指正。

韩震

2020年12月11日

北京师范大学哲学学院

目 录 | CONTENT

上　编

中国历史观念

第一章

先秦时期的历史思想

一、商、周时期的历史意识

中国是一个有着丰富历史资源的国家。同世界其他文明古国如古埃及、古巴比伦、古印度、古希腊相比，中国是唯一一个具有历史连续性的国家，其悠久的文明一直被较完整地保存到今天。其中，《尚书》《诗经》《国语》《左传》等关于上古的文献典籍，给我们展示了中国古代社会的一些情况；考古发现的甲骨文、金文等也记载了我国商、周时期先民的一些重要活动。在这些记载中，我们可以一窥中国古代社会政治、经济、社会、文化、外交、征伐等活动的大致情况。

在这些活动中，中国古代的学者、政治家对于社会的兴衰治乱之因是非常关注的。从上古的尧、舜、禹禅让，到夏、商、周以来的“家天下”，王朝政治的不断更迭，使得他们去思考诸如社会历史发展的原因、动力和基础等问题，这就形成了中国早期社会关于历史的意识和观念。

在这个过程中，较早出现的是殷商时期“我生不有命在天”的神意历史观。

1. 殷商时期“我生不有命在天”的神意历史观

殷商时期“我生不有命在天”的神意历史观是一种宗教天命论思想。这种神意历史观认为宇宙间存在至上的主宰神，称作“帝”“天”。天帝具有绝对权威，人间的一切事情都是由天帝安排的。

> 帝令雨足年，帝令雨弗其足年。[1]
>
> 惟天监下民，典厥义。降年有永有不永。[2]
>
> 予迓续乃命于天。[3]

我生不有命在天。[4]

天帝可以使一年风调雨顺，也可以让一年雨水不充足，年成好坏是由天帝来决定的；天帝的主要职责之一，就是监督下界百姓，决定他们的福祸寿夭；地上的君王作为统治者统治万民，这是受命于天的，是天帝赋予了君王统治百姓的权力。甚至在周武王率讨伐大军逼近商都时，商纣王这个暴君仍然还说："我生不有命在天。"认为自己是天帝的代表，他的命运只能由天帝来处置和决定。天帝被看成是超出人类社会之上的一种支配人类社会生活的最高主宰力量。

"我生不有命在天"这种神意历史观认为，人类社会的历史发展是由天意来主宰的，王权是天意的产物，民意不足以对天意所赋予的王权产生什么影响。天命主宰着人类的命运，人这个社会历史发展中最重要的因素被忽略了，历史虽然是人的历史，但人却被排除在历史之外，因为他们认为有一种超出于人之上的"天""帝"是人类社会历史发展的主宰。这种对于社会历史发展的看法，有相当多迷信的成分，因为它相信有一个天命在主宰着人类历史的发展，还不可能从社会历史发展本身去发现历史的奥秘。

2. 周初"天命靡常""以德配天"的宗教天命论

随之而来的一个问题就是，如果真有天意的话，天是根据什么来赋予某个人王权；天能够赋予某个人王权，是否也可以收回或剥夺这种赋予；如果天可以收回他赋予给某个人的王权，那他又是在什么情况下才收回的呢？这些问题是对殷商时期"我生不有命在天"的神意历史观的进一步追问。

当然，这种理论的追问也是随着社会实践的深入发展而逐渐明确起来的。正如我们在前面所提及的，商纣王认为"我生不有命在天"，但当周武王的讨伐大军逼近他老巢的时候，天命却并没有护佑他，而且周朝最后取代了商朝。周取代商为什么是可能的？周取代商之后，在什么情况下才可能不重蹈商灭亡的覆辙？周初统治者对这些问题进行了深入思考。

在这些问题中，首先需要解决的就是，为什么曾经受命于天的商王朝会被周王朝所取代？周初统治者提出“天命靡常”[5]对此进行解释。

> 周虽旧邦，其命维新。……上帝既命，侯于周服。[6]
>
> 皇天改大邦殷之命。[7]

所谓“天命靡常”，意思是说天命并不是固定不变的。皇天将原来赋予商的天命收回了，并将之给予了周；周朝虽然是个旧邦，但它接受了天帝所赋予的天命，既然如此，则商之子孙就应该臣服于周的统治。

那么，周又是凭什么而得到天帝的青睐呢？周初的统治者认为这是他们“修德以配天”的结果。

> 皇天无亲，惟德是辅。[8]
>
> 克明德慎罚，不敢侮鳏寡。
>
> 天乃大命文王，殪戎殷，诞受厥命越厥邦民。[9]
>
> 惟不敬厥德，乃早坠厥命。[10]

周初统治者仍然认为天帝对于人间的一切，包括政权的兴替，具有绝对的权威。周朝之所以能取代商，就是因为天帝改命的结果。天帝之所以选择周作为天命的代表，一方面是因为商纣王不勤修自己的德行，对天命不尊敬，所以天帝就不再垂青于他；另一方面则是因为周之先祖，如文王等实行德政，很慎重地使用刑罚，不敢因为自己是统治者就随意压迫百姓。天帝因此就赋予文王以天命，命令周族讨伐商，并让周取代商，周因此可以合法地得到商的领土和人民。

在这里，周初的统治者不再像夏、商的统治者那样，认为天帝所赋予的天命是不会改变的。他们提出，皇天上帝并不讲私情，它只选择有德行的人来赋予天命。人间的统治者必须“明德”“敬德”“修德”，才可能与“天命”相配，从而取得天帝的认可，而保持自己政权的稳定。

无念尔祖，聿修厥德。永言配命，自求多福。[11]

周初的统治者有鉴于商朝灭亡的教训，告诫自己的后代子孙，一定不能忘记祖先是因为勤修德政才得到天帝的眷顾而持有天下的，后代子孙要永远牢记修德以配天命的劝诫，自己努力以求多福。修德的一个重要方面就是关心民生。

民之所欲，天必从之。[12]
天视自我民视，天听自我民听。[13]
皇矣上帝，临下有赫，监观四方，求民之莫。[14]

天帝的意志是通过老百姓的愿望来表达的。如周初的统治者周公就认为，老百姓的眼睛和耳朵也就是天帝的眼睛和耳朵，天帝是通过百姓的耳目来监视君王的所作所为的。天帝监视四方，以百姓是否安定作为君主是否修德的标志，从而做出是否继续授以大命的决定。所以，统治者要探知天意就必须了解民意；通过顺民意、得天心才能稳固自己的统治。

周初的统治者仍然认为自己是奉天命来统治天下的，但“天命靡常”，天命是会发生改变的，天命的更迭不是偶然的，而是有一种必然性的因素在其中的，这就是“德”；天意重“德”，统治者要修“德”才可以配天。他们在承认天命存在的同时，提出了“以德配天”，强调了人在社会历史发展中的作用，开始重视从历史更迭的实践中来寻找历史发展的原因。这样，就为“神”的历史向“人”的历史转变提供了可能性，为人们冲破神意历史观樊篱的束缚，为人取代神成为历史的主体奠定了基础。

周初“天命靡常”“以德配天”的天命观思想蕴含了较多的合理思想。但这一时期的历史观念由于时代和社会发展水平的局限，从整体上来说，还是比较朴素的，其基本的倾向仍然是神秘主义的。

3. 西周末、春秋时期“和实生物，同则不继”“物生有两”的历史发展观

西周末年，政治统治出现了危机。一些有识之士开始反思为什么会出现这种危机及出现这种危机意味着什么。

当然，他们认为，之所以出现这种危机是因为人的因素。如史伯就认为，周后期的统治者由于不重“和”而重“同”，使社会失去了和谐，导致了国家的混乱。

> 桓公为司徒，甚得周众与东土之人，问于史伯曰：“王室多故，余惧及焉。其何所可以逃死？”史伯对曰：“王室将卑，戎狄必昌，不可偪也。”……公曰：“周其弊乎？”对曰：“殆于必弊者也。《泰誓》曰：‘民之所欲，天必从之。’今王弃高明昭显，而好谗慝暗昧；恶角犀丰盈，而近顽童穷固。去和而取同。夫和实生物，同则不继。以他平他谓之和，故能丰长而物归之；若以同裨同，尽乃弃矣。故先王以土与金、木、水、火杂，以成百物。是以和五味以调口，刚四支以卫体，和六律以聪耳，正七体以役心，平八索以成人，建九纪以立纯德，合十数以训百体，出千品，具万方，计亿事，材兆物，收经入，行姟极。故王者居九畡之田，收经入以食兆民，周训而能用之，和乐如一。夫如是，和之至也。于是乎先王聘后于异姓，求财于有方，择臣取谏工，而讲以多物，务和同也。声一无听，物一无文，味一无果，物一不讲。王将弃是类也，而与刬同，天夺之明，欲无弊，得乎？”[15]

郑桓公是郑国的始封之君，曾在西周幽王时任周之司徒。他看到周王室多难，处于危机四伏的境地，为此深感害怕和忧虑，就问周太史伯，周朝的命运将会如何及应该怎么办才能摆脱这种困境。史伯认为，周朝衰败、戎狄的兴盛是必然的，原因就在于统治者抛弃明智有德之人而只亲近奸邪昏庸之人。这种行为上升到理论上，则是“去和而取同”。为此，史伯提出“和实生物，同则不继”的观点，认为只有在“和谐”的政治环境下，社会和万事万物才可能得到发展；如果统治者一味地要求社会和万事万物必须和自己的意志“相同”，则社会和万事万物就会失去发展的生机。

史伯所谓“和”，指的是“以他平他”，即不同性质的事物和谐地组成统一体，这样事物才能得以丰富和生长；史伯所谓“同”，指的是“以同裨同”，即只有相同的事物在一起，事物只是简单地重复而没有变化，新事物也无从产生，所以“尽乃弃矣”。史伯反对“去和而取同”，为了论证他这个观点，他提出了一系列的论据。如自然界的百物都是“和合”金、木、水、火、土五行而生成的；调和酸、甜、苦、辣、咸五味才可能做出可口的饭菜；调和黄钟、太簇、姑洗、蕤宾、夷则、无射六种音律，才可能有悦耳动听的音乐；如此等等。

在社会政治方面，也是同样的道理。君王作为统治者，要以社会“和谐”作为治理的目标，要调和社会上王、公、大夫、士、皂、舆、隶、僚、仆、台等十个等级和阶层的人之间的矛盾，并以之来要求和教导百官；要娶异姓之族的女子作为皇后，从持不同政见的谏臣中选取官吏；等等。只有这样，统治者才可能创造一个“和同”的政治环境，社会上下才可能“和乐如一”。史伯强调，合理的社会应该是一个多样性的和谐统一的社会，如果求同而不存异，则社会必乱。

但是，周后期的统治者弃“和”取“同”，要求社会和事物都必须与自己的意志相一致，君主所看到的、所听到的人和事，都只有相同而没有相异，这样君主就不可能明智地认识社会和事物，不可能成为明君而只能成为昏君。既然这样，却又希望社会、国家没有弊病，这怎么可能呢?

史伯提出“和实生物，同则不继”的哲学命题，从事物矛盾统一性的方面，论证了“和谐”对于国家、社会及自然界万事万物的重要性。在此基础上，春秋时期的史墨提出了“物生有两”的哲学命题，更多地从事物矛盾的斗争性方面，论证了事物矛盾存在的必然性及矛盾双方的斗争对事物发展的促进作用。

与史伯强调“和谐”不同，史墨更多地强调了“斗争”对事物和人类社会历史发展的促进作用。

> 赵简子问于史墨曰：“季氏出其君而民服焉，诸侯与之，君死于外，而莫之或罪也。”对曰：“物生有两、有三、有五，有陪贰。故天有三辰，地有五行，体有左右，各有妃耦，王有公，诸侯有卿，皆有贰也。天生季氏，以贰鲁侯，

为日久矣，民之服焉，不亦宜乎！鲁君世从其失，季氏世修其勤，民忘君矣，虽死于外，其谁矜之。社稷无常奉，君臣无常位，自古以然。故《诗》曰：'高岸为谷，深谷为陵。'三后之姓，于今为庶，主所知也。在《易》卦，雷乘乾曰大壮，天之道也。"[16]

史墨是春秋时晋国的史官。晋国的执政者赵简子问史墨，鲁国大夫季氏将鲁昭公驱逐出鲁国，但老百姓没有感到这有什么不合适的地方，其他诸侯国也认可了这件事；鲁昭公逃离鲁国后，死在了乾侯，但没有人认为季氏有罪，这是为什么？史墨认为，"物生有两"，万物生下来，有时是两个在一起，有时是三个在一起，有时是五个在一起，都有与自己相匹配的，这就是"两"，就是事物的"偶"与"对"。从自然界来看，天有日、月、星三辰，地有金、木、水、火、土五行，物体有左、右，都各有与自己相应的矛盾对立面；从社会现象来看，君王与公侯相对，诸侯与卿大夫相对，也都离不开矛盾的对立与斗争。这种"两"的存在，使得事物必然地处于斗争与发展的过程中。季氏与鲁君的斗争就是矛盾对立面斗争的一个表现。鲁国国君世代不修其德，而季氏虽然是鲁国的大夫，但却世代勤政爱民，以至于百姓都不知道还有君主的存在，既然这样，君主死在外面，又有谁来怜悯他呢？自古以来，供奉社稷之神的君主，其王位并不是固定的，君臣之位也不是固定的。正如《诗经》中所说的："高岸可能变成洼地，深谷反成为山陵。"虞、夏、商三个朝代的君王，他们的后代如今不再是贵族，而成为了一般的老百姓，这是您（指赵简子）所知道的。在《周易》中，乾象征天和君，震象征雷和臣，雷乘于乾之上，表示臣居于君之上，君臣易位，于卦象为大壮，是"天之道"的表现，这说明臣强君弱，君臣易位，是合乎历史发展之理的。

史墨看到了西周末年、春秋时期社会中存在着激烈的阶级斗争，这种阶级斗争改变了旧有的社会政治秩序。对于这种急剧变革的事实，他持赞同的意见，认为这种变革符合自然和社会发展的规律，符合历史发展的潮流。自然界中有"高岸为谷，深谷为陵"的现象，社会中也有"社稷无常奉，君臣无常位"的现象，这些都是合理的。史墨用"两"这个范畴来揭示事物及其内部的矛盾性，认为任何事物内部和事物之间，都存在矛盾的对立面，矛盾对立面的斗争会推动事物的变化与发展，这种变化与发展是“天之道”的表现，从而肯定了事物矛盾斗争的必然性和事物变化、发展的合理性，肯定了社会历史发展的原因在于其内部所存在的矛盾对立与斗争。

史伯看到“和谐”“统一”是事物发展中不可缺少的因素，故提出“和实生物”，这是当一个社会处于和平、稳定的发展时期所必须要予以强调的。唯有“和谐”，才能为发展并创造出一个稳定的社会环境；唯有多样性的统一，社会才不会单一，才能有所发展。与史伯强调矛盾的统一性不同，史墨提出“物生有两”，强调矛盾的斗争性，这是当社会处于急剧变革时期、非革命无以改变社会沉疴之现状时所必须予以强调的。这种矛盾的对立与斗争，促使事物向与自己相反的方向转变，这种转变能推动事物向更良性、更合理的方向发展。史伯和史墨的两种不同的社会历史发展观针对的是社会不同历史时期和不同社会问题而提出的，在各自的问题范围内，都具有其合理性。

4. 春秋时期“吉凶由人”“天道远，人道迩”等重人事的社会历史观

西周末年、春秋时期，宗教天命史观的思想不断受到冲击。人们开始怀疑天帝的存在，怀疑天能赏善罚恶，认为人类社会的吉凶祸福与天意无关。在此基础上，重视人事和人为的思想得到了一定的发展，典型的代表便是周内史叔兴论阴阳吉凶时所提出的“吉凶由人”和春秋时期子产提出的“天道远，人道迩”等思想。

> 十六年春，陨石于宋五；陨，星也。六鹢退飞过宋都，风也。周内史叔兴聘于宋，宋襄公问焉，曰：“是何祥也？吉凶焉在？”对曰：“今兹鲁多大丧，明年齐有乱，君将得诸侯而不终。”退而告人曰：“君失问。是阴阳之事，非吉凶所生也。吉凶由人。吾不敢逆君故也。”[17]

春天的时候，天上掉下来五块陨石，落在了宋国的境内。陨石，是天上的流星落到了地上所造成的。由于刮大风，六只水鸟倒退着飞过了宋国的都城。

周朝的史官叔兴在宋国访问，宋襄公就此事向叔兴咨询，问这是否有什么吉凶

的预兆。叔兴回答说，今年鲁国将会有多次的大丧事，明年齐国会发生乱事，宋襄公您将得到诸侯们的拥护，但时间不会长久。

从宋襄公那里出来后，叔兴对其他人说，宋襄公问题问得不对。天上掉下陨石在宋国，水鸟倒退着飞过宋国的都城，这些都是自然界阴阳二气相互作用的结果，和国家、社会、个人之吉凶并没有关系。国家、社会、个人之吉凶是由人来决定的，也就是说“吉凶由人”。自己之所以那样回答，是不希望逆宋襄公之意。

郑国执政者子产也提出了“天道远，人道迩”的重人事的思想。

> 夏，五月，火始昏见。丙子，风。梓慎曰：“是谓融风，火之始也。七日，其火作乎！”戊寅，风甚。壬午，大甚。宋、卫、陈、郑皆火。梓慎登大庭氏之库以望之，曰：“宋、卫、陈、郑也。”数日，皆来告火。裨灶曰：“不用吾言，郑又将火。”郑人请用之，子产不可。子大叔曰：“宝以保民也。若有火，国几亡。可以救亡，子何爱焉！”子产曰：“天道远，人道迩，非所及也，何以知之？灶焉知天道。是亦多言矣，岂不或信！”遂不与，亦不复火。[18]

夏天，五月的时候，火星刚到黄昏的时候就出现了。丙子日，风很大。善于占候的鲁大夫梓慎说，这刮的是东北风，是火灾要发生的征兆，七天后，火灾就要发生了。

戊寅日，风更大了。壬午日，风特别大。宋、卫、陈、郑等诸侯国都发生了火灾。梓慎登高到鲁国境内古大庭氏国遗址附近的那个仓库去瞭望，说宋、卫、陈、郑四国要发生火灾。几天后，这四国都到鲁国来报告火灾。

郑国善于占候的大夫裨灶因天上出现彗星而对子产说：宋、卫、陈、郑四国将同日起火，如果用玉珪、玉杯、玉勺来禳祭，郑国可免遭火灾，郑国执政大夫子产没有答应。这次裨灶又说，如果不听我的，郑国又将发生火灾。郑国人请子产照裨灶的话去做，子产不同意。

子大叔（郑国大夫游吉的字）说：“玉器这些宝物本来就是用来护佑百姓的。如果发生火灾，国家都可能要灭亡了，玉器可以救国之亡，您又何必那么爱惜这些玉器宝物呢？”子产说：“天道是很远的，人事是很切近的，天道与人事是不相干的，谁能知道这两者有什么关系呢？裨灶怎么可能知道天道呢？占卜这一类话说得多了，岂不是也有偶然应验的吗！”因此他没有采纳裨灶的意见，并且加强了对火灾的防范，结果郑国没有再发生火灾。

社会的吉凶祸福是由什么决定的呢？周内史叔兴和郑国的子产均认为，这跟天意无关。而且天意在他们看来，更多的是阴阳两气的变化，阴阳两气的变化会产生自然界中千奇百怪的自然现象，这些现象跟人事的吉凶并没有必然的联系。就好比有五块陨石落在宋国和六只水鸟倒退着飞过宋国都城，这和人类社会的吉凶祸福并没有什么直接关系。虽然有些自然现象可能会影响到社会的安危，但相比较而言，人事和人为在这个过程中起着更为重要的作用。例如火星在黄昏时就出现，可能意味着天旱。天旱，再加上刮大风，这两个因素联系在一起，就为火灾的发生提供了一个前提条件。但最终是否有火灾，则在于人为。郑国发生火灾后，虽然裨灶预言还会发生火灾，并荒唐地提议以玉器宝物来禳祭，但由于子产非常重视对火灾的预防，终究人力战胜了自然。

叔兴和子产等在社会历史发展观上对于人事的重视，这对于宗教天命论思想是个冲击。“吉凶由人”“天道远，人道迩”等思想的提出，意味着“人”在社会历史发展过程中的地位得到了强调，神意历史观有了向“人的历史”发展的可能性。

二、先秦儒家的社会历史思想

1.“礼治”“德政”与“和谐”：孔子的社会历史观

孔子（公元前 551—前 479），名丘，字仲尼，鲁国陬邑人，先祖为宋国贵族。孔子曾在鲁国短期担任过司寇之职，后游历各诸侯国，希望将自己的政治主张付诸实施。孔子对在他之前的历史文献做过系统整理，并以《诗》《书》《礼》《乐》等教授弟子，相传他有弟子三千之众，其中贤人七十有二。《论语》由孔子弟子和再传弟子根据其言行辑录而成，是研究孔子思想的重要资料。

在孔子所处的春秋时代，周王室已经式微。一些诸侯国纷纷起来争霸，周王朝所确立的政治、经济和社会文化制度都遭到了严重破坏，孔子认为这是“天下无道”“礼崩乐坏”的时代。

孔子对于当时的社会现状是不满意的。要改变这种情况，孔子认为，首先应该致力于缓和社会的阶级矛盾，恢复社会的和谐与稳定。一个阶级和社会矛盾太尖锐的社会，是不容易治理好的，要治理好就必须缓和矛盾，使社会各个阶层的利益都能得到妥善满足，孔子认为这要依靠“礼”，“礼”的作用就是用来缓和阶级、社会矛盾的。孔子认为，先王最值得称道的地方，就在于“礼”。

> 有子曰：“礼之用，和为贵。先王之道，斯为美。小大由之。有所不行，知和而和，不以礼节之，亦不可行也。”[19]
>
> 子曰：“道之以政，齐之以刑，民免而无耻；道之以德，齐之以礼，有耻且格。”[20]

有子即有若，乃孔子的学生。有若的这个观点，也基本表达了孔子的意思，即认为礼的作用是促进社会的和谐。在先王的为政之道中，这一点是弥足珍贵的。不管大事、小事都要以礼来节制，这样才会有社会的和谐。和谐不是“和稀泥”，不能为了和谐而和谐，和谐要通过礼来规范和衡量，否则在现实中就行不通。如果在现实社会的治理中，不依靠礼治，而仅以政令来治理百姓，以刑罚来整顿、约束民众，老百姓也可能因此而避免犯罪，但不能因此而培养出一种善恶、羞耻的观念；如果以德惠民，以礼齐民，则老百姓不仅能避免犯罪，而且能培养羞耻之心而恪守规矩。这样，社会就容易保持和谐，统治者统治起来也很方便。

如何来实行礼治呢？孔子认为，要通过“正名”来达到。

> 子路曰：“卫君待子而为政，子将奚先？”子曰：“必也正名乎！”子路曰：“有是哉，子之迂也！奚其正？”子曰：“野哉由也！君子于其所不知，盖阙如也。名不正则言不顺，言不顺则事不成，事不成则礼乐不兴，礼乐不兴则刑罚不中，刑罚不中则民无所措手足。故君子名之必可言也，言之必可行也。君

子于其言，无所苟而已矣。”[21]

子路问孔子：“卫君希望老师您去帮助他治理国家，您将首先做哪件事情呢？”孔子回答说：“为政之先，要正名，把名分理清并摆正。”子路认为孔子这个思想太迂腐，不合时宜，孔子则认为子路太粗野。他告诫子路，对于自己所不知道的东西，要保持沉默。因为名分不正，则所说的话让人听着就不顺当；以这种让人听着不顺当的话去指导他人做事情，则事情也不容易做成；事情做不成，礼乐就兴不起来；礼乐兴不起来，刑罚就不能保证恰到好处；刑罚不能保证恰到好处，则老百姓就不知道该怎么办才好。在这种情况下，怎么能治理好国家呢？所以，君子通过正名分，才可能更好地发布政令，这样的政令才可能得到执行。君子对于自己说的话、颁布的政令，是不可以马马虎虎的。

“正名”有许多具体的内容，如在《论语》中记载的：

孔子谓季氏：“八佾舞于庭，是可忍也，孰不可忍也。”

三家者以雍彻。子曰：“‘相维辟公，天子穆穆。’奚取于三家之堂？”[22]

孔子曰：“天下有道，则礼乐征伐自天子出；天下无道，则礼乐征伐自诸侯出。自诸侯出，盖十世希不失矣；自大夫出，五世希不失矣；陪臣执国命，三世希不失矣。天下有道，则政不在大夫。天下有道，则庶人不议。”[23]

名分不正在当时的社会比比皆是。如孔子曾对鲁国正卿季平子说，以礼而言，只有周天子才可以用“八佾”这种奏乐舞蹈的形式，季平子作为大夫，用天子之乐，这事于礼不合，是让人不能够忍受的。鲁国的大夫孟孙、季孙、叔孙三家在祭礼完毕之后，采用了周天子才能用的《雍》诗来赞唱。孔子认为，“四方诸侯，都来助祭；天子仪容，美好静穆”，这种礼仪是不能用在三个大夫的庙堂之上的。此外，孔子认为，天下太平的时候，制定礼乐、决定战争这样的国家大事是由天子来做主的；天下不太平，则这样的大事由天子手下的诸侯来做主。由诸侯来决定国家大事，政权传十代就传不下去了，天下必乱；由诸侯手下的大夫来做主，政权勉强能传五代；由大夫手下的家臣来做主，则只能传三代。天下太平的时候，政治权力不会为大夫、家臣等人所把持；天下太平的时候，老百姓不会议论纷纷。

孔子认为，天下有道，其重要表现就是天子决定国家的大事，社会和谐，秩序井然，如果诸侯、大夫、家臣等众多人都来干预政治，争权夺利，则很容易造成天下大乱。这是一种典型的“大一统”思想，是中国农业社会经济在意识形态领域的集中体现。大家可能会注意到古希腊的奴隶制民主制，这种制度是奴隶贸易和海洋商业经济在意识形态领域的折射和反映。这两种不同的政治思想有其不同的经济基础，不能简单进行比较。孔子根据对当时列国社会情况的观察，认为礼乐征伐自天子出，天下安定而有秩序，是天下有道的表现；政权在下则天下纷争，没有秩序，天下必然混乱，这是天下无道的表现。

由于现实生活中犯上作乱、僭越坏礼、兼并掠夺等现象比比皆是，周王朝所实行的政治上的分封制、经济上的井田制受到了极大的冲击。孔子认为要通过“正义”来恢复“礼制”，“礼制”恢复了，国家和社会就会重现和谐。

但是，“礼制”只是一种外在的制度，这种制度对于保持社会的和谐是必需的。“礼制”的基础是“仁”，“仁”更多是一种内在的道德和精神境界。由“仁”发而在外，则有“忠恕”“孝悌”“礼”“义”“德”“信”等各种外在的道德行为。孔子认为，要从根本上解决问题，必须要重视“仁”。以礼制、孝悌、忠信等治理国家、协调社会中的各种关系的制度和形式要以仁爱之心作为基础。

子曰：“人而不仁，如礼何？人而不仁，如乐何？”[24]

孔子认为，“仁”是各种社会政治制度的基础。形式和内容、外在与内在需要有机统一起来，一个人如果不“仁”，他怎么能很好地制定、遵守“礼制”呢？一个人如果不“仁”，他又怎么能很好地用“乐”呢？“仁”是社会礼乐制度的基础。孔子在《论语》中多处论及“仁”：

樊迟问仁。子曰：“爱人。”[25]

有子曰："其为人也孝弟，而好犯上作乱者，鲜矣；不好犯上，而好作乱者，未之有也。君子务本，本立而道生。孝弟也者，其为仁之本与！"[26]

仲弓问仁。子曰："出门如见大宾，使民如承大祭。己所不欲，勿施于人。在邦无怨，在家无怨。"[27]

子贡曰："如有博施于民而能济众，何如？可谓仁乎？"子曰："何事于仁，必也圣乎！尧舜其犹病诸！夫仁者，己欲立而立人，己欲达而达人。能近取譬，可谓仁之方也已。"[28]

颜渊问仁。子曰："克己复礼为仁。一日克己复礼，天下归仁焉。为仁由己，而由人乎哉？"颜渊曰："请问其目。"子曰："非礼勿视，非礼勿听，非礼勿言，非礼勿动。"[29]

孔子认为，"仁"的基本内核就是"爱人"，就是要有仁爱之心。秉承这种仁爱之心，在日常生活中，就能"孝悌"，孝敬自己的长辈，尊重爱护自己的兄弟姐妹；在政治生活中，就能爱惜民力，为政以德；在个人道德修养方面，就能以礼来约束自己，不做于礼不合、于心不安的事；在人际交往中，就能推己及人，有同情心，能理解别人；自己想有所成就，也帮助他人有所成就；自己想开拓、发展，也帮助他人开拓、发展；自己不能忍受的，也不把它强加在别人头上。从自己身边的小事做起，是实行"仁"的方法。"仁"的实施，可以使人际关系和谐，君敬臣忠，父慈子孝，邦家均无怨。孔子"仁"的思想，在春秋时期阶级矛盾尖锐的社会中，是很难得到实践的。因为社会能否得到治理，取决于很多因素。孔子将之归结为"仁"心的缺乏，希望以"仁爱"来解决社会上存在的种种问题，这就不恰当地把某种精神看成是决定社会发展的最重要的因素，忽略了社会生产方式等物质经济条件对社会发展所起的作用。

孔子"仁"的学说，更多是针对统治者而言的。子贡问孔子，如果一个人能做到广泛地满足老百姓的要求，无私地帮助大家，会怎么样？可以认为他达到了"仁"吗？孔子认为，这不仅仅是"仁"，应该说是"圣"啊！尧、舜这些大德都很难做到这样。孔子认为统治者应该循着百姓的要求，"因民之所利而利之"[30]，要

“节用而爱人，使民以时”[31]。因此，孔子强调统治者不仅要修养自己的仁德之心，更要实行“德政”。

> 子曰：“为政以德，譬如北辰，居其所而众星共之。”[32]
>
> 季康子问政于孔子。孔子对曰:“政者，正也。子帅以正，孰敢不正？”。[33]
>
> 子曰：“其身正，不令而行；其身不正，虽令不从。……苟正其身矣，于从政乎何有？不能正其身，如正人何？”[34]
>
> 子曰：“道千乘之国，敬事而信，节用而爱人，使民以时。”[35]

孔子认为，统治者实施“德政”，它的好处就好比北斗星有众星拱卫一样，会得到老百姓的拥戴。“德政”又是以统治者自己的仁德之心为基础的，因此，孔子要求统治者“修己”“正身”。“修己以敬”“修己以安人”“修己以安百姓”[36]。政治就是端正统治者自己的身心，统治者率先端正了自己的品行，那么，又有谁敢不端正呢？统治者自己的行为正当，不发布命令也没有关系，百姓都会以他的行为作为榜样；统治者自己的行为不正当，他发布命令也没有人听，因为上行下效是很自然的。如果统治者端正自己的品行，要把国家治理好是不难的。如果不能端正自己的品行，又怎么能纠正别人呢？所以，治理一个大国的窍门不过是要求统治者严肃认真地对待政事，讲究信用，爱惜民力，节俭并宽以待人。孔子的这些思想，包含很多积极的因素。他的学说对统治者来说，是一个约束，有利于减轻百姓的负担。当然，孔子这些思想还不能算是“民本”思想。在某种程度上而言，他认为统治者是国家政治生活的主角，老百姓只是被统治者，这仍然逃不出英雄史观的窠臼。

通过“仁”的调节，孔子认为社会就能达到一个理想的境界。在此理想境界里，“老者安之，朋友信之，少者怀之”[37]；“四海之内皆兄弟”[38]。“仁”是“礼制”等政治社会制度和道德行为规范的基础，也是先王之道的核心理念。虽然随着时代和社会条件的改变，礼乐制度等的具体内容和形式会发生改变，但“仁”的基本精神是不会改变的。

子张问："十世可知也？"子曰："殷因于夏礼，所损益可知也；周因于殷礼，所损益可知也；其或继周者，虽百世，可知也。"[39]

子张问："今后十代的事情我们现在可以知道吗？"孔子说："殷代承袭的是夏代的礼制，不过其中有所损益而已，所损益的部分，我们都可以知道；周承袭的是殷代的礼制，其中也有损益，这些我们也可以知道。如果此后有继周而兴起的朝代，就是延续一百代，对此我们也是可以了解的。"

社会历史的发展有没有一以贯之的内核？政治制度和社会文化有没有延续性？这种延续和发展是什么关系？对此，孔子也做出了自己的回答。他认为，每个历史时期并不是孤立的，一个历史时期总和以前的社会保持着联系，这种联系有两个方面，一是损，一是益，但损益都是建立在因的基础之上。因就是因循、因袭的意思。所以，子张问十世是否可知，孔子的回答是百世都可知。因为，商虽然取代了夏，但商的社会政治制度有很多是因袭夏的；周取代了商，但周的制度和文化也是建立在夏和商的文化基础之上的。这是孔子通过研究三代历史所得出的一个结论，认为历史的发展不是截然对立的，有一些因素是一直传续下来的，这种因素是不变的。孔子生活在东周末年，他相信继周而起的王朝，亦必然与夏、商、周有着基本精神相一致的制度和文化。孔子在这里持的是一种历史发展中的改良主义思想。

通常认为，孔子的社会历史观是一种倒退的历史观。如：

子曰："周监于二代，郁郁乎文哉！吾从周！"[40]

子曰："齐一变，至于鲁；鲁一变，至于道。"[41]

之所以说孔子持一种倒退的历史观，是因为孔子要"从周"，这不是要维护没落的奴隶制吗？由齐变而至于鲁，由鲁倒退回西周，这仍然是一种退化的历史观。对此，我们要做具体分析。孔子认为，夏、商、周三代，它们所实行的礼乐制度在前代的基础上都有损益，他对这种损益是持肯定态度的；既然如此，继周而起的王朝，在礼乐制度方面与周相比，其有所损益也是合情合理的。有损有益，就不是完全不变、原版照搬。所以，不能简单地认为孔子就是要退回到西周。但他认为，继周而起者，其政治和社会生活中，又有和夏、商、周三代相同的历世不变的因素，这也正是他认为自己能够对十代甚至百代之后的政治和社会情况进行预测的原因。那么，这些不变的因素是什么呢？显然孔子指的并不是夏、商、周三代那些具体的政教制度，因为政教体制本身是可以损益的；不变的只能是那些政教制度所体现的文化精神，也就是孔子理论体系中居于核心地位的仁爱思想。夏、商、周三代的政教体制就是以这种文化精神为基础，根据不同时代、社会的不同情况来进行损益的。因此，孔子并不是要保持古代奴隶制度不变，而是希望他的理想中的文化精神能对社会发展有所引导。对于这种文化精神的保持和继承，不能简单地看作复古主义和倒退的历史观，因为这种文化精神在孔子那个时代乃至在孔子之后，都有其存在的合理性。只不过孔子和后来的儒生们都把它的地位和作用无限夸大了，这就使得这种文化精神承担了过多的社会历史责任，因而才不断遭到后人的诟病。

2.“王道”政治与“民贵君轻”：孟子的社会历史观

孟子（约公元前372—前289），名轲，战国时期邹人，系鲁国公族孟孙氏的后代。他曾在孔子孙子子思的门人那里学习，一生以弘扬孔子的思想为己任，为战国中期儒家学派的主要代表人物。《孟子》是由孟子和他的学生公孙丑、万章等合作完成的，是研究孟子思想最主要的资料。

在战国的乱世时期，孟子希望自己能承圣人之志，将不合理的社会发展潮流扭转过来，使之向理想的社会发展。

> 昔者禹抑洪水而天下平，周公兼夷狄、驱猛兽而百姓宁，孔子成《春秋》而乱臣贼子惧。……我亦欲正人心，息邪说，距诐行，放淫辞，以承三圣者。[42]
>
> 乃所愿则学孔子也。[43]
>
> 如欲平治天下，当今之世，舍我其谁也？[44]

他推崇禹、周公、孔子三位历史上的圣人，认为他们的行为或学说可以端正人们的心理，让人们不再受各种不正确思想的影响，对于社会中的丑恶现象也能起到批评、导正的作用，给当时的人们带来了好处，有功于民。孟子希望能继承他们的精神，将战国的乱世变成一个安平的治世。

孟子的理想社会是实行“王道”政治的社会。

以为假仁者霸……以德行仁者王。……以力服人者，非心服也，力不赡也。以德服人者，中心悦而诚服也，如七十子之服孔子也。[45]

天下有道，小德役大德，小贤役大贤。天下无道，小役大，弱役强。[46]

所谓“王道”政治，就是“以德行仁”“以德服人”，其中心内容是“德”；相反，“霸道”政治则是凭借武力来压服人，使别人来为自己的利益服务。在“王道”社会里，小德听从于大德，小贤者听从于大贤者；而在“霸道”社会里，则小的服从大的，弱者服从强者。“王道”社会重视的是“德”，道德标准是衡量社会中各种问题的重要依据；“霸道”社会重视的是“力”，力量的大小成为决定社会中各种问题的重要标准。孟子赞同“王道”政治，认为在这种社会中，人们心安理得地遵从各种社会秩序，社会和乐融融，是“天下有道”的表现；而在“霸道”政治下，人们虽然也遵从社会的规范，但内心并不认同这种秩序，社会中蕴藏着不满和仇恨，这就为战乱埋下了祸根，是天下无道的表现。

“王道”政治并不是空谈，也不仅仅是一种理想，在孟子看来，“王道”政治必须落到实处，也能够落到实处。

离娄之明，公输子之巧，不以规矩，不能成方圆。师旷之聪，不以六律，不能正五音。尧舜之道，不以仁政，不能平治天下。今有仁心仁闻而民不被其泽，不可法于后世者，不行先王之道也。[47]

“王道”政治必须落到实处。对此，孟子打了一个比方，就好比离娄、公输子，他们尽管很聪明，技艺很精巧，但是如果不依靠“规”“矩”等仪器，要他们凭空画出方形与圆形来，恐怕也是不容易的。师旷这样的大音乐家，如果不凭借“六律”，恐怕也不能辨别宫、商、角、徵、羽五音。尧舜以来的圣王之道，如果得不到落实，则只是一种理想精神，是一种理念或原则。先王之道如果没有“仁政”，即仁德的具体措施来落实它，也是不能用来治理、安平天下的。如果一个人的个人修养很好，有仁爱之心，也有好的名声，但老百姓却不能从他那里得到恩泽和照顾，这样的话，他也不能算是实践了先王之道的人。

那么，如何将“王道”政治落到实处呢？孟子认为必须实行“仁政”，而行“仁政”首先就要解决老百姓和国家的经济问题。

> 夫仁政必自经界始。经界不正，井地不均，谷禄不平。……经界既正，分田制禄，可坐而定也。[48]
>
> 不违农时，谷不可胜食也；数罟不入洿池，鱼鳖不可胜食也；斧斤以时入山林，材木不可胜用也。谷与鱼鳖不可胜食，材木不可胜用，是使民养生丧死无憾也。养生丧死无憾，王道之始也。
>
> 五亩之宅，树之以桑，五十者可以衣帛矣。鸡豚狗彘之畜，无失其时，七十者可以食肉矣。百亩之田，勿夺其时，数口之家可以无饥矣。谨庠序之教，申之以孝悌之义，颁白者不负戴于道路矣。七十者衣帛食肉，黎民不饥不寒，然而不王者，未之有也。[49]

滕文公要他的大臣毕战来问孟子，西周时期所实行的井田制是怎么样的情况。孟子很高兴，认为滕文公有意要实行仁政。他认为仁政要从划分田地的边界开始，目的是均田，防止兼并，尤其是要防止暴君和贪官污吏越出自己的田地边界而侵吞老百姓的土地。田地的边界划分好了，分田的事、制定官员俸禄的事就好办了。所谓井田，就是取田地九百亩，以井字划分为九份。最中间的是公田，其他八部分是老百姓的私田，老百姓先治公田，然后再各治自己的私田。统治者从老百姓的收成中，九中取一或十中取一，作为国家的赋税。老百姓乡田同井，聚而居之，出入相伴，守望相助，疾病时相互扶持，百姓亲睦，死徙不出乡。这就是孟子的理想社会的图景。孟子在书中还记载了楚国农家学派的代表人物许行听说滕文公实行井田制，实行仁政，专门从楚国来到滕国这个偏远的小国，要求做这个国家的百姓。还有宋国陈良的弟子陈相与其弟陈辛，也从宋来到滕，要成为滕国的百姓。

孟子认为，民生是“王道”政治的根本。“王道”政治应该从关心民生开始，第一步就要使老百姓有相生养之道，老百姓有相生养之道，不饥不寒，这样，才能推行王道于天下。比如，百姓有五亩地来种植桑树，有百亩的耕地种粮食，统治者不对他们征收额外的苛捐杂税，不随便占用百姓的时间，那么，普通百姓一家人就可以不忍饥挨饿；百姓到了五十岁的时候还可以穿着很好的丝绸衣服，七十岁时可以穿丝绸衣服、食肉，可以休息，不用再劳作。百姓生活有了保障后，还要对他们进行教育，使他们尊老爱幼。这样，“王道”政治就可以实现了。如果老百姓遭受冻饿之祸，统治者不知抚恤，认为没有自己什么责任，或者把原因归于天灾，这就是在推卸责任。

“王道”政治的实现，首要是关心民之生计，为此，孟子提出了“民贵君轻”的思想。

> 民为贵，社稷次之，君为轻。是故得乎丘民而为天子，得乎天子为诸侯，得乎诸侯为大夫。诸侯危社稷，则变置。
>
> 诸侯之宝三：土地、人民、政事。[50]
>
> 保民而王，莫之能御也。[51]
>
> 暴其民甚，则身弑国亡。[52]

孟子认为，在百姓、国家、君主三者之中，百姓是最重要的，其次是国家，最后是君主。君主只有得民心才可能成为天子，有了君主才可能有诸侯与大夫，所有这一切的最基本的前提就是百姓。在统治者的土地、人民、政事“三宝”中，民心之向背是国家存亡的关键。君王、诸侯、社稷都是可以改变的，而人民却不可能改变。君王昏昧，可以另立贤明者，诸侯有害于国家，也可以更换，唯独人民无法更换，只有“得其心”，才能“得天下”。如果不得民心，甚至暴民过甚，这样的君主其下场必然是“身弑国亡”。孟子在这里表达了一种非常可贵的“民本”思想。

孟子认为，“王道”政治之所以能得到实现，是因为它是人性发展的必然结果。孟子的理想社会是按照人性的理想模式来建构的社会。

> 孟子曰：“人皆有不忍人之心。先王有不忍人之心，斯有不忍人之政矣。以不忍人之心，行不忍人之政，治天下可运之掌上。……恻隐之心，仁之端也；羞恶之心，义之端也；辞让之心，礼之端也；是非之心，智之端也。人之有是四端也，犹其有四体也。有是四端而自谓不能者，自贼者也；谓其君不能者，贼其君者也。凡有四端于我者，知皆扩而充之矣，若火之始然，泉之始达。苟能充之，足以保四海；苟不充之，不足以事父母。”[53]

“王道”政治的基础是“不忍人之心”，人皆有此“不忍人之心”。先王扩充自己的“不忍人之心”，这是其“不忍人之政”的前提和基础。统治者如果能以不忍人之心行不忍人之政，则治理天下这样的事情就好比在手中把玩小物件一样容易，就可以保有四海。如果统治者不扩充自己的不忍人之心，则不要说保全国家、四海，连自己的一家尚且不能保。

“不忍人之心”包括“恻隐之心”“羞恶之心”“辞让之心”“是非之心”。这就是孟子学说中重要的“四端”说。每个人都有此“四端”，就好比每个人都有四肢一样。由此“四端”发而在外，就有“仁”“义”“礼”“智”的行为。一个人如果不行仁、义、礼、智，说自己能力有限，做不到，这是在找托词和借口，是自己不把自己当人；君主也是如此，借口自己没有能力行“仁政”，也是不把自己当人。

仁善之心，为仁善之政打下了基础。历史的堕落不过是人们没有按照人性的理想模式发展的结果，“王道”政治才是符合人性的制度。孟子以人性善为依据，他认为理想社会的实现是必然的。社会发展的动力在于对人性善的追求，在于对“王道”政治的追求。这是植根于人心的一种天然存在的要求和情感，历史终究会朝着理想的目标发展、前进。

孟子所谓的理想社会的实现，要取决于圣人的出现。

> 由尧、舜至于汤，五百有余岁。若禹、皋陶，则见而知之；若汤，则闻而知之。由汤至于文王，五百有余岁。若伊尹、莱朱，则见而知之；若文王，则闻而知之。由文王至于孔子，五百有余岁。若太公望、散宜生，则见而知之；若孔子，则闻而知之。由孔子而来至于今，百有余岁，去圣人之世，若此其未远也；近圣人之居，若此其甚也。然而无有乎尔，则亦无有乎尔。[54]

从尧、舜时期到商汤那个时代，相隔有五百多年。禹、皋陶等亲身见证了尧、舜等圣王治世的事业及精神；商汤虽未能亲眼看见尧、舜的丰功伟绩，但他听说过并且按照他们的精神来治理国家。由商汤至周文王，过去了五百余年。伊尹、莱朱等亲身见证了商汤的丰功伟绩；周文王虽然没有亲眼看见，但他听说了并且按照商汤的精神来治理国家。由周文王到孔子，又过去了五百余年，姜太公望、散宜生等亲身见证了周文王的丰功伟绩，孔子虽然未及亲见，但他听说过周文王的治世精神，有志于继承并发扬这种精神。孟子认为自己离孔子那个时代还不算太远，又和孔子是近邻，既然还没有人明确表示要继承孔子，那么，自己就有责任来传承孔子的精神，来拯救这个混乱的世道。

孟子相信历史发展具有某种程度的规律性。他认为，有一种超出某个具体时代和社会之外的普遍的精神，这就是每个人都有的"不忍人之心"；这种"不忍人之心"要发展为"不忍人之政"，有一个时间的规律，即以五百年为单位，一兴一衰。孟子从历史的发展过程中，对尧、舜至商汤、商汤至周文王、周文王至孔子的历史发展进行考察，发现时间每隔五百年左右，就会出现一位圣王来拯救天下。孟子要寻找历史发展的一般规律和原则，这个规律更多地表现为时间的规律，这就是所谓的"五百年必有王者兴，其间必有名世者"；历史发展的原则就是社会必然朝"王道"政治的理想迈进，这是人性的必然要求。孟子倾向于把具体的历史看作一般原则的例证。在某种程度上，孟子的社会历史观更多地表现为一种社会治乱往复演化的循环史观。

3.“法后王”“化性起伪”“明分使群”与“王政”思想：荀子的社会历史观

荀子（约公元前313—前238），名况，字卿，战国末期赵国人，是这一时期儒家思想的重要代表。五十岁左右时，荀子到齐国游学，曾三次担任齐国的祭酒之职。后又游历楚国，春申君以他为楚国兰陵这个地方的地方官。春申君死后，荀子被罢免官职，他就在兰陵定居下来，著书立说，并终老于此。《荀子》现存三十二篇，是研究荀子思想的主要资料。

荀子生当战国晚期，他对于当时的政治、社会环境是非常不满意的。他认为自己所在的世界是一个“浊世”，诸侯兼并，亡国乱君一个接一个；孔子的“大道”不明于世，巫祝、禨祥流行，乱俗之风炽盛。荀子有志于阐明孔子的“大道”，改变当时恶浊的政治、社会环境。他的政治和社会理想是“法后王”，希望能在现实中确立一套行之有效的政治和社会制度。

> 王者之制，道不过三代，法不贰后王。道过三代谓之荡，法贰后王谓之不雅。衣服有制，宫室有度，人徒有数，丧祭械用，皆有等宜。声则凡非雅声者举废；色则凡非旧文者举息；械用则凡非旧器者举毁。夫是之谓复古，是王者之制也。[55]
>
> 圣王有百，吾孰法焉？故曰，文久而息，节族久而绝，守法数之有司，极礼而褫。故曰，欲观圣王之迹，则于其粲然者矣，后王是也。彼后王者，天下之君也，舍后王而道上古，譬之是犹舍己之君而事人之君也。故曰，欲观千岁，则数今日；欲知亿万，则审一二；欲知上世，则审周道；欲知周道，则审其人，所贵君子。[56]

荀子所谓的“后王”之法，指的是文王、周公以来的周代礼治。之所以称周文王为“后王”，是相对于黄帝、尧、舜、禹等“先王”而言的。荀子为什么强调要法“后王”呢？这是因为他认为“后王”的法度和制度是最完备的，体现了“王道”政治的精神。“王道”政治的根本原则不会超出夏、商、周三代的政治之外，不会背离和违反文王、周公所制定的法度。治国的根本原则如果不取法于三代，那就必然会偏离正轨；法度和文王、周公所制定的不同就可以称之为不正。而夏、商、周三代的法度、制度中，以周朝的最为详尽、完备。荀子甚至从官服的样式、宫殿大小的标准、官员左右随从的人数、丧葬祭祀的器具和音乐等来说明周王朝法度和制度的完备。此外，历史上的圣王虽然很多，但由于时间等原因，关于他们的情况后人已经不太清楚了，效法起来存在相当大的困难。在情感上，“后王”曾经是当时天下人共同的君主，所谓“溥天之下，莫非王土；率土之滨，莫非王臣”，舍弃自己的君主而信奉他人的君主，亦不合人之情。荀子这个思想和孔子是一致的，孔子也提出自己要“从周”，他们均认为，周朝的法度、制度是三代中最完备的。荀子比孔子更激烈一些，认为现时的制度、器具，凡是与周制不合的都应该被废止、弃用，要“复古”，即恢复周制，这就是实行“王道”政治。

荀子之所以推崇“后王”，是因为他认为治国必须要有一套完整的法度、制度，这样才能“名”“实”相符。一些人混淆概念，攻击礼制和习俗的合理性，使“名”“实”不符，天下人不知所适，这是社会混乱的原因。而国家和社会之所以得到治理，是因为人们虽然处于不同的阶层，有很大的区别，但由于有礼制和习俗来对之进行规范，故而“名”与“实”相符，各个阶层的人们都各安其分，天下因此得到治理。

“后王”的法度与制度是完备的，荀子认为，这从“名”形成的过程就可以得到证明。“后王”通过“辨实”来“定名”，“名”定则大道通行于天下，天下人都赞成而志气相通，圣王因此能治理好自己的国家。

> 后王之成名：刑名从商，爵名从周，文名从礼。散名之加于万物者，则从诸夏之成俗曲期；远方异俗之乡，则因之而为通。……故王者之制名，名定而实辨，道行而志通，则慎率民而一焉。……故其民莫敢托为奇辞以乱正名，故其民悫。悫则易使，易使则公。其民莫敢托为奇辞以乱正名，故壹于道法而谨于循令矣。如是，则其迹长矣。迹长功成，治之极也，是谨于守名法约之功也。[57]

文王、周公是这样来给事物定其“名”的：刑法之名从商制，官爵之名从周之旧制，各种礼节仪文源于周之“仪礼”，一般事物的名称则沿袭中原地区习俗的普遍约定。因此，“后王”之“成名”，是通过博采众长、择善而取来实现的，故能符合于事之“实”。

文王、周公“制名”的目的在于，通过定名分，使人们能辨认清楚事实，大家一致遵守此法度、制度，让天下得到治理。而一些人割裂言辞，玩弄概念，任意制作歪理邪说以乱正道，使百姓疑惑，辩讼蜂起，这就是天下大奸之人所做的事情。正名就是要使百姓不敢以奇怪之言辞以乱正名，这样的话，老百姓就诚实、谨慎；老百姓诚实、谨慎就容易统治，大家都顺从法度的规定。这样，在治理国家方面就容易取得功效、业绩。这是由于大家遵守共同约定的“名”“法”所导致的。

“后王”为什么要“制名”“定名”，以“礼”“法”来治理国家呢？荀子认为，这是因为“人之性恶”。如果没有“礼”“法”来约束，顺人性之“恶”自然发展，就会产生争夺而使天下大乱。

> 人之性恶，其善者伪也。今人之性，生而有好利焉，顺是，故争夺生而辞让亡焉；生而有疾恶焉，顺是，故残贼生而忠信亡焉；生而有耳目之欲，有好声色焉，顺是，故淫乱生而礼义文理亡焉。然则从人之性，顺人之情，必出于争夺，合于犯分乱理而归于暴。故必将有师法之化，礼义之道，然后出于辞让，合于文理而归于治。
>
> 故枸木必将待檃栝烝矫然后直，钝金必将待砻厉然后利；今人之性恶，必将待师法然后正，得礼义然后治。今人无师法，则偏险而不正：无礼义，则悖乱而不治。古者圣王以人性恶，以为偏险而不正，悖乱而不治，是以为之起礼义、制法度，以矫饰人之情性而正之，以扰化人之情性而导之也；使皆出于治，合于道者也。[58]

人的本性是恶的，善是后天人为的结果。人生下来便喜好对自己有利的事情，这是人的本性，如果顺着这个恶的人性发展，社会就会产生争夺，辞让之风就没有了；人生来便有妒忌、愤恶、厌憎之心，顺此恶性发展，则社会就会充满残暴、劫掠，忠诚、诚信之风就没有了。人生来便有喜好声色之心，顺此发展，则社会就会充满淫乱之风而没有礼乐之秩序。故顺人性情之恶，必然会发生争夺，对社会等级秩序和礼仪之条理造成破坏，而有暴乱之事发生。所以，需要有君师和法制的教化，用“礼”“法”来教导百姓，这样才能使社会合于文明之化而使国家得到治理。这就好比弯曲的木头必须依靠矫正曲木的工具来加热矫正，然后才能正；不锋利的刀剑需要经过磨砺才能锋利；人之性恶也需要经过君师和法制的教化才能由恶归于正，社会经过礼义、法度的规范才能治理好。人如果没有君师的教导，没有礼义、法度的引导，就会趋于险恶而不走正道。制定礼义法制是为了矫正人之恶性、恶情，引导使之向善，这样，社会才能得到治理，从而合于道。

如果说人性是恶的，需要礼制、法度来对之进行规范、约束，那么礼制、法度又是怎么产生的呢？荀子认为是圣人“化性起伪”的结果。

> 问者曰：“人之性恶，则礼义恶生？”应之曰：凡礼义者，是生于圣人之伪，非故生于人之性也。……故圣人化性而起伪，伪起而生礼义，礼义生而制法度。然则礼义法度者，是圣人之所生也。故圣人之所以同于众，其不异于众者，性也；所以异而过众者，伪也。夫好利而欲得者，此人之情性也。假之人有兄弟资财而分者，且顺情性，好利而欲得，若是则兄弟相拂夺矣；且化礼义之文理，若是则让乎国人矣。故顺情性则兄弟争矣，化礼义则让乎国人矣。[59]

荀子认为，礼义是圣人为了教化百姓而制定的，并不是从人性中生发出来的。圣人为了教化人性而人为地制定各种礼义法度，由于人为才有了礼义，有了礼义才可以因之而制定法度。礼义法度，是圣人制定的。圣人和普通人在本性上是相同的，没有两样；圣人所不同并且超过普通人之处，在于礼义。人之情性是贪利而希望有所得，假如有兄弟分资财这样的事情，如果顺人贪利之性，兄弟之间就会发生严重的争夺；如果受礼义、规范的教化，那么即便是没有亲缘关系的普通人之间也会互相谦让。圣人通过“化性起伪”，制定礼仪、法度，就可以将人性从恶的方面引导到善的方面来。

人为什么需要礼仪、法度的规范和约束？荀子认为这在于人不同于自然物、不同于禽兽，人是群居的动物，以群胜物，无群则不能生存，而群居无“礼”“法”则必乱。

> 故人道莫不有辨，辨莫大于分，分莫大于礼，礼莫大于圣王。[60]
>
> 水火有气而无生，草木有生而无知，禽兽有知而无义；人有气、有生、有知，亦且有义，故最为天下贵也。力不若牛，走不若马，而牛马为用，何也？曰：人能群，彼不能群也。人何以能群？曰：分。分何以能行？曰：义。故义以分则和，和则一，一则多力，多力则强，强则胜物；故宫室可得而居也。故序四时，裁万物，兼利天下，无它故焉，得之分义也。
>
> 故人生不能无群，群而无分则争，争则乱，乱则离，离则弱，弱则不能胜物；故宫室不可得而居也，不可少顷舍礼义之谓也。[61]

荀子提出人“最为天下贵”的观点，认为水、火有气而没有生命，草木等植物有生命但没有认知功能，禽兽有认知功能但没有仁义。人兼有气、有生命、能认知而且懂得仁义的可贵，所以，人在万物中是最尊贵的。荀子于此说明了人之所以能“群”的可能性。

那么，人为什么又必须要“群”呢？人虽然力气不如牛大，跑不过马，但牛马都为人所役使，这是为什么？荀子认为，这是因为人能够依靠集体的力量而牛马则不能。群体和谐则天下一心，天下一心则力量大，力量大则强有力，强有力则能役使自然物，故人是不能离开群体的。一个群体如果没有礼义名分就会有争端，有争端就会出现混乱，混乱则会造成社会离心离德，一个社会离心离德就会遭到削弱，社会被削弱了则人就不能够胜于物。这就说明社会一时也不能离开礼义名分啊！

人必须要“群”，人“群而无分则争”。因为人生来就是有区别的，如果抹杀这种区别，就会在人与人之间产生不平和争斗。这种争斗是一种祸患，要“救患”“除祸”，最好的办法就是“明分使群”。

> 无君以制臣，无上以制下，天下害生纵欲，欲恶同物，欲多而物寡，寡则必争矣。故百技所成，所以养一人也。而能不能兼技，人不能兼官。离居不相待则穷；群而无分则争。穷者，患也；争者，祸也。救患除祸，则莫若明分使群矣。[62]

荀子认为，君臣、上下等社会关系，不是自然就有的，而是在人类社会产生之后才出现的，国家与社会也是起源于人“群”居生活的需要。人无“群”则不能生存，但“群”无“礼”“法”之约束则必乱，所以圣王制“礼”、作“法”，明人群之“分”，使一个社会有君臣上下之别。

“分”是人成为“群”所必需的，是人类社会存在和发展的必要前提。关于“分”，荀子认为主要包括两个方面：一是“明于天人之分”，二是明于人与人之分。

关于“明于天人之分”，荀子认为：

> 天行有常，不为尧存，不为桀亡。应之以治则吉，应之以乱则凶。强本而节用，则天不能贫。养备而动时，则天不能病。修道而不贰，则天不能祸。故水旱不能使之饥，寒暑不能使之疾，袄怪不能使之凶。本荒而用侈，则天不能使之富。养略而动罕，而天不能使之全。倍道而妄行，则天不能使之吉。故水旱未至而饥，寒暑未薄而疾，袄怪未至而凶。受时与治世同，而殃祸与治世异，不可以怨天，其道然也。故明于天人之分，则可谓圣人矣。
>
> …………
>
> 天不为人之恶寒也辍冬，地不为人之恶辽远也辍广，君子不为小人之匈匈也辍行。天有常道矣，地有常数矣，君子有常体矣。君子道其常，而小人计其功。诗曰：“礼义之不愆，何恤人之言兮。”此之谓也。[63]

荀子认为，天体的运行是有规律的，它不会因为人们主观意志的不同而有所改变。尧是圣君，桀是暴君，无论是圣君还是暴君，都不可能对天道运行产生什么影响。以合于大道之规律的方式来治理国家，就能得吉；反之，则得凶。在荀子的时代，农业是国家的根本，荀子认为，加强农业生产，这是治理国家的根本。节约开支，不奢侈浪费，则老天爷也不可能使人物质贫乏；衣食等生活资料储备丰富了，并按天时变化而活动，天就不可能使人得病；专一地循着事物发展的规律去认识事物，去生产和实践，则天也不可能祸害百姓。自然灾害本身并不能使人遭受损失，就好比水旱不是使人饥饿、寒暑不是使人生病的根本原因，自然界的怪异现象也不是使人们生活凶险的根本原因。农业作为国家之本没有得到重视，奢侈浪费现象严重，老天爷也没有能力使人富裕起来；衣食等生活资料少，又不辛勤劳作，则天也不可能使人富足；违反天道而主观妄为，老天也不会降下吉祥。人们在乱世所遇到的天时条件同治世是一样的，但是却遭受到治世所没有的灾殃、祸患，这是不可以埋怨老天爷的。因为人们的行为不合于治世之道，故有此祸患。

天不会因为人们厌恶寒冷而废止冬季，地也不会因为人们厌恶辽阔、荒远而废止其广大，天有其不变的规律，地有其不变的常数。天地有天地之道，这就是自然的规律；人有人之道，这就是治国的规律，天和人各有其职分，不可混为一谈。圣人知道治理国家主要靠顺应天道，发挥人道之精神，明确地区分开天与人的不同，这就是圣人所以为圣人的原因。

为什么要“明于天人之分”？荀子认为，人类社会治理得不理想，不能把原因归结到天，天人各有其职，“明于天人之分”，人就能够知道自己应尽的职责，知道要治理好社会，应该从哪些方面去努力。

治乱，天邪？曰：日月星辰瑞历，是禹、桀之所同也。禹以治，桀以乱，治乱非天也。

时邪？曰：繁启蕃长于春夏，畜积收臧于秋冬，是又禹、桀之所同也。禹以治，桀以乱，治乱非时也。

地邪？曰：得地则生，失地则死，是又禹、桀之所同也。禹以治，桀以乱，治乱非地也。

《诗》曰：“天作高山，大王荒之；彼作矣，文王康之。”此之谓也。[64]

人类社会的一治一乱，是由什么引起的呢？是不是由天所决定的呢？荀子认为，禹时的日月星辰与夏桀时的是一样的，二者的历法也是相同的。同样的天象、历法，但禹时天下大治，夏桀时天下大乱。所以，天下的治与乱并不是由天所决定的。那么，人类社会的治与乱是不是由时所决定的呢？荀子认为，春、夏之际，动植物众多，萌芽茂盛地生长起来，到了秋、冬两季，果实成熟后被蓄积收藏起来，禹之时与夏桀之时都是一样的，但禹时天下治而夏桀时天下乱，所以治乱也不是由时所决定的。那么，治乱是由土地所决定的吗？荀子认为，拥有土地就能够生存，失去土地就不能够生存，这也是禹与夏桀所具有的相同的条件。但禹之时治而夏桀之时乱，所以治乱并不是由土地来决定的。《诗经》说："大自然产生了高山（岐山），古公亶父于此开辟荒地，创立了基业，文王使之富裕、使百姓安居于此。"《诗经》所说的周朝先祖创业时的故事，就说明了治乱是不由天、不由时、也不由地的，全在于人的努力和作为。所以，

> 大天而思之，孰与物畜而制之？从天而颂之，孰与制天命而用之？望时而待之，孰与应时而使之？因物而多之，孰与骋能而化之？思物而物之，孰与理物而勿失之也？愿于物之所以生，孰与有物之所以成？故错人而思天，则失万物之情。[65]

荀子认为，尊崇天的伟大而思慕它，还不如蓄养万物而控制它；顺从天而歌颂它，还不如掌握天时变化的规律而利用它；坐待天时而来，还不如顺应不同的时节而利用它；因循物性而增加它，还不如施展人的才能而改变物之性；思念物而使物成为物，还不如顺物之理而使之不消失；希望万物生长，还不如赞助物，使之能够生成。所以，放弃人的作为而只思慕大自然，则会失去万物之情。

"分"的第二个含义在于人与人之区分。荀子所谓的"礼""法"等制度和措施，其主要目的就在于明于人与人之分，"隆礼尊贤""重法爱民"，从而达到天下大治。

人与人的区分，在荀子看来，其重要内容之一就是明确内外、父子、男女、上下的区分，即做到所谓的"君臣有义、父子有亲、夫妇有别"。

人袄则可畏也。楛耕伤稼，耘耨失薉，政险失民；田薉稼恶，籴贵民饥，道路有死人，夫是之谓人袄。政令不明，举错不时，本事不理，是之谓人袄。礼义不修，内外无别，男女淫乱，父子相疑，上下乖离，寇难并至，夫是之谓人袄。袄是生于乱。三者错，无安国。……无用之辩，不急之察，弃而不治。若夫君臣之义，父子之亲，夫妇之别，则日切磋而不舍也。

…………

故人之命在天，国之命在礼。君人者，隆礼尊贤而王，重法爱民而霸，好利多诈而危，权谋倾覆幽险而尽亡矣。[66]

人的生命是自然给予的，国家的命脉则在于礼制。统治者重视礼制、尊崇贤人就可以称王，重视法制、爱惜民力则可以称霸于诸侯。如果贪爱利益、狡诈欺民则国家就有危险，如果以权术谋略来暗害人则国家就会灭亡。荀子认为，人为的灾祸是最可怕的。他举了三个例子，如粗劣地耕种而伤及庄稼，粗劣地除草而导致收成不好，施行险恶的政治而失去人心，田地荒芜，庄稼长得不好，粮价贵，百姓饥饿，道路处处有死人，这就是人为的灾祸；国家政令不明确，为政的措施在实施过程中与天时不相符合，农业生产是一国之根本，却没有得到重视，这就是人为的灾祸；不修礼义，男女淫乱，父子相疑，君臣上下不同心，外来入侵的敌人和天灾不断，这也是人为的灾祸，灾祸生于乱。上述三种人为的灾祸交替出现，则国无宁日。这个道理很浅近，但忽视它所造成的灾祸却十分惨烈。所以，一个社会要想得到治理，必须要重视君臣、父子、夫妇之道，区分清楚各自的职责，君要尽君之职，臣要尽臣之职，父子、夫妇各尽其责，大家都做好分内之事，不能怨天尤人，推诿责任，此乃“有用之辨”，必须分清楚。在此基础上，才能治理好国家。

人与人还要区分贤与愚，要“隆礼尊贤”，使贤者居于愚者之上。

“请问为政？”曰：贤能不待次而举，罢不能不待须而废，元恶不待教而诛，中庸民不待政而化。分未定也则有昭缪。虽王公士大夫之子孙也，不能属

> 于礼义，则归之庶人。虽庶人之子孙也，积文学、正身行，能属于礼义，则归之卿相士大夫。[67]

有人问："怎么样来进行统治？"荀子认为，选拔贤能之人不按他所处的等级、秩序，唯才是举。罢免懒散无能的人，不能有稍微的迟疑。诛杀凶恶之元凶，要态度坚决。中庸之民不用治理就可以教化。名分未定则以父子长幼、远近亲疏之序以正之。即便是王公贵族的后代子孙，如果不能遵守礼义，就要将之划归到平常百姓的范围。相反，即便是平常百姓的子孙，如果能积累文化，学习各种知识，坚持正确的行为，能模范遵守礼义，则可以提拔他们做卿相士大夫。

但在现实中，却往往是愚者统治贤者，这就是天下大乱的原因。荀子认为，一个人是否贤愚不在于其地位而在于其智慧。荀子甚至把当时不可一世的楚王看成是没有智慧的人。

> 楚王后车千乘，非知也；君子啜菽饮水，非愚也，是节然也。若夫志意修，德行厚，知虑明，生于今而志乎古，则是其在我者也。故君子敬其在己者，而不慕其在天者；小人错其在己者，而慕其在天者。君子敬其在己者，而不慕其在天者，是以日进也；小人错其在己者，而慕其在天者，是以日退也。故君子之所以日进，与小人之所以日退，一也。君子小人之所以相县者在此耳。[68]

楚王出行的时候，很威风，有侍车千辆，但这并不表明楚王是有智慧的；君子虽然只吃着豆类的食物，喝着凉水，这也并不意味着君子是愚昧的。这两种情况的出现，都是偶然的，跟贤愚、智慧没有关系。至于端正自己的意志，培厚自己的德行，明达自己的智慧、思虑，虽然自己生在现代，却有志于古者圣王之道，这些都是个人能够做到的。所以，君子严肃认真地对待自己分内之事，而不去羡慕那些外在的、不由自己所决定的事情，每天都在进步。小人舍弃自己应该做的事情，而羡慕那些外在的、自己所不能决定的事情，结果每天都在退步。君子的进步与小人的退步，其原因就是如此。君子与小人区别很大，也在于此。

荀子所谓的“法后王”“化性起伪”和“明分使群”，其实施、作为的主体是“圣王”。只有“圣王”才可能通过上述作为，来拯救乱世，成就“王政”。

> 圣也者，尽伦者也。王也者，尽制者也。两尽者足以为天下极矣。[69]
>
> 故天子唯其人。天下者，至重也，非至强莫之能任；至大也，非至辨莫之能分；至众也，非至明莫之能和。此三至者，非圣人莫之能尽。[70]
>
> 然而仲尼之门，五尺之竖子，言羞称乎五伯，是何也？曰：然，彼非本政教也，非致隆高也，非綦文理也，非服人之心也。乡方略，审劳佚，畜积修斗而能颠倒其敌者也。诈心以胜矣。彼以让饰争，依乎仁而蹈利者也。小人之杰也，彼固曷足称乎大君子之门哉！彼王者则不然，致贤而能以救不肖，致强而能以宽弱，战必能殆之，而羞与之斗。委然成文，以示之天下，而暴国安自化矣。有灾缪者，然后诛之，故圣王之诛也綦省矣。[71]
>
> 王者之等赋、政事、财万物，所以养万民也。田野什一，关市几而不征，山林泽梁以时禁发而不税，相地而衰政。理道之远近而致贡。通流财物粟米，无有滞留，使相归移也。四海之内若一家，故近者不隐其能，远者不疾其劳。无幽闲隐僻之国，莫不趋使而安乐之。夫是之谓人师，是王者之法也。[72]

所谓“圣王”，就是恪尽人伦、遵守礼制和法度的人。在“尽伦”“尽制”这两个方面，“圣王”是天下人的榜样。只有圣人才能担当起“天子”的角色，因为天下地广人众，天子担负的责任非常重大，而圣王能力强、明辨是非、充满智慧，只有他才能够称职。

“圣王”之政，是王道而不是霸道。霸道的特点是统治者蹈一己之利，是通过争夺来得到的，他们不隆礼重贤，只以力服人，能胜人之口而不能服人之心；虽然他们有时也谈仁义与礼让，但这不过是他们掩饰自己争夺私利的遮羞布罢了。而“王者之法”则与之不同，在“王政”下，圣王裁制万物，使之能符合百姓生养的要求；薄赋税，不违背农时，不滥用民力，财物都能得到合理分配、流通；四海虽大，却有如一家，人人都努力为国家、社会劳作，贡献自己的聪明才智。圣王虽然能力很强，但这种能力不是用来压迫人民的，而是用来救护弱者，引导不善之人使之向善的；圣王以仁德来感化暴虐之国，其征伐、诛讨的只是无道之人。

“王政”思想是荀子的一个政治理想，荀子认为，通过圣王的努力，这个理想就可能得到实现。那么，荀子是否认为历史的发展只取决于圣王之志，他的历史观是否就是一种英雄史观？对此，我们可以做些分析。

> 世俗之为说者曰：“桀、纣有天下，汤、武篡而夺之。”是不然。……汤、武非取天下也，修其道，行其义，兴天下之同利，除天下之同害，而天下归之也。桀、纣非去天下也，反禹、汤之德，乱礼义之分，禽兽之行，积其凶，全其恶，而天下去之也。天下归之之谓王，天下去之之谓亡。故桀、纣无天下，而汤、武不弑君，由此效之也。
>
> …………
>
> 世俗之为说者曰：“尧舜擅让。”是不然。……圣王已没，天下无圣，则固莫足以擅天下矣。天下有圣而在后子者，则天下不离，朝不易位，国不更制，天下厌然，与乡无以异也。以尧继尧，夫又何变之有矣。圣不在后子，而在三公，则天下如归，犹复而振之矣。天下厌然，与乡无以异也。以尧继尧，夫又何变之有矣。唯其徙朝改制为难。故天子生则天下一隆，致顺而治，论德而定次。死则能任天下者必有之矣。夫礼义之分尽矣，擅让恶用矣哉？[73]

荀子认为，王者之所以为王，原因就在于天下之人归附于他，他才可以称“王”；天下之人皆弃之而去，则王者必亡。所以，历史之本在天下之人而不在王。如果王者能兴天下之利，除天下之害，这就为天下人归附他奠定了基础。如果王者败坏道德，乱礼义，行禽兽之行，则天下人就将弃之。所以，是天下人选择了汤、武而抛弃了桀、纣。同样，尧、舜的禅让也不是他们个人所能决定的，而在于天下人的意志。如果尧之子贤能，并且得到天下人的认同，那么尧的后代继承尧的天子之位就是顺理成章的事；同样，如果“三公”贤能，并且得到天下人的认可，那么天子的后代就不能继承天子位，而要传位于“三公”。所以，是实行“禅让”还是实行“家天下”，这都不是以圣王个人之意志来决定的。天子必须是能够“任天下者”，决定谁能“任天下”的则只能是天下之人。虽然圣王对于社会历史来说起着非常重要的作用，但他们并不是社会历史发展的决定因素。天下人成天下势，天下大势决定了圣王在社会中能够发挥多大的作用。对于这种天下大势，荀子更多地把它看作“礼义之分”，圣王顺此才能治理好国家，逆此而行，则天下大乱。由此看来，我们还不能简单地认为荀子的社会历史观就是英雄史观。

荀子认为，天下有“道”的存在。道的根本精神是不变的，其内容则随时势之不同而有所不同。

> 夫道者，体常而尽变，一隅不足以举之。[74]
>
> 夫妄人曰：“古今异情，其以治乱者异道。”而众人惑焉。……圣人者，以己度者也。故以人度人，以情度情，以类度类，以说度功，以道观尽。古今一度也，类不悖，虽久同理。[75]
>
> 百王之无变，足以为道贯。一废一起，应之以贯，理贯不乱。不知贯，不知应变。贯之大体未尝亡也。乱生其差，治尽其详。故道之所善，中则可从，畸则不可为，匿则大惑。水行者表深，表不明则陷。治民者表道，表不明则乱。礼者，表也；非礼，昏世也；昏世，大乱也。故道无不明，外内异表，隐显有常，民陷乃去。[76]

有人认为，古今时势不同，所以，不能以古之道治今之世。荀子认为，古今虽然不同，但有道一以贯之。道体常而用变，在政治体制中，有些原则被废弃了，有些原则却被延续下来了，经历百代之久，都没有改变的东西，就足以成为始终一贯的原则，我们要做的事情就在于对这个被延续下来的原则进行整理，使之不乱。如果统治者不知道这个始终一贯的原则，在具体的政治活动中就会不知道如何应对变化。一贯的原则其根本精神是没有改变的，社会之所以动乱，是因为统治者对此的理解出现了差错；国家之所以能够得到治理，是因为统治者能够详尽地贯彻执行这个一贯的原则。正如在水上航行的人要对水之深浅进行测量，不知水之深浅而在水中航行就容易沉没；治理国家也不能偏离于道，道隐匿不见则天下大惑。统治者治理国家和百姓，需要对治理的原则进行探究，如果对治理原则不清楚，就容易导致动乱。礼制、法度就是这个衡量的标准，就是足以为“道贯”、成为历代社会“不变”的原则。“礼”“法”是治国之本，废弃礼制，则这个社会就是暗昧不明的社会，就是乱世。道是无时无处不在的，但由于外事（如战争）、内事（如内政）各有其不同的准则，所以对这个一贯之道，在统治者理解、贯彻执行的过程中是会出现不同情况的，故道有隐有显，显则治，不显则百姓遭受灾难，此道则隐。

荀子的社会历史观认为，“人”在社会历史中可以发挥重要作用，他提出“明于天人之分”，认为天有其职，人有其治，天人不相预。因此，人类社会治理的好坏不在于天，而全在于人自己。人和禽兽不同，人异于禽兽之处，在于人能“群”，彼不能群；人之所以能“群”，在于人有生、有知，亦且有义，能够以礼义、法治来治理国家与社会，从而“明分使群”，这就是人类社会异于禽兽的重要所在。荀子的社会理想在于“法后王”，要“隆礼尊贤”“重法爱民”，实行“王政”，他坚持要恢复周代的政治制度，但他理解的周制，与历史上实际存在的周制已经有了质的差别，不能简单地认为荀子的历史观是复古倒退的历史观。荀子认为，社会历史的发展有“道”一以贯之，道体常而尽变，常而不变的是“礼”与“法”，历代统治者都必须了解这个常而不变的历史之体，才能更好地进行统治。在他看来，历史的发展有其大势，不以君王、圣人个人的意志为转移，而是由天下人的意志和社会发展的形势所决定的。因此，在荀子的社会历史观中，有较多的合理因素。但荀子把本来是在历史中所形成的“礼”“法”等社会文明、制度看成是历世不变的“道”，这就不恰当地夸大了社会文明、制度在人类历史发展进程中的作用，表达了一种非历史的观点。

三、先秦道家的历史观念

老子是先秦道家的重要代表。据司马迁《史记》记载，老子为楚国苦县厉乡曲仁里人，名耳，字聃，姓李。《道德经》是研究老子及先秦道家学派思想的重要参考资料。

道家思想在地域上属于楚文化，与代表中原文化的儒家思想有截然不同的文化特征。儒家思想一般重视对社会礼乐文明制度的建构，具有重制度文明的特点；道家之精神，重天道之自然，认为人类社会文明之建构应该与天道相合，反对文明制度对人性的异化。由于有这种不同，故而在社会历史观上两家亦存在重要差异。

以老子为代表的先秦道家的社会历史观主要有如下内容：

1. 道是一个逻辑展开的历史过程："道生一，一生二，二生三，三生万物"

老子及其《道德经》崇尚天道之自然。他认为，有一种根本的存在，它先天地生，混混沌沌，听之寂然无声，看之虚廓无形；亘古亘今，不改其性，独立长存，循环往复，运行不息，为天地万物化生的根本。对于这样的一个根本性存在，老子认为没有人知道它的名姓，姑且称之为道，或者泛称之为"大"。

> 有物混成，先天地生，寂兮寥兮，独立而不改，周行而不殆，可以为天地母，吾不知其名，字之曰道，强为之名曰大。大曰逝，逝曰远，远曰反。故道大，天大，地大，人亦大。[77]

老子认为，道是生生不息的。道化为一，宇宙发生。一分为二，阴阳始成。阴阳两气交融而生三，三则意味着万物化成。万物千差万别，但总蕴含阴阳的相互作用，阴阳相互作用，故事物变化无穷。

> 道生一，一生二，二生三，三生万物。万物负阴而抱阳，冲气以为和。[78]

天下万事万物之所以生成，有其原因，这就是道；万物生成之后，各具自己的本性，这就是德。德是道的体现，是道的殊相。道是一种形而上的理体。它因万物而成形，因天下大势而成就自己的现实存在。万物都体现着道与德。道之所以为尊，德之所以为贵，不是因为道、德自身对万物有一种权威和命令，这都是出于万物各自的天性，是自然而然的。道是万物发生的原因，蕴藏着万物生成、收藏的本性；万物生成、发育、成熟，包括其延续和终结，无不有道在其中发挥作用。道生生不已，但没有私意去占有万物；道蓄养万物，但不居功自傲。这是一种境界深远的道德，道就具备此种境界和道德。老子说：

> 道生之，德畜之，物形之，势成之。是以万物莫不尊道而贵德。道之尊，德之贵，夫莫之命而常自然。[79]

道不仅是现实的、现象的存在，即“有”；它也是一种潜在的存在，即“无”，这种潜在与现实相对应，都很玄妙，构成了道的属性。其中，任何一个方面的属性都不可能概括道的全体，故“道可道，非常道；名可名，非常名”。

道亘古亘今。当道先天地而存在时，它是“无”，“无”虽然不是实体，却是实实在在的存在；可以是潜在的，亦可以是现实的，虽然是“无”，却可能生“有”，道由潜在的演化为现实存在的，就是“有”。

道通贯“有”“无”，是有与无的统一。道，当它作为现象存在，作为“有”时，是明明白白的；当它作为潜在的，作为“无”时，则是窈窈冥冥的。道有“常无”的一方面，亦有“常有”的一方面。“常无”，是说道以一种潜在的方式而存在。当以这种方式存在时，它是玄妙莫测的。“常有”，是说道以一种现象的方式而存在。当以这种方式存在时，它是清晰明白的。无论是玄妙莫测，还是清晰明白，体现的都是道的玄之又玄的功用。道备包有无，包罗万象，乃众妙之门。

> 道可道，非常道。名可名，非常名。无名天地之始，有名万物之母。故常无，欲以观其妙；常有，欲以观其徼。此两者同出而异名，同谓之玄。玄之又玄，众妙之门。[80]

道先天地而生，但道又是处于历史发展过程中的。在历史发展过程中，道逐渐具体化，因而有了天地和万事万物。这就意味着老子肯定历史的存在，具有历史主义思想的萌芽。当然，老子所谓的历史主要是道演化的历史。道是一个展开的过程，这个过程既是道由潜在向现实的过渡，也是由现实向道自身的回归；由道可能发展出非道，非道亦可以返于道，这是一种循环。人是道的产物，秉承有道性，故道大，人亦大。人的历史发展可以反映、体现道的存在。

道是历史的源泉、基础和推动力，历史不过是道的产物。从自然界到人类社会，都处于不断运动、变化和发展中，这其中存在道的作用。就这一点而言，也可以说，老子并不认为历史发展是杂乱无章的，所谓“反者道之动，弱者道之用”，世界万物包括人类社会的发展都有其内在规律。正因为道亘古亘今，所以，我们通过执掌远古以来的道，就可以驾驭当今的万有。通过洞察万物大化伊始之情，就能把握大道造化生成万物的规律。

> 执古之道，以御今之有。能知古始，是谓道纪。[81]

总之，老子讲道的外化及外化之物向道的复归，老子的历史主要不是经验的历史，而是道逻辑演化的抽象历史。老子不是要从历史本身发现普遍的道，他是要将道加于具体历史发展之中，具体的历史发展只是道的体现。这样，人的历史就可能成为对抽象的“道”的历史的反映和折射。

2. 人道对“道”的背离：“夫礼者，忠信之薄而乱之首”

老子认为，“道”是最完满的。现实的人、现实的世界与道相背弃，故而产生了种种问题。由此，老子表达了他对当时的现实社会的不满。

根据老子的理解，与天道相比，人道是不理想的。打个比方，天道运行，就好比射箭，瞄准时，如果高了，就把箭往低压一些；如果低了，就把箭往高抬一些。劲力用得太大，就稍微松一下；反之，则加强一些。因此，在自然界，我们看到的情况是，天道减损有余的、多出来的部分，弥补不足的、亏欠的部分。这样，在天道的作用下，自然万物就可以保持一种和谐与平衡。人道却与此不同，在人类社会中，经常是损害不足者，以供养那些富足有余的人，这是违背天道之情的。

天之道，其犹张弓欤？高者抑之，下者举之；有余者损之，不足者与之。天之道，损有余补不足。人之道则不然，损不足以奉有余。[82]

老子对当时统治者疯狂地敛财、傲民，非常看不惯。他认为，即使统治者金玉满堂，最终亦不能守藏而永远据为己有；富贵而骄奢淫逸，必将自取祸殃。对统治者来说，追求色彩过于华丽的衣裳，可能因此看不清时势发展的趋势；沉湎于动听的音乐，就可能听不进治国的好建议；习惯于享受各种美好的滋味，可能使人口感麻木，不能辨别正味为何；成天纵马驰骋在田野上狩猎，可能使人心意癫狂，不能冷静思考国家大事；过分追求稀世珍宝，使人行为乖张、怪诞，造成社会的不和谐。

金玉满堂，莫之能守；富贵而骄，自遗其咎。

五色令人目盲，五音令人耳聋，五味令人口爽。驰骋畋猎，令人心发狂；难得之货，令人行妨。

甚爱必大费，多藏必厚亡。[83]

老子认为，造成天下大乱的罪魁祸首便是统治者的贪欲和永不满足的掠夺之心。当时治理国家的统治者不知自足自俭，为政不清廉，私欲如深壑，永难填足。国家朝政一塌糊涂，田地里庄稼颗粒无收，仓库中一无所有。在这种情况下，居于上层的统治者还竞相穿着奇装异服，吃着山珍海味，搜刮着民脂民膏，财富多得数都数不清，手中掌握着国家机器，随时准备镇压老百姓的反抗。老子认为，这些居于上层的人，简直就是强盗头子，道德沦丧，禽兽不如。

朝甚除，田甚芜，仓甚虚；服文采，带利剑，厌饮食，财货有余；是谓盗夸。非道也哉！[84]

在老子看来，老百姓忍饥挨饿是因为在上位的统治者向百姓征收了太多的赋税，这样百姓就不得不忍饥挨饿了。老百姓吃不饱、穿不暖，当然要起来反抗。统治者只知道抱怨现在治理百姓很艰难，想一味诉诸武力镇压，却不知道天下大乱、民众造反的根本原因就在于自己。如果统治者所实行的政策、措施使百姓活不下去了，那么百姓对于死就不会感到畏惧。在这种情况下，统治者以死亡来威吓百姓，使之听从自己，是不会有什么效果的。

民不畏死，奈何以死惧之？

民之饥，以其上食税之多，是以饥。民之难治，以其上之有为，是以难治。[85]

老子所处的那个时代，诸侯为了自己的私欲，驱动百姓，战乱、杀伐不止，是一个“不道”的世界。老子主观上反对战争，认为战争、武器、杀人等是凶险之事。他说，精良的武器是凶险的，为万物所厌恶。君子不能以自己掌握精良武器为荣，君子不得已要使用武器时，也应该不是为了满足自己的私欲而来发动战争。即使善战、战则能胜的一方，也不应该美化战争。美化战争会败坏人的道德，扭曲人的心灵，会在社会上倡导一种嗜杀成性的恶习，这种好战、好杀之徒，是不可能得志于天下的。

当然，老子也意识到，有时战争是难以避免的。对于这种情况的出现，老子表现出了一种无奈和悲哀。他深刻认识到战争的残暴，强调不要为取得赫赫战功而喜悦。他甚至认为，即使是打了胜仗，获胜之师也要心怀悲哀，不奏凯旋之歌，而处之以丧礼。因为毕竟战争、杀人是整个人类社会的不幸。老子说：

夫佳兵者，不祥之器，物或恶之，故有道者不处。……兵者不祥之器，非君子之器，不得已而用之，恬淡为上。胜而不美，而美之者，是乐杀人。夫乐杀人者，不可得志于天下。……杀人之众，以悲哀泣之，战胜以丧礼处之。[86]

所以，老子认为，以道来辅佐君王进行统治的人，一定要认识清楚，不能依靠武力来统治、征服天下。喜欢穷兵黩武的人，必然遭受“以其人之道还治其身”的下场。老子看到，在现实中，军队曾经驻扎的地方，颗粒无收，遍地长满野草和荆棘；大军交战之后，留下的只是灾疫流行、哀鸿遍野的凶年。

以道佐人主者，不以兵强天下，其事好还。师之所处，荆棘生焉。大军之后，必有凶年。[87]

老子认为，如果天下有道，则马不是充当战马，而是充当农民的耕田工具，在耕地中忙碌。反之，天下无道，则甚至怀孕的母马也不得不被人用来作为战争的工具。为什么会有战乱呢？就是因为统治者炽盛的贪欲。

天下有道，却走马以粪；天下无道，戎马生于郊。罪莫大于可欲，祸莫大于不知足，咎莫大于欲得。[88]

老子所处的时代，诸侯为争夺一己之利，驱动天下百姓混战，杀人如麻，百姓渴望和平与安宁。老子反对战争，希望天下和平，这在当时来说，代表了广大百姓的利益，道出了时代和民众的心声。虽然老子没有区分战争的正义与非正义，但正所谓“春秋无义战”，在这种情况下，我们是不能苛求古人的。

想要通过夺取天下，并以强权来推行自己的意志，这在老子看来是不可能做到的。因为天下并不是个人的私有物，天下是神圣的公器。不可能按某一个人的主观意志来加以统治。如果统治者想要以自己的私心执持国家政权，按己意随心所欲地进行统治，这种统治必然遭到失败，他所执持的天下或国家政权也必然丧失。

将欲取天下而为之，吾见其不得已。天下神器，不可为也，不可执也。为者败之，执者失之。[89]

老子强调百姓是国家的根本。在社会中，王侯之所以是王侯，是因为有百姓存在。尊贵之所以为尊贵，是因为有贫贱存在。崇高要以低下为根基，一些侯王自称为孤、寡、不毂，这正说明高贵者要以低贱为本。老子强调百姓对于国家的重要性，希望统治者不要过分执着于享受而轻视百姓的存在。

> 奈何万乘之主，而以身轻天下！轻则失根，躁则失君。
>
> 故贵以贱为本，高以下为基。是以侯王自称孤寡不毂。此非以贱为本邪？[90]

老子想要改变他那个时代天下大乱的现状，他希望通过否定当时的现实社会制度的方式来达到。

> 大道废，有仁义；智慧出，有大伪；六亲不和，有孝慈；国家昏乱，有忠臣。
>
> 故失道而后德，失德而后仁，失仁而后义，失义而后礼。夫礼者，忠信之薄而乱之首。[91]

老子认为，人类的发展史，有如下几个阶段：合于道的阶段，失道而后德的阶段，失德而后仁的阶段，失仁而后义的阶段，失义而后礼的阶段。在“失义而后礼”这个阶段，忠信之风全无，是人类社会发展到极为混乱的一个历史阶段。过分的制度文明违反道之自然的本性，成为社会和民众的一个沉重包袱。因为不以大道治理天下，则只能依靠仁义；以智谋来治理国家，相伴而生的必然有伪诈；家庭只有在失和的情况下，才会突出强调父慈子孝；国家处于昏乱的时候，忠臣节义才可能得到凸显。所以，老子强调统治者治理国家、爱护百姓，要“无为”而不妄行，不要刻意引导百姓追求所谓圣人的境界，治理国家不以智谋，老百姓将因此而得到大的利益。不过度追求外在的仁爱与节义，百姓就可以恢复其内心本来所具有的孝慈。不引导百姓追求私利、追求奇巧之物，那么社会上的盗贼自然就会消失，社会就可能由不合于道向合于道回归。

> 绝圣弃智，民利百倍；绝仁弃义，民复孝慈；绝巧弃利，盗贼无有；此三者以为文，不足，故令有所属。见素抱朴，少私寡欲。[92]

老子认为，人从自然状态下进入到文明社会，就开始了对道的异化。他希望从道的异化再走向与道的相通。这个过程是如何实现的？老子开出了药方，即回归道的无为。社会和人的活动所具有的目的性、计划性都要服从于道的自然性。人的目的和历史的目的就是实现道，就是法自然。道自然地创造万物，万物的本质就是自然，事物实现自己的本质就是合于道。在这个过程中，不需要人过多地去干预，过多干预会促使事物走向其反面，由自然走向不自然。

根据老子的理解，事物存在着对立面。这种对立的双方，如善与恶等是不可分的。如果人刻意要强调善，则随之肯定会产生恶。要消除恶，那么，对于善也不能刻意去追求。通过去除人的主观妄动，包括对所谓善的追求，顺人情、物性而行，就可能找到通向大道的门径。老子不讨论人性善恶的问题，他倾向于认为道性是清静、无为的，通过“见素抱朴，少私寡欲”，就可以恢复社会和自然的本来状态，而本来状态就是理想状态。

老子认为，人类历史的发展是一种循环。一方面，人类社会“失道而后德”,“失德而后仁”，“失仁而后义”，“失义而后礼”，其发展过程中存在一种对道的背离；另一方面，通过“绝圣弃智”“绝仁弃义”“绝巧弃利”，达到“无为”而治，人类社会又可以实现向道的复归。老子对于他所处那个时代的现实非常不满，他希望解决这些问题。他解决问题的思路在于去除过度发展的文明制度对人性的异化，使社会和人重新复归于道之自然。从这种意义上讲，老子的“自然”也是一种自由，是人在摆脱社会异化后，所获得的一种从制度和精神束缚中的彻底解脱。

老子通过对一种非常旷远的、虚无缥缈的道的述说，表达的却是非常现实的、积极的人生关怀。老子试图对现实做一种哲学的解释，希望探究清楚在社会历史发展过程中起决定作用的因素究竟是什么，以及它是怎样发展的，而这一因素就是道。老子超越了商、周以来的神意历史观，他似乎并不认为历史就是神意的一部分，历史有时与道相合，有时又超出道之外；超出道之外的历史并不能长久，所谓“不道早已”，还将复归于道。道不仅可以是现实的、现象的存在，它也可以是一种潜在的存在。当道以一种潜在的方式存在时，它是“无”，与“有”相对应。当道是一种现实的存在时，现实的有不过是道体“无”的显现而已。现实是变化莫测的，是不确定的，但道却是实在的。道不仅是理想，亦可以是现实。但现实不一定就是道的体现，现实可能是非道的，是道的对立面。当现实是非道的时，并不意味着道是不存在的。非道的现实之所以能够存在，乃在于道的存在。所以，道既是内在的，又是超越的。

对于历史发展的主体，从理论上来讲，老子认为是道。但是，老子又肯定了人在历史发展中的地位。因为域中有四大，道大，人亦大（王大）。人是道的体现，可以法道而行，实现道，践行道，使人类社会趋近于道的理想状态。

3. 理想社会的达成：“道常无为而无不为，侯王若能守，万物将自化”

老子强调政治要法自然而行，这就是政治的最理想状态。具有上德的统治者在进行统治时，并不刻意去造作和经营，而是顺乎人之性和物之理，无为而治。在政治生活中，不法道之自然和无为去治理，就有仁、义、礼制等人为制度和规范的出现，这表明在社会中，人与人之间朴素的忠诚、信誉已经趋于消失，这是社会祸乱的开始。

对于人类历史的发展，老子是持肯定和乐观的态度的。老子认为，一旦人们法道而行，与道相通，就可以达到理想的社会。这种历史进步要得到实现，就要使人们从外在的现实束缚、主观妄为、贪欲中解脱出来。统治者要行不言之教化，处无为之事。老子认为这种无言的教化、无为的效益，世上的人是很难了解的！

> 取天下常以无事，及其有事，不足以取天下。
>
> 是以圣人处无为之事，行不言之教也。
>
> 不言之教，无为之益，天下希及之。
>
> 爱民治国，能无为乎。[93]

道家之“无为而治”，不是指无所作为，什么都不做，而是指要顺着事物内在发展规律而行，顺着事物之性情而动，这样才能“无为而无不为”。“无为”指的是不主观妄为。人如果不主观妄为，顺事物发展规律而行，则能够做到“无不为”，即做什么都可以成功。道无主观之私意，不过是随顺人性、物情而施为，故能无所不为。侯王若能知晓道之无为，天下民风将同化而归于自然。

> 道常无为而无不为。侯王若能守，万物将自化。[94]

统治者如果不以自己的私智来治理天下，而是顺天下万物之情来治理，则天下万物各得其治，这就是无为而治。老子认为，治理大国就好比煎一条小鱼，不能经常去翻动它，煎小鱼时如果经常去翻动它，小鱼就碎了；同样，治理天下大国，也不能随意搅扰百姓，不必刻意去经营，否则就容易导致天下大乱。要本着大道去治国。

> 治大国，若烹小鲜。[95]

在具体的政治活动中，若统治者自抑不彰，那么，百姓就会返璞归真。如果统治者通过严苛监督来治理国家，那么百姓就会变得狡猾而难以治理。

> 其政闷闷，其民淳淳；其政察察，其民缺缺。
> 民之难治，以其上之有为，是以难治。
> 我无为而民自化，我好静而民自正，我无事而民自富，我无欲而民自朴。
> 取天下常以无事。[96]

统治者老是感叹，说现在的百姓真是太难治理了！在老子看来，这其实不是老百姓的问题，而是因为在上位的统治者自己主观妄为，其治理的政策、方针不合于道之自然，所以百姓莫可适从，故统治者感觉百姓难以治理。

> 民之难治，以其智多，故以智治国国之贼，不以智治国国之福。[97]

治理国家与行军打仗有所不同，用兵贵在出奇制胜，但治理国家就必须要正规，要走正道，不然老百姓就无所适从。统治者要清静无为，以此来德化天下，就可以更好地统治天下。当时的社会历史实践证明了这一点：虽然政府颁布了很多的禁令，结果老百姓反而因之更加贫困；民众私藏了许多利刃，国家、社会就更加昏乱；提倡淫巧竞争，社会上的奇怪之事就经常发生；政府颁布了很多法令，可是社会上盗贼仍然在横行。所以，统治者无为治国，百姓就质朴敦厚；统治者不兴事扰民，百姓就可以富足安康；统治者恬淡清静，社会就会充满正气；统治者不纵欲败行，则社会风气就会淳朴、正直。

> 以正治国，以奇用兵，以无事取天下。吾何以知其然？以此：天下多忌讳，而民弥贫；人多利器，国家滋昏；人多伎巧，奇物滋起；法令滋彰，盗贼多有。故圣人云："我无为而民自化，我好静而民自正，我无事而民自富，我无欲而民自朴。"[98]

统治者不要刻意去崇尚贤能，以避免天下人因此都去争夺此虚名；不能偏好稀奇难得之物，以避免诱发偷盗之心；要提防因物欲而勾起人的贪心，以避免扰乱民众内心的安宁。圣人治理国家主要采取的手段有：净化百姓的心灵，满足百姓的基本生活需要；不煽动百姓，使之冲动、迸发激情，而是致力于增强百姓的体质；使民众不知虚名浮利，无意为此而竞争，不为物欲而妄行。这样，一些别有用心的人也不敢自恃聪明，胡作非为。统治者遵循道之无为的纲领施政，天下和国家自然就能达到太平。

> 不尚贤，使民不争。不贵难得之货，使民不为盗。不见可欲，使民心不乱。

> 是以圣人之治，虚其心，实其腹，弱其志，强其骨，常使民无知无欲，使夫智者不敢为也，为无为，则无不治。[99]

治理天下和国家，应该遵循天道自然之规律，不能仅凭统治者自己的主观意志妄为。把天下和国家治理好是统治的目的，但如果不依道、不依规律行事，天下和国家不仅得不到治理，反而会大乱。天地生成万物，并不是为了要刻意表示自己的仁爱，只不过是顺物之性而为，在这个过程中，天地并不视自己为万物的主宰；同样，圣人教化百姓，亦不是为了要刻意彰显自己的仁爱，不过是顺应百姓之情而施政，并不自视为百姓的主宰。

> 天地不仁，以万物为刍狗；圣人不仁，以百姓为刍狗。
>
> 人法地，地法天，天法道，道法自然。[100]

圣人在治理国家的时候，始终想着百姓的利益。不以自己的主观意志为转移，而是以百姓的心意为准绳，来衡量政治的好坏。社会风气好的时候，圣人根据此情况，努力来治理国家；社会风气不好的时候，圣人也根据此情况，努力来治理国家。百姓诚信，圣人固然信赖、依靠之；百姓不诚信，圣人也还努力信赖、依靠之。圣人治理天下，不以自己的主观意志为转移，而是随天下人之心意去作为，虽然治理天下，却表现得浑然天成。而当百姓欲了解政治时，他们看到的圣人就像孩子一样朴素、无奇。

> 圣人无常心，以百姓心为心。善者吾善之，不善者吾亦善之，德善。信者吾信之，不信者吾亦信之，德信。圣人在天下，歙歙矣，为天下浑其心，百姓皆注其耳目，圣人皆孩之。[101]

圣人治理天下，只是顺人之情，顺物之性，无为而治。如果不顺人之情，不顺物之性，主观妄为，想把天下治理好是不可能的。

老子认为，有一种上善的境界，这种境界和一般的善有所不同。如果要勉强对之加以解说的话，这种上善的性质就好比是水。水对于万物都是必不可少的，它哺育万物、有益于万物，又从不居功自傲，不与万物争利，只是安然处于卑下低洼之处，这种卑下低洼的地方一般人是不愿居处的。水的这种性质可以用来形容道的上善境界，老子由此进行了引申，认为理想的人格应该做到，在社会上不争名夺利，而应像水一样能屈高就下，随缘适应；其心境就好比水处深渊，波澜不惊、沉静平稳；帮助他人、帮助社会应该像水润万物一样尽心尽仁；言谈应该像水性长流一样，使人可以确信无疑。治理国家、天下应该像水无常形一样，因势利导；做事应该像水利万物一样，无所不能；行动应该像水流无碍一样，随时而发。因其不争，所以不会招致怨尤。老子看到当时的天下大乱，就是因为人们的私欲膨胀导致了争夺，由争夺而有战乱，因战乱而天下杀戮不断，灾殃连连。要解决这个问题，老子提出了一种理想人格，这种理想人格具有善利万物、处下不争、因势利导、随时而行、博爱万物、诚实守信等品性，就好比是水。

> 上善若水。水善利万物又不争，处众人之所恶，故几于道。居善地，心善渊，与善仁，言善信，政善治，事善能，动善时。夫唯不争，故无尤。[102]

道通贯于个人及家、国、天下之间。老子认为，道是不可动摇的，也是任何人、任何事物所不能摆脱的。道遍及万物，这就体现了其善于建立而不可能被动摇的道理；道容纳万物，这就体现了其善于抱持无从脱离的道理。如果人遵循道这种建德抱一的真理，就可以传家久远，子孙祭祀不绝。以道德来修身，这样道德才能落到实处；以道德来齐家，其家必有余庆；以道德来润泽乡邻，道德才能得到发展；以道德来治理国家，道德才可以丰大而盛；以道德来引导天下民众，道德就可以普及众生。所以，通过个体的方式来体验道德的存在，可以推己及人；通过家庭的方式来体验道德的存在，可以映现其他家庭的情况；通过乡里乡亲的方式来体验道德的存在，可以映射其他乡邻的情况；通过一国实践道德的情况，可以反映其他国家的情况。普遍的道德标准，可以衡量天下之人心。老子在这里设问道：“我通过什么方式知道天下万物之情呢？”不过是通过道德的标准，以观察天下的人和事与道德相通的真与伪罢了。

> 善建者不拔，善抱者不脱，子孙以祭祀不辍。修之于身，其德乃真；修之于家，其德乃余；修之于乡，其德乃长；修之于邦，其德乃丰；修之于天下，其德乃普。故以身观身，以家观家，以乡观乡，以邦观邦，以天下观天下。吾何以知天下然哉？以此。[103]

大道化而为器物，万事万物因与道相通而井然有序，圣人依此秩序而制定百官制度，这种制度、秩序博大精深，不需要主观人为地去对它进行裁制，顺其自然，就能达到无为而治。老子并不是反对一切文明制度，他是反对文明制度对人性的异化。文明制度是圣人根据人性、物情而制定的，其本性是自然而然的。如果这种文明制度过度膨胀，就会失去其本来的自然本性，以这种不合于道、不自然的文明制度来统治人民，人民就觉得这与自己的本性、与事物的情性格格不入，就会造成对人的自然本性的压抑，会导致人的自然本性的异化。所以，老子认为根据人性、物情去确立文明制度是必要的，但文明制度不能过分，不能越出其适用的范围，不能违反人性、物情而主观地去对文明制度予以加强。这样不仅不能达到治理天下的目的，甚至会适得其反。

> 始制有名，名亦既有，夫亦将知止，知止可以不殆。
>
> 朴散则为器，圣人用之，则为官长，故大制不割。[104]

老子并不绝对地排斥名分与制度，他只是认为在创立了名分和制度之后，在使用这些名分和制度的过程中，要掌握好限度。因为名分和制度本身并不是政治追求的目的，政治的目的在于无为而治，所以制定名分与制度需要适可而止，力求简政，不能为了名分和制度而制定名分与制度。

老子希望在祸乱刚开始萌芽之时，就将之消除掉。老子认为，人心和社会安定，政权就容易维护。乱象还不明显，矛盾冲突尚在萌芽状态时，祸患就容易消除。危机不深时，局势就容易扭转；怨气轻微时，民情就容易被说服。所以，统治者应该在麻烦还没有产生时，就预先进行防治；在社会动乱还没有发生时，就对之进行治理。老子说："你看到几个人手拉手都抱不过来的大树了吗？它是由毫末那么小的小树苗长成的。你看到九层高的楼台了吗？它也是由一块块的土块垒起来的。千里远的旅程，是从脚下开始，一步一步走出来的。人们做事情，经常在这个事情将要做成时却失败了，这是因为不能自始至终地谨慎从事的原因。如果始终谨慎从事，则做任何事都能成功。"

其安易持，其未兆易谋。其脆易泮，其微易散。为之于未有，治之于未乱。合抱之木，生于毫末；九层之台，起于累土；千里之行，始于足下。民之从事，常于几成而败之。慎终如始，则无败事。[105]

老子对理想社会进行了多角度的描绘。老子认为，在理想社会中，也存在圣王与君主，但百姓仅仅知道他的存在，至于他的其他方面，则不太关心了；在次一等的社会中，百姓亲近自己的君主，歌颂自己的君主；在更次一些的社会中，君主表现得很威严，人们对于君主感到害怕；在最差的社会中，人们对于君主从内心看不起他，轻慢甚至侮辱他，以发泄自己心中的愤怒。因为统治者自身诚信不足，故而导致了百姓对于统治者的不信任。所以，理想社会的君主无为而治，顺万民之性、万物之情来治理国家，国家治理得很好，百姓也没有觉得君主做了些什么，治世的事业在自然而然中就成就了。君主功成而身退，百姓皆认为这是理所当然的。老子认为的理想社会就是如此。

太上，下知有之；其次，亲之誉之；其次，畏之；其次，侮之。信不足，有不信。犹其贵言，功成事遂，百姓皆谓："我自然。"

大道泛兮，其可左右，万物恃之以生而不辞，功成而不有，衣养万物而不为主。[106]

理想社会中的君王不能与民争利，不能压迫和剥削百姓。老子认为，江海之所以能为百川之汇，原因就在于江海善于处在低下的地方，所以，百川奔流入江海。同样，圣王想要领导百姓，就要效法江海甘于居下的谦逊态度，想要在前引导百姓，就要事事为百姓考虑，吃苦在前，享乐在后。只有这样，统治者居上位而百姓才不会感到有压力，处前而对百姓没有危害，天下人都拥戴他而不感到厌烦。这是因为他时时、事事都不与民争利，这样，天下没有人要和他竞争。

> 江海所以能为百谷王者，以其善下之，故能为百谷王。是以圣人欲上民，以言下之；欲先民，必以身后之。是以圣人处上而民不重，处前而民不害。是以天下乐推而不厌。以其不争，故天下莫能与之争。
>
> 慈故能勇，俭故能广，不敢为天下先，故能成器长。[107]

所以，处在君主这个位置上并不是一种享受，相反，君主要担当起天下的重担，其责任是十分重大的。老子认为，当一国蒙受灾祸与不祥之时，君主要勇于承担，这样，才是一个君主在危难时刻所应该做的。

> 受国之垢，是谓社稷主；受国不祥，是为天下王。
>
> 孰能以有余奉天下？唯有道者。是以圣人为而不恃，功成不处，其不欲见贤也。[108]

当然，在人类社会中，只有那些有道的圣哲之人才可能以“有余”来奉“不足”，并且他们虽然这么做了，还不自恃是自己的功劳，不居功自傲，不愿意让人们认为自己是贤哲之人，背上“贤哲”的虚名。圣人是不囤积私财的，圣人奉行这样的原则：越是帮助别人，自己就越充实；给别人的越多，自己得到的就越多。天道与人道应该统一起来，正如天道利养万物而不害一样，人道也应该倡导努力为社会、为他人服务而不争夺一己之私利。老子强调统治者要知道满足，不要利欲熏心。如果不知足，他们的灾祸就在眼前。

> 圣人不积，既以为人己愈有，既以与人己愈多。天之道利而不害，圣人之道为而不争。
>
> 故知足之足，常足矣。
>
> 故道生之，德畜之，长之育之，成之熟之，养之覆之。生而不有，为而不恃，长而不宰，是谓玄德。[109]

老子认为，在理想社会中，国家都比较小，人民也少，虽然有复杂的器具，但百姓不用它们也能生活得很好。因为国家治理得很好，所以百姓热爱生命、热爱生活，不用逃亡到远方去谋生。舟船车辆、盔甲兵械等都用不上。天下太平，邻近国家的人们彼此虽然能听到各自鸡犬的叫声，但国家之间因为没有战争与争端，所以民至老死，也不会发生相互欺凌的现象。

> 小国寡民，使有什伯之器而不用，使民重死而不远徙。虽有舟舆，无所乘之；虽有甲兵，无所陈之。使人复结绳而用之。甘其食，美其服，安其居，乐其俗。邻国相望，鸡犬之声相闻，民至老死不相往来。[110]

总之，老子的社会历史观认为，从生生不息的自然界，到动荡不定的人类社会，整个世界都处于变化、发展中；任何事物都是相对立而存在的，所谓“有无相生，难易相成，长短相形，高下相倾，音声相和，前后相随”[111]；任何变化都处于对立面的转化过程中，“反者道之动”“弱者道之用”，这就是事物发展的规律。人类社会的统治者不知道事物变化发展的规律，反其道而行之，所以，整个社会就处于与“道”相背离的混乱状态。但是,“道”不远人，老子认为，人类可以创造条件，把握事物的转化，把握世界的本质，达到与“道”相合的理想状态。

四、先秦墨家的历史观念

在先秦“百家争鸣”时期，墨家学派是与儒家学派齐名的一个学派。孟子曾力辟“杨”“墨”，以维护儒家思想的地位。先秦墨家的主要代表人物有墨翟等人，《墨子》一书，现存五十三篇，为墨翟和他的门徒所作。其中《兼爱》《非攻》《尚贤》《天志》等篇章反映了墨翟和早期墨家的思想，包含不少关于历史和社会发展的观念。

1.“兼相爱”“交相利”：理想社会的蓝图

墨子认为，他所处的那个时代是一个乱世。其中，强有力之人欺凌弱小之人；人数众多的诸侯国劫掠人数少的诸侯国；富足有余的人看不起贫困之人；地位高贵者蔑视地位低贱者；有智谋的人欺诈智慧不足的人。这些造成了天下人的离心离德，各诸侯国杀伐征讨不断，社会大乱。

为此，墨子提出“兼相爱”“交相利”之说，希望能引导社会摆脱困境，建设一个理想的乐园。他所谓的“兼相爱”“交相利”，主张天下之人和天下各诸侯国，彼此不分亲疏远近，互爱互利。要做到对待别人的国家，就好像对待自己的国家一样；对待别人的家庭，就好像对待自己的家庭一样；对待他人的身体，就好像对待自己的身体一样。墨子认为能做到这一点，那么就会形成“天下之人皆相爱”的局面，这也是墨子对理想社会的一个设想。

墨子认为，志士仁人必定要兴天下之利，除天下之害，以此作为自己所追求的事业的标准。那么，天下之利是什么？天下之害又是什么？墨子认为他所处的那个时代，诸侯国与诸侯国之间互相攻击，家庭之间互相篡夺，人与人之间互相贼害，君不惠，臣不忠，父不慈，子不孝，兄弟之间不和睦，他认为这些不良的社会现象就是天下之大害。

> 子墨子言曰：“仁人之所以为事者，必兴天下之利，除去天下之害，以此为事者也。”然则天下之利何也？天下之害何也？子墨子言曰：“今若国之与国之相攻，家之与家之相篡，人之与人之相贼，君臣不惠忠，父子不慈孝，兄弟

不和调，此则天下之害也。”[112]

墨子认为，这种天下大害是因为人们彼此之间不相爱所造成的。当今之世，各诸侯只知道爱自己的国家，而不爱他人的国家。因此，不惜举自己一国之力以攻取他人的国家。卿大夫只知道爱自己的家，而不爱他人的家，因此，不惜举全家之力以侵夺他人的家。人们只知道爱惜自己的身体，而不爱惜他人的身体，所以不惜倾其全力以贼害他人的身体。诸侯国之间因为不相爱则必然引发战争，卿大夫之间不相爱则必然相互侵夺，人与人之间不相爱则必相贼害，君臣之间不相爱则没有恩惠与忠诚，父子之间不相爱则不慈爱、孝顺，兄弟之间不相爱则不亲睦、和谐。天下之人都不相爱的话，就会导致力量强的人必然欺凌力量弱的人，有钱的人必然侮辱没钱的人，有尊贵地位的人必然看不起地位低贱的人，聪明狡诈之人必然欺负愚昧之人。举凡天下之祸害、篡夺、怨恨之事之所以会发生，就是因为天下人彼此之间不相爱。墨子说：

> 然则崇(察)此害亦何用生哉？以不相爱生邪？子墨子言：“以不相爱生。”今诸侯独知爱其国，不爱人之国，是以不惮举其国以攻人之国。今家主独知爱其家，而不爱人之家，是以不惮举其家以篡人之家。今人独知爱其身，不爱人之身，是以不惮举其身以贼人之身。是故诸侯不相爱则必野战，家主不相爱则必相篡，人与人不相爱则必相贼，君臣不相爱则不惠忠，父子不相爱则不慈孝，兄弟不相爱则不和调。天下之人皆不相爱，强必执弱，富必侮贫，贵必敖贱，诈必欺愚。凡天下祸篡怨恨，其所以起者，以不相爱生也，是以仁者非之。[113]

要改变这种状况，墨子认为，应通过“兼相爱”“交相利”的办法。天下之人都相互爱戴，就不会出现以强凌弱、以众劫寡、以富侮贫、以贵傲贱、以诈欺愚的情况。天下之祸害、篡夺、怨恨等事就不会发生。

> 既以非之，何以易之？子墨子言曰：“以兼相爱、交相利之法易之。”然则兼相爱、交相利之法将柰何哉？子墨子言：“视人之国若视其国，视人之家若视其家，视人之身若视其身。是故诸侯相爱则不野战，家主相爱则不相篡，人与人相爱则不相贼，君臣相爱则惠忠，父子相爱则慈孝，兄弟相爱则和调。天下之人皆相爱，强不执弱，众不劫寡，富不侮贫，贵不敖贱，诈不欺愚。凡天下之祸篡怨恨可使毋起者，以相爱生也，是以仁者誉之。”[114]

可能会有人提出，这种要求天下之人“兼相爱”“交相利”，其实是最难行的迂阔之事。墨子辩解说，天下之士君子之所以会这样认为，是因为他们不能认识“兼相爱”“交相利”的好处，不能辨明它必须得到实施的原因。当今如攻城野战之事，杀身而成名，这是天下的老百姓都不愿意去做的事情。但是只要君主高兴、喜欢，则士众就会积极去做。更何况“兼相爱”“交相利”这种善事与攻城野战、杀身成名之事性质完全不同。爱别人的人，别人也必然爱他；有益于别人的人，别人也必然给他以利益；厌恶别人的人，别人也必然厌恶他；陷害别人的人，别人也必然陷害他。实行“兼相爱”“交相利”有什么难的！只不过因为在上位者不以之为政治好坏的标准，士大夫不以之为自己行为的准则罢了。

> 然而今天下之士君子曰：“然。乃若兼则善矣，虽然，天下之难物于故也。”子墨子言曰：“天下之士特不识其利，辩其故也。今若夫攻城野战，杀身为名，此天下百姓之所皆难也。若君说之，则士众能为之。况于兼相爱，交相利，则与此异。夫爱人者，人必从而爱之；利人者，人必从而利之；恶人者，人必从而恶之；害人者，人必从而害之。此何难之有！特上弗以为政，士不以为行故也。”[115]

墨子看到春秋时期，社会动荡不安，杀伐征讨不断，人们生活在水深火热之中。他有志于解决这些社会问题，希望通过在整个社会中倡导一种人与人之间彼此相爱、互助互利的风气，来消除战争、杀戮与仇恨，使大家能共同过一种充满爱心的幸福生活。墨子所谓的人类的理想社会就是一个“兼相爱”“交相利”的社会。但墨子这种强调人不分阶级、阶层，彼此相爱的思想缺乏现实的经济基础，在当时的社会中是不可能得到真正实现的。

2.“非命”：人是社会历史发展的主人

对于理想社会的实现，墨子强调人的主观能动性的作用。一个社会，治理得好与坏，全在于人的主观行为，社会发展不存在“命”中注定的运与命。

墨子在天命论盛行的历史时期，敢于站出来对之提出怀疑与批判。他责问道，自古到今，自从有生民以来，有谁看见过“命”这样的东西，听到过“命”的声音？墨子的结论是，根本没有人看见过或听到过“命”，所以，“命”是不存在的。如果相信“命”的存在，将会对社会政治生活造成强烈的危害，导致在上位者不努力从事于治理，在下位者不努力从事于劳作。这就会导致天下大乱。

墨子认为，远古时代，王公大人等主持国家政事的人，都希望自己国家富裕，人民众多，政事得到治理。但是，却有国家不但不富裕反而贫困，民众不增多反而减少，国家得不到治理反而混乱。这种不能达到自己的愿望，反而适得其反的情况，是怎么造成的？墨子认为，这是因为大家都肯定“命运”的存在，而不愿意努力去对现实加以改变。执掌国家命脉的人认为，命中注定富贵则富贵，命中注定贫贱则贫贱；命中注定拥有百姓多则多，命中注定百姓少则少；命中注定国家能得到治理则治，命中注定国家要混乱则乱；命中注定长寿则长寿，命中注定夭亡则早夭。既然如此，发愤图强又有什么作用呢！以这种理论，上以游说王公大人，下则阻挠百姓勉力改变自己的生存状态，懈怠于治理政事。所以，国家不陷于混乱是不可能的。

> 子墨子言曰：“古者王公大人为政国家者，皆欲国家之富，人民之众，刑政之治，然而不得富而得贫，不得众而得寡，不得治而得乱。则是本失其所欲，得其所恶，是故何也？”……执有命者之言曰：“命富则富，命贫则贫；命众则众，命寡则寡；命治则治，命乱则乱；命寿则寿，命夭则夭；虽强劲何

益哉！”以上说王公大人，下以驵百姓之从事。故执有命者不仁。故当执有命者之言，不可不明辨。[116]

然而，要辩驳这种理论应该怎么办呢？墨子认为，这需要确立一个准则。谈论一个问题而没有准则，就好比在旋转着的陶钧上面测量早晚的日影一样，是非利害之辨不可能清楚、明白。墨子提出，一种言谈是否具有真理性，应该有三个衡量标准，这就是“言有三表”。是哪三个标准？墨子说，远古时代圣王治国安民的政治实践，可以作为一个衡量标准；百姓是否赞同，可以成为一个衡量标准；将这种言论运用到国家的政治生活实践中，看看对国家、对百姓有什么好处，这也是一个衡量标准。这就是所谓的“言有三表”。

然则明辨此之说将柰何哉？子墨子言曰：“必立仪。言而毋仪，譬犹运钧之上而立朝夕者也，是非利害之辨不可得而明知也。故言必有三表。”何谓三表？子墨子言曰：“有本之者，有原之者，有用之者。于何本之？上本之于古者圣王之事。于何原之？下原察百姓耳目之实。于何用之？废以为刑政，观其中国家百姓人民之利。此所谓言有三表也。”[117]

墨子认为，现在天下的士君子们可能认为“命运”是存在的，那么，何不看看古代圣王之事呢！古时候，夏桀造成天下大乱，商汤接手之后，把天下治理得井井有条；商纣王造成天下大乱，周武王接手之后，将天下治理得很好。世界还是这个世界，百姓还是这些百姓，但是处于夏桀、商纣王的时候则天下乱，处于商汤和周武王的时候则天下治，这怎么可以说有“命运”存在呢！

然而今天下士君子，或以命为有，盖尝尚观于圣王之事！古者桀之所乱，汤受而治之；纣之所乱，武王受而治之。此世未易，民未渝，在于桀、纣则天下乱，在于汤、武则天下治，岂可谓有命哉！[118]

以此之故，墨子认为，当今天下的士君子们著书立说、教导百姓，不应该仅仅是为了劳苦自己的喉舌唇吻，而应该有利于自己的国家、乡里和百姓，应该有利于自己国家的政治。王公大人们之所以很早就去上朝，很晚才退朝，勤于断案治政，在朝廷内兢兢业业而不敢懈怠，是因为他们认识到，奋发有为必然会使国家得到治理，社会安宁，百姓幸福；不奋发有为社会必然大乱，国家必然处于危险的境地。所以他们不敢懈怠。

卿大夫们之所以竭尽全力，做好辅佐之臣的本职工作，殚精竭虑，内以治理官府，外以收敛关市、山林、泽梁之税利，以充实官家之府库而不敢懈怠。这是因为他们相信，发愤图强必然能够得到富贵功名，必然能获得荣耀，不发愤图强必然地位低贱，必然受辱。所以他们不敢懈怠。

农夫们之所以早出晚归，勉力从事于耕作栽种技术，多多积聚豆类、小米等粮食而不敢懈怠，是因为他们知道，努力耕作必然变得富足，能够衣食无忧，不努力耕作必然贫困，必然要遭受饥饿。所以他们不敢懈怠。

妇女们之所以早起晚睡，努力纺织丝麻，多多生产丝麻、麻布及其他各种细而白的布帛，努力织布帛而不敢懈怠，是因为她们意识到，努力劳动就必然变得富足，能穿得暖和，不努力劳动必然导致贫穷，必然遭受寒冻。所以她们不敢懈怠。

如果昏昏然坚信有“命运”存在而听任命运的摆布，王公大人们则必然懈怠于断案判狱、治理国家，卿大夫必然懈怠于治理政事，农夫必然懈怠于耕田植树之艺，妇女们必然懈怠于纺丝织布。王公大人们懈怠于断案判狱、治理国家，卿大夫们懈怠于治理政事，那么天下必将大乱；农夫懈怠于耕田植树之艺，妇女们懈怠于纺丝织布，那么天下衣食之财必将不足。如果这样来治理国家，上以服侍上天与鬼神，上天与鬼神不听从使唤，下以抚养百姓，百姓得不到利益，必然离散而不可为统治者所用。这样的话，在国内希望保住自己的国家而不可能保住，向外征讨而不可能获胜，所以，以前上古三代时的暴君夏桀、商纣王、周幽王、周厉王失去其国家，倾覆其社稷，就是由于这个原因。

是故子墨子曰：“今天下之君子之为文学出言谈也，非将勤劳其惟舌，而

> 利其唇呡也，中实将欲其国家、邑里、万民、刑政者也。”今也王公大人之所以蚤朝晏退，听狱治政，终朝均分，而不敢怠倦者，何也？曰：彼以为强必治，不强必乱；强必宁，不强必危，故不敢怠倦。今也卿大夫所以竭股肱之力，殚其思虑之知，内治官府，外敛关市、山林、泽梁之利，以实官府，而不敢怠倦者，何也？曰：彼以为强必贵，不强必贱；强必荣，不强必辱，故不敢怠倦。今也农夫之所以蚤出暮入，强乎耕稼树艺，多聚叔粟，而不敢怠倦者，何也？曰：彼以为强必富，不强必贫；强必饱，不强必饥，故不敢怠倦。今也妇人之所以夙兴夜寐，强乎纺绩织纴，多治麻丝葛绪，捆布縿，而不敢怠倦者，何也？曰：彼以为强必富，不强必贫；强必暖，不强必寒，故不敢怠倦。今虽毋在乎王公大人，蕢若信有命而致行之，则必怠乎听狱治政者矣，卿大夫必怠乎治官府矣，农夫必怠乎耕稼树艺矣，妇人必怠乎纺绩织纴矣。王公大人怠乎听狱治政，卿大夫怠乎治官府，则我以为天下必乱矣。农夫怠乎耕稼树艺，妇人怠乎纺绩织纴，则我以为天下衣食之财将必不足矣。若以此为政乎天下，上以事天鬼，天鬼不使，下以养百姓，百姓不利，必离散，不可为用也。是以入守则不固，出诛则不胜，故虽昔者三代暴王桀、纣、幽、厉之所以共抎其国家，倾覆其社稷者，此也。是故子墨子言曰：“今天下之士君子，中实将欲求兴天下之利，除天下之害，当若有命者之言，不可不强非也。”曰：命者，暴王所作，穷人所术，非仁者之言也。今之为仁义者，将不可不察而强非者，此也。[119]

因此，墨子认为，当今天下的士君子们如果心中确实希望追求“兴天下之利，除天下之害”，当听到那种说有“命运”存在的言辞时，不可不努力去批判、改正它。“命运”一说之所以产生，是因为它为暴君所倡导，为贫乏之人所述说，并不是仁爱者的正确言辞。当今践行仁义的人，一定要对之进行认真思考，并努力去声讨它。

墨子认为，人类社会历史的发展中，并不存在一种不可改变、不可逆转的“运”或“命”。大到一个国家、社会治理的好坏，小到个人前途的顺与逆，皆需要人通过自己的主观努力、通过奋斗来决定。人是社会历史发展的主体，只有人自己才能决定并创造人类的历史。墨子突出了人在社会历史发展中的作用，这对于正确认识人类社会的历史发展，有着积极的意义。

3.“天志”：社会政治生活合理性的保证

“兼相爱”“交相利”理论，如何能保证得以实现呢？在墨子看来，这当然要通过人为的努力。但在实践中，这种理论无疑是会四处碰壁的。为此，墨子又提出“天志”之说，来保证其理论的实现。

墨子认为，“天”的本意是主张“兼爱”，反对交恶的；“天必欲人之相爱相利，而不欲人之相恶相贼”[120]。“天志”是不可违的。既然“天志”是人们不可不慎重对待的对象，那么，“天志”欣赏什么，又反对什么？墨子认为，“天志”不希望大国、强国去攻打小国、弱国，不希望大家去祸乱小家。在现实生活中，强有力的人侵害寡弱之人，聪明狡诈之人从愚人身上谋利，富贵之人看不起地位低的人，这都是“天志”所不希望看到的。不仅如此，“天志”还希望人们之间有力量则相互帮助，有好的道理则相互教导，有财富则相互赠与。又希望在上位者奋发有为地治理国家，在下位者勉力从事生产。在上位者奋发有为地治理国家，则国家就会得到治理；在下位者勉力从事生产，则社会在财用方面就会很充足。如果国家治理得很好，财用也很充足，则一个国家对内可以把祭祀用的酒和谷物弄得干干净净以祭祀上天与鬼神，对外有环璧珠玉等宝器来交聘于四方邻国。这样，诸侯国之间不会产生怨仇，国家的边境平安无事，兵甲之事不会发生。对内有充足的粮食来满足百姓生活和休养的需要，就可以保持和安养万民，这样，君惠臣忠，父慈子孝，兄友弟恭，社会就会朝理想的方面发展。所以，顺“天志”而行，则社会的刑事、政治就能得到治理，从而万民和顺，国家富强，财用充足，百姓都能暖衣饱食，社会就会安宁而无忧患。

> 既以天之意以为不可不慎已，然则天之将何欲何憎？子墨子曰：“天之意不欲大国之攻小国也，大家之乱小家也。强之暴寡，诈之谋愚，贵之傲贱，此

> 天之所不欲也。不止此而已，欲人之有力相营，有道相教，有财相分也。又欲上之强听治也，下之强从事也。上强听治，则国家治矣；下强从事，则财用足矣。若国家治，财用足，则内有以洁为酒醴粢盛，以祭祀天鬼；外有以为环璧珠玉，以聘挠四邻，诸侯之冤不兴矣，边境之兵甲不作矣。内有食饥息劳，持养万民，则君臣上下惠忠，父子弟兄慈孝。故唯毋明乎顺天之意，奉而光施之天下，则刑政治，万民和，国家富，财用足，百姓皆得暖衣饱食，便宁无忧。”[121]

为了进一步说明“天志”的不可违，墨子还举三代圣王的例子来证明这一点。他认为，上古时候三代之圣王夏禹、商汤、周文王与周武王，是顺从天意而得到天意奖赏的人。上古时候三代的暴君夏桀、商纣王、周幽王、周厉王，是违反天意而受到天意惩罚的人。三代圣王之所以得到上天的奖赏，是因为他们上敬天，中慎事鬼神，下爱戴百姓。上天认为他们这样做合于天意，天意爱人，圣王则兼爱众人；天意利益人，圣王则兼利众人，这种兼爱众人是博爱，兼利众人是厚利，所以上天使圣王们贵为天子，富有天下，使其后代万世子弟都传颂他们的善举，直到现在，还被人们称为圣王。而三代的暴君们为什么被上天所惩罚呢？这是因为他们上不敬天，中咒骂鬼神，下践踏百姓。上天意在兼爱，暴君们却别而恶之，上天意在交相利，暴君们却交相贼害，人之间的这种相互厌恶是大恶，相互贼害是大害。所以，天意使他们不能得到善终，不得好死，直到现在，还被人们诅咒，称他们是暴君。

墨子提出天有意志，这就是所谓“天志”。如果做一个恰当的比喻，这种“天志”和“轮人之有规”“匠人之有矩”是没有什么差别的。“轮人”拿起他的“规”，以之来度量天下事物的圆与不圆，认为凡是符合其“规”的事物就称为圆，凡是不符合其“规”的事物就不称为圆。这样，圆与不圆都可以得到测量并且让人知道它们的情况了。“匠人”也拿起他的“矩”，以之来度量天下事物的方与不方，认为凡是符合其“矩”的事物就称为方，凡是不符合其“矩”的事物就不称为方。这样，方与不方都可以得到测量并且让人知道它们的情况了。所以，墨子认为有“天志”，此“天志”上可以度量天下王公大人们治理刑政的情况，下可以用来度量天下之万民著文、立学、论说、言谈之事。观察他们的行为，顺从天之志，就称之为善意、善行；违反天之志，就称之为恶意、恶行。观察他们的言谈，顺从天之志，就称之为善言；违反天之志，就称之为恶言。观察他们的刑事、政治，若顺从天之志，就称之为好的政治；若违反天之志，就称之为不好的政治。墨子认为，以“天志”为法度，立此以为标准，以之来度量天下之王公大人、卿大夫之仁与不仁，这就好像是分黑、白一样，是非常简单的。

> 是故子墨子之有天之，辟之无以异乎轮人之有规，匠人之有矩也。今夫轮人操其规，将以量度天下之圜与不圜也，曰：“中吾规者谓之圆，不中吾规者谓之不圆。”是以圜与不圜皆可得而知也。此其故何？则圜法明也。匠人亦操其矩，将以量度天下之方与不方也，曰：“中吾矩者谓之方，不中吾矩者谓之不方。”是以方与不方皆可得而知之。此其故何？则方法明也。故子墨子之有天之意也，上将以度天下之王公大人为刑政也，下将以量天下之万民为文学、出言谈也。观其行，顺天之意，谓之善意行；反天之意，谓之不善意行。观其言谈，顺天之意，谓之善言谈；反天之意，谓之不善言谈。观其刑政，顺天之意，谓之善刑政；反天之意，谓之不善刑政。故置此以为法，立此以为仪，将以量度天下之王公大人卿大夫之仁与不仁，譬之犹分黑白也。[122]

墨子认为，自从三代的圣王去世之后，天下就丧失了正义，诸侯卖力地从事征服之事，这就造成了君臣上下之间不再有恩惠与效忠之事了，父子弟兄之间不存在慈爱、孝悌、敬长、贞洁与善良，在上位者不再努力为政，在下位者不努力从事劳作。百姓从事淫乱、暴动、造反、盗贼之事，以兵刃、毒药、水火等在大路、小径劫掠无辜之人，强夺别人的车马、衣服裘袍以自利，这些事情都出现了。从此开始，天下大乱。这都是因为人们不相信“顺天意者必得赏”，“反天意者必得罚”。墨子希望以“天志”来促使统治者实践其“兼相爱”“交相利”的思想，这在现实的政治、社会生活中，是不可能得到实现的。

五、先秦法家的历史发展理论

1. 商鞅："三代不同礼而王，五霸不同法而霸"的社会历史发展观

在先秦时期，社会历史发展是前进的、倒退的抑或是循环的，社会历史发展是否存在进步的性质，这些问题是当时诸子百家争鸣的焦点。对这些问题的不同回答形成了不同的历史发展观。有主张社会历史发展由天命和神意决定的"天命史观"或"神意史观"，有主张社会历史发展今不如昔的"历史退化论"思想，也有提倡社会历史是循环发展的"历史循环论"思想，等等。

先秦法家提出了社会历史的变化和发展今胜于昔的"历史进化"思想。商鞅就是先秦法家中倡导"历史进化论"思想的重要代表人物之一，他的思想主要保留在《商君书》中。

在春秋时期社会发生急剧变化的时代背景之下，商鞅力主变法、改革。他提出"三代不同礼而王，五霸不同法而霸"的历史进化论思想，为其变法改革的实践服务。《商君书·更法》记载，有一次，秦孝公和群臣议定国家大计，公孙鞅、甘龙、杜挚三位大夫侍候在孝公身边，君臣在一起思考世事的变化，讨论立法的根本，以求得使役百姓的方法。

> 孝公平画，公孙鞅、甘龙、杜挚三大夫御于君，虑世事之变，讨正法之本，求使民之道。
>
> 君曰："代立不忘社稷，君之道也；错法务民主张，臣之行也。今吾欲变法以治，更礼以教百姓，恐天下之议我也。"
>
> 公孙鞅曰："臣闻之，'疑行无成，疑事无功'。君亟定变法之虑，殆无顾天下之议之也。且夫有高人之行者，固见负于世；有独知之虑者，必见骜于民。语曰：'愚者暗于成事，知者见于未萌。民不可与虑始，而可以乐成。'郭偃之法曰：'论至德者不和于俗，成大功者不谋于众。'法者，所以爱民也；礼者，所以便事也。是以圣人苟可以强国，不法其故；苟可以利民，不循其礼。"

孝公曰："善。"

甘龙曰："不然。臣闻之，'圣人不易民而教，知者不变法而治'。因民而教者，不劳而功成。据法而治者，吏习而民安。今若变法，不循秦国之故，更礼以教民，臣恐天下之议君。愿孰察之。"

公孙鞅曰："子之所言，世俗之言也。夫常人安于故习，学者溺于所闻，此两者所以居官而守法，非所与论于法之外也。三代不同礼而王，五霸不同法而霸。故知者作法，而愚者制焉；贤者更礼，而不肖者拘焉。拘礼之人，不足与言事；制法之人，不足与论变。君无疑矣。"

杜挚曰："臣闻之，'利不百不变法，功不十不易器'。臣闻'法古无过，循礼无邪'。君其图之。"

公孙鞅曰："前世不同教，何古之法？帝王不相复，何礼之循？伏羲、神农，教而不诛；黄帝、尧、舜，诛而不怒。及至文、武，各当时而立法，因事而制礼。礼法以时而定，制令各顺其宜，兵甲器备各便其用。臣故曰：'治世不一道，便国不必法古。汤、武之王也，不修古而兴，殷、夏之灭也，不易礼而亡。然则反古者未必可非，循礼者未足多是也。'君无疑矣。"[123]

秦孝公希望通过改革礼法来教导百姓，通过变法来达到国家富强的目标，但又怕引起天下人的非议。商鞅极力敦促孝公变法，认为既然有实施变法的考虑，就不应该顾及天下人的非议。

在这里，商鞅表达了一种典型的英雄史观。他认为，行动超出常人之外的人，必然会受到世人的讥笑；有独特见解的人，必然被世人所诋毁。世人中间，有智慧的人少，愚昧的人多。愚昧之人对于治理国家的大事不会有任何帮助，而有智慧的人则能够发现事物发展中还没有发展成为现实的可能性。在事情还没有做之前，不应该与一般百姓商量，但在事情完成之后，可以让百姓坐享其成。商鞅引春秋时辅助晋文公改革法制的郭偃的话，认为变法、改革是有功于国、有利于民的"至德"之事，这种大事怎么能听从一般世俗百姓的意见呢？历史上能成就大事业的人，一般都不谋于众。商鞅认为，法的本质，就是为了造福百姓；礼的本质，就是为了方便做事。所以，圣人、君王如果认为某种具体的“法”和“礼”可以使国家变得富强，就不必取法过去的“法”与“礼”；如果变法、改革能够对百姓有利，就不必因循旧有的制度。

商鞅认为，圣王、君主是社会历史发展的主体，百姓则大多是愚昧之人，国家富强、社会发展取决于圣王和君主的英明治理。圣王、君主只要觉得自己施行的新的“法制”“礼仪”能够使国家富强，能够有利于老百姓的生活，就应该大胆地改革旧制。

但同为秦大夫的甘龙则反对商鞅的这个观点。他认为，圣人不通过改变人民的习俗来教导百姓，有智慧的人不应该通过改变过去的法制来治理国家。因循旧有的习俗来教导百姓的人，可以不劳而功成。依据旧有的法制来治理国家，则百官能熟练掌握法制而实施之，百姓也能够安居。现在如果实行变法，不因循秦国旧有的法制，改革礼制以教导百姓，恐怕会招致天下人的非议。

商鞅提出“三代不同礼而王，五霸不同法而霸”的观点，对甘龙之说进行了反驳。商鞅认为，甘龙所说的这个观点，乃世俗愚昧百姓的观点。现在秦国的情况是怎么样的呢？一般人安于社会旧有的习俗，有知识的人则沉溺于自己所闻所见的东西。这两者造成了社会的惰性，使国家没有活力。因为安于社会旧有习俗、遵守旧有法制的人，可以很容易地保住自己的官位，免遭灾殃，对于这些人是不可能和他们讨论法制之外的事情的。商鞅认为，夏、商、周三代，它们的礼制各不相同，但同样可以称王于天下；春秋五霸，其法制亦各不相同，但同样可以称霸于天下。所以，有智慧的人总想着如何去制定与时代相适宜的法律，而愚昧无知者才应该被法制所制约；贤能的人因时、因地制宜，改革礼制，而无知者则被礼制所拘束。商鞅认为对于这种受拘礼的人，没有必要跟他们谈论国是；对于只习惯于被法所制约的人，没有必要跟他们去谈论变法的事宜。

大夫杜挚也反对商鞅的变法主张。他从商鞅变法重功利的角度来反驳商鞅，认为如果变法所带来的利益达不到百分之百，则不能轻易变法；更新器具，其功效达不到十分，则不轻易更换。杜挚和甘龙一样，认为效法古制不会有大的过错，因循旧礼不会走向邪路。

商鞅认为，不存在一般的、一成不变的“古法”和“礼制”。他反驳杜挚说，以前各个不同的朝代有各自不同的教导百姓的方法，哪里存在什么一般的“古法”呢？各朝各代的帝王们用各不相同的礼制来治理国家，哪里存在一般的“礼制”呢？伏羲、神农是远古时代的两个帝王，他们治理国家的方法是教导而不诛杀百姓。黄帝、尧、舜这三个贤明的帝王则与他们有所不同，他们治理国家时，诛杀不法之民，但民无怨恨。到了周文王、周武王的时代，他们各依据当时的不同情况而制定法制，根据不同的事项而制定礼法。礼制、法度因时而定，制度、法令各顺事物之所宜，兵甲、各种器具都是怎么方便就怎么用。所以，古代圣王们治理国家时，并不采用同样的方法；他们采取的有利国家的方式各不相同，故没有必要效法古制。历史上，商汤、周武王兴王道于天下，他们并不因循古法，却使国家兴盛起来；殷纣王、夏桀虽然没有改变礼法，却亡国了。既然这样，则与古制相违背未必值得非议，而因循旧礼的人也不见得就值得多加肯定。所以，商鞅劝谏秦孝公不要去效仿古人。“前世不同教，何古之法？帝王不相复，何礼之循？”他请求秦国君主应当“亟定变法之虑”[124]，不变法就不符合历史发展的潮流。

商鞅基于他的历史进化思想，提出“三代不同礼而王，五霸不同法而霸”的社会发展史观。认为社会是发展的，各种“礼”“法”制度要因时、因地制宜，以适应社会变化、发展的实际情况。变法、改革的目的是富国富民，只要能达到这个目标，就可以对古制进行更改。由此，商鞅也表达了他对社会历史发展的看法。他认为人类社会历史是变化发展的：

> 上世亲亲而爱私，中世上贤而说仁，下世贵贵而尊官。[125]

上古的时代，人们只知道爱自己的亲人，贪图私利；到了中古时代，情况发生了变化，“亲亲”“爱私”导致社会争斗不已，为了解决社会出现的难题，一些有智慧的贤人出来提倡人与人之间的“仁爱”，反对自私、争斗。这样，只爱自己亲人的思想不再得到社会的认可，因为提倡“仁爱”，社会上推崇贤人的思想占据了主导地位。到了近古时代，生产力发展了，人口数量增多了，百姓众多，意见各不相同，如果没有制度和法律来规范、约束百姓的行为，社会就会产生混乱。因此，法律就产生了。法律产生后，还需要有人去执行，这就相应地要设置官吏。如何保证官吏能够很好地执法为民呢？这就需要有人去监督、管理他们，于是就设立了国君。近世和中古时代又有所不同了。这样，中古时代在社会上推崇“贤人”的思想不再盛行，社会上的人们开始重视“贵人”。

商鞅认为，人类社会这一系列的历史变革，说明社会历史是不断变化发展的，不会停息。既然这样，统治者治理国家就要根据变化、发展了的情况，来制定相应的“法度”“礼仪”等措施，不断通过“易”其“弊”，以适应变化并推动时代和社会朝前发展。所谓“礼法以时而定，制令各顺其宜”，“民道弊而所重易也，世事变而行道异也”[126]。百姓的生活之道随着时代的变化而变化，社会是不断发展的，世事既然变化了，统治者治理国家的方针、政策也要相应地发生改变。只有这样，才能顺应历史发展的大势，达到天下治理的目的。

2. 慎到：“治国无其法则乱”“天道因则大”的社会历史观

慎到也是先秦法家的重要代表人物，其著作有《慎子》一书，《汉书·艺文志》曾著录。

慎到作为法家的代表，非常重视“法”在社会政治生活中的作用。

> 慎子曰：今一兔走，百人逐之，非一兔足为百人分也，由未定。由未定，尧且屈力，而况众人乎？积兔满市，行者不顾，非不欲兔也，分已定矣。分已定，人虽鄙不争。故治天下及国，在乎定分而已矣。[127]

慎到说，一只兔子在田野中跑，可能会有上百人去追逐它，这并不是因为一只兔子足够上百人去分配的，而是因为这只兔子最后归谁还没有确定。由于归谁没有确定，即便是尧这种道德高尚的人，看到这只兔子也会竭力去捉，更何况众人呢？在市场中卖兔子的地方，兔子多得很，但是路过的人不会太在意它们。这并不是说路过的人不希望得到兔子，而是因为兔子属于谁这个问题已经确定了。归属定下来后，人们虽然很贪鄙，但也不再争了。所以，治理天下国家的首要之点，不过在于定下规矩而已。

通过什么来定规矩呢？这就需要“法”。

> 夫投钩以分财，投策以分马，非钩策为均也，使得美者不知所以德，使得恶者不知所以怨，此所以塞愿望也。故蓍龟所以立公识也，权衡所以立公正也，书契所以立公信也，度量所以立公审也，法制礼籍所以立公义也。凡立公，所以弃私也。[128]

法制、礼籍等是用来树立公义的，这种“公义”是用来抑制“私念”的，这就是“法”。慎到举例说，以“投钩”（类似抽签）的方式来分割财产，以“抽签”的方式来分马匹，并不是因为“投钩”“抽签”能够平均划分财物，而是因为它们能使得到好处的人不用感恩戴德，能使没有得到好处的人也不会产生怨恨，这是用来阻塞人们的愿望的。所以，占卜用的蓍草和龟甲是用来加强民众的公共信念的，权与衡等度量工具是用来为社会建立公正标准的，书契是用来确立公信的，度量衡是用来确立公共的审核标准的，法制、礼籍是用来树立公义的。凡是为公义而立的各种法则，就是用来抛弃私念的。

有了“公义”，有了“法”，治理国家就比较容易。慎到说：

> 明君动事分功必由慧，定赏分财必由法，行德制中必由礼。故欲不得干时，爱不得犯法，贵不得逾亲，禄不得逾位。士不得兼官，工不得兼事，以能受事，以事受利。若是者，上无羡赏，下无羡财。[129]

有道明君处理事情、分配功劳必然通过自己的智慧；赏罚、分配财物必定通过法制；推行道德、进行内在的修养必定通过礼制。所以，个人的欲望不能阻碍时势的发展，个人的喜好不得触犯法律，个人官禄的多少不得超过自己的官位的大小。士人不得兼任两种以上的官职，工匠不得兼职从事不同的职业。按能力来分配事情，按所干的事情来确定报酬。如果能这样，则在上位者不羡慕赏赐，在下位者不羡慕财物。

慎到反对人君不以法治国，而以一己之愿来治国。如果不同的人立下同样的功劳，人君因自己的喜好不同而给予各不相同的奖赏，就会使臣下产生怨恨。如果君王只依法，而不由一己之愿来处理国家事务，所有事务都由法来规定，依法来进行赏罚，则大家各安其赏罚，怨恨就不会产生而上下和谐了。所以，慎到认为：

> 故治国无其法则乱，守法而不变则衰。有法而行私，谓之不法。以力役法者，百姓也；以死守法者，有司也；以道变法者，君长也。[130]
>
> 为人君者不多听，据法倚数，以观得失。无法之言，不听于耳；无法之劳，不图于功；无劳之亲，不任于官。官不私亲，法不遗爱，上下无事，唯法所在。[131]

治理国家如果没有法制则会产生混乱，坚守法制而不知道变更则国家衰亡。有法制而不遵守，施行一己之私意，可以称之为无法。百姓守法；官吏执法；君主立法、变法。作为人君，用不着多听，只要根据法则与事物之数理，来观察事物的得失。排斥法制的言论，则不听；不合于法的功劳，则不计功；无功劳的亲属，不给他任命官职。不用人唯亲，不以亲族枉法，这样，上下都无事，只有法在起作用。

慎到认为，法制的最大功效就是使私意得不到施行，君主的最大功劳就是使百姓不争。有了“法制”，通过君主来实施，民一概听从君主，事务都以礼法来决断，这就是治国的大道理。但是，现今君主制定了法制却又不依法而行，只是行一己之私意，这是私意与公法相争，这种混乱比没有法制更甚。立君主而又尊贤人，这是贤人与君主相争，这种混乱比没有君主更甚。所以，慎到认为，有道之国，确立了法制，就不能施行私意，确立了君主，就不尊崇贤人。

> 法之功莫大使私不行，君之功莫大使民不争。今立法而行私，是私与法争，其乱甚于无法。立君而尊贤，是贤与君争，其乱甚于无君。故有道之国，

> 法立则私议不行，君立则贤者不尊。民一于君，事断于法，是国之大道也。[132]

在这里，慎到认为，天下人供奉君主，不是为了使君主一人受益，而是为了使天下得到治理。慎到说：

> 古者立天子而贵之者，非以利一人也。曰：天下无一贵，则理无由通，通理以为天下也。故立天子以为天下，非立天下以为天子也；立国君以为国，非立国以为君也；立官长以为官，非立官以为长也。法虽不善，犹愈于无法，所以一人心也。[133]

古时候，设立天子，使天子尊贵，并不是为了使天子一个人受益，而是因为天下如果不尊奉一个尊贵之人，那么“法”等治国的大道理就不能保证被贯彻到所有百姓身上。使道理通达天下的目的也正是为了服务天下，所以，设立天子的目的是为天下人服务，并不是让天下人都来为天子个人服务；设立国君的目的是为国家服务，并不是为国君而设立国家；设立官员是为了满足行政的需要，并不是设置官职以便于人们可以当官。法制虽然可能不尽善尽美，但是比没有法制要好，法制是用来统一人心的。

制定“法制”，设置君主，是为天下人服务的。但一旦制定了“法制”，设置了君主，为了保证它们能够正常运转，发挥其功能，就要维护“法制”的尊严和“君主”的权威。慎到强调要以“势”来维护“君主”的权威，以保证“法制”的实行。他说：

> 故腾蛇游雾，飞龙乘云，云罢雾霁，与蚯蚓同，则失其所乘也。故贤而屈于不肖者，权轻也；不肖而服于贤者，位尊也。尧为匹夫，不能使其邻家；至南面而王，则令行禁止。由此观之，贤不足以服不肖，而势位足以屈贤矣。故无名而断者，权重也；弩弱而矰高者，乘于风也；身不肖而令行者，得助于众也。……夫三王五伯之德，参与天地，通于鬼神，周于生物者，其得助博也。[134]

腾空而起的蛇在云雾中游动，飞翔的龙乘着云气，它们都很威武；一旦云消雾散后，龙、蛇就与地下的蚯蚓没什么不同了，这是因为它们失去了其所乘的云雾。所以，贤能之人之所以居于无能之人的下面，在于贤能者权轻而无能者权重；无能之人居于贤者之下，也只是因为贤者有权势，地位尊贵。尧如果只是普通百姓，可能使役不动他的邻居；等到他南面称王之后，则令行禁止。由此看来，贤能本身并不足以使无能者服从，而权势、地位却足以使贤者屈服。因此，清静无为而能决断事物，是因为权重；弓弩弱而箭却射得高，是因为箭乘风而飞；自己虽然无能却能发号施令，是因为得到了众人的帮助。三王、五伯这些圣王、霸主，之所以能参赞天地之化育，通于鬼神，周于生物，是因为他们得到的帮助多。

慎到认为，要通过“势”来保证君主及各级官吏能制定和实施“法”。但这能否保证君主在制定“法”、官员施行“法”的过程中不会掺杂自己的主观意愿，不会掺杂自己的私心呢？君主又是根据什么来确立“公义”，确立“法”呢？慎到说：

> 天道因则大，化则细。因也者，因人之情也。人莫不自为也，化而使之为我，则莫可得而用矣。是故先王见不受禄者不臣，禄不厚者不与入难。人不得其所以自为也，则上不取用焉。故用人之自为，不用人之为我，则莫不可得而用矣。此之谓因。[135]

慎到强调君主立“法”要采用“因”的方法。天之道，因循则大，人为地加以改变则小。因循是要因人之常情。每个人莫不是为自己打算的，如果想改变他们，让他们不为自己而为别人打算，则他们是不可能为你服务的。以此之故，先王发现，你如果不给予某个人禄位，他就不可能为你做臣子，为你服务；禄位给予的不厚，他就可能不与你一道共患难。在上位者如果不能创造条件让一个人可以为自己打算，则有可能不能很好地使役他们。所以，要利用人为自己打算的常情，而不能要求人们只为君主服务。如果能创造条件使每个人都可以为自己打算，则谁都可以为我所用。这就是“立法”过程中“因”的原则的使用。

君主在“立法”过程中要贯彻“因”的原则。百姓生活在一起，各有自己的能力。能力各不相同，这是百姓的实际情况。人君是地位最高而兼容并蓄百姓的人。百姓的能力各不相同，都可以为君主所用。所以，人君根据百姓的不同能力，包容并蓄之，不能有所取舍。因此，不先设定一个标准来要求人，这样，要什么人才就有什么人才，人才就会很充足。人君不先设立一个标准来要求部下，这样人才就很充足，而且在下位的人也更容易做好自己的本职工作，从而为君主所容。在下位者容易做好自己的本职工作，则君主就能广纳百姓，广纳百姓才可以称为人君。

> 民杂处而各有所能，所能者不同，此民之情也。大君者，太上也，兼畜下者也。下之所能不同，而皆上之用也。是以大君因民之能为资，尽包而畜之，无能去取焉。是故不设一方以求于人，故所求者无不足也。大君不择其下故足，不择其下，则易为下矣。易为下，则莫不容，莫不容故多下，多下之谓太上。[136]

慎到认为，历史的演进、社会的治理都取决于法，这是天下大势发展的需要。天下大势要求依“法”而不依“贤”来实行治理，依“法”则有“公义”，依“贤”则产生私意，以私意治国则国乱。慎到的这种历史发展观强调“因”天下大势、“因”人之性情而立“法”，君主的产生也是天下大势发展的需要，君主是立法的主体，是实施“法”的保障，但他也不能随意立法，更不能以私意来实施法。对于这种历史发展大势，慎到有时将之归于人“自利”的本性，归于人之“所能”。这就没有正确看待“人性”，也不可能找到推动社会历史发展的真正原因。

3. 韩非：“世异则事异”“事异则备变”的历史进化思想

韩非（约公元前280—前233年）是先秦法家思想的集大成者。他继承了商鞅、慎到、申不害等人的思想，对先秦法家的理论进行了总结。《韩非子》收录了韩非的著作，是研究韩非思想的重要史料来源。

韩非认为，“世异则事异”，“事异则备变”。当今的君主不可能用“先王之政”来“治当世之民”，而要实行变法。韩非说：

> 上古之世，人民少而禽兽众，人民不胜禽兽虫蛇。有圣人作，构木为巢以避群害，而民悦之，使王天下，号之曰有巢氏。民食果蓏蚌蛤，腥臊恶臭而伤害腹胃，民多疾病。有圣人作，钻燧取火，以化腥臊，而民悦之，使王天下，号之曰燧人氏。中古之世，天下大水，而鲧禹决渎。近古之世，桀纣暴乱，而汤武征伐。今有构木钻燧于夏后氏之世者，必为鲧禹笑矣；有渎于殷周之世者，必为汤武笑矣。然则今有尧、舜、禹、汤、武之道于当今之世者，必为新圣笑矣。是以圣人不期修古，不法常可，论世之事，因为之备。宋人有耕田者，田中有株，兔走触株，折颈而死，因释其耒而守株，冀复得兔，兔不可得而身为宋国笑。今欲以先王之政，治当世之民，皆守株之类也。[137]

韩非认为，历史是不断变化和发展的。因此君主、圣王治理国家不能因循旧的习俗，墨守成规，要根据变化了的具体情况，制定相应的治理国家的措施，即所谓“圣人不期修古，不法常可，论世之事，因为之备”。

为了说明自己的这个观点，韩非举了古代圣王的一些例子。他说，在久远的上古时代，百姓少而禽兽众多，人不能战胜禽兽虫蛇。有圣人出来，将木头搭建起来筑成巢，以躲避禽兽虫蛇之害，百姓很感激他，共推他为天下的圣王，称他为有巢氏。百姓食用草、木等植物的果实，以及水中的蚌类及蛤蜊等，这些食物腥臊恶臭，对人们的肠胃造成伤害，致使百姓多疾病，有圣人出来，钻燧取火，以火来改变这些食物的腥臊之性，百姓很感激他，共推他为天下的圣王，称他为燧人氏。在久远的中古时代，天下发起了大水，而鲧、禹疏通、开掘河道。在近古时代，夏桀与商纣王暴乱，而商汤与周武王征伐他们。这些圣王因为有功于民，得到了天下人的爱戴、拥护。

但是，这些圣王治国、爱民的所作所为，都是各不相同的。如果有人在夏后氏这个时代还构木筑巢、钻燧取火，必然为鲧、禹所笑话；在殷周这个时代还开掘、疏通河道，必然为商汤和周武王所笑话。既然如此，有人要将尧、舜、禹、汤、武之道在当今这个社会和时代来付诸实践，必然会被新出现的圣人笑话。因此，韩非得出的结论是，圣人不期望遵循古代的规章制度，不效法不变的常规，而是通过分析、研究世事之变化，依据现实来制定治国的措施。

韩非继承和发展了商鞅、慎到、申不害等人的历史进化思想。他指出，人类历史经历了上古有巢氏、燧人氏，中古尧、舜、鲧、禹的时代，近古夏、商、周三代，以至当今战国之世这几个阶段。历史是不断发展的，那种把社会看作一成不变的思想是愚蠢的。韩非讲了“守株待兔”的故事，来说明他这个观点：宋国有个种田的人，他所种的田地中有个树桩子。一天，一只兔子跑过，撞在了树桩上，折断了脖子而死。宋国的这个种田人平白无故捡了个大便宜，得到了一只死兔子。此后，他放下劳动工具，每天在田地中等下一只撞树桩的兔子，希望能再次白捡一只兔子。兔子没有捡到，却成为宋国的一个大笑话。

韩非认为，现在有人想用古代先王之政治制度来治理当世的百姓，这和那个“守株待兔”的宋国人没有什么区别。社会历史是发展的，时代和社会发展了，治理国家的措施也要相应予以改变。韩非尤其反对儒家以“仁义”治国的主张，“仁义用于古而不用于今”，儒家“仁义”治国的主张不合于时代发展的要求，如果今人还要去赞美尧、舜、禹、汤、武的政治，就必然为当代的圣人所嘲笑。

> 古者文王处丰、镐之间，地方百里，行仁义而怀西戎，遂王天下。徐偃王处汉东，地方五百里，行仁义，割地而朝者三十有六国，荆文王恐其害已也，举兵伐徐，遂灭之。故文王行仁义而王天下，偃王行仁义而丧其国，是仁义用于古而不用于今也。故曰：世异则事异。当舜之时，有苗不服，禹将伐之，舜曰：“不可。上德不厚而行武，非道也。”乃修教三年，执干戚舞，有苗乃服。共工之战，铁铦巨者及乎敌，铠甲不坚者伤乎体，是干戚用于古不用于今也。故曰：事异则备变。上古竞于道德，中世逐于智谋，当今争于气力。齐将攻鲁，鲁使子贡说之。齐人曰：“子言非不辩也，吾所欲者土地也，非斯言所谓也。”遂举兵伐鲁，去门十里以为界。故偃王仁义而徐亡，子贡辩智而鲁削。以是言之，夫仁义辩智，非所以持国也。去偃王之仁，息子贡之智，循徐鲁之力使敌

万乘，则齐荆之欲不得行于二国矣。[138]

古时候，周文王的势力范围在丰、镐，方圆也就是百里左右，周文王实行仁义，使西戎感其恩，因此称王天下。徐偃王处汉水之东，地方有五百里，他也实行仁义，周围的小国家割地而称臣的有三十六国之多，处于荆地的楚文王害怕徐偃王威胁到自己统治，举兵讨伐徐国，将徐国灭掉了。周文王实行仁义而称王天下，徐偃王实行仁义却丧国，因此，仁义可以用于古代却不能用于当今。所以说，时代不同则事物也不同。当舜那个时候，有苗这个民族不服从舜的统治，禹想讨伐它，舜说："不能讨伐。道德不施而实行武力，这不合于道。"因此，舜用三年的时间修整政教，百姓拿着盾牌，举着大斧跳舞，有苗族于是服从舜的领导。而在共工那个时代，战争中，铁铦等武器只有造得很长、很大才可以够得着敌人，铠甲如果不坚硬的话就会使自己的身体受伤，因此盾与大斧只能用于古代而不能用于今天，事情发生了变化就要想办法应付这种变化。上古时代，大家在道德方面进行竞争，中古时代，大家在智谋方面进行竞争，当今之世，大家在气力方面进行角逐。齐国将要进攻鲁国，鲁国派子贡去游说，希望齐国不攻打鲁国。齐国人说："先生所说的并不是没有道理，但我们想要的是土地，并不是您所说的这些言辞。"因此，举兵讨伐鲁国，战而胜之，齐国割占鲁国之地，一直到距鲁国都城十里的地方，以之作为齐国与鲁国的边界。所以，徐偃王实行仁义而徐国灭亡，子贡的辩论充满智慧而鲁国却遭到削弱。从这个角度来看，实行仁义或辩论充满智慧，并不能使国家得到保存。抛弃徐偃王的仁义和子贡智慧之辩论，依靠徐国、鲁国之国力，使之增强到能够敌万乘之师，则齐国与荆楚的欲求就不可能在徐、鲁两国得逞。所以，

夫古今异俗，新故异备。如欲以宽缓之政，治急世之民，犹无辔策，而御悍马，此不知之患也。[139]

古代与当今风俗、情况各不相同，所以在新、旧等不同的情况下要采取不同的应对方法。如果想以宽大、缓和的政治手段来治理危急之世的百姓，这就好像是没

有马鞭和马缰，却想驾驭烈马，这是不懂治国之理而造成的祸患。所以，圣人考虑财物的多少、分析权力的大小来进行治理，因此惩罚轻并不意味着仁慈，诛杀严格并不意味着狠戾，而是根据世俗的情况来进行的。事情因时代而不同，措施要适宜于事情的实际情况。

韩非历史发展观的一个特点，还在于他试图用人口增殖与生活资料之间的矛盾现象来解释社会演变的原因。

> 古者丈夫不耕，草木之实足食也；妇人不织，禽兽之皮足衣也。不事力而养足，百姓少而财有余，故民不争。是以厚赏不行，重罚不用，而民自治。今人有五子不为多，子又有五子，大父未死就有二十五孙。是以人民众而货财寡，事力劳而供养薄，故民争，虽倍赏累罚而不免于乱。[140]

古代的时候，男人们不用耕作，因为草木的果实足以满足人们食用的需要；女人们也不用织布，因为禽兽之皮足以满足人们穿衣的需要。不用从事劳动而给养充足，人民少而财富有余，所以那个时代百姓之间没有争战之事。丰厚的奖赏、很重的惩罚都用不上，百姓自己就可以管理自己。现如今的人，有五个儿子的并不为多，假如每个儿子又各有五个儿子，则祖父未死就有二十五个孙子了。所以，现在的社会百姓众多而财货很少，人们很艰难地从事劳动而所得的供养却很少，因此，百姓之间就会发生争斗之事，虽然用加倍的奖赏、严重的惩罚等手段来治理，社会还是不能避免战乱。

韩非认为，古代人看轻财物，不是由于他们道德高尚，而是因为当时财物多，人口少；现代人互相争夺，也不是道德卑下，而是因为现代财物少，人口多。

> 夫山居而谷汲者，媵腊而相遗以水；泽居苦水者，买庸而决窦。故饥岁之春，幼弟不馕，穰岁之秋，疏客必食。非疏骨肉爱过客也，多少之实异也。是以古之易财，非仁也，财多也；今之争夺，非鄙也，财寡也。轻辞天子，非高也，势薄也；重争土橐，非下也，权重也。故圣人议多少、论薄厚，为之政，

> 故罚薄不为慈，诛严不为戾，称俗而行也。故事因于世，而备适于事。[141]

在山里面居住、只能到很远的河谷中汲水的人，在祭祀神灵的节日里大家都相互赠送清水；在河边居住、以水多为苦的人，雇用劳工挖掘沟壑以排水。在收成很差的饥荒之年的春天，人们甚至不可能送食物给自己饥饿的幼弟吃；而在丰收之年的秋天，即使平时来往很少的客人经过自己家门口，人们也必然会犒劳他。韩非认为，这并不是因为人们疏远自己的骨肉之亲而喜爱过路的客人，实在是因为收成多少的差异造成了这种情况。

在此基础上，韩非对于上古时期尧、舜、禹之间的“禅让”，也提出了自己的看法。他认为“禅让”的实行，并不是因为尧、舜等圣王道德高尚，有谦让的美德；当今之人不愿意放弃自己很小的官职，也不是因为他们比古人更为贪婪。这其中有一些客观的物质利益在起着作用。

> 尧之王天下也，茅茨不剪，采椽不斲，粝粢之食，藜藿之羹，冬日麑裘，夏日葛衣，虽监门之服养，不亏于此矣。禹之王天下也，身执耒臿以为民先，股无胈，胫不生毛，虽臣虏之劳不苦于此矣。以是言之，夫古之让天子者，是去监门之养，而离臣虏之劳也，故传天下而不足多也。今之县令，一日身死，子孙累世絜驾，故人重之。是以人之于让也，轻辞古之天子，难去今之县令者，薄厚之实异也。[142]

韩非认为，尧统治天下的那个时候，他住在用茅草、芦苇盖成的房子里，房顶所覆盖的草长短都没有剪整齐，用树枝木条做的椽子也没有砍削整齐，尧作为君王吃的是粗粮，喝的是野菜汤，冬天披的是鹿皮衣，夏天穿的是麻布制成的粗陋衣服。现在，即使是看守城门的人，其衣食也不比尧差。禹统治天下的那个时候，他亲手拿着耒、臿等劳动工具，带头劳动。因为劳累，禹大腿上的肌肉都瘦下去了，小腿上的汗毛都在劳动中磨掉了。现在就是奴隶的劳动也不会比禹更为辛苦。从这个角度来说，古时候存在的天子之间的“禅让”，不过是放弃比现在看守城门的人还差的待遇，抛弃比现在奴隶所承担的劳苦还多的劳苦。所以，“禅让”天下这样的事会发生就不足为奇了。而现在，即使是县令这样的一个小官，一旦自己死了，他所积累的财富还可以使他的子孙世代骑马、乘车。所以，现在的人，都很看重县令这样小小的职位。这样看来，人们可能很轻易地就会辞去古代天子的职位，却很难辞去现今的县令之职。这是因为它们之间福禄之薄厚实在是差异太大了。所以，很轻易地辞去天子之位，并不是因为天子的地位高，而是因为那个时候的天子之位的利益太薄了，对人们来说没有任何吸引力；现在的人争夺肥沃的土地，并不是因为土地近在自己的脚下，而是因为拥有了土地就等于拥有了权位。韩非用客观的物质生活条件来解释历史演变的原因，这在当时是相当深刻的。

韩非认为，不存在一种主宰着人类社会发展的超自然的神秘力量。他提出，世间万物发生、发展有一个总的规律——“道”，“道”是万事万物之所以然者。

> 道者，万物之所然也，万物之所稽也。理者，成物之文也；道者，万物之所以成也。故曰：“道，理之者也。”物有理，不可以相薄。物有理，不可以相薄，故理之为物之制，万物各异理。万物各异理，而道尽稽万物之理，故不得不化；不得不化，故无常操；无常操，是以死生气禀焉，万智斟酌焉，万事废兴焉。[143]

道是万物存在的依据，万物都与之相符合；万物各有其条理，不可以相互混淆。万物各有不同的理，而道则包括万事万物之理。道没有固定的形式，随着事物的理而变化。万物秉气而生，气散而死，都因循道；人类社会中，各种治国、做事的智慧和方案之斟酌，万事之兴废，皆因道而起。韩非认为，要认识和把握自然和人类社会的发展，就要认识其发生、发展的规律。

韩非在这里肯定了人类社会历史发展的规律性和可知性。人类社会的历史发展是可以由人自身来把握的，“人也者，乘于天明以视，寄于天聪以听，托于天智以思虑”，人们通过认识社会历史发展的规律，就可以“务致其福则事除其祸，事除其祸则思虑熟，思虑熟则得事理，得事理则必成功”。要认识自然和人类社会发展的规律，韩非认为要“偶参伍之验，以责陈言之实”。“参”是比较研究，“验”是验证、验实。韩非认为，只有符合自然界及人类社会实际的认识才是正确的。他认为：“先物行，先理动之谓前识。前识者，无缘而妄意度也。”[144] 以这样的认识来治理国家，处理事物，就必然招致失败。

韩非肯定了人类社会的历史是一个发展的过程，所谓“上古竞于道德，中世逐于智谋，当今争于气力”，因此，治世的统治者不能以古代社会的“法制”来治理现代社会的民众。人类社会的历史发展有其内在的原因，韩非有时将这种原因看成是人口增多与生产资料相对减少的矛盾。这种矛盾推动了社会的不断发展。韩非提出天地万物和人类社会的变化、发展都有“道”贯穿于其中，人们通过“参验”事物和人类社会发展之“道”，可以掌握自然和人类历史演变的规律，从而利用其来为人服务。韩非的历史观看到了社会的变化、发展，强调统治者要根据变化发展了的情况来制定具体的统治策略。但他的这种历史发展观又具有某种程度的非历史性，因为他没有看到现今之时代与以往社会历史所存在的联系的一面。这样就不可能确立起真正科学的、关于人类社会的历史发展观。

六、《易传》的历史发展观

《易传》是战国、秦汉时期所形成的解释《易经》的哲学著作，一共有十篇，亦称“十翼”。《易传》中包含着较为丰富的历史辩证法思想，尤其是《系辞传》，提出了一系列关于自然和人类社会发展的基本原则，表达了丰富的历史发展思想。

1.“一阴一阳之谓道”：宇宙自然和人类社会历史发展的根本原因

“一阴一阳之谓道”是《系辞传》中非常重要的一个观点，在中国哲学史上影响深远。自《系辞传》提出这个哲学命题之后，历代的易学家、思想家都对其做出阐释，以此来构建自己的哲学体系。如有的哲学家将“一阴一阳之谓道”解释为“道”即“一阴一阳”，一阴一阳之外无道的存在；也有哲学家认为“一阴一阳之谓道”，意味着一阴一阳是道之用，道是本体，通过一阴一阳，可以上达到道；或者认为道是理，一阴一阳是气，理气不是一物，而是两物；还有的哲学家认为，“一阴一阳之谓道”可以解释为阴阳相和、“无阴无阳”方是道的存在；如此等等。

我们认为，《系辞传》提出“一阴一阳之谓道”，对自然和人类社会历史发展的根本原因做出了探讨。其云：

> 一阴一阳之谓道，继之者善也，成之者性也。仁者见之谓之仁，知者见之谓之知，百姓日用而不知，故君子之道鲜矣。[145]

《易传》是解释《易经》的著作。“一阴一阳之谓道”，就筮法而言，指的是阴阳二爻不能孤立存在，有阳则有阴，阴阳是相对而存在的；就自然和人类社会的发展而言，这个命题表达了这样一层含义，即天地自然包括人类社会的任何事物，都存在矛盾着的两个对立面，即阴与阳，阴阳就是事物变化和发展的根本动力和原因。“一阴一阳之谓道”不仅意味着宇宙天地万物和人类社会普遍存在矛盾的对立，这种阴阳的对立贯穿于万事万物之中，是它们所普遍具有的共同属性，而且这种阴阳的对立就是宇宙间的普遍规律，也就是道。所以，《系辞传》提出，天地间万物都承继“一阴一阳”矛盾对立的性质，就可以称之为“善”，具备此“一阴一阳”的矛盾对立就是“性”。

对于事物所普遍具有的这种“一阴一阳”的矛盾对立，《系辞传》认为很少有人能够对之有一个全面的认识。故仁者只看到事物矛盾的一个方面，就把它叫作仁；智者只看到事物矛盾的另一个方面，就把它叫作智。其实，百姓每天的日用都离不开道之“一阴一阳”，只不过不能明确知道它而已。

在《系辞传》中，“一阴一阳”还表明宇宙自然和人类社会普遍存在阴阳矛盾的交替、转化。

> 是故阖户谓之坤，辟户谓之乾，一阖一辟谓之变，往来不穷谓之通，见乃谓之象，形乃谓之器，制而用之谓之法，利用出入，民咸用之，谓之神。[146]

在事物的发展过程中，有开有阖，阖即关闭，可以《周易》坤卦之义来表示；开即开启，可以《周易》乾卦之义来表示。事物的一开一阖、一闭一启，这就是变化。这种变化不会有穷尽，可以使世界万物处于“通达”的状态。

宇宙自然和人类社会是不断变化、发展着的，《周易》卦爻的变化可以表现这种现实的变化。《系辞传》认为，《周易》卦爻在六个爻位上“周流太虚，上下无常，刚柔相易，不可为典要，唯变所适”。所谓“周流”“无常”“相易”“不可为典要”“唯变所适”，都说明事物的发展变化是无时无刻不存在的，没有恒常不变的事物。事物变化最根本的原因就是一阴一阳矛盾的相互交替与转换。所谓“一阖一辟谓之变”，一阖一辟也就是一阴一阳。阴可以转化成阳，阳也可以转化成阴，阴阳转化的不断交替，就形成了世间万物的变化与发展。

阴阳的相互作用，有显现出来作为现象存在的，也有隐藏起来作为功能存在的；有有形的，也有无形的。但不管是作为现象存在的还是隐藏起来的，不管是有形的还是无形的，都离不开一阴、一阳。

一阴一阳的作用，可以为人所看见的称为象，有形体的可以称为器，人们制成器具而使用之，可以称为效法。百姓在日常生活中都需要用到它，一阴一阳的相互作用真是神奇啊！故《系辞传》说：

> 显诸仁，藏诸用，鼓万物而不与圣人同忧，盛德大业，至矣哉！富有之谓大业，日新之谓盛德，生生之谓易。成象之谓乾，效法之谓坤，极数知来之谓占，通变之谓事，阴阳不测之谓神。[147]

《系辞传》指出，一阴一阳的相互作用，显示出其造化万物的功绩，但其作为却深藏不见；鼓动万物生长而不据为己功，这真是盛大的德业啊，达到了极致！一阴一阳产生天地万物，万物变化日新，这种富有万物可以称之为大业，日日更新可以称之为盛大德业，生生不息可以称之为交易。万物是永恒变化并不断更新的，变化的根本原因就是事物阴阳矛盾的交替和相互作用。其中，使万物成现象存在是代表阳的乾道的功能，辅助、效法乾道就是代表阴的坤道的功能。阴阳矛盾的对立、转化及其相互作用，是宇宙自然和人类社会发展、变化的普遍规律。宇宙自然和人类社会所存在的一阴一阳的变化，并不是无规律可循的，《系辞传》认为，阴阳的变化莫测就是神，通过穷极《周易》卦爻变化之数，就可以把握这种阴阳变化的规律，从而推测、判断事物未来的发展。通达这种阴阳的变化，就是人事的作用。

> 是故形而上者谓之道，形而下者谓之器，化而裁之谓之变，推而行之谓之通，举而措之天下之民，谓之事业。[148]

所以，有形之上的无形指的是事物变化的法则和规律，有形的事物可以称之为器具，自然的变化、人为的裁制，可以称之为变易；顺事物之性，推而行之，这就是通达；把变通的功效施于天下的百姓，这就可以称之为事业。

“一阴一阳之谓道”的命题，反映了《系辞传》作者对于宇宙自然和人类社会所存在的阴阳矛盾对立的分析，事物所具有的阴阳矛盾对立、转化、交感和相互作用，使得宇宙自然和人类社会处于永不停息的发展过程中，这是事物变化、发展的根本原因所在。这种阴阳矛盾的普遍对立、发展就是“道”。“道”既是阴阳变化、发展的规律，其本身也是一个矛盾着的、不断变化着的过程。《系辞传》关于“一阴一阳之谓道”的命题，对宇宙自然和人类社会历史发展的动力、根本原因做了探讨，描绘了一幅生生不息的宇宙自然和人类社会发展的历史图景。

2.“穷则变，变则通，通则久”：事物变化发展的状态

《系辞传》中还提出“易穷则变，变则通，通则久”的思想，表达了《系辞传》作者对于事物变化发展状态的理解和认识。其云：

> 神农氏没，黄帝、尧、舜氏作，通其变，使民不倦，神而化之，使民宜之。易穷则变，变则通，通则久。[149]

《系辞传》通过对历史的考察，认为在伏羲氏、神农氏之后，黄帝、尧、舜等

圣王兴起，他们在继承前人已有生产成果的基础之上，改变旧器具的功能，为其进一步增加新的功能；不仅如此，他们还教导百姓巧妙地运用这些器具，使天下人皆得到好处。

《系辞传》认为，所谓“易穷则变，变则通，通则久”，就是说，事物发展到了穷尽之时，就要对之加以改变；事物改变之后，就会重新达到通达无碍的状态；事物总是不断地处于通达无碍的状态，就会生生不已，长久存在。

具体说来，所谓“穷则变”，是说事物发展到一定阶段，就可能会走向极端；事物走向极端，并不意味着事物就不再向前发展了，因为事物发展到穷极，就会产生变化，从而可以开辟出一条新的发展路径。在自然界，太阳升到最高处，就开始下降；月亮圆了之后，就开始亏缺。日月的运行、盈虚消长，是永不会停息的，人类社会的发展也是如此。《系辞传》对人类社会的发展历史进行了考察，指出人类历史因为不断变易而发展、进步。

> 上古穴居野处，后世圣人易之以宫室……古之葬者，厚衣之以薪，葬之中野，不封不树，丧期无数，后世圣人易以棺椁。……上古结绳而治，后世圣人易之以书契。[150]

《系辞传》认为，上古时期的人类，只能住在野外，或者在洞穴中生活，这是很艰苦、很原始的生活方式；后来的人们对之加以改进，修造了宫殿、房屋，可以很好地为人们遮风挡雨，人们不再需要住在野外的洞穴中了，这就体现了变易的进步性。古代的人类，其丧葬之事比较粗野，把先祖的遗骸随意放在野地中，或仅以树枝等遮掩一下；后来的人们对之加以改进，制作了棺、椁来埋藏死者，文明程度较以前有了很大的提高。古时候的人们只能通过打绳结来记事，很不方便；后世的人们则发明了文字、书契，这又是一个进步。所以，事物是不断发展的，事物发展到穷极之后，就会有所改变，改变之后，则开始新一轮的发展。由此，《系辞传》的作者在这里表达的不仅是简单的变易思想，在这种变易中，有进步的性质。历史不仅是变化，更是进步。人类社会历史的变化、发展，体现出了一种不断向上的进步性质。

所谓“变则通”，是说事物发展到极端、穷极之后，只有通过变化，才能通达无碍。“通”与“穷”是相对的，“往来不穷谓之通”，“通”便意味着不“穷”。事物因为不断变化、发展，也就不可能永远处于穷极之时，“穷”就可能朝“通”转化。

所谓“通则久”，是说事物只有通达，才能保持长久。“通”意味着事物及事物内部阴阳各方达到一种矛盾的协调、平衡状态。例如，《周易》的恒卦之所以为“恒”，其原因之一就在于这一卦中，震阳处上，巽阴处下，刚上则柔下，刚柔皆得其所，且这一卦中上下六爻阴阳皆相对。由于这一卦中阴阳皆处于一种协调、平衡状态，则其卦意为“恒”。“恒”有“久”之意，恒久之所以可能，是因为事物阴阳矛盾各方都处于恰当的位置，并且彼此能相互沟通，相互呼应，这样便能“久”于其道。

“通则久”还反映出一种独特的变化观。《系辞传》认为，在变化的过程中，既有“革故鼎新”的革命，也有“通则久”的“恒久”之道。革命意味着矛盾的一方吃掉另一方，“通则久”则是要达到阴阳各方面的平衡与和谐。这种平衡与和谐，并不是说事物的发展过程中存在一种阴阳的绝对平均状态。阴阳本身就意味着事物是不可能绝对平均的，阳之所以为阳，就在于它居于主导的地位；阴之所以为阴，就在于它居于从属的地位，但阴阳可以有一种平衡，有一种和谐。只有在这种阴阳和谐、平衡的状态下，事物才可能恒久。

《系辞传》认为，在事物的变化发展中，有一种恒久不变的、具有规律性的存在，它贯穿于事物的变化发展之中，始终发挥着作用。但它只有通过事物变化、发展才能显示出来，这也是“通则久”的意蕴之一。因此，宇宙天地和人类社会中存在一种恒久的、理想的发展状态，事物变化发展虽然在某种程度上可能会偏离它，但终究要复归于它。但这种复归不是在本来意义上的循环，而是在发展、进步意义上所达到的更高层次的阴阳平衡。

3.“穷神知化，德之盛也”：人可以认识、理解事物的变化和发展

《系辞传》认为事物的变化发展是永远不会有止境的，这种变化发展是有规

律的。

> 天地之道，贞观者也，日月之道，贞明者也，天下之动，贞乎一者也。[151]

天地之道，恒常地表现出来，以显示给人看；日月之道，恒常地显示光明以示人；天下的事物变动无穷，也有恒常的规律。

《周易》可以帮助人们理解、认识这种恒常的变化规律。

> 易与天地准，故能弥纶天地之道。仰以观于天文，俯以察于地理，是故知幽明之故。原始反终，故知死生之说。精气为物，游魂为变，是故知鬼神之情状。与天地相似，故不违；知周乎万物而道济天下，故不过；旁行而不流，乐天知命，故不忧；安土敦乎仁，故能爱；范围天地之化而不过，曲成万物而不遗，通乎昼夜之道而知。故神无方而易无体。[152]

《系辞传》认为，《周易》的道理与天地之道相符合，所以它能普遍地包括天地之道在内。作《周易》的圣人们抬头观察天文，低头观察地理，因此可以知道天地间事物有形与无形的原因。通过考察事物的开始，总结事物之终止，所以能理解生与死的道理。人禀赋天地间之精气，聚而为形体，灵魂离开形体而游荡则起变化，神是精气的凝聚，鬼是精气的消散，人因此能知道鬼神的情状。

所以，对于事物变化发展的规律，人通过“穷神知化”，是可以理解和认识它的。不仅如此，人通过对事物变化、发展规律的理解和认识，还能够达到一种驾驭天地万物变化的理想状态。例如，《系辞传》认为，圣人的活动可以同《周易》相准，与天地之道相符合，所以能不违背天地之道；圣人的智慧遍及万物，他们有救济天下众生的德行，所以，他们没有过错；圣人的德行遍达四方而不放纵，知道天命，安于天命，所以没有忧虑；安于所居，厚于仁德，所以能博爱；模仿、效法天地之变化而不超出此变化之外，普遍地帮助万物成长而无所遗漏，理解昼夜之道的变化而有智慧。故圣人的作为，神妙而无固定的方所，变易而无固定的所在。圣人是人中智者，他能理解事物变化的规律，从而驾驭自然和人类社会的发展，使之朝理想的目标前进。

《周易》所表达的事物变化发展的规律，简单而易行。

> 夫乾，确然示人易矣；夫坤，隤然示人简矣。爻也者，效此者也，象也者，像此者也。爻象动乎内，吉凶见乎外，功业见乎变，圣人之情见乎辞。天地之大德曰生，圣人之大宝曰位，何以守位曰仁，何以聚人曰财，理财正辞、禁民为非曰义。[153]
>
> 子曰：乾坤其易之门邪？乾阳物也；坤阴物也。阴阳合德而刚柔有体，以体天地之撰，以通神明之德。[154]

《周易》中，乾就代表刚健的意思，很平易，人们易于了解它；坤代表着柔顺的意思，很简易，人们也易于了解它。乾坤所代表的阴阳是事物变化的根源。其中，乾指的是阳性的事物，坤指的是阴性的事物。阴的德行与阳的德行相配合，阴爻与阳爻相配合，各有其体，以体现天地之度数，以通达神明之德行。

《周易》之卦爻，就是效法乾、坤阴阳之变的，《周易》之卦象，也是模拟此变化之象的。变化非常简单，就是一阴一阳的相互作用。《周易》卦爻象在一卦之内变动不居，其所表达的吉凶含义则在《周易》之外，在人类社会的实践中会显示出来，它的功业在这种变化中得到了充分体现，圣人对这种变化规律的说明则通过卦辞表达出来。

《系辞传》认为，《周易》表达了天地和人类社会发展的规律，圣人法之可以趋吉避凶，使国家得到治理。天地最大的德行在于其生生不已，而《周易》阴阳爻象“周流六虚”的变化就能证明这一点；圣人最宝贵的在于他们所处的地位，阴阳爻在《周易》一卦中所处的六爻位置可以说明这一点。圣人怎么样才能保持这种尊贵的地位？要通过实行仁爱的统治。怎么样才能将百姓聚集在自己的身边？要通过财富。增长财富，端正言辞，禁止百姓从事非正义的活动，这就是义。

圣人作《周易》来模拟天地万物变化的规律。《周易》又是通过什么来模拟天地万物变化的规律呢？《系辞传》认为是通过“易象”。

> 是故夫象，圣人有以见天下之赜，而拟诸其形容，象其物宜，是故谓之象。圣人有以见天下之动，而观其会通，以行其典礼，系辞焉以断其吉凶，是故谓之爻。极天下之赜者存乎卦，鼓天下之动者存乎辞，化而裁之存乎变，推而行之存乎通，神而明之存乎其人，默而成之，不言而信，存乎德行。[155]

所谓易之象，就是圣人观察到天下繁杂众多的事物情状，而模拟它们的形状与内容，以一种合适的卦爻象来象征事物的特征，这就是“象”。圣人看见天下事物的变化，观察它们相交与相通的联系，以实行适时的制度。在这个过程中，附之以说明性的言辞，以判断事物的吉凶，这就是“爻”。对天下繁杂众多的事物之情状进行细致的说明，这是通过“卦”来实现的，通过卦“辞”来实现鼓动天下人和天下事物的运动和变化。圣人顺自然变化之所为，并加以人为的裁制，推动事物向前发展，这就是变化，就是通达。这种作为是神妙莫测的，只有圣人才能理解并掌握它，使之明白、清楚，从而参赞天地之化育。

《周易》有“易”之道，何谓“易之道”？《系辞传》云：

> 危者使平，易者使倾，其道甚大，百物不废，惧以终始，其要无咎。此之谓易之道也。
>
> 子曰：危者安其位者也，亡者保其存者也，乱者有其治者也。是故君子安而不忘危，存而不忘亡，治而不忘乱，是以身安而国家可保也。[156]

《系辞传》认为，使危惧者知道平易是可能的，使轻慢、懈怠者知道颠覆是可能的，这就是“易道”的思想实质。危险产生于安于其统治的地位，灭亡产生于安于现状、不思进取，混乱产生于沿袭旧制，不思改变。因此，君子在安定的时候不敢忘记危险，在生存的时候不敢忘记灭亡，在天下大治的时候不敢忘记混乱，这样，就可以身安于其位，国家可以得到保存。变易之道甚为广大，任何事物都不可能超出变易之道之外，在事物变化的整个过程中都小心谨慎，这样就可以没有过错。这可以称为“易道”的精神。

> 子曰：天下何思何虑？天下同归而殊涂，一致而百虑，天下何思何虑。日往则月来，月往则日来，日月相推而明生焉。寒往则暑来，暑往则寒来，寒暑相推而岁成焉。往者，屈也；来者，信也；屈信相感而利生焉。尺蠖之屈，以求信也；龙蛇之蛰，以存身也。精义入神，以致用也；利用安身，以崇德也。过此以往，未之或知也。穷神知化，德之盛也。[157]

所以，《系辞传》认为，天下之事有其发展规律，天下事物的归宿是相同的，途径则不同；目的是一样的，达到目的的手段则有多种。所以，天下之事不需多思虑。自然界的变化有其规律。正如太阳下去了，月亮升上来了；月亮下去了，太阳就升上来了。这种日月的相互推移就产生了光明。寒冷过去了，则暑热来了；暑热过去了，则寒冷来了，寒冷与暑热相互推移，岁月就形成了。过去的称为屈，到来的称为伸；屈伸相互感应，其功用便产生了。蛾之幼虫弓着身体，目的是求得伸展；龙蛇潜伏起来，目的是保存自己；人们精研事物的变化之道，达到神妙的境界，目的是应用它；人们知晓事物的变化之道，是为了便利自己的日常生活，安定自己的身心，以提高自己的德行。如果说在此之外，还有什么别的目的，这就是不可知的了。人们穷究事物的神妙，认识事物的变化，就能达到一种最高的德行。

总之，《系辞传》所表达的历史发展观认为，阴阳的矛盾对立、感应是宇宙自然和人类社会发展的根本动力和原因；事物在阴阳的相互作用下，不仅产生变易，而且这种变易还有一种进步的性质。阴阳交易是普遍的现象，《周易》是探讨事物变化规律的经典，人们通过“穷神知化”，可以理解和认识事物变化、发展的规律，从而能驾驭宇宙自然和人类社会的发展，提高自己的德行，做自然和社会的主人。

注释

1 《殷虚书契前编》。

2 《尚书·高宗肜日》。

3 《尚书·盘庚中》。

4 《史记·殷本纪》。

5 《诗经·大雅·文王》。

6 《诗经·大雅·文王》。

7 《尚书·顾命》。

8 《尚书·蔡仲之命》。

9 《尚书·康诰》。

10 《尚书·召诰》。

11 《诗经·大雅·文王》。

12 《尚书·泰誓》。

13 《尚书·泰誓》。

14 《诗经·大雅·皇矣》。

15 《国语·郑语》。

16 《左传·昭公三十二年》。

17 《左传·僖公十六年》。

18 《左传·昭公十八年》。

19 《论语·学而》。

20 《论语·为政》。

21 《论语·子路》。

22 《论语·八佾》。

23 《论语·季氏》。

24 《论语·八佾》。

25 《论语·颜渊》。

26 《论语·学而》。

27 《论语·颜渊》。

28 《论语·雍也》。

29 《论语·颜渊》。

30 《论语·尧曰》。

31 《论语·学而》。

32 《论语·为政》。

33 《论语·颜渊》。

34 《论语·子路》。

35 《论语·学而》。

36 《论语·宪问》。

37 《论语·公冶长》。

38 《论语·颜渊》。

39 《论语·为政》。

40 《论语·八佾》。

41 《论语·雍也》。

42 《孟子·滕文公下》。

43 《孟子·公孙丑上》。

44 《孟子·公孙丑下》。

45 《孟子·公孙丑上》。

46 《孟子·离娄上》。

47 《孟子·离娄上》。

48 《孟子·滕文公上》。

49 《孟子·梁惠王上》。

50 《孟子·尽心下》。

51 《孟子·梁惠王上》。

52 《孟子·离娄上》。

53 《孟子·公孙丑上》。

54 《孟子·尽心下》。

55 《荀子·王制》。

56 《荀子·非相》。

57 《荀子·正名》。

58 《荀子·性恶》。

59 《荀子·性恶》。

60 《荀子·非相》。

61 《荀子·王制》。

62 《荀子·富国》。

63 《荀子·天论》。

64 《荀子·天论》。

65 《荀子·天论》。

66 《荀子·天论》。

67 《荀子·王制》。

68 《荀子·天论》。

69 《荀子·解蔽》。

70 《荀子·正论》。

71 《荀子·仲尼》。

72 《荀子·王制》。

73 《荀子·正论》。

74 《荀子·解蔽》。

75 《荀子·非相》。

76 《荀子·天论》。

77 《道德经》，二十五章。

78 《道德经》，四十二章。

79 《道德经》，五十一章。

80 《道德经》，一章。

81 《道德经》，十四章。

82 《道德经》，七十七章。

83 《道德经》，九、十二、四十四章。

84 《道德经》，五十三章。

85 《道德经》，七十四、七十五章。

86 《道德经》，三十一章。

87 《道德经》，三十章。

88 《道德经》，四十六章。

89 《道德经》，二十九章。

90 《道德经》，二十六、三十九章。

91 《道德经》，十八、三十八章。

92 《道德经》，十九章。

93 《道德经》，四十八、二、四十三、十章。

94 《道德经》，三十七章。

95 《道德经》，六十章。

96 《道德经》，五十八、七十五、五十七、四十八章。

97 《道德经》，六十五章。

98 《道德经》，五十七章。

99 《道德经》，三章。

100 《道德经》，五、二十五章。

101 《道德经》，四十九章。

102 《道德经》，八章。

103 《道德经》，五十四章。

104 《道德经》，三十二、二十八章。

105 《道德经》，六十四章。

106 《道德经》，十七、三十四章。

107 《道德经》，六十六、六十七章。

108 《道德经》，七十八、七十七章。

109 《道德经》，八十一、四十六、五十一章。

110 《道德经》，八十章。

111 《道德经》，二章。

112 《墨子·兼爱中》。

113 《墨子·兼爱中》。

114 《墨子·兼爱中》。

115 《墨子·兼爱中》。

116 《墨子·非命上》。

117 《墨子·非命上》。

118 《墨子·非命上》。

119 《墨子·非命下》。

120 《墨子·法仪》。

121 《墨子·天志中》。

122 《墨子·天志中》。

123 《商君书·更法》。

124 《商君书·开塞》。

125 《商君书·开塞》。

126 《商君书·开塞》。

127 《吕氏春秋·慎势》。

128 《慎子·威德》。

129 《慎子·威德》。

130 《艺文类聚》五十四。

131 《慎子·君臣》。

132 《艺文类聚》五十四。

133 《慎子·威德》。

134 《慎子·威德》。

135 《慎子·因循》。

136 《慎子·民杂》。

137 《韩非子·五蠹》。

138 《韩非子·五蠹》。

139 《韩非子·五蠹》。

140 《韩非子·五蠹》。

141 《韩非子·五蠹》。

142 《韩非子·五蠹》。

143 《韩非子·解老》。

144 《韩非子·解老》。

145 《周易·系辞传上》。

146 《周易·系辞传上》。

147 《周易·系辞传上》。

148 《周易·系辞传上》。

149 《周易·系辞传下》。

150 《周易·系辞传下》。

151 《周易·系辞传下》。

152 《周易·系辞传下》。

153 《周易·系辞传下》。

154 《周易·系辞传下》。

155 《周易·系辞传上》。

156 《周易·系辞传下》。

157 《周易·系辞传下》。

第二章

汉唐时期的历史思想

一、董仲舒的历史哲学

董仲舒（公元前179—前104）是西汉时期的大儒。汉武帝曾接受董仲舒的建议，“罢黜百家，独尊儒术”，使儒学成为正统的、主流的社会意识形态。关于董仲舒的著作，《汉书·艺文志·诸子略》著录有“董仲舒百二十三篇”；《隋书·经籍志》著录董仲舒《春秋繁露》十七卷；另《汉书·董仲舒传》还保留有《举贤良对策》三篇，是董仲舒对汉武帝策问的回答，又称“天人三策”。一般认为，《春秋繁露》与《举贤良对策》是研究董仲舒思想的主要资料。

董仲舒在历史发展观上，提出了以“三统”“三正”为代表的一系列历史循环论思想，并初步建立起一套较完整的历史哲学思想。

1. 以“三统”“三正”为代表的历史循环论

社会历史是如何发展的？王朝的更迭将经历一个怎样的过程？董仲舒以“三统”“三正”等理论来回答这个问题。

> 三正以黑统初。正日月朔于营室，斗建寅。天统气始通化物，物见萌达，其色黑。故朝正服黑，首服藻黑，正路舆质黑，马黑。大节绶帻尚黑，旗黑，大宝玉黑，郊牲黑，牺牲角卵。冠于阼，昏礼逆于庭，丧礼殡于东阶之上。……正白统者，历正日月朔于虚，斗建五。天统气始蜕化物，物始芽，其色白。故朝正服白，首服藻白，正路舆质白，马白。大节绶帻尚白，旗白，大宝玉白，郊牲白，牺牲角茧。冠于堂，昏礼逆于堂，丧礼殡于楹柱之间。……正赤统者，历正日月朔于牵牛，斗建子。天统气始施化物，物始动，其色赤。故朝正服赤，

首服藻赤，正路舆质赤，马赤。大节绶帻尚赤，旗赤，大宝玉赤，郊牲骍，牺牲角栗。冠于房，昏礼逆于户，丧礼殡于西阶之上。[1]

三正是从正黑统开始的。三正的黑统，历法的正月初一，太阳和月亮会合在天象二十八宿中的营室，北斗星的斗柄指向“寅”的位置。在上天的统领下，阳气开始普遍地化育万物。万物萌芽，它们的颜色是黑色的。所以，诸侯臣下正式朝见天子时，都穿着黑色的服装，头上戴着有藻纹的黑色帽子，正规的车子质料是黑色的，驾车的马是黑色的，人们的符节、绶带、头巾都是黑色的，旗帜也是黑的，举行典礼时拿着的大宝玉是黑色的，祭天用的牛是黑色的，祭祀用的牛，其角像卵那么小。加冠礼在东阶举行；举行婚礼时，新郎在庭院迎接新娘；举行丧礼时，灵柩停放在东阶上。祭祀用的牛、羊等，要用黑色的雄兽。由于邻近于赤统，所以，日与日之间以天亮作为分界，（天子）在天亮时正式朝见群臣。

三正的白统，历法的正月初一，太阳和月亮会合在天象二十八宿中的虚室，北斗星的斗柄指向“丑”的位置。在上天的统领下，阳气开始蜕去万物的皮壳，万物开始抽芽，它们的颜色是白色的。所以，诸侯臣下正式朝见天子时，都穿着白色的礼服，头上戴着有藻纹的白色帽子，正规的车子质料是白色的，驾车的马是白色的，符节、绶带、头巾都崇尚用白色的，旗帜是白色的，举行典礼时拿着的大宝玉是白色的，祭天用的牛是白色的，祭祀用的牛，其角像茧那么小。加冠礼在正室举行；举行婚礼时，新郎在正室迎接新娘；举行丧礼时，灵柩停放在堂上两根大柱的中间。祭祀用的牛、羊等，要用白色的雄兽。由于邻近于黑统，所以，日与日之间以清晨鸡叫作为分界，（天子）在鸡叫时正式朝见群臣。

三正的赤统，历法的正月初一，太阳和月亮会合在天象二十八宿的牵牛室，北斗星的斗柄指向“子”的位置。在上天的统领下，阳气开始施行、化育万物，万物刚刚蠕动，它们的颜色是赤色的。所以，诸侯臣下正式朝见天子时，都穿着赤色的服装，头上戴着有藻纹的赤色帽子，正规的车子质料是赤色的，驾车的马是赤色的，符节、绶带、头巾都崇尚用赤色的，旗帜是赤色的，举行典礼时拿着的大宝玉是赤色的，祭天用的牛是赤色的，祭祀用的牛，其角像粟子那么小。加冠礼在房里举行；举行婚礼时，新郎在门口迎接新娘；举行丧礼时，灵柩停放在西阶上。祭祀用的牛、羊等，要用赤色的雄兽。由于近于白统，所以，日与日之间以半夜时作为分界，（天子）在半夜时正式朝见群臣。

按照董仲舒的说法，一年十二个月中，有三个月可以作岁首正月，这三个月是子月（十一月）、丑月（十二月）和寅月（一月，也称十三月）。如果一个朝代以子月为岁首，这就是所谓"斗建子"，其色尚赤，称为正"赤统"；如果以丑月为岁首，这就是"斗建丑"，其色尚白，称为正"白统"；如果以寅月为岁首，这就是所谓"斗建寅"，其色尚黑，称为正"黑统"。上述就是"三统"与"三正"的基本内容。

中国古代的社会历史如何体现了"三统"与"三正"的呢？董仲舒认为：

> 故汤受命而王，应天变夏作殷号，时正白统。亲夏故虞，绌唐，谓之帝尧，以神农为赤帝，作宫邑于下洛之阳，名相官曰尹，作《濩乐》，制质礼以奉天。文王受命而王，应天变殷作周号，时正赤统。亲殷故夏，绌虞，谓之帝舜，以轩辕为黄帝，推神农以为九皇，作宫邑于丰，名相官曰宰，作《武乐》，制文礼以奉天。武王受命，作宫邑于镐，制爵五等，作《象乐》，继文以奉天。周公辅成王受命，作宫邑于洛阳，成文武之制，作《汋乐》以奉天。殷汤之后称邑，示天之变反命。故天子命无常，唯命是德庆。故《春秋》应天作新王之事，时正黑统。王鲁，尚黑，绌夏，亲周，故宋。乐宜亲《招武》，故以虞录亲，爵制宜商，合伯子男为一等。[2]

夏为黑统。商汤接受天命而称王，顺应上天的旨意，更革夏代，定国号为商，时代的循环是正白统。商近于夏，故以夏朝为故国，黜退唐尧，称之为帝尧，称神农为赤帝，在洛水下游的北面修筑都城，称呼辅佐的官为"尹"，创作《濩乐》，制定质朴的礼仪来侍奉上天。

周文王接受天命而称王，顺应上天的旨意，更革商之号，定国号为周，时代的循环是正赤统。周近于商，故以商朝为故国，黜退虞舜，称之为帝舜，称轩辕为黄帝，推崇神农为九皇，在丰这个地方建筑都城，称呼辅佐的官为"宰"，创作《武乐》，制定有文采的礼仪来侍奉上天。武王接受天命，在镐这个地方建筑都城，制定爵位，分为公、侯、伯、子、男五等，创作《象乐》，继承文王的礼仪来侍奉上天。周公辅佐成王，接受天命，在洛阳建筑都城，完善文王、武王的制度，创作《汋乐》来侍奉上天。殷汤的后代被封在宋地，称为邑，表示上天改变了天命。上天之所以改变天命，乃因为殷的后代违反了天命。于此，董仲舒指出，天命并不是永恒不变的，天命只奖赏那些有德的人。

周为赤统。周之后，孔子著《春秋》，顺应天命，执行新王的使命，时代的循环为正黑统。孔子借鲁国施行新王的教化，崇尚黑色，黜退夏代，近于周代，故以宋国为故国，音乐采用的是《韶乐》(即《招武》)，表示亲近虞舜，爵位制度则采用商代的，合并伯、子、男三等为一等。

由此，董仲舒以夏朝代表“正黑统”，斗建寅；商朝代表“正白统”，斗建丑；周朝代表“正赤统”，斗建子。因为历史是循环的，故代周而起的朝代，仍然代表“正黑统”，斗建寅，如此周而复始。

东汉之《白虎通义》对董仲舒“三统”“三正”说做了进一步的阐释和说明，可以帮助我们理解这个问题。

> 《礼三正记》曰：“正朔三而改，文质再而复也。”三微者，何谓也？阳气始施黄泉，动微而未著也。十一月之时，阳气始养根株，黄泉之下，万物皆赤。赤者，盛阳之气也。故周为天正，色尚赤也。十二月之时，万物始牙而白，白者阴气。故殷为地正，色尚白也。十三月之时，万物始达孚甲而出，皆黑，人得加功。故夏为人正，色尚黑。《尚书大传》曰：“夏以孟春月为正，殷以季冬月为正，周以仲冬月为正。”夏以十三月为正，色尚黑，以平旦为朔。殷以十二月为正，色尚白，以鸡鸣为朔。周以十一月为正，色尚赤，以夜半为朔。不以二月后为正者，万物不齐，莫适所统，故必以三微之月也。三正之相承，若顺连环也。[3]

在董仲舒论说的基础上，《白虎通义》解释了为什么正月只能由十一月、十二月和一月（十三月）这三个月来充当。因为万物在这三个月处于开始萌芽或破土的阶段，也称“三微”。在这三个阶段，万物整齐一致，故可以一“统”起来。而其他九个月，万物生长不齐，没有办法一“统”，故不能以一年中其他的九个月为“统”。

对于“三统”为什么就是“赤”“白”“黑”，《白虎通义》的解释与董仲舒所论既有同，亦有不同。《白虎通义》认为，三统中的赤统之所以称为“赤”，因其以十一月为正月。十一月，阳气发于黄泉，养万物之根株，万物因得阳气之养，其根株呈现出赤色，故以十一月为正月者，则为赤统。周朝以十一月为正月，颜色崇尚赤，承继的是赤统。《白虎通义》还提出，赤为盛阳之色，天乃阳气积聚而成，故“赤统”代表天之正。

白统之所以称为“白”，因其以十二月为正月。十二月，万物开始抽芽，所抽之芽普遍地呈现出白的颜色，以十二月为正月者，为白统。商朝以十二月为正月，颜色崇尚白色，承继的是白统。因为“白”乃阴气之色，地由阴气积聚而成，故“白统”代表地之正。

黑统之所以称为“黑”，因其以十三月（一月）为正月。十三月，万物开始破土而出，其生长、发育一般呈现出深黑的颜色，故以十三月为正月者，则为黑统。夏朝以十三月为正月，颜色崇尚黑色，承继的是黑统。因万物破土而出，人可以对之加以栽培、养育，故“黑统”代表人之正。

与阴阳消长、历朔更革的变化相适应，王朝在更替的过程中，相应的就要改正朔。如古代夏、商、周三代中，周以子月为正月，殷以丑月为正月，夏以寅月为正月，这就是所谓改“正”；周以夜半、殷以鸡鸣、夏以平旦来划分白天与黑夜，这就是所谓易“朔”。董仲舒认为，王朝在统治的过程中，最重要的事就是确定一年中以哪个月作为岁首之正月；不同历史时期要以不同的月份作为正月，以统一天地和万物。在某个特定的历史时期，上天集中积聚某一种气，万物都顺应它，并随之而端正自己；人类社会的统治者亦应效法上天而调整自己的统治方式和策略。如果人能法天而行，其统治就能端正，其余的方面也就都会端正。因为根本端正了，其末节也就会随之而端正；内部端正了，外部也必将随之而端正。一切举措和行为，没有不随着根本的变化而改变的，这就是所谓“法正”。故“三统”亦称为“三正”，“正”有端正的意思。

> 其谓统三正者，曰：正者，正也。统致其气，万物皆应而正，统正，其余皆正。凡岁之要，在正月也。法正之道，正本而末应，正内而外应，动作举错，靡不变化随从，可谓法正也。[4]

所以，董仲舒认为，每一朝代之始，在确立了岁首的正月之后，接下来就要循例而徙居处（指迁都），更称号（改换前代的制度和国号），改正朔（重新确定正月），易服色（更换衣服的颜色，主要是旗帜的颜色）。他以《公羊传》解《春秋》“王正月”为例，来说明这个问题。

> 《春秋》曰：“王正月。”《传》曰：“王者孰谓？谓文王也。曷为先言王而后言正月？王正月也。”何以谓之王正月？曰：王者必受命而后王。王者必改正朔，易服色，制礼乐，一统于天下，所以明易姓非继人，通以己受之于天也。王者受命而王，制此月以应变，故作科以奉天地，故谓之王正月也。[5]

新王朝的王必须先接受天命然后才可以称王。他必须改变历法，改换所穿朝服的颜色，制礼作乐，使全国在上述几个方面都能统一起来，这样做的目的是表明上天换了一个异姓的人做王，新王不是继承前人的王位，他是从上天那里接受王位的。新王接受天命而称王，制定正朔来顺应天意的改变，制作科文条令来侍奉天地，所以称“王正月”。对此，《白虎通义》也认为：

> 王者受命必改朔何？明易姓示不相袭也。明受之于天，不受之于人，所以变易民心，革其耳目，以助化也。故《大传》曰：“王者始起，改正朔，易服色，殊徽号，异器械，别衣服也。”……正朔有三何？本天有三统，谓三微之月也。明王者当奉顺而成之，故受命各统一正也。[6]

新的王朝之所以要改变正朔，是因为新王朝是奉行新的天命而产生的。所以，古代的君王接受天命而称王，要徙居处、更称号、改正朔、易服色，以顺天命；然后举行郊祭，禀告天地和诸神，祭告历代祖先；布告天下，让诸侯们在宗庙里接受正朔；又把这事祭告土神、谷神、祖先、山神、河神。这样，神、人便可以互相感应，从而按同一历法行事。用这样的规矩来表明天“统”的含义。

> 改正之义，奉元而起。古之王者，受命而王，改制称号正月。服色定，然后郊告天地及群神，远近祖祢，然后布天下，诸侯庙受，以告社稷宗庙山川，然后感应一其司。……所以明乎天统之义也。[7]

对于社会历史发展的过程与规律，董仲舒不仅仅提出“三统”“三正”（“三而复者”），他还认为历史的发展中“有不易者”，“有再而复者”，“有四而复者”，“有五而复者”，乃至“九而复者”。

> 故王者有不易者，有再而复者，有三而复者，有四而复者，有五而复者，有九而复者。……王者以制，一商，一夏，一质，一文，商质者主天，夏文者主地，《春秋》者主人。[8]

所谓“不易者”，董仲舒指的是“天”和“道”。他说：“道之大原出于天，天不变，道亦不变。”在改朝换代的时候，有些内容需要改变，如正朔、服色等，但也有些内容是不变的，如人伦、道理、政治、教化、习俗、文义等，这就是所谓“道”。董仲舒认为，道源出于天，道之所以不变，乃在于天是永恒不变的。所以，君王治理天下的道理，有的是永恒不变的。

所谓“再而复者”，指的是“质”和“文”。所谓质、文，是指某种制度的特点是崇尚质朴还是崇尚文采。

志为质，物为文。文著于质，质不居文，文安施质？质文两备，然后其礼成。文质偏行，不得有我尔之名。俱不能备而偏行之，宁有质而无文。虽弗予能礼，尚少善之。……有文无质，非直不予，乃少恶之。……然则《春秋》之序道也，先质而后文，右志而左物。故曰："礼云礼云，玉帛云乎哉？"推而前之，亦宜曰：朝云朝云，辞令云乎哉？乐云乐云，钟鼓云乎哉？引而后之，亦宜曰：丧云丧云，衣服云乎哉？是故孔子立新王之道，明其贵志以反和，见其好诚以灭伪，其有继周之弊，故若此也。[9]

在历史中，一个朝代如果尚文，其后一代就可能需要尚质来补救其弊。周朝尚文，为了补救周代重视文饰的弊端，所以，孔子著《春秋》，创新王之法则，其原则为尚质，要先本质而后文饰，注重文化精神之本质而不仅仅看重表现这种本质的物质表象。孔子说："礼呀！礼呀！难道只是玉帛之类的礼器吗？"这就表达了本质重于表象这个意思。玉帛之类的礼器是用来表达礼的，但礼的含义并不仅仅限于玉帛这类礼器。在现实生活中，对于礼的精神实质的理解，比只以玉帛等礼器来演礼更为重要。对于孔子的这句话，董仲舒认为还可以进一步进行推理，即朝拜之礼不仅仅是一些外交的辞令和行为；演礼的音乐也不仅仅指钟鼓之类的乐器；丧礼也不仅仅是指穿上丧服。用来文饰、表达礼之内容的外在形式只是礼的精神实质的表现媒介而已，这种外在表现形式必须要以礼的精神实质作为基础。如果因为追求礼的形式而抛弃了礼的精神实质，就会导致孔子所谓的"文"饰之弊，所以，要救"文"饰之弊，就要崇尚"质"之朴。孔子贵"志"之质朴而贱"物"之利，强调履行礼时"心"的诚实而反对只重外在之形式，故此提倡先质而后文。董仲舒以这个观点来说明，历史中王朝的更迭，还体现在它们制度上实行"质"与"文"的更迭，一个王朝尚"质"太过，就需要另一个王朝尚"文"来救其弊，反之也一样。这就是社会历史发展中的"再而复者"。对董仲舒此论，《白虎通义》有进一步的说明：

王者必一质一文者何？所以承天地，顺阴阳。阳之道极，则阴道受。阴之道极，则阳道受。明二阴二阳，不能相继也。质法天，文法地而已。故天为质，地受而化之，养而成之，故为文。《尚书大传》曰：“王者一质一文，据天地之道。”《礼三正记》曰：“质法天，文法地也。”帝王始起，先质后文者，顺天地之道，本末之义，先后之序也。事莫不先有质性，后乃有文章也。[10]

《白虎通义》认为，王朝以一文一质循序作为统治的方式，法天地阴阳而为。因为阴阳是循环的，阳极则阴，阴极则阳；阴不能继阴，阳也不能承阳。质与文就代表阳与阴，也代表天与地。一个王朝兴起，要先质而后文，将文与质相结合，这样才符合天地阴阳循环之意。何休《公羊传注》亦云：

王者起，所以必改质文者，为承衰乱，救人之失也。天道本下，亲亲而质省。地道敬上，尊尊而文烦。故王者始起，先本天道，以治天下，质而亲亲。及其衰敝，其失也亲亲而不尊。故后王起，法地道以治天下，文而尊尊。及其衰敝，其失也尊尊而不亲。故复反之于质也。[11]

新王朝兴起，之所以要改换制度的质与文，主要也是为了补救前一朝代所具有的弊端。在具体的社会历史发展中，夏朝法天之道而重“亲亲”，但亲近自己的亲属超过一定的限度，就可能导致君臣、父子、夫妇、长幼无序，而失之于野。故商朝法地之道而重“尊尊”，以救夏朝“亲亲”之失。但尊敬自己的长辈超过一定的限度，可能会导致各种演礼的繁文缛节泛滥，虽然外在的礼仪形式极端繁盛，礼仪形式之后却缺乏内在的、必要的礼的精神。因此，继商而起的周朝又要强调质朴之“亲亲”。故新兴王朝必须“改质文”，质文相序就是董仲舒所谓社会历史发展中的“再而复者”。

所谓“三而复者”，就是我们上面所说的“三统”与“三正”，指正朔建寅、建丑、建子三者的循环。与“三统”“三正”相联系，董仲舒提出“三教”之说。

夏上忠，殷上敬，周上文者，所继之救，当用此也。孔子曰：“殷因于夏礼，所损益可知也；周因于殷礼，所损益可知也；其或继周者，虽百世，可知也。”此言百王之用以此三者矣。[12]

对此，《白虎通义》有更详细的说明：

> 王者设三教者何？承衰救弊，欲民反正道也。三王之有失，故立三教以相指受。夏人之王教以忠，其失野。救野之失莫如敬。殷人之王教以敬，其失鬼。救鬼之失莫如文。周人之王教以文，其失薄。救薄之失莫如忠。继周尚黑制，与夏同。三者如顺连环，周而复始，穷则反本。……教所以三何？法天地人内忠外敬文饰之故，三而备也。即法天地人各何施？忠法人，敬法地，文法天。人道主忠，人以至道教人，忠之至也。人以忠教，故忠为人教也。地道谦卑，天之所生，地敬养之，以敬为地教也。[13]

尚忠之弊，失之于野，故以尚敬救之；尚敬之弊，失之于鬼，故以尚文救之；尚文之弊，失之于薄，故以尚忠救之。社会历史的发展也正是如此，夏尚忠，殷尚敬，周尚文，后继起之朝代，都相应地对前朝之弊进行补救，故与“三统”“三正”相联系，还有所谓“三教”之说。

董仲舒还提出有“四而复者”。所谓“四而复者”，指一商、一夏、一质、一文的循环。当然，此处的商与夏并不指历史上的商朝和夏朝，而只是代表王朝所实行的一种具体的政治制度。

> 主天法商而王，其道佚阳，亲亲而多仁朴。……主地法夏而王，其道进阴，尊尊而多义节。……主天法质而王，其道佚阳，亲亲而多质爱。……主地法文而王，其道进阴，尊尊而多礼文。[14]

因为天道亲下，地道敬上。不同王朝的更迭中，有“主天法商”，即推崇天道、效法商道而称王的王朝，其所施行的治政之“道”充满阳刚之气，崇尚仁爱质朴的社会风气。“主地法夏”即指推崇地道、效法夏道而称王的王朝，其所施行的治政之“道”崇尚阴柔，其特点在于敬重尊长而崇尚节义。“主天法质”指推崇天道、取法质朴而称王的王朝，其所施行的治政之“道”阳气兴盛，其政治的特点在于亲近自己的亲属，崇尚挚爱的社会风气。“主地法文”指推崇地道、取法文采而称王的王朝，其所施行的治政之“道”崇尚阴柔，尊重尊长而崇尚文饰、礼节。如一个朝代奉行的政治和社会制度其特点是亲亲而质省，则这个朝代就可以被归纳为“主天法商”或“主天法质”，因为天道有“亲下”的倾向，天道“亲下”的这种精神表现在政治和社会关系上，就是“亲亲而质省”；如一个朝代奉行的政治和社会制度其特点是“尊尊而文烦”，则这个朝代就可以被归纳为“主地法夏”或“主地法文”，因为地道有“敬上”的倾向，地道“敬上”的这种精神表现在政治和社会关系上，就是“尊尊而文烦”。纵观社会历史发展，不同王朝所采取的制度，不过是商道与夏道相互交替，质朴和文采轮流受推崇；采用商道、推崇质朴的，效法天道；采用夏道、推崇文采的，效法地道。如此循环不已。就中国古代社会历史发展而言，舜为“主天法商而王”，禹为“主地法夏而王”，汤为“主天法质而王”，文王为“主地法文而王”。这四种制度如同一年四季，在社会历史的发展中循环不已。故董仲舒同意孔子的历史观，认为继周而起的王朝，虽然经过百代之后，其历史发展的情况，也仍然是可以预知的。

当然，还有“五而复者”，这是指五帝。董仲舒认为，帝号必定要保存五个。他以《春秋》“杞伯来朝”之事为例，来说明这个问题。

> 《春秋》曰：“杞伯来朝。”王者之后称公，杞何以称伯？春秋上绌夏，下存周，以《春秋》当新王。《春秋》当新王者奈何？曰：王者之法，必正号，绌王谓之帝，封其后以小国，使奉祀之。下存二王之后以大国，使服其服，行其礼乐，称客而朝。故同时称帝者五，称王者三，所以昭五端通三统也。是故周人之王，尚推神农为九皇，而改号轩辕谓之黄帝，因存帝颛顼、帝喾、帝尧之帝号，绌虞而号舜曰帝舜，录五帝以小国。下存禹之后于杞，存汤之后于宋，以方百里，爵号公。皆使服其服，行其礼乐，称先王客而朝。[15]

董仲舒认为，每个朝代的君王，其法度之首必须要端正名号。并且承上启下，以此使五端昭明，三统通达。《春秋》执行新王的事务，改变周代的制度，时代应当正处于黑统。商人、周人成为前王的后代；罢退夏代，改称大禹为帝禹，把小国封给他的后代。所以说，罢退夏代，保存周代，把《春秋》称作新王。不把杞国君主称为杞侯，这是为了表明他不同于王者之后。

董仲舒认为，帝号必须保存五个。《春秋》新王立政，黜退三代以前的君王，称为五帝；五帝轮流以一种颜色作为首色（当然，只有黑、白、赤三种颜色可以充当正色），顺着五行的顺序循环，各自按照五行的法则制定适宜的礼乐，顺着商、夏、质、文的顺序循环，都定立国号，改革官名，制定礼仪，创作音乐。通晓了天地、阴阳、四时、日月、星辰、山川、人伦的道理，德行与天地齐等的人，可以称为皇、称为帝。上天会保佑他，把他当儿子看待，他的名号称为天子。所以圣明的君王活着时被称为天子，去世后成为三王，超过三代后，被贬退为五帝，封地下降为附庸国，再往后贬退为九皇（所谓“九而复者”，指的就是九皇），下降到极点，就成为“民”。但他们又同样被称为先代，虽然没有封地，他们的宗庙灵位和祭祀的牺牲还列在祭天的名录中，当在泰山祭告天地时，他们也被尊崇。他们的声名魂魄已经扩散到虚空之中了，将会长久流传，永不磨灭。

对于新王朝确立之后，为什么要留存前代之王的后代，让他们保持自己的礼仪服色，祭祀自己的祖先，继董仲舒之后，《白虎通义》对此做了说明：

> 王者所以存二王之后何也？所以尊先王，通天下之三统也。明天下非一家之有，谨敬谦让之至也。故封之百里，使得服其正色，行其礼乐，永事先祖。[16]

之所以要保存新王之前的两个朝代之王的后代，是为了尊敬先王，使天下之三统能够得到存续；并且这样做还表明，天下并不为哪一家所私有，新王朝因为接受了天命，故称王于天下。但天命无常而不变者，新王朝存前朝先王之后，是提醒自己要谨慎地处理好天下之事，同时表明自己的谦让精神。至于要保存五帝、九皇之号，应该也是这个道理。

董仲舒将以“三统”“三正”为代表的历史发展阶段论与具体的历史经验相结合，把这些历史经验构成一个整体的知识系统，从而将经验上升到理论，将特殊性上升到普遍性。董仲舒探讨了历史发展中的普遍性，他还注意对照历史本身与这种普遍性的关系，力图说明社会历史演进的终极原因和动力。他认为，历史的发展是循着某种先验的图式而循环行进的，这种循环行进本身是一个历史的过程。当然，这个过程中也包含了一些进步和发展的思想。因为后一种发展，总是将前面的发展在包含进自身之中，内容是不断丰富的。这个我们可以从其理论要求“存先王之后”，使之能“服其服，行其礼乐”，从而“五端昭明”“三统通达”得到证明。这在客观上有利于存续以往的文化和文明，便于后来的文明借鉴前人的积极成果，从而使社会的发展具有一种历史性。

董仲舒关于“三统”等的历史发展的论说是循环，但不是重复，循环只表现在理论性质上的一致，而发展则表现为历史内容的丰富。循环与发展是一体的。虽然历史的发展模式是循环的，但历史的内容却是更新的，在这个过程中，每一个阶段都有其独立的价值。这种阶段性还表明，社会历史是随阴阳消长而不断生成、变化的，每一阶段人类的社会生活和制度都有其独特性和独立的存在价值。

董仲舒有关社会历史发展的理论，可能受到战国邹衍的“五德终始”说的影响。邹衍的“五德终始”理论没有完全流传下来。后人根据一些文献，揣测其内容大体是这样的：历史上的王朝都受到特定的五行之“德”的支配，如舜以土德王，夏以木德王，商以金德王，周以火德王，等等。五行之“德”有盛有衰，盛则可以支撑起一个王朝的存在，衰则这个王朝就会被克制其“德”的其他王朝所取代。相对于邹衍的“五德终始”，董仲舒的历史观更为系统和详尽，其“三统”“三正”等历史循环理论，对历史上改朝换代的方式和原因进行了探讨，尽管这种探讨还谈不上科学。但其可取之处在于提出了社会历史是变动不居的，这种变化的历史过程是可以为人们所理解和认识的，人们可以自觉地根据这种变化的机制来调整政治统治策略和活动方式，顺应历史的发展方向，促进社会进步。

董仲舒通过对社会历史发展阶段的研究和分析，希望发现支配社会历史发展进程的一般规律。他以当时流行的阴阳消长思想对社会历史发展规律进行了哲学性的概括，由于时代和社会的局限性，这种概括有强行将社会演变纳入自己虚构的历史发展模式的嫌疑，并且带有浓厚的神学目的论色彩，但这种概括本身表达了人们力图发现人类社会历史发展规律的努力。当然，董仲舒的历史观将复杂的社会历史发展过程简单地与四季更迭等自然现象相比附，混淆了自然与社会的界限，带有浓厚的循环论乃至神秘论的色彩。应该说，自然的过程本身是没有任何意志的，不过是单纯自然现象的有序展开，而社会历史的过程则不然，有具体的人及其意志参与其中，受到人的主观意志和社会实践活动的影响。这两种不同的过程是不可以简单进行类比的。

2.“王道之三纲，可求于天”的天人感应神学目的论与“王者与天地相参”的英雄史观

董仲舒提出“王道之三纲，可求于天”，建立起了一整套天人感应的神学目的论思想体系。他认为，人事可以和天道相通，而君王是沟通人事和天道的主要媒介，从而表现了一种英雄史观。

董仲舒认为，“上天”是万物之祖，万物由天而生。但通常来说，天意难见，天道难明。如何才能理解上天的旨意呢？这就需要通过观察阴阳的出人和虚实，通过辨五行之本末、顺逆、大小、广狭，才能观天之道，明天之志。

> 凡物必有合。合必有上，必有下；必有左，必有右；必有前，必有后；必有表，必有里；有美必有恶，有顺必有逆，有喜必有怒，有寒必有暑，有昼必有夜，此皆其合也。阴者阳之合，妻者夫之合，子者父之合，臣者君之合。物莫无合，而合各有阴阳。阳兼于阴，阴兼于阳。
>
> 阳之出也，常县于前而任事。阴之出也，常县于后而守空处。此见天之亲阳而疏阴，任德而不任刑也。是故仁义制度之数，尽取之天。天为君而覆露之，地为臣而持载之。阳为夫而生之，阴为妇而助之；春为父而生之，夏为子而养之，秋为死而棺之，冬为痛而丧之。王道之三纲，可求于天。天出阳为暖以生

之，地出阴为清以成之。不暖不生，不清不成。然而计其多少之分，则暖暑居百，而清寒居一。德教之与刑罚，犹此也。故圣人多其爱而少其严，厚其德而简其刑，以此配天。[17]

事物必定有互相对应配合的两个方面，对应的双方必定有在上面的，有在下面的；必定有在左边的，有在右边的；必定有在前面的，有在后面的；必定有在表面的，有在里面的。有美好，必定有丑恶；有顺从，必定有违逆；有喜悦，必定有愤怒；有寒凉，必定有暑热；有白昼，必定有黑夜，这些都是事物中互相对应互相匹配的方面。阴气和阳气相匹配，妻子和丈夫相匹配，儿子和父亲相匹配，臣下和君主相匹配。事物没有不相匹配的，而匹配中就分别有阴和阳。阳中兼合有阴，阴中兼合有阳。正如自然界的事物有上下、左右、寒暑、昼夜等配合一样，在人事中，也有君臣、父子、夫妇之对，它们都源于天的阴阳之对。物之道源于天之道，它们都是阴阳相对，彼此配合的。任何一个事物都有与之相匹配的另一个事物，在这种配合中，对应的双方有阴有阳。这就是事物的基本含义、基本原理。

阴阳二气的出现，其意义不同。阳气在前，在事物的变化、发展中居于主导地位，阴气在后，在事物的变化发展中处于辅助、从属地位。阳气的出现，常常在前面，而承担岁事的任务；阴气的出现，常常在后面，守在空虚之处，而不承担实际的工作。上天生出阳气，产生温暖以使万物生长；大地生出阴气，产生寒凉以使万物成熟。不温暖，则万物不会生出；不寒凉，则万物不会成熟。但是，计算它们在量上的多少，那么，温暖暑热占有百份，而清凉、寒冷只占有一份。由此可以看出，上天亲近阳气而疏远阴气。

人事中的制度、准则都是效法上天而来的。上天是君王而笼罩、润泽万物，大地是上天的臣下而支持、承载万物。阳气有如丈夫而生长万物，阴气有如妻子而助长万物；春季有如父亲而生长万物，夏季有如儿子而养育万物，秋之肃杀代表死亡，冬之收藏代表丧葬。所以，王道的三个纲领，可以从上天那里得到。董仲舒认为，天道与人事是统一的，人循天道阴阳消长而确立社会政治制度和风俗习惯。天亲近阳气而疏远阴气，人事效法天道，也应该重德政而轻刑罚。阳占百份，阴占一份，仁德相对于刑罚，也和这个比例相似。所以，圣人执政，要多布施仁爱而少使用威严，要加强德教而减少刑罚，从而以这种作为来和天道相匹配。

董仲舒认为，君主代表阳，臣民代表阴，臣民应该服从君主；只有君王才能与天地相沟通，法天道而治政事，使天下太平，表达了“屈民伸君”的思想。

> 古之造文者，三画而连其中，谓之王。三画者，天、地与人也；而连其中者，通其道也。取天、地与人之中以为贯而参通之，非王者孰能当是？故王者唯天之施，施其时而成之，法其命而循诸人，法其数而以起事，治其道而以出法，治其志而归之于仁。[18]

古代造字的人，先写三横画，再写一竖画将之连接起来，这就叫“王”字。王字之三画，代表的是天、地、人三才，而中间连接三横画的一竖画，代表的是贯通天、地、人三才的道。选取天、地、人三才之中，以道一以贯之，这样的事，除了君王之外，又有谁能担当此重任呢？所以，君王效法天道，因循天时而成就大业。法天之命而循之以治理人民，法天之数而兴起民事，法天之道而制定礼法，法天之志而努力归向仁德。

董仲舒还提出政治上的“大一统”。所谓“大”，即重视、尊重的意思；“一统”，指天下诸侯统一于天子。董仲舒认为，《春秋》所谓“大一统”，是天地之常经、古今之通谊，是天地间的最高真理，是古今社会历史发展所必须遵循的法则。这种“大一统”理论在政治上要求加强中央集权，强调“尊君”；天子与臣民、中央和诸侯国的关系，是干和枝、本和末的关系，要强其干而弱其枝，大其本而小其末。君王作为上天在人间的代表，具有高度的权威性，担负有教导百姓、使之向善的使命。

> 天令之谓命，命非圣人不行；质朴之谓性，性非教化不成；人欲之谓情，情非度制不节。是故王者上谨于承天意，以顺命也；下务明教化民，以成性也；正法度之宜，别上下之序，以防欲也；修此三者而大本举矣。[19]

上天的命令可以称为天命，天命不遇到圣人则不能得到实行；人最质朴的就是人性，人性不经过教化则不能有所成就；人之欲望称为情，情不经过度量、抑制则不能得到节制。所以，君主对上很谨慎地承奉天意，以顺从天命；对下必须明确教化民众，以成民之性；通过规正法度之宜，区别上下之礼序，以此来防止欲望的膨胀。通过实行上述三种措施，则治理国家的大本就立起来了。

为什么百姓(民)需要君王的教化呢？这就涉及董仲舒论“性”是否善的问题了。董仲舒说：

> 天生民性，有善质而未能善，于是为之立王以善之，此天意也。民受未能善之性于天，而退受成性之教于王；王承天意以成民之性为任者也。[20]

君王上承天意，教导百姓，使其性趋于善。百姓之性来源于天，天赋予百姓以性，此性有善之质，但还不能称为善。因此，需要设立君王来教导百姓，使其性趋于善。为什么这么说呢？董仲舒认为：

> 故性比于禾，善比于米，米出禾中，而禾未可全为米也；善出性中，而性未可全为善也。善与米，人之所继天而成于外，非在天所为之内也。天之所为，有所至而止，止之内谓之天性，止之外谓之人事。事在性外，而性不得不成德。民之号，取之瞑也。使性而已善，则何故以瞑为号？以瞑者言，弗扶将，则颠陷猖狂，安能善？性有似目，目卧幽而瞑，待觉而后见。当其未觉，可谓有见质，而不可谓见。今万民之性，有其质而未能觉，譬如瞑者待觉，教之然后善。当其未觉，可谓有善质，而不可谓善，与目之瞑而觉，一概之比也。静心徐察之，其言可见矣。性如瞑之未觉，天所为也；效天所为，为之起号，故谓之民。民之为言，固犹瞑也，随其名号以入其理，则得之矣。[21]

性好比禾苗一样，善好比大米一样，大米是从禾苗来的，但禾苗并不完全是大米；善是从性来的，但性并不完全就是善。善和米都是人们秉承着天的创造，又另外加工而成的，不在天创造的范围之内。天的创造有一定的限度，其所创造的叫作天性，超出这个范围之外的叫作人事。人事是在天性之外的，它使得天性不能不成长为道德。

“民”这个称号是从“瞑”而来的，假使人民的天性已经善了，为什么以瞑为号呢？之所以称为“瞑”，就是因为如果不以教化加以扶持，就可能会颠倒陷溺，举止猖狂，哪里能够成善呢？性就好像人的眼睛，当人在幽暗之处闭着眼睛睡觉，一定要等到睡醒之后，才能看见东西。而今普通民众的性，虽有善的资质而未能觉悟，就好像睡着了的人要在醒后才能看见东西一样，人也是受了教化之后才能够成善的。当人性还未觉悟时，只能说有善的资质而不能说是善，这和从闭着眼睛到睡醒睁眼看是一样的情形。只要心平气和地慢慢体察一下，这个道理就很清楚了。性好像睡着了还未醒来时的眼睛，这是天所赋予的，依据天所赋予的来给人起号，所以叫作“民”。“民”实际上就相当于“瞑”的意思，因此，需要圣王的教化才可能趋于善。

据此，董仲舒不同意孟子的性善说。

> 孔子曰：“名不正，则言不顺。”今谓性已善，不几于无教而如其自然，又不顺于为政之道矣。且名者性之实，实者性之质。质无教之时，何遽能善？善如米，性如禾。禾虽出米，而禾未可谓米也。……性者天质之朴也，善者王教之化也。无其质则王教不能化，无其王教则质朴不能善。质而不以善性，其名不正，故不受也。[22]

说人性已经是善，就等于说不要教化而顺其自然，这就不符合为政之道了。名用来表示性的实际内容，性的实际内容就是性的本质。性的本质没有经过教化，怎么会是善呢？性是天生的质朴，善是圣王教化的结果。没有天生的本质，圣王的教育就无从感化；没有圣王的教育，质朴的性就不能变为善。

董仲舒通过“尊王”，维护西汉封建大一统的局面，促进社会生产的发展和民生的安乐。但是，“尊王”又不能无限膨胀，还要想办法制约封建王权的至高无上性，尽可能防止封建王权过度专制所带来的弊端。因此，董仲舒表达了他“屈君伸天”的思想，提出虽然只有君王可以教化百姓，可以与天地相参、与天道相感，但君王的所作所为也必须符合天道，而不能随自己的主观意愿而行。他说：

> 人主立于生杀之位，与天共持变化之势，物莫不应天化。……人主以好恶喜怒变习俗，而天以暖清寒暑化草木。喜怒时而当，则岁美；不时而妄，则岁恶。天地人主一也。然则人主之好恶喜怒，乃天之暖清寒暑也，不可不审其处而出也。当暑而寒，当寒而暑，必为恶岁矣。人主当喜而怒，当怒而喜，必为乱世矣。是故人主之大守在于谨藏而禁内，使好恶喜怒必当义乃出，若暖清寒暑之必当其时乃发也。人主掌此而无失，使乃好恶喜怒未尝差也，如春秋冬夏之未尝过也，可谓参天矣。深藏此四者而勿使妄发，可谓天矣。
>
> 然而主好恶喜怒，乃天之春夏秋冬也，其俱暖清寒暑而以变化成功也。天出此物者，时则岁美，不时则岁恶。人主出此四者，义则世治，不义则世乱。是故治世与美岁同数，乱世与恶岁同数，以此见人理之副天道也。
>
> 寒暑移易其处，谓之败岁。喜怒移易其处，谓之乱世。明王正喜以当春，正怒以当秋，正乐以当夏，正哀以当冬。上下法此，以取天之道。……故四时之行，父子之道也；天地之志，君臣之义也；阴阳之理，圣人之法也。[23]

君主掌握生杀大权，与上天一道共同把握事物变化的趋势，万物莫不随天之变化而变化。君主以一己之好恶喜怒来影响、改变社会之风气和习俗，而上天则以暖清寒暑来变化草木之生长成熟。君王的好恶喜怒，也就相当于上天的春夏秋冬。天呈现出春夏秋冬，合乎时宜年成就美好，不合乎时宜年成就不好。君主具好恶喜怒四种情感，发而在外，合乎道义，就天下太平；不合乎道义，就天下大乱。

因此，太平之世与美好的年成同理，乱世与不好的年成同理。贤明的君主应该使其好恶喜怒跟美好年成的春夏秋冬一样，合乎时宜、合于道义而发出。天在应当暑热之时却寒冷，应当寒冷之时却暑热，这一定会造成年成的不好。同样，君主在应当喜悦的时候而发怒，在应当发怒的时候却喜悦，就会造成天下大乱。所以，君主最重要的操守在于谨慎地收敛自己的情感，使自己的情感不妄发而扰乱国家，一定要使自己的好恶喜怒合乎义理再表现出来，就好像天之暖清寒暑一定要合乎时节才发出来一样。君主掌握这个道理而不出现过失，使好恶喜怒的发出不出现差错，好像春夏秋冬没有差错一样，这样才可以说是与天道相通。

董仲舒还认为，君主必须得到民众的支持，才可能更好地维护自己的统治。

> 王者，民之所往；君者，不失其群者也。故能使万民往之，而得天下之群者，无敌于天下。弑君三十六，亡国五十二，小国德薄，不朝聘大国，不与诸侯会聚，孤特不相守，独居不同群，遭难莫之救，所以亡也。非独公侯大人如此，生天地之间，根本微者，不可遭大风疾雨，立铄消耗。[24]
>
> 且天之生民，非为王也，而天之立王以为民也。故其德足以安乐民者，天予之；其恶足以贼害民者，天夺之。……故夏无道而殷代之，殷无道而周代之，周无道而秦代之，秦无道而汉代之。有道代无道，此天理也，所从来久矣，宁能致汤武而然耶？[25]

所谓“王”，就是百姓向往的意思；所谓“君”，就是不失去他的民众的人。因此，能够使千万百姓向往，并得到天下民众支持的人，天下就没有可以和他抗衡的对手。春秋时代被弑杀的君王有三十六个，被灭亡的国家有五十二个，小国家德泽浅薄，不朝聘大国，不跟各诸侯国聚会结盟，孤孤单单不相互联防，独处不合群，在遭难的时候没有人来救他，也就灭亡了。不仅公侯大人们是这样的，凡是生长在天地之间的事物，如果根底细微了，那么就不能经受大风大雨的摧残，立即就会毁灭耗竭。

董仲舒还提出，上天养育百姓，并不是为了满足君王个人的目的，相反，上天之所以设立君王，是为了百姓。所以，君主的德行足以使百姓安乐，上天就把天下交给他；反之，君主的恶行到达祸害百姓的程度，上天就从他那里把天下夺走。所以，夏桀无道，商汤就取代他成为天子；商纣王无道，周武王就取代他成为天子；秦无道，汉就取而代之。有道之君取代无道之君，这是天理，由来久远，不是从商汤和周武才开始的。天子受命于天，天选择天子的标准在于“德”，天之立王，以为民也。所以天命靡常，有道代无道，乃天之理。

董仲舒上述关于君与民关系的思想，虽然在一定程度上强调了民对于君的意义，但对于君来说，民充其量还只是一群可以加以利用的、盲目的力量而已，所谓“民者，瞑也”。因此，董仲舒还不具备真正意义的民本思想。

董仲舒一方面要维护君主作为天之代表的地位，坚持“屈民以伸君”；另一方面又要使君主服从天意的安排，从而“屈君以伸天”。为此，他提出在政治和社会生活中“深察名号”的主张，强调治理天下的第一步，在于辨清国家大事之纲要；辨清国家大事之纲要的第一步，在于深入考察名号之本义，使社会的各个阶层明确各自的义务和责任。

> 治天下之端，在审辨大。辨大之端，在深察名号。名者，大理之首章也。录其首章之意，以窥其中之事，则是非可知，逆顺自著，其几通于天地矣。是非之正，取之逆顺；逆顺之正，取之名号；名号之正，取之天地。天地为名号之大义也。……天不言，使人发其意；弗为，使人行其中。名则圣人所发天意，不可不深观也。
>
> 名之审于是非也，犹绳之审于曲直也。诘其名实，观其离合，则是非之情不可以相谰已。[26]

人们若要知道一个东西的曲直，只有用绳墨作为标准来衡量；要辨别一件事情的是非，只有用名作为标准来衡量。董仲舒认为，名号是治理国家的大道理中的首要纲目。把握住这个首要纲目的意义，深入透彻理解它的内容，就可以明辨其是非，顺逆也就会自己表现出来，它的微妙之处可以与天地相通。名对于辨别是非的作用，就好比绳墨对于辨别曲直的作用一样。从名称和实际上加以考察，并观察它与实际是否相符，那么，对于什么是正确的和什么是错误的，就不容许随便曲解了。

董仲舒分别对社会中天子、诸侯、大夫、士、民五个阶层各自的名号、职分进行了分析。

> 受命之君，天意之所予也，故号为天子者，宜视天如父，事天以孝道也。号为诸侯者，宜谨视所候奉之天子也。号为大夫者，宜厚其忠信，敦其礼义，使善大于匹夫之义，足以化也。士者，事也。民者，瞑也。士不及化，可使守事从上而已。五号自赞，各有分。分中委曲，曲有名。名众于号，号其大全。名也者，名其别离分散也。号凡而略，名详而目。目者，遍辨其事也；凡者，独举其大也。……是故事各顺于名，名各顺于天。天人之际，合而为一，同而通理，动而相益，顺而相受，谓之德道。《诗》曰："维号斯言，有伦有迹。"此之谓也。[27]

他认为，社会中不同阶层的人其名号各不相同，其社会地位和责任亦各不相同。帝王接受天命，才有资格成为君王。接受天命的君王，其天命是上天所授予的。因此，以天子为自己名号的人，应该把天作为父亲来看待，用孝道来侍奉天，依天之意来教导百姓；而以诸侯为名号的人，应该谨慎对待他所侍奉的天子，因为诸侯的"侯"，就是侍候的意思；以大夫为称号的人，应该格外忠诚，努力发扬礼义，因为大夫之所以称为"大"，就是他的品行必须超出于一般人（匹夫）之上，达到足以能感化人的地步。士就是"事"的意思，就是要努力从事各项事业，士还没有教化的资格，要谨守自己的职责，服从上面的命令。而民则是"瞑"的意思，需要有人来对之进行教化。天子、诸侯、大夫、士和民这五种称号，表明了他们各自的职分，职分中的每一部分，又各有其名。名比号更为众多，号用以称呼事物的全体，名则是用来称呼事物的各个部分。号是概括的、大略的，名是具体的、详细的。名作为具体的，把事物一部分一部分地区别开来，号作为概括的只举出一个大纲。

国家大事的是非标准，取决于它是逆还是顺；逆与顺的标准，取决于名号；名号的标准，取决于天地，天地是名号大义之由来。正因为一切事物都有它们概括性的号，每个号又各有它所包括的"散名"，因此，一切事物都各自顺着名，一切名都各自顺着天意，天和人的关系就这样统一起来了。天和人是同类而相通的，行动是互相补充的，彼此是互相承受的，这就做到了“道德”。

董仲舒通过提出“深察名号”，对上至天子，下至士与民各自的职分分别进行了不同的规定：诸侯、大夫、士、民这四个阶层都要听从天子的教导，服从天子的领导，因为天子是上天的代表，只有“王者”才能与天地相参，普通百姓作为民，其性本“瞑”，只有在天子的教导下，才可能趋于善。这在一定程度上反映出董仲舒具有英雄史观的思想。董仲舒认为天子要服从上天的意志，企图以神权来制约王权，这又反映出他所具有的神学目的论的社会历史观。

应该说，董仲舒“王道之三纲，可求于天”的神学目的论与“王者与天地相参”的英雄史观的提出，在某种程度上有其积极的意义。如他认为，君王只有以其仁爱之道才可以与天道相参。天的意志就体现在阴阳的出入和实虚之处，阴阳代表了天的不同意志，其中，阳为德，阴为刑，刑主杀而德主生。天常常以爱利万物为意，以长养万物为事，春夏秋冬一年四季都是上天用作生长养育万物的手段。君王也常常以爱利天下之人作为自己的心意，以天下人一世的安乐为职事，好恶喜怒都是他用来治理天下的手段。

惟人道可以参天。天常以爱利为意，以长养为事，春秋冬夏皆其用也。王者亦常以爱利天下为意，以安乐一世为事，好恶喜怒而备用也。[28]

在回答汉武帝的“策问”中（策是汉代皇帝命臣下回答问题的一种文体），董仲舒认为，天是万物之宗祖，天遍覆包含万物而无遗，对万物一律平等，以日月风雨来和润万物，以阴阳寒暑的变化来成就万物。所以，君主、圣人效法天而进行治理，也和天一样，表现出对万民和万物的博爱，没有私心，布施仁德以护佑百姓，以礼义来引导人民，而不能与民争利。

夫天亦有所分予，予之齿者去其角，傅其翼者两其足，是所受大者不得取小也。古之所予禄者，不食于力，不动于末，是亦受大者不得取小，与天同意

> 者也。夫已受大，又取小，天不能足，而况人乎！此民之所以嚣嚣苦不足也。身宠而载高位，家温而食厚禄，因乘富贵之资力，以与民争利于下，民安能如之哉？是故众其奴婢，多其牛羊，广其田宅，博其产业，畜其积委，务此而亡已，以迫蹴民，民日削月朘，浸以大穷。富者奢侈羡溢，贫者穷急愁苦。穷急愁苦而上不救，则民不乐生；民不乐生，尚不避死，安能避罪！此刑罚之所以蕃，而奸邪不可胜者也。故受禄之家，食禄而已，不与民争业，然后利可均布而民可家足。此上天之理，而亦太古之道，天子之所宜法以为制，大夫之所当循以为行也。[29]

上天也是根据情况而赋予人和万物不同的特性的。上天赋予动物牙齿则不赋予其角，赋予动物羽翼则只赋予其两足，所以，从上天那里接受了大的好处，就不能再获取小的好处。古代享受俸禄的人，就不能再出卖劳力，或从事商业以谋生，这也是接受了大的好处就不能再去谋取小的好处。如果已经获取了大的好处，又想获取小的好处，则天都不可能让其满足，更何况人呢！这就是老百姓发出愁怨之声的原因了。身受宠而居于高位，家温而食厚禄，还凭借自己富贵的资财与势力而与百姓争利，百姓怎么能忍受呢？广蓄奴婢，增多牛羊，扩大其田宅，广博其产业，积蓄其存储的货物，孜孜以求之，没有止息，以压榨百姓。百姓日益削弱，月以减缩，渐渐趋于贫穷。富有者日益奢侈，贫穷者日益穷苦，百姓穷苦而居上位者不救助，则百姓不能安乐生活；民不能乐生，死且不避，怎么能避罪呢？这就是刑罚繁多而奸邪之事却不可胜数的原因。所以，接受官禄的人家，只能食其禄，不能再与民争利，这样，利益才可以均布而百姓可以家足。这是上天的道理，也是太古以来的道，天子应该引之以为法度，大夫应该循之以为行动。因此，董仲舒提出要采取“调均”“不尽利”等措施，来安定民生，维护统治。

> 孔子曰：“不患贫而患不均。”故有所积重，则有所空虚矣。大富则骄，大贫则忧；忧则为盗，骄则为暴。此众人之情也。圣者则于众人之情，见乱之所从生，故其制人道而差上下也，使富者足以示贵而不至于骄，贫者足以养生而

不至于忧，以此为度而调均之，是以财不匮而上下相安，故易治也。

孔子曰："君子不尽利以遗民。"……故已有大者，不得有小者，天数也。夫已有大者，又兼小者，天不能足之，况人乎！故明圣者象天所为为制度，使诸有大奉禄，亦皆不得兼小利，与民争利业，乃天理也。[30]

有人积累大量财富，就会有人非常贫困。太富有的人会骄傲，太贫困的人会忧愁；为生活忧愁就可能去偷窃，为人骄傲就会暴戾。这是一般人的心理。圣人根据一般人的心理，看到了祸乱产生的原因，所以创制做人的道理，区分上下等级，使富有的人足以显示自己的高贵而不至于骄傲，贫穷的人足以生存而不至于忧愁，用这一点作为尺度去调均人们的财富，这样财富就不会匮乏，上下就会相安无事，所以就容易把国家治理好。

君主不能把利益取尽了，应当遗留一些给百姓。社会中的一些人已经拥有了大的利益，就不能再去攫取小的利益，这是天意。如果已拥有大的利益，又要兼有小的利益，上天也不能满足他，何况人呢？所以，圣明的人仿照上天的行为制定制度，使那些拥有高俸禄的人，不能再兼有小利，去跟百姓争夺利益，这是符合天理的。

"王道之三纲，可求于天""王者与天地相参"等是董仲舒关于天人关系问题的最重要内容。根据这种理论，天和人相类相通，天能干预人事，人的行为也能感应上天。自然之天具有政治道德属性，人本于天，人类社会的政治道德规范与天之阴阳五行的相生与相克也是统一的。董仲舒把自然的因素与人类社会的政治事件相联系，认为人类的社会政治生活应该取法自然。在自然界里，阳性的事物应该主宰和支配阴性的事物，在政治生活中，代表阳性的天子应该统治代表阴性的臣民，代表阳性的仁政应该多于代表阴性的肃杀酷政。正因为天人同理，所以天人能相互感应。

董仲舒相信，天命可以决定人事。人事中的父兄子弟之亲、忠信慈惠之心、礼义廉耻之行、是非逆顺之治等，都源自天，"三纲""五常""忠孝""道义"等更是天意的表现。这种"天人感应"说是一种外在的目的论，外在天地和自然有着最大的善意，它们的目的就是希望人类生活美好；它们的规律就是人类应当效法的规律。如果人类不听从这种命令，就是自作孽，这不仅会受到自身的惩罚，还会受到上天的惩戒。人类的有意抉择必须与上天的意志相符合，上天的意志通过阴阳五行和灾异来表达，顺从天意则得福，违背天意则得罚。历史有一个最终或者最高目的，人类要实现历史的最终目标，就要顺天意而行，法阴阳五行而动。天之灾异则是促使人类反省自己，走向完美社会的推动力和鞭策力。

3. 论历史的基础："道之大原出于天，天不变，道亦不变"

董仲舒认为，为了和历史循环论相适应，新的王朝确立之后，就要易服色、改正朔、迁宫室、变礼仪，进行改制。但是，这种改制是为了表明新的皇帝重新接受天命来统治人民，它所改变的只是统治的形式，作为其基本原则的"道"，是永恒不变的。

董仲舒在《策论》中提出"王者有改制之名，亡易道之实"的观点，认为"道之大原出于天，天不变，道亦不变"。

> 册曰："三王之教，所祖不同而皆有失，或谓久而不易者道也，意岂异哉？"臣闻夫乐而不乱，复而不厌者谓之道。道者，万世亡弊；弊者，道之失也。先王之道，必有偏而不起之处，故政有眊而不行，举其偏者，以补其弊而已矣。三王之道，所祖不同，非其相反，将以救溢扶衰，所遭之变然也。故孔子曰："亡为而治者，其舜乎！"改正朔，易服色，以顺天命而已。其余尽循尧道，何更为哉！故王者有改制之名，亡变道之实。然夏上忠，殷上敬，周上文者，所继之救当用此也。孔子曰："殷因于夏礼，所损益可知也；周因于殷礼，所损益可知也；其或继周者，虽百世可知也。"此言百王之用以此三者矣。夏因于虞，而独不言所损益者，其道如一而所上同也。道之大原出于天，天不变，道亦不变。是以禹继舜，舜继尧，三圣相受而守一道，亡救弊之政也，故不言其所损益也。繇是观之，继治世者其道同，继乱世者其道变。今汉继大乱之后，若宜少损周之文，致用夏之忠。[31]

新王必改制，但王者有改制之名，无易道之实。道与制有所不同，道不变，制则有易，道是根本精神，是不变的，但道要通过具体的“制”来体现，制本身是具有历史性的。正因为制具有历史性，故要改制以合于道。道应该是持续万世之久而没有弊端和缺陷的；有弊端和缺陷，是由于违背了道。古代先王之道，必然有偏颇而不能施行的方面，所以，政治制度有错暗不明之处；提出其偏颇之处，是为了补其弊端和不足。三王之道，其所祖述、继承的皆有所不同，并不是说三王之道是相反的，这样做只不过是为了挽救过分的地方，弥补不足的地方。这些过分和不足之处，都是在发展过程中对道有了改变之后才造成的。古代新王朝建立，要改换衣服所崇尚的颜色，如夏尚黑色，商尚白色，周尚赤色。这种变易正朔、改变服装颜色的行为，就是为了顺从天命而进行的改变。其他的方面都因循尧之道，并没有加以改变。所以，君王有改制的名分，而没有变道的实在行为。

夏代崇尚忠，殷代崇尚敬，周代崇尚文，是因为要补救前一代的偏弊而应当如此。夏代因袭于虞唐，之所以不说损益之事，是因为它们的道是相同的，所崇尚的也相同。道是源出于天的，天不变，道也是不会改变的。所以，禹继承舜，舜继承尧，三位圣王所接受和坚持的都是同一的道，他们三者之间不存在补救弊端和不足之政的行为，所以，就不说他们之间的损益之事了。由此看来，承袭治世之政，则其道相同，承袭乱世之政，其道必变。董仲舒认为，现如今汉代是在秦大乱之后而有天下的，应该稍稍变易周朝崇尚文的风气，而提倡夏之忠。

董仲舒对于社会历史，提倡复古，反对改革，主张学习先王的治国之道。他针对有人说“王者必定要改变制度”的观点，提出了反驳的意见。有人认为，如果古代的制度都可以继承，那么，先王的治国之道为什么都各不相同呢？董仲舒则认为这个问题之所以出现，是因为他们没有搞清不变的“道”与可变的“制”的关系。“道”是不变的,“制”则可以改变。主张“王者必改制”的人，对于“道”与“制”的关系只知其名，不知其实。就好比有人听说诸侯王有射《貍首》的音乐，于是，有人就割下野猫的头，悬挂起来，当作靶子，向它射箭，并且说：“这有什么快乐呢？”这就是典型的只闻其名而不知其实的例子。

《春秋》之于世事也，善复古，讥易常，欲其法先王也。然而介以一言曰：王者必改制。自僻者得此以为辞，曰：古苟可循，先王之道何莫相因？世迷是闻，以疑正道而信邪言，甚可患也。答之曰：人有闻诸侯之君射《貍首》之乐者，于是自断貍首，县而射之，曰：安在于乐也！此闻其名而不知其实者也。[32]

董仲舒认为，所谓“新王必改制”，并不是改变治国的道理、法则，而是改变一些具体的制度。之所以要改变一些旧的具体制度，是因为改朝换代，另一姓接受了天命，当了新的王，为了表明新王并不是继承前人的王位而当王。在这种情况下，就需要改革前朝一些具体的制度。如果一切都因袭以前的制度，遵循着旧的业绩，没有什么改革，这跟继承先前的王位而当王就没有什么区别了。新接受天命的王，是天命的代表。通常，人们对待父辈要继承其意愿，对待君王要以其志向为行事的准则，那么，对待天也应该这样。现在，天命通过新王来彰显自己，但如果新王在各个方面都与前代一样，与之没有明显区别，这就不能体现天的意志。因此，新王要迁移居处（迁都），改变称号，变更正朔（历法），更改服装颜色，这没有别的意思，不过就是表明自己不敢不顺从天的志向，表明自己是天命的代表。至于治国的大原则，如人伦、道理、政治、教化、习俗、文字等，都应照旧，是不可改变的。所以，王者有改制的名义，但不能改变治理国家的根本之道。

今所谓新王必改制者，非改其道，非变其理。受命于天，易姓更王，非继前王而王也。若一因前制，修故业，而无有所改，是与继前王而王者无以别。受命之君，天之所大显也。事父者承意，事君者仪志，事天亦然。今天大显而已，物袭所代而率与同，则不显不明，非天志。故必徙居处，更称号，改正朔，易服色者，无他焉，不敢不顺天志而明自显也。若夫大纲、人伦、道理、政治、教化、习俗、文义尽如故，亦何改哉？故王者有改制之名，无易道之实。孔子曰：无为而治者，其舜乎！其言主尧之道而已，此非不易之效与？[33]

天命与“道”是不可以随便改变的，董仲舒对比了古代与今世的历史发展来说明这个问题。他认为，古代的时候，设立教化、训诫民众的官职，务以道德、仁善之风化民；民众受到教化之后，天下大治，常常出现这样的情况，即监狱中没有一个囚犯。历史证明古代治理天下的大道是有其真理性的。当今之世，废弃古代的道德、仁善教化而不用，没有可以用来教化百姓的手段，以此之故，百姓放弃行仁义，反而为了财利不惜舍弃自己的性命，所以，社会上犯法而获罪的人就增多了，一年下来，在监狱中的罪犯有成千上万之数。由此可以看出，古代的治国大道不可以不用。所以，《春秋》对于变古之道者一般都予以讥讽。

> 古者修教训之官，务以德善化民，民已大化之后，天下常亡一人之狱矣；今世废而不修，亡以化民，民以故弃行谊而死财利，是以犯法而罪多，一岁之狱以万千数。以此见古之不可不用也。故《春秋》变古则讥之。[34]
>
> 古之人有言曰：不知来，视诸往。今《春秋》之为学也，道往而明来者也。然而其辞体天之微，故难知也。弗能察，寂若无。能察之，无物不在。是故为《春秋》者，得一端而多连之，见一宜而博贯之，则天下尽矣。[35]

《春秋》的学问，就是借鉴古代而指明未来的学问，其中蕴藏、承载了天命和恒常之道。由于它的言辞包含天命的奥妙，所以人们难以知晓。如果不能看出其奥妙，它就空寂得像没有东西一样；如果能看出其奥妙，它就无物不有。因此研读《春秋》的人，必须明白一个道理就是，看到一个问题就要把它广泛连贯起来，这样就能尽知天下之事了。这亦即天命与道的奥妙。王朝更迭和社会历史的发展变化中，本来就存在“变”与“不变”的因素。《春秋》的原则，原本就有“常”有“变”，有恒定性和变通性。

> 《春秋》之道，固有常有变，变用于变，常用于常，各止其科，非相妨也。……故说《春秋》者，无以平定之常义，疑变故之大则，义几可谕矣。[36]
>
> 《春秋》有经礼，有变礼。为如安性平心者，经礼也。至有于性，虽不安

于心，虽不平于道，无以易之，此变礼也。

器从名、地从主人之谓制。权之端焉，不可不察也。夫权虽反经，亦必在可以然之域。不在可以然之域，故虽死亡，终弗为也。[37]

《春秋》有通常的礼仪，有权变的礼仪。做了并且做得合乎心性，这是通常的礼仪。由情性出发，即使做得不安心，不合乎常道，但又无法改用别的做法，这就是权变的礼仪。变通用在变通性的场合，恒定用在恒定性的场合，各适用于自己的范围，互不妨碍。

器物依从名称，土地依从主人，这叫做法度常规。权变的要义存在于法度常规之中，不可不省察。权变虽然违反常规，但也必须限制在可以允许的范围之内，不在可以允许的范围内，即使是死，也始终不能去做。所以，解说《春秋》的人，不用普通的常规去怀疑变通的大法则，差不多就能明白要义了。为此，董仲舒举了礼制中“乐”的变化来说明这个问题。

是故作乐者，必反天下之所始，乐于己以为本。舜时，民乐其绍尧之业也，故《韶》。韶者，绍也。禹之时，民乐其三圣相继，故《夏》。夏者，大也。汤之时，民乐其救之于患害也，故《頀》。頀者，救也。文王之时，民乐其兴师征伐也，故《武》。武者，伐也。四者天下同乐之，一也。其所同乐之端，不可一也。作乐之法，必反本之所乐。所乐不同事，乐安得不世异？是故舜作《韶》而禹作《夏》，汤作《頀》而文王作《武》。四乐殊名，则各顺其民始乐于己也。[38]

董仲舒认为，礼制的变革是根据天命的更改而进行的，而一个朝代的音乐则是根据人心来改变的。但它们体现的原理是相通的。制作音乐，必定要追溯天下人快乐的根源。虞舜时代，百姓喜欢虞舜继承唐尧的功业，所以乐曲称为《韶》，韶的意思就是“绍”，是继承的意思。夏禹的时候，百姓喜欢他们三个圣人先后相继，所以乐曲称为《夏》，夏的意思就是“大”，是伟大的意思。商汤时期，百姓喜欢商汤救民于水火之中，所以乐曲称为《頀》，頀的意思就是救护。周文王时期，百姓喜欢文王兴兵征讨暴君，所以乐曲叫作《武》。武的意思就是征伐。这四者是天下人所共同喜欢的，在这一点上是一致的，但赞同乐曲的原因，却是不可能一样的。制作音乐的法则，必定要追溯百姓所喜欢的根本大事。百姓所喜欢的事不同，音乐又怎能不随着时代而变化呢？所以，虞舜作《韶》而夏禹作《夏》，商汤作《頀》而周文王作《武》。这四个乐曲名称不同，但各自都顺应了百姓对他们的爱戴之意。

> 惟圣人能属万物于一，而系之元也。终不及本所从来而承之，不能遂其功。是以《春秋》变一谓之元。元，犹原也，其义以随天地终始也。故人唯有终如也，而生不必应四时之变。故元者为万物之本，而人之元在焉。安在乎？乃在乎天地之前。故人虽生天气及奉天气者，不得与天元、本天元命而共违其所为也。故春正月者，承天地之所为也，继天之所为而终之也。其道相与共功持业，安容言乃天地之元？天地之元奚为于此？恶施于人？大其贯承意之理矣。[39]

只有圣人能够把万物和“一”贯通起来，并把它归结为“元”。所以，不探究本原而奉承它，就不能完成功业。因此，《春秋》把“一”变称为“元”，好比是本原，它的意义是随天地的终始变化。人是有终始的，而人的生死必定顺应春夏秋冬的变化，所以元是万物的根本，而人的元气也在那里。元存在于天地万物之前。虽然人生于天命并奉行天命，却不能亲附上天的本原，秉承上天之命，而共同违背它的行为。因此，“春正月”的说法，是表示人秉承天地之意，牢记上天的作为并去完成它。这是赞美圣人能够秉承天意的道理。

> 是故《春秋》之道，以元之深正天之端，以天之端正王之政，以王之政正诸侯之即位，以诸侯之即位正竟内之治。五者俱正，而化大行。[40]

《春秋》的法则，是用元年来端正天时的起始，用天时的起始来端正王者的政治，用王者的政治来端正诸侯的即位，用诸侯的即位来端正境内的治理。这五个方面都端正了，教化就能顺利施行了。

因此，董仲舒提出，《春秋》的原则就是遵奉天命而效法古代。即使有灵巧的双手，没有圆规、曲尺，也画不出方形与圆形。纵然有灵敏的听力，不吹六律，也不能确定五音。纵然很聪明，不理解先王的言论（包括行事），也不能治理好天下。先王的治国法则，就是治理天下的规矩和六律。因此，圣人效法天，贤者效法圣人，这是基本法则。遵循基本法则就能安定天下，不遵循就会导致天下大乱。这就是安定与混乱的分别。治理天下只有一个道理，所以，圣人治理办法有所不同，而道理却是一致的。古今是相通的，所以，以前的贤者把先王的法则传授给后世。

> 《春秋》之道，奉天而法古。是故虽有巧手，弗修规矩，不能正方圆；虽有察耳，不吹六律，不能定五音；虽有知心，不览先王，不能平天下。然则先王之遗道，亦天下之规矩六律耳。故圣者法天，贤者法圣，此其大数也。得大数而治，失大数而乱，此治乱之分也。所闻天下无二道，故圣人异治同理。古今通达，故先贤传其法于后世也。[41]

《春秋》之所以特别推崇“大一统”，是因为这是天地之间不变的常经，是古往今来可以通用的礼义。现如今，师道各式各样有所不同，人各异论，百家殊方，指意各不相同，这样，居上位者没有办法来坚持一统，法制多变，居下位者不知道该坚守什么。董仲舒认为，所有不在《诗》《书》《礼》《乐》《易》《春秋》“六艺”之内、和孔子之道不同者，都应该绝其道，不能让它们并进。邪辟之说被消灭后，然后统纪才可以统一，法度才可以明了，百姓就知道应该遵循什么了。这就是“罢黜百家，独尊儒术”。他认为，只有使思想归于一统，才能更好地强化对百姓的思想统治。

> 《春秋》大一统者，天地之常经，古今之通谊也。今师异道，人异论，百家殊方，指意不同，是以上亡以持一统，法制数变，下不知所守。臣愚以为诸

> 不在六艺之科、孔子之术者，皆绝其道，勿使并进；邪辟之说灭息，然后统纪可一而法度可明，民知所从矣。[42]

董仲舒希望在历史的进程中找到一种既生生不息又坚实可靠的基础。历史性的变化是为董仲舒所承认的，但这种变化的根据则是不变的，这就是天或天道。他认为，在社会历史发展的过程中，存在一种天道，它是人类历史应该趋向的目标。向天道靠近，是人类历史的动力。历史变化的基本原则和规律是大致不变的，这就是所谓“天不变道亦不变”。

董仲舒研究历史，是希望找到保持社会长治久安的根本道理。天道通过阴阳五行的消长、变化表现出来，这决定了社会中的各种制度包括习俗的变化。人可以认识和理解从阴阳五行的消长、变化中所表现出来的天道，从而有意识地与这种变化相适应。这是天人感应的一个重要内容。因此，历史并不是人力所不及的必然性和命运。人通过自觉地与天道相适应，是完全可以达到一种理想的社会状态的。

当然，董仲舒认为在历史变化的过程中，最重要的因素是高高在上的天道，人类社会政治与经济变化的根源在于天道，而天道是不会改变的。这就决定了他的历史哲学思想不可能将社会的历史性贯彻到底。他力图要认识历史，并企图建立起普遍的历史原则并在这个基础上进行哲学思考，但因为时代和社会的局限，他的思考不可避免地带有浓厚的形而上学和神学目的论色彩。

二、王充的社会历史观

王充（公元 27—约 97），字仲任，会稽上虞（今属浙江省）人，东汉时期的重要哲学家。所著有《论衡》《讥俗》《养性》等书，但流传后世的只有《论衡》。《论衡》共三十卷八十五篇，实存八十四篇，其中《招致》一篇有目无文。

1. 不治之治，无为之道：历史和社会发展的理想目标

王充认为，人类历史并不是由某种神秘天命来推动的，理想的社会是顺人性之

自然、无为而治的结果。

> 《易》曰："黄帝尧舜垂衣裳而天下治。"垂衣裳者，垂拱无为也。孔子曰："大哉尧之为君也！惟天为大，惟尧则之。"又曰："巍巍乎舜禹之有天下也，而不与焉！"周公曰："上帝引佚。"上帝，谓舜禹也。舜禹承安继治，任贤使能，恭己无为而天下治。舜禹承尧之安，尧则天而行，不作功邀名，无为之化自成，故曰："荡荡乎民无能名焉。"年五十者，击壤于涂，不能知尧之德，盖自然之化也。《易》曰："大人与天地合其德。"黄帝尧舜，大人也，其德与天地合，故知无为也。天道无为，故春不为生，而夏不为长，秋不为成，冬不为藏。阳气自出，物自生长，阴气自起，物自成藏。汲井决陂，灌溉园田，物亦生长；沛然而雨，物之茎叶根垓莫不洽濡。程量澎泽，孰与汲井决陂哉？故无为之为大矣。本不求功，故其功立；本不求名，故其名成。沛然之雨，功名大矣，而天地不为也，气和而雨自集。[43]

就人事而言，黄帝、尧、舜、禹这些圣君把天下治理得很好，不过是"与天地合其德"，通过自然、无为来达到垂拱而治的目的。他们能够任贤使能，自己保持诚敬、无为而使天下得到治理。舜、禹承尧所治之安，而尧法天而行，不刻意追求功名，无为而天下大治，以至于百姓都不知道该如何来称道这些明君。史书上记载，一个年过五十的人于路边击壤，不知道尧的德行如何，这主要是尧在政治上的自然无为所导致的。王充认为，黄帝、尧、舜，就是《文言》所谓的"大人"，他们的德行与天地相合，所以能够法天无为而使天下得到治理。

王充认为，天道贵无为，所以，春季天不为而万物自生，夏季天不为而万物自长，秋季天不为而万物自成，冬季天不为而万物自藏。阳气自然生出，万物因此而自然生长；阴气自然生起，万物因此而自然收藏。通过从井中引水，或者开河渠引水来灌溉园田，使万物得到生长、发育，与上天充沛地普降甘雨，使万物之茎、叶、根莫不沾润相比较，谁的功效更大呢？难道不是上天之无为所降下的雨功效更大吗？上天降雨本不为求功，但其功因之而立；上天降雨本不为求名，但其名因之而成。天地并不是主观作为的，不过是阴阳之气和谐，而雨自然就落下来罢了。

天道是自然无为的，人事也应当是自然无为的。天不会谴告人，不会对人类社会的事指手画脚，因此，天人感应之说是没有根据的。王充列举了几个事例，来说明这个问题。

> 或曰："桓公知管仲贤，故委任之；如非管仲，亦将谴告之矣。使天遭尧舜，必无谴告之变。"曰：天能谴告人君，则亦能故命圣君，择才若尧舜，受以王命，委以王事，勿复与知。今则不然，生庸庸之君，失道废德，随谴告之，何天不惮劳也？曹参为汉相，纵酒歌乐，不听政治，其子谏之，答之二百，当时天下无扰乱之变。淮阳铸伪钱，吏不能禁，汲黯为太守，不坏一炉，不刑一人，高枕安卧，而淮阳政清。夫曹参为相若不为相，汲黯为太守若郡无人，然而汉朝无事，淮阳刑错者，参德优而黯威重也。计天之威德，孰与曹参、汲黯？而谓天与王政随而谴告之，是谓天德不若曹参厚，而威不若汲黯重也。蘧伯王治卫，子贡使人问之："何以治卫？"对曰："以不治治之。"夫不治之治，无为之道也。[44]

有人说："齐桓公知道管仲是贤者，所以重用他；如果桓公不知道管仲是贤者，天亦将谴告之。如果在尧、舜那个时候，因尧、舜为圣君，天必无谴告之变。"王充认为这种说法是没有道理的。天如果能谴告人君，则应该能有意识地任命圣君，选择像尧、舜那样的人来授之以王命，委之以王事，这应该是不言而喻的。但现如今的上天好像不是这样的，它生下庸俗不德的君主，失道废德，然后再对他进行谴告。上天何以这样不怕劳累呢？

曹参担任汉相，好像不担任汉相似的；汲黯任太守，好像郡中无人似的。然而汉朝无事，淮阳刑错不用，王充认为这是因为曹参之德优、汲黯之威重，所以他们无为而使天下、社会得到治理。既然如此，那么天之威德与曹参、汲黯相比，谁大谁小呢？说天对于君主的王政进行监督并随时谴告之，这等于说天之德还不如曹参厚，天之威势还不若汲黯重。蘧伯玉去治理卫国，子贡让人去问他："怎么治理卫国呢？”蘧伯玉回答说：“以不治而治之。”不治之治，才是真正的无为之道啊！哪里还用得上上天的谴告！

无为而治既然这么有效，人类社会中为什么又会出现那么多的有为呢？

> 问曰：“人生于天地，天地无为。人禀天性者，亦当无为，而有为，何也？”曰：至德纯渥之人，禀天气多，故能则天，自然无为。禀气薄少，不遵道德，不似天地，故曰不肖。不肖者，不似也，不似天地，不类圣贤，故有为也。天地为炉，造化为工，禀气不一，安能皆贤？贤之纯者，黄老是也。黄者，黄帝也；老者，老子也。黄老之操，身中恬澹，其治无为，正身共己而阴阳自和，无心于为而物自化，无意于生而物自成。[45]

王充认为，人有不同的类型。一些人至德纯厚，禀天之气纯正且多，所以他能法天而自然无为；一些人禀气既薄且少，所以在日常生活中不遵守道德，不与天地相似，所以说他是“不肖”。所谓“不肖”，就是不似的意思，与天地不相似，也就与圣贤不相类，因此他就喜欢有为。天地好比是炉，自然造化好比是工匠，人生天地间，受自然造化之熏陶，由于禀气各不相同，怎么可能都成为贤人？贤人中之纯正者，就是黄老。黄指黄帝；老指老子。黄、老的道德操守纯正且高，他们恬淡、无为，正己之身而阴阳自和，无心于为而万物自化，无意于生而物自成。

王充认为，一些儒者德薄多欲，惑于有为，并造谴告之说，颠倒黑白，完全违背了天道自然无为的原则，所以造成了不良的后果。

> 儒家说夫妇之道取法于天地，知夫妇法天地，不知推夫妇之道以论天地之性，可谓惑矣。夫天覆于上，地偃于下，下气蒸上，上气降下，万物自生其中间矣。当其生也，天不须复与也，由子在母怀中，父不能知也。物自生，子自成，天地父母何与知哉？及其生也，人道有教训之义，天道无为，听恣其性。故放鱼于川，纵兽于山，从其性命之欲也。不驱鱼令上陵，不逐兽令入渊者，何哉？拂诡其性，失其所宜也。夫百姓，鱼兽之类也，上德治之，若烹小鲜，

与天地同操也。商鞅变秦法，欲为殊异之功，不听赵良之议，以取车裂之患，德薄多欲，君臣相憎怨也。道家德厚，下当其上，上安其下，纯蒙无为，何复谴告？故曰："政之适也，君臣相忘于治，鱼相忘于水，兽相忘于林，人相忘于世，故曰天也。"[46]

儒者认为人类社会的夫妇之道是取法于天地的。从自然界来看，天覆于地之上，地偃于天之下，地之气蒸上，天之气降下，万物自然生于天地之间。当万物生之时，天不需要再参与、过问什么了。天道自然无为，听任万物放纵其性情。所以，放任鱼游于川，放纵野兽使之栖于山，这就是纵其性命之所欲。天并不驱赶鱼使之到高地、丘陵上去，也不驱逐野兽使之进入深水中，这是为什么呢？因为不能违反万物的天性，使之失去其所适宜的生活方式。治理天下百姓的道理也一样，正如《老子》所说，上德之人治理国家，好比烹一条小鱼，不随意去翻动，这和天地无为是同样的操行。商鞅改变秦之法制，想获取殊异之功效，他不听赵良之议，结果招致车裂的祸患，这是因为他德薄而欲多，导致君臣上下皆憎怨他。道家思想德行深厚，在下位者敬仰在其上位者，在上位者安抚在其下位者，纯厚而自然无为，哪里还用得上什么谴告？所以说："最适宜的政治是君臣相忘于治理，就像鱼相忘于江湖，兽相忘于山林，人相忘于社会，这就是法天之自然而然。"

王充为了说明他自然而治的理想社会的美好，以及天之谴告说的荒谬，还列举了三皇那个时期的社会情况，以之与当时的情况进行比较，说明它们的优劣和不同之处。

三皇之时，坐者于于，行者居居，乍自以为马，乍自以为牛，纯德行而民瞳蒙，晓惠之心未形生也。当时亦无灾异，如有灾异，不名曰谴告，何则？时人愚蠢，不知相绳责也。末世衰微，上下相非，灾异时至，则造谴告之言矣。夫今之天，古之天也，非古之天厚今之天薄也，谴告之言生于今者，人心以准况之也。诰誓不及五帝，要盟不及三王，交质子不及五伯。德弥薄者信弥衰，心险而行诐，则犯约而负教，教约不行，则相谴告，谴告不改，举兵相灭。由此言之，谴告之言，衰乱之语也，而谓之上天为之，斯盖所以疑也。[47]

三皇统治时期，人们不知人与兽的区别，想坐的时候，无知无识，行路的时候，无思无虑，不会想到牛与马，有时以自己为马，以自己为牛，德行纯厚而百姓淳朴，通达有智慧而没有表达出来。那个时候也没有灾异，如果有灾异，也不称之为谴告，他们之间不知道相互纠正、责备。

到了末世，道德衰微，上下相非，灾异时时发生，于是人们造各种谴告之辞。其实，现在的天，不过就是古代的天，并不是说古代的天厚而今天的天薄。那么，谴告之言为什么在今天这么多呢？王充认为，这是因为现在的人以自己的心来衡量上天，人们之间互相谴责，就以此推断天亦谴告人。从社会来看，后世的告示、政治誓言不及五帝，誓约与会盟不及三王，国与国之间以子弟为人质来取信不及春秋五伯，道德越来越薄而诚信越来越衰，用心险恶而行为不正，违背誓约而背离教化，教化与誓约得不到施行，于是相互谴告，谴告之后再不改变，则举兵相灭。由此看来，谴告之说，实在是衰乱之世的表现，然而却说这是上天的作为，这就是使问题疑惑不清的原因了。

王充认为，天地不能产生灾变，也不能知道灾变。天是自然无为的，各种灾变不期而至，这主要是由阴阳之气所引起的。好比人腹中有寒气，人腹中产生疾痛并不是人自己造成的，而是寒气作用的结果。天地之间，好比人的背腹中一样，说天能产生灾变、各种怪异之类，无论小大薄厚，都是天的所作所为，这是没有道理的。

天地万物和人也不是天有意识的产物。天地阴阳之气相合，就生成了万物。这就好比夫妻阴阳相合而生子女一样。万物生成之后，其中有血有肉的这一类，能感受饥与寒，所以，看见五谷可以充饥，就取而食之，看见丝麻可以用来保暖，就取而衣之。有人说，天生五谷的目的是养人，生出丝麻的目的是让人穿。王充认为，这种说法把上天看成是从事农业的农夫和从事丝织的桑女，违背了天道自然的本性。这种看法是有问题的，是不可取的。

夫天无为，故不言，灾变时至，气自为之。夫天地不能为，亦不能知也。

腹中有寒，腹中疾痛，人不使也，气自为之。夫天地之间，犹人背腹之中也，谓天为灾变，凡诸怪异之类，无小大薄厚，皆天所为乎？

天地合气，万物自生，犹夫妻合气，子自生矣。万物之生，含血之类，知饥知寒，见五谷可食，取而食之，见丝麻可衣，取而衣之。或说以为天生五谷以食人，生丝麻以衣人，此谓天为人作农夫桑女之徒也，不合自然，故其义疑，未可从也。[48]

当然，天道的自然无为并不意味着绝对的无所作为。自然无为有时也需要与人道的有为结合在一起，才能更好地收自然无为之功。王充以农业生产为例来说明这个问题。农业生产对于天时、地利等自然条件的依赖很深，农业生产虽然说要法自然而行，但也需要以人的有为之功去辅助天道之自然无为。这就好比到了春天的时候，该播种了，人们要用耒、耜等农具进行耕耘，这属于人为，没有这种人为，则田地中不可能自己长出谷子来。但人为是有其限度的，等到谷种被埋到地下，日夜长大，这个时候，人力就不能有所作为了，而要依靠天地自然来为之。如果人在这个时候还想主观妄为，就可能败坏作物的自然生长之道。所以，天道的自然无为要和人道的有为结合起来。

然虽自然，亦须有为辅助。耒耜耕耘，因春播种者，人为之也；及谷入地，日夜长夫（大），人不能为也，或为之者，败之道也。[49]

王充否认“天人感应”的神学目的论。汉代天人感应论认为世界的一切，都出于天有意识的安排。王充则认为，天道是自然而然的，社会的一切现象也都是气自然运动的结果，否认对世界的神学目的性解释。天道是自然无为的，圣人法天道自然无为而行，通过无为而治，使社会历史发展达到一种理想状态。

2.“夫实德化则周不能过汉，论符瑞则汉胜于周”的历史进步思想

在批评天人感应的神学目的论时，王充指出，上古三皇那个时候不存在天对人

的谴告。后世盛行上天对人的谴告之说，是因为后世之人德行不淳朴，人与人之间相互谴责，并且以己之心来衡量上天，从而认为上天也会谴告人。在这一点上，后世的社会风气还不如上古三皇时期的社会风气。

但王充并不盲目地推崇古代社会。在人们普遍地厚古薄今之时，王充在一些重要的方面则清醒地厚今而薄古。他以历史事实来说明，在疆域、人口、生产和生活资料乃至祥瑞等方面，都是汉盛于周、今胜于古。因此，就总体而言，王充具有某种历史进步的思想。

王充认为，一些讲述历史的人喜好推崇古代而贬斥当今，注重所听到的传闻而看不起自己所亲见的事实。一些好辩之士喜欢谈论年代久远之事，文人喜欢记录上古圣王之迹，对于近世的奇妙之事则不予以称道，对于当今之世的特异之处也不予以笔录、记载。这是一种盲目崇尚古代而看不起现代社会的错误历史观。

> 夫上世治者，圣人也；下世治者，亦圣人也。圣人之德，前后不殊，则其治世，古今不异。上世之天，下世之天也，天不交易，气不改更。上世之民，下世之民也，俱禀元气。元气纯和，古今不异，则禀以为形体者，何故不同？夫禀气等则怀性均，怀性均则形体同，形体同则丑好齐，丑好齐则夭寿适。一天一地，并生万物。万物之生，俱得一气。气之薄渥，万世若一。帝王治世，百代同道。……古有无义之人，今有建节之士。善恶杂厕，何世无有？述事者好高古而下今，贵所闻而践所见。辨士则谈其久者，文人则著其远者。近有奇而辨不称，今有异而笔不记。[50]

天地并生万物，万物之生都因其禀有天地之气。天地之气，其薄与渥万世若一。帝王治世，时代虽然不同，但治理国家的道理是相同的。无论是就自然条件还是就社会条件而言，上世与后世都是相差无几的，不能说上世就一定胜于后世。上世的统治者是圣人，后世的统治者也是圣人。既然都是圣人，其道德水准应该无异，那么，就常理而言，古今统治的好与坏也应该是差不多的。一般说来，在不同的历史时期，社会都是善恶混杂的。认为上古圣人治世一切都好，这是盲目崇尚古代所造成的。古代圣王统治之下，也有无义之人；当今之世，也有建节之士。善恶混杂，在哪个时代都如此。

一些儒者宣称，古代的五帝、三王因为是圣明之王，所以能致天下以太平；汉朝自建立以来，从未有过太平之治。他们之所以这么说，是因为古代有凤凰、《河图》等祥瑞出现，而汉代没有。所以汉朝相比于五帝、三王时期而言，并不能算是太平之盛世。王充认为，这些儒者的说法是虚妄的。经过对比，他提出了“德化则周不能过汉，论符瑞则汉胜于周”的观点。

> 儒者称五帝、三王致天下太平，汉兴已来，未有太平。……方今无凤鸟、《河图》，瑞颇未至悉具，故谓未太平。此言妄也。
>
> 夫实德化则周不能过汉，论符瑞则汉胜于周，度土境则周狭于汉，汉何以不如周？独谓周多圣人，治致太平。儒者称圣泰隆，使圣卓而无迹；称治亦太盛，使天下绝而无续也。[51]

一些儒者认为，尧、舜之德，至优至大，天下太平，一人不刑。文、武之隆，遗在成、康，刑错不用四十余年。[52]

对上述儒者们的错误观点，王充一一进行了批判。首先，他批判了所谓尧、舜和周文王、周武王德盛，天下太平，一人不刑的说法。王充认为，尧、舜虽然是圣王，但也不可能使一个人都不遭受刑罚；周文王、周武王之治虽然可以称为盛世，但也不可能不使用刑罚。据有关史书记载，尧曾经讨伐过丹水；舜在位时曾征讨有苗，流放共工、驩兜、三苗，还杀了鲧。周公东征，讨伐叛乱的武庚和管叔、蔡叔。所以，说尧、舜一人不刑，成康时刑错而不用四十年等都是没有历史根据的。

王充还批评了上世之人优于后世之人的观点。儒者们认为，上世圣人治理天下之时，人民的长相和寿命是殊异的。圣王治理下的人们，身材修长，相貌端庄、美丽，身体健康长寿，可以活到百岁左右。而后世之人，身材短小，长相丑陋，一般夭折。上世圣王治世，社会和气纯粹，人们婚嫁都要等到一个合理的特定时候，人禀和气而生，在生长的过程中又不会受到伤害，其身体骨节坚固，所以，身材高大、长寿，面貌美好。而下世与此相反，因此，人身材短小，夭折，形象丑恶。

> 语称上世之人，侗长佼好，坚强老寿，百岁左右。下世之人，短小陋丑，夭折早死。何则？上世和气纯渥，婚姻以时，人民禀善气而生，生又不伤，骨节坚定，故长大老寿，状貌美好。下世反此，故短小夭折，形面丑恶。此言妄也。气之薄渥，万世若一。[53]

王充认为，这种说法是虚妄的，没有根据。上世的百姓与后世的百姓，都禀赋有元气。元气纯和，古今不异。人都禀元气以为形体，何故有上世之民与后世之民的不同？如果说人所禀元气是均等的，则人所禀有的人性亦是均等的，人所禀人性是均等的，则其形体也应该是相同的，形体相同则相貌丑陋、姣好也是齐整的，寿夭也是齐整的。

王充认为，如果实实在在地考察汉与周，则可以看到，论道德教化则周不能胜过汉，论符瑞则汉胜于周。在汉代的德治下，社会生产也得到了发展。以前的石砾之地经过开垦，成为了良田；以前如桀一般暴虐的不顺之民也成了良民；贫富不均的现象得到抑制，社会财富比较均衡；社会上那些不宾服的人也转化为良顺之民了。从这些方面，难道不能说明汉是太平盛世吗？由此看来，在切实的以德教化方面，周都比不上汉。又比如，在对待叛乱和赈济灾情方面，汉都胜过周。所以，周不如汉，汉胜于周。

从帝王所得瑞应来看，从五帝到三王时期，经传所记载的瑞应，全部加在一起，也不如孝明帝那个时候多。

> 五帝、三王，经传所载瑞应，莫盛孝明。如以瑞应效太平，宣、明之年倍五帝、三王也。[54]
>
> 至元和、章和之际，孝章耀德，天下和洽，嘉瑞奇物，同时俱应，凤皇、麒麟，连出重见，盛于五帝之时。[55]
>
> 黄帝，尧、舜凤皇一至，凡诸众瑞至者希。汉文帝黄龙、玉棓。武帝黄龙、

> 麒麟、连木。宣帝凤皇五至，麒麟、神雀、甘露、醴泉、黄龙、神光。平帝白雉、黑雉。孝明麒麟、神雀、甘露、醴泉、白雉、黑雉、芝草、连木、嘉禾，与宣帝同奇，有神鼎黄金之怪。一代之瑞，累仍不绝。此则汉德丰茂，故瑞祐多也。孝明天崩，今上嗣位，元二之间，嘉德布流。三年，零陵生芝草五本。四年，甘露降五县。五年，芝复生六本，黄龙见，大小凡八。前世龙见不双，芝生无二，甘露一降。而今八龙并出，十一芝累生，甘露流五县。德惠盛炽，故瑞繁夥也。自古帝王，孰能致斯？[56]

如果以瑞应多寡来说明天下太平的程度，那么，汉代瑞应累世不绝，这说明汉德丰茂，所以瑞应很多。

就国之威势而言，汉也胜于周。

> 周家越常献白雉，方今匈奴、鄯善、哀牢贡献牛马。……牛马珍于白雉，近属不若远物。古之戎狄，今为中国；古之裸人，今被朝服；古之露首，今冠章甫；古之跣跗，今履高舄。以盘石为沃田，以桀暴为良民，夷坎坷为平均，化不宾为齐民，非太平而何？夫实德化则周不能过汉。[57]

周朝时，越国作为周之邻邦，向周进贡的只是白色的雉；而汉朝的邻属，如匈奴、鄯善、哀牢向汉朝进贡的是牛马等物，牛马是比雉更为珍贵的。汉朝的德化也超过周朝，如古代的戎狄，现在成为中原文明之邦的一部分；古代不穿衣服的野蛮民族，如今穿着朝服立于汉的朝廷之中，成为朝臣；古代不戴冠帽的民族，现今戴着华丽的冠帽；古代赤脚不穿鞋的民族，如今穿着高鞋。

如果从疆域国土面积这个方面来衡量，周之国土面积狭于汉。“周时仅治五千里内，汉氏廓土收荒服之外。”[58]周朝时，周王治下仅有五千里地的疆域，而汉朝所治之疆域则扩大到蛮荒之地以外，汉之疆域大大广阔于周之领地。

既然这样，凭什么说汉就不如周呢？如果仅仅说周朝多圣人（文、武、周公），其治能致太平，但周朝的圣王、圣治，实在说来，不过是儒者们的一种理想化的产物而已，不能当真。王充认为，儒者有个毛病，就是认为后世之君要称得上圣王，必须与他们所设想的圣王相一致，方可以称圣泰隆，但这样的话，后世就不可能出现圣王了，圣王将因此而绝迹。同样，他们认为，后世之政治，必须与他们所设想的政治相一致，方可以称为圣治，不过这样天下就可能再也没有圣治了。

那么，天下是否太平，该以什么来衡量呢？王充认为，应该以社会是否得到治理、百姓生活是否安定来衡量。

> 夫太平以治定为效，百姓以安乐为符。……百姓安者，太平之验也。夫治人以人为主，百姓安则阴阳和，阴阳和则万物育，万物育则奇瑞出。……圣王治世，期于平安，不须符瑞。
>
> 夫帝王瑞应，前后不同。虽无物瑞，百姓宁集，风气调和，是亦瑞也。[59]
>
> 孝宣比尧、舜，天下太平，万里慕化，仁道施行，鸟兽仁者感动而来，瑞物小大、毛色、足翼，必不同类。以政治之得失，主之明暗，准况众瑞，无非真者。事或难知而易晓，其此之谓也？[60]

如果政治安定，百姓安乐，就可以称为太平盛世。治理百姓，要以人为本，百姓生活安乐则阴阳和谐，阴阳和谐则万物生长发育，万物生长发育则会导致各种珍奇的祥瑞出现。但王充认为，圣王治理天下，只希望天下人平安，并不希冀符瑞出现，以表明自己的功劳。每一代帝王，其祥瑞都不相同，即便是没有一般所谓的祥瑞，如果百姓安乐、团结，社会风气和谐，这也是祥瑞。好比汉宣帝，他的统治可以与尧、舜相媲美，在他的统治下，天下太平无事，万里之外的人都慕名而来，接受教化。因其施行仁道之政，连鸟兽都受感召而来，这些吉祥的瑞物，其大小、毛色、足翼等都各不相同。如果以政治统治的得失、君主之明暗，来对祥瑞进行判别，那么，只要政治清明，君主明智，则所出现的祥瑞都可以说是真的。

历史进步是以一定的价值标准来衡量的，王充衡量历史进步的价值标准与后来的生产力标准当然不能相提并论，但在有些内容上则有相同之处。如他以疆域、人口、生产和生活资料以及社会是否得到治理、百姓生活是否安定来衡量历史的进步与否。王充以这种历史进步观为准则，认为汉盛于周，并且一般人所谓的古胜于今的历史观，是毫无道理、歪曲事实的。在王充那里，历史具有了某种进步的性质，有了一定程度的发展感。我们还可以看到，王充对于社会历史的考察，并非脱离具体的历史事实，仅凭一种主观的臆想去对之进行说明，他重视历史的经验性质，通过对历史内容的具体引述，使历史的真理性更为显而易见。

3.“世之治乱，在时不在政，国之安危，在数不在教”的历史命定论思想

上古与今世相比，自然条件都是差不多的。如果说今世比上古更进步，所谓“论德化则汉盛于周”，那么原因就只能在于人之所为。但是，对于“人为”在治理国家过程中的作用，王充只是很有限地承认它的作用。

关于治理国家的道理，《吕氏春秋·长见》曾记载周公与姜太公对此问题的讨论。太公认为治国要“尊贤尚功”，周公强调治国要“亲亲尚恩”。太公认为周公如果以此原则来治理自己所封的鲁国，鲁国必将一代比一代衰弱；周公则认为太公如果以此来治理自己所封的齐国，齐国虽然会因此而强大，但以后的齐君一定不会是太公的后代。“亲亲尚恩”，强调的是任人唯亲，人与人之间要以道德的恩情来维系，这种政治重封建宗法之关系，社会具有有一种超强的稳定性。但因为不尚功利，不尚贤能，国家自然就容易衰弱。而“尊贤尚功”，其所谓“功”，主要就是富国强兵，有富国强兵之能的人即为贤者，应该得到尊崇。在这种政治之下，国家容易富强，但国君之位也容易被贤能之人所篡夺。

王充认为，治国的道理有两种，一是重视增强国力，二是重视加强礼仪教化。

> 夫德不可以独任以治国，力不可以直任以御敌也。韩子之术不养德，偃王之操不任力。二者偏驳，各有不足。偃王有无力之祸，知韩子必有无德之患。
>
> 故以旧防为无益而去之，必有水灾；以旧礼为无补而去之，必有乱患。[61]

显然，治理国家光靠礼仪教化不行，只凭国力增强也不行。

王充对韩非的观点发表了自己的不同看法。韩非认为，春秋战国时期，徐偃王

施行仁政，有了好的名声，虽然也因此使周围的一些小国家前来依附于他，但由于楚文王怕偃王强大之后，威胁到楚的统治，故发兵将徐偃王消灭了。韩非以此来说明仁义是无用之物，只有武力才是硬道理。王充认为，韩非的这个观点是偏颇的。徐偃王治理国家虽然有“无力”之祸，但如果以韩非的理论来治理国家，必然也有“无德”之患。仁义道德看起来是没有任何用处的，光讲仁义道德并不能富国强兵，但王充认为，对这个问题不能这样来看待，就好比一条河的旧堤坝一样，可能由于平时水量少，河水只在离堤坝很远的地方流淌。如果因此认为河的旧堤坝没有用处了，将之铲平，一旦到了雨季河水暴涨的时候，必然就会因为旧堤坝被铲平而发生水患。礼义道德亦是如此，如果认为它不能对富国强兵产生直接影响而将之废除，一旦到了关键的时候，可能就会因之而产生祸乱。就好比没有礼义，汉高祖不能正朝纲一样，有了礼义道德，社会中才有了对事物进行价值判断的标准，这个社会才有可能有序、和谐、安定地发展。因此，王充认为治理国家，既要“养德”，也要“养力”。

不过，王充认为，“人治”对于政治清明的重要性是有限度的。就总体而言，在历史发展过程中起决定作用的因素是自然的天命。

> 世谓古人君贤则道德施行，施行则功成治安；人君不肖则道德顿废，顿废则功败治乱。古今论者，莫谓不然。何则？见尧、舜贤圣致太平，桀、纣无道，致乱得诛。如实论之，命期自然，非德化也。[62]

社会历史的发展不是由个别圣人所决定的，历史的发展存在着“数”“命”“时”等命运，在历史发展中起着主宰和支配的作用。

传统的说法认为，在古代，君主个人的品德贤良则可以使道德在天下施行，而道德在天下施行则社会太平、人心安定；如果君主不贤，则不能使道德在天下得到施行，道德得不到施行就会天下混乱，社会不稳定。古往今来，没有人对此提出异议。这是因为在历史上，确实存在这种情况，即尧、舜为圣君，他们能致社会于太平，而桀、纣为无道、不肖之君，因使社会混乱而遭到诛杀。

王充不同意上述这种观点。他认为，社会历史的治乱兴衰，不是圣君施行道德教化的结果，而是“命期自然”，是“命定”的结果。

> 故世治非贤圣之功，衰乱非无道之政。国当衰乱，贤圣不能盛；时当治，恶人不能乱。世之治乱，在时不在政，国之安危，在数不在教。贤不贤之君，明不明之政，无能损益。[63]

贤良之君主可以治理“当安之民”，却不能教化“当乱之世”。所谓“当安”与“当乱”，是“命期自然”，由“天时”“历数”所决定。好比一个人有病，如果病入膏肓，则扁鹊这样的良医也会束手无策。医生能够治好某个人的病，是因为他的病本身是可以治的，如果不可治，则再好的医生，也会拿他的病没办法。同样，世道和社会得到治理，并不是贤圣之君的功劳；世道和社会的衰乱也不能归因于无道之政。国家此时命中该当衰乱，那么贤圣之君亦不能使之盛；国家此时命中该当得到治理，那么险恶之人亦不能使之危乱。所以，王充认为，在历史的发展过程中，有“时”“数”与“命”在其中起着决定性的作用，贤圣之君及开明的政治都不能对历史的治乱兴衰起决定性的作用。

这种“时”“数”“命”是自然的天命，与水旱等天灾关系密切。汉代的天人感应说认为，人君之政不善，则天会降下水旱灾异来警示人君。王充反对这种说法。

> 必谓水旱政治所致，不能为政者莫过桀、纣，桀、纣之时，宜常水旱。案桀、纣之时，无饥耗之灾。灾至自有数，或时返在圣君之世。实事者说尧之洪水，汤之大旱，皆有遭遇，非政恶之所致。[64]

实际上，水旱等天灾并不是由人君政治不良所导致的。历史上为政最差的君王莫过于桀、纣，如果说是政治差导致水旱天灾，那么，桀、纣那个时候应该常常发生水旱灾害，但考察桀、纣那个时候，会发现并没有水旱饥耗之灾。水旱等天灾，其到来是有规律性的，甚至常常在圣人之世出现水旱天灾。从历史的事实看，尧在位时有大洪水，商汤在位时遭遇大旱，圣君如尧与汤者，皆曾遭受水旱天灾。这就说明水旱天灾并不是由政治败坏所导致的。

王充认为，水旱天灾与政治好坏没有关系，但水旱天灾与社会治乱却有密切关系。水旱天灾使生产遭到破坏，生产被破坏了，则民众就会缺衣少食，从而导致盗贼众多，兵革并起，民弃礼义而不顾，负叛其上。这就会造成乱世。所以，在王充看来，乱世的形成主要是由天灾造成的，而天灾本身与人君政治的好坏是不相干的，天灾的形成有一定的自然之数，所以，国之治乱就是由这种“天时”“历数”所决定的，与圣贤之君和开明政治都没有必然的联系。

显然，王充倾向于认为，世道是否得到治理，最主要的原因不在于人治，而在于这种神秘的“时”“数”与“命”。这种“时”“数”与“命”是决定天下是否得到治理的最重要原因，而圣贤之君和开明政治对于一个国家的治乱与好坏没有决定性的、直接的影响。王充提出这个观点，主要是为了反对那种认为圣贤之君可以决定一个国家政治好坏的英雄史观。中国历史中，有一种压倒性的观点，即认为圣贤之君是决定一个国家和社会的治乱与好坏的根本原因。这种观点通常不能正确认识人民群众在历史发展中的作用。王充反对这种英雄史观，但却因此而走向了另一个极端，即认为圣贤之君、开明政治对社会的治乱不能发挥重要作用，这就抹杀了政治对于社会历史发展的影响。

王充强调了自然环境对人类社会发展的作用，却没有给予人的创造性活动以应有的地位。应该说，环境与自然对人类社会的发展会有某种程度的影响，然而，是不可能起决定性的作用。人在自然面前并不是无能为力的，人可以通过自己的创造性活动，利用自然，改造自然，使之为人类服务。在人的创造性活动面前，自然与环境是可以被改变的。在历史中，我们常常看到的情况是，天灾不一定导致国家和社会的动乱，相反，人祸却常常是导致社会动荡的主要原因。对于人在社会历史中的作用，我们不能采取历史虚无主义态度。

王充仅仅以天命来说明社会的治乱之因，认为在社会历史中，不是人的因素，而是自然的环境因素起了决定性作用。历史过程本质上是自然过程，社会历史受自然天命的支配，而自然天命并不受人的因素影响，是自然而然的。这样，支配历史的就是某种自然的运命，如水旱等天灾。未来的社会历史发展并不取决于人类自己，在历史中人们没有创造和选择的自由。而且，这也必然会逻辑性地推导出人们对于社会历史所发生的一切不必承担任何责任的错误思想。

王充持一种自然主义的历史观，认为社会历史不过是天道自然发展的一个组成部分。一般来说，自然具有非历史性。因为自然的历史不过是一种循环与重复，这严格来说不能称为历史，因为循环与重复本身并不具有创新性，没有创新性则很难构成真正意义上的历史。如果否定人在社会历史中的作用，把社会历史完全归于自然，这就不是一种合适的历史态度。

三、王弼的历史思想

王弼（226—249），字辅嗣，是魏晋时期的重要思想家，魏晋玄学的主要代表人物。王弼的著作主要有《周易注》《周易略例》《老子注》《老子指略》《论语释疑》等。

一般认为，王弼是一个重视本体论的玄学思想家，其理论缺乏历史感。通过研究，我们认为，王弼的玄学思想体系中亦包含有若干关于历史的观念。

1.“天地虽广，以无为心；圣王虽大，以虚为主”：王弼论理想社会的历史蓝图

王弼的玄学思想体系重视对以“无”为本的本体论理论的建构，这其中亦包含关于历史发展的思想。

王弼提出了道无形无名，生成万物，为万物之母的观点。

> 凡有皆始于无，故未形无名之时，则为万物之始；及其有形有名之时，则长之育之，亭之毒之，为其母也。言道以无形无名始成，万物以始以成，而不知其所以，玄之又玄也。[65]

王弼认为，凡是“有”都是从“无”开始的，万物皆为“有”，“有”之前还有“无”，所谓“无”，即万物未形无名之时，故称为“无”，“无”为万物之始。等到万物有形有名之后，“无”则生长、养育之，安定、治理之，成为万有之母。道开始的时候是无形无名的，万物因道而得以开始，得以形成，万物对于道之所以然是不太清楚的，所以也称为玄之又玄。就历史观而言，王弼认为，历史有一个开端，这就是抽象的、形而上的道。道如何展开成为历史则是一个玄之又玄、不知其所以然的过程，姑且称为由道而至于万物的过程。

道是“无”，为万物之母。万物禀道而生，因道而各具其德。

> 德者得也，常得而无丧，利而无害，故以德为名焉。何以得德？由乎道也。何以尽德？以无为用。以无为用，则莫不载也。故物无焉，则无物不经；有焉，则不足以免其生。是以天地虽广，以无为心；圣王虽大，以虚为主。故曰：以复而视，则天地之心见；至日而思之，则先王之至睹也。故灭其私而无其身，则四海莫不瞻，远近莫不至；殊其己而有其心，则一体不能自全，肌骨不能相容。是以上德之人，唯道是用，不德其德，无执无用，故能有德而无不为。不求而得，不为而成，故虽有德而无德名也。[66]

德就是“得”或得到的意思，即万物因道而生，体道而成，各自秉承有道性，此谓之德。万物希望恒常地得到“道”而不失去它，希望恒常地利而无害，故万物以“德”为贵。万物之德是从“道”那里得到的，道是“无”，故万物要尽己之德、使德达到顶点，就要以“无”为用，即以“无”的精神来行动，万物便可以使自己的德行达到最高点，从而尽己之德。

王弼认为，道化生万物的历史是具体的、实在的，但要对这种具体的、实在的历史有所认识的话，就要本着“无”的精神，才能如实反映这种历史的本来面目，而不至于以主观的臆想去代替这如实的过程。对照道与万物的不同，道以“无”为用，故其德行广厚而无物不载，万物皆由道而出，道因其以“无”为用而成为万物的本体，万物则是有形有象的具体存在，而有形有象的具体存在不能避免生与死，故万物皆具有历史性。

王弼崇尚道之以“无”为用。他认为，天地虽然广大，但其以“无”为心，任万物自然生长，所以能成其大；人类社会的圣人亦效法天地以“无”为心，故圣王虽然伟大，但其以“虚”为主，所以他能后其身而身先。所以，先王、圣人以《周易》复卦之义理来考察天地之心，并努力使自己的所作所为合于天地之心。而复卦的义理不过是讲天地以虚无为心，任万物自由繁衍，通过万物的繁盛之状，可以体会到天地之心以虚无为主。先王法天地之心，以复归于寂然大静为最高的原则。例如，夏至阴生，冬至阳生，先王在夏至和冬至这两个节气的时候，就颁布禁令，闭关卡，不办事，其目的在于以“静”来养阳与阴。从夏至与冬至的禁令这个方面，我们可以看到先王法“道”之以“无”为用的精神。

先王因为禁灭其私欲而不贵其身，则四海之内莫不归服敬仰，远近之民莫不归顺而至。但是，如果统治者把自己看作异于众人的高贵之人，私欲充斥其心，这最终有可能导致统治者连自己一个人的身体都不能保全、自己一身之肌骨都不能相容的情况。所以，王弼认为，具有上德的人听凭道的无为之用，不标榜追求德，无所执着，无所作用，就能无为而无不为，达到不求而得、不为而成、虽然有德却不以德名来称谓的崇高精神境界。

相反，下德之人求“德”而得之，通过有为而成就功业，通过标榜“善”来治理事物，所以，“德”之名就形成了。王弼认为，因追求一件事物而得到它，就必然会有失去它的时候；因有所作为而成就一件事，就必然有失败的时候；善之名立，则会有“不善”与之相对应。因此，下德之人努力作为却可能有不能为之事。要做到无所不为，就要无为，而不能有所为，有所为必然有所不为。

下德求而得之，为而成之，则立善以治物，故德名有焉。求而得之，必有失焉；为而成之，必有败焉。善名生，则有不善应焉。故下德为之而有不为也。无不为者，无所偏为也。凡不能无为而为之者，皆下德也，仁义礼节是也。将明德之上下，辄举下德以对上德。至于无以为，极下德之量，上仁是也。足及于无以为，而犹为之焉。为之而无以为，故有为为之患矣。本在无为，母在无名。弃本舍母，而适其子，功虽大焉，必有不济；名虽美焉，伪亦必生。不能不为而成，不兴而治，则乃为之，故有宏普博施仁爱之者，而爱之无所偏私，故上仁为之而无以为也。爱不能兼，则有抑抗正直而义理之者，忿枉佑直，助彼攻此，物事而有以心为矣。故上义为之而有以为也。直不能笃，则有游饰修文礼敬之者，尚好修敬，校责往来，则不对之间，忿怒生焉。故上礼为之而莫之应，则攘臂而扔之。[67]

王弼认为，凡是不能以无为来行事的，都可以称为下德。虽然仁义礼节皆是下德，但下德又分上中下三等。对于“德”的上下之品，可以通过将下德与上德相对照、比较的方式来认识。居于下德的最上位者，就是上仁。上仁接近于无为，但犹有追求无为的作为。上仁既然有一种追求无为的行为，即便这种行为不是有意识的，但也将因此而有“有为”之患。因为道之本在于无为，万物之母为无名。舍弃道之本体、舍弃万物之母，就是舍本而逐末，功劳虽大，必然有所不济；名誉虽美，伪假也必然因此而生。不能通过无为而成就有为，不能通过不兴（主观提倡）而使天下社会得到治理，就仍然要以有为的方式去解决问题。上仁会导致种种宏大、普遍、广博地施行仁爱的行为的出现，因为这种爱是无所偏私的，所以，上仁虽然是有为的，而就其博施仁爱而无所偏私来讲，则实际上可以算是无为的。

如果爱不能兼，就可能出现抑低或抬高正直而追求义理的人，他们愤怨曲枉而护佑正直，助正直以攻曲枉，把外物当作一件物事来用心追求，这就是“上义为之而有以为”。上义有所为，则其正直就不容易做到笃实，可能会产生装饰表面从而修饰文辞、以礼敬之等行为。由于崇尚修饰和礼敬，计较、责备往来交替，一旦实行礼敬却得不到相应报答，就会产生愤怒，就可能硬拉着别人来遵守礼节。这就是“上礼为之而莫之应，则攘臂而扔之”。

因此，与下德的上、中、下三品相比，道之以“无”为用才是最尊贵的，而“礼者，忠信之薄而乱之首也”。

夫大之极也，其唯道乎！自此以往，岂足尊哉！故虽德盛业大而富有万

> 物，犹各得其德。虽贵以无为用，不能舍无以为体也，不能舍无以为体，则失其为大矣。所谓失道而后德也。以无为用，得其母，故能己不劳焉而物无不理。下此以往，则失用之母，不能无为，而贵博施；不能博施，而贵正直；不能正直，而贵饰敬。所谓失德而后仁，失仁而后义，失义而后礼也。夫礼也所始，首于忠信不笃，通简不阳，责备于表，机微争制。夫仁义发于内，为之犹伪，况务外饰，而可久乎？故礼者，忠信之薄而乱之首也。[68]

王弼认为，天下极大者，就是道。舍道而论他物，皆不足尊贵。道以无为用，因此，道虽然德盛业大而富有万物，但也只不过是万物各得其德而已。人们虽然崇尚以无为用，但还不能真正做到以道为体，不能以道为体，则不能理解道之所以为大的原因。这就是所谓“失道而后德”。以无为用，得无之本，所以可以做到自己不劳累而对物之理充分理顺。自此以下，则不能以无为用，舍本逐末，不能无为，而崇尚广博地施与；若不能广博地施与，则崇尚正直；若不能做到正直，则崇尚文饰、礼敬。这就是《老子》所谓“失德而后仁，失仁而后义，失义而后礼”的意思。礼之所以发生，首要的原因就在于忠信不笃实，圆通、简约之道不明，希望在表面上做文章，对于细微之处都要争执清楚。仁义发之于内心，有所作为还能使之成为伪枉，更何况以外表的东西来装饰之呢，这样的东西不可能长久。

王弼提出道作为万物之母不可远、本不可失的观点，即舍其母而用其子，弃其本而适其末，必将有忧患产生。

> 夫载之以大道，镇之以无名，则物无所尚，志无所营。各任其贞，事用其诚，则仁德厚焉，行义正焉，礼敬清焉。弃其所载，舍其所生，用其成形，役其聪明，仁则尚焉，义其竞焉。礼其争焉。故仁德之厚，非用仁之所能也；行义之正，非用义之所成也；礼敬之清，非用礼之所济也。载之以道，统之以母，故显之无所尚，彰之而无所竞。用夫无名，故名以笃焉。用夫无形，故形以成焉。
>
> 故母不可远，本不可失。仁义，母之所生，非可以为母；形器，匠之所

> 成，而非可以为匠也。舍其母而用其子，弃其本而适其末，名则有所分，形则有所止，虽极其大，必有不周；虽盛其美，必有患忧；功在为之，岂足处也。[69]

事物皆以大道来承载，同时谨守道之无名精神，这样，则不用崇尚万物中的特殊个体，意志也无须有所营谋。只要各任事物之本性，依事物之本来面貌去治理，就可以做到仁德深厚，行义正直，礼敬清明。因此，王弼并不反对仁、义、礼等，只不过他希望以道之无名精神来统领它们，才能达到好的效果。相反，如果抛弃其所载之道，舍弃其所生之母，用成形之物，为聪明所役，这样的话，就会导致要特别地崇尚仁、义，努力地实行礼敬。而深厚的仁德不可能通过“用仁”来达到，行义之正不可能通过“用义”来达到，礼敬之清也不是通过“用礼”所能达到的。以道来装载，以母（道）来统领，践行无为、无名，这样，便可以彰显道而又无所崇尚、无所竞争。以无名为用，名得以笃实；以无形为用，形得以成。因此，母（道）不可远，本不可失。仁义，乃母（道）之所生，它们不可以为母；形器之物，乃工匠所为，其本身不可以被称为工匠。舍弃其母而用其子，抛弃其本而用其末，这样，名就有所分别，形就有所局限，虽然极力要达到事物最完美的状态，但也必然有不周全的地方；虽然要使事物之美达到极盛，但也必然有值得忧虑的地方；以功名之心来有所作为，这样岂能安处而不失。

王弼认为，统治者不以有为行事，就不会败坏本性；不以执守某个特定的东西为法式，就不会失掉根本。减少自己的欲望，不作为，归趋于道之根本，就可以达到无为而治。为此，他批评了其他各家在治国方面的思想，并提出了自己“崇本息末”的治国方针。

> 而法者尚乎齐同，而刑以检之；名者尚乎定真，而言以正之；儒者尚乎全爱，而誉以进之；墨者尚乎俭啬，而矫以立之；杂者尚乎众美，而总以行之。夫刑以检物，巧伪必生；名以定物，理恕必失；誉以进物，争尚必起；矫以立物，乖违必作；杂以行物，秽乱必兴。斯皆用其子而弃其母，物失所载，未足守也。[70]

法家崇尚整齐划一，强调用法律来检束一切；名家崇尚名实相符，强调以言辞的逻辑性来纠正、确定一切；儒家崇尚真诚之爱，赞美道德而加以荐举；墨家崇尚俭约、节省，违背人之情而勉强推行其主张；杂家崇尚各家之美，而汇集、总括以实行之。以法律来检束一切，必然产生巧伪；以名词之逻辑来确定、纠正事物，有失恕之理；以爱心来赞美道德之行为并加以荐举，必然导致争讼；违背人情来勉强推行俭约、节省，必生乖违；杂集各家之美，必生秽乱。这些都是只用其子而抛弃其母所导致的，事物失去其所载之道，则不可能守住自己的本性。

> 尝试论之曰：夫邪之兴也，岂邪者之所为乎？淫之所起也，岂淫者之所造乎？故闲邪在乎存诚，不在察善；息淫在乎去华，不在滋章；绝盗在乎去欲，不在严刑；止讼存乎不尚，不在善听。故不攻其为也，使其无心于为也；不害其欲也，使其无心于欲也。谋之于未兆，为之于未始，如斯而已矣。故竭圣智以治巧伪，未若见质素以静民欲；兴仁义以敦薄俗，未若抱素朴以全笃实；多巧利以兴事用，未若寡私欲以息华竞。故绝司察，潜聪明，去劝进，翦华誉，弃巧用，贱宝货，唯在使民爱欲不生，不在攻其为邪也。故见素抱朴以绝圣智，少私寡欲以弃巧利，皆崇本以息末之谓也。[71]

显然，王弼认为，通过竭尽圣贤之智来治理社会中的巧伪现象，不如致力于展现人性之质朴、本真的一面以清静百姓之欲望；通过兴起仁义等制度来敦厚日渐趋薄的习俗，不如致力于抱朴、怀素以笃实人的本性更为根本；通过发明很多的技巧来使事情更加简捷、方便，不如寡私欲以平息浮华的竞争。他的观点是，要防止奸邪，主要的途径在于保存事物如实的、本来之诚，而不在于努力标榜什么是善，以之与邪恶相对立；要消灭淫乱之风，主要的途径在于去除奢华，而不在于使浮华更加彰显；要使盗贼消失，主要途径在于去除人们强烈的欲望，而不在于用严刑来禁止它；要减少诉讼，主要途径在于不尚贤能，使民不争，而不在于善于判断讼事。也就是说，遏止争讼在于不尊尚贤才，而不在于善于断狱。

因此，治理天下百姓，不应直接攻击其所作所为之非，而要做到让他们无心于其所为；不应妨害其欲望的满足，而要使其无心于欲；要在事物还没有表现出某种苗头的时候就对之进行治理，在事物还没有开始走向不善的时候就对之进行改正。见素抱朴以绝去圣智，少私寡欲以弃去巧利，治理国家和社会，不过就是如此而已。故道家思想之大旨，在于通过探究万物之源，来明确万物所禀有的自然之性，通过演绎幽玄深远的极处，找到人们迷惑、无知的原因；因循事物自然之性而不主观妄动，减少个人的私欲而不主观施为。崇尚道之根本，而忽略事物之末，守护道之母来保存由道所派生的万物。

> 故其大归也，论太始之原，以明自然之性，演幽冥之极，以定惑罔之迷；因而不为，损而不施，崇本以息末，守母以存子；贱夫巧术，为在未有；无责于人，必求诸己；此其大要也。[72]

王弼以无为本的玄学本体论，是希望通过本体的抽象，为不合理的现实规划一个理想的社会发展蓝图。他认为，世界上存在一种抽象的和不变的形而上学本质，这种形而上的神圣本体，是形下万物之母。形下之物都是具体的，因而是有局限的，有局限之物不能自我完善，只有超出于局限之上，无局限可言，才可能通融无碍。如果以有局限之物，如一般认为的善、恶等为不变的存在，则这种善、恶在不同的时期和不同的场合，其性质就会发生改变。历史中生成变化的不过是这种本质的一种表象。这看起来与历史主义的思想是矛盾的。历史就是变化，但现在这种变化成为了一种不变的本质的表象。变化是非本质的，是现象，不变才是本质的，是本体，探求本质、本体，以之来驾驭现象，这是王弼哲学的目的。如果说王弼对现实抱有乐观主义的态度，相信人们通过自己的努力，可以使现实社会变得更美好，这是因为他为现实提出了一个理想的目标和达到这个目标的手段，即通过向本体和本质趋近，可以使现实的不合理之处得到解决。王弼确立了历史的发展目标或评判标准，就此而言，则历史的发展就有了方向感和进步性。历史也就具有了其内在的意义。

根据王弼的玄学，现实万物皆为有，有之所以为有，乃以无为本。形上的本体是“无”，是至善的目标，形下的经验世界是“有”，是历史的展开，两者是母与子、本体与现象的关系。现象具有历史性，本体则是无限和普遍的存在，不具有历史性。作为本体的形上之无并不是存在于形下的、具体的历史经验之外的，它就存在于历史之中，并且是形下经验世界之所以存在的根据。形上本体创造形下具体之物，形下具体之物则蕴含、体现形上本体。形上本体并不具有历史性，但它生成历史性。当然，在这个纯形而上学的推论过程中，王弼不可避免要涉及如何看待形下之有，即具体的社会现实这个问题，王弼肯定了形上之道的普遍性，认为这种普遍性比经验中的个别性与特殊性更为根本。社会历史、名教只是现象，道之“无为”才是本质。对于永恒的道与社会历史的关系，王弼侧重论述了理想的社会历史必须要因循道之自然无为，道之自然无为可以保证社会历史朝理想的方向演进。因此，根据王弼的看法，通过复归于无，就可以达成人类的理想社会。自然、无为才是实现理想社会的重要途径。仁、义、礼等从表面看是一种善行，但与“道”相比只能算是下德，因为善之本性并不是固定不变的。执着于善并去追求善，则可能会走向善的反面。只有不执着于善与恶，而去求得善与恶之母，即自然无为之道，才可能立于不败之地；只有复归于道之自然，才能消除现实中善与恶的对立，消除人与人之间的分歧，人类才可能趋于完善之境。也就是说，要改变现实世界的状况，只有通过去除对现实的执着才能达到。

2.“守母以存其子，崇本以举其末，则形名俱有而邪不生”：对历史价值的肯定

历史的创造是以形上之无为前提和基础的，如果肯定形上之无作为其本体，那么，王弼亦不反对历史的创造活动。因为毕竟形上的本体之无总得有一个载体。王弼说：

> 守母以存其子，崇本以举其末，则形名俱有而邪不生，大美配天而华不作。[73]

守母可以存子，崇本不碍举其末，通过“守母”与“崇本”，可以做到使事物形名俱有而不生奸邪，大美与天相配而浮华不起。王弼强调“守母”与“崇本”，但这个理论背后还有另一层深意，即只有通过“守母”“崇本”才可能更好地“存子”“举末”。也就是说，“存子”“举末”亦是王弼非常重视的方面。王弼说：

> 凡物之所以存，乃反其形，功之所以克，乃反其名。夫存者不以存为存，以其不忘亡也；安者不以安为安，以其不忘危也。故保其存者亡，不忘亡者存；安其位者危，不忘危者安。善力举秋毫，善听闻雷霆，此道之与形反也。安者实安，而曰非安之所安；存者实存，而曰非存之所存；侯王实尊，而曰非尊之所为；天地实大，而曰非大之所能；圣功实存，而曰绝圣之所立；仁德实著，而曰弃仁之所存。故使见形而不及道者，莫不忿其言焉。夫欲定物之本者，则虽近而必自远以证其始；欲明物之所由者，则虽显而必自幽以叙其本。[74]

一般说来，物的存在和它的形态相反，功的成就和它的名称相反。存在者不以其当前的存在为念，并时刻不忘记灭亡，才能保持它的存在；安全者不以目前的安全为念，并时刻不忘记危险，才能保持它的安全。因此，只注重保持目前的存在，而不去考虑将来者，必然灭亡；而时刻不忘记灭亡，积极为此而准备者，反而能够存在下来。安于其所处的位置者将会有危险，而时刻不忘记危险，努力去改善此状况者，反而能够长久保持安全。就好比力气最大的人也一定能举起很轻的秋毫，听觉最灵的人也一定能听到震响的雷霆，但举秋毫和闻雷霆只是外在表面的行为，力气大和听觉灵敏才是无形的道，所以说道与形是相反的。

安全者实实在在处于安全之中，但却说其不安于所安才能真正安全；存在者实实在在处于存在之中，但却说其不安于所存才能真正存在；侯王实实在在处于尊贵的位置，但却说其不以所尊为尊才能真正保持尊贵；天地实实在在处于大的状态，但这种大只是表面的形态，其所以能大在于无为；伟大的功绩是实实在在的存在，但却说这是因为不以圣功为伟大才使之能够得到确立；仁德是有形有名的实际存在，但却说要舍弃此表面的现象，才可以真正地存仁德。

王弼认为，如果不能理解上述道理，就是只看到表面现象而不懂得探求大道之根本。虽然万物离人很近，但是，要想探讨万物之本源，人仍须从万物之始这种很远的地方来开始。虽然事物本身很明显，但要想明白事物所遵循的道，也必须从玄远、幽深处求得其所本之由。王弼肯定形下之有的价值，但认为只有保有对形上之道的自然无为，才能从根本上解决形下之有的合理性问题。

有几个例子，可以说明这个问题。

> 夫城高则冲生，利兴则求深。苟存无欲，则虽赏而不窃；私欲苟行，则巧利愈昏。故“绝巧弃利”，代以寡欲，“盗贼无有”，未足美也。夫圣智，才之杰也；仁义，行之大者也；巧利，用之善也。本苟不存而用此三美，害忧如之，况术之有利斯以忽素朴乎！故古人有叹曰：甚矣何物之难悟也！既知不圣为不圣，未知圣之不圣也；既知不仁为不仁，未知仁之为不仁也；故绝圣而后圣功全，弃仁而后仁德厚。夫恶强，非欲不强也，为强则失强也；绝仁，非欲不仁也，为仁则伪成也。有其治而乃乱，保其安而乃危。后其身而身先，身先非先身之所能也；外其身而身存，身存非存身之所为也。功不可取，美不可用，故必取其为功之母而已矣。篇云：“既知其子”，而必“复守其母”，寻斯理也，何往而不畅哉！[75]

这就是说，正因城墙很高，为了攻城，才产生了冲车；一件事如果有厚利，则人对它的欲望也深切。如果无心、无欲，即使奖励偷盗也不会有人去窃取；而如果私欲横行的话，则巧利越多而百姓越昏昧。因此，“绝巧弃利”，代之以寡欲，“盗贼无有”，这还不能称为大美。圣贤之智慧，这是一种杰出的才能；仁义制度，这是行动之大纲领；巧利，这是事物所用之美善者。如果根本得不到保存，而仅用这三种美好的道德与行为，还会导致如前所述的祸害，更何况只追求利益而忽略素朴之性呢！所以，古人感叹：“太难了！”知道不圣就是不圣，却不知道圣亦可以为不圣；知道不仁就是不仁，却不知道仁亦可以为不仁；因此，绝灭圣之名而后圣之功才能全面，弃去仁之名而后仁德才能归厚。讨厌强盛，并不是真不想强盛，而是因为主观人为地去追求强盛，则会失去强盛；弃绝仁爱，并不是真不想得到仁爱，而是因为主观人为地去追求仁爱，则会导致虚伪的假仁爱。保有其治，这正是导致衰乱的原因，保有其安，这正是危殆的原因。把自身放在最后，自身反而占先；把自身置之度外，生命反而得到保全，不能人为地去争取功名，圣智、功名、仁义等美名都不可用，所以一定要达到之所以为圣智、功名、仁义的根源，这样才能及于道母；“既知其子”，而必须“复守其母”。

王弼看到了圣智、仁义制度和巧利对人有利的地方，但他认为这种便利在某种情况下会走向其反面，因此，不能强调圣智、仁义制度和巧利。他也承认，不强调强盛，并不意味着反对强盛，恰恰相反，不强调强盛，才能达到真正的强盛。在人们都严格区分善恶的情况下，王弼清醒地认识到，善恶之分本身就是恶之源，而且善与恶并不是截然分开的，善有向恶转化的可能性，善之中就隐藏有恶。也就是说，王弼对于现实的一切其实并不否认其价值，他之所以强调自然无为，强调向道的复归，是为了更好地肯定现实的价值。如果从这个角度来看，则王弼对于具体历史的价值并不完全持否定和排斥态度。

形下之有是以形上之无为本的，也就是说，只有在肯定形上之无的前提下，形下之有才可能充分发挥作用。经验世界的完满形式，就在于其以无为本。因形上之无的存在，经验世界才可能各得其性，而不失其本身所具有的价值。故王弼认为，天下事物皆以“有”作为它们存在的方式。“有”之所始，以无为本。如果想使事物之“有”完全，必须要返回到“无”。

> 天下之物，皆以有为生。有之所始，以无为本。将欲全有，必返于无也。[76]

使事物之“有”完全亦是王弼的重要目的，只不过他认为要更好地做到这一点，就必须返回道之“无”。所以，王弼还是肯定历史性的价值的，只不过他认为要站在本体的高度，才可能真正使历史性的价值得到落实。王弼不是不重视历史性，他是想通过对本体一般的强调，来切实达成其现实历史性的价值。王弼强调一般概念，不是为了否定历史，恰恰相反，他的目的和落脚点恰好是要肯定现实历史的价值。

一般认为，王弼以无为本的抽象本体，消解了具体历史存在的确定性。这种抽象的本体是无，缺乏具体内容和历史感。但是我们通过具体分析，发现在王弼玄远的玄学抽象思辨背后，饱含了其对现实的强烈关怀及对美好理想社会的憧憬，其中就存在某种可以称得上深刻的社会历史发展思想。

四、柳宗元的社会历史观

柳宗元（773—819），字子厚，唐河东解（今山西运城县解州镇）人，世称柳河东，是唐朝著名的文学家和思想家。其哲学著作主要有《天说》《天对》《时令论》《封建论》《贞符》等，后人将其辑成《柳河东集》。柳宗元在《封建论》中，对以分封制为特征的封建制的产生、弊端及其被郡县制所取代的必然性做了阐述，认为社会历史发展的客观形势决定了封建制的产生，也决定了其必然被郡县制所取代的命运。

1.“封建非圣人意也，势也”：历史发展的客观性

历史上以分封制为特征的封建制的产生，是由社会历史发展的客观形势所决定的。封建制经历尧、舜、禹、商汤和周文、武等诸多古代圣王，他们都不能废除和去掉它，这并不是说这些古代圣王不想废除封建制，而是因为人类社会的历史发展形势决定了当时不能废除封建制。

在柳宗元看来，封建制的产生有其必然性。他通过对人类早期生活状况的描述，来说明这个问题。

> 彼其初与万物皆生，草木榛榛，鹿豕狉狉，人不能搏噬，而且无毛羽，莫克自奉自卫，荀卿有言：必将假物以为用者也。夫假物者必争，争而不已，必就其能断曲直者而听命焉。其智而明者，所伏必众；告之以直而不改，必痛之而后畏；由是君长刑政生焉。故近者聚而为群。群之分，其争必大，大而后有兵有德。又有大者，众群之长又就而听命焉，以安其属。于是有诸侯之列，则

其争又有大者焉。德又大者，诸侯之列又就而听命焉，以安其封。于是方伯、连帅之类，则其争又有大者焉。德又大者，方伯、连帅之类又就而听命焉；以安其人，然后天下会于一。是故有里胥而后有县大夫，有县大夫而后有诸侯，有诸侯而后有方伯、连帅，有方伯、连帅而后有天子。自天子至于里胥，其德在人者，死必求其嗣而奉之。故封建非圣人意也，势也。[77]

在早期，每个人都是自然人，与万物一道在天地间自然地生长着。自然人不能像禽兽那样用爪牙来搏斗和噬咬，也没有禽兽那样的“毛羽”可以用来御寒、保暖，在与禽兽等动物的生存竞争中处于劣势。自然人依靠自身的自然条件很难养活和保护自己，所以，他们要生存，就一定要借助于外物，如以石块、木棒等来对付野兽，以兽皮等来御寒，以野果、兽肉等来充饥，只有借助这些外物，自然人才可能在严酷的生存竞争中活下去。而这些外物是有限的，不可能非常充分地满足每个人的需要，这就势必会在人与人之间引起争夺。为了避免无休止的“争夺”，就需要有能够评判是非的人出来平息这种争夺。如果其中某个人既有智慧，而且公正，他就可以承担这个任务，在评判是非、平息争夺的过程中树立起威信，从而得到众人的认可和服从，使之聚集在自己周围。对于那些告诉其正确道理而不听的人，他可以让他们吃些苦头，使之感到畏惧。这就是人类历史上的君主、官长及各种刑罚、政治体制等产生的重要原因。

有了君长与刑政之后，许多离得近的人聚集在一起过群居生活，就形成了部落。人类形成部落之后，同样面临生产、生活资料缺乏，不能充分满足每个人所需的问题。这样，部落之间难免也要发生争夺。这种争夺和以前有所不同，以前只是个体的人与人之间的争夺，而现在则发展到部落与部落之间的争夺。这种争夺参与者多，规模很大，由此产生了军队。由于争夺要依靠军队并通过发动战争的方式来进行，伴随着战争与武力，一小部分人在这个过程中积累了威望，并开始有条件向他人布施恩德。某些部落也因为战争而逐渐强大，其他部落的首领因力量不足，就可能要听命于这个强大部落的首领，以保证自己部落所属成员的安全。这样就产生了诸侯。

基于生产、生活资料不足这个相同的原因，诸侯与诸侯之间也会发生争夺。这种争夺的规模比上述两种又更大了，这就需要更有威德的人出面调停，使各诸侯能听从命令，以保证各诸侯领地、封国的安全，于是就产生了诸侯的领袖方伯（指一方诸侯的领袖）、连帅（通常指十国诸侯的领袖）。有了方伯和连帅，在一定程度上保证了各诸侯的安全，但又可能导致更大的争端出现。为安其民，方伯、连帅可能听命于一个有着更大威德的人，这个人就是天子。通过层层类推，最后天下统一于天子一人，由他居中排难解纷、平息争夺。他死之后，因其德行深厚，在人群中威望高，人们因此还要请其子嗣继续担任君长，以平息人群中可能出现的争夺。

因此，纵观社会历史发展的过程，由于自然人自身能力的局限，导致人生存的各种条件常得不到充分满足，因而在人与人之间产生了争夺。这种争夺使得一些明智、公正的人得以脱颖而出，而其他人则依附于他，这就形成了各级君长与刑罚、政治制度，这是封建制之所以产生的原因。柳宗元认为，从一里之长、县大夫，到诸侯、方伯和连帅，再到天子的出现，这是一个有先后顺序的发展过程，天子是最后才出现的。他们的出现并不是偶然的，而是由于生产和生活资料有限，导致人们之间必然产生争夺，为了评判是非、调停争夺，人民拥戴那些明智、公正而有威信的人作为他们的首领，以平息争夺，因此，封建制的产生是由人类早期社会历史发展所存在的客观必然性决定的。

通过对历史上出现的社会现象进行分析，柳宗元力图寻找到国家政治制度的根源，并将之归结为由于生产和生活资料的有限所导致的一种社会发展的客观大势，这种见解在当时是非常先进的。在分析了封建制产生的必然性之后，他又对封建制在历史上曾经起过的作用进行了分析，并且断言封建制在历史上长期存在是由不以人的意志为转移的客观形势所决定的。

> 夫尧、舜、禹、汤之事远矣，及有周而甚详。周有天下，裂土田而瓜分之，设五等，邦群后，布履星罗，四周于天下，轮运而辐集。合为朝觐会同，离为守臣扞城。[78]

柳宗元认为，在一定的历史条件下封建制的存在具有充分的合理性。由于尧、舜、禹、汤这些古代圣王的事迹已经离现实很远了，故他以周朝为例，来说明封建制存在的合理性。周朝有了天下之后，进行分封，设立公、侯、伯、子、男五等爵位，分封的诸侯邦国成群，像繁星一样罗列，遍布于各地，诸侯尊奉王室就像车轮运动时辐条绕着车毂转那样。当其会合时，就是诸侯朝见天子的朝觐活动；散开后，则诸侯在各自的封国内成为为周天子守卫疆土的臣子。这就构成了以周天子为中心的一个金字塔式的统治阶梯，各方诸侯可以拱卫周王朝，使之免受四周夷狄的侵扰，这是以分封为特征的封建制存在的合理性的一个重要方面。

但封建制在具有其合理性的同时，也存在严重的弊端。

一是其实行的是贵族世袭制，不利于选拔天下贤能之人。

> 今夫封建者，继世而理。继世而理者，上果贤乎？下果不肖乎？则生人之理乱未可知也。将欲利其社稷，以一其人之视听，则又有世大夫世食禄邑，以尽其封略。圣贤生于其时，亦无以立于天下，封建者为之也。[79]

在以分封为特征的封建制下，那些继承王位而治理天下的居上位者未必是贤能之人，居下位者也未必是不肖之人，则百姓得到太平还是遭遇祸乱也就是不可知的了。一些贤能之人想要对社稷、国家有所作为，但那些世袭的王侯、大夫世世代代享有在其封地内的统治权。即便是圣贤生在那个时候，也没有办法立于天下。

二是统治者实行封建制的目的在于维护自身利益而非天下大众的利益。“私其力于己也，私其卫于子孙也。”这种制度的出发点便存在问题。

三是封建制极易造成天下割据，有“末大不掉之咎”，不利于国家的统一。相对于前两个问题而言，这是封建制的最大弊病，即容易造成天下割据和分裂的局面。柳宗元以西周后期和东周的社会发展情况来说明这个问题。

> 然而降于夷王，害礼伤尊，下堂而迎觐者。历于宣王，挟中兴复古之德，雄南征北伐之威，卒不能定鲁侯之嗣。陵夷迄于幽、厉，王室东徙，而自列为

> 诸侯。厥后，问鼎之轻重者有之，射王中肩者有之，伐凡伯、诛苌弘者有之，天下乖戾，无君君之心。余以为周之丧久矣，徒建空名于公侯之上耳，得非诸侯之盛强，末大不掉之咎欤？遂判为十二，合为七国，威分于陪臣之邦，国殄于后封之秦。则周之败端，其在乎此矣。[80]

历史上，当周王朝政权传到周夷王时，他破坏礼制，损害尊严，下堂迎见朝觐的诸侯；周厉王时，情况更差。周宣王凭着中兴复古之德，南征北伐，显示了雄威。但鲁武公带着他的两个儿子括和戏去朝见宣王，宣王立戏为武公的继承人。武公死后，鲁人杀死戏，立括为国君，周宣王到底还是无力决定谁可以成为鲁君的继承人。此后，周朝又衰落，周幽王因荒淫无度、暴掠无能而被杀。周王室由镐（今陕西西安）东迁至洛邑（今河南洛阳），只能降天子之尊而自列为诸侯。自此以后，诸侯凌驾于天子之上，如楚庄王观兵于周疆，周定公使王孙满慰劳楚庄王，楚庄王即向王孙满询问周朝王庙中九鼎的大小轻重。九鼎相传为夏禹所铸，是夏、商、周三代传国之宝，楚庄王问鼎轻重，表示有取周王朝而代之之意。桓王五年（前715年），周桓王率兵讨伐郑国，郑国出兵反击，周军大败，郑人用箭射中桓王的肩膀。周桓王的大臣凡伯奉命出使鲁国，在归途中却被戎人捉去。周敬王时，晋国贵族范吉射和赵鞅相攻，周朝大夫苌弘支持范吉射，后来范吉射失败，赵鞅向周朝责问支持范氏的事，周敬王被迫杀死苌弘。天下诸侯背离周朝，没有尊重周天子之心。柳宗元认为，从这个角度来说，周朝早已灭亡了，只不过是徒有一个在公侯之上的空名。造成这种情况的原因很多，但诸侯太过强盛，上弱下强，尾大不掉，不受支配是其中重要的一个原因。此后，春秋诸侯判为十二，战国时合为七国，周朝的权力甚至分散到陪臣（诸侯的臣子对天子的自称）手里了，最终，国家被后来分封的秦国所取代。周朝失败的原因，就在于封建制。

但是，对于封建制，“更古圣王尧、舜、禹、汤、文、武而莫能去之”，不是因为这些古圣王不想将其革除，更不是由于封建制是由圣王们制定的，不能随意更改，而是当时“势不可也”。所以这些古代圣王也只有“不得已”而沿袭封建制。

> 或者又以为："殷、周圣王也，而不革其制，固不当复议也。"是大不然。夫殷、商之不革者，是不得已。盖当诸侯归殷者三千焉，资以黜夏，汤不得而废；归周者八百焉，资以胜殷，武王不得而易。徇之以为安，仍之以为俗，汤、武之所不得已也。夫不得已，非公之大者，私其力于己也，私其卫于子孙也。[81]

柳宗元认为，殷、商之所以一直沿袭封建制而不加以改变，是不得已而为之的。当商汤伐夏之时，各地归附商汤的诸侯有三千，商汤依靠他们的帮助而得以废黜夏桀，在这种形势下，商汤不能主观地废除各地诸侯。当周武王伐纣之时，归附于周者有八百诸侯，武王凭借他们的帮助而战胜殷纣王，这也决定了周武王不能改变封建制。因循封建制，以为安定天下国家的大计，沿袭封建制，使之成为一种社会习俗，商汤、周武是不得已而为之的。

汤、武之后，这种情况就更加突出了，乃至违背了实行这种制度的初衷。本来实行封建制，是帝王出于想借助诸侯之力来取得统治天下的特权，并在这个基础上进一步维护自己统治之目的；他们甚至希望借助诸侯之力来使自己的子孙后代能继续保有江山社稷。这种目的"非公之大者"，不过是想"私其力于己""私其卫于子孙"。但当后来封建制使诸侯的势力越来越大，直接威胁到中央的统治时，以天子为代表的中央却对此无能为力。因为这种大势已经形成，不以个人的意志为转移。而这种制度实行之初，虽然是出于帝王之"私"，但之所以得以实现，却又是由人类社会发展的客观形势所造成的。因此，柳宗元指出，封建制的产生和存在完全是由客观形势（"势"）决定的，而"非圣人意也"。

> 彼封建者，更古圣王尧、舜、禹、汤、文、武而莫能去之。盖非不欲去之也，势不可也。……封建非圣人意也。[82]

柳宗元认为，"势"比"圣人之意"更能决定历史发展的趋势和方向。应该说，人在历史活动中有其特定的目的，但这种目的并不总能代表历史发展的方向。作为人类历史活动结果的历史客体总与人们的特殊目的和意图有所区别。因为在历史活动中，每个人都趋向于自己的目标，但许许多多的个人在趋向于自己目标的同时，也形成了一股社会合力。这种社会合力与个人目标是不可能完全一致的。正因为如此，历史客体就可能与个体的人的具体目标相左。所以，社会历史的演变并不是由少数圣人、先王的个人主观意志决定的，而是由不以人的主观意志为转移的客观历史发展的必然趋势决定的。历史的发展一般不受个人的主观精神支配，个体的行动与精神对于历史发展大势来说是微不足道的。柳宗元所谓“封建非圣人意也”，圣人不能去之，因其“势”不可也，这些观点也表明了他认同历史发展的大势是历史的客观基础。

2.“私其力于己”的封建制被“公之大有者”的郡县制所取代

柳宗元认为，封建制的产生虽然是由客观历史发展大势所决定的，也是历史发展的必经阶段，但是，随着社会历史的进一步发展，这种“私其力于己”的封建制就会失去其存在的合理性和基础，而要被“公之大有者”的郡县制所取代。

在中国历史上，秦朝第一个起来革除了封建制，确立了郡县制。秦朝革除封建制，顺应了历史发展的潮流，是有利于天下国家的大公行为。

> 秦有天下，裂都会而为之郡邑，废侯卫而为之守宰，据天下之雄图，都六合之上游，摄制四海，运于掌握之内，此其所以为得也。[83]

秦有天下后，废弃诸侯分封之制，设郡守、县令来治理所设之郡、县。秦建都于咸阳，据守天下形势险要之地，居高临下，东向控制六国旧地，控制四方，将天下运于自己的掌握之中。当然，秦朝国祚很短，但柳宗元认为郡县制并不对此负有责任。

> 不数载而天下大坏，其有由矣。亟役万人，暴其威刑，竭其货贿，负锄梃谪戍之徒，圜视而合从，大呼而成群。时则有叛人而无叛吏，人怨于下而吏畏于上，天下相合，杀守劫令而并起。咎在人怨，非郡邑之制失也。[84]

柳宗元认为，秦亡的原因主要在于其频繁、大规模地役使百姓服兵役和劳役，实行残暴的刑罚来宣扬自己的国威，穷尽其钱财来享乐，结果那些背着木棍、被流放去防守边境的农民，彼此呼应，联合起来，推翻了秦之统治。那个时候，有起义的百姓而无起义的官吏，百姓怨恨于下而官吏畏于上，天下人联合起来，杀郡守、县令而起义。造成这种情况的原因在于百姓对秦的怨恨，而非郡县制有什么过失。

那么，相较于封建制，郡县制有什么好处呢？柳宗元举了汉朝初年正反两方面的例子来说明这个问题。

首先是汉高祖取得天下之后，改革秦之郡县制，循周之封建制，把天下分封给子弟与功臣，结果导致汉初数十年间，统治者为平定诸侯叛乱而疲于奔命，最后，不得不依靠削藩来解决问题。

> 汉有天下，矫秦之枉，徇周之制，剖海内而立宗子，封功臣。数年之间，奔命扶伤而不暇，困平城，病流矢，陵迟不救者三代。后乃谋臣献画，而离削自守矣。然而封建之始，郡邑居半。时则有叛国而无叛郡。秦制之得亦以明矣。继汉而帝者，虽百代可知也。
>
> 汉兴，天子之政行于郡，不行于国，制其守宰，不制其侯王。侯王虽乱，不可变也。国人虽病，不可除也。及夫大逆不道然后掩捕而迁之，勒兵而夷之耳。大逆未彰，奸利浚财，怙势作威，大刻于民者，无如之何？[85]

历史上，汉为了纠正秦之过失，依从周之封建制，分封同宗的子弟到各地做诸侯王，还封一些异姓的功臣为王。但封建制给汉政府带来了极大的麻烦。数年之间，汉高祖为了维护国家安全和统一的使命而奔忙，不断采取各种补救的措施。汉高祖七年（前200年），韩王信背叛汉朝而投降匈奴，刘邦率军讨伐，追到平城（今山西大同县东）白登山，被困七天七夜；汉高祖十一年（前196年），淮南王黥布作乱，刘邦前往征讨，为流箭所伤。高祖以后，惠帝、文帝、景帝三代中，经常发生诸侯王谋反作乱的事情，这都跟封建制的实施有密切关系。

汉朝初年，分封了一部分诸侯国，另外的地区则实行的是郡县制。柳宗元对比了这两种制度，认为天子的政令可以通行于郡县，却不能通行于诸侯国；能控制各郡县的官吏，而不能控制其分封的诸侯王。诸侯王治理国家的能力很差，但天子对此也不能加以改变。国人受到诸侯国的侵扰而痛苦，天子也不能予以消除。只能等到诸侯王叛乱，才能趁其不备而将之逮捕、放逐，或者统率军队去平定之。对于那些叛乱之迹尚不明显，但却非法取利、搜刮民财、依靠权势作威作福、刻毒于民的诸侯王，则没有任何办法。

相比较而言，郡县制则可以说是既有利于治理国家，实行起来又比较安全的一种制度。

就安全这一方面来说，由于受到封建制的困扰，汉王朝接受谋臣们的计策，实行郡县制，并采取削藩的方式，来限制封建制，取得了良好的效果。如汉文帝采纳贾谊的建议，把一个诸侯土国分成若干个小国；景帝采纳晁错的建议，削减了吴、楚等诸侯国的封地；武帝施行主父偃的建议，颁布推恩令，各诸侯王可以把封地分给自己的子弟，这些做法削弱和分散了各诸侯王的势力。在实行封建制之初，汉王朝还有一半的地方同时实行了郡县制。那个时候，有反叛的诸侯国，但没有反叛的郡县。这证明了秦朝的郡县制是有其合理性的。由此，柳宗元认为，继汉以后而称帝于天下者，即便是历百代之久，也是可以推知的。

> 及夫郡邑，可谓理且安矣。何以言之？且汉知孟舒于田叔，得魏尚于冯唐，闻黄霸之明审，睹汲黯之简靖，拜之可也，复其位可也，卧而委之以辑一方可也。有罪得以黜，有能得以赏。朝拜而不道，夕斥之矣；夕受而不法，朝斥之矣。设使汉室尽城邑而侯王之，纵令其乱人，戚之而已。孟舒、魏尚之术，莫得而施；黄霸、汲黯之化，莫得而行。明谴而导之，拜受而退已违矣。下令而削之，缔交合从之谋，周于同列，则相顾裂眦，勃然而起；幸而不起，则削其半；削其半，民犹瘁矣，曷若举而移之以全其人乎？汉事然也。[86]

和世袭的封建制相比，郡县制对于治理国家更为方便、有利，可以做到“有罪得以黜，有能得以赏”，保证“贤者”居上，“不肖者”居下，从而使天下得到有效治理。如历史上汉文帝召见汉中郡太守田叔，问他管下谁是忠厚可信的人，田叔推荐了高祖时被免官的孟舒，文帝因此重新任命孟舒为云中郡太守。由于郡县制不实行封建的世袭制，所以，孟舒虽然因罪被免，但还可以再次凭自己的能力重新做官。

又如汉文帝“得魏尚于冯唐”之事。魏尚曾为云中郡太守，防御匈奴入侵有功，一次因为上报杀敌首级比实际杀敌首级多六颗，被文帝免官。冯唐在文帝面前为魏尚辩明功过，文帝又恢复了魏尚的官职。这样，政府的官员可上可下，有罪即黜，有能则赏，保证了贤能者居上而不肖者居下。

汉宣帝时，黄霸做颍川太守，处理事情明察仔细，汉武帝时，汲黯任东海郡太守，政简民安。柳宗元认为，这些人作为贤者在郡县制下都能做官，由于这些贤能之人在各级官位上任职，天子完全可以高枕于朝廷之上，由这些贤能之人去安抚一方的百姓。如果他们有罪过，就及时罢黜他们；如果有能力、有功劳，就不吝啬地奖赏他们。郡县制在任用贤能之人做官这个问题上是非常灵活的，天子甚至可以早上任命某人为官，一旦发现其有问题，不按正道办事，晚上即可以斥退他；或者晚上任命某人为官，发现其不遵守法纪，第二天早上就可将其罢免。

假设汉王朝把实行郡县的这一部分地方也都封给诸侯王作为封地，那么，如果发生诸侯王侵害百姓这样的事件，汉天子也只能坐在朝堂发愁而没有任何办法。这样，孟舒、魏尚的这种治理方式就无法得到施行；黄霸、汉黯这些贤能之人的德化也无法普及于民。在封建制下，天子明令谴责并劝导诸侯应该怎么做，他们也许当面接受了，但转过背来又可能违反。汉朝天子下令削减诸侯国之时，诸侯王们普遍大怒，眼睛瞪得连眼眶都好像要裂开了，纷纷缔结条约，联合起来反叛朝廷。如汉景帝用晁错的建议，削减诸侯封地，吴楚七国诸侯就联合起来发动叛乱。那些没起来反叛的诸侯，虽然被削去了一半的封地，但百姓还是深受其害。柳宗元认为，还不如就此把诸侯王完全废掉，以保全天下的百姓。

柳宗元还对一些认为封建制比郡县制更优越的观点进行了批驳。

> 或者曰：“封建者，必私其土，子其人，适其俗，修其理，施化易也。守

宰者，苟其心，思迁其秩而已，何能理乎？”余又非之。周之事迹，断可见矣。列侯骄盈，黩货事戎。大凡乱国多，理国寡。侯伯不得变其政，天子不得变其君。私土子人者，百不有一。失在于制，不在于政。周事然也。[87]

有人认为：封建制下的诸侯王必然重视守疆拓土，以本诸侯国的百姓为子女，适应当地的习俗，勤于治理，易于施行教化。而郡县制下，官员容易苟且偷安，一心只想着调动官职，升迁发财。

对此，柳宗元不以为然。他认为，从周朝的历史发展就能看到封建制所存在的严重问题。各诸侯王十分骄横，贪污钱财，穷兵黩武。混乱的国多，而得到治理的国家少。诸侯中的首领不能改变其政治风格，天子也不能改变诸侯国的国君。守疆拓土、以人民为子女的诸侯王，百人中没有一个。柳宗元认为，周之失在于其所实行的封建制，而不在于其政。

又有人说，秦实行了郡县制，不也很快垮台了吗？对此，柳宗元认为，

秦之事迹，亦断可见矣。有理人之制，而不委郡邑，是矣。有理人之臣，而不使守宰，是矣。郡邑不得正其制，守宰不得行其理，酷刑苦役，而万人侧目。失在于政，不在于制。秦事然也。[88]

秦有较好的管理国家的制度，却不把权力交给地方郡县；有能够进行管理的官吏，而不让地方官吏行使职权。郡邑不能很好地发挥其制度的优势，官吏不能很好地行使其治理的权力，再加上秦朝一味地使用酷刑和苦役，使百姓愤怒在心。所以，秦之过失在于其政治的败坏，而不在于其制度。

或者又曰：“夏、商、周、汉封建而延，秦郡邑而促。”尤非所谓知理者也。魏之承汉也，封爵犹建，晋之承魏也，因循不革，而二姓陵替，不闻延祚。今矫而变之，垂二百祀，大业弥固，何系于诸侯哉！[89]

有人说，夏、商、周、汉因实行封建制而国祚延续很长，而秦朝实行郡县制却国祚很短，可见封建制优于郡县制。柳宗元认为，持这种说法者尤其不知道社会历史发展之理。魏承袭汉之封建，晋承袭魏之封建，沿袭不改，因循不革，但曹魏只传五帝、四十六年而亡，司马氏的西晋只传四帝、五十二年而亡，三国时魏的曹氏和西晋的司马氏，没有听说他们的国祚延续了很长。当今唐朝矫正封建制的弊端，实行郡县制（州县制），已经有两百多年了，江山大业现在还很稳固。所以，国祚长短跟实行诸侯封建是没有什么关系的。

柳宗元认为，历史发展的客观趋势是不能违背的。他之所以考察历史上的封建制与郡县制，目的在于为唐王朝的政治发展找到一条合适的道路。

> 唐兴，制州邑，立守宰，此其所以为宜也。然犹桀猾时起，虐害方域者，失不在于州而在于兵，时则有叛将而无叛州。州县之设，固不可革也。
>
> 今国家尽制郡邑，连置守宰，其不可变也固矣。善制兵，谨择守，则理平矣。[90]

唐朝兴起之后，设置州县（唐改郡为州），设立各种官吏，这是比较适宜的。虽然后来出现了凶暴狡猾的藩镇势力，他们拥有军队、兵权，虐害地方州、县百姓，但柳宗元认为，这种过失不在于实行了州县制，而在于藩镇拥有的军队和兵权。因为即便是在唐朝藩镇割据这种情况下，国家也只有反叛之将领而无反叛之州县。因此，州县的设立，是不可以废除的。只要国家善于控制、掌握军队，谨慎地选择地方官吏，则社会就有可能得到良好的治理，从而趋于安定。

柳宗元认为，个别历史人物的主观愿望与社会历史发展的客观趋势之间往往存在着矛盾。秦始皇废封建制、立郡县制的主观愿望是“私其一已之威”，希望天下的臣民均能服从于自己。但是，客观地说，公天下的郡县制的发端却正是自秦始皇开始的。

> 秦之所以革之者（指革去封建制），其为制（指郡县制），公之大者也，其

情私也，私其一己之威也，私其尽畜于我也。然而公天下之端自秦始。[91]

在社会历史发展中，道德规范与善恶观念都是相对的，历史的矛盾不是一种外在的并列，而是一种内在的相互转化，它也不是一成不变的。既然这样，我们在认识和理解历史发展时，就不能因为实行郡县制是出于秦始皇“私其一己之威”的私情，而否认郡县制代替封建制的历史必然性。同样，也不能因为郡县制有利于“公天下”，而看不到秦始皇的“私心”。

柳宗元的历史发展观的可贵之处，在于其从经济利益和自我保存等方面来探讨君主、国家和政治制度的起源和发展。他认为，社会政治制度等的产生与人们追求自身利益是密切相关的，利益的变化导致制度的变化。但是，制度一旦形成，又有可能成为一种外在的异己力量，对人们追求利益的行为产生影响。这种影响可能造成这样一种情况，即随着历史发展，不道德的、恶的行为可以发展成为道德的、善的行为，反之也一样。因此，人类历史的发展，并不以个别人的主观意志为转移，而是有着某种必然性，有其发展的大势。

3.“受命不在天，于其人；休符不在祥，于其仁”：否认以“天”和“神”主宰历史演变、朝代兴衰的神学史观

柳宗元还从社会发展必然之势的角度，批判了历代帝王受命于天或符命祥瑞等神学史观和君权神授的思想，提出人们的生存、社会的发展等需要是历史进步的重要动力。

柳宗元提出历史上王朝的兴起，其“受命不在天，于其人；休符不在祥，于其仁。惟人之仁，匪祥于天”[92]。就是说，历史上的天子和君王，他们之所以能够统治天下，并不是由某种神秘的天命决定的，而在于人的因素；天子之位的禅让，也取决于人之仁。人之仁重于天之祥瑞。

在不同的历史时期，有不同的社会制度及其表现形式。柳宗元认为，人类历史经历了蒙昧时期、封建制和郡县制等不同阶段。三个不同阶段，是社会生产和生活的不同水平导致的。当然，柳宗元对郡县制之后人类历史将如何发展的问题尚未展

开讨论，但他对以往人类历史发展规律的总结还是有价值的。他认为，国家的政治统治形式，如封建制、郡县制等，都是根据人类不同时期的社会生产和生活的方式来决定的。在生产力不发达的人类早期社会，人们的生存资料极其缺乏，有限的生存资料导致了人们为了生存而竞争，由此产生了君长与刑政，产生了封建制。随着社会历史的进一步发展，国家存在的基础有了改变，贤能之人居上，不肖之人居下，更能促进社会的发展。故而以世袭为特征的封建制就必然要为“贤者居上，不肖者居下”的郡县制所取代。在这个过程中，柳宗元从人们的生存、社会的发展等方面来阐释历史进步的原因。

柳宗元否认了以“天”和“神”主宰历史演变、朝代兴衰的神学史观，而强调了人事的重要。

> 夫天下之道，理安，斯得人者也。使贤者居上，不肖者居下，而后可以理安。[93]

天下治理得安定，使贤能之人居上位，不肖者居下位，这样就合于正常的道理，才可以得民心，可以使天下得到安定。所以，柳宗元认为：“圣人之道，不穷异以为神，不引天以为高，利于人，备于事，如斯而已矣。”[94]圣人治理天下的道理，就是不能追求神异、不能借助所谓上天之意来抬高自己，要时刻注意改善百姓的生活，对国家、社会发展中可能出现的问题做到有备无患。柳宗元以黄帝、尧、舜这些的“圣人”为例，认为他们之所以能够统治长久，是由于他们“非德不树”，以德化民，从而符合了社会发展的必然趋势。他认为，后代之兴，也只有顺应社会发展之势而行，才能得天下、得民心。

总之，柳宗元不把历史的决定因素看作某种神秘的天命，而是将之与人类的社会生产、生活紧密联系起来考虑。他否认神意是历史的最终基础和引导历史发展的最初动力，反对以某种神秘的、先验的历史发展图景来研究历史，而是回到历史中去寻求历史发展的真正原因。这种研究历史的方法无疑是有价值的。相对于将社会历史的发展与气候、土地、人口甚至地理环境相联系的观点，柳宗元的社会历史观还是把握住了问题的关键所在。他认为，历史发展的动力是人们求生存和发展的要求。因此，统治者的最佳统治就应该是“利于人而备于事”。对于如何理解社会历史的发展，柳宗元不以所谓“天命”，而是以各种社会关系和社会生产、生活方式来说明之。

应该说，在一定程度上，柳宗元有将人类物质生产方式纳入到考察历史发展过程的倾向。如他在考察封建制产生的过程时，就以原始的自然人生产力低下导致了生存资料的严重缺乏来说明这个问题，表现出了物质生产方式对历史发展产生影响的一些萌芽观点。又如，柳宗元认为，人的历史活动不能超越特定历史时期整个人类的社会物质生产方式，就好比封建制“非圣人意也”，但因其尚有存在的客观条件，故圣人也不能在这种情况下主观地废除封建制。他甚至表达了这样一种观点，即社会制度与道德观念均来自社会物质生产方式，并随之改变。柳宗元的历史发展观肯定人类历史是只能被历史地理解的存在，因为他相信历史是发展的，时代和社会的变化对历史会产生直接的影响。当然，柳宗元并未明确肯定物质资料的生产方式是决定人类社会和历史发展的根本性因素，因而他没有也不可能揭示社会历史发展的真正原因。

注释

1　董仲舒：《春秋繁露·三代改制质文》。

2　董仲舒：《春秋繁露·三代改制质文》。

3　《白虎通义·三正》。

4　董仲舒：《春秋繁露·三代改制质文》。

5　董仲舒：《春秋繁露·三代改制质文》。

6　《白虎通义·三正》。

7　董仲舒：《春秋繁露·三代改制质文》。

8　董仲舒：《春秋繁露·三代改制质文》。

9　董仲舒：《春秋繁露·玉杯》。

10 《白虎通义・三正》。

11 何休：《公羊传・桓公十一年注》卷二，《四部丛刊》本。

12 《董仲舒传》，《汉书》卷五十六。

13 《白虎通义・三教》。

14 董仲舒：《春秋繁露・三代改制质文》。

15 董仲舒：《春秋繁露・三代改制质文》。

16 《白虎通义・三正》。

17 董仲舒：《春秋繁露・基义》。

18 董仲舒：《春秋繁露・王道通三》。

19 董仲舒：《举贤良对策》，见《汉书・董仲舒传》。

20 董仲舒：《春秋繁露・深察名号》。

21 董仲舒：《春秋繁露・深察名号》。

22 董仲舒：《春秋繁露・实性》。

23 董仲舒：《春秋繁露・王道通三》。

24 董仲舒：《春秋繁露・灭国上》。

25 董仲舒：《春秋繁露・尧舜不擅移、汤武不专杀》。

26 董仲舒：《春秋繁露・深察名号》。

27 董仲舒：《春秋繁露・深察名号》。

28 董仲舒：《春秋繁露・王道通三》。

29 董仲舒：《举贤良对策》，见《汉书・董仲舒传》。

30 董仲舒：《春秋繁露・度制》。

31 董仲舒：《举贤良对策》，见《汉书・董仲舒传》。

32 董仲舒：《春秋繁露・楚庄王》。

33 董仲舒：《春秋繁露・楚庄王》。

34 董仲舒：《举贤良对策》，见《汉书・董仲舒传》。

35 董仲舒：《春秋繁露・精华》。

36 董仲舒：《春秋繁露・竹林》。

37 董仲舒：《春秋繁露・玉英》。

38 董仲舒：《春秋繁露・楚庄王》。

39 董仲舒：《春秋繁露・玉英》。

40 董仲舒：《春秋繁露·玉英》。

41 董仲舒：《春秋繁露·楚庄王》。

42 董仲舒：《举贤良对策》，见《汉书·董仲舒传》。

43 王充：《论衡·自然》。

44 王充：《论衡·自然》。

45 王充：《论衡·自然》。

46 王充：《论衡·自然》。

47 王充：《论衡·自然》。

48 王充：《论衡·自然》。

49 王充：《论衡·自然》。

50 王充：《论衡·齐世篇》。

51 王充：《论衡·宣汉篇》。

52 王充：《论衡·儒增篇》。

53 王充：《论衡·齐世篇》。

54 王充：《论衡·宣汉篇》。

55 王充：《论衡·讲瑞篇》。

56 王充：《论衡·恢国篇》。

57 王充：《论衡·宣汉篇》。

58 王充：《论衡·宣汉篇》。

59 王充：《论衡·宣汉篇》。

60 王充：《论衡·讲瑞篇》。

61 王充：《论衡·非韩篇》。

62 王充：《论衡·治期篇》。

63 王充；《论衡·治期篇》。

64 王充；《论衡·治期篇》。

65 王弼：《老子注》一章。

66 王弼：《老子注》三十八章。

67 王弼：《老子注》三十八章。

68 王弼；《老子注》三十八章。

69 王弼：《老子注》三十八章。

70 王弼：《老子指略》。

71 王弼：《老子指略》。

72 王弼：《老子指略》。

73 王弼：《老子注》三十八章。

74 王弼：《老子指略》。

75 王弼：《老子指略》。

76 王弼：《老子注》四十章。

77 柳宗元：《封建论》。

78 柳宗元：《封建论》。

79 柳宗元：《封建论》。

80 柳宗元：《封建论》。

81 柳宗元：《封建论》。

82 柳宗元：《封建论》。

83 柳宗元：《封建论》。

84 柳宗元：《封建论》。

85 柳宗元：《封建论》。

86 柳宗元：《封建论》。

87 柳宗元：《封建论》。

88 柳宗元：《封建论》。

89 柳宗元：《封建论》。

90 柳宗元：《封建论》。

91 柳宗元：《封建论》。

92 柳宗元：《贞符序》。

93 柳宗元：《封建论》。

94 柳宗元：《时令论上》。

第三章

宋明时期对历史因革、盛衰之本的哲学思考

一、宋明理学与历史哲学

宋明儒者力图从儒学经典中去探求一种大中至正之道，将之上升为最高的理性原则和文化精神，即所谓无道或天理，并以之来制约王权在世间所具有的至高无上地位，为经世济民提供理论指导，这是宋明理学兴盛的深层动因之一。他们希望通过对理想政治蓝图的描画来规正现实政治生活的发展道路，为此，他们对历史发展目标、社会历史的结构及其变迁、历史发展的动力与规律等历史哲学问题进行了深入探讨，从而形成了较为系统的历史哲学思想。从某种程度来说，宋明理学的兴盛得益于对历史哲学诸问题的探究。

1. 宋明理学兴盛的深层历史动因

宋明理学的兴盛要从北宋讲起。北宋的建立，虽然结束了唐后期及五代之乱，但在政治、经济、文化和社会生活等方面仍然面临许多难题。在政治方面，鉴于唐朝藩镇割据对皇权的冲击，宋初统治者倾向于建立高度集权的政治体制，以巩固自己的统治。在这种高度集权的专制政治体制之下，国家大政方针取决于君主的个人意志，国家政治生活缺乏应有的活力，并由此带来了种种问题，突出的就是各级政府行政办事效率低，人浮于事，官场死气沉沉，在其位不谋其政的现象比比皆是，出现了大量的所谓“冗官”和“冗员”。在经济和社会生活方面，虽然北宋时期的社会经济发展达到了世界同期的一个较高水平，但北宋政府维持着庞大的官僚、军队机构，加上向辽、西夏等进贡的贡物和岁币，使广大民众经济负担沉重，国家积贫积弱。在文化方面，如何对各种学术文化思潮做出合理定位，并在社会中确立一个主流的社会意识形态以兼顾全社会整体的最大利益，这些问题的出现是北宋儒学

发展和复兴的强大驱动力。

北宋儒学复兴，其直接的结果就是导致了宋明理学的建立与兴盛。宋明理学亦称新儒学，其所谓“新”，不仅表现在其理论体系较之以往更加完善、学术内涵更加丰富，而且更重要的是这一时期的儒学的主体精神和问题意识越来越明确。宋明儒者重点思考的问题包括：时代和社会亟待解决的问题是什么？应该通过怎样的方式去解决这些问题？儒学的真正精神是什么？在新的历史时期该如何去发扬光大这种精神？儒学如何在多元文化的交融中为自己定位？很多儒者越来越自觉地意识到上述问题，并努力对这些问题去加以探求和解决，这直接导致了理学在宋明时期的发展。

宋明儒者非常重视发挥传统儒家重视现实关怀、积极入世和济世的淑世精神。他们大都有一种强烈的责任感和忧患意识，如北宋名儒范仲淹在其著名的《岳阳楼记》中有一句名言：“先天下之忧而忧，后天下之乐而乐。”这可以说是这种精神的一个集中体现；张载“为天地立心，为生民立命，为往圣续绝学，为万世开太平”[1]的志向和抱负也印证了这种精神；而程颢、程颐兄弟也表现出了强烈的救世济民之志和现实关怀之情。程颐在十八岁时就给仁宗皇帝上书说：

> 臣请议天下之事。不识陛下以今天下为安乎？危乎？治乎？乱乎？乌可知危乱而不思救之之道！如曰安且治矣，则臣请明其未然。方今之势，诚何异于抱火厝之积薪之下而寝其上，火未及然，因谓之安者乎？《书》曰：“民为邦本，本固邦宁。”窃惟固本之道，在于安民；安民之道，在于足衣食。今天下民力匮竭，衣食不足，春耕而播，延息以待，一岁失望，便须流亡。以此而言，本未得为固也。[2]

这表达了他忧国忧民之心。程颢有《下山偶成》之诗，其云：“襟裾三日绝尘埃，欲上篮舆首重回。不是吾儒本经济，等闲争肯出山来？”[3]司马光通过编《资治通鉴》，希望统治者能以史为鉴，改善政治统治。其他如朱熹的“即物穷理”，陈亮、叶适的“事功之学”，王阳明的“知行合一”等说，都强调理学为现实社会服务的功能。可以说，宋明儒者中的绝大多数人都非常关注社会现实问题，他们注重从儒家“六经”及“史”中去探寻治国安民之道，以对现实政治制度和社会秩序进行检讨，探讨文明秩序、政治制度的合理模式。尽管在这个过程中，他们的具体政治见解各异，对国家大政方针有着差异相当大甚至根本相反的理解，但他们在这个过程中都发扬了儒家注重现实关怀、积极入世济世的淑世精神。他们研习儒学经典的目的，不仅是要对之进行文字的训诂和经义的训释，更要探求其中所蕴藏的大中至正之道，为经世济民提供理论指导。如程颐在《上仁宗皇帝书》中说：

> 臣所学者，天下大中之道也。圣人性之为圣人，贤者由之为贤者，尧、舜用之为尧、舜，仲尼述之为仲尼。其为道也至大，其行之也至易，三代以上，莫不由之。自秦而下，衰而不振；魏、晋之属，去之远甚；汉、唐小康，行之不醇。自古学之者众矣，而考其得者盖寡焉。[4]

程颐认为，天下存在一种“大中至正”之道，这种大中至正之道，圣因之而成圣，贤因之而成贤。此道亘古亘今，三代及其以上，秦汉、魏晋直到隋唐，历世都存在，在乎人之“由”与“不由”，大由则天下大治，小由则小康，不由则天下衰而不振。

那么，宋明儒者为什么要从儒学经典中去探求所谓的大中至正之道呢？历史上可能根本就不存在什么不变的大中至正之道，这不过是一种形而上学的假设，但这种假设在当时是非常有必要的。因为在封建专制体制下，王权在世间具有至高无上的地位，这种专制权力如果得不到合理约束，就可能泛滥成灾，给国家生活带来毁灭性后果。从汉代大儒董仲舒“屈民以伸君”“屈君以伸天”，以天人感应的神学灾异说来对封建王权进行某种程度的约束起，历代儒者都在这个问题上进行了思考。宋明儒者同样面临这个问题，作为处在国家权力金字塔顶端的君王在国家生活中总想贯彻自我的意志，以一己之志来统治社会，而儒者们则想通过树立一种更高的文化理想或理性原则来制约君王，达到一种权力的基本平衡，以维护社会的和谐与发展。他们要从儒学的经典中设定一种大中至正的圣王之道，这是一种最高的理性原则和文化精神，他们将之上升到天理和天道的高度，封建君主作为“天子”，要按天理天道行事，才能奉天承运，知晓天命，稳固自己的统治，而不能以一己之私意抗天命而行。宋明儒者通过阐释儒学经典来探求王道政治的理想蓝图，儒学也因之在宋明时期得到了新的发展。

2. 宋明理学中的历史哲学问题

宋明儒者推阐天道、天理的目的在于为现实建立合理政治体制确立理论的依据。他们希望能找到一种最高的政治理想，也即所谓的“王道”思想，并以之为指导，求得在现实中确立一种新的政治、社会制度和秩序，以解决国家和社会中存在的种种问题。他们一般从偏重于自然主义的天道和天理的角度论大中至正之道体，这是从形上的层面来论天道与天理；又从形下的现实社会生活的层面论天道与天理之具体落实，这更多地偏重于人文主义。[5]在这个过程中，有些儒者对天道关注多一点儿，有些儒者对人事关注多一点儿，而更多的儒者则是兼顾天道与人事来构建自己的思想体系，即一方面通过发挥儒学的经世致用功能，积极探索合理的、与时俱进的经世致用之道；另一方面，又要对这种经世致用之道进行理论提升，使之上升到天道的高度，既以形上之天道、天理来引领现实政治生活，达到神道设教、人文化成的治理实效，又以现实政治生活的内容不断补充天道或天理的内涵，使天道和天理不至于凝固、僵化，从而形成一种天道与人事之间的双向互动。

宋明儒者注重阐发传统儒家重现实关怀、济世利民的淑世精神，他们一方面肯定仁义礼智等封建道德规范的价值，肯定封建人文规范的合理性；另一方面也肯定宇宙天地造化的生生不息，肯定作为天地人“三才”之一的人可以因应宇宙天地自然造化生生不息的规律，不断创造符合天道的、日新月异的社会生活。因此，宋明理学具有深厚的历史文化意识，它肯定人类的、历史性的社会生活的合理性，认为不能采取摒弃现实生活，超出社会现实生活之外去寻求一个超越的彼岸天国，希望通过对理想政治蓝图的描画来规正现实政治生活的发展道路。为此，他们对理想社会的历史发展目标、社会历史的结构及其变迁、历史发展的动力与规律等历史哲学问题进行了深入探讨，从而形成了较为系统的历史哲学体系。

宋明理学探讨的历史哲学问题主要有：

第一，历史发展的理想目标问题：宋明儒者希望通过对历史的考察，探求一种最高的政治理想，亦即宋儒所热衷的“王道”思想，或所谓的“大中至正”之道，来确立一种新的政治、社会制度和秩序，改变国家和社会的面貌。

宋明理学要为现实的政治变革提供理想的政治蓝图。这种政治蓝图的具体内容在不同的思想家那里虽各有不同，但他们都认为它是社会历史发展应该趋赴的目标。为此，他们重点对理想社会蓝图进行了描画。一些儒者，如邵雍、程颐、朱熹等把理想社会上溯到“三代”或三代以上，认为这一时期是历史发展的理想时期，人类社会发展的理想目标就是复归到“三代”或三代以上的理想社会中去。

宋明儒者以“三代”及其以上的人类社会为理想社会的历史观，通常被看成是一种退化的历史观，理由是处于人类历史早期的“三代”既然是最理想的社会，其后一代不如一代，岂不是一种历史的退化？我们认为，宋明儒者所谓的“三代”，是对历史上存在过的“三代”的理想化，“三代”这个概念实际上是一个理想社会的蓝图。这种理想社会的提出，目的在于为改造现实提供一种理想的方案和目标，正好指明了社会历史“发展”和“进步”的方向，貌似退化的历史观念实际上却表达了一种历史进步的观念。

应该说，对古代文化的敬仰不等于复古主义，正如欧洲历史上的文艺复兴运动，在这个过程中，通常对古代的文化和文明只不过是借用其外壳，在古代文化、文明的外壳之内所包含的大多是符合当时时代和社会发展要求的文化内容和精神。一种代表时代和社会发展方向的理想文化采取了古代文化和文明的形式和外壳，这不能被视作退步，而是进步。宋明儒者对“三代”理想社会观念的提出正好为北宋社会的发展提供了理想和目标，这不能被视为落后的、退步的历史发展观。

第二，历史结构及其变迁问题：宋明儒者在对理想社会进行描画的过程中，还对人类历史结构及其变迁的问题进行了讨论。李觏以《周易》六十四卦的每一卦为一时，认为北宋正处泰卦之时，为历史发展的最好时期，但泰之极，则可能城复于隍，虽然形势很好，却也有倾覆的危险。与李觏不同，石介认为北宋所处的时代以《周易》论为大过卦栋桡之时，是救乱之时，每个人都要有以天下为己任的使命感，使社会发展的航船驶向理想的目标。邵雍提出人类社会历史发展“皇、帝、王、伯”四阶段论的思想。其中，“皇、帝、王、伯”属人类文明社会发展的阶段；在文明社会之外，则为夷狄，夷狄虽属人类社会，但还没有达到文明社会的程度；夷狄之下则为禽兽，指的是人类所处的还未开化的野蛮状态。程颐提出人类历史发展“官天下”与“家天下”的不同。

> 大抵五帝官天下，故择一人贤于天下者而授之。三王家天下，遂以与子。论其至理，治天下者，当得天下最贤者一人，加诸众人之上，则是至公之法。后世既难得人而争夺兴，故以与子。与子虽是私，亦天下之公法，但守法者有私心耳。[6]

第三，历史发展的规律问题：宋明儒者一般都认为历史的发展有其规律。一些学者认为，自然界和人类社会的历史发展都有一种既定的规律，如刘牧认为：

> 天地养万物，以静为心，不为而物自为，不生而物自生，寂然不动，此乾坤之心也。……圣人之无心，与天地一者也，以物为之心也，何己心之往哉！[7]

也有一些学者认为人类的历史并不是不以人的意志为转移的自然史的过程，而是人们围绕着儒家价值本体进行自由选择的过程。如李觏主张“吉凶由人”，石介主张“夫天生时，圣人乘时，君子治时”，认为历史发展是有规律的，人们可以认识这种规律，从而可以主动选择自己的历史。还有一些学者认为历史有其本身的发展大势，但人在这种发展大势面前亦可以有所作为。如邵雍认为，易道即治道，君子道长、小人道消为太平治世；反之，小人道长、君子道消则为衰世乱世。统治者近君子、远小人是达致太平治世的重要途径。程颐认为历史盛衰之理很复杂，但历史有一种运命，对于这种运命，人是可以有所掌握并有所作为的。宋明儒者一般都认为人类历史发展有其大势，通其变而顺其势，人类就可以成为历史的主人。

历史的发展是有规律的，要从历史的变化中去探求此规律的存在。掌握了历史发展的规律，就能不为具体的历史事件所迷惑，为恢复王道政治奠定基础。宋明儒学的政治理想以复现“三代”王道政治为目标。宋明儒者一般对此都有着强烈的信念。如程颐认为：“王道之不行二千年矣。后之愚者，皆云时异事变，不可复行，此则无知之深也。”[8]历史虽然发生了变化，但“王道”的精神是历世不变的。圣人治理国家，有所道，有所迹。道是圣人之意，迹是意之表现。后世统治者要得圣人之意而为之，不能只效法圣人治世之迹。时移世异，情况变化了，圣人的一些具体事迹已经不适合于后世的具体情况了，此时，就要原圣人治世之意，取意而不取迹。

> 必井田，必封建，必肉刑，非圣人之道也。善治者，放井田而行之而民不病，放封建而使之而民不劳，放肉刑而用之而民不怨。故善学者，得圣人之意而不取其迹也。迹也者，圣人因一时之利而制之也。[9]

“王道”模式的合理性既在于某种具体的政治体制，更在于其符合天道性命之理。

有一种观点认为，历史所关注的只是事件的独特性和个别性，只有这种独特性和个别性才能构成历史，如果事件总是重复发生，这就无所谓历史了，因为事件虽然重复发生着，但却没有变化与发展，这种自身同一性不能构成历史。宋明儒者的历史哲学观不同于此，他们一方面要论证人类社会历史发展存在一个大中至正之理；另一方面又要论证此大中至正之理的实现是有一个历史过程的，即在不同的历史时期和不同的时代社会背景之下，大中至正之理的实现方式是不同的。大中至正之理虽然是不变的，但体现此理的历史却是变化的。在这种变化中，人类可以一次次地达到历史的理想状态。普遍性与个别存在并不是互相排斥的，而是有机地统一在一起的。历史事件本身是特殊性与普遍性的统一，变中有不变，不变中有变。历史既是发展的，又具有普遍性，这就为历史成为哲学和哲学融入历史提供了可能性，历史哲学就有了其存在的最基本条件。

第四，历史发展的动力问题：宋明儒者一般从阴阳的对待、流行中去探寻历史发展的动力问题。如程颐提出“理必有对待，生生之本”的观点，认为阴阳的矛盾对立是历史发展的动力。历史的发展不是循环，而是复演，历史的每一次复演，其前提和基础较以前都会有很大的不同。人类历史的发展并不是安排好的，人自己可以决定自己的命运。虽然程颐用理来说明历史的发展，但他更强调人自身活动对历史的意义，历史不是既定的一种理性设计，历史仍然是一种创造性的活动。他虽然强调历史的普遍性，但也给人类的历史性活动留有余地。欧阳修提出“物极而必反”的命题，认为“物极则反，数穷则变，天道之常也”，事物发展到极点必然向其相反的方向发展。邵雍则以“一分为二”的法则解释天地万物的变化与发展，太极“分阴分阳，迭用柔刚”，生成万物。张载提出“一物两体”，解释何为太极，实则对天地演化和人类历史发展的原则进行了阐释。

总之，宋明理学中涉及很多历史哲学的问题。这些历史哲学问题和当时的时代精神是紧密相连的，宋明儒者对于历史的解读，重在通过对历史事件的考察，得出关于社会发展的内在精神，对历史事件的引用和描述，是要在历史的事件中发现理的存在。在他们看来，社会之所以未能摆脱种种弊病，就是因为人们不了解理想社会的存在模式及其原理，他们想通过自己的艰苦理论探索，为社会发展找到一个理想的发展模式。他们虽然并没有建立一种历史哲学的自觉意识，但他们研究历史与社会，力求寻找到一个理想社会存在与发展的模式，在这个过程中，他们不自觉地将中国历史哲学的研究推进到了一个新的阶段。

二、邵雍的历史哲学思想

邵雍（1011—1077），字尧夫，北宋时期著名理学家，北宋五子之一。从学术传承来看，邵雍之学，得于李之才，并可上溯到道教学者陈抟。但通过“探赜索隐，妙悟神契”，其学术多有创新而自成体系。

邵雍的著述主要有《皇极经世》《伊川击壤集》《渔樵问答》等。所谓“皇极经世”，即按伏羲等三皇所立的至高法则，来观察和推测人类历史的变化以御世。[10]邵雍在此书中，以阴阳消长的方式探讨了宇宙自然和人类历史发展的轨迹，并希望通过阐明“三皇之道”，为人类历史规划一幅理想的发展蓝图。邵雍另著有

《伊川击壤集》。此书认为，天下有大义，宇宙间有至理，识此“至理”和“大义”，人们就可以在“观物”中“体道”而“得乐”。两书都表达了丰富的历史哲学思想。

邵雍主要对宇宙自然和人类社会历史发展动力、历史本体、历史发展规律、历史发展阶段等历史哲学问题进行了深入探讨。

1.“分阴分阳，迭用柔刚”：论宇宙自然和人类历史发展的动力

邵雍认为，世界是一个不断展开的，其内在的驱动力就是事物内部所存在的阴阳对立。阴阳对立导致整个世界呈现出不断发展的特征，不同事物所存在的阴阳不同比例的组合使事物的性质各异，阴阳的不断分裂、组合使事物的存在呈现出历史性和流变性。

邵雍易学中“伏羲先天八卦”和“伏羲先天六十四卦”的次序图，旨在说明《周易》八卦和六十四卦的生成过程。邵雍说：

> 太极既分，两仪立矣。阳下交于阴，阴上交于阳，四象生矣。阳交于阴，阴交于阳，而生天之四象。刚交于柔，柔交于刚，而生地之四象。于是八卦成矣。八卦相错，然后万物生焉。是故一分为二,二分为四,四分为八,八分为十六,十六分为三十二,三十二分为六十四。故曰：分阴分阳，迭用柔刚，易六位而成章也。十分为百,百分为千,千分为万，犹根之有干，干之有枝，枝之有叶，愈大则愈少，愈细则愈繁，合之斯为一，衍之斯为万。[11]

邵雍“先天八卦次序图”所表达的意思是，由太极而生阴阳两仪，由阴阳两仪相互作用，而成阴、阳、刚、柔（或谓太阴、太阳、少阴、少阳）四象；四象相互作用而成八卦，即乾一、兑二、离三、震四、巽五、坎六、艮七、坤八。在八卦次序图的基础上，每卦各生一阴一阳而为四画者共十六；于四画之上各生一奇一偶而为五画者三十有二；于五画之上再各生一奇一偶而为六画者共六十四卦，这就形成了《周易》的六十四卦次序图。

伏羲八卦和伏羲六十四卦次序图是邵雍易学对《周易》八卦与六十四卦生成的

一个说明。从理论上来说，由太极到八卦乃至六十四卦的生成，不过是“一分为二，二分为四,四分为八,八分为十六,十六分为三十二,三十二分为六十四”。由此出发，还能“十分为百,百分为千,千分为万”，就好比大树由根而生发树干，树干之上又生发树枝，树枝之上又生长有百千万片树叶。这种过程是太极内部阴阳相互作用的结果。不管多么复杂的现象，都可以归结为阴阳的相互作用。

根据《周易》“分阴分阳，迭用柔刚”这种“一分为二,二分为四”的原理，邵雍对宇宙自然和天地万物的历史及其形成做了说明。宇宙自然的历史发展，就其原理而言，与太极生成八卦和六十四卦之理是相同的。太极生天地，天有阴阳，地有柔刚；天之阴阳、地之柔刚合为四象，阴阳刚柔四象相互作用，生成万物。邵雍说：

> 天生于动者也，地生于静者也。一动一静交，而天地之道尽之矣。动之始，则阳生焉；动之极，则阴生焉。一阴一阳交，而天之用尽之矣。静之始，则柔生焉；静之极，则刚生焉。一柔一刚交，而地之用尽之矣。动之大者，谓之太阳；动之小者，谓之少阳；静之大者，谓之太阴；静之小者，谓之少阴。太阳为日，太阴为月，少阳为星，少阴为辰。日、月、星、辰交，而天之体尽之矣。静之大者，谓之太柔；静之小者，谓之少柔；动之大者，谓之太刚；动之小者，谓之少刚。太柔为水，太刚为火，少柔为土，少刚为石。水、火、土、石交，而地之体尽之矣。日为暑，月为寒，星为昼，辰为夜。暑、寒、昼、夜交，而天之变尽之矣。水为雨，火为风，土为露，石为雷。雨、风、露、雷交，而地之化尽之矣。暑变物之性，寒变物之情，昼变物之形，夜变物之体。性、情、形、体交，而动植之感尽之矣。雨化物之走，风化物之飞，露化物之草，雷化物之木。走、飞、草、木交，而动植之应尽之矣。[12]

天地是至大之物。天生于太极之动，地产于太极之静，一动一静而天地之道尽于此。天之阴阳相互作用而成春夏秋冬四时，地之刚柔相互作用而成东南西北四维。天之体，日、月、星、辰可以尽之。地之体，水、火、土、石可以尽之。天之日月星辰相互作用生成暑寒昼夜，地之水火土石相互作用生成雨风露雷。天之寒暑昼夜变化生成万物之性情形体，地之雨风露雷变化生成万物之走飞草木，天生之性、情、形、体与地产之走、飞、草、木交互作用，相互感应变化，生成动植物。各种动植物有不同的存在形式，但不管它们之间差别有多大，究其实却不过是天地阴阳刚柔交互作用的结果。太极内部阴阳之间的对待、流行，生成了宇宙自然和万物。

在分析了天地万物的化生过程之后，邵雍进一步认为，人也是在天地阴阳刚柔的交互作用下形成的。邵雍认为：

> 人体必交而后生。故阳与刚交而生心肺，阳与柔交而生肝胆，柔与阴交而生肾与膀胱，刚与阴交而生脾胃。心生目，胆生耳，脾生鼻，肾生口，肺生骨，肝生肉，胃生髓，膀胱生血。故乾为心，兑为脾，离为胆，震为肾，坤为血，艮为肉，坎为髓，巽为骨，泰为目，中孚为鼻，既济为耳，颐为口，大过为肺，未济为胃，小过为肝，否为膀胱。[13]

人体也是天地阴阳刚柔作用的结果，和《周易》卦象可以对应起来。正如阴阳消长是宇宙天地自然更替的原因一样，在人类社会的历史发展中，利与义就正好是阴阳的体现。在一个社会中，从统治者到民众都趋利而不趋义，则社会发展就呈现出下降的趋势；相反，如果社会从上到下都趋义而不趋利，则社会发展就呈现上升的趋势。人类社会的变化也是阴阳作用的结果。在《观物吟》中，邵雍说："利轻则义重，利重则义轻。利不能胜义，自然多至诚。义不能胜利，自然多忿争。"[14]自然中阴阳的消长带来了春夏秋冬一年四季的变化，人类社会对义利的不同追求，也带来了社会历史不同形态的推移。

通过对伏羲先天八卦和先天六十四卦次序图的阐发，邵雍一方面表达了自己对《周易》八卦和六十四卦生成过程的看法，另一方面也用一种抽象的易学象数理论形式对世界万物和人类社会的历史形成及发展做了说明。《周易》"分阴分阳，迭用柔刚"的原则也被邵雍理解为太极之道"一分为二，二分为四"的无限裂变过程，成为宇宙自然和人类社会无限发展的动力和源泉。邵雍以事物内部阴阳对立的不断深化来说明宇宙和人类社会的发展历程，展示了一幅宇宙自然和人类社会发展的图景。宇宙自然和人类社会都基于阴阳的对立以一种发散的过程自由地展开。在太极不断展开的过程中，宇宙自然和人类社会的历史便产生了。这种太极生成万物的过程是一种无限的扩散，这种无限扩散之所以可能，就是缘于其内部所存在的阴阳对立，阴阳对立中复有阴阳对立，阴阳对立的不断深入，使世界处于不断的流变过程中。因此，无论天地万物和人类社会等的存在形式有多么复杂，其演变的基本方式离不开天地阴阳刚柔的相互作用。天地万物和人因所赋阴阳之多寡而性情形体各异，因之才使天地万物和人类社会具有了历史性与发展感。

2.“皇帝王伯”与“元会运世”：论历史发展的阶段和过程

邵雍认为，不同时期圣人立法的差异反映出社会历史发展的不同形态。他认为人类历史的发展史是一种政治形态的推移史，是皇、帝、王、伯乃至夷狄等这些政治统治形态的过渡史。邵雍说：

> 善化天下者，止于尽道而已；善教天下者，止于尽德而已；善劝天下者，止于尽功而已；善率天下者，止于尽力而已。以道、德、功、力为化者，乃谓之皇矣；以道、德、功、力为教者，乃谓之帝矣；以道、德、功、力为劝者，乃谓之王矣；以道、德、功、力为率者，乃谓之伯矣。[15]

人类社会的发展有皇、帝、王、伯四个主要阶段，其中，三皇时代以道化民；五帝时代以德教民；三王时代以功劝民；五伯时代以力率民。人类历史的发展形态主要取决于统治者以道、德、功、力来化、教、劝、率天下等的不同形式。

邵雍对人类历史发展的四个主要阶段进行了考察，认为人类社会由三皇、五帝，至于三王、五伯的发展，与自然界一样体现出了生、长、收、藏的运行规律。三皇时代，统治者“以道化民”。这一时期的社会特点有如老子所说：“我无为而民自化，我无事而民自富，我好静而民自正，我无欲而民自朴。”显然，这是人类历史发展的一种理想的社会形态。邵雍说：

以道化民者，民亦以道归之，故尚自然。夫自然者，无为无有之谓也。无为者，非不为也，不固为者也，故能广。无有者，非不有也，不固有者也，故能大。广大悉备，而不固为固有者，其唯三皇乎。是故知能以道化天下者，天下亦以道归焉。所以圣人有言曰：我无为而民自化，我无事而民自富，我好静而民自正，我无欲而民自朴。其斯之谓欤？[16]

三皇所处的历史阶段，统治者以道化天下，天下亦以道归之，崇尚“自然”。邵雍在这里将老子关于道体的自然、无为与《易》的变易相结合，来说明道体的广大悉备、变化莫测。道之自然也可以称为“无为”“无有”。所谓“无为”，邵雍认为非不为也，乃不固为也，不固为才能有变化、发展，人类历史的内涵才能不断得到丰富，才能“广”。所谓“无有”，邵雍认为非不有也，乃不固有也，不有则不能生，不固有才能生生不息，才能“大”。相反，“固为”“固有”则没有变化。老子关于道体的自然无为、无有被邵雍解释为非不为、非不有，乃“不固为”“不固有”，而道的这种“不固为”“不固有”的异化性，也就论证了历史是生成的、展开的过程，而不是一成不变的。邵雍认为，“三皇”时期“以道化民，天下亦以道归之”，圣人作《周易》以赞之。

五帝时代，统治者“以德教民”。邵雍说：

以德教民者，民亦以德归之，故尚让。夫让也者，先人后己之谓也。以天下授人而不为轻，若素无之也。受人之天下而不为重，若素有之也。若素无素有者，谓不己无己有之也。若己无己有，则举一毛以取与于人，犹有贪鄙之心生焉，而况天下者乎？能知其天下之天下非己之天下者，其唯五帝乎？是故知能以德教天下者，天下亦以德归焉。所以圣人有言曰：垂衣裳而天下治。盖取诸乾坤，其斯之谓欤？[17]

“五帝”时期人们重“德”、尚“让”，先人后己，不计较己无己有，无贪鄙之心，故在这个时代出现了“以天下授人而不为轻”“受人之天下而不为重”的尧、舜、禹之禅让，统治者知天下非一己所有，故能以天下授人而不为轻，受人之天下亦不为重。这是“天下为公”的时代，没有“己无己有”的私有观念，统治者以德教民，民亦以德归之。故可以“垂衣裳而天下治”。邵雍认为，相比于三皇时代“以道化民”、重“自然”而言，五帝“以德教民”、尚“礼让”的历史形态则等而次之。邵雍认为,《尚书》体现出了圣人此意。

人类历史发展的第三个阶段是三王时期。这一时期的特征是统治者“以功劝民”，重“功”、尚“政”。邵雍说：

> 以功劝民者，民亦以功归之，故尚政。夫政也者，正也。以正正夫不正之谓也。天下之正，莫如利民焉。天下之不正，莫如害民焉。能利民者正，则谓之曰王矣。能害民者不正，则谓之曰贼矣。以利除害，安有去王耶。以王去贼，安有弑君耶。是故知王者，正也。能以功正天下之不正者，天下亦以功归焉。所以圣人有言曰：天地革而四时成焉。汤武革命，顺乎天而应乎人，其斯之谓欤？[18]

邵雍认为，训政为正，正为利民，三王之所以称为王，就在于他们能利民，能利民者为正，并可以称为王。相反，害民者为不正，谓之为贼。为利民而除去害民者，不是“去”王、弑君。王者之所以为王，乃在于他们能以功利天下，正天下之不正，故天下百姓亦以功归之，称为王。所以，邵雍赞成“天地革而四时成焉，汤武革命，顺乎天而应乎人”，认为三王都是顺天应人、兴天下之利、除天下之害的王者。“以功劝民”是三王统治时期的基本特征。圣人以《诗经》喻之。

人类历史发展的第四个阶段是五伯时期的“以力率民”。这一时期重“力”、尚“争”，以力争利，取利不以义。邵雍说：

> 以为率民者，民亦以力归之，故尚争。夫争也者，争夫利者也。取以利不以义，然后谓之争。小争交以言，大争交以兵。争夫强弱者也。犹借夫名也者，谓之曲直。名也者，命物正事之称也。利也者，养人成务之具也。名不以仁，

无以守业。利不以义，无以居功。利不以功居，名不以业守，则乱矣。民所以必争之也。[19]

“以力率民”必尚争，争的手段或以言，或以兵，以强弱来定胜负。这一时期的各种争利行为也还借重于“名”，名本来是用来“命物正事”的手段，但求名不以仁，则名不正。利乃“养人成务”的工具，但取利不以义，则利不正。由此，“利不以功居，名不以业守，则乱矣”[20]。对于五伯所处的时代，邵雍以“眇能视，跛能履，履虎尾，咥人凶，武人为于大君”来形容之，认为天下处于很危险的境地。五伯时期，圣人作《春秋》讽世，表明大道已“藏”而不显。五伯以力率民，力不足则沦为夷狄，由夷狄而至于禽兽，则人类文明衰落了。

朱伯崑先生说：“邵雍依据六十四卦圆图，又制订了一个历史年表，说明人类历史演变过程，进而说明宇宙历史演变的过程。此年表称之为皇极经世图。”[21]“皇极经世图”认为天地有终始之数，此终始之数代表的是宇宙发展的一个周期。一个周期结束之后，又会有新的天地产生，从而又开始宇宙发展的另一个新的周期，如此循环发展，无穷无尽。邵雍在《皇极经世》中，以天运一个周期的发展对此进行了说明。他说：

日经天之元，月经天之会，星经天之运，辰经天之世。以日经日，则元之元可知之矣。以日经月，则元之会可知之矣。以日经星，则元之运可知之矣。以日经辰，则元之世可知之矣。以月经日，则会之元可知之矣。以月经月，则会之会可知之矣。以月经星，则会之远可知之矣。以月经辰，则会之世可知之矣。以星经日，则运之元可知之矣。以星经月，则运之会可知之矣。以星经星，则运之远可知之矣。以星经辰，则运之世可知之矣。[22]

元、会、运、世在邵雍的《皇极经世》中是计算时间的单位，具体为一元有十二会，一会有三十运，一运有十二世，一世为三十年。因为按照中国古代历法，时间的基本单位是时辰，然后是日、月和年；十二个时辰为一天，三十天为一月，十二个月为一年。天之象为日、月、星、辰，天运的一个周期也就是以元、会、运、世为时间单位来计算日、月、星、辰运行的时间历程。在天运的一个周期中所经历的时间历程，以日为单位，则依次为日经日为元之元，日经月为元之会，日经星为元之运，日经辰为元之世；以月为单位，则依次为月经日为会之元，月经月为会之会，月经星为会之运，月经辰为会之世；以星为单位，则依次为星经日为运之元，星经月为运之会，星经星为运之运，星经辰为运之世；以辰为单位，则依次为辰经日为世之元，辰经月为世之会，辰经星为世之运，辰经辰为世之世。在邵雍看来，这就完成了天运的一个周期。朱伯崑先生《易学哲学史》还引邵雍之子邵伯温的解释，认为天运的一个周期只代表天之数，天之数外还有地之数，合天地之数，才可以算是完成了天地终始的一个周期。地之数以岁、月、日、时（辰）为象征，如上之法再配以元、会、运、世去进行计算，一直到时（辰）之辰，得天地终始之数，才为宇宙一个周期时间的结束。邵雍认为，人类社会与自然宇宙都是大道的产物，这种形而上的道体是统摄一切的。先验的历史发展图式是存在的，历史的行为和活动可以被纳入这种先验的图式中，所以，静态的、单纯的历史事件都成为创造性的生成过程的一个组成部分，从而具有了历史性。历史因为受一个绝对本体的主宰而具有了某种普遍性，但这种普遍性的存在并不意味着历史是重复的，重复出现的只是理，呈现此理的历史事件则是各异的。

邵雍关于皇、帝、王、伯等政治统治形态推移的思想，其核心内容是人性和道德善恶的问题。统治者的人性、道德善恶观念的变化，导致其政治统治方式的变化，从而导致民情、民风的变化，这种变化带来了历史的推移和演变。人类社会的道德善恶观念的变化亦遵循阴阳消长的规律，善与恶的阴阳消长形成人类社会皇、帝、王、伯政治形态的更迭。邵雍把人性和道德善恶问题作为历史哲学的重要问题。他认为，统治者要尚义不尚利，以至善之心待天下之民。尚义不仅是一种行为，也是一种心性修养。对于尚义，邵雍认为，言之于口不若行之于身，行之于身不苦尽之于心。圣人善事于心，所以能立于无过之地。由对外在言行的自我约束，过渡到加强自我内在心性的修养，这是儒家心性哲学的重要特征。由此出发，在政治统治中，邵雍认为，统治者要强调德而不是力，要强调王道而不是霸道。以力胜人，人亦以力胜之，这是规律。不顾德义，只凭力来胜人，这不是人道，而是把人降到了与动物同等的水平。在这一点上，邵雍认为，历史给人们提供了很多借鉴。历史上的一些政权旋起旋灭，原因就在于不施道德而企图以力来解决一切问题。如秦统治的暴虐，使天下之民不堪忍受，刘邦和张良才有可能起而将秦的统治推翻。假设秦的统治没有那么暴虐，民心还是向秦的，则历史上即使有十个刘邦、百个张良，也不能奈秦何。

邵雍强调统治者要修德爱民，反对他们仅从一己之私利出发来对待天下人，天下应该是天下人的天下，“王”与天下的关系，不是以天下来奉“王”，而是要以“王”来奉天下。要以民为本，时刻关心民之生计。邵雍在其《秋怀三十六首》中有云：“国命在乎民，民命在乎食。圣人虽复生，斯言固不易。”[23]国家的命运和百姓的命运是紧密相连的。邵雍虽然也承认有天命，但邵雍认为天命并不是不可更改的，因为天命在某种程度上也就是民命，是由惠民、怀民、积功累行而来的。“天命亦未始不由积功累行。圣君艰难以成之，庸君暴虐以坏之。是天欤？是人欤？”[24]就好比历史上的一些圣贤之君艰难创业，国基由此而创，而庸君的暴虐之行直接导致了江山易主。这到底是由于天命，还是由于人为？应该说，这主要是由人为造成的。邵雍认为，听天命必须在尽人事的基础上，才是合理的。夏禹以功有天下，夏桀以虐失天下。殷汤以功有天下，殷纣以虐失天下。周武以功有天下，周幽以虐失天下。三者虽时不同，其成败之势则一。所以，天命非“常”而不变，统治者只有修己之德才能顺天应人。

邵雍区分皇、帝、王、伯四个历史阶段，就其实质而言，根据的是不同社会历史时期统治者不同的道德伦理观念。在邵雍看来，划分人类历史发展阶段的理论依据、推动人类历史发展的深层动因等这些问题都可以和人性、道德善恶问题联系在一起。统治者是否能做到内修己德，外施仁政，将直接影响到社会历史的进程和发展。对人类历史发展阶段做出评判的标准在于人类走向道德完善的不同程度，这也是一种阴阳的消长，遵循与伏羲先天八卦图、六十四卦圆图等卦气说所表现的相同或相似的阴阳消长发展规律。因此，邵雍在对历史发展阶段的理解中，始终贯穿了他独特的价值观和道德形而上学的信念。程颢曾称邵雍之学为内圣外王之学，部分原因也在于此。

3.“显诸仁，藏诸用”：论历史的形上理体

邵雍易学“一分为二,二分为四”的思想认为在阴阳分裂的过程中，每一种既存的分裂形式都包含已往的属性，同时又在分裂中获得了新的属性。先在的部分在分裂之后，并不是不存在了，而是以一种属性的方式仍然存在于后续的分裂形式中。所以，这种分裂是一种延续，而不是一种中断。因此，它既是一，也是多，一是指其中的统一性，多是指它在分裂过程中所具有的差异性和创造性。宇宙天地万物和人类社会虽然变化万端，但都是阴阳作用的结果，终极的原因则是太极，这是历史万殊变异中的普遍性。因此，历史发展过程尽管复杂多变，但其中有最基本的因素存在，这就是贯穿于宇宙天地和人类社会历史发展过程中普遍的形上理体。这种历史的形上理体“显诸仁“而“藏诸用”，是宇宙自然和人类历史发展的所以然者。邵雍说：

> 一阴一阳之谓道，道无声无形，不可得而见者也。故假道路之道而为名，人之有行必由乎道。一阴一阳，天地之道也。物由是而生，由是而成者也。[25]
>
> 事无大小，皆有道在其间。能安分则谓之道，不能安分谓之非道。显诸仁者，天地生万物之功，则人可得而见也。所以造万物则人不可得而见，是藏诸用也。[26]

道非滞于一方而有定体，道本无体，假象以见体，这就是“显诸仁”；道为主宰，万物行必由乎道，事无大小、巨细，皆有道在其中起作用，这就是“藏诸用”。道有“显诸仁”的方面，这就体现在“天地生万物之功”方面；道也有“藏诸用”的地方，这就体现在“造万物而人不可得而见”方面。道先天而“显诸仁”，后天而“藏诸用”，先天与后天，有无与死生，都有“道”一以贯之。宇宙自然和人类社会的历史展开，不过是对道的接近和背离。在“道”或“理”的作用下，自然和人类的历史才成为了可能。

形上之道通过“分阴分阳，迭用柔刚”，形成了宇宙自然和人类社会的历史，这种历史的展开是形上之道的呈现。人类不同的社会历史形态和历史事件背后所反映的是普遍的、一般的精神。邵雍说：

> 三皇同意而异化，五帝同言而异教，三王同象而异功，五伯同数而异率。三皇同仁而异化，五帝同礼而异教，三王同义而异劝，五伯同智而异率。三皇同性而异化，五帝同情而异教，三王同形而异劝，五伯同体而异率。三皇同圣而异化，五帝同贤而异教，三王同才而异劝，五伯同术而异率。[27]

人类历史发展有皇、帝、王、伯四个阶段，其中存在着阴阳的消长，所以有“异化”“异教”“异功”“异率”的存在，历史因此就成为可能。同时，历史发展中又有“同意”“同言”“同象”“同数”“同仁”“同礼”“同义”“同智”“同性”“同情”“同形”“同体”等现象存在，历史的发展就有了同一性。就人类历史发展而言，邵雍认为，从古至今，统治者君临天下有四种方式，一为正命，二为受命，三为改命，四为摄命。这四种方式中，都有“道”一以贯通。他说：

> 自古当世之君天下者，其命有四焉：一曰正命，二曰受命，三曰改命，四曰摄命。正命者，因而因者也；受命者，因而革者也；改命者，革而因者也；摄命者，革而革者也。因而因者，长而长者也；因而革者，长而消者也；革而因者，消而长者也；革而革者，消而消者也。[28]

正命是指“因而因者”，也就是不变者；受命是指“因而革者”，因中有革，不如因那么纯粹，也就是在不变的“因”中产生出了“革”这种变化的可能性；改命是指“革而因者”，改命的主要基调是改，但更改又不是随意的，改革要遵循一定的原则，这就是道；摄命则是“革而革者”，是纯粹的更改，彻底革去不符合道的方面。所以，因而因的正命要求“长而长”，这是一种理想的状态，是与道的合真；因而革的受命要求“长而消”，作为因的因素占据主导地位，但也出现了该革除的方面，但这种该革除的方面只居于从属的地位，所以长其所长，消其所消；革而因的改命，则是革与消的因素占据了主导地位，通过对其更革，重新复归于道；革而革的摄命则是纯粹的变革时期，道隐暗不明，需要将社会中不合于道的因素全革去。革而革，相当于五伯（霸）之道。革中有因，是历史发展中的改革阶段，这是十世的事业，相当于三王之道。在因而革的情况下，因的因素占据了主导的地位，革的因素处于从属的地位，相当于历史发展中的改良阶段，这是百世的事业，相当于五帝之道。在因而因的情况下，与道处于合真的状态，相当于人道对天道的符合，这是千世的事业，相当于三皇之道。正命、受命、改命、摄命，其因革不同，阴阳消长各异，故呈现出不同的存在形式，但都以道为准则，因是因循此道，革是革去不合于道的因素。所以，邵雍提出了历史的同一性和变异性的问题，认为历史的同一性是变异的基础，在变异中显现出历史的同一性。

对于历史的同一性，邵雍以孔子之道为代表。他说：

> 千世之事业者，非三皇之道而何？万世之事业者，非仲尼之道而何？是知皇、帝、王、伯者，命世之谓也。仲尼者，不世之谓也。仲尼曰：殷因于夏礼，所损益可知也；周因于殷礼，所损益可知也；其或继周者，虽百世，可知也。如是，则何止于百世而已哉，亿千万世皆可得而知之也。[29]

邵雍认为，在人类社会的历史发展中，有命世之变化者，如皇、帝、王、伯；也有历世之不变化者，如仲尼之道。孔子虽生于三皇之后，但其道最为圆融和恒久，它可以因则因，可以革则革，具有最广泛的适应性，故为万世之事业。邵雍的历史哲学不仅仅关注这些表面的、业已生成的政治形态的推移，同时也深入到这些现象的背后，去探求人类历史发展乃至自然宇宙演化的决定性因素，希望通过对某种具体历史现象的考察，发现存在于其背后的起主宰作用的更为根本的道。在邵雍看来，以孔子之道观察人类历史发展，不仅可以认识百世，甚至亿万世也都是可以认识的。孔子之道是宇宙自然和人类社会历史发展的本体。

世界就是变化，变化就是历史。在邵雍看来，历史变化的背后有道起着主宰和支配的作用。道无声无形，不可得而见，在变化中体现自己神妙莫测的作用，显示自己的存在。人类历史发展中，不仅存在不同的、个别的历史事件，还有相近的、相似的普遍的历史之道。这种历史之道是历史的“一般”，它具有超越性，为历史的形上理体。历史研究的目的就是要找出此不变的历史之道。圣人之所以为圣人，也只在于圣人能发现和理解这个本体之道。因此，邵雍的历史观有着浓厚的本质主义特征。

我们认为，人类社会的历史中不存在一个形而上学的本体。历史的存在不在于它是既定的、宿命的过程，而在于它的展开是一种创造性的活动。人类社会的历史发展并不是命定的和必然的，而是生成的和开放的。历史就在于创造，创造的一个重要特征就在于其“新”。有如《系辞传》所说：“盛德大业至矣哉！富有之谓大业，日新之谓盛德，生生之谓易。”自然的历史和人类社会的历史是不同的，自然的时间流逝，并不一定意味着创新；人类的历史由人的活动所构成，人的激情与创造，使创新成为可能，从而也使历史成为可能。

4.“数往者顺，知来者逆”：论历史发展的循环及规律性

历史事件并不是孤立的，而是有一定的规律在其中起着支配和主宰的作用。历史事件当然是独特的，不可重复，但历史事件所体现出的历史之理却有可能重演。历史事件的个别性和唯一性并不排斥它可以与不同时空条件下的事物有相同或相似的发展规律。怎样在复杂多变的历史现象中找到共通性，以便人们能够对自然和社会现象做出准确的判断，这是邵雍历史哲学出现的重要原因。

在邵雍看来，《周易》的象数形式可以体现历史发展的一般原理。邵雍要从纯象数的概念形式出发来推导出一套先验的历史发展模式。其易学中的《周易》八卦和六十四卦方位图，通过解释《周易》八卦和六十四卦方位，说明阴阳二气的消长循环过程和规律，其中也有历史哲学的问题。邵雍说：

> 天地定位一节，明伏羲八卦也。八卦相错者，明交错而成六十四也。数往者顺，若顺天而行，是左旋也，皆已生之卦也，故云数往也。知来者逆，若逆

天而行，是右行也，皆未生之卦也，故云知来也。夫《易》之数由逆而成矣。此一节直解图意，若逆知四时之谓也。[30]

《周易》卦爻象变化所表现的宇宙天地自然和人类社会的发展变化，不仅可以顺而知往，而且可以逆而知来。卦是生成的，以某一卦为基准，则有一些卦已经生成，有一些卦还没有生成；已经生成的卦有其生成的规律和原则，没有生成的卦，也将根据一定的规律和原则产生出来。如伏羲先天八卦方位图中，震为一阳生，离、兑为二阳生，至乾三阳为阳之极。乾之三阳，乃由震一阳，离、兑二阳顺而至；以乾为本位，则“数往者顺”，皆为已生之卦。巽为一阴生，坎、艮为二阴生，至坤三阴为阴之极。坤之三阴，以巽一阴，坎、艮二阴逆而至；以巽一阴为本位，则坎、艮二阴，坤三阴皆为未生之卦，故“知来者逆”。

伏羲八卦方位图，体现了阴阳消长顺逆之理，可以用来说明一年的春夏秋冬、一月的晦朔弦望、一天的昼夜长短及行度盈缩的变化规律。我们举一个例子，如春夏秋冬是四时之序，天道运行的顺序是由春而夏、秋并至于冬；逆知“四时”则由冬而知将有春与夏，春夏虽未至，但由冬可以推知春夏将至。邵雍认为从总体上来看，《周易》卦爻的生成采取的是一种“逆”的形式。因其为逆，故而能对未来的发展做出判断。

《周易》六十四卦方位圆图是将八卦方位图加以推衍而形成的。邵雍认为：

夫《易》根于乾、坤，而生于姤、复。盖刚交柔而为复，柔交刚而为姤，自兹而无穷矣。[31]

六十四卦圆图也是阴阳的消长图，比伏羲八卦方位图更为详尽。它也以乾、坤两卦为诸卦之祖，所谓“乾坤定位也”；乾交坤而为复，复卦内卦为震，代表一阳长；坤交乾而为姤，姤卦内卦为巽，代表一阴长。阳长则阴消，阴长则阳消。圆图左属阳，从震宫之阳爻二十，至离宫、兑宫之阳爻二十八，至乾宫之阳爻三十六，阳为顺增，而阴为递减；圆图右属阴，从巽宫之阳爻二十八，至坎宫、艮宫阳爻二十，至坤宫之阳爻十二，阳为递减，而阴为顺长。这就体现出“阳在阴中阳逆行，阴在阳中阴逆行；阳在阳中，阴在阴中皆顺行”的阴阳消长规律。[32] 这种阴阳的消长是一种循环，一个周期结束了，另一个周期的阴阳消长又开始了。

邵雍认为，伏羲八卦和六十四卦圆图所体现的“数往者顺，知来者逆”，以及“阳在阴中阳逆行，阴在阳中阴逆行；阳在阳中，阴在阴中皆顺行”的《周易》卦爻的阴阳消长之理，也就是宇宙自然与人类社会发展之理。人类社会的发展也存在相类似的阴阳消长过程与规律。邵雍说：

> 虽圣君在上，不能无小人，是难其为小人。虽庸君在上，不能无君子，是难其为君子。自古圣君之盛，未有如唐尧之世。君子何其多耶？时非无小人也，是难其为小人，故君子多也。所以虽有四凶，不能肆其恶。自古庸君之盛，未有如商纣之世。小人何其多耶？时非无君子也，是难其为君子，故小人多也。所以虽有三仁，不能遂其善。[33]

天道与人事是相通的，天有阴阳，人有邪正。圣君之世不能无小人，庸君之世不能无君子，这就是阳中有阴，阴中有阳。唐尧之世，君子当道，朝中虽有共工、鲧等四凶，但因朝中君子得势，四凶不能逞其恶，反而能辅圣贤之君以治世，故尧之朝不绝四凶，这就体现了“阴在阳中阴逆行”“阳在阳中顺行”的规律；同样，小人当道，则为乱世，但商纣之世，亦有比干、箕子等三仁，只是因为小人得势，三仁不能遂其善，这体现的就是“阳在阴中阳逆行”“阴在阴中顺行”的规律。

阳顺长则阴逆，阴顺长则阳逆，人类历史的发展也具有了“顺”与“逆”两种属性，一种是阳胜于阴的进步和向上，这是阳顺长而阴逆的阶段；一种是阴胜于阳的退步与沉沦，这是阴顺长而阳逆的阶段。如邵雍结合六十四卦圆图所说：

> 天地之气运，北而南则治，南而北则乱，乱久则复北而南矣。天道、人事皆然。推之历代，可见消长之理也。[34]

所谓“北而南”，指的是六十四卦圆图中左半圈从子至午阳长的过程，阳长而阴逆，阳气不断增长表示天下将大治；所谓“南而北”，指的是六十四卦圆图中右半圈从午到子阴长的过程，阴长而阳逆，阴气不断增长则表示天下将大乱。因此，历史不单纯是由不合理向合理的过渡、由堕落向道德的过渡，历史的运动是双向的，阴阳是互为消长的，道德也可能向不道德过渡，合理也可能向不合理过渡。历史研究就是要探究这种过渡的原因和规律，从而使历史能尽可能地朝着理想的方向发展。邵雍说：

> 复次剥，明治生于乱乎？姤次夬，明乱生于治乎？时哉！时哉！未有剥而不复，未有夬而不姤者，防乎其防，邦家其长，子孙其昌。是以圣人贵未然之防，是谓《易》之大纲。[35]

《周易》所体现的人类社会治乱兴衰之理，就是复中有剥，阳中有阴，姤中有夬，阴中有阳；治世中既有君子，也有小人，治世有向乱世转化的可能性；乱世中既有小人，也有君子，乱世也有向治世转化的可能性。治世之所以为治，乃在于阳顺进而阴逆行，君子长而小人消，阳胜于阴；乱世之所以为乱，乃在于阴顺进而阳逆行，小人长而君子消，虽有君子，不得为用。因此，圣人和君子要贵未然之防，这也是《周易》思想的核心宗旨之一。

邵雍既强调历史的必然性，也强调人为努力对历史发展的影响。因为在历史的发展中，人并不是消极的被动者。人为万物之灵，与天地并立而被称为“三才”。

> 人之贵，兼乎万类。自重而得其贵，所以能用万类。[36]
>
> 能循天理动者，造化在我也。[37]

人的历史之所以不同于自然的历史，就在于它的可变革性。如果人在历史的发展大势面前无能为力，人就不可能被称为万物之灵。当然，邵雍认为要影响和改变人类历史发展的进程，首先必须遵循一定的发展程序，需要给历史以时间。邵雍说：

> 仲尼曰："善人为邦百年，亦可以胜残去杀。"诚哉，是言也！自极乱至于极治，必三变矣。三皇之法无杀，五伯之法无生。伯一变至于王矣，王一变至于帝矣，帝一变至于皇矣。[38]

民之情好生而恶杀，治世无杀，乱世无生。由乱世至于治世，不是一蹴而就的，它要经历三个时期，即从伯一变而至于王，由王一变而至于帝，由帝一变则至于皇。历史有其内在的发展规律，在人类历史发展的某个具体阶段，有着特定的治理方法和目标。如在五伯之乱世，圣人要行《春秋》之法而不能行三皇之道，这就是得正。在这个过程中，不能躐等，不能主观随意地对历史加以改变。即便是圣人孔子在世，他处于春秋五伯之时，也没有能力直接将五伯之世改造为三皇之世。因为历史是具体的，理想与现实不能混同。在特定的历史阶段，应该采取特定的治理方法。就好比在自然界中，春不能行秋之令，夏不能行冬之令；人类社会中，五伯之世也不能行三皇之政，三王也不能行五帝之政。法虽为正，错令行之则为邪。历史的发展是一种有规律的阴阳消长。人们可以发现并有意识地循着这种规律去改变世界及其历史，故"变从时而便，天下之事不失礼之大经，变从时而顺，天下之理不失义之大权者，君子之道也"[39]。人们只有掌握了历史演化的规律，通过"长君子""消小人"，防患于未然，才可能使人类社会达到长治久安。

其次，邵雍虽然肯定圣人可以引领历史发展的轨迹和方向，但这也是有条件的。

> 大过本末弱也，必有大德大位，然后可救。常分有可过者，有不可过者。有大德大位可过者也，伊、周其人也，不可僭也。有大德无大位不可过也，孔、孟其人也，不可诬也。其位不胜德邪，大哉位乎！待才用之宅也。[40]

邵雍更多地把圣人改变历史所需要的条件理解为"德"与"位"，"德"是指圣人个人内在的品德、品行，"位"则是圣人所处的外在历史条件，包括当时的政治形势和圣人个人的政治地位等。历史上伊尹、周公之所以能对人类历史发展施加影响，是因为他们既有“德”，也有“位”，而孔子、孟子虽有“德”，但无“位”，故其功不同于伊、周。因此，历史也不是随便就能加以更改的，而是需要各种前提条件，其中最重要的条件有内外两个方面，“内”指统治者内在的品性，“外”指其所处的外在的政治时势和个人地位。圣人之“位”与“德”必须结合，才有可能对人类历史发展的轨迹施加影响。所以他感叹道：

苟有命世之人继世而兴焉，则虽民如夷狄，三变而帝道可举！惜乎时无百年之世，世无百年之人，比其有代，则贤之与不肖何止于相半也！时之难不其然乎，人之难不其然乎！[41]

邵雍承认历史发展有其内在的规律和阶段，在人类历史发展的某个具体阶段，有其具体的治理方法和目标。所以，人类对自己的历史也不可能随意加以改变。历史发展的背后还隐藏着某种内在的逻辑必然性，人可以发现这种逻辑发展的必然性，有意识地循着这种规律去改变世界及其历史。

变从时而便，天下之事不失礼之大经，变从时而顺，天下之理不失义之大权者，君子之道也。[42]

邵雍注重深入到历史现象背后，去探求人类历史发展乃至自然宇宙演化中的决定性因素，希望通过对某种具体历史现象的考察，发现存在于其背后的、起主宰作用的更为根本的规律。因为人们如果对历史中的治乱之因，天下何以乱、何以治的原因不深切思考，就容易陷入历史的盲动性中。邵雍强调了历史发展的规律性，尽管规律是先天的，此“先天”意味着其先于人和人类社会而存在，但人可以领悟和掌握此先天之理，这就是“先天而天弗违，后天而奉天时”，只要我们掌握了这个最基本的要素，掌握了历史演化的规律，就可以“宇宙在乎手，万化生乎身”，从而不仅可以理解自己和宇宙自然的历史，而且还可以掌握历史，当然这种掌握是建立在对先天之理的“弗违”和后天“奉天时”的基础之上的。

人类历史是一种内在的、有机的发展过程，历史中存在因果联系。邵雍并不认为历史和宇宙之理是不可言状的存在，他认为自己通过对《易》的象数形式的推演，得出了历史发展之理。这是一种理性主义的研究方法。历史现象与历史之理有密切的关系，历史现象是历史之理的体现，历史之理则是深深根植于历史现象背后的规律性存在。《周易》的象数形式，就是对这种历史之理的理论性抽象和总结。在历史之理的支配之下，现实的历史才得以展开。这里所谓“现实的历史”，既包括自然宇宙的演化史，也包括人类社会的历史发展。邵雍力图探讨宇宙天地自然和人类社会发展两个方面存在的规律，他从自然主义的阴阳消长观念中得到启发，希望在人类历史的发展中找出同样的具有规律性的发展来。他通过对《周易》八卦和六十四卦方位圆图的考察，以《周易》的象数体系来阐释和说明宇宙自然之理和人类社会的发展之理，以尽物之性和人之性。

总之，邵雍的伏羲先天八卦方位图、伏羲先天六十四卦圆图等，都认为宇宙自然和人类社会的历史是一种有规律的阴阳消长。宇宙自然的历史因阴阳之消长而有开物、有闭物，人类社会的历史也因善恶的阴阳消长而由盛趋于衰，或由衰趋于盛。从理论上讲，历史不仅仅是阳消阴长，“一代不如一代”，通过人自身的努力，也可能阴消阳长，“芝麻开花节节高”，使后代社会的发展超过前代水平。因此，在某种程度上来看，只要懂得阴阳消长之理、理解历史兴衰之因，人们就可能在历史发展的大势面前有所作为，就可能由自己来主宰和决定自己的命运。邵雍《天人吟》云：“羲轩尧舜虽难复，汤武桓文尚可循。事既不同时又异，也由天道也由人。”[43] 虽然使人类社会的发展达到羲轩尧舜时的水平是比较难做到的，但要将其恢复到汤武桓文时的水平则通过努力是可以做到的。这就体现了“数往者顺，知来者逆”的精神。

邵雍强调了人的历史与宇宙自然的历史的统一，认为自然的发展是有规律地进行的，人类社会发展也是有规律的。宇宙自然的世界和人类历史的世界，在理上是一致的。邵雍历史哲学主要集中对自然界的周期性发展及人类社会统治形态的不同阶段更替进行研究。他要从人类的历史发展中，提炼出善与恶的观念，这是一种人文的价值观念，这种价值观念在自然宇宙中是不存在的。但包括邵雍在内的中国思想家，通过运用一种比拟的方法，希望将这种源自人类社会的善恶价值观念，在自然宇宙中也能得到反映和表现，如春与生发的联系，夏与成长的联系，秋与肃杀的联系，冬与收藏的联系等。人类社会中善与恶的对峙被认为是宇宙天地间阳与阴的对峙。和宋代其他理学思想家一样，邵雍的历史判断实质上是一种道德判断，只不过邵雍将道德判断还原为宇宙自然之理，从而使宇宙自然也具有了人类道德伦理的属性而已。邵雍的历史观是一种大历史观，即不仅考察人类社会的历史，而且把人类社会的历史放到整个宇宙的历史中去考察。他之所以这么做，不过是想要说明，人类社会之理与整个宇宙自然之理是相通的，人类社会之理取得了和天地自然之理一样崇高和永恒的地位。

邵雍的历史哲学有一个完整的理论框架，他认为自己赖以立论的《周易》之象数是一种先天之学，是先于天地而存在的。天地产生后，此先天学演化为后天之学。对历史发展进行象数的推导与运算，然后将经验事实与之相对照，说明两者的相符，这使得他的历史哲学思想具有一种先验性。故邵雍的历史哲学也可以被称为先验的历史哲学。

三、程颐的历史哲学思想

程颐（1033—1107），字正叔，号伊川先生，北宋时期著名的理学家和易学家。据《伊川先生年谱》，他幼有高识，年十四五岁的时候，与其兄程颢（明道先生）一同受学于春陵周茂叔（周敦颐）先生。皇祐二年（1050年），年十八，上书仁宗皇帝，劝其致力于王道政治，罢黜不合于王道思想的世俗之论，以期建立非常之功；并希望仁宗能召见他，以面陈所学，但没有结果。后游太学，海陵胡翼之先生（胡瑗）曾经以《颜子所好何学论》试诸生，得程颐所试，认为程颐是一个了不起的人才。[44] 程颐一生最重要的著作是其《易传》一书。后人还辑有《二程集》，收录有程颐、程颢的文集和语录等，可供研究参考。

程颐的理学思想中具有丰富的历史哲学思想。

1.“理必有对待，生生之本也”：论历史发展的动力

没有变化则没有历史，变化何以可能实际上也是历史何以可能的问题。我们认为，程颐有丰富的历史哲学思想，首先就是因为，程颐在其理学思想中，对从自然界到人类社会生生不已的变化何以可能这个问题做出了明确回答，从而也就对历史何以可能的问题进行了解释。

程颐认为，从自然界到人类社会都有理的贯通，此理中包含着阴阳的对待，如彼与此、上与下、质与文等，此阴阳的对待成为事物变化、发展的动力，故为生生之本。他解《周易·贲·彖》说：

> 理必有对待，生生之本也。有上则有下，有此则有彼，有质则有文，一不独立，二则为文。非知道者，孰能识之？天文，天之理也；人文，人之道也。[45]

天地万物和人类社会都是生生不已的，生生不已的原因在于“道”或“理”中所存在的阴阳对待。阴阳的相互作用则为“二”，“二”则为“文”，“文”是阴阳的相错、相杂；孤阴、寡阳则为“一”,“一不独立”意味着不存在单独的孤阴和寡阳，阴阳是相对而存在的。日月星辰之错列、寒暑阴阳之变化构成了天之“文”，人类社会之伦序构成了人之“文”，天文乃天之理，人文乃人之道。所以，程颐说：

> “道二，仁与不仁而已”，自然理如此。道无无对，有阴则有阳，有善则有恶，有是则有非，无一亦无三。[46]

程颐认为，天下没有一物不是阴阳对立的，因为只有“二”，只有阴阳的对待，才会有生生不已的变化，天地万物和人类社会生生不已的不竭动力与源泉在于阴阳的相互作用，善恶、是非均是如此。一阴一阳为道，阴阳开阖，没有先后之分，不是说今日有阴，明日有阳。阴阳就像人的形与影一样，形影一时，有便齐有。道不是“一”，也不是“三”，故而能够生生不息。

阴阳的对立，为什么会导致宇宙生生不息的发展呢？这是因为阴阳这对概念本

身就意味着对立的双方不仅在性质上是相反的，而且在力量上是不平衡的。阳代表在对立关系中占据主导和支配地位的一方，阴则代表在对立关系中处于被支配地位的一方。这种性质的相反和力量的不平衡导致了阴阳双方总是处于动态的运动过程中。在这种动态的运动中，有两个原则体现出来，一是阴从阳“则能成生物之功”，从而生生不息；二是“亢龙有悔”“阴疑于阳必战”，亦导致事物的发展、变化。

对于阴从阳“成生物之功”的情况，程颐解《周易·坤》之卦辞“先迷，后得，主利。西南得朋，东北丧朋”说：

> 阴，从阳者也，待倡而和。阴而先阳，则为迷错，居后乃得其常也。
>
> 西南阴方，东北阳方。阴必从阳，离丧其朋类，乃能成化育之功，而有安贞之吉。[47]

在后天八卦方位图中，坤为老阴，位处西南；艮为少阳，位处东北。西南为阴卦之位，作为阴卦的坤往西南，虽阴卦处阴位，为“西南得朋”，但难成生物化育之功；坤往东北艮卦之阳位，虽阴阳相左，为“东北丧朋”，但因此阴阳相和，可成化育之功而有“安贞之吉”。

阴阳常不齐，处于动态的变化过程中。阳主阴从不是静止不变的，其间阴阳的力量对比有可能发生变化，变化之一就是阳常盈不止，阴消过于极，导致“亢龙有悔”。程颐解乾卦上九爻辞，认为上九之爻性为阳刚，又处于一卦之“上”的位置，这是在阳刚的基础上复用阳刚，刚而又刚，事物就会向其相反的方面转化，这就导致“亢龙有悔”。之所以称乾卦之上九爻为“亢龙”，就是因为它不知进退存亡得丧之理。要使这种转变不发生，应该在天德阳刚的基础上用“柔”，刚柔相济则和，从而天德阳刚能持久不衰。乾卦用九“现群龙无首”之所以吉，乃在于在天德阳刚的基础上用“柔”，从而刚柔相济得“吉”。变化之二是阴常盈，与阳相抗，阴不从阳，则阴阳相敌而战。程颐解《周易·坤》上六爻辞“龙战于野，其血玄黄”，认为阴本来是从属于阳的，然阴盛极之后，则与阳抗争。坤之上六爻就是这种情况，上六爻位于坤卦之极，为阴之最盛，阴盛而又复进不已，则必与阳战，天地是阴阳之大者，玄乃天之色，黄乃地之色，阴进而抗阳，导致阴阳俱损，故云“其血玄黄”。阴阳相抗，其前提是阴常盈而盛，相抗的结果是阴阳皆伤，事物将要发生激烈变化。

天地人三才之道，因阴阳之消长阖辟而生生不息。人道和天地之道一样，无常而不变之理，泰极则复，否极则倾，变易是不可止的，这种阴阳的转换使事物变化无穷，其中起主导作用的仍然为阳。在阴阳的消长过程中，阳无终尽之理，此阳尽则彼阳即生，因为事物不论怎么变化均有一主导，此即为阳。因阳之生生不已，故变化无穷，生机无限。程颐说：

> 消长相因，天之理也。阳刚君子之道长，故利有攸往。一阳复于下，乃天地生物之心也。先儒皆以静为见天地之心，盖不知动之端乃天地之心也。非知道者，孰能识之？[48]

程颐将阴阳的消长相因看成是天理，天理不是静止的，而是呈现出动态的发展趋势，所以，剥之后为复。“一阳来复”，阳动于下，为“动之端”。静不能见天地之心，因为天地万物都处于流变的过程中，动才是“天地之心”。阴阳至简至易，万物由阴阳而出，但参差万变，无由得齐，不能安排定，所以可以称之为变易。天理必须在不断生成的事物中表现自己，因而理的呈现具有历史性。程颐说：

> 天下之理，未有不动而能恒者也。动则终而复始，所以恒而不穷。凡天地所生之物，虽山岳之坚厚，未有能不变者也，故恒非一定之谓也，一定则不能恒矣。唯随时变易，乃常道也，故云利有攸往。明理之如是，惧人之泥于常也。[49]

事无有常而不变者，理随事之变而变，于变中方显理之恒常。随事变，而有消息盈虚，人们只有顺应理之消衰、息长、盈满、虚损，才能随时敦尚以事天。

阴阳的生生不是循环的，生生是创造，是新旧的更替。程颐说：

> 凡物之散，其气遂尽，无复归本原之理。天地间如洪炉，虽生物销烁亦

> 尽，况既散之气，岂有复在？天地造化又焉用此既散之气？其造化者，自是生气。至如海水潮，日出则水涸，是潮退也，其涸者已无也，月出则潮水生也，非却是将已涸之水为潮，此是气之终始。开阖便是易，“一阖一辟谓之变”。[50]

天地之气是日新的，气尽则物散，阴阳阖辟又生新气，生成新物，此新物不由旧气而成。故阴阳不仅仅是生生不息的，而且“变化日新”。物至极盛则穷，穷则变，从而生生不已。从水火相用的“既济”，到水火不相用的“未济”，就是极而生变的体现。既变之后，于“未济”中当求“济”，从而形成新一轮的生发过程。事物不会有穷尽之时，它总是处于一种变化、发展之中。

就人类历史发展而言，也和天地万物一样，都有阴阳的对立。与邵雍的观点不同，程颐认为，阴与阳在人类社会中不一定就是小人与君子的代名词，人类社会中，君与臣、父与子、夫与妻等，都可以被纳入阴与阳的范围。阴不仅与阳有性质不同的一面，更重要的是阴与阳两者还有相和的一面。阴与阳相和，虽为阴，仍然可以称之为君子，因为“阴为小人，利为不善，不可一概论。夫阴助阳以成物者君子也，其害阳者小人也。夫利和义者善也，其害义者不善也”[51]。阴亦可称君子，阴害阳、害义才可称之为小人。阴阳刚柔须相济为用，不能仅以纯刚用事，以纯刚用事则过乎刚，以刚为天下先，则凶之道。阴不离阳，阳不离阴，阴阳相和方可成生物之功。

总之，阴阳的对待是历史发展的动力。人类社会变化发展的动力在于自身所包含的阴阳对待。阴阳的对立与发展是最具生命力的，这不是一个简单的阳胜于阴或者阴阳相和的过程。阴阳对待中既有创造，也有毁灭。因此，历史的进程既不会是单纯的直线进步，也不会是只有重复而没有更新的循环。就人类社会而言，社会危机的加剧，使人们强烈意识到变革的必要性。在《周易》中，“蛊”有坏乱之义，蛊卦取象山下有风，风遇山而回则吹物而乱。但乱与治是相对的，因乱而有治乱之需要，所以说治必因乱，乱则开治。程颐认为这个治乱的转换就是理的一种体现。对于这种治乱的相因和转换，程颐并不认为存在一种外在的、超越的力量对之进行主宰，而是源自事物内部的阴阳对待与流行。

程颐认为人类社会发展变化的动因是一种内在的原因，这种内在动因的确立，使得历史就可以成为人的历史，因为人可以在历史发展中发挥自己的创造性，使历史发展朝着理想的目标前进。历史的创造在于对阴阳的调整，阴阳之和是一个适度的、动态的流动过程，阴的变化导致阳的相应变化，同样，阳的变化也应同时导致阴的相应变化，阴阳之和不是某个固定的点。如果阴阳的变化没有能够保持一种动态的平衡，那么，这种阴阳之和的状态就可能被打破，统一体会因阴阳的失衡而解体。阴阳动态平衡的过程中，不断地有问题出现，因而要对所出现的问题进行解决，这样一来，流动的历史便形成了，而不可能存在一个静态的、不发展的过程和阶段。历史的创造与变化并不需要外在超越性力量的推动，人类社会内在具有的阴阳相互作用本身就是历史发展的动因，在这种力量的作用下，人类社会的一切都是生生不息的。程颐以阴阳概念来涵盖人类社会中所存在的一切矛盾现象，认为这些因素的交互作用促进了人类社会的发展。不仅如此，阴阳的交互作用还使自然界的一切都处于变化的过程中。可以说，阴阳的对待使自然界和人类社会的发展都呈现出一种历史的过程。

2.“易，变易也，随时变易以从道也”：论历史规律与历史价值的评判标准

阴阳对待使自然界和人类社会的发展呈现出生生不息的变易过程，这个变易过程不是杂乱无章的，而是有规律的。《周易》一书，承载了事物发展、变化之道，程颐说：

> 易，变易也，随时变易以从道也。其为书也，广大悉备，将以顺性命之理，通幽明之故，尽事物之情，而示开物成务之道也。圣人之忧患后世，可谓至矣。[52]

开物成务是个变化的过程，但这个过程本身不是盲目的，而是有道一以贯之的。变易中有道，此变易之道表现为性命之理、幽明之故、事物之情等。《周易》一书尽包变易之理，如果我们把变易理解成历史，那么，历史的发展是有规律的，

这个规律就是变易之理，就是道。

天道的变化是有规律的，此规律可以《周易》的卦来说明。程颐解《周易·乾·彖》曰："天道运行，生育万物也。大明天道之终始，则见卦之六位，各以时成。卦之初终，乃天道终始。乘此六爻之时，乃天运也。"[53]天道运行，生育万物，其运行之规律，有如乾卦六爻之变。乾卦六爻，亦可称为六时，一时有一时之用。不仅乾卦之六爻，《周易》六十四卦三百八十四爻，皆是对天道的说明。在对于天道的把握方面，程颐强调"顺"。圣人、君子不逆天道而行，而是随顺此道，或进或退，时行时止，不失其正。人法天道而行，如影之随形，与时偕行，则无咎。

易之道至大而无不包，至神而无不存，作为易道之表征的《周易》之卦与爻，也不能拘之以一时或一事。程颐说：

> 至哉易乎！其道至大而无不包，其用至神而无不存。时固未始有一，而卦亦未始有定象；事固未始有穷，而爻亦未始有定位。以一时而索卦，则拘于无变，非易也。以一事而明爻，则窒而不通，非易也。知所谓卦爻彖象之义，而不知有卦爻彖象之用，亦非易也。故得之于精神之运，心术之动，与天地合其德，与日月合其明，与四时合其序，与鬼神合其吉凶，然后可以谓之知易也。[54]

时不同，卦有异，爻位无定，事物的变化发展也没有穷尽。卦、爻之义不是用来说明一时一事的，卦爻拘于一时一事，则易道无变亦非通，非易之道也。人具有能动性，可以在历史发展中去把握事物的变易之道，通过对易道的把握，达到与天地合其德，与日月合其明，与四时合其序，与鬼神合其吉凶。这就是"知易"。知是人之知，易乃事物的变易之道。对于此易道，人可以知之、用之，达到对道的把握。只知道《周易》卦爻彖象之辞，而不知卦爻彖象之义的运用之法，拘于无变，窒而不通，则不可谓知《周易》。

程颐肯定《周易》有变易之道，认为变易不是杂乱无章的，而是有其规律的。历史是一种变易，历史的发展也有其规律。历史是生生不息的，历史的规律则是常存不移的。程颐论天道之运行，即认为天地生生不息，其中有生灭消长者，亦有常存不移者。程颐说：

> 盖阴阳之气有常存而不移者，有消长而无穷者。[55]

消长无穷只是天地的特征之一，就根本而言，则天地又不仅仅是消长无穷的，亦有常存不移者，此常存不移者乃消长无穷之本。只讲消长无穷，尚不足以认识天地万物。有人提出“终日乾乾”可以尽括《周易》之理，程颐认为是不正确的，“终日乾乾”并不能尽得《周易》之理，它不过是讲乾卦九三爻之爻义。“终日乾乾”是通达《周易》之理的重要路径，但路径不等于目的地，理无方所，其神妙处不能仅以“终日乾乾”来概括。阴阳之气有消长无穷，亦有常存不移者。程颐的易学要探究生生不息的历史变化背后是否有恒常不变的规律存在。他认为，阴阳之渡，日月、寒暑、昼夜之变，莫不有常而不变的规律存在，这就可以称为道或中庸。变化中有不变者，圣人要探究变化中的不变，求道之所以恒久不变者，则可以不变统万变，得天地万物之情。日月相推而生变化、成四时，天地、日月、四时、万物的运行发展中都存在一种形而上的道，圣人通过对道的把握，可以统领天地万物的变易过程，得见天地万物之情，还可以化成天下之美俗，成盛世之治。孔子著《春秋》，欲为百王之通法，也是要求得人类历史发展中的恒久不变之道。

> 孔子知是理，故其志不欲为一王之法，欲为百王之通法，如语颜渊为邦是也，其法度又一寓之《春秋》。[56]

程颐认为，孔子作《春秋》，是在周王道已绝，先王之业复兴无望的情况下，希望通过探求历史发展百年不易之大法，以为后世之垂范。此理想的规范不是主观的意志，而是充盈在天地间的大道理，是天道的表现。人君要“王天下”，就要上奉天时以立人之道，故孔子《春秋》所言，可以成为百王之通法。程颐肯定了有百王之法的存在，他认为孔子作《春秋》，是要求得百王不易之理，而不是仅为了说明某一朝或某一代的功过得失。历史的发展不是一种无目的的盲动，而是可以有一个理想的规范，孔子作《春秋》，就是为了确立这么一种规范。所以，在历史的发展中存在基本的理，理对历史发展起着引导和支配作用。程颐讨论历史事件的一个重要方法，就是要透过某个具体历史事件，去寻找这个历史事件之后所反映的一般的、带有规律性的东西。程颐说：

> 看史必观治乱之由，及圣贤修己处事之美。
>
> 凡读史，不徒要记事迹，须要识治乱安危兴废存亡之理。且如读高帝一纪，便须识得汉家四百年终始治乱当如何，是亦学也。[57]

读史不是要记住一些史料，著史也不能只是记录一些史实。史以载道，历史叙述的重点是天道、人理之事，读史的过程也是对天道、人事之理进行理解的过程，通过这种理解，达到学以致用的目的。一些看似偶然的、彼此之间缺乏内在联系甚至相反的历史事件之间，可能存在和反映着相似的历史原理。如历史上“孔子尊周”与“孟子勉齐、梁以王”两件史实，虽事迹各异，但精神是一致的。孔子和孟子所处的时代各不相同，孔子所处的时代，周之典礼尚存，循之可以达致天下之治，所以，孔子救世则要尊周，要求各诸侯王维护周天子的权威；而孟子所处的时代，周之典礼不存，天命已坠，民不以周天子以主，故孟子济民则要“勉齐、梁以王”，鼓励齐国和梁国之君“王天下”。事各不同，但体现的精神是一致的。所以，对历史事件的考察，不能就事论事，而要深入到历史事件的背后，去探讨历史事件所体现的发展规律和基本精神，从而形成对历史事件的正确评价。这就是“随时变易以从道”的精神。

对于历史发展的评判标准，程颐倾向于以儒家的道德仁义的精神来界定。从功利的角度还是从道义的角度理解历史发展，这是程颐所关心的。从总体上来说，程颐持一种客观主义的历史观。他认为，历史事件中存在着规律，存在着某种因果联系，这种因果联系或规律是一种客观精神，程颐称之为“理”“天理”或“道”。虽然这种规律和联系有待人们去理解和认识，但不论人们理解、认识与否，它们都是存在于历史事件中的。历史不仅仅是对一些孤立的历史事件的情节的描述，历史中存在着发展规律，存在着因果联系，读史者要通过对历史行为的考察，力求把握历史发展的内在精神。程颐以一种绝对的历史价值观作为评判历史事件的标准，反对功利主义价值观，反对把追求功利作为从事某种历史活动和论证某个历史事件之所以发生的最后根据。历史活动是由具有不同利益的个人和集团来进行的，历史主体不同，其在历史实践中各自的利益和需要也不同，应该以哪一种标准来对历史的功过进行评判，就成为了一个无论在理论上还是在实践上都难以回答、难以操作的问题。如果“以成败论英雄”，历史就只能是强者的历史，程颐“王道”政治的思想正是要反对这种思想。他认为，历史中存在着一种永恒的道义，不能以“成败”而只能以“道义”去考察历史及其发展。

> 先生每读史到一半，便掩卷思量，料其成败，然后却看有不合处，又更精思，其间多有幸而成，不幸而败。今人只见成者便以为是，败者便以为非，不知成者煞有不是，败者煞有是底。[58]

研究历史是要寻找历史的意义，探寻社会治乱的根本原因，以这种从历史活动中体现出来的精神来指导人们的现实行为，事成不等于合“理”，事败也不等于悖“理”，“读史须见圣贤所存治乱之机，贤人君子出处进退，便是格物。今人只将他见成底事便做是使，不知煞有误人处”[59]。程颐认为，存在一种判断历史事件价值的永恒道义标准，在历史发展的领域有一种普遍适用的价值评价体系。尽管他也承认在这种普遍价值评价体系的观照下，历史必然呈现出多样性的发展，但这其实还是一种非历史主义的观点。

应该说，历史评判标准既然是人们认识历史的一种工具，那么它就必然有着某种主观的因素在其中。但程颐否认历史的评判标准具有主观性，坚持认为历史的评判标准是客观的，这个标准具有“公”的特征，所谓“公”，就是一种道义，这个标准具有永恒的价值。当然，程颐考察历史时也不是完全不考虑功效性，在符合道义的大前提下，程颐认为功效性和功利的原则是必须要予以考虑的。

问:“宋襄公不鼓不成列,如何?”曰:“此愚也。既与他战,又却不鼓不成列,必待佗成列,图个甚?”

问:“用兵,掩其不备、出其不意之事,使王者之师,当如此否?”曰:“固是。用兵须要胜,不成要败?既要胜,须求所以胜之之道。”[60]

程颐的这种道义的历史真理标准,是在一种特定的文化背景下形成的。人的历史性的表征之一,就是人都是生活于某种特定的文化之中。文化对人有重要的塑造作用,人的创造性也是基于一定的文化基础之上的。程颐将文化因素看得很重,认为文化的传统如儒家文化是一种具有永恒价值的理念,而没有反观到这种文化本身也是历史的。程颐要发明儒家文化的精神,以服务于当时的现实,应该说,他对儒家精神的阐发,本身就已经实际地对传统儒家的思想和精神有重大的发展,这就已经体现出了文化的历史性。但程颐自己并没有这种自觉,他坚持儒家的道义精神是亘古长存的理念,这种理念在后世不为人所知、所行,而时代又需要这种精神,于是自己就以复兴儒学这种精神为己任,他倾向于认为自己所阐发的就是亘古不变的儒学精神。这样,在他看来,儒学的精神不是发展的,而是先验的存在,文化的历史发展被当成是对先验理念的揭示。

在天为命,在人为性,论其所主为心,其实只是一个道。苟能通之以道,又岂有限量?天下更无性外之物。若云有限量,除是性外有物始得。[61]

历史文化精神的历史性在现代已经被越来越多的人所认可,这种历史性虽然不排除它的基本精神的稳定性,但随着时间的推移,文化的基本精神或多或少地都要发生某种程度的改变。这种改变之所以发生,就在于人的历史性、创造性的活动。尽管这种创造性活动不是凭空来进行的,而是必定处在一定的社会经济、政治基础和文化氛围中,但这种创造性的积累,不断地改变着旧有的文化传统,使文化基本精神在潜移默化和不知不觉中发生着改变。因此,人不仅是文化的产物,也是文化的创造者。一般说来,人们在认识历史时,是带着某种文化成见的,这种文化成见是历史的产物，其形成受到社会经济等因素的制约和影响，因而具有历史性。一些文化成见可能具有相当长的历史适应期，因而表现出某种持存性。对于这种持存性，在一定的历史时期和条件下，人们容易将之看成是一种永恒的精神。这正是程颐认为客观、永恒的道义存在的重要原因之一。但在我们看来，这种“永恒的”用以判断历史事件价值的价值观念，本身就是一种特定历史条件下的意识形态，这种价值观念不可能是永恒的，而只能是历史的。现实的历史发展往往并不是按照这种既定的道义展开的，而是有着多样性和差异性，更多的时候还是对这种道义的破坏。在程颐所处的时代，人们还不太可能意识到这种貌似神圣的思想本身并不是超越于时空之外的，而是在具体的社会历史环境中生成和发展的。

历史地看，程颐所谓文化基本精神亘古不变的观点，在当时具有某种合理性。农业文明本身存在和发展的一个重要前提就是社会的稳定性，这是保证生产力发展的一个最重要的条件，因此必须强调秩序。所以，“无不变道亦不变”，在当时曾经起过积极的作用。当然，宋明儒者关于理的普遍性的论说，将一种社会文化心理的积淀看成是普遍性的本体，将一种历史性的社会文化心理看成是永恒的，并以这种永恒的理来观察和处理社会、历史事务，这本身就是一种历史性的行为。

3. “体用一源，显微无间”：论历史现象与历史本体的关系

程颐认为，在社会历史中存在一种抽象的、不变的形而上学本体。“随时变易以从道”之所以成为可能，是因为道既是历史的规律，也是普遍性的本体，它在随时变易的生成中体现自己。随时变易的世界与道是现象与本体的关系。在探讨《周易》卦爻象、卦爻辞与义理的关系过程中，程颐提出了“体用一源，显微无间”的命题，对本体与现象的关系问题进行了理论的阐释。这个命题对于探讨历史本体与历史现象的关系亦有某种启示意义。程颐说：

> 易有圣人之道四焉：“以言者尚其辞，以动者尚其变，以制器者尚其象，以卜筮者尚其占。”吉凶消长之理，进退存亡之道，备于辞。推辞考卦，可以知变，象与占在其中矣。君子居则观其象而玩其辞，动则观其变而玩其占。得

于辞，不达其意者有矣；未有不得于辞而能通其意者也。至微者理也，至著者象也。体用一源，显微无间。观会通以行其典礼，则辞无所不备。故善学者，求言必自近。易于近者，非知言者也。予所传者辞也，由辞以得其意，则在乎人焉。[62]

作为现象的存在，以《周易》言之就是象与辞；以幽微的方式存在，以《周易》言之就是理。理与象、辞，一者至微，一者至著，但两者同出一源，没有间隔，这就是“体用一源，显微无间”。程颐这个思想，就《周易》而言，是要建立起卦爻象、卦爻辞与义理之间的关系，认为象、辞与意之间，有着密切的联系，它们是微与显、体与用的关系。同时，这个思想也是程颐整个学术理论的基础。程颐以“道”或“天理”来论宇宙的本体。程颐所谓的“道”或“天理”，既有生成之意，也有本体之意。就生成言，道生阴阳，阴阳交感生成万物；就本体言，则阴阳即道，所生成之阴阳中，又蕴含道。由阴阳之变化，有形神之生，有情伪和万绪之起，是以万物莫不有理，莫不遵道而行。所以，程颐说：

散之在理，则有万殊；统之在道，则无二致。所以“易有太极，是生两仪”。太极者道也，两仪者阴阳也。阴阳，一道也。太极，无极也。万物之生，负阳而抱阳，莫不有太极，莫不有两仪，絪缊交感，变化不穷。形一受其生，神一发其智，情伪出焉，万绪起焉。[63]

事物的变化，不离阴阳，阴阳相互作用而有道或理主宰于其中，这也可以说是“体用一源，显微无间”。易，亦可称为易道，易道主宰事物之吉凶，生成事物之大业；易道的内容，至简至易，无非为阴阳之道。《周易》之卦乃阴阳之物，《周易》之爻乃阴阳变化之象征。易之道与《周易》之卦、爻亦是体与用的关系。任何事物，远在六合之外，近在一身之中，都可以阴阳之义来界定，也都可以《周易》之卦、爻来表现。卦爻乃易之有形可见者，此有形可见者可用言辞来表达和掌握，但易还有未形未见者，这是更为根本的易之道，不可以名求，乃形而上者。易之卦、爻只是易之道的表征。易就是变化，变化中有天理，这就是易之道。易不仅是指《周易》这部书，易也不是离开天地万物而别为一事，易道就是天理流行，就是生生不息，离开天地万物，则无易，亦无易之道。

> “天地设位，而易行乎其中矣”；“乾坤毁，则无以见易”。“易不可见，则乾坤或几乎息矣”。易是个甚，易又不只是这一部书，是易之道也。不要将易又是一个事，即事尽天理，便是易也。[64]

本体虽然是无形无象的，但其实在性并不因此而减少。无形无象的宇宙本体与具象事物不是截然分开的，而是有机联系在一起的。程颐说：

> 有本必有末，有实必有文，天下万事，无不然者。无本不立，无文不行。[65]
>
> 凡物有本末，不可分本末为两段事。洒扫应对是其然，必有所以然。[66]

本与末、质与文，即宇宙本体与具象万物是不可分割地联系在一起的，有然者，亦有所以然者。程颐“体用一源，显微无间”的命题试图把抽象的天理与丰富的具体存在结合起来，认为天理虽是普遍性的理念，但并不缺乏具体存在的确定性。普遍性的理与特殊性的具体存在结合在一起，一方面能将普遍性的理落到实处，使抽象之理获得丰富的内容；另一方面又能将特殊性的具体存在纳入理的范畴中来，使个别的、特殊的事件具有了理的普遍性。

从这一思想出发来考察人类社会的发展，就可以发现，历史本身既有以现象形式存在的历史事件，也有以幽微形式存在的历史本体，二者是一体的，是无间隔的。历史事件的发生有历史本体在其中起作用，历史事件能彰显和承载历史本体，历史本体又能作用于历史事件，使历史事件呈现出某种秩序。“体用一源，显微无间”的提出，意味着天道必将在社会历史中呈现自己，社会历史也必然反映天道发展的内容。程颐历史哲学的目的恰恰在于要为社会历史的发展找到一个永恒的、坚实的基础。这种不变的基础存在的前提是变易，是具体内容的不可重复和间断性。程颐说：

天下古今之所共由，谓之达道。所谓达道者，天下古今之所共行。所谓达德者，天下古今之所共有。[67]

历史事实当然是独一无二的，但历史本体却可以是普遍的。如果历史事实之间不存在共同的普遍性，历史就是不可能被理解的，历史也就会失去其存在的意义。程颐认为，天地间存在着理。理可贯通形上与形下，事不同，理则同，事有先后，理则一时俱有。故“体用一源，显微无间”。

对于“体用一源，显微无间”这个命题的理解，程颐首先强调理是普遍存在的，是万物之本体。为此，程颐认为理可以统事，并在易学上提出“得其理则象数在其中”的观点。有一件事颇能说明此问题。

邵尧夫谓程子曰：“子虽聪明，然天下之事亦众矣，子能尽知邪？”子曰：“天下之事，某所不知者固多。然尧夫所谓不知者何事？”是时适雷起，尧夫曰：“子知雷起处乎？”子曰：“某知之，尧夫不知也。”尧夫愕然曰：“何谓也？”子曰：“既知之，安用数推也？以其不知，故待推而后知。”尧夫曰：“子以为起于何处？”子曰：“起于起处。”尧夫瞿然称善。[68]

邵雍是北宋易学中的数学派，他以数为宇宙万物之本，注重以数推万物之理。程颐是北宋易学中的理学派，认为得其理则象数在其中。邵雍以数来推雷之起处，程颐认为这是不知物理之表现。因为在他看来，如果明了物理就不必用数去推，必待数推之后方知，正表明邵雍不知。在程颐看来，天打雷有其理，得其理则知雷之起处，不待数推。有理而后有象与数，这在哲学上既可以解释为理在事先，也可以解释为有理则有象与数，理为象数之根本。程颐认为，“义”不因事才“见”，“性”也不须待物才有。理在物之先，但又贯通于具体的物之中，具体的物各有不同，通过明其理，则具象万变的物就具有了统一性。因为明理，人们对于具象万变之物也就可以理解和把握。所以，顺天地之道而治民，亦不过顺理而已。由天地之道而推之于人之道，也是如此。内能修身，外则可以齐家、治国、平天下，因为内外本一理。

道的普遍性并不排斥体现道的历史事件的个别性和单一性。不同历史事件能体现同一之道的精神，但这并不意味着历史事件是重复的和完全相同的，如果历史事件是重复的，也就没有历史可言。虽然体现着同一之道的精神，但不同的历史事件是有着自己的特性的。程颐倾向于认为，理不是固定的循环。历史并不是一张计划好了的图纸，一旦人们掌握了这张图纸的秘密，人们就能掌握整个历史的发展。道的呈现是一个过程，过程是重要的，在行动和历史中，道的实在性才能得以表现。在某种程度上看，道在历史的发展中，其行程具有不可预测性，道的这种普遍性有赖于历史事件的特殊性来加以表现；历史事件尽管特殊，但蕴含了道的普遍性。所以，

> 命之曰易，便有理。若安排定，则更有甚理？天地阴阳之变，便如两扇磨，升降盈亏刚柔，初未尝停息，阳常盈，阴常亏，故便不齐。譬如磨既行，齿都不齐，既不齐，便生出万变。故物之不齐，物之情也。而庄周强要齐物，然而物终不齐也。尧夫有言："泥空终是著，齐物到头争。"此其肃如秋，其和如春。如秋，便是"义以方外"也。如春，观万物皆有春意。尧夫有诗云："拍拍满怀都是春。"又曰："芙蓉月向怀中照，杨柳风来面上吹。"不止风月，言皆有理。又曰："卷舒万古兴亡手，出入几重云水身。"若庄周，大抵寓言，要入佗放荡之场。尧夫却皆有理，万事皆出于理，自以为皆有理，故要得纵心妄行总不妨。[69]

邵雍认为，"万事皆出于理"，历史就是理的展开，在历史的发展过程中，有"卷舒万古兴亡"的一只"手"存在，在这只"手"的作用下，历史的发展呈现出规律性的循环，所以"出入几重云水身"。人一旦掌握了理这只"手"，则"拍拍满怀都是春"，在现实中"纵心妄行总不妨"，历史的发展就在主体的理解和掌握中了。和邵雍有所不同，程颐认为"理"是在"易"中展现自己的，在"易"中才表现出"理"。所以，历史并不是"安排定"的，"安排定"则不称其为"理"了。体用虽然是一

源的，但不能只得其大体，大体虽得，不等于就能运行万物、经国理民。得大体还需有用，这就要借助于“术”，术仍属形而下者，只有将道体与术结合，才能治天下国家。如果弃术从道，忽视形下之术，这样，作为本体的理亦不能发明之。在程颐看来，说“体用一源，显微无间”，不是说体就是用，用就是体。用是表现体的，无用则体不能显。体用是有区别的，所以，论道而不论事，则道亦不显。在某种情况下，程颐更强调事“累高必自下”，由形而下才能达到形而上，道不是空谈，而是体现在具体的行动中。

> 今之语道，多说高便遗却卑，说本便遗却末。
>
> 格物穷理，非是要尽穷天下之物，但于一事上穷尽，其他可以类推。至于言孝，其所以为孝者如何，穷理如一事上穷不得，且别穷一事，或先其易者，或先其难者，各随人深浅，如千蹊万径，皆可适国，但得一道入得便可。所以能穷者，只为万物皆是一理，至如一物一事，虽小，皆有是理。[70]

道只是理体，此理体不能离开具体的形而下的事物。万物皆存此至理，一事虽小，也必有其理，于一事上可以穷尽至理。理是抽象的，是一种形而上的存在，但这是从其统摄万物这个角度来看的，不如此，则理不可能统摄万物；从另一面讲，理的表现形式是具体的、历史的，也是形而下的。贯通形上与形下，就是将理的超越性与理的表现形式的具体性、历史性结合起来，这种思想是宋代新儒家对以孔子为代表的传统儒家的改造与发展。孔子“罕言性与天道”，注重对社会现实问题的考察，因此，孔子哲学中较少有本体论的内容，更多地表现出强烈的实践性。宋儒则将现实性与本体进行结合，力图为现实性找到超越的内容，这在哲学上就表现为将本体与现实进行结合，将普遍的形而上学的理与现实的特殊性进行结合。

当然，体用是一源的，有其体必有其用，敬以直内，必义以方外，有诸中，必形诸外。体是用之本，得体则能发而为用。如不得体，务外而不务内，则内与外不相贯通。如古代圣王尧聪明睿智，他行事动容无不周旋中礼。如果只学尧之行事，不学他的聪明睿智，则只得其迹而不得其心，随着时移世异，其迹亦可能由正确变为不正确，勉强行其迹，则可能犯大错误。必须得其心，才能因时、事之不同而周旋中礼。程颐还以自己的亲身体会为例，说自己年老之后，对儒经的理解与年轻时没有什么两样，但由于行得切，所以知得更真，更觉其意味深长。这就好比人畏虎，人人都说自己畏虎，但只有为虎所伤者，才能真知虎之猛，其畏虎才畏得真切。

对于历史规律的研究，以往主要存在两种观点的对立：一种是设定一种先验、普遍的规律作为历史的本体，认为历史的发展受这种理念、规律的支配和引导，这种规律是一种独立于人类社会历史之外的理体；另一种从经验出发，认为历史在发展中形成了历史规律，可以通过对现实社会历史活动的考察，提炼出社会行为的实践模式，从中发现历史发展的内在逻辑。后者认为，前者所设定的历史规律并不具有经验的、客观的内容，不过是一种主观的假设；前者则断定，后者所谓的历史规律不能被称为规律，而只是一种历史的经验，这种经验不具有确定性，因为其处于不定的、动态的发展变化中，规律本身应具有确定性和先验性。可以说，程颐的历史思想和上述两种观点都有所不同，他既设定先验的天道和理作为历史的理体，又认为这种理体在历史中才得以生成和发展，两者存在一种理论张力。程颐并不认为历史就是“理”的简单外化，历史有自己的发展路径，历史的发展经常构成了对“理”的偏离，历史发展有时复杂到人们不能事先预料到历史行为的成与败。理虽然是本体，但它是不断发展的，并在这个发展的过程中得到体现，这样，理的普遍性与理的实现的历史性得到了统一。

四、朱熹的历史哲学思想

朱熹（1130—1200），字元晦，号晦庵，又号考亭、紫阳，南宋徽州婺源（今属江西）人，乃整个宋明时期极有影响的理学家之一。朱熹著有《周易本义》《易学启蒙》等，另有《四书集注》和《或问》；他还注解了周敦颐的《太极图说》、《通书》及张载的《西铭》等，编定《伊洛渊源录》和《近思录》，对理学发展做了总结。南宋黎靖德汇编有《朱子语类》一百四十卷；朱熹的儿子朱在编辑《朱文公文集》共一百卷，对研究朱熹思想具有重要的参考价值。

朱熹不仅仅是一位著名的理学家，他对历史也非常感兴趣，曾编有《资治通鉴纲目》。

1.“阴阳有个流行底，有个定位底”：论历史发展的形态

程颐和他的哥哥程颢提出“理必有对待，生生之本”的观点，认为天地间所存在的阴阳对待之理，促成了天地万物生生不息的变化。朱熹认为，二程的这个观点对阴阳关系的论述还不全面。

朱熹在程颐关于阴阳对待问题的基础上，提出阴阳不仅有对待，而且有流行。他对宇宙天地间阴阳的流行与对待问题进行了深入辨析。在他看来，宇宙是个大化流行的过程，有理则有气，天理流行，故气亦有阴阳的消长。阴阳之气的消长有两种情况出现，一种情况就是，阴阳本只是一气，一气之消长，产生阴阳，阳之退，便是阴之生，不是阳退了，又别有阴生。另一种情况，则是阴阳相互对立，一方以另一方的存在为前提，如天与地、男与女等。朱熹说：

> 阴阳，有相对而言者，如东阳西阴，南阳北阴是也；有错综而言者，如昼夜而言者，如昼夜寒暑，一个横一个直是也。伊川言：“易，变易也。”只说得相对底阴阳流转而已，不说错综底阴阳交互之理。言“易”，须兼此二意。(体在天地后，用起天地先。对待底是体，流行底是用，体静而用动。端蒙。又一条云：“阴阳有相对言者，如夫妇男女，东西南北是也；有错综言者，如昼夜、春夏秋冬、弦望晦朔，一个间一个辊去是也。季通云。”)
>
> 方其有阳，那里知道有阴？有乾卦，那里知道有坤卦？天地间只是一个气，自今年冬至到明年冬至，是他地气周匝。把来折做两截时，前面底便是阳，后面底便是阴。又折做四截也如此，便是四时。天地间只有六层阳气，到地面上时，地下便冷了。只是这六位阳，长到那第六位时，极了无去处，上面只是渐次消了。上面消了些个时，下面便生了些个，那便是阴。这只是个嘘吸。嘘是阳，吸是阴，唤做一气，固是如此，然看他日月男女牝牡处，方见得无一物无阴阳，如至微之物也有个背面。若说流行处，却只是一气。[71]

阴阳不仅是对待的，也是错综的。不仅是变易，也是交易。变易建立在阴阳对立的基础之上，而交易则建立在阴阳消长的基础之上，阴消才有阳长，就是朱熹所说的“方其有阳，那里知道有阴”。交易侧重说明阴阳互为其根，变易侧重说明阴阳之间的对立。因此，针对程颐提出的阴阳对待说，朱熹做了修正。他认为，阴阳作两个看，有如“分阴分阳，两仪立焉”，但如作一个看时，则不过是一气之消长，所谓“一阴一阳，互为其根”，实乃一气之流行。阴阳不仅是对待的，阴阳作一个看也是可以的，本只是一气，其消长便有阴阳。朱熹提出，阴阳有对待，也有流行。流行是指阴阳的转换，就流行而言，阴阳是一个；对待是指阴阳的区分，就对待而言，阴阳是两个。“易与天地准”，故“易”有交易，有变易，变易指的是阴阳对待，如日月水火之类；交易反映阴阳的流行，如寒暑昼夜等。事物的发展不仅有变易，也有交易。变易是一种性质不同的变化，交易则是一物之两体。只有对待，没有流行，则天地将滞塞不通；有流行则必然有阴阳的对待。所以，天地间的道理，有相对而言的，这就是阴阳对待，有流行变化的，这就是一气之消长。阳气既升之后，看着将要绝尽，便有阴生；阴气将要绝尽，便有阳生。此阴阳消息之理是无穷无尽的。程颐只说“易，变易也”，这只说到阴阳的对待，而未言及阴阳的流行。所以是不准确、不全面的。

朱熹的关于阴阳对待与流行的观点，受到张载（1020—1072）的影响。张载说：

> 太虚无形，气之本体；其聚其散，变化之客形尔。
>
> 太和所谓道，中涵浮沈、升降、动静、相感之性，是生絪缊、相荡、胜负、屈伸之始。
>
> 两不立则一不可见，一不可见则两之用息。两体者，虚实也，动静也，聚散也，清浊也，其究一而已。
>
> 知虚空即气，则有无、隐显、神化、性命，通一无二。顾聚散、出入、形不形，能推本所从来，则深于易者也。[72]

张载认为，太虚为气之本体，为一，为“神”；气是运动变化的，它有聚散、动静、清浊之不同，内含有浮沉、升降、动静、相感之性，生氤氲、相荡、胜负、屈伸之动，故一气化为二，二故“化”。究其本，则一气而已，一物有两体，两不立则一不可见，一不可见则两之用息。他认为事物运动变化的关键，在于气有阴阳两体。两体相反，也叫“两端”。相反的两端发生交感作用，以推移变化，最后又复归于一。“两”指阴阳的对待，“一”指阴阳的统一，即太虚，即气。所以，是一气化为阴阳，阴阳交感而产生变化。有无、隐显、神化、性命，都是一气所化。张载还深入考察了事物变化的状态，他认为“变”是说明阴阳变化之显著的状态，“化”是说明阴阳变化之不明显的状态。

在张载“太虚即气”“一物两体”“神化”的学说理论基础上，朱熹提出了阴阳的对待与流行之说。阴阳有对待，有流行，阴阳在对待与流行中呈现出两种不同的状态，就是“顿变”与“渐化”。朱熹说：

> 神化二字，虽程子说得亦不甚分明，惟是横渠推出来，“推行有渐为化，合一不测为神”。又曰：“一故神，两故化。”言两在者，或在阴或在阳，在阴时全体都是阴，在阳时全体都是阳。化是逐一挨将去底，一日复一日，一月复一月，节节挨将去，便成一年，这是化。直卿云：一故神，犹一动一静互为其根；两故化，犹动极而静，静极复动。[73]
>
> 阳化而为阴，只恁消缩去，无痕迹，故谓之化。阴变而为阳，其势浸长便觉突兀，有头面，故谓之变。[74]

朱熹认为，程颐只讲“变易”，对于“神化”理解得还不到位。朱熹赞同张载的“神化”观，认为“神”是渐化，“化”是顿变，把“变”“化”看作事物发展的不同形式，即把阴变而为阳这种事物的显著变化叫作“变”，而把阳逐渐化为阴这种事物的渐变叫作“化”。事物的发展过程中存在着不明显的、逐渐的变化，也存在着事物性质发生根本转变的变化，一种是隐微的“渐化”，一种是显著的“顿变”，阴阳的“变”和“化”是两种有区别而又有联系的事物运动形式。“化”是“渐化”，是指事物“本无一息间断”的连续性的量的变化，是人所难以觉察到的不明显的变化，即所谓“化是逐一挨将去底，一日复一日，一月复一月，节节挨将去，便成一年，这是化”。朱熹把“变”称为“顿变”。是指事物发展中“其势浸长便觉突兀”的质变。朱熹关于阴阳对待、流行之说，其意义有二：一是肯定事物自己在运动。阴阳的流行，不过是一气之消长，是气自己在运动。二是阴阳的对待不是静止的，而是流动的，如此才有事物生生不息的变化。

朱熹认为，阴阳有从动静这个自然的角度来说的，也有从善恶这个伦理的角度来说的。就概念来说，它们是相同的，阴阳还是此阴阳。但是考察问题的角度不同，相同概念的内涵差异很大。如自然界所存在的阴阳两气迭运，这就是阴阳“流行”的一个例子。至于在人类社会中，以阳为君子，以阴为小人，这又是从善恶这个伦理的角度来推断的，以说明不同人具有不同的伦理道德水准。这是阴阳“对待”的一个例子。就阴阳之流行而言，则天地间无两立之理，非阴胜阳，即阳胜阴，无物不然，无时不然。就阴阳的对待而言，则阴阳不可先后言，所谓独阳不生，独阴不成，造化周流，须是并用。

朱熹关于阴阳对待与流行的理论，肯定了阴阳转化的可能性和不间断性。他认为，这是宇宙间事物发展的一个普遍规律，人类社会历史发展也不例外。因为阴阳的对待和流行，人类社会就不可能不存在善与恶、治与乱的对峙与转化。其中，善的社会是理想社会，是天下大治的社会；恶的社会是乱世，是应该受到谴责的社会；善与恶又不是截然对立的，善恶可以相互转化，这就体现了阴阳的流行。人们通过居安思危、防微杜渐，可以防止由善向恶的转化；通过积善累德，消阴补阳，可以实现由恶向善的发展。朱熹说：

> 气运从来一盛了又一衰，一衰了又一盛。只管恁地循环去，无有衰而不盛者。所以降非常之祸于世，定是生出非常之人。……盖一治必又一乱，一乱必又一治。[75]

朱熹将天地间阴阳的对待、流行看成是本体的理作用的结果，理有对待、流行，行故气有对待、流行。天地之间，无一物不是阴阳，无一物不有阴阳。大至于天地日月，小至于草木禽兽，都有牝牡阴阳。一动一静，一语一默，皆是阴阳之理。乃至于摇扇便属阳，住扇便属阴，莫不有阴阳之理。阴阳的对待与流行是本体之理作用的结果。

> 问："'天地万物之理，无独必有对'，对是物也，理安得有对？"曰："如高下、小大、清浊之类皆是。"曰："高下、小大、清浊之类又是物也，如何？"曰："有高必有下，有大必有小，皆是理必当如此。如天之生物，不能独阴必有阳，不能独阳必有阴，皆是对。这对处不是理对，其所以有对者，是理合当恁地。"
>
> "天地万物之理，无独必有对"，问："如何便至'不知手之舞之足之蹈之'？"曰："真个是未有无对者，看得破时，真个是差异好笑。且如一阴一阳便有对，至于太极，便对甚底？"曰："太极有无极对。"曰："此只是一句，如金、木、水、火、土，即土亦似无对，然皆有对。太极便与阴阳相对。此是'形而上者谓之道，形而下者谓之器'，便对过，却是横对了。土便与金、木、水、火相对。盖金、木、水、火是有方所，土却无方所，亦对得过。胡氏谓'善不与恶对'，恶是反善，如仁与不仁，如何不可对？若不相对，觉说得天下事却都尖斜了，没个是处。"
>
> 问："天下之理，无独必有对，有动必有静，有阴必有阳，以至屈伸、消长、盛衰之类，莫不皆然，还是他合下便如此耶？"曰："自是他合下来如此，一便对二，形而上便对形而下。然就一言之，一中又自有对。且如眼前一物，便有背有面，有上有下，有内有外，二又各自为对。虽说无独必有对，然独中又自有对。且如棋盘路两两相对，末稍中间只空一路，若似无对，然此一路对了三百六十路。此所谓一对万，道对器也。"[76]

天下之理，无独必有对。阴阳对待与流行不是个别现象，而是宇宙间普遍的规律。朱熹的这个观点将事物的变化发展看成是普遍的、必然的，并将之上升到形而上、本体之理的高度。他曾经说，常看到高山上、岩石中有螺蚌壳，螺蚌是水中之物，下者却变而为高，柔者变而为刚，这是很值得深思的事情。从根本上来说，本体的理决定了天下的事物不可能是性质单一的存在，必然有阴阳的对待与流行，因此，变化与发展是必然的，不存在静止不变的事物。一阴一阳之谓道，一阴一阳还必须有“继”，否则，仅有一阴一阳的对待而无继，则道也会被“阖杀了”，而不能生生不息。

2.“未有天地之先，毕竟也只是理”：对历史本体的思考

张载认为，宇宙的根本是气，所谓“太虚即气”；气的千变万化都有一定的法则（理），理是事物变化（气化）的规律。朱熹不同意张载的这个观点。他认为，张载没有区分形上与形下。形而上的理是宇宙的本体，气是形而下者，理为“生物之本”，“气”为生物之具。理处于主宰者和决定者的地位。他说：

宇宙之间一理而已，天得之而为天，地得之而为地，而凡生于天地之间者，又各得之以为性，其张之为三纲，其纪之为五常，盖皆此理之流行，无所适而不在。若其消息盈虚，循环不已，则自未始有物之前，以至人消物尽之后，终则复始，始复有终，又未尝有顷刻之或停也。儒者于此既有以得于心之本然矣，则其内外精粗自不容有纤毫造作轻重之私焉，是以因其自然之理而成自然之功，则有以参天地、赞化育，而幽明巨细无一物之遗也。[77]

天地之间，有理有气。理也者，形而上之道也，生物之本也；气也者，形而下之器也，生物之具也。是以人物之生，必禀此理，然后有性；必禀此气，然后有形。其性其形，虽不外乎一身，然其道器之间，分际甚明，不可乱也。[78]

至于《大传》既曰“形而上者谓之道”矣，而又曰“一阴一阳之谓道”，此岂真以阴阳为形而上者哉？正所以见一阴一阳虽属形器，然其所以一阴一阳者，是乃道体之所为也。故语道体之至极，则谓之太极；语太极之流行，则谓之道。虽有二名，初无两体。周子所以谓之太极，正以其无方所，无形状，以

为在无物之前，而未尝不立于有物之后；以为在阴阳之外，而未尝不行乎阴阳之中；以为通贯全体，无乎不在，则又初无声臭影响之可言也。[79]

问："昨谓未有天地之先，毕竟是先有理，如何？"曰："未有天地之先，毕竟也只是理，有此理便有此天地，若无此理便亦无天地，无人无物，都无该载了，有理便有气，流行发育万物。"曰："发育是理发育之否？"曰："有此理，便有此气流行发育。理无形体。"曰："所谓体者，是强名否？"曰："是。"曰："理无极，气有极否？"曰："论其极将那处做极。"[80]

朱熹认为，理之流行，促使气消长循环不已。一阴一阳是器，所以一阴一阳者是理。天地是器，未有天地之前，先有天地之理。理是本体，通贯全体，无处不在，无时不有。于此，朱熹坚决摆脱了自汉代儒学以来的宇宙发生论思想，而建立起了儒学的本体论。

儒学自汉代以来，便有"推天道以明人事"的特点。儒学这个特点的出现，是和整个西汉时期大的政治、社会环境密不可分的。因为中央集权政治统治的需要，汉武帝采纳了董仲舒"罢黜百家，独尊儒术"的方针，这使儒家学说成为了正统意识形态。作为意识形态，要对现实生活进行引导、规范，要对至高无上的王权进行监督，故而董仲舒强调"天人感应"，而以孟喜、京房为代表的汉儒正统易学的主要特点也在于通过卦气说、奇偶之数、纳甲之法等解《周易》形式，言阴阳灾异来探寻"天意"，利用"天意"来对现实王权、人事进行"规范"。

汉代儒家哲学因为重视对所谓"天意"的探寻，从而在学术形式上更注重宇宙生成论，这主要是想为现实社会政治生活设定一个天道标准。北宋理学开山之祖周敦颐亦受此影响，他的重要著作《太极图》及《太极图说》的特点是将儒家具有政治和社会伦理特色的"中正仁义"等内容上升为"天道"，其立论的方法是以《周易》天、地、人"三才"一理为前提，从"天地自然之理"推及于"人之理"，又"原始返终"，将"人之理"上升至"天地自然之理"。故《太极图》最上一圈为"无极而太极"，表明无形无象的太极是宇宙万物生成的本原和本体；第二圈"坎离相抱"，表明"太极"的动静产生了阳性和阴性的物质，它们两者统一于"太极"之中，既互相对立，又互相转化，从而生生不已；第三圈是“五行生成图”，认为“太极”中阴阳两仪的变化和组合，形成了金、木、水、火、土五行；第四圈“乾道成男，坤道成女”、第五圈“万物化生”，指阴阳五行之气又生成人类和万物。其中，人为万物之灵，其所禀受的阴阳五行之气成为人的五常之性，即仁属木，义属金，礼属火，智属水，信属土。儒家的圣人于五常之性不偏、不执，取其中正而已，故无欲；无欲故静，从而能“与天地合其德，与日月合其明，与四时合其序，与鬼神合其吉凶。”[81] 由此可以看出，周敦颐学说本身的内容是历史上儒家一贯强调的“中正仁义”，他将形而下的政治和社会伦理问题上升为形而上之天道，为政治和社会伦理问题提供本体论的根据，其立足点是人事，天道是为人事的需要而设定的。

从儒学的发展史来看，由于汉代以来宇宙生成论日渐烦琐和神秘化，在经历了充分发展后，至宋明时期，宇宙生成论走向了它的反面，被以程朱理学以代表的宇宙本体论所取代。这种取代，不仅是学风由烦琐趋向简易的变化，而且所讨论的理论话题也有了重大改变。由于受佛、道教的影响，儒学将关注点转向了探讨现实背后的本体问题。这个学术的转向，有其内在的社会、政治原因。从总体而言，宋代儒者有着强烈的现实关怀，他们重视对现实社会政治制度的检讨。制度的好与坏，当然必须通过社会实践来评判，但对于一项制度形成的根据和原因的探讨也很重要，一项好的制度，其形成原因和机制是什么；一项不好的制度，为什么它是不好的。对于这些问题的思考，必然引导人们去探讨现象和事物背后的决定性因素是否存在、如何存在及它是什么等问题。

宋明理学吸收了佛、道两教重本体思考的理论思路，适应时代的需要，对世界万物之本体等问题进行了重点思考。这直接导致了程朱理学的兴起，而朱熹更是理学的集大成者。朱熹对周敦颐的宇宙生成论进行了改造。这个改造是从“无极”“太极”开始的，朱熹将之不仅看成是宇宙生发的源头，而且将之看成是宇宙的本体。

在《太极图说》中，周敦颐勾画了一幅宇宙生成的历史图景，即无极—太极—阴阳—五行—男女、万物。而朱熹则对此宇宙生成论进行了新的解读，提出了宇宙本体论。朱熹以太极为宇宙本体，为形而上之道；太极即是天理，天理只是一个“无声无臭”而“净洁空阔底世界”，是一种抽象的精神本体，推之于宇宙生成之前，它就存在了；在天地终结之后，它也不会消失。太极是万物之本，万物既资之以始，同时又因禀太极而各正其性命。宇宙万物虽然动静不同时，阴阳不同位，但都蕴含太极，太极无处不在。

正因为有了太极，则一动一静而两仪分；有了阴阳，则一变一合而五行具。五行之变，千差万别，以至于不可穷尽，但都可归结到阴阳的相互作用。而阴阳相互作用之理，则又无适而非太极之本然。宇宙之间一理流行，发育生成万物。天得之而为天，地得之而为地，万物和人又各得之以为性。甚至人类社会中的三纲、五常等政治和社会生活制度，都是此理之流行。有理则有气，气则消息盈虚，循环不已，未尝有顷刻之或停。就宋代儒学思想本身的发展看，从周敦颐重视对宇宙生成本原的考察，过渡到程颐、朱熹重视对现象背后的本体的考察，以及在对本体问题思考过程中凸显人之心性本体，这个过程涵盖了对于世界的形成、世界的本质，人与世界的关系等重要哲学命题的思考，呈现出人类在哲学思考理路上的进步和哲学内容的丰富、发展。但是，我们也可以看到，思想反作用于现实的功效性的大小，毕竟是人们在进行思考时必须要顾及的功利性原则。儒学不仅是书斋和象牙塔中的学问，它更要在因应、体察现实制度和生活的过程中不断丰富和发展自己。因此，在哲学思考和学术建构上，宋明理学非常注意建立起现实与本体之间建设性的、实在的联系，不能使现实与本体裂为两截。故而理学认为太极之理就是宇宙万物的本体，也是宇宙发生、发展的规律，也就是天道。天道不离阴阳消息，现实的一切无非阴阳消息作用的结果，掌握阴阳消息的规律，就能认识天道及其规律。这样，宋明理学自身的发展过程，便由对理本论的讨论又过渡到理气关系问题的讨论。

理气问题的讨论，主要涉及理气本末（或理气先后）、理气动静等问题。对理气本末问题，朱熹明确地以理为本、气为末，理为先、气为后。他说：

> 有是理后生是气。
>
> 未有天地之先，毕竟也只是理，有此理便有此天地，若无此理便亦无天地，无人无物，都无该载了，有理便有气，流行发育万物。[82]

理是本体，气是理之载体，理先而气后。天地形成后，理气不分，气之阴阳开阖形成了宇宙万物的变化万千，理便是气中所内含的主宰万物生成的功能。这既为形而下的阴阳变易（气）确立了形而上的本体（理）的依据，又为形而上本体（理）的安顿确立了物质的载体（气）。形上之理虽说与形下之器有区别，但两者并不是截然分开的，而是有机地联系在一起的。这就意味着世间万物并不是孤立的存在，而是有理一以贯之的。

气有一阴一阳，阴阳交感而变化无穷，这就产生了另外一个问题，即气有动静，理是否亦有动静？这就是理气动静的问题。对此，朱熹认为：

> 太极之有动静，是天命之流行也，所谓一阴一阳之谓道。
>
> 有太极则一动一静而两仪分，有阴阳则一变一合而五行具。……盖五行之变，至于不可穷，然无适而非阴阳之道。至其所以为阴阳者，则又无适而非太极之本然也。夫岂有所亏欠间隔哉！[83]

朱熹认为，太极有动静之理，理之动静构成天命之流行。因太极蕴含动静之理，故伴随着理的发育、流行，事物就呈现出历史性和规律性的发展。由太极变而为阴阳、五行，乃至万物。这个过程当然是一个历史的过程。太极是万物的起点，也是万物的终点。所谓“天命之所以流行而不已”，也就是由起点到终点，周而复始。这里的历史就失去了进步的意义，在某种程度上，这种过程也不能称为真正的历史过程。所以，朱熹的历史哲学肯定宇宙万物是生成变化的，是历史的存在，但太极之理作为宇宙万物的本体，则是一种非历史的存在。它的展开采取了历史发展的形式，但就其本身而言，则是亘古不变的。因此，当朱熹论及形而下的器世界时，他是持一种历史发展的眼光来看问题的，认为天地万物都存在阴阳的消长、变合，处于生生不息的发展、变化过程中；当他论及形而上的太极之理时，则认为太极虽蕴含动静之理，但理本身并不具有历史性。

> 郑仲履云：“吴仲方疑太极，说‘动极而静，静极复动’之说，大意谓动

则俱动，静则俱静。”曰：“他都是胡说。”仲履云：“太极便是人心之至理。”曰：“事事物物皆有个极，是道理之极至。”蒋元进曰：“如君之仁，臣之敬，便是极。”曰：“此是一事一物之极，总天地万物之理，便是太极。太极本无此名，只是个表德。”

问：“《理性命章》注云：‘自其本而之末，则一理之实而万物分之以为体，故万物各有一太极’，如此则是太极有分裂乎？”曰：“本只是一太极，而万物各有禀受，又自各全具一太极尔，如月在天只一而已，及散在江湖，则随处可见，不可谓月已分也。”[84]

理不仅是宇宙万物的本原，而且是人类社会的最高原则。朱熹希望把世间万变的多样性存在统一起来，论证了世界的多样性统一；同时也对宇宙万物生生不息的原因做了探讨，认为天下万物之理“无独必有对”，阴阳的对待与流行，使世界处于不断的变化发展中。在此，有一个问题是需要辨明的，朱熹是理本论者，道或理是形而上的本体，是不变的存在，而从自然界到人类社会又都是一个生生不息的发展过程。这种不变的道本或理本是如何生发出生生不息的自然界和人类社会来的呢？朱熹认为，理的存在本身并不影响自然界和人类社会的历史是生成变化的，理的实现是一种连续性的活动，在历史发展的每一个阶段都有达到理的理想境界的可能。现实的丰富多样性使不同时期理的实现方式都各不相同，理是不变的，理的实现方式则必然是历史的。天地万物各有不同，阴阳的交互作用，生成万物，万物各适其性，参差万变，变化无穷，从而天地生物是一个生生不息的过程。人类社会的历史也是一个生生不息的发展过程，这可以从理在不同时期有不同的表现来得到合理解释。理是在历史的发展中得到呈现的。

理的呈现是一个历史的过程，道虽同，但其实现方式则各异。变易中有“时”的问题，随“时”非常重要，“时”的概念本身就体现出一种历史性。“时”与生生是紧密联系在一起的。时移事异，则产生不同的变化，理就存在于这种变化之中。“时”又与阴阳的对待、流行相关，阴阳对待、流行的不同状态，就形成了不同的“时”，阴阳对待、流行的动态流变过程中，有一种阴阳相和的理想状态，这种阴阳相和的理想状态就是“道”或“理”，相对于阴阳相“和”的理想状态而言,“时”或者趋近“和”，或者远离“和”，趋近“和”则能长久，远离“和”则阴阳统一体将会发生变革，促使新的阴阳统一体产生，于是又开始了新一轮追求阴阳相和的过程。人们构成了社会，社会也存在一种现实状态与理想状态的区分。人的行为本身就构成了人的现实存在，这种现实存在相对于理想状态而言，也有一个趋近与远离的问题。目标虽然明确，但在实现的过程中充满着未知因素和未完成的因素，这就使得生成的每一个过程都是非终极的，因而在发展方向上呈现出多角度。但在这些角度中，也有一个方向和目标，这就是理。朱熹的历史哲学认为理是普遍的存在，历史事件不过是理的体现，理将在人类历史的发展中得到不断呈现。但是历史之所以是历史，就在于它的变易性，历史事件不会完全重复，理的呈现有赖于历史性的创造活动。

人是历史性的存在，但历史中也有着形而上学，即历史的形而上学。这种历史的形而上学，究其实质而言，不过是一种文化的精神。人是历史的存在，更是文化的存在。人一生下来，就受到某种既定文化的熏陶。通常说来，随着历史条件的不断变化，人们的物质生活水平会不断提高，物质追求会不断得到更新。尤其是人类进入近现代社会以后，更是如此。但是人类的“精神世界”和“意义世界”，比如说人类的终极关怀，对美好理想的向往等，即在精神的层面，是有一些历史性的、不变的内涵在其中的。这种“精神世界”意义非常重大。它是人类历史发展成果之结晶，又是人类历史进一步发展的前提和基础。从长远来看，这种“意义世界”不是一成不变的，它的内容将随着人类社会实践活动的不断深入而不断得到更新和发展。因为文化传统本身是由历史生成的，是社会实践的理论升华和结晶，承认这种文化传统的稳定性和先在性是有条件的，即必须承认文化传统的历史性，这包括两个方面，一方面，文化传统是人的实践活动的产物；另一方面，人们在既定的文化传统之上，可以进行创新和发展，因而文化传统具有一种开放性，它会随着人们社会实践活动的展开而不断地积淀，不断地发展变化，并且一些文化传统在这个过程中会因不能适应新的发展形式而被淘汰出局。

宋明理学关于天理、太极、诚、良知等本体问题的认识，为当时的中国人提供了一种超稳定的“精神世界”和“意义世界”，朱熹等宋明儒者往往赋予它们一种永恒不变的意义，而没有看到天道本体的内涵也不是凝固不变的，它要因应时代和社会的发展而不断更新自己的内容，生生不息。朱熹和程颐一样，将一种历史性的文化传统的存在看成是先验的、不变的，对人的社会实践活动起支配作用的力量，这就不适当地夸大了文化传统对人的影响，并且没有历史地看待文化传统本身。这也是程朱历史哲学的不彻底之处。

3. 王道政治

理是宇宙万物的本体。在人类社会的发展中，也有理的存在，这就是天理。同时，由于人又受形气之私的影响，产生情欲，这就是人欲。综观人类历史发展，朱熹认为，上古尧、舜、禹三代时期“天理”流行，体现了“王道”政治的特色，是人类历史发展的理想时期；而三代以后，统治者把天下国家看成是一己之私产，凡事论之以利而不以义，杀伐征讨皆从统治者自身的利益出发，民生问题得不到妥善解决，是“人欲横行”的时期，体现为“霸道”。对于历史上所谓的汉唐盛世，包括汉高祖、唐太宗等雄才伟略的君主，朱熹均不认可，认为他们不仅没有做到以天下为己任，反而“无一念不出于人欲”之私，不合于尧、舜、三王、周公、孔子所传之道，亦即不合于天理。朱熹说：

> 尝谓天理人欲二字，不必求之于古今王伯之迹，但反之于吾心义利邪正之间。察之愈密，则其见之愈明；持之愈严，则其发之愈勇。孟子所谓浩然之气者，盖敛然于规矩准绳不敢走作之中，而其自任以天下之重者，虽贲、育莫能夺也，是岂才能血气之所为哉！老兄视汉高帝、唐太宗之所为而察其心，果出于义耶，出于利耶？出于邪耶，正耶？若高帝则私意分数犹未甚炽，然已不可谓之无。太宗之心，则吾恐其无一念之不出于人欲也，直以其能假仁借义以行其私，而当时与之争者，才能知术既出其下，又不知有仁义之可借，是以彼善于此而得以成其功耳。若以其能建立国家，传世久远，便谓其得天理之正，此正是以成败论是非，但取其获禽之多，而不羞其诡遇之不出于正也。千五百年

之间正坐如此，所以只是架漏牵补过了时日，其间虽或不无小康，而尧、舜、三王、周公、孔子所传之道，未尝一日得行于天地之间也。若论道之常存，却又初非人所能预，只是此个自是亘古至今常在不灭之物，虽千五百年被人作坏，终殄灭他不得耳。汉、唐所谓贤君，何尝有一分气力扶助得他耶？[85]

这段论说取自朱熹给他的朋友陈亮写的一封回信。在信中，他们对中国社会历史发展问题交换了看法。朱熹坚持三代以上是天理流行的历史阶段，而三代以下，包括所谓的汉唐盛世，皆是人欲流行的时期。朱熹认为，天理、人欲不必到人类历史发展中去寻求，反求于己，就能找出义利邪正之心。对于个体的人而言，天理要战胜人欲，才能养成浩然之正气，也才能自任天下之重，这不是才能血气的问题。才能血气不同，人的能力也不同，但人的能力只有在天理的统率下，才可能发挥积极作用。如果受人欲之私支配，则人才能越高，对社会危害就越大。如汉高祖、唐太宗，就其才能血气而言，都是超出常人之上的杰出人物，但他们对于家国天下之大事的处理，无一念不是出于其人欲之私，况且他们还假借仁义之名而行其私。如果从功利的角度看，则汉、唐能建立国家，并且传于后代子孙好几百年，在这个过程中，社会也有清明小康的时期出现，百姓可以免于战乱灾疫之苦，过上安乐的好日子。但这并不意味着汉高祖、唐太宗的所作所为就合于天理之正。朱熹反对实用主义的历史观，反对以“成败论英雄”，认为历史发展中有道义存在，道义是衡量历史事件的最重要标准。他以一种超越功利层面的儒学理性精神去评价汉、唐之治，而不是关注具体一朝一代的兴盛。他要效法孔子，为百世立不易之法则，因此，对唐太宗与汉高祖，他更多的是予以批评和指责。因为汉高祖、唐太宗的所作所为对于理学精神是一个严重的背离。汉高祖以天下为一己之私产，唐太宗逼父弑兄是为篡，都是不仁不义之举。

由此看来，朱熹的理想社会是一种讲仁义公道的“王道”社会。在三代所代表的“王道”社会中，天下为公，表现在尧、舜、禹行禅让之事，不以天下为一己之天下；王道社会还表现在以仁义为本，如商汤伐夏桀之无道，商纣王残害民生，周武王一怒而安天下，都体现出以仁义为本。王道社会中，改善天下民生成为政治行为的标的，政治行为是一种大公无私的行为。三代以下，统治者都从一己之私利出发，因为有私心，发出来的行为也就是一种私行，尽管此私行在某种程度上能够给天下百姓带来利益，但究其本，则仍然是一种趋利而不趋义的行为。所以，理想社会是倡导仁义的社会，是天下为公的社会；倡导个人的私利，追求功利而不计仁义，则是霸道的政治。

对中国历史发展阶段的“王道”与“霸道”如何来评定，朱熹把它归结为统治者心性修养的问题。统治者以仁义之心行仁义之政，则社会历史就处于王道时期；反之，统治者以功利之私心行霸道政治，则社会历史就处于霸道时期。区别王道与霸道的标准，是统治者以仁义之心还是以功利之心来进行统治。对朱熹来说，历史上一些帝王外在的丰功伟绩，如汉唐之治等，并不足以成为评判历史事件的标准。这就带来一个难题，即统治者心性修养是他个人的一种内在心理行为和活动，这种内在的心理活动，外人一般无从了解，只能通过这个个体发而在外的具体行动来推测。但是，这种发而在外的具体行动既可能表达此人的内心世界，表达他心性修养的程度和水平，也可能是对其内心世界真实情况的一种歪曲，并不能体现其真实的内心世界。例如，历史上汉代的萧何与晋代的谢安都曾有过大兴土木、营造宫室的举动。但是，萧何营造宫室是为了解除汉高祖对自己的猜疑，是为了避祸，其出发点是维护个人一己之私利；谢安营造宫室是在东晋面临前秦大兵压境的威胁之时，为了安定民心、稳定国基所做出的一种行为，是出于爱国忧民之公心。对于某种相似的历史行为，人们很难判断究竟这种行为是出于义还是出于利，是出于公心还是出于私心。一些看似很相似的历史事件，其意义却完全不同甚至是相悖的。所以，心与迹有时是相应的，有时却又是完全相反的。到底是原心还是原迹，就成为当时理论界争论的一个焦点问题。

朱熹认为，应该原心而不能原迹。所谓原心，就是要考察统治者是否以仁义之心进行统治。仁义不仅是具体行为，更是仁义之心。行仁义就是王道，倡功利就是霸道。天理与人欲是截然对立的。对于朱熹的这个观点，陈亮表示了不同的看法。他认为：

> 自孟、荀论义利、王霸，汉唐诸儒未能深明其说，本朝伊洛诸公，辨析天理人欲，而王霸义利之说于是大明。然谓“三代以道治天下，汉、唐以智力把持天下”，其说固已不能使人心服，而近世诸儒，遂谓三代专以天理行，汉唐专以人欲行，其间有与天理暗合者，是以亦能长久。信斯言也，千五百年之间，天地亦是架漏过时，而人心亦是牵补度日。万物何以阜蕃，而道何以常存乎？故亮以为汉、唐之君，本领非不洪大开廓，故能以其国与天地并立，而人物赖以生息。惟其时有转移，故其间不无渗漏。……而来谕乃谓其非三纲五常之正，是殆以人观之，而不察其言也。王霸策问，盖亦如此耳。[86]

作为儒者，陈亮也同意天理人欲、王霸义利的区分。但对于朱熹所谓三代天理流行，专以道治天下，三代以下人欲流行，专以智力把持天下的观点，陈亮并不认可。他认为，道不为尧存，亦不为桀亡，是亘古亘今的。如果汉唐专以人欲行，所谓三代以来的一千五百多年的历史都是“架漏过时”，人们都好似生活在阴雨天的漏屋之中，人心也是“牵补度日”，则道在何处？朱熹也认为太极之理和儒家尧、舜、文、武、周公、孔子之道是无时而不在的，是不会断绝的，但又认为汉唐专以人欲行，汉唐所存在的是无道政治，这在逻辑上就构成了一个矛盾。因为儒家的道统在汉唐接续不上了，故此儒家道统就不是无时无处不在的。对此，朱熹的解释是，汉唐时期，儒家的道统仍然存在，只不过当时的统治者不用而已。而陈亮则反驳说，理不出事之外，如果孔孟渊源正大之理，不能在汉唐时期的事事物物中表现出来，则孔孟之学本身就可称作迂阔之学，而不能怪时君之不用。陈亮认为，仁义之心发而在外，产生仁义之行，同样，功利之心也可以发出仁义之行。比如齐宣王这个人好色、好货、好勇，这些在儒者看来都是私心、人欲，皆害道之事。但是，孟子却从此人欲、私心中进而扩充之。既然人人都有好色之心，齐王将此人心之所同推而广之，使天下百姓皆能好其所好之色，则民无怨旷，齐王自己也能因此而好色但不至于溺。这样看来，作为人欲之极的好色，也可以不害于道。同样，好货、好利也是人心之所同，使百姓能各好其所利，使民无冻馁之患，则非但不害于道，而且于道有益。

陈亮认为，义利不是对立的，义要通过利来体现，利天下百姓就是义。朱熹则认为，必须从“天理”的高度去认识历史，把“天理”作为评论历史事件的最高标准。尧、舜、禹等圣王心心相传，从商汤、周文王、周武王一直到周公、孔子，“道心”纯正，所以社会“天理流行”。虽然三代有商汤伐夏、武王伐纣，但并不能把这看成是霸道。正如孟子所说，不闻武王弑君，只闻武王诛一独夫纣。三代以后，汉唐诸君只是从一己之私欲出发，他们也可能做一点合乎仁义的事情，但只是假仁义以济自己之私欲，由于从根本上缺乏三代圣王的仁义之心，所以汉唐诸君实行的是霸道政治。朱熹更多的是以一种超越功利层面的儒学理性精神去评价历史事件，认为要对历史事件论之以义，义之当为则为，义不当为则不为。合于义则为正，不合于义，虽有功利，亦为悖。他也反对实用主义的历史观，反对以“成败论英雄”，认为历史的发展中有道义存在，道义是衡量历史事件的最重要的标准。

朱熹坚持认为，“三代专以天理行，汉唐专以人欲行”。社会历史发展的决定因素乃帝王“心术”的“正”与“不正”，帝王一人独运万机，社会进步取决于帝王的“心术”和才能。在历史的变化发展中，人们应该根据不同的具体情况，以这种精神指导自己的行为，遵循此道而行。朱熹对历史的认识和考察，不是如一般的学者那样仅从外部去描绘社会历史及其变迁，他重在对历史人物和历史事件的“内部”进行研究，力求揭示历史和社会发展之理，认为这样才能真正地理解和读懂历史。

我们认为，人类社会及其活动都是一种历史性存在，人和社会都没有抽象的形而上学的规定，它们都是在实践活动中生成的，因此都具有历史的性质。不存在“至善”不变的人性，也不存在一个至善、至美的“三代”理想社会，“至善”的人性和“至美”的理想社会不过是某种形而上学的抽象假设。人完善自我的过程，是永无止境的。社会的发展也是无止境的，并不存在一个完全合理的“理想王国”，一旦实现，人类历史的发展就到此结束。人和社会的发展永远都处于生成和开放的过程中。历史内容的丰富多样性决定了任何时代的统治者都不能生搬硬套古代先王的某种制度，而是要透过这种制度本身去体认决定这种制度的文化精神。这种文化精神也是具有历史性的存在。这种文化精神在历史的发展中不断变换表现形式，所以有损有益，有因有袭，如何在多变的历史发展中去体认这种文化精神，就需要人发挥自己的创造性。历史总是生机勃勃的，总是变化发展的。朱熹要从一切变化中抽象出一种不变的道，这就表现出一种非历史的观点。

注释

1 黄宗羲：《宋元学案·横渠学案》，见沈善洪主编：《黄宗羲全集》第 3 册，795 页，杭州，浙江古籍出版社，1986。

2 程颢、程颐：《二程集》，511 页，北京，中华书局，1981。

3 程颢、程颐：《二程集》，476 页。

4 程颢、程颐：《二程集》，510—511 页。

5 此观点受余敦康先生所著《内圣外王的贯通——北宋易学的现代阐释》（上海，学林出版社，1997）一书的影响而提出。

6 程颢、程颐：《二程集》，228 页。

7 刘牧：《易数钩隐图遗论九事》，见张继禹主编：《中华道藏》第 16 册，532 页，北京，华夏出版社，2004。

8 程颢、程颐：《二程集》，514 页。

9 程颢、程颐：《二程集》，326 页。

10 此说详见朱伯崑：《易学哲学史》中册，157 页，北京，北京大学出版社，1986。

11 邵雍：《皇极经世》卷十二之上，《观物外篇》上，见《中华道藏》第 17 册，644—645 页。

12 邵雍：《皇极经世》卷十一之上，《观物篇》五十一，见《中华道藏》第 17 册，623—624 页。

13 邵雍：《皇极经世》卷十二之上，《观物外篇》上，见《中华道藏》第 17 册，646 页。

14 邵雍：《伊川击壤集》卷十六，见《中华道藏》第 25 册，397 页。

15 邵雍：《皇极经世》卷十一之上，《观物篇》五十一，见《中华道藏》第 17 册，627 页。

16 邵雍：《皇极经世》卷十一之上，《观物篇》五十一，见《中华道藏》第 17 册，626 页。

17 邵雍：《皇极经世》卷十一之上，《观物篇》五十一，见《中华道藏》第 17 册，626 页。

18 邵雍：《皇极经世》卷十一之上，《观物篇》五十一，见《中华道藏》第 17 册，627 页。

19 邵雍：《皇极经世》卷十一之上，《观物篇》五十一，见《中华道藏》第 17 册，627 页。

20 邵雍认为，五伯所处的时期是乱世的典型，但还不是最差。因为周王室东迁以后，虽然后继二十四君将周文王、周武王的功德丧失殆尽，但王室不绝如线，夷狄不敢屠害中原，还是得益于五伯的“尊王攘夷”之名。以力率天下，天下也以力归之，这不是王道，而是霸道，但此霸道亦强于夷狄的不文明状态。

21 朱伯崑：《易学哲学史》中册，157 页。

22 邵雍：《皇极经世》卷十一之下，《观物篇》六十，见《中华道藏》第 17 册，633 页。

23 邵雍；《秋怀三十六首》卷三，见《中华道藏》第 25 册，339 页。

24 邵雍：《皇极经世》卷十一之上，《观物篇》六十，见《中华道藏》第 17 册，629 页。

25 邵雍：《皇极经世》卷十二之下，《观物外篇》下，见《中华道藏》第 17 册，657—658 页。

26 邵雍：《皇极经世》卷十二之下，《观物外篇》下，见《中华道藏》第 17 册，658 页。

27 邵雍：《皇极经世》卷十一之上，《观物篇》五十四，见《中华道藏》第 17 册，626—627 页。

28 邵雍：《皇极经世》卷十一之上，《观物篇》五十四，见《中华道藏》第 17 册，628 页。

29 邵雍：《皇极经世》卷十一之上，《观物篇》五十五，见《中华道藏》第 17 册，628 页。

30 邵雍：《皇极经世》卷十二之下，《观物外篇》下，则《中华道藏》第 17 册，659 页。

31 邵雍：《皇极经世》卷十二之下，《观物外篇》下，见《中华道藏》第 17 册，653 页。

32 黄宗羲：《宋元学案・百源学案》，见《黄宗羲全集》第 3 册，472 页。

33 邵雍：《皇极经世》卷十一之下，《观物篇》五十七，见《中华道藏》第 17 册，631 页。

34 邵雍：《皇极经世》卷十二之下，《观物外篇》下，见《中华道藏》第 17 册，651 页。

35 邵雍：《皇极经世》卷十二之下，《观物外篇》下，见《中华道藏》第 17 册，655 页。

36 邵雍：《皇极经世》卷十二之下，《观物外篇》下，见《中华道藏》第 17 册，652 页。

37 邵雍：《皇极经世》卷十二之下，《观物外篇》下，见《中华道藏》第 17 册，653 页。

38 邵雍：《皇极经世》卷十一之下，632—633 页。

39 邵雍：《皇极经世》卷十二之下，《观物外篇》下，见《中华道藏》第 17 册，660 页。

40 邵雍：《皇极经世》卷十二之下，《观物外篇》下，见《中华道藏》第 17 册，655 页。

41 邵雍：《皇极经世》卷十一之下，《观物篇》六十，见《中华道藏》第 17 册，634 页。

42 邵雍；《皇极经世》卷十二之下，《观物外篇》下，见《中华道藏》第 17 册，660 页。

43 邵雍：《伊川击壤集》卷十三，见《中华道藏》第 25 册，383 页。

44 参见《河南程氏遗书》附录，《伊川先生年谱》，见《二程集》上，338 页。

45 程颐：《周易程氏传》卷二，《周易上经》上，见《二程集》下，808 页。

46 程颐：《河南程氏遗书》卷十五，见《二程集》上，153 页。

47 程颐：《周易程氏传》卷一，《周易上经》上，见《二程集》下，706 页。

48　程颐：《周易程氏传》卷二，《周易上经》上，见《二程集》下，819 页。

49　程颐：《周易程氏传》卷三，《周易下经》上，见《二程集》下，862 页。

50　程颐：《河南程氏遗书》卷十五，见《二程集》上，163 页。

51　程颐：《河南程氏遗书》卷十五，见《二程集》上，249 页。

52　程颐：《易传序》，见《二程集》下，689 页。

53　程颐：《周易程氏传》卷二，《周易上经》上，见《二程集》下，697—698 页。

54　程颐：《易传序》，见《二程集》下，690 页。

55　程颐：《河南程氏遗书》卷十八，见《二程集》上，238 页。

56　程颐：《河南程氏遗书》卷三，见《二程集》上，62 页。

57　程颐：《河南程氏遗书》卷十八，见《二程集》上，313、232 页。

58　程颐：《河南程氏遗书》卷十九，见《二程集》上，258 页。

59　程颐：《河南程氏遗书》卷十九，见《二程集》上，258 页。

60　程颐：《河南程氏遗书》卷十八，见《二程集》上，217 页。

61　程颐：《河南程氏遗书》卷十八，见《二程集》上，204 页。

62　程颐：《易传序》，见《二程集》下，689 页。

63　程颐：《易传序》，见《二程集》下，690 页。

64　程颐：《河南程氏遗书》卷二（上），见《二程集》上，31 页。

65　程颐：《周易程氏传》卷三，《周易下经》上，见《二程集》下，908 页。

66　程颐：《河南程氏遗书》卷十五，见《二程集》上，148 页。

67　程颐：《河南程氏经说》卷八，《中庸解》，见《二程集》下，1156 页。

68　程颐：《河南程氏遗书》卷二十一（上），见《二程集》上，269—270 页。

69　程颢；《河南程氏遗书》卷二（上），见《二程集》上，32 页。

70　程颐：《河南程氏遗书》卷十五，见《二程集》上，157、160 页。

71　朱熹：《朱子语类》卷六十五，《易一·纲领上之上》

72　张载：《正蒙·太和篇》。

73　朱熹：《朱子语类》卷九十八，《张子之书》。

74　朱熹：《朱子语类》卷七十五，《易十一》。

75　朱熹：《朱子语类》卷一，《太极天地上》。

76　朱熹：《朱子语类》卷九十五，《程子之书》。

77　朱熹：《朱文公文集》卷七十，《读大纪》。

78 朱熹：《朱文公文集》卷五十八，《答黄道夫》。

79 朱熹：《朱文公文集》卷三十六，《答陆子静》。

80 朱熹：《朱子语类》卷一，《理气上》。

81 《宋元学案》卷十二，《濂溪学案下》首列有《太极图》，并附周子《太极图说》，详见黄宗羲：《黄宗羲全集》第3册，603—604页。

82 朱熹：《朱子语类》卷一，《理气上》。

83 朱熹：《朱子全书·〈太极图说〉解》。

84 朱熹：《朱子语类》卷九十四，《周子之书》。

85 朱熹：《朱文公文集》卷三十六，《答陈同甫》。

86 陈亮：《陈亮集》，《甲辰答朱元晦书》。

第四章

明末清初和近代批判、求变的历史观

一、明清之际黄宗羲、王夫之的历史观

1. 黄宗羲《明夷待访录》的经世史学观

黄宗羲（1610—1695），字太冲，号南雷，学者尊称梨洲先生，浙江余姚人。他编著有《明儒学案》六十二卷、《宋元学案》一百卷（未完成，后经黄百家、全祖望相继编辑完成），还撰写有《孟子师说》《明夷待访录》等，是明末清初的著名思想家。浙江古籍出版社 1986 年整理出版了《黄宗羲全集》十二册，是目前较全面的关于黄宗羲的著作集。

（1）“天下为主，君为客”的社会理想

黄宗羲时处中国封建社会的衰落期，封建社会最重要的核心是专制君权。人们开始思考：专制君权在今后的社会历史发展中是否还有其意义？对此，黄宗羲的回答是否定的。

黄宗羲认为，封建君主专制制度存在严重缺陷。对于如何解决这个问题，黄宗羲进行了艰苦的理论思考，并著《明夷待访录》以说明之。明夷乃《周易》一卦，其卦坤上离下，象征日落，并入于地中，太阳的光辉被掩盖了，故卦称明夷。明夷之后，如何开创新的光明？历史向哪里去？黄宗羲认为，这有待于天下有识之士对之进行深入探讨。

在《明夷待访录》中，黄宗羲首先考察了君主和国家制度的由来。他认为，兴天下之“公利”，除天下之“公害”，是产生君主、国家制度、政府组织等的根本原因。起初，君主不过是为百姓谋利益的公仆而已。

有生之初，人各自私也，人各自利也。天下有公利而莫或兴之，有公害而

莫或除之。有人者出，不以一己之利为利，而使天下受其利；不以一己之害为害，而使天下释其害；此其人之勤劳必千万于天下之人。夫以千万倍之勤劳，而己又不享其利，必非天下之人情所欲居也。故古之人君，去之而不欲入者，许由、务光是也；入而又去之者，尧舜是也；初不欲入而不得去者，禹是也。岂古之人有所异哉？好逸恶劳，亦犹夫人之情也。[1]

黄宗羲认为，古时候设立君主，是为了给天下人谋取福利，是为了兴天下之利，除天下之害，而且在这个过程中，君主不能谋求回报。相对于人之常情而言，担任古代的君主可能不是一件容易的事。因为作为有生命的存在，人从生下来的时候起，就有自私自利的倾向。天下有公利，而没有得到提倡；天下有公害，而没有得到摒除。这个时候，有人挺身而出，不以一己之利的满足为目标，而要使天下人都能享受其利；不以一己之害为害，而要使天下人都能远离祸害。这个人所付出的辛勤劳动一定比天下人多千万倍。付出比天下人多千万倍的勤劳劳动，而自己又不享受其所带来的利益，这必定不是普天下一般之人所希望得到的。所以，在远古的时候，对于君主之位，许由、务光就不肯接受；接受君主之位，后来又放弃者，则有尧和舜；开始不想接受君主之位，接受之后没有办法辞去者，则有大禹。这并不说明古代的人和我们现在的人有什么区别，好逸恶劳，乃人之常情。

可是，历史发展到后来，情况便发生了变化，君主掌握了天下大权，把天下看成是个人的产业，可以“传之子孙，受享无穷”，完全颠倒了百姓和君主之间的主客关系。

后之为人君者不然，以为天下利害之权皆出于我，我以天下之利尽归于己，以天下之害尽归于人，亦无不可。使天下之人不敢自私，不敢自利，以我之大私为天下之大公，始而惭焉，久而安焉，视天下为莫大之产业，传之子孙，受享无穷。汉高帝所谓“某业所就，孰与仲多”者，其逐利之情，不觉溢之于辞矣。此无他，古者以天下为主，君为客，凡君之所毕世而经营者，为天下也。今也以君为主，天下为客，凡天下之无地而得安宁者，为君也。[2]

后世担任君主的人认为，决定天下利与害的权力皆从自己而出，因而可以将天下之利尽归于自己，而将天下之祸害尽归于别人。他们要求天下之人不能自私自利，但却以自己个人之大私作为天下之大公。开始的时候，他们也感到惭愧，但久而久之，就心安理得了，把天下看作自己私人的莫大产业，传给子孙后代，让他们享受无穷。例如，汉高祖刘邦就曾对他父亲说："我所创下的基业，与二哥相比，谁的多呢？"说这话的时候，刘邦追逐私利的内心世界，不知不觉地溢于言表了。为什么会这样呢？因为在这个问题上，古今有不同的观点和看法。古代的时候，天下的主人是天下人，君主不过是天下之客，君主毕生所经营的，是为天下人谋取福利、除去祸害。现今，君主是天下的主人，天下人反而成为了天下之客。使天下不得安宁的人，正是君主本人。

黄宗羲力陈君主专制的危害，公开指出："为天下之大害者，君而已矣。"

> 凡天下之无地而得安宁者，为君也。是以其未得之也，屠毒天下之肝脑，离散天下之子女，以博我一人之产业，曾不惨然。曰："我固为子孙创业也。"其既得之也，敲剥天下之骨髓，离散天下之子女，以奉我一人之淫乐，视为当然。曰："此我产业之花息也。"然则为天下之大害者，君而已矣。向使无君，人各得自私也，人各得自利也。呜呼！岂设君之道固如是乎？[3]

天下人的大害是专制君主制。在君主还没有得到天下的时候，为了自己取得天下，他不惜使百姓肝脑涂地，使天下之人妻离子散，以博取自己个人之私产，这难道不是很悲惨的事吗？他们说："我们这样做是为子孙创业呢！"当他们已然取得天下后，就压榨、剥削天下之人，达到敲骨吸髓的程度，并且离散天下之子女，以奉自己一个人淫乐，把这样做视为理所当然。说："这是我所创下产业的利息！"后世的历代君主都把自己个人的享乐建立在万民的痛苦之上，他们以为天下利害之权皆出于自己，因此，要求将天下之利尽归于自己，却以天下之害尽归于百姓。他们要求天下百姓不能自私自利，却以一己之大私为天下之大公。

古者天下之人爱戴其君，比之如父拟之如天，诚不为过也。今也天下之人，怨恶其君，视之如寇仇，名之为独夫，固其所也。而小儒规规焉以君臣之义无所逃于天地之间，至桀纣之暴，犹谓汤武不当诛之，而妄传伯夷、叔齐无稽之事，乃兆人万姓崩溃之血肉，曾不异夫腐鼠。岂天地之大，于兆人万姓之中，独私其一人一姓乎！是故武王圣人也，孟子之言，圣人之言也；后世之君，欲以如父如天之空名，禁人之窥伺者，皆不便于其言，至废孟子而不立，非导源于小儒乎！[4]

一些小儒见识狭小，他们认为君臣之义是天地间的真理，至于夏桀、商纣这样的暴君，仍然说商汤、周武不应当讨伐他们，而妄传伯夷、叔齐反对武王伐纣，义不食周粟，饿死于首阳山这样的无稽之事。黄宗羲对此反驳说，难道亿万兆百姓崩溃之血肉，还不如腐臭了的老鼠？难道天下百姓的性命就这样一钱不值？天地这么大，于亿兆万姓之中，却单独让君主一人或其一姓享受天下所有的利益，这合理吗？

因此，黄宗羲认为，周武王伐纣，这真是圣人的事业！孟子所说的话，真是圣人所说的话啊！根据《孟子》所载："齐宣王问曰：'汤放桀，武王伐纣，有诸？'孟子对曰：'于传有之。'曰：'臣弑其君可乎？'曰：'贼仁者谓之贼，贼义者谓之残，残贼之人，谓之一夫。闻诛一夫纣矣，未闻弑君也。'"[5]后世的君主，希望以"父""天"这样的空名，来禁止别人窥伺君位，皆违背孟子之言。至于明太祖朱元璋看到《孟子》"民为贵，君为轻"之语，下诏毁掉孔庙中的孟子牌位，删除《孟子》书中的民本思想，这难道不是由于那些小儒的短见狭识所导致的吗？古时候，天下人爱戴他们的君主，将之比作父亲，这确实不过分。现如今天下人怨恶他们的君主，将之看作仇寇、敌人，称呼他们为"独夫"，与百姓为敌的人、无人拥护的人，这也是理所当然的。

退一步讲，如果后世为君之人能保全天下之产业，传之无穷，他把天下作为私产看待也就不足为怪。但既然把天下作为产业来看待，天下人皆希望得到这个产业，这就必然引起天下人对它的激烈争夺。因此，从这个角度来说，天下最大的祸害仍然还是君主。

> 虽然，使后之为君者，果能保此产业，传之无穷，亦无怪乎其私之也。既以产业视之，人之欲得产业，谁不如我？摄缄縢，固扃鐍，一人之智力，不能胜天下欲得之者之众，远者数世，近者及身，其血肉之崩溃在其子孙矣。昔人愿世世无生帝王家，而毅宗之语公主，亦曰“若何为生我家”！痛哉斯言！回思创业时其欲得天下之心，有不废然摧沮者乎！是故明乎为君之职分，则唐虞之世，人人能让，许由、务光非绝尘也；不明乎为君之职分，则市井之间，人人可欲，许由、务光所以旷后世而不闻也。然君之职分难明，以俄顷淫乐不易无穷之悲，虽愚者亦明之矣。[6]

由于天下人都窥视君主之权力，谁都是这样。于是，得到君位的君主就只好紧紧加固自己的权力。就好比为了防止别人偷窃自己的财产，于是扣紧绳索之结，加固门窗箱柜上的插关和箱子上加锁的铰钮一样。

但是，一个人的智力，毕竟不能胜过所有那些想得到天下之人的智力。所以，远一点可以传天下于子孙数代，近一点则天下颠覆就会及于自身，这种血肉崩溃必然会影响到其子孙。当年南朝的宋顺帝被迫出宫时，大哭发誓，说如果有来世，希望以后再也不出生在帝王之家。而明朝末代皇帝朱由检，在李自成打到北京时，以剑击向自己的女儿，并叹息说：“你为什么要生在我家！”这些言辞都是非常惨痛的！回头想起创业时那种迫切希望得到天下的心情，比较一下，不可避免地要感到沮丧。

因此，如果能明确作为君主的责任，则唐尧、虞舜那个时候，人人都能礼让天下，许由、务光这种行为在社会上就并不能算得上是非常超凡绝尘了；如果不能明确作为君主的责任，则市井之间，人人都想得到君主之位。这就是许由、务光避君之位的行为在后世再也不能得闻的原因了。

黄宗羲认为，要明确君主的职分是非常困难的，但是以短时间的淫乐换取无穷之悲哀的事，即使是愚蠢之人，也明白这是得不偿失的。所以，天下人设立君主的道理应该得以明确，那种被颠倒的君主与天下百姓的主客关系应该被翻覆过来，要以民为主而以君为客，真正使为君之人做到必须“不以一己之利为利，而使天下受其利；不以一己之害为害，而使天下释其害”。这是黄宗羲对封建社会之后社会发展向何处去的一个回答。这个回答应该说具有鲜明的民主主义思想的特色。

黄宗羲的这种思想，对当时的中国社会来说，具有一定程度的超前性。人类建立国家、设立国君的原因在于兴天下之利，除天下之害。天下人是主，君主是客，客是为主服务的。君主以天下之利奉一己之乐，这是违背设立国家、君主的初衷的，是不合理的。将来的社会要除去这种不合理的现象，使人类社会重新确立起天下人是天下的主人这一合理的社会状态。

（2）“天下之治乱，不在一姓之兴亡，而在万民之忧乐”“有治法而后有治人”的民主制理想

黄宗羲基本上确立起主权在民、人是目的的思想，并且前瞻性地提出了人类历史发展的前景在于自由平等的民主制的设想。这个设想的重要内容就包括他所说的“天下之治乱，不在一姓之兴亡，而在万民之忧乐”“有治法而后有治人”等。他在讨论“为臣之道”时说：

> 缘夫天下之大，非一人之所能治，而分治之以群工。故我之出而仕也，为天下，非为君也；为万民，非为一姓也。吾以天下万民起见，非其道，即君以形声强我，未之敢从也，况于无形无声乎！非其道，即立身于其朝，未之敢许也，况于杀其身乎！不然，而以君之一身一姓起见，君有无形无声之嗜欲，吾从而视之听之，此宦官宫妾之心也；君为己死而为己亡，吾从而死之亡之，此其私昵者之事也：是乃臣不臣之辨也。[7]

因为天下之大，不是一个人所能够治理的，而只能委任百官分别治理之，这就是天下官吏的由来。所以，出来做官，是为了天下，而不是为了君王；是为了万民，而不是专为某一姓服务。为保证天下万民之利益起见，必须反对这种为官之

道，即把君主的私利看成比天下的公利更有价值。如果君主的行为不合于道义，即使君主以外在的威势强迫我服从，我也未必服从之，更何况鉴于君主那种没有明确表示出来的不义之目的，则更不能服从了；如果君王不合于道义，自己还立身于其朝廷，为其服务，这都可以算作不合道义的行为，更何况杀身以从君王之私意！反之，如果把君主一身一姓的私利看作是高于天下公利的作为出发点，那么，君主有不能明确表示出来的各种嗜欲，我听之任之、顺从之、尽力满足之，这是宦官、宫妾之心，而不是为臣之道；君主为一己之私利而死，我也跟着他，为他的私利而死，这是私情所爱者的做法，也不是真正的为臣之道。

对于什么是为臣之道，是不能不辨明的。

> 世之为臣者昧于此义，以谓臣为君而设者也；君分吾以天下而后治之，君授吾以人民而后牧之，视天下人民为人君橐中之私物。今以四方之劳扰，民生之憔悴，足以危吾君也，不得不讲治之牧之之术。苟无系于社稷之存亡，则四方之劳扰，民生之憔悴，虽有诚臣，亦以为纤芥之疾也，夫古之为臣者，于此乎？于彼乎？[8]

当今之世，为臣者昧于为臣之道，认为臣是为君而设的。君分给我天下一部分，我因此才能对之进行治理；君授予我人民，然后我才能够领导他们，把天下百姓看作君主袋子中的私物。他们只是因为当今四方劳扰，民生憔悴，足以威胁到其君主的统治，才不得不讲究治理国家、领导百姓的方式和方法。假如无关乎其君主社稷之存亡，则四方劳扰，民生憔悴，虽有所谓的忠诚之臣，则他们也认为这是微不足道的问题。

那么，自古以来的为臣之道，应该以那一种为正道呢?

> 盖天下之治乱，不在一姓之兴亡，而在万民之忧乐。是故桀、纣之亡，乃所以为治也；秦政、蒙古之兴，乃所以为乱也；晋、宋、齐、梁之兴亡，无与于治乱者也。为臣者轻视斯民之水火，即能辅君而兴，从君而亡，其于臣道固

未尝不背也。夫治天下犹曳大木然，前者唱邪，后者唱许。君与臣，共曳木之人也，若手不执绋，足不履地，曳木者唯娱笑于曳木者之前，从曳木者以为良，而曳木之职荒矣。[9]

黄宗羲认为，天下之治乱，不在某一姓之兴亡，而在黎民百姓之忧乐。因此，夏桀、商纣之灭亡，正是天下之所以得到治理的原因；秦始皇嬴政、蒙古之兴起，乃天下之所以大乱的原因。晋、宋、齐、梁等一朝一代之兴亡，也与社会治乱这个大问题不相干。作为臣子，如果不重视天下黎民百姓之患难，即使有能力辅佐君主，使之兴盛，或者能赴君之死，但他在为臣之道方面却不能不说是有所背离的。治理天下就好比是拉拽大木头，在前面拉的人唱着号子用劲拉，在后面的人则和着号子用劲往前推，前后呼应。君与臣，就相当于是共同拉拽大木头的人，君主就相当于在前面拉的人，臣子就相当于在后面推的人。如果为君和为臣之人手不拉着木头上的绳子，脚不蹬着地，只是在那里娱乐欢笑，则拉拽木头的事业就会荒废了。

君臣之名，从天下而有之者也。吾无天下之责，则吾在君为路人。出而仕于君也，不以天下为事，则君之仆妾也；以天下为事，则君之师友也。[10]

君、臣的名称，自从有天下之后就开始有了。我如果没有以天下为己任，则我对于君主来说就是路人。如果我出来担任君主之官职，不以天下之事为己任，则我只能算作君主之仆妾；只有以天下之事为己任，才可以称得上是君主之师友。作为大臣和官吏，其职责不在一姓之兴亡，而在万民之忧乐。如果官吏、大臣轻视天下百姓，不能救民于水火，即便他能辅佐君主而兴盛，能够殉君而亡，这也是有悖于为臣之道的。

黄宗羲还提出“有治法而后有治人”的主张，并区分了“一家之法”与“天下之法”的不同。他说：

后之人主，既得天下，唯恐其祚命之不长也，子孙之不能保有也，思患于

> 未然以为之法。然则其所谓法者，一家之法，而非天下之法也。……法愈密，而天下之乱即生于法之中，所谓非法之法也。……夫非法之法，前王不胜其利欲之私以创之，后王或不胜其利欲之私以坏之。坏之者固足以害天下，其创之者亦未始非害天下者也。……论者谓有治人无治法，吾以谓有治法而后有治人。[11]

后世封建专制的君主在取得天下之后，唯恐自己所建立的王朝国祚不长，自己的子孙不能长久地保持对天下人的统治特权。于是，预先制定各种法规、制度来规范天下人的行为。但是，这种法制只能算作一家之法，而不能视为天下人共同应该遵守的公法。这种一家之法制定得越多，天下的祸乱也就越多。在某种程度上，天下之祸乱就是由这种一家之法所引起的。这是一种不具有合法性的法制，前世的君主因其私欲、利益而创设之，后世的君主则可能因其有碍于自己利益、私欲的满足而破坏之。无论是前者还是后者，对于天下人来说，都是一种毒害。

天下是天下人的天下。既然这样，就应该让天下人来治理天下之事。对于天下人治理天下之事，黄宗羲提出了一种设想，即采取所谓的"学校"制，来限制君主的权力，使之权力分散，达到民主共治的目的。

> 必使治天下之具皆出于学校，而后设学校之意始备。……天子之所是未必是，天子之所非未必非。天子亦遂不敢自为非是，而公其非是于学校。[12]

黄宗羲要求，治理天下的各种政策、法制、措施，都应该从"学校"而出。此"学校"，包含了某种西方议会的意味。"学校"不是对君主负责的，而是对百姓负责的。学校对于君主之所是，不一定就赞同；对于君主之所非，不一定就反对。学校完全独立于君主之外而单独地履行其治理国家的职责，这样，君主的专制、独裁权力就可以得到限制，民主制就可能得到实现。

黄宗羲的"天下为主，君为客""天下之治乱，不在一姓之兴亡，而在万民之忧乐""有治法而后有治人"等民主制的社会理想，对于近代中国社会历史的发展，起到了某种重要的启蒙作用。他这种思想之所以萌发，也在于他对过去的一种深刻反省。他思索封建君主制的弊病之所在，认为权力本来是一种为人服务的工具，发展到后来却成为了奴役人的工具。他通过探讨国家、社会和君权的起源，指出君权的本质在于民权，是为了更好地维护民权才历史地形成了君权。但君权在产生之后，却开始走向自己本质的反面，亦即开始异化。这种异化造成了惨痛的教训，历史成为一种灾难。要消除这种灾难，人类就要回到开始，重拾天下是天下人的天下的观念。以这种观念作为指导，人类才可能步入真正理想的社会。

黄宗羲的这种思考，涉及社会历史应该如何发展、社会历史的前提和基础等历史哲学问题，其中有许多真知灼见。梁启超曾评价说："梨洲有一部怪书，名曰《明夷待访录》。这部书是他的政治理想。从今日青年眼光看去，虽象平平无奇，但三百年前——卢骚（今译作卢梭）《民约论》出世前之数十年，有这等议论，不能不算人类文化之一高贵产品。"[13] 社会实践活动会受到社会思潮的影响，某种思想为人们所理解、接受，就可能在人们的社会实践中产生重要作用。黄宗羲的社会政治和历史理论也带有中国式启蒙的特点，在中国社会历史的发展中有其重要地位。

2. 王夫之的历史观

王夫之（1619—1692），字而农，号姜斋，湖南衡阳人。其主要著述包括《周易外传》《读四书大全说》《思问录》《尚书引义》《张子正蒙注》等，后人将其著述汇集成《船山遗书》。王夫之是明清之际的著名思想家，历史观是其学术思想的重要组成部分。

（1）"理势合一"的历史发展观

王夫之提出"理势合一"的历史发展观。"势因乎时，理因乎势。"势依存于现实的时代条件，时代条件不同，历史就有不同的发展趋势。有不同的发展趋势，就有不同的历史规律。他说：

> 洪荒无揖让之道，唐虞无吊伐之道，汉唐无今日之道，则今日无他年之道者多矣。未有弓矢而无射道，未有车马而无御道，未有牢、醴、璧、币、钟、

> 磬、管、弦而无礼乐之道；则未有子而无父道，未有弟而无兄道，道之可有而且无者多矣。故无其器则无其道，诚然之言也，而人特未之察耳。[14]

王夫之把人类社会历史理解为不断变化的过程，而各个不同的历史时期都有其特殊的发展规律。他认为，远古未开化的野蛮时代没有唐尧、虞舜推让帝位的王位传授之道；唐尧、虞舜那个时候则没有商汤、周武王慰问百姓，讨伐桀、纣这种国家之间的攻伐之道；汉唐时代没有今天的道，今天也没有若干年之后的那些道。历史规律也是随着社会的发展而发展的。在没有弓矢的时候就不可能有射箭之道，在没有车马的时候就不可能有驾车之道，没有祭祀用的三牲和酒，以及璧、币、钟、磬、管、弦等，就不可能有儒家的礼乐之道；没有儿子则无父道，没有弟则无兄道，可以有而暂时没有的道多了。王夫之认为，无其器则无其道，这是很真实的言论，只不过一般人没有对之特别觉察罢了。

历史有其发展大势，在这个发展大势中就有理的存在。人类历史是一个“理势合一”的发展过程。理即规律性，势即历史的必然趋势，在历史发展的必然之势中有理的存在，历史的规律性可以从其发展的必然趋势中体现出来。对于理与势的关系，王夫之说：

> 粗疏就文字看，则有道之天似以理言，无道之天似以势言，实则不然，既皆曰“役”，则皆势矣。《集注》云“理势之当然”，势之当然者，又岂非理哉！[15]
>
> “小德役大德，小贤役大贤”，理也。理当然而然，则成乎势矣。“小役大，弱役强”，势也。势既然而不得不然，则即此为理矣。大德大贤宜为小德小贤之主，理所当尊，尊无歉也。小德小贤宜听大德大贤之所役，理所当卑，卑斯安也。而因以成天子治方伯、方伯治诸侯、诸侯治卿大夫之势。势无不顺也。若夫大之役夫小，强之役夫弱，非其德其贤之宜强宜大，而乘势以处乎尊，固非理也。然而弱小之德与贤既无以异于强大，藉复以其蕞尔之土、一割之力，妄逞其志欲，将以陨其宗社而死亡俘虏其人民，又岂理哉！故以无道之弱小，

而无强大者以为之统，则竞争无已，戕杀相寻，虽欲若无道之天下尚得以成其相役之势而不能。则弱小固受制于强大，以戢其糜烂鼎沸之毒。而势之顺者，即理之当然者也。[16]

如果粗疏地单就文字来看，则似乎有道之天下，以是否合于理为主；无道之天下，以势力是否足够强劲为主。其实不是这样。既然都说到“役使”，则不论是天下有道还是无道，都是由势力大小来支配的。理与势不可分，势之当然中就有理的存在。

一般说来，有道之天下，其发展大势一定也合于理。正如“小德役大德，小贤役大贤”，这合于理。受这种当然之理的支配，则形成一种势。大德、大贤应该领导小德、小贤，小德、小贤应该尊敬大德、大贤，这样做他们心里不会觉得不安，在道理上也说得过去。在这种情况下，就形成了天子治方伯、方伯治诸侯、诸侯治卿大夫的天下大势。这种天下大势合于理而无不顺当。

而无道之天下，其发展大势是否也合于理呢？王夫之认为这是肯定的。设想一种情况，即以大役小，以强役弱，大而强者并不是因为其德、其贤优于众人从而处于领导的地位，而是凭借着一种外在的威势而处于尊位，人们通常认为这是不合于理的。但是，社会一旦发展到“小役大，弱役强”，即由势力之强弱来决定谁处于主宰和支配的地位，这其中亦存在一种理，此理亦不以人的意志为转移。对此，王夫之举了历史上曹操的例子来说明这个问题：

曹操曰：“使天下无孤，则不知几人称帝，几人称王。”自曹言之，因为欺凌蔑上之语，若从旁旷观，又岂不诚然耶？是虽不得谓强大之役人为理之当然，而实不得谓弱小之役于人非理之所不可过也。[17]

王夫之认为，曹操的话当然是欺凌蔑上的，但如果从旁人的角度、从长远来看，难道这不是事实吗？虽然天下无道，但因为势力有强弱，天下还可以形成强大一方支配弱小一方的形势。由于弱小的一方受制于强大的一方，这可能在客观上达到了止息、收敛天下社会糜烂鼎沸之毒的效果。如果无强大者来统领、支配天下社会，则天下将竞争不息而没有尽头，戕害、杀戮相连，这很难说就合于理。所以，虽不能说强大的一方支配弱小的一方是理所当然的，但确实不能说弱小必然要受人支配是不合于理的。在这个过程中，顺天下之大势，也就是理之所当然者。

王夫之认为，有道的天下与无道的天下，都有理的存在，理势是合一的。而理与势都是由气运所造成的。

> 有道、无道，莫非气也（此气运、风气之气），则莫不成乎其势也。气之成乎治之理者为有道，成乎乱之理者为无道。均成其理，则均成乎势矣。故曰："斯二者，天也。"使谓"泰"有理而非气，"否"但气而无理，则"否"无卦德矣。
>
> 若使气之成乎乱者而遂无理，则应当无道之天下，直无一定之役，人自为政，一彼一此，不至相啖食垂尽而不止矣。其必如此以役也，即理也。如疟之有信，岂非有必然之理哉！无理之气，天地之间即或有之，要俄顷而起，俄顷而灭（此大乱之极，如刘渊、石勒、敬瑭、知远）。百年而不返，则天地其不立矣！[18]

由于气运、风气的作用，无论是有道还是无道的社会都可以成就一种势。气运造成了天下大治之势，这就是有道的社会；气运造成了天下大乱之势，这就是无道的社会。这两种情况均有其内在的必然性，则都成为了一种社会趋势。如果说气运、风气造成了乱世，乱世没有理、没有规律，那么，无道的天下，应该是役使者和被役使者都没有一定的秩序，社会中的人各自为政，彼此互不关联，人吃人到了使人类快要消灭殆尽还不能停止下来，但事实上这种社会在人类的历史发展中是没有的。人类社会中，之所以役使者和被役使者有一定的秩序，就是因为有理的存在。就好比人生了疟疾之后，必然会有相应的种种症状一样。这就是理。正如泰卦代表天下大治，否卦代表天下大乱。假使说泰卦所代表的社会是由理而不由气所支配的理想社会，否卦所代表的社会是由气而不由理支配的社会，那么，否卦就没有自己的卦德了。

王夫之认为，无理、无规律之气运天地之间可能偶尔会有之，如西晋末年汉国的建立者刘渊、东晋时后赵的建立者石勒、五代时后晋的建立者石敬瑭、五代时后汉的建立者刘知远等。但这种情况总是在很短的时间里发生，很快就过去，是俄顷而起、俄顷而灭的，在历史的发展中总是非常短暂的。如果说在百年这么长的时间都还是处于这种情况而不改变，则人类社会就不可能存在了。

所以，理与气是不相离的。就社会而言，社会发展大势不但因气而成，而且也因理而成。

> 理与气不相离，而势因理成，不但因气。气到纷乱时，如风飘雨，起灭聚散，回旋来去，无有定方，又安所得势哉！凡言势者，皆顺而不逆之谓也；从高趋卑，从大包小，不容违阻之谓也。夫然，又安往而非理乎？
>
> 言理势者，犹言理之势也，犹凡言理气者，谓理之气也。理本非一成可执之物，不可得而见；气之条绪言节文，乃理之可见者也。故其始之有理，即于气上见理；迨已得理，则自然成势，又只在势之必然处见理。[19]

如果谈理与气的关系，就相当于说的是理之气。理本来并不是一成不变、可以直接抓住的东西，理是看不见、摸不着的，必然要附着在气上；气之运行，有其条绪和节文，这就是理可以看得见的部分。所以，刚开始的时候说有理的存在，就是在气上可以看见理的表现形式；如果等到理已经出现，则理自然演变成势，又只能在势之必然处才能体现理的存在。如果只以气而不以理来界说人类社会的历史发展，则气发展到纷乱之时，好比风中飘雨，其起灭聚散、回旋来去，没有固定的方向，就不可能有一种发展。凡说到势，都指的是顺而不逆的意思，从高趋向于低，以大包括小，不容违背之意。这种势就是理。

王夫之还认为，道与理也不是一个概念：

> 道者，一定之理也。于理上加“一定”二字方是道。乃须云“一定之理”，则是理有一定者而不尽于一定。气不定，则理亦无定也。理是随在分派位置得

底。道则不然，现成之路，唯人率循而已。故弱小者可反无道之理为有道之理，而当其未足有为，则逆之而亡也。孟子于此，看得“势”字精微，“理”字广大，合而名之曰“天”，进可以兴王，而退可以保国，总将理势作一合说。曲为分析，失其旨矣。[20]

道指的是可见、可守，有一定之形的理；要在理之前加上“一定”这两个字才是道。之所以说“一定之理”，是因为理包括一定之形式者，也包括不拘于一定之形式者。气运不定，那么，气运之理也是不定的。理是随着它所处的不同位置而确定的。道则不然，道就好比是现成之路，唯在于让人循之而行。有无道之理，有有道之理，但两者均可以称为理；有道之理可以称为道，无道之理则不能称为道。因此，在条件具备的情况下，力量弱小的贤德者可以将无道之理扭转为有道之理；而当条件不具备时，他们则不能有所作为，道则只能逆之而亡了。

王夫之推崇孟子，认为孟子对于天下大“势”分析得非常精微，对于“理”的内涵扩充得非常广大。合“势”与“理”就可以称之为“无意”，了解“势”与“理”之“天意”，就可以前进而成就王业，或者后退以保全国家。因此，在不得不然的社会历史发展趋势中就存在着某种规律，而合乎历史规律的也必然在社会历史的发展中成为必然趋势。这里说的“天意”就是“理势合一”的社会历史发展的必然性。所以，王夫之认为，必须要将理势当作一个意思来理解，如果分离开来、歪曲地对之进行解释，就可能失去其本来的大旨。

王夫之“理势合一”的历史发展观，其哲学的基础则是他关于“天下惟器”“道者器之道，器者不可谓之道之器”的思想。道器关系是宋明哲学论争的重要问题。“器”指具体事物，“道”指事物所具有的道理和规律。朱熹等理学家认为“道”是派生具体事物的本体，主张“道”在“器”先。王夫之则认为：

然则上下无殊畛，而道器无易体，明矣。天下惟器而已矣。道者器之道，器者不可谓之道之器也。[21]

故善言道者，由用以得体；不善言道者，妄立一体而消用以从之。[22]

王夫之认为，社会历史的发展是理势合一的，其哲学的基础就在于形上与形下、道体与器用也是不可分的。有某种事物的存在，才有某种事物的规律；如果根本没有某种事物，也就不可能有该事物的规律。因此，只能说道是器之道，而不能说器是道之器。故“天下惟器而已矣”。所以，善于谈论道的人，应该通过器用来求得其道；而不善于谈论道的人，则虚妄地确立一个道理，并让器物来服从这个道理。

王夫之通过讨论《周易·系辞传》中圣人治器、形上、形下的关系诸问题来说明这个道理。

> 故古之圣人能治器，而不能治道。治器者则谓之道。道得则谓之德。器成则谓之行。器用之广，则谓之变通。器效之著，则谓之事业。故《易》有象，象者，像器者也。卦有爻，爻者，效器者也。爻有辞，辞者，辨器者也。故圣人者，善治器而已矣。自其治而言之，而上之名立焉。上之名立，而下之名亦立焉。上下皆名也，非有涯量之可别者也。形而上者，非无形之谓。既有形矣，有形而后有形而上。无形之上，亘古今，通万变，穷天穷地，穷人穷物，皆所未有者也。
>
> 器而后有形，形而后有上。无形无下，人所言也。无形无上，显然易见之理。[23]

古代的圣人能够创制器物、治理事物，却不能凭空创造规律。创制器物、治理事物的规律就称之为道，掌握了事物的规律就可以称之为德。器物之成、事物得到治理就可以称之为实践和行动。器物用途之广，事物变化之多，则可以称之为变通。器物之用成效显著，则可以称之为事业。

圣人就是善于治理事物的人。他之所以善于治理事物，在于他掌握了事物的规律（也就是道)。《周易》是圣人治世之书，《周易》体例中有象，所谓“象”，就是与事物相像的意思；《周易》每卦有爻，所谓“爻”，就是仿效事物的意思。每爻都有爻辞，爻辞的功用就是辨别事物的吉凶悔吝。所以，道是形而上，事物是形而下，道与事物都可以用名来称呼它，没有截然的界线可以将之分别开来。所谓“形而上”者，不是脱离开形器而存在的那种形而上。有了形器、事物之后，才有形器、事物之上的存在。脱离开形器、事物的那种形而上之道，说它们能够亘古亘今，通贯万变，包天括地，穷人穷物，这是从来没有过的。王夫之认为，器物产生后，才有形与体，形与体产生后才有形与体之上。没有形与体则没有形与体之下，人们都这么说。同样，没有形与体则无形与体之上，也是有道理的。

以《周易》言，道器问题也是道与卦象的关系问题，王夫之坚持“象外无道”的观点：

> 天下无象外之道。何也？有外，则相与为两，即甚亲，而亦如父之于子也。无外，则相与为一，虽有异名，而亦若耳目之于聪明也。父生子而各自有形，父死而子继；不曰道生象而各自为体，道逝而象留。然则象外无道。欲详道而略象，奚可哉！……象不胜多，而一之于《易》。《易》聚象于奇偶，而散之于参伍错综之往来，相与开合，相与源流。开合有情，源流有理。故吉凶悔吝，舍象而无所征。乾非六阳，无以为龙；坤非六阴，无以为马。中实外虚，颐无以养。足敧铉断，鼎无以烹。推此而言，天下有象，而圣人有《易》，故神物兴而民用前矣。
>
> 呜呼！圣人之示人显矣。因像求象，因象成《易》。成而为材，动而为效。故天下无非《易》而无非道。[24]

天下无物象之外的道。如果有物象之外的道存在，则物象与道相互成为两个不同的事物，即便是两者关系甚为密切，也不过如同父与子罢了。物象之外无道的存在，则物象与道成为一体，虽然有不同的名称，但也好比耳目之器官与其能听、能视的功能一样。父生子，父子各自有其形体，父死而子继；现在不说道生成象，道与象各自为体，道逝去了，而象则留了下来。事实上是，物象之外无道的存在。

王夫之认为，物象之多，是不胜枚举的，但都可以《周易》之卦象来表现。

《周易》以卦爻之奇偶来聚集物象，以阳爻和阴爻的错综变化来表达事物的不同物象，阴爻与阳爻相与开合，相与源流。因其开合有情，源流有理，所以，如果舍去卦象，则没有办法做出吉凶悔吝的判断。乾卦如果不是六爻皆阳，就不能以龙为象；坤卦如果不是六爻皆阴，就不能以马为象。颐卦四阴居中（象齿），二阳居外（象上颚下颌），中虚外实，可静以待养；若中实外虚，则所养不成。鼎卦之卦画取象于鼎，其初六爻为鼎之足，二、三、四爻为腹，五爻为耳，上爻为铉，如果足敧铉断，则烹调无以成。由此而推导开来，天下有无数的物象，而圣人有《周易》以则之，因此，《周易》之神物兴起，可以用来指导百姓的生活。圣人对于事物和人的观察是很清楚的。他们因事物而求取其象，因事物之象而成《周易》之圣典。物象裁之而成《周易》，《周易》的卦爻之动，可以效法天下事物的变化。所以，天下所存在的无非就是事物的变化，无非就是事物变化的规律。

在这个问题上，王夫之反对王弼的“得言忘象”“得意忘言”的观点，认为这是将形上与形下、物象与其规律截然两断的思想。他说：

> 呜呼！君子之道，尽夫器而已矣。辞所以显器，而鼓天下之动，使勉于治器也。王弼曰：“筌非鱼，蹄非兔。”愚哉，其言之乎！筌蹄一器也，鱼兔一器也，两器不相为通，故可以相致而可以相舍。“形而上者谓之道，形而下者谓之器”，统之乎一形，非以相致而何容相舍乎？“得言忘象，得意忘言”，以辨虞翻之固陋则可矣，而于道则愈远矣。[25]

君子之道不过是穷尽具体的事物而已，言辞被用来显示事物的存在，以鼓励天下之人，使之致力于治理事物。捕鱼的器具和捕兔的器具是一类工具，鱼与兔是另一类的事物，两种器物不相贯通，不是一个统一的形体，因此，它们既可以相招致，也可以相分离。而《周易·系辞传》说的形上之道与形下之器是统一的整体，不是两物，不可以用来相互招致，既然这样，也不可能将它们相互分离。王弼“得言忘象，得意忘言”之语，以之来辨明虞翻解《周易》烦琐之失，是可以的，但以之来说明事物的规律，则离事物的规律愈来愈远了。王夫之认为，“言”是“象”

的表达形式，“意”是“言”的思想内容，内容与形式是不可分的，“象”与“道”也是不可分的，言、象、意、道，固合而无畛。

道器关系是建立在理气关系的基础之上的。对于理与气的关系，王夫之肯定了气是宇宙的根本，理依赖气，无气则无理。

> 太极最初一“○”，浑沦齐一，固不得名之为理。殆其继之者善，为二仪，为四象，为八卦，同异彰而条理现，而后理之名以起焉。气之化而人生焉，人生而性成焉。由气化而后理之实著，则道之名亦因以立。是理唯可以言性，而不可加诸天也，审矣。就气化之流行于天壤，各有其当然者，曰道。就气化之成于人身，实有其当然者，则曰性。性与道，本与天者合，合之以理也。其既有内外之别者分，分则各成其理也。[26]

太极最初不过是一个“○”，就是气之浑沦齐一，不得称之为理。当太极发生变化，所谓“继之者善”，则产生两仪、四象、八卦，在这个时候，就有了明显的同与异的区别，而条理也开始产生，这之后理之名称才开始产生。气的变化导致人的产生，人出现后则有人性出现。由气的变化而后才有理的出现，则道的名称也因此而成立。所以，理只可以用来说性，而不可以加于天之上，是很明确的。就气化流行于天地之间，各有其当然者，这就是道。就气化而形成人身，实实在在有其必然性，这就是性。性与道，本来与天是相合的，相合处就是理，但其有内外之分别，内指人性，外指天道，这种分别使得天地间的事物和人各形成不同的理。

> 太虚即气，絪缊之本体，阴阳合于太和，虽其实气也，而未可名之为气；其升降飞扬，莫之为而为万物之资始者，于此言之则谓之天。气化者，气之化也。阴阳具于太虚絪缊之中，其一阴一阳，或动或静，相与摩荡，乘其时位以著其功能，五行万物之融结流止，飞潜动植，各自成其条理而不妄。则物有物之道，鬼神有鬼神之道，而知之必明，处之必当，皆循此以为当然之则，于此言之则谓之道。[27]

太虚就是气，是气之氤氲本体，阴阳合于太和之中，其实体就是气，但不可以称之为气；气之升降飞扬，不是有意而为，而万物皆取资于此而始得生，在这个方面来说则称之为天。所谓气化，指的是气之化。阴阳存在于太虚氤氲之气中，气一阴一阳，或动或静，相与摩荡，阴阳二气凭借时和位的不同，而呈现出不同的功能。五行、万物之阴阳流转变化，造成飞潜动植等物种的不同，它们各自有其条理，顺而不妄。所以，物有物之道，鬼神有鬼神之道，对道要知之必明，处之必当，遵循之以为行动的准则，这就是道。

> 盖言心言性，言天言理，俱必在气上说，若无气处则俱无也。张子云："由气化，有道之名。"而朱子释之曰："一阴阳之谓道，气之化也。"《周易》"阴阳"二字是说气，著两"一"字，方是说化。故朱子曰："一阴而又一阳，一阳而又一阴者，气之化也。"由气之化，则有道之名，然则其云"由太虚，有天之名"者，即以气之不倚于化者言也。气不倚于化，元只气，故天即以气言，道即以天之化言，固不得谓离乎气而有天也。[28]

如果谈到心与性，天与理，都必须和气联系在一起说，如果没有气，则心胜、天理都归于无有。张载认为，因为有气化，所以有"道"这个名称。朱熹对之解释说："一阴一阳之谓道，这说的是气化。"在《周易》中，"阴阳"两字是说气，只有加上两个"一"字，才是说气之化。所以，朱熹说："一阴而又一阳，一阳而又一阴，这就是气之化。"由气之化，才有道之名，然而张载说"因为太虚，才有天之名"，这就是把气看作不依靠气化而独立存在。气不依靠于气化，本来只是气，所以，天是从气这个角度来说的，道是从气化这个角度而言的，固然不能说离开气而另有天的存在了。

从《周易》的一些体例中，也体现出有气才有象，有象才有数，有数才有理的道理。

《大易》六十四卦，百九十二阴，百九十二阳，实则六阴六阳之推移，乘乎三十有二之化而已矣。六阴六阳者，气之实也。唯气乃有象，有象则有数，于是乎生吉凶而定大业。使其非气，则《易》所谓上进、下行、刚来、柔往者，果何物耶？[29]

《周易》六十四卦中，一百九十二爻为阴爻，一百九十二爻为阳爻，其实就是六个阴爻和六个阳爻组合排列的变化方式有三十二种，所以用六乘以三十二，就得出阴爻与阳爻各自的总数。六阴六阳，代表的是气之实体。只有气才会有象，有象则有数，于是，才能生成吉凶悔吝而成就大业，才有解《周易》所谓上进、下行、刚来、柔往等体例。所以，气就是本体。王夫之说：

凡虚空皆气也。聚则显，显则人谓之有；散则隐，隐则人谓之无。神化者，气之聚散不测之妙，然而有迹可见。性命者，气之健顺有常之理，主持神化而寓于神化之中，无迹可见。若其实，则理在气中，气无非理；气在空中，空无非气，通一而无二者也。其聚而出为人物则形，散而入于太虚则不形，抑必有所从来。[30]

虚空就是气的容量，虚空中充满了气。气聚则呈显露的存在，显露则人称之为有；气散则呈现出隐蔽的状态，隐蔽则人称之为无。所谓神化，指的是气之聚散神妙不可测，然而有迹象可见者；所谓性命，指的是阴阳之气刚健柔顺有其常理，能主持神化并且寓于神化之中，无迹象之可见者。如果究其实体，则理在气中，气无非理；气在虚空中，虚空无非气，贯通于一气而无二物。气之聚而出现，则为有形有象的人和物，气之散而入于太虚则无形无象，这其中是有其根由的。所以，天人之道，一气而已。气之外更无虚托孤立之理；气化有序而亘古不息，只是因为气中有此理的存在，理在气中，气无非理。

王夫之认为："据器而道存，离器而道毁。"[31] 他说：

无其道则无其器，人类能言之。虽然，苟有其器矣，岂患无道哉？君子之所不知，而圣人知之。圣人之所不能，而匹夫匹妇能之。人或昧于其道者，其器不成；不成，非无器也。无其器则无其道，人鲜能言之，而固其诚然者也。[32]

有即事以穷理，无立理以限事。[33]

可以即事而穷其理，而不能凭空确立一理来限制事物。道理或规律不是超越于具体事物之上的，而是随着事物的存在表现出来的。没有道则没有和这个道相应的器物，对此，人们一般能言说和了解它。但是，如果存在具体的器物了，还怕没有道吗？人如果对于道不能有所了解，与此道相应的器物也不可能做成；不能做成，并不是这个器物不存在。无其器则无其道，人们通常很少能说出这样的话来，但这个话确实是真实无妄的。在具体的器物上可以体现道的存在，如果具体的器物不存在了，则此器物之道也就不存在了。

王夫之“理势合一”的历史发展观，与其“天下惟器”“道者器之道”“无其器则无道”的哲学思想是贯通一体的。在哲学思想上，王夫之坚持气本体论，认为理不离气，有其器才有其道。就《周易》而言，他认为象外无道，肯定了卦象能充分反映事物之理，反对王弼“得意忘象”的思想。王夫之运用这种哲学观点来观察人类社会的发展历史，认为人类的社会历史发展是一个过程，历史规律只有在这个过程中才能得到实现，不存在一种先验的历史规律在历史发展过程之前而存在。先验的历史规律是一种假设，这种假设与现实的社会历史发展相符的可能性较小。历史的规律就寓于历史发展之中，而不可能存在于历史之外或之上。在这个过程中，王夫之并没有否定历史规律的存在及其可知性，他只是强调了历史规律不能脱离开经验的历史事实之外而存在。历史规律应该是从历史经验中总结出来的，在历史经验之外、之上不存在先天的抽象历史规律。

对于历史现象的认识、理解，跟个人的生活体验是紧密相关的。王夫之的思想和精神，和他所处的那个时代是相联系的。外族入侵、武力征服，这是客观的存在，存在必有其理。王夫之认为，历史是一种理势的合一，势之所在便有理的存在，理并不意味着就是公正与公平，势之险恶也可能就是一种理的存在形式。人类社会的历史不能简单地区别为好与坏、善与恶。理也不纯是天理、纯是善，在恶之中也存在理。理就是势之必然，此势有好有坏，有善有恶。在人类的历史发展过程中，既有崇高，也有各种自私、愚蠢和罪行。历史不可能绕开这些罪行而发展。因为势同则理同。理是在势的生成过程中不断生成的，没有脱离开势的孤立之理。有其势必有其理。

（2）“天地之化日新”的变化观与“阴阳者气之二体，动静者气之二几”的历史发展动力观

气是理之依靠，气盛则理达。天聚积其健盛之气，故秩序条理，有条不紊，精密变化而日新。王夫之阐发了自然界和人类社会“变化日新”的观点。他说：

> 天地之德不易，而天地之化日新。今日之风雷非昨日之风雷，是以知今日之日月非昨日之日月也。风同气，雷同声，月同魄，日同明，一也。抑以知今日之官骸非昨日之官骸，视听同喻，触觉同知耳。皆以其德之不易者类聚而化相符也。其屈而消，即鬼也；伸而息，则神也。神则生，鬼则死。消之也速而息不给于相继，则夭而死。守其故物而不能日新，虽其未消，亦槁而死。不能待其消之已尽而已死，则未消者槁。故曰“日新之谓盛德”。[34]

天地间事物的性质是不会改变的，而天地事物的变化却是每日更新的。今日之风雷不是昨日之风雷，以此之故，我们能够知道今日之日月不是昨日之日月。但是，风还是气之流，雷还是发出震响之声，月还是发出光辉，太阳还是那么明亮，这是相同的。由此，我们还可以知道，今天的人，其五官百骸已经不同于昨天的他之五官百骸，虽然还是同样用眼睛看、耳朵听，同样地以触觉去感知。这都是以德性之不变的事物类聚在一起，它们的变化是一致的。事物屈而消，即以“鬼”之名称之；事物伸而息，则以“神”之名称之。神代表生，鬼代表死。消亡之速度快而息之供给不及于继，则事物就夭而死。固守其旧物而不能日新变化，虽然它没有消亡殆尽，也将枯槁而死。不是说要等到事物消亡殆尽并且死亡，才可以说未消者槁。所以《周易·系辞传》说“日新之谓盛德”。

> 已消者，皆鬼也。且息者，皆神也。然则自吾有生以至今日，其为鬼于天壤也多矣。已消者已鬼矣，且息者固神也，则吾今日未有明日之吾，而能有明日之吾者不远矣。以化言之，亦与父母未生以前一而已矣。盈天地之间，絪缊化醇，皆吾本来面目也。其几，气也。其神，理也。[35]

然而，从我有生命以来，已经消亡者，已经成为鬼了，将要生长的，固然是神，则今天的我还不是明天的我，而明日的我离今天的我已经不远了。以变化来说，在变化过程中，也与父母未生以前是一体的。充盈于天地之间的，无非絪缊太和之气，太和之气就是天地之化的本然状态。其变化的细微处，就是气。其变化的神妙莫测，就可以称为理。

> 张子曰："日月之形，万古不变。"形者，言其规模仪象也，非谓质也。质日代而形如一，无恒气而有恒道也。江河之水，今犹古也，而非今水之即古水。灯烛之光，昨犹今也，而非昨火之即今火。水火近而易知，日月远而不察耳。爪发之日生而旧者消也，人所知也。肌肉之日生而旧者消也，人所未知也。人见形之不变而不知其质之已迁，则疑今兹之日月为遂古之日月，今兹之肌肉为初生之肌肉，恶足以语日新之化哉！阳而聚明者恒如，斯以为日；阴而聚魄者恒如，斯以为月。日新而不爽其故，斯以为无妄也与！必用其故物而后有恒，则当其变而必昧其初矣。[36]

内容每天都发生变化，而其形状还是如同以前一样，没有恒定不变的气，但有恒久不变的道。江河之水，今天的与古代的是相像的，但不是说今天的水就是古代的水。灯烛之光，昨天的与今天的差不多，但不是说昨天的火就是今天的火。属性为阳而恒久地聚集光明，就成为太阳；属性为阴而恒久地聚集光亮，就成为月亮。日日更新而不失去其旧有的成分，这就是无妄！必定要用其旧物而后才有恒久，则当它发生变化时必然与其开初不相同。王夫之提出，灭息吾性之存在，断灭天地生生之机，则人类毁而不足以与天地三矣。

王夫之把“荣枯代谢而弥见其新”看作宇宙自然和人类社会的根本法则，而其发展的根本动力就在于阴阳的对立。

> 盖阴阳者气之二体，动静者气之二几，体同而用异则相感而动，动而成象则静。动静之几，聚散、出入、形不形之从来也。《易》之为道，乾坤而已。乾六阳以成健，坤六阴以成顺。而阴阳相摩，则生六子以生五十六卦，皆动之不容已者。或聚或散，或出或入，错综变化，要以动静夫阴阳。而阴阳一太极之实体。唯其富有充满于虚空，故变化日新，而六十四卦之吉凶大业生焉。阴阳之消长隐见不可测，而天地、人物屈伸往来之故尽于此。知此者，尽《易》之蕴矣。[37]

阴阳是气的两个对立的方面，动静是气两种变化的苗头，阴阳之气体同而用异，则可以相感而运动，气运动则成有形象的存在，呈现有形象的存在，则静止不动。动静这两种变化的苗头，是气之聚散、出入、形不形的根由。《周易》之道，可以用乾坤来体现。乾卦六个阳爻代表健，坤卦六个阴爻代表顺。乾坤之阴阳相摩相荡，则生六子，并生成五十六卦，皆运动而不停止。阴阳或聚或散，或出或入，其错综变化，要之，动静即阴阳，而阴阳则是太极之实体的变化。唯太极之气富有并且充满于虚空之中，所以，变化日新，而生成六十四卦之吉凶大业。气之阴阳消长或隐或现，神妙不可测，而天地、人物屈伸往来的原因尽在于此。

阴阳的相互摩荡是气运动变化的内在原因。王夫之对气之“两端”的存在状态及其相互关系做了深入分析。王夫之指出，阴阳首先是矛盾对立的关系。

> 凡言理者，必有非理者为之对待，而后理之名以立。犹言道者必有非道者为之对待，而后道之名以定（道，路也。大地不尽皆路，其可行者则为路）。是动而固有其正之谓也，既有当然而抑有所以然之谓也。是唯气之已化，为刚为柔，为中为正，为仁为义，则谓之理而别于非理。[38]

事物的运动本来就是有一定规律的，既然有必定要这样，当然也有为什么会这样的原因。所以，唯有气之已化，才能为刚为柔，为中为正，为仁为义，这称为理而使之与非理相区别。

在此基础上，王夫之没有沿袭《易传》所谓八卦以乾为首的观点，而是提出“乾坤并建”的观点。他认为，乾和坤、阴和阳对立双方没有先后之分，双方同时产生、同时存在，阴阳双方中的任何一方都不能脱离对方而独立存在。所谓“无有乾而无坤之一日，无有坤而无乾之一日”，“阴阳不孤行于天地之间”[39]。

阴阳不是截然分开的。天下没有截然分开而必相对待之物。

> 天下有截然分析而必相对待之物乎？求之于天地，无有此也；求之于万物，无有此也；反而求之于心，抑未谂其必然也。故以此深疑邵子之言《易》也。
>
> 阴阳者，二仪也。刚柔者，分用也。八卦相错，五十六卦错综相值。若是者，可谓之截然而分析矣乎？天尊地卑，义奠于位。进退存亡，义殊乎时。是非善恶，义判于几。立纲陈常，义辨于事。若是者，可谓之截然而分析矣乎？天尊于上，而天入地中，无深不察；地卑于下，而地升天际，无高不彻；其界不可得而剖也。进极于进，退者以进，退极于退，进者以退；存必于存，邃古之存不留于今日；亡必于亡，今者所亡不绝于将来；其局不可得而定也。天下有公是，而执是则非；天下有公非，而凡非可是；善不可谓恶，盗跖亦窃仁义；恶不可谓善，君子不废食色；其别不可得而拘也。君臣有义，用爱则私，而忠臣爱溢于羹墙。父子有恩，用敬则疏，而孝子礼严于配帝；其道不可得而歧也。故麦秋于夏，萤旦其昏，一阴阳之无门也。金炀则液，水冻则坚，一刚柔之无畛也。齿发不知其暗衰，爪甲不知其渐长，一老少之无时也。云有时而不雨，虹有时而不晴，一往来之无法也。截然分析而必相对待者，天地无有也，万物无有也，人心无有也。[40]

阴阳，是事物的两个方面。阴阳刚柔各有其作用。八卦相错，五十六卦错综相置。天尊与地卑，这是由它们所处的位置决定的。事物之进退存亡，这是由它们所处不同的时机决定的。是非与善恶，这是由善恶的动机来判别的。置立纲常，这是根据人事而加以分辨的。天虽然尊于上，但天深入地中，无深不察；地虽然卑于下，但地之边际与天相接，无高不接；天地是不可能截然分开的。前进到极点还要前进，前进则变成后退；后退到极点还要后退，后退则变成前进；必期于保存，则远古时候存在的事物不能留存于今日；必期于灭亡，则现在不存在的可能在将来会出现；这些情况，都不能将之绝对化。天下有公认的是非，如果固执不变，则是可能变成非，非可能变成是；善不能称为恶，但盗跖这样的恶人也认为盗亦有道、有仁义，恶不能称为善，但君子也有食、色之欲；它们的区别不能够拘泥不变。君臣间有义存在，以爱来代替义则君臣关系就是一种私情。而忠臣对于君的爱戴，有如舜之思尧。尧死后，舜思念三年，坐则见尧在对面墙上，食则见尧在羹汤中。父子间有恩情存在，以敬来代替恩情则父子关系就会疏远，而孝子对于父辈之礼严于对待祖宗神；这些道理是不可以截然分开的。所以，麦子把夏季作为自己的秋季，萤火虫在黄昏时才出来，以黄昏作为早晨，事物之阴阳是不可以截然分开的。金属熔化则成为液体，水冻成冰则坚固，故事物之刚柔也是不定的。人的牙齿与头发不知不觉就暗暗衰老了，故老少也没有不变之时。有时云堆积却不下雨，天有时出现彩虹却不放晴，故天气变化往来是无固定法则的。截然分离而必相对待的事物，天地、万物和人类社会中都不存在这种情况。

王夫之对邵雍解《周易》之言深表怀疑，认为其一分为二、二分为四的原则只讲阴阳截然分开，否认其统一，并不是自然之理。

> 《皇极经世》之旨，尽于朱子“破作两片”之语，谓天下无不相对待者耳。乃阴阳之与刚柔，太之与少，岂相对待者乎？阴阳，气也。刚柔，质也。有是气则成是质，有是质则具是气，其可析乎？析之则质为死形，而气为游气矣。少即太之稚也，太即少之老也，将一人之生，老少称为二人乎？自稚至老，渐移而无分画之涯际，将以何一日焉为少之终而老之始乎？故两片四片之说，猜量比拟，非自然之理也。[41]

阴阳之与刚柔，太之与少，怎么相对待呢？阴阳，属于气。刚柔，属于质。有这样的气才成就这样的质，有这样的质则具备这样的气，它们怎么可以分开呢？分开，则质就成为一种死的形状，而气则成为无形状的游气了。少即太之幼，太即少之老，将人的一生，其老年与少年可以称为两个人吗？自幼稚至衰老，是渐渐的演变，而没有一个明确划分的界线，那么，将以哪一日作为少年之终而老年之始呢？故邵雍“两片”“四片”之说，主观臆测、虚拟比量，并不是自然之理。

变化日新是天地万物和人类社会的基本特征，不存在绝对静止之物。王夫之阐发周敦颐的《太极图说》：

> “太极动而生阳”，动之动也；“静而生阴”，动之静也。废然无动而静，阴恶从生哉！一动一静，阖辟之谓也。由阖而辟，由辟而阖，皆动也。废然之静，则是息矣。“至诚无息”，况天地乎！“维天之命，于穆不已”，何静之有！[42]

“太极”运动而生成阳性的事物，这是运动当中动的一个方面；静止而生成阴性的事物，这是运动当中静的一个方面。静不是指完全没有运动的静止。一动一静，就是一开一合。由合而开，由开而合，都是运动。绝对的静止，则是灭息。天地间万物都没有绝对的静止。

比较起来，王夫之更为强调矛盾双方统一性的意义和作用。他认为，阴阳两端，指的是诸如虚实、动静、聚散、清浊等，但究其实则不过是一气充周。对立面的统一就在于对立双方的互相渗透，而不在于有一个不同于对立双方的另一物把两者统一起来。他说：

> 两端者，虚实也，动静也，聚散也，清浊也，其究一也（张子）。实不窒虚，知虚之皆实。静者静动，非不动也。聚于此者散于彼，散于此者聚于彼；浊入清而体清，清入浊而妙浊，而后知其一也，非合两而以一为之纽也。[43]

静止的存在，处于静动的过程中，并不是不动的。气聚集于这里，也可能消散于那里；消散于这里，也可能聚集于那里。浊气入于清气之中，而以清气为体；清气入于浊气之中，而以浊气为妙用。此后方知其为一体，而不是说以对立面之外的某一东西为纽带，使对立面相合或相依。

运用这种哲学思想来观察人类社会的历史发展，则无论是治还是乱，其过程都是渐进的。

> 治乱循环，一阴阳动静之几也。今云乱极而治，犹可言也；借曰治极而乱，其可乎？乱若生于治极，则尧、舜、禹相承，治已极矣，胡弗即报以永嘉、靖康之祸乎？方乱而治，人生治法未亡，乃治；方治而乱，人生治法弛，乃乱。阴阳动静，固莫不然。阳含静德，故方动而静。阴储动能，故方静而动。故曰“动静无端”。待其极至而后大反，则有端矣。[44]

社会的治乱循环，好比阴阳动静变化的苗头。现在还可以说“乱极而治”，但说“治极而乱”，就不怎么合适了。当天下大乱需要治理时，如果人们创立的各种治理方法得到实施，天下就可以得到治理；当天下得到治理之后又出现混乱时，如果人们创立的各种治理方法松弛，得不到落实，天下就会大乱。阴阳动静之理，莫不是这样。所以，阳之中含有静之德，故刚刚运动，其中就已含有静止之理；阴之中储藏有动之能，故刚刚静止，其中就已含有动之理。所以才说“动静无端”。如果等到事物发展到极致而后再向相反的方向大幅度返回，则就是“有端”了。

那么，周敦颐《太极图说》有“动极而静”“静极复动”，又该怎么理解呢？

> “动极而静”,“静极复动”。所谓“动极”“静极”者，言动静乎此太极也。如以极至言之，则两间之化，人事之几，往来吉凶，生杀善败，固有极其至而后反者，而岂皆极其至而后反哉！《周易》六十四卦，三十六体，或错或综，疾相往复，方动即静，方静旋动，静即含动，动不舍静，善体天地之化者，未有不如此者也。[45]

所谓“动极”“静极”，是说太极之动静。如果以极致来说，则天地之间的转化，人事变化中的细微苗头，卦爻的往来吉凶，事物的生杀善败，固然有发展到极致而后再向自己相反方向回归的情况，但又并不都是如此！《周易》六十四卦，其中有八个错卦、二十八个综卦，合为三十六体，它们或错或综，卦爻往复变化，方动即静，方静旋动，静即含动，动不舍静，善于体会天地之变化的人，没有不如此的。

> 故《易》以阴阳为卦之仪，而观变者周流而不可为典要，以刚柔为爻之撰，而发挥者相杂而于以成文，皆和顺之谓也。和顺者性命也，性命者道德也。以道德徙义而义非介然，以道德体理而理非执一。大哉，和顺之用乎！[46]

所以，和顺阴阳刚柔才能尽性与命，尽性与命者才可以称为道德。以道德来解释义，此义并不是固定不变的，以道德来体现理，对于此理不能执着于对立面的任何一方。

王夫之认为，要正确认识人类社会的历史，就应该将其看成是一个发展的过程，这个过程是变化日新的，不可将其执着地视为僵死的、不变的存在。变化日新的原因在于其中的阴阳对立，但变化日新并不意味着社会历史是刹那生灭、不留痕迹的。阴阳是在一个统一体中变化、发展的，阴阳不存在截然的对立，过去、现在与未来也不是截然对立的。王夫之曾说：“有已往者焉，流之源也，而谓之曰过去，不知其未尝去也。有将来者焉，流之归也，而谓之曰未来，不知其必来也。”[47]这就说明，实际上，人类社会的发展相当于一个前有来源、后有趋归的历史之流。“已往者”代表过去，虽然过去了，但却并不意味着其不存在，因为过去就保留在现在之中；“将来者”代表未来，未来尚未到来，但从现在可以推测到其将要到来。所以，人们当前的历史应该也必须是可以同过去和将来相贯通的，当下的历史包含着对过去历史的总结和对未来社会的预测。

另一方面，虽然自然和社会的运动、变化是绝对的，但均有其规律。规律是一种普遍有效性，既然是普遍有效性，就应该成为相同条件下的事物发展所共同遵循的准则。这也是历史研究的意义所在。王夫之认为，人们可以理解和认识自然事物和人类社会的发展变化的规律，从而有可能对之做出科学的预见和正确的判断。他说："变者，阴阳顺逆、事物得失之数。尽知其必有之变而存之于心，则物化无恒，而皆豫知其情状而裁之。"[48]变化中有阴阳顺逆、得失之数，这就是规律，虽然规律是人所不能违背的，但人理解和认识了必然的规律之后，就可以按照客观规律行事。这样，尽管大千世界和人类社会的变化纷繁复杂、头绪众多，但人们都可以预先了解其发展的趋势和可能性，从而驾驭事物的发展，做历史的主宰者。因此，王夫之认为在阴阳矛盾的转化面前，人们应该尽量做到"君子乐观其反"，"不畏其争"，"相反而固会其通"[49]，表达了一种积极的历史能动性的思想。

（3）"天假其私，以行其大公"的历史辩证法

历史活动必然既具有主观的创造性，又具有客观规律性在其中。主观的创造性是活生生的历史，客观的规律性则在主观创造性的实践过程中得到显现。

对于作为历史主体的人的自由意志和自由选择，王夫之是赞同的。但是，他认为，这种自由和选择对个体的人而言，则不一定能够成为现实。因为个体的人不可能按照自己的意志去规划整个社会的发展。现实社会的发展往往超出个人的理想。个人的思想是自由的，但整个社会并不就一定按照个人的思想来行动，社会有其自身的发展规律。个人的思想自由与社会的有规律发展，这两者存在矛盾。于此，王夫之表达了一种"天假其私，以行其大公"的历史辩证法思想。他说：

> 天之使人必有君也，莫之为而为之。故其始也，各推其德之长人，功之及人者而奉之，因而尤有所推以为天子。人非不欲自贵，而必有奉以为尊，人之公也。[50]

人类社会设立君主，没有谁有意识地去做，而是客观形势造成的。在君主制产生的早期，人们各推举道德优越之人，众人对有功于己的人则拥戴他，奉他为君。人并不是不希望自己高贵，但却必然有奉之以为尊的对象，这就是人之公心的表现。

> 古者，诸侯世国，而后大夫缘之以世官，世所必滥也。士之子恒为士，农之子恒为农，而天之生才也无择，则士有顽而农有秀。秀不能终屈于顽，而相乘以兴，又势所必激也。封建毁而选举行，守令席诸侯之权，刺史、牧、督司方伯之任，虽有元德显功，而无所庇其不令之子孙。势相激而理随以易，意者其天乎！阴阳不能偏用，而仁义相资以为亨利，虽圣人其能违哉？[51]

按照古代的世袭制，诸侯世袭其君位，大夫世袭其爵位和官职。士之子永远都是士，农民之子永远都为农民，而上天之降生人才并没有经过特别的选择，士之子有可能顽劣而农民之子有可能优秀。优秀者不能永远屈从于顽劣者之下，优秀的乘机起来，这又是势所必然的。封建制被废除而选举贤能之制盛行，郡守、县令占据并取代了诸侯王的权力，郡县制的地方行政长官刺史、牧和地方军事长官督司方伯掌管了一方诸侯之长的官位，虽然一些元勋、大德有显赫之功，但也不能庇护其不肖之子孙。天下之势相激发而事物的法则、规律也随之而变化。阴阳不能单独用于其中的一个方面，而仁义相互借助，才能通达、顺利，即便是圣人，也不能违背啊！

> 选举之不慎，而守令残民；世德之不终，而诸侯乱纪。两俱有害，而民于守令之贪残，有所藉于黜陟，以苏其困。故秦汉以降，天子孤立无辅，祚不永于商周。而若东迁以后，交兵毒民，异政殊俗，横敛繁刑，艾削其民，迄之数百年而不息者，亦革焉，则后世生民之祸亦轻矣。郡县者，非天子之利也，国祚所以不长也；而为天下计、则害不如封建之滋也多矣。呜呼！秦以私天下之心，而罢侯置守，而天假其私，以行其大公。存乎神者之不测，有如是夫！[52]

选举过程中存在不慎之举，导致郡守、县令残害百姓；子孙中有不贤之人，导致诸侯王违法乱纪，这两个方面都是有害的。对于郡守、县令之贪婪、残暴，可以凭借罢免其官职来制约他们，以解脱、松缓一下这个困境。但实行郡县制对于天子来说不是特别有利，有可能造成一个朝代寿命不会很长；但如果为天下百姓计，则

其害不如封建制的地方也多了。秦朝将天下看成是自己一己之私的产物，罢去诸侯，设置郡守，而上天则借用其私心，以行天意之大公。阴阳不测，有如此之神妙！

王夫之肯定了郡县制在历史发展中的地位，他说：

> 两端争胜，而徒为无益之论者，辨封建者是也，郡县之制垂二千年而弗能改矣。合古今上下皆安之，势之所趋，岂非理而能然哉？
>
> 世其位者习其道，法所便也。习其道者任其事，理所宜也。法备于三王，道著于孔子，人得而习之。贤而秀者，皆可以奖之以君子之位而长民。圣人之心，于今为烈。选举不慎，而贼民之吏代作，天地不能任咎，而况圣人！未可为郡县咎也。若夫国祚之不长，为一姓言也，非公义也。秦之所以获罪于万世者，私己而已矣。斥秦之私，而欲私其子孙以长存，又岂天下之大公哉？[53]

赞成和不赞成实行郡县制的两方激烈争论，辩封建制之得失，不过是徒为无益之论。郡县制实行已经有近两千年了，而不能改变。不论古今、上下均安于郡县制，这是大势所趋。郡县制有失误，这是事实。如果选举官吏不慎，而贼害百姓的官吏代代出现，这不能算作郡县制之失。至于国祚不长，这是站在天子一姓的角度说的，并不是天下之公义。秦朝之所以得了一个万世的罪名，是因为它以一己之私来行郡县制。秦以后，一些人一方面激烈批判秦之私欲，而另一方面又抱有让自己子孙享国长久的私心，这样做也不是为天下之大公。

对历史的发展是否受一种必然规律的支配，如何处理这种历史发展的必然性与人的历史创造活动的关系，王夫之进行了深入思考。他倾向于认为，历史创造活动是由具有主观能动性的人的社会实践活动所汇集而成的，虽然社会实践活动的客观性是建立在人的主观能动性活动的基础之上的，但并不以个体的主观意志为转移。历史的发展有其大势，大势所趋，则理就存在于其中。

总之，王夫之肯定了“理势合一”的历史发展观，这种历史发展观是建立在其“天下惟器”“无其器则无其道”的哲学思想基础之上的。自然和人类社会是变化日新的，其变化、发展的动力在于其中的阴阳对立。但阴阳又不是截然对立的，其对立包括在一个统一体之中，有其必然的发展规律。人们可以理解和认识自然和社会的发展规律，从而驾驭自然和社会的发展。但社会历史的发展又不以个体的人的主观意志为转移，历史的大势是由具有主观能动性的人的社会实践活动所汇集而成的，这种社会实践活动构成为一种历史的合力，从而人类社会的发展仍然是一个客观的历史过程。

二、龚自珍、魏源的历史观

1. 龚自珍的历史观

龚自珍（1792—1841），字璱人，号定盦，浙江仁和（今杭州）人。著有《明良论》《乙丙之际著议》《壬癸之际胎观》《平均篇》《农宗》《尊隐》《尊史》《己亥杂诗》等。中华书局曾根据所搜集到的龚自珍上述文章佚文，整理编成《龚自珍全集》。

龚自珍是一个开风气的思想家，在封建社会万马齐喑的学术风气下，其理论充满了活力。

（1）“事无不变”的历史变化观

龚自珍提出“事无不变”的历史变化观，认为历史上各个时代，其国家法制、政治体例、社会风气等，都处于不断变化、发展之中。他以三代的历史和清朝的历史为例来说明这个问题。

> 夏之既夷，豫假夫商之所以兴，夏不假六百年矣乎？商之既夷，豫假夫周之所以兴，商不假八百年矣乎？无八百年不夷之天下，天下有万亿年不夷之道。然而十年而夷，五十年而夷，则以拘一祖之法，惮千夫之议，听其自陊，以俟踵兴者之改图尔。一祖之法无不敝，千夫之议无不靡，与其赠来者以劲改革，孰若自改革？抑思我祖所以兴，岂非革前代之败耶？前代所以兴，又非革前代之败耶？何莽然其不一姓也？天何必不乐一姓耶？鬼何必不享一姓耶？奋之！奋之！将败则豫师来姓，又将败则豫师来姓。《易》曰：“穷则变，变则通，

> 通则久。”非为黄帝以来六七姓括言之也，为一姓劝豫也。[54]

历史上的一些朝代，或十年而灭亡，或五十年而灭亡，是因为其拘泥于一祖之法，害怕千夫之非议，听任其自己堕落，等着后起的来者将之改变。拘泥于一祖之法不可能不产生弊端，千夫之议无不披靡。因为事无不变，有弊则革之，这就是天命。所以，天下将亡，则事先准备替代者；又将亡，则又事先准备替代者。《周易·系辞传》说：“穷则变，变则通，通则久。”并不是为黄帝以来六七姓不同的天子泛泛地说说，而是为一姓劝告其事先做好准备。

社会在不断发展变化。人类社会的历史，就是由古代发展为当今之世，由当今之世又向未来之世发展。这个过程虽然曲折、反复，但发展的趋势是不会更改的。纵观历史，从古到今，朝代之更迭，其法令无不改变，时势无不变化，事例无不变迁，社会风气无不移易。因为社会历史的特点就是变化，变化的原因就是不断地去弊更新。故此，人类社会的历史总是向前迈进的。当然，龚自珍讲的“变”，并不是指根本性的变化，他既看到了“无八百年不夷之天下”，却又承认“有万亿年不夷之道”。这样，他的历史变化观就表现得不是非常彻底。

（2）历史是“众人自造，非圣人所造”的历史主体论

中国封建社会的历史向来是王侯将相的历史。对此，龚自珍是不满意的。他认为，历史并不是圣人创造的，而是民众自造的。

> 天地，人所造，众人自造，非圣人所造。圣人也者，与众人对立，与众人为无尽。众人之宰，非道非极，自名曰我。我光造日月，我力造山川，我变造毛羽肖翘，我理造文字语言，我气造天地，我天地又造人，我分别造伦纪。众人也者，骈化而群生，无独始者。有倮人已，有毛人，有羽人，有角人，有肖翘人。毛人、羽人、角人、肖翘人也者，人自所造，非圣造，非天地造。其匹也，杂不部居，倮人之不与毛、角者匹，其后政，非始政。后政也者，先小而后大。五人主为政，十人主为政，十十人主为政，百十人主为政，人总至，至于万，为其大政。有众人已，有日月；有日月已，有旦昼。日月旦昼，人所造，

> 众人自造，非圣人所造。乃造名字，名字之始，各以其人之声。声为天而天名立，声为地而地名立，声为人而人名立。人之初，天下通，人上通；旦上天，夕上天，天与人，旦有语，夕有语。万人之大政，欲有语于人，则有传语之民；传语之人，后名为官。……后政不道，使一人绝天不通民，使一人绝民不通天。……众人以为天，大政之主必敬天，名日月星为神，名山川为祇，名天之人亦曰神。天神，人也；地祇，人也；人鬼，人也。[55]

第一，龚自珍强调了“众人”在创造历史中的作用，认为历史是“众人自造，非圣人所造”，天地、万物及人类社会均是由众人自己创造的。在他看来，历史是整个人类共同创造的，绝不是少数人的活动，因此历史就不能是少数圣人的历史，而应该是众人的历史。“众人”创造历史的观点是与“圣人”创世论相对立的。

第二，龚自珍认为，众人的主宰，并不是宋明道学所谓的“道”和“太极”，更不是所谓的圣人，而是“自我”。他提出，“自我”之光辉创造日、月，“自我”之力量创造山川，“自我”之变化创造毛人、羽人和肖翘人，“自我”之理创造文字和语言，“自我”之气概创造天与地，“我”之天地又创造人，“我”之分别、区分，则创造人伦、法纪。

人可以分为“倮人”“毛人”“羽人”“角人”“肖翘人”。毛人、羽人、角人、肖翘人等，都是人自己所创造出来的，并不是圣人造出来的，也不是天地创造出来的。有了众人，才有日月；有了日月，才有早晚。日月早晚，是人创造的，是众人自己所创造的，众人称日月星为神，称山川之灵为祇，称天之人亦为神。因此，天神是众人所创造的，地祇也是众人所创造的，人鬼皆是众人所创造的，而不是圣人所创造的。

当然，“我光造日月，我力造山川”等，并不是说日月、山川、万物、伦纪，都是由“我”创造的，而是说日月、山川、万物之“名”乃众人所造。众人造各种名字的时候，各以人之声音不同而命名。如称之为天，而“天”之名就确立了；称之为地，而“地”之名就确立了；称之为人，而“人”之名就确立了。龚自珍强调了“我”的作用。在“造”日月、山川、万物之“名”的“众人”之中，每一个人都有一个“我”，所以才说“我”造。而“我”又不是孤立的个人，“众人也者，骈化而群生，无独始者”。也就是说，众人是一起变化而成群生成的，没有单独的创始者。后来的政治不合于大道，尊崇一个人，如君主，称他为天子，是天的代表，天与民相通的直接渠道被隔绝。这是不合理的。

第三，包括政治活动在内的各种历史活动，都是历史地形成的。人类早期的时候，并不是社会性的动物。他们匹对，但不相杂居，也不群居，如倮人不与毛人、角人等匹对，其后才出现政治社会。政治社会的出现，先是小规模的，而后才出现大规模的。比如，五人中有领导者为一种政治社会，十人中有领导者为一种政治社会，百人中有领导者为一种政治社会，千人中有领导者为一种政治社会，如此等等。人聚集在一起，至于成千上万，这就是一种大的政治社会。人类社会的早期，天向下与人通，人向上与天通，天人之间，早晚皆可以沟通。上万人这样大的政治社会，天如果要与人相通，就产生了传话语之人，传话语的人，后来就被称为官。因此，人类社会是历史地形成的，并不是由神灵或圣人创造的。

龚自珍试图探索历史发展的动因和主宰。他认为，众人的活动创造了人类的历史，众人的活动是历史发展的动力。同时，龚自珍又突出了“我”的重要性，认为“我”创造了人类历史及自然的一切。这是在中国封建社会后期所兴起的人文主义思想的重要表现，表明中国封建社会的经济、政治和阶级关系已经开始发生变化。考察中国近代历史的发展，我们可以发现，鸦片战争前后，中国社会商品经济有了一定程度的发展，这种发展要求突破封建生产关系对个性的束缚，因此，呼唤个性解放的人文主义思想必将应运而生，并在历史发展中起到了重要的启蒙作用。龚自珍的历史观使人感受到了近代化的气息，成为中国旧民主主义革命的先声。

（3）“人心者，世俗之本也；世俗者，王运之本也”的民本思想和社会“平均”的理想

龚自珍把“人心”当作影响社会风俗与政治好坏的决定性因素。他说：

> 人心者，世俗之本也；世俗者，王运之本也。人心亡，则世俗坏；世俗坏，则王运中易。王者欲自为计，盍为人心世俗计矣。有如贫相轧，富相耀；

贫者阽，富者安；贫者日愈倾，富者日愈壅。或以羡慕，或以愤怨，或以骄汰，或以啬吝，浇漓诡异之俗，百出不可止，至极不祥之气，郁于天地之间。郁之久，乃必发，为兵燹，为疫疠，生民噍类，靡有孑遗。人畜悲痛，鬼神思变置。其始，不过贫富不相齐之为之尔。小不相齐，渐至大不相齐；大不相齐，即至丧天下。呜呼！此贵乎操其本源，与随其时而剂调之。上有五气，下有五行，民有五丑，物有五才，消焉息焉，渟焉决焉，王心而已矣。[56]

众人之心，是社会风气之根本；社会风气的好坏，又是国运之根本。人心亡，则社会风气就会变坏；世俗社会风气变坏了，则国运就会中途改易。作为君王，如果只为自己考虑，不为众人、社会考虑，就会造成贫富不均。对于这种情况，一些人要么羡慕，要么怨愤；一些人因此而骄傲，或者更加吝啬。这样，极端的不祥之气就郁积于天地之间，郁积久了，就必然会爆发出来，为兵灾，为疾病疫疠，百姓都死光了，没有遗留下来的。整个社会中，人悲痛，畜不安，鬼神都想着要改变这种情况。

这种情况在最开始，不过是由贫富不均造成的。小的贫富不均，渐渐发展到大的不均；大的贫富不均，就导致丧失天下。这个问题的关键在于要掌握事物的本源所在，随时对社会的贫富不均给予调剂。上有五方之气，下有金木水火土五行，百姓有士、农、工、商、贾五类，物有金木水火土五才，哪个该消，哪个该息，哪个该止，哪个该决，这都要由君王之心来予以平均、裁决。他说：

有天下者，莫高于平之之尚也，其邃初乎！降是，安天下而已；又降是，与天下安而已；又降是，食天下而已。最上之世，君民聚醵然。三代之极其犹水，君取盂焉，臣取勺焉，民取卮焉。降是，则勺者下侵矣，卮者上侵矣。又降，则君取一石，民亦欲得一石，故或涸而踣。石而浮，一则不平甚；涸而踣，则又不平甚。有天下者曰：吾欲为邃初，则取其浮者而挹之乎？不足者而注之乎？则槖然喙之矣。大略计之，浮不足之数相去愈远，而亡愈速；去稍近，治亦稍速。千万载治乱兴亡之数，直以是券矣。[57]

龚自珍崇尚平均。在他看来，在最理想的社会中，君与民的关系，用一个比喻，就是大家一同凑钱买酒喝。三代那个时候，君主用盂这种盛酒器饮酒，臣子用勺这种取酒器饮酒，百姓用卮这种比较小的盛酒器饮酒。自此以降，则用勺饮酒的臣子向下侵扰百姓，用卮这种比较小的盛酒器的百姓则向上反抗。又往后，则君主取一石酒饮，这就出现百姓因无酒可饮而死的情况。饮酒以“石”来计，这本来就过度了。一个人饮一石酒，导致了其他人没有酒饮，有人因无酒可饮而死，则天下就出现了极大的不公平。

如果拥有天下的人能说，他希望回到远古那个时代，对于那些拥有酒水太多的人，就从他们那里取一些出来；对于酒水不足的人，就给他们加一些进去。这样，就会得到众人的一致赞同。大略计算一下，一个社会中的过度与不足之数，相差越远，而亡国的速度就越快；相差稍近，而天下得到治理的速度就更快一些。千万载天下国家的治乱兴亡之数，都可以此为验证。因此，社会的平均是非常重要的。

龚自珍的历史观强调了理想的社会应该是一个平均的社会，人人平均，都能得到全面的发展。在此基础上，他要求个性解放，反对封建制度对人性的束缚，强调“我”和“人心”在历史发展中的作用。梁启超曾说自己年轻时读《定盦文集》时“若受电然”，认为对于晚清思想之解放，龚自珍是有功的。这个评价是比较恰当的。龚自珍肯定了社会的历史性，认为“事无不变”，变化的历史不是由圣人创造的，而是由众人自造的。这种历史观具有重要的意义。

2. 魏源的历史观

魏源（1794—1857），原名远达，字默深。湖南邵阳人。道光进士。著述主要有《古微堂集》《元史新编》《董子春秋发微》《圣武记》《老子本义》《诗古微》，编著《海国图志》。中华书局 1976 年编辑《魏源集》，是研究魏源思想的主要资料。

（1）“五帝不袭礼，三王不沿乐”“势则日变而不可复”等今胜于古的社会历史观

魏源有鲜明的历史进化观念，认为历史是不断进化的。“五帝不袭礼，三王不

沿乐”，“势则日变而不可复也”[58]。针对历史上存在的一些复古思想，他明确提出，上古之风不可复。

> 庄生喜言上古，上古之风，必不可复，徒使晋人糠秕礼法而祸世教。宋儒专言三代，三代井田、封建、选举必不可复，徒使功利之徒以迂疏病儒术。君子之为治也，无三代以上之心则必俗，不知三代以下之情势则必迂。读父书者不可与言兵，守陈案者不可与言律，好剿袭者不可与言文。善琴弈者不视谱，善相马者不按图，善治民者不泥法。无他，亲历诸身而已。读黄农之书，用以杀人，谓之庸医；读周孔之书，用以误天下，得不谓之庸儒乎？……君子学古之道，犹食笋而去其箨也。[59]

在魏源看来，君子要想治理天下，如果不存三代以上之心，则道德行为必俗，但如果不知道三代以下社会情势的变迁而照搬三代，则其行为必然流于迂阔。善于弹琴和下棋的人，不用看谱；善于相马的人，不按图索骥；善于治理天下之民的人不拘泥于过去的法令。这没有什么，因为时代和社会发展了，就需要根据变化了的时代和社会来确立适宜的做事方法。所以，识时务者都强调要亲历、实践，在实践中学习和学会做事情。读《黄帝内经》《神农本草经》等书，不知道活学活用，却用之来杀人的人，可以称为庸医；读周公、孔子之书，只知照搬照抄，误导天下之人，可以称为庸儒。了解、学习过去的东西一定要结合当前的具体情况，而不可以袭守成案。君子要学习古代优秀的东西，正确的方法就好比吃竹笋时去掉其笋壳，要取其精华、弃其糟粕。在这个过程中，积累经验和知识，开拓新的事业。人类社会的历史就是这样形成并不断走向进步和完善的。

魏源抨击复古守旧思想，目的在于论证历史变革的必要性。他认为，天下无数百年不变之法，无穷极不变之法，无不除弊而能兴利之法，无不易简而能变通之法。为此，他从更广泛的意义上来阐述他的历史进步思想。

首先，他认为古代的天、地、人、物皆不同于今天的天、地、人、物。就天而言：

> 三代以上，天皆不同今日之天，地皆不同今日之地，人皆不同今日之人，物皆不同今日之物。《天官》之书，古有而今无者若干星，古无而今有者若干星。天差而西，岁差而东。是天不同于后世之天也。[60]

有些星星古代可以看到而今天看不到了，古代看不到而今天能看到的星星也有若干个。整个恒星图形每天逐渐向西移动，赤道、黄道的交点，跟一颗固定的恒星比较，每年向其东方移动。这些情况说明，古代的天象是不同于后世的天象的。

就地而言：

> 浊河徙决，淤于千里；荥泽、巨野塞为平原。济、汳莫辨源流，碣石沦于渤澥。井田废而沟洫为墟，云梦竭而洞庭始大。十薮湮其九，三江淤其二，九河九江不存其一。雍州田上上，今但平芜；扬州田下下，今称陆海。“高岸为谷，深谷为陵。”是地不同于后世之地也。[61]

黄河决堤而改变其河道，淤泥积淀千里，导致河南荥阳的荥泽大湖、山东巨野的大野湖逐渐淤塞为平原；济水、汴水都分辨不清其源流了，碣石之山沉入渤海。井田废弃了，其中的沟洫变成了平墟，云梦大泽干涸了，作为云梦一部分的洞庭湖开始称大湖。春秋时代各诸侯国中十个著名的湖泊有九个都淤塞了，松江、钱塘江、浦阳江三塞其二，据载黄河流到华北平原中部后“播为九河”，这九河一条都不存在了，“禹贡九江”也不存在了。雍州的耕地品质是上等中的上等，但到了今天就变得比较平常、一般；扬州之耕地品质原来是下等中的下等，但到了今天却成为了物产富饶的地方。就地之形貌而言，古代的地形、地貌与今天的相比也有所不同。

就人而言：

> 燕、赵、卫、郑，昔繁佳冶；齐、鲁、睢、涣，古富绮纨。三楚今谁长鬣？勾吴岂有文身？淮、徐孰戎夷之种？伊川畴被发之伦？……是人变于古矣！[62]

春秋战国时期的燕、赵、卫、郑等国，打扮漂亮的妇女很多；齐、鲁、睢、涣等地，古时候盛产有花纹的丝织品。秦汉之后，楚分为三，楚国人以前习惯留长须，但现在却不同了。周代时吴国人习惯往身体上刺花纹，但现在也无人文身了。夏至周初，少数民族徐戎在徐州这一带，商周时少数民族淮夷分布在淮河下游一带，但现在住在淮河、徐州这一带的百姓已经融合了，无法分清其民族的来源和差异。

从物产这个角度来看：

> 布有麻、葛而无吉贝，币有黄金而无白银，纨绮称睢、涣而无吴越，今皆反之。是物迁于古矣。[63]

首先，布匹方面，过去有麻、葛而没有木棉；流通的币种有黄金而没有白银；有花纹的丝织品主要出产于安徽的睢与河南开封的涣这些地方，而不是出产于吴、越之地，但到了现在，情况都与过去相反，这表明在物产方面现在与古代也有很大的不同。

其次，古往今来的历史上，天、地、人、物都处于变化不已的过程中，在这种变化的过程中，存在一种历史的进步。魏源说：

> 乘车以战，肉刑以治，不谓大愚，则谓大戾，岂独封建之于郡县，井田之于阡陌哉？故气化无一息不变者也，其不变者道而已，势则日变而不可复者也。……古乃有古。执古以绳今，是为证今，执今以律古，是为诬古。诬今不可以为治，诬古不可以语学。[64]

天地间阴阳之气没有一刻是不变的，如果说有不变化的，那也只是永恒的道而已。如果现在谁还驾着战车去战斗，或者通过施行肉刑来进行治理，那么，人们不说他是极度愚笨者，也会说他是非常残暴的人。如果现在谁还想在实行郡县制的情况下去恢复封建制，在开垦阡陌荒田盛行的情况下去恢复井田制，也是非常愚蠢的行为。社会朝着进步的方向发展了，谁还想回到过去的状态是不可能的。正因为事物发展之势每天都会变化而不可能复原。所以，古代有古代的传统，如果牢牢地坚守古代的制度不变，并以之来衡量今天的事物，这是对今天事物的诬蔑；坚持以今天的风俗和制度来要求、衡量古代，这是对古代事物的诬蔑。诬蔑今天的事物对不可能治理好天下国家，诬蔑古代的事物对不可以与之谈论学问。

魏源还提出“变古愈尽”，则“便民愈甚”的观点，并通过对历史上赋税制度、选官制度、历法制度等的变化来说明社会不断趋向于进步的发展之势。他说：

> 租庸调变而两税，两税变而条编，变古愈尽，便民愈甚，虽圣王复作，必不舍条编而复两税，舍两税而复租庸调也。乡举里选变而门望，门望变而考试，丁庸变而差役，差役变而雇役，虽圣王复作，必不舍科举而复选举，舍雇役而为差役也。丘甲变而府兵，府兵变而。彍骑，而营伍，虽圣王复作，必不舍营伍而复屯田、府兵也。天下事，人情所不便者，变可复；人情所群便者，变则不可复。江河百源，一趋于海，反江河之水而复归之山，得乎？履不必同，期于适足；治不必同，期于利民。是以忠质文异尚，子丑寅异建，五帝不袭礼，三王不沿乐，况郡县之世而谈封建，阡陌之世而谈井田，笞杖之世而谈肉刑哉！[65]

唐朝在安史之乱前，赋税制度实行租庸调制。丁男授田一顷，每年交粟二斛，称为租；每年交绢二匹、绵三两（如果是布则在此基础上加收五分之一）、麻三斤，或者交银十四两，称为调；每年出劳役二十天，闰月再加两天，不出劳役则交绢三尺，这就是庸。如果出劳役二十五天，就可以免去调，出劳役三十天，就租调皆免。唐朝在安史之乱后，赋税制度变成了两税法，即把租庸调合并在一起，分夏、秋两季以钱交税。到了明代，两税制变成了一条鞭法，即把各种名目的赋税劳役并在一起，根据田亩的多少征税，折银交纳，这就由实物税变成了货币税。魏源认为，对古代的制度改变得越彻底，对于百姓而言就越方便。即便那些古代的圣王重新兴起，也不可能舍去一条鞭法而恢复两税制，或者舍去两税制而恢复租庸调制。

汉代选官，用乡举、里选的办法，由乡里推荐孝悌、贤良方正、直言直谏的人到政府做官，政府的一些大官也要征召有声名的人做属员。因此，汉代的士人要做官，须在乡里造就名声，才能被征召，或被选为孝廉方正等，才能取得禄位。这种选官的制度，到了魏晋南北朝，就被士族制度取代，这一时期按门第、望族的等级制度选官，立“九品中正制”，把人分为九等，列在下等的人永远不得入仕。隋唐时期，魏晋实行的士族选官制度为科举考试所取代。即便圣王重新兴起，也不可能舍去科举制而重新回到乡举里选的老路上去。

在兵役制度方面，春秋时鲁国实行丘甲制，征集人和牛马、车等服兵役，至北周、隋、唐变而为府兵制，如唐太宗分全国为十道、六百三十四府，府分三等，各统兵八百至一千二百人，百姓从二十岁至六十岁都有服兵役的义务，这就是府兵制。唐玄宗还用募兵的方式，选一些州府的兵和壮丁充当京城卫士，后又出现营伍制。即便圣王重新兴起，也不可能舍去营伍制而重新实行屯田制、府兵制。

所以，社会历史是今胜于古的。这表现在后世的郡县制就比三代时的封建制要更为进步；后世以贡举来选拔官吏，也要比三代的世袭制好得多；后世的笞杖比三代的肉刑也更为人道，如此等等。如果人们认为某种变革不方便，即便是变革之后也可以将之恢复到以前的状况；但如果某种变革给人们普遍地带来了方便，就不可能再回复到变革前的状况了。就好比江河虽然源头众多，但流向大海是其趋势，要驱江河之水返而复归于高山之上是不可能的。魏源把历史变革与大多数人的利益相联系，认为如果在变革之后人们较之以前得到了更多的实际利益，这样的变革就是进步的，就有生命力，就不可能倒退回去，即便是“圣王”想走回头路也不行。如果在变革之后，人们较之以前并未得到更多的实际利益，反而比以前更不方便了，这种变革就不是进步，而是一种倒退，是不可能坚持下去的。因此，人类社会历史的进步是不可逆转的。

魏源不仅肯定一切社会制度、政治措施都是适应社会发展的客观需要而变化的，而且还提出了“便民”的观点，以是否“便民”“利民”作为衡量变化是否进步的标准。他认为，鞋不必同样，只要适合于脚穿就行；治理天下、国家的方式不必相同，只要能利民就行。所以，夏、商、周三代尚忠、尚质、尚文，各不相同。夏以寅月（阴历正月）为岁首，殷以丑月（阴历十二月）为岁首，周以子月（阴历十一月）为岁首。五帝之礼各不相袭，三王之乐各不相沿。因此，魏源认为，不仅自然现象是变化发展的，各个朝代的政治、经济、历法等措施也是变化发展的。后世的人们通过变革，可以在前人事业的基础上，推动社会向更高的阶段发展。

（2）“人能与造化相通，则可自造自化”的历史能动性思想

魏源认为，人类历史不断进步是一种必然趋势，这种必然趋势是和人的活动紧密相关的。他说：“是故人能与造化相通，则可自造自化。”[66] 人通过自造自化，就形成了人类不断发展的历史。在这个过程中，学习与实践都是非常重要的。

> 蟠焉际焉之谓神，效焉法焉之谓事。创之因之谓之后王、君公；承之宣之谓之大夫、师、牧；役智、效能、分事、亹亹达之于天下谓之府史、胥徒、农工、贾商、卒伍。人积人之谓治，治相嬗成今古，有洿隆有敝更之谓器与道。君、公、卿、士、庶人推本今世前世道器之洿隆所由然以自治外治，知违从，知伍参变化之谓学。学为师长，学为臣，学为士庶者也；格其心、身、家、国、天下之物，知奚以正，奚以修，奚以齐且治平者也。[67]

魏源说，人效法自然的神化则称为事业。创造事业并因循、继承之，这是君主、诸侯的事；秉承上级的命令，广而告之，这是掌权的内外大臣，如大夫、师、牧的事业；以智服役、效其力、分任其事、勤劳用功，使此事业能达于天下，是府史、胥徒等下级官吏及农民、手工业者、商贾、卒伍的事业。后人继承前人的事业，不断将之推进，这就是治理。这种治理相继传递，就有了今古的历史。对有些事物进行变革，或降低，或升高，或放弃，或更改，就称为器与道。君主、公侯、卿、士大夫及普通百姓推导今日社会与前世社会中道器的这种降低、升高、放弃、更改的原因，来对内修身，对外齐家、治国、平天下，知道顺从什么，反对什么，对错综复杂的情况都能了解，这就可以称为学习。学习如何作为一个老师、长辈，

学习为臣之道，学习作为合格的士人及百姓的基本素质。格心、身、家、国、天下之物，知道什么是正确的，知道怎么来修养自己，怎么样来齐家、治国、平天下。这样，人类的事业就可以不断地趋于进步。

人类的历史表现为不断的进步，进步的原因就在于，后人在继承前人事业的基础上，通过学习，不断变革，使事业趋于完善。

> 曷谓道之器？曰：礼乐。曷谓道之断？曰：兵刑。曷谓道之资？曰：食货。道形诸事，谓之治。以其事笔之方册，俾天下后世得以求道而制事，谓之经。藏之成均、辟雍，掌以师氏、保氏、大乐正，谓之师儒。[68]

人类社会的历史发展有其道，道有许多种表现，礼乐是道之器，兵刑是道之断，食货是道之资。道表现在诸事当中，就称为治。把道之事用笔记录下来，集之成书册，以方便天下后世之人得以从中求取大道，并用大道来治事，这就是经。将经书藏在成均、辟雍这样的大学中，以师氏、保氏、大乐正这些掌管教育的官员来保存，谓之师儒，也就是以德行和六艺来教民的人。通过学习，人类才能不断地积累经验，不断取得进步。

但学习也必须与社会实践相结合，学以致用，才可能真正推动社会的进步。

> 士之能九年通经者，以淑其身，以形为事业，则能以《周易》决疑，以《洪范》占变，以《春秋》断事，以礼乐服制兴教化，以《周官》致太平，以《禹贡》行河，以三百五篇当谏书，以出使专对，谓之以经术为治术。曾有以通经致用为诟厉者乎？以诂训音声蔽小学，以名物器服蔽《三礼》，以象数蔽《易》，以鸟兽草木蔽《诗》，毕生治经，无一言益已，无一事可验诸治者乎？乌乎！古此方策，今亦此方策；古此学校，今亦此学校；宾宾焉以为先王之道在是，吾不谓先王之道不在是也，如国家何！[69]

一般说来，人们通过九年的学习，能够通经以善其身，以表现道之物为事业，其中就包含有治理天下国家的方法。但是，读书不得要领，缺乏针对性，这对于国家也没有什么作用。只有通过实践，才可能真正地掌握所学习的知识。魏源说，读《诗经·小雅》中的《皇皇者华》之诗，自己有感想，认为作这首诗的人知道该如何来治理天下。

> 一章曰："周爰咨诹。"二章曰："周爰咨谋。"三章曰："周爰咨度。"四章曰："周爰咨询。"世固有负苍生之望，为道德之宗，起而应世，望实并损者，何哉？以匡居之虚理，验诸实事，其效者十不三四；以一己之意见，质诸人人，其合者十不五六。古今异宜，南北异俗，自非设身处地，乌能随盂水为方圆也！自非众议参同，乌能闭户造车，出门合辙也，历山川，但壮游览而不考其形势；阅井疆，但观市肆而不察其风俗；揽人材，但取文采而不审其才德。一旦身预天下之事，利不知孰兴，害不知孰革，荐黜委任不知孰贤不肖，自非持方枘纳圆凿而何以哉？夫士而欲任天下之重，必自其勤访问始；勤访问，必自其无事之日始。《皇华》之诗知之矣！[70]

《皇皇者华》这首诗的第一章，主要讲要多访问、商量；第二章主要讲要多向人咨询治国的大计；第三章主要讲要多探究社会情况；第四章主要讲要多咨询民情、民意。世界上固然有一些人，他们肩负着天下百姓苍生的厚望，作为有道德的英杰，出来治理社会，但最后却无法实现自己的目标，其中的一个重要原因，就是他们把安居时所想到的一些不切实际的虚理，用在了实际的社会事务中，结果其中能发生效验、有效果的十分中还不到三四分；以自己一个人的意见，与众人的意见相比，其相合的地方十分中还不到五六分。古今社会对什么是合适的有不同标准，南方与北方的风俗也不相同，如果不能设身处地去考虑事情，不能与众人商议、讨论，只是关起门来造车，或只是观看市肆之貌而不考察当地的风俗，或只是取其文采而不审察其德行，在这种情况下，一旦参与天下之事，就可能不知道如何兴天下之利，除天下之害；在推荐、罢黜、委任官员时，就不知道谁是贤者，谁又不肖，其治政的治理就好比要将方形的楔头硬塞进圆形的孔一样难。所以，有志之士要想担负天下的重任，一开始就必须要亲自勤勉地访问，了解各种情况，而勤勉地访问、了解情况，必须从没有任何事发生的那个时候开始。

人通过学习与实践，可以自造自化，创造自己的历史，并将自己的历史不断推向前进。在此基础上，魏源阐发了人在社会历史发展中的主动性思想。

> 人者，天地之仁也。人之所聚，仁气积焉；人之所去，阴气积焉。山谷之中，屯兵十万，则穷冬若春；邃宇华堂，悄无綦迹，则幽阴袭人。……“天地之性，人为贵。”天子者，众人所积而成。而侮慢人者，非侮慢天乎？人聚则强，人散则尫，人静则昌，人讼则荒，人背则亡。故天子自视为众人中之一人，斯视天下为天下之天下。[71]

这就是说，人是天地之精华。人所聚集的地方，精华之气就能蓄积；没有人的地方，阴气就会积聚。《孝经·圣治》说天地之间，人最为贵。所谓天子，也是众人所积聚而形成的。侮辱、轻慢众人，就是侮辱、轻慢上天。人们聚在一起就力量强大，人们松散了力量就衰弱，人们安静、和谐则社会就昌盛，人们争讼、争斗则社会就衰荒，人们相背离、敌对则社会就会灭亡。所以，天子只有把自己看成是众人中的一员，才能把天下看成是天下人的天下。

总之，魏源的历史观认为，人是社会历史的主人，人们通过学习与实践，就可以在继承前人事业的基础上，创造自己的历史。社会是不断趋于进步的，复古是不可能的。

三、康有为的历史观

康有为（1858—1927），字广厦，号长素，广东南海人，又称康南海。著有《新学伪经考》《孔子改制考》《春秋董氏学》《中庸注》《礼运注》《孟子微》《论语注》《戊戌奏稿》《大同书》等书，他的主要著作被编入《万木草堂丛书》。

康有为通过对儒家古典文化特别是孔子文化的改造，宣扬了一种历史进化的思想和大同社会的理想。

1."公羊三世"说的历史进化论

康有为生活于晚清，对于封建制度给整个社会带来的弊病，他有深切的体会和深刻的认识。他感叹道：

> 嗟夫！使我不得见太平之治，被大同之乐者，何哉？使我中国二千年，方万里之地，四万万神明之裔，不得见太平之治，被大同之乐者，何哉？使大地不早见太平之治，逢大同之乐者，何哉？[72]

不能得见太平之治，享受大同之乐，这当然是由封建制的弊端所造成的。

康有为希望改变封建专制制度，在中国实行资本主义的君主立宪制，并渐次使中国社会进化到资产阶级民主政治的时代，这就需要"改制"。但是，"改制"对当时众多抱着守祖宗遗制观念的封建士大夫来说是惊世骇俗的变革。怎么样才能使改制得以顺利进行呢？康有为想到了"托古"，因为不假托古人就无法取信于今人。而孔子是中国封建社会的圣人，只有假托孔子之名来进行改制，才是最佳的选择。为此，康有为著《新学伪经考》《孔子改制考》《春秋董氏学》等，提出公羊三世之说，依托孔子之名为改制扫清道路。他说：

> 天既哀大地生人之多艰，黑帝乃降精而救民患，为神明，为圣王，为万世作师，为万民作保，为大地教主。生于乱世，乃据乱世而立三世之法，而垂精太平，乃因其所生之国而立三世之义，而注意于大地远近大小若一之大一统。[73]

孔子生于乱世，他根据乱世的社会状况，确立据乱世、升平世、太平世三世之法，并专注于太平之世的社会理想。孔子主要是根据自己国家的情况来确立三世社会的意蕴，并注意整个世界远近大小不同国家的相同情况，确立起大一统的社会发展模式。

> 三世为孔子非常大义，托之《春秋》以明之。所传闻世为据乱，所闻世托升平，所见世托太平。乱世者，文教未明也；升平者，渐有文教，小康也；太平者，大同之世，远近大小如一，文教全备也。大义多属小康，微言多属太平。[74]

据乱、升平、太平三世之说是孔子学说中最具深义的部分。《春秋》的所传闻世为据乱，所闻世代表升平，所见世代表太平。乱世表示文明、教化未开；升平之世，渐渐有文明、教化，这是小康社会的情况；太平之世、大同社会中，无论远近大小都均一，文明、教化全部具备。孔子所说《春秋》大义多针对小康社会而言，《春秋》微言多针对太平社会而言。

康有为认为，董仲舒的"春秋公羊学"中对孔子"三世"的思想做了详尽的说明。"三世"即所谓的"所见世"（指孔子亲眼见过的）、"所闻世"（指孔子亲自见过的人说的）、"所传闻世"（指孔子听来的传闻）。他把这种所谓的"三世"说同《礼记·礼运》中所讲的"大同""小康"联系起来，认为"所传闻世托据乱，所闻世托升平，所见世托太平"。而"公羊三世"理论，就是说人类社会将由"据乱世"进化到"升平世"（小康），再由"升平世"进化到"太平世"（大同世界），这是人类社会进化的普遍规律。

康有为认为，中国秦汉以来两千余年的封建制皆处于小康的社会的"升平世"。

> 吾中国二千年来，凡汉、唐、宋、明，不别其治乱兴衰，总总皆小康之世也。凡中国二千年儒先所言，自荀卿、刘歆、朱子之说所言，不别其真伪精粗美恶，总总皆小康之道也。其故则以群经诸传所发明，皆三代之道，亦不离乎小康故也。夫孔子哀生民之艰，拯斯人之溺，深心厚望，私欲高怀，其注于大同也至矣。但以生当乱世，道难躐等，虽默想太平，世犹未升，乱犹未拨，不能不盈科乃进，循序而行。故此篇余论及他经所明，多为小康之论而寡发大同之道，亦所谓知其不可而为之者耶！[75]

就中国两千多年来的历史而言，汉、唐、宋、明，不管其具体的治乱兴衰如何，都只能算是小康之世。中国两千多年来儒者、先辈，从荀况、刘歆到朱子，不管其所说真伪、精粗、美恶如何，都只能算是小康之道。孔子叹百姓生活之艰难，希望拯救百姓于水火，其心深切，其愿望和情操高远，这在他注《礼记·礼运》的大同之道时表现达到了极致。但因为孔子生当乱世，而其道不能超越其所处的社会发展阶段，所以，虽然孔子默想太平，但社会还没有发展，动乱还没有拔除，不能不循序渐进，循序而行。所以，《礼记·礼运》这篇之所论及其他经典所阐发的，多是小康之论，而对于大同之道则发明的比较少，这也是所谓明知其不可为而为之的精神！

> 夫两汉君臣、儒生，尊从《春秋》拨乱之治而杂以霸术，犹未尽行也。圣制萌芽，新歆遽出，伪《左》盛行，古文篡乱。于是削移孔子之经而为周公，降孔子之圣王而为先师，公羊之学废，改制之义湮，三世之说微，太平之治，大同之乐，暗而不明，郁而不发。我华我夏，杂以魏、晋、隋、唐佛老、词章之学，乱以氐、羌、突厥、契丹、蒙古之风，非惟不识太平，并求汉人拨乱之义亦乖剌而不可得，而中国之民遂二千年被暴主、夷狄之酷政。耗矣，哀哉！[76]

他认为，两汉的君臣、儒生，遵从孔子《春秋》拨乱的治理方法，并杂以霸术，对于孔子的《春秋》之道没有能够完全实行。孔子的圣制刚刚开始萌芽，王莽篡汉，刘歆等倡导古文经学，伪《春秋左氏传》盛行，《春秋》公羊学被古文经学篡改。于是，出现了削移孔子之经，将之归于周公，降孔子的圣王地位而称他为先师等情况。公羊学废弃了，社会改制的道理不得而闻，据乱、升平、太平三世之说式微，孔子关于太平之治、大同之乐的理论，暗而不明，郁而不发。以孔子精神为核心的华夏文化，杂以魏、晋、隋、唐佛老、词章之学，乱以氐、羌、突厥、契丹、蒙古等少数民族之风气，导致华夏民族不但不能认识孔子太平之治的理论，想理解汉代那个时候的拨乱之义都不可能。这样，中国的百姓两千年来就令人悲哀地为一些暴主、夷狄的酷政所苦。

程朱理学号称新儒学，朱熹是程朱理学的集大成者。康有为认为，朱熹所阐发的新儒学也是“蔽于据乱之说而不知太平大同之义”。

> 朱子生于大统绝学之后，揭鼓扬旗而发明之，多言义而寡言仁，知省身救过而少救民患，蔽于据乱之说而不知太平大同之义，杂以佛老，其道觳苦。所以为治教者，亦仅如东周、刘蜀、萧誉之偏安而已。[77]

这就是说，朱熹欲发明孔子之道。但他的理论，多言义而少言仁爱，强调个人省身救过、修养身心，而对于如何拯救百姓之患则罕言之，这是为“据乱”之说所弊而不知道还有太平、大同之义，其学杂以佛老，其道枯苦。所以，用这种理论来治理天下、教化百姓，也只能达到东周、三国之刘蜀和南朝齐国的萧氏王朝之偏安的境界罢了。因此，康有为认为，中国两千多年的政治一直停留在君主统治时代，“总总皆小康之世”，“总总皆小康之道”。这种局面再也不能继续下去了，应向“太平世”的民主时代前进。

> 泥守旧方而不知变，永因旧历而不更新，非徒不适于时用，其害且足以死人。今者中国已小康矣，而不求进化，泥守旧方，是失孔子之意而大悖其道也，甚非所以安天下，乐群生也，甚非所以崇孔子，同大地也。且孔子之神圣，为人道之进化，岂止大同而已哉？……凡至人之所思，固不可测矣，而况孔子乎！圣人之治，如大医然，但因病而发药耳。病无穷而方亦无穷。大同小康，不过神人之一二方哉！窃哀今世之病，搜得孔子旧方，不揣愚妄，窃用发明，公诸天下，庶几中国有瘳，而大地群生俱起乎！[78]

康有为认为，恒久地因循旧的历法而不知道更新，不但不适合于时代、社会之用，其害处也足以置人于死地。现在，中国社会已经处于孔子所说的小康社会了，如果不求进化，拘泥于旧有的社会形态，这就错失了孔子之意，而大悖孔子之道，这不是安天下、乐群生者所应该做的，也不是推崇孔子、建立大同世界者所应该做的。而且以孔子之神圣，他所设计的人道进化之阶段，不仅仅是大同世界的理想。大同、小康之说，不过是其治理天下的一两个办法而已！康有为对于他所处的那个时代和社会的现状很不满，认为社会患病了！要治理社会所存在的各种弊端，他认为就要从孔子那里搜得一些治理天下的良方，将之拿过来用，公之于天下，以期能治好中国社会的各种弊病，使大地上的众生百姓都能过上幸福生活。

为此，他把孔子树立为勇于变革的圣人，借之批判了顽固派的不变论。他说：

> （孔子）乃立元以统天，以天为仁，以神气流行而教庶物，以不忍心而为仁政。合鬼神山川、公侯庶人，昆虫草木一统于其教，而先爱其圆颅方趾之同类，改除乱世勇乱战争角力之法，而立《春秋》新王行仁之制。其道本神明，配天地，育万物，泽万世，明本数，系末度，小大精粗，六通四辟，无乎不在。此制乎，不过于元中立诸天，于一天中立地，于一地中立世，于一世中随时立法，务在行仁，忧民忧以除民患而已。《易》之言曰："书不尽言，言不尽意。"《诗》《书》《礼》《乐》《易》《春秋》为其书，口传七十子后学为其言。此制乎，不过其夏葛冬裘，随时救民之言而已。[79]

孔子之道，无非要与时迁移，应物变化，随着时代的不同而拯救民生而已。孔子确立"元气"以统天，认为天之性为仁爱，天以神气流行而教化万物，以不忍人之心而实行仁政。孔子的仁爱博大，无论鬼神、山川、公侯、庶人、昆虫、草木，都一统于其仁爱教化的范围。在博爱之中，孔子又特别钟爱与其同类的圆头颅、方脚趾的人类，改革、弃除乱世所存在的崇尚勇武、战乱、角力的治世之法，而确立《春秋》新王的行仁之制。孔子之道源自神明，德配天地，养育万物，泽被万世民众。孔子明确道之根本，又紧密联系道之末梢，无论事物的小大精粗，六通四辟，道通贯之而无乎不在。孔子之道，不过于元气中确立天的存在，于一天中确立地的存在，于一地中确立世界的存在，于一世中随时代的迁移变化而立法度，其目的在于实施仁爱，忧百姓之忧，除去百姓之患而已。《周易·系辞传》所谓："书不尽言，言不尽意。"无论是孔子之书还是孔子之言，都不一定能全面表达孔子之意。孔子之意是随时代和社会的发展而变化的。而一些顽固派只知泥守旧方而不知变，永因旧历而不更新，非徒不适于时用，其害且足以死人。这是不符合孔子变革的历史精神的。

康有为说六经为孔子“托古改制”而作，反对以前儒者认为孔子“述而不作”的观点，批评了一些儒者把孔子说成是“信而好古”的文化保守者，从而抨击了言必称三代，世越远而治越甚的退化历史观。康有为把人类的社会历史发展看作一个整体。这个历史发展存在着一个普遍的过程，即“三世”说和大同、小康之道。历史是合乎目的和规律的发展过程。人类社会必将从据乱世走向升平世，再由升平世进入太平世。也就是说，必将由小康社会进入大同之世。所以，历史不是退化，而是发展、进化的。

康有为用“公羊三世”说为他变法主张提供理论依据。他通过托古改制，在复古的旗帜下，假借古圣先贤的遗言加进了不少维新变法的思想内容，打击了恪守祖训的封建顽固派势力，为晚清的维新变法做了准备。当然，康有为的“三世”说前后很不一致。在戊戌变法之前，康有为宣称“据乱世”是政治混乱时代，“升平世”是君主统治时代，“太平世”是民主时代，但在戊戌变法失败后，康有为却说“据乱世”是君主统治时代，“升平世”是君民共和时代，“太平世”才是民主时代。[80]他认为，历史发展阶段不能跨越，从而反对资产阶级民主革命派的革命活动。康有为这时的“三世”说，就失去了以前所具有的进步意义。

2.“变者天道也”的变化发展观

康有为认为，天地万物和人类社会唯有变化更新才有生命力。

> 《诗纬》曰：“王者三百年一变政。”盖变者天道也。天不能有昼而无夜，有寒而无暑，天以善变而能久；火山流金，沧海成田，历阳成湖，地以善变而能久；人自童幼而壮老，形体颜色气貌无一不变，无刻不变。《传》曰：“逝者如斯。”故孔子系《易》，以交易为义，又曰：“时为义大。”时者寒暑裘葛，后天而奉天时，此先圣大声疾呼以仁后王者耶？[81]

天不能有昼而无夜，有寒而无暑，天以善变才能长久；火山流金，沧海成田，历阳县一夜之间成为湖泊，所以，地以善变才能长久；人自童幼至于壮老，其形体、颜色、气貌无一不变，无时不变。随时变易的意义是深远广大的，这样就能够奉天时而不违。

康有为把变革的希望寄托在清政府身上，劝告清朝统治者只有实行变政才能稳固自己的统治地位。

> 泰西之国，一姓累败而累兴，盖善变以应天也。中国一姓不再兴者，不变而逆天也。夫新朝必变前朝之法，与民更始，盖应三百年之运。顺天者兴，兴其变而顺天，非兴其一姓也；逆天者亡，亡其不变而逆天，非亡其一姓也。一姓不自变，人将顺天代变之，而一姓亡矣。一姓能顺天，时时自变，则一姓虽万世存可也。[82]

欧洲国家能很快从失败中复兴，不过是善于变革与顺应天命罢了。在中国，某一姓氏的家族掌握国家政权，遭遇失败而不再复兴，这是因为其不能变革、逆天命而行的结果。所以，新兴的王朝必须变更前朝的法度，改变正朔，与民更始，天命有三百年之运，这样做的目的就是顺应此天命三百年之运。顺天命的王朝必然兴盛，兴盛的原因在于其能变革而顺应天意，这并不是说天命要使某一姓氏得到兴盛；逆天命的王朝必然灭亡，其灭亡的原因在于其不变革、逆天命而行，这并不是说天命要使某一姓氏灭亡。某一姓氏的家族掌握了国家政权，如果不自动变革以应天，别的姓氏的人将顺天命而代替他们来进行变革，这样，这一姓氏的家族将失去天下。某一姓氏的家族掌握了国家政权，能顺应天命、时时自动进行变革，则此一姓氏的家族之人虽世代更迭，亦可以掌握国家政权。

> 夫创业中兴之人，能变政者，其才武，其志深，其力雄，其气猛，推移旋运，举重若轻，故治天下如弄丸，椎拍宛转，宽绰有余。晚季中叶不能变政，

其才文，其志浅，其力薄，其气弱，故因循苟且，畏难偏安，故治天下如患痿痹麻木，不能自知自举，而国之大小、存亡、强弱、兴败视之。[83]

那些创业中兴之君，能变革政治，其才能勇武、志向远大、力量雄浑、勇气威猛，在政治生活中推移旋运，从容自若，举重若轻，治理天下有如弄丸，或击或拍或削或断，均能随物转动，婉转推移。王朝中叶或晚期的统治者，没有能力变革政治，才能文弱、志向浅陋、力量弱小、勇气不足，所以，只能因循苟且，畏难偏安，所以，他们治理天下有如患了痿痹麻木之症，不能够自己发现问题、自己进行解决。

他举俄罗斯彼得大帝变政的史实，来说明在中国进行变革的必要性和可能性。

今地球万国，俄地三万里为大，俄兵八百万为强，割辽之事，俄一言而日归之。吾乃以银行铁路与之为德。虽然乃考俄之始，乃以八万兵败于瑞典万人，乃割边地于瑞国。无学校，无练兵，无通商，无制造良工，愚冥狉榛，既蠢既顽，昧塞小弱，岌岌殆亡，固有甚于我中国者。大彼得知时从变，应天而作，奋其武勇，破弃千年自尊自愚之习，排却群臣阻挠大计之说，微服作隶，学工于荷、英，遍历诸国，不耻师学，雷动霆震，万法并兴……用是数十年而文明大辟，开地万里，为霸地球。呜呼！雷动而草木坼，其变力大者其治功大。苍萌亿亿，皆草木也，待雷而坼，于以荣华，于以参天。彼得之变力，雷力也哉？宜其坼而荣华而参天。呜呼！凡数百年一姓之国既危既弱者，宜鉴于斯。[84]

过去俄国也非常落后，那个时候俄国没有学校，也没有练新式兵种，与各国没有通商，没有制造业方面的优良工匠，愚昧原始，既蠢且顽，国家闭塞，国力衰弱，岌岌趋于危亡。彼得大帝了解到这种情况，应时而变，顺天命而作为，振奋其勇武精神，破除、放弃千年来所形成的妄自尊大、愚昧的陋习，力排群臣阻挠改革大计的各种说法，自己微服作隶，亲自学工于荷兰、英国等先进国家，并游历诸国，不耻下问，拜师学艺。经过数十年改革，俄国文明大兴，开疆拓土万余里，称霸于世界。好比是上天雷霆震动，地面上草木裂地而出，变革的力度越大，其治理的功效也越大。天下亿万苍生，就如同草木生长于地下，要等待雷霆震动才能裂地而出、繁荣生长，长成参天之势。

变革就是要尊民，要兴民之利，除民之害。

> 孔子以天下之民生养覆育付之于君，不能养民则失君职，一也；辱而失位，已为不君，二也；若令不行，禁不止，臣民不为用，无君之实，谓之独夫，三也；况残害其民，直谓之贼。天之立王为何爱于一人，使肆民上？《易》曰：“汤武革命，顺乎天而应乎人。”孟子曰：“闻诛一夫纣耳，未闻弑君也。”此孔子之大义也。
>
> 不敢有君民之心，盖圣人以为吾亦一民，偶然在位，但欲为民除患，非以尊利也。此为孔子微言。后世不知此义，借权势以自尊，务立法以制下，公私之判，自此始矣。[85]

孔子将天下之民的生养覆育之职责托付给君主，如果君主不能养民，就有失君主之职责；君主因受辱而失去君主之位，这就已经不能称为君主了；如果他的法令得不到实行，禁令不能发挥作用，大臣、百姓不为其所用，这就没有了成为君主的实际内容，可以称其为独夫；更何况君主残害其民，可以直接称其为贼。《周易·系辞传》说：“商汤、周武革命，顺天而应人。”孟子说：“只听说诛杀了一个独夫纣，没有听说弑君之事。”这里就体现了孔子的大义。

孔子不存在君民上下之心，他认为，治理天下的圣人本身也是百姓的一员，偶然处于统治的地位，只是想为民除患，并不想以之来获得其他人的尊敬和牟取个人私利。这是孔子学说中的微言之义。后世的统治者不知道孔子此微言之义，借权势牟取一己之尊贵，立法度以制约属下，公私之判，就从这个地方开始了。

变革是事物本身所具有的自我运动的功能。

> 《易》云：“太极生两仪。”孔子原本天道，知物必有两，故以阴阳括天下

之物。理未有能出其外者。[86]

就事物而言，一必有两。孔子推天道之本原，知道事物必有两个对立的方面，所以，以阴阳来概括天下事物的属性，事物之理没有能够超出其外的。由于阴阳的相互作用，所以，事物变化日新，谁也不能阻挡。如果只知守旧而不变法，就会窒息自然和社会的生机。

3.“免苦求乐”是社会进化发展的动力

康有为认为，人类社会中，有一个根本的道理，人们对于适宜于自己的东西就喜爱、接受，对于不适宜于自己的东西就不喜爱、不接受。

故夫人道只有宜不宜。不宜者苦也，宜之又宜者乐也。故夫人道者，依人以为道，依人之道，苦乐而已。为人谋者，去苦以求乐而已，无他道矣。[87]

对于人来说，判断事物好坏的标准只有适宜与不适宜。不适宜的东西对人来说就是苦，适宜的东西对人来说就是乐。所谓人道，就是依从于人所形成的道理，其核心的内容就是“苦”与“乐”。治理天下、为人们谋福利的人所应该做的，不过就是帮助人们去苦求乐而已。

夫喜群而恶独，相扶而相植者，人情之所乐也。故有父子、夫妇、兄弟之相亲相爱相收相恤者，不以利害患难而变易者，人之所乐也。其无父子、夫妇、兄弟之人，则无人亲之爱之，收之恤之，时有友朋，则以利害患难而易心，不可凭藉；号之曰孤、寡、鳏、独，名之曰穷民，怜之曰无告，此人之至苦者也。圣人者，因人情之所乐，顺人事之自然，乃为家法以纲纪之，曰父慈、子孝、兄友、弟敬、夫义、妇顺，此亦人道之至顺，人情之至愿矣，其术不过为人增益其乐而已。结党而争胜，从强而自保者，人情之所不能免也，故有部落国种之分，有君臣政治之法，所以保全人家室财产之乐也。其部落已

> 亡，国土无托，无君臣，无政治，荡然如野鹿，则为人所捕虏隶奴；不能保全其家室财产，则陷苦无量而求乐无所。圣人者，因人情所不能免，顺人事时势之自然，而为之立国土、部落、君臣、政治之法，其术不过为人免其苦而已。[88]

喜欢群居而厌恶独处，相互扶持、相互帮助，这是人情所喜欢的。所以，人类社会中，存在父子、夫妇、兄弟之间相亲相爱、相收相恤的关系，这种关系不会因为利害患难而改变。没有父子、夫妇、兄弟的人，间或有几个朋友，还因利害患难而变得不再是朋友，没有人能依靠，这样的人称为孤、寡、鳏、独，人们把他们叫作穷民，怜悯他们而称之为“无告”，这种人是所有人中最苦的。圣人因人情之所乐，顺人事之自然，制定家法以整治这种情况，强调父应慈、子应孝、兄应友、弟应敬、夫应义、妇应顺，等等。

至于结成党派而相互争胜，依从强者而求得自保，这是人情所不能避免的，故此产生了部落、国家、种族之分别，产生了君臣政治之法，这是为了保全每个人的家室及财产。如果一个人的部落已灭亡了，国土被侵占了，失去了保护，好像野鹿一样，为别的人所俘虏，成为奴隶。这样，他就陷入无量苦海而没有办法获得快乐。圣人顺应人情的自然趋势，以及人事时势之自然，而为民众确立国土、部落、君臣、政治之法，这样做不过是为人免去其苦罢了。

在此基础上，康有为总结出一条关于自然和社会进化动力的根本原则，即“求乐免苦”。

> 故普天之下，有生之徒，皆以求乐免苦而已，无他道矣。其有迂其途，假其道，曲折以赴，行苦而不厌者，亦以求乐而已。虽人之性有不同乎，而可断断言之曰：人道无求苦去乐者也。立法创教，令人有乐无苦，善之善者也；能令人乐多而苦少，善而未尽善者也；令人苦多乐少，不善者也。[89]

有生命的存在，都以求乐免苦作为自己的目标。其中有一些人，采取迂回的措施，通过曲折的其他方式，践行苦行而不厌倦，也是为了求取快乐而已。人性是没有不同的，因此，可以断言说，人道不存在求苦去乐的事情。治理天下的人立法创教，令人有乐无苦，这是善之善者；能令人乐多而苦少，虽然善，但却未能尽善；能令人苦多乐少，则是不善之法。

> 国法者，因军法而移焉，以其尊将令而威士卒之法行之于国。则有尊君卑臣而奴民者矣。家法也，因新制而生焉，以其尊族长而统卑幼之法行之于家，则有尊男卑女而隶子弟者焉。虽有圣人立法，不能不因其时势风俗之旧而定之。大势既成，压制既久，遂为道义焉。于是始为相扶植保护之善法者，终为至抑压，至不平之苦趣，于是乎则与求乐免苦之本意相反矣。印度如是，中国亦不能免焉。欧美略进升平，而妇女为人私属，其去公理远矣，其于求乐之道亦未至焉。神明圣王孔子，早虑之忧之，故立三统三世之法，据乱之后，易以升平、太平，小康之后，进以大同，曰“穷则变”，曰“观其会通以行其典礼”，盖深虑守道者不知变而永从苦道也。[90]

为了维护社会秩序，家庭有长幼尊卑，国家有君臣之分。但是，这种大的形势形成以后，居上位者对居下位者压制久了，逐渐就成为了一种传统。于是，开始的时候本来是为了让人们之间相扶持、保护的好方法，后来却发展为对人压抑最深、最不平等的苦难之事，这样，就与人们求乐免苦的本来意思相左了。如果不知随时变革，则人们“求乐免苦”的愿望就可能导致相反的结果。就具体历史而言，由据乱世上升至升平世后，条件成熟了，就应该向太平之世过渡，否则就可能违背历史的发展规律与进程，与人们普遍的“求乐免苦”的意愿相左。

> 吾既生乱世，目击苦道而思有以救之，昧昧我思，其惟行大同太平之道哉！遍观世法，舍大同之道而欲救生人之苦，求其大乐，殆无由也。大同之道，至平也、至公也、至仁也，治之至也，虽有善道，无以加此矣。[91]

康有为亲眼目睹了人间社会的苦难现状，希望能想出什么办法来解救它。他认为，遍观社会上各种理论、学说，舍弃大同之道而想救百姓之苦，让百姓能获取大乐，这是没有办法实现的。大同之道，至为平等，至为公正，至为仁爱，是天下大治的极致。康有为把“三世”之说与“大同”之道都归于孔子，说孔子很早就忧虑这件事，所以，立“三统”“三世”之法，在据乱世之后，变易之，使进入升平、太平的社会；在小康社会之后，变易之，使进入大同社会。孔子说“穷则变”，又说“观其会通以行其典礼”，这都是深切忧虑后世的守道者不知变革、永久地固守使人痛苦之道而说的。

康有为认为，人生而有欲，这是人的天性。人希望得到好的饮食，希望居住在好的房子中，希望穿好看的衣服等，这都是无可非议的。人们把适合自己欲求的称为乐，不适合自己欲求的称为苦，人道的原则就是去苦求乐。社会应该努力满足人们的这种需要，在满足人们这种需要的过程中，社会不断改良、进步。免苦求乐之心，是人类社会步入大同之世的重要动力。因此，正是人们“求乐免苦”的追求推动着历史的演化和进步。

4.“大同”之道的社会理想

康有为认为，历史是一个整体的、符合规律的发展过程，是人类朝向一种理想目标而自觉地走向自我完善的发展过程。历史既是符合目的的又是符合规律的发展过程。历史并不是盲目的，而是朝着理想目标不断前进的，孔子的思想就代表了人类智慧的最高境界。《礼记·礼运》体现了孔子思想的精髓。孔子关于社会发展的“三世”之变化，其中就蕴含了无上的大道。

> 孔子三世之变，大道之真在是矣。大同、小康之道，发之明而别之精，古今进化之故，神圣悯世之深在是矣。相时而推施，并行而不悖，时圣之变通尽利在是矣。[92]

在孔子那里，是实行大同之道还是小康之道，可以根据不同的时代、社会的情况来决定。由于每个社会有不同的情况，因此在有些社会中，这两种制度还可以并行不悖。每个时代的圣人之变通，于此都可以找到根据。

> 大道者何？人理至公，太平世大同之道也。三代之英，升平世小康之道也。孔子生据乱世，而志则常在太平世，必进化至大同，乃孚素志，至不得已而为小康，亦皆不逮，此所由顾生民而兴哀也。[93]

孔子生在据乱之世，但他的志向是要在人间实现太平之世，使人类社会进化至大同世界，这才符合他的志向。至于孔子不得已而倡导小康社会，甚至连小康社会都还不能达到，这也是孔子看到生民的艰难生活而深感悲哀和叹息的地方。

《礼记·礼运》所说的“天下为公，选贤与能”，指的是一种“官天下”的大同社会的形态。

> 天下为公，选贤与能者，官天下也。夫天下国家者，为天下国家之人公共同有之器，非一人一家所得而私有，当合大众公选贤能以任其职，不得世传其子孙兄弟也。此君臣之公理也。讲信修睦者，国之与国际，人之与人交，皆平等自立，不相侵犯，但互立和约而信守之，于时立义，和亲康睦，只有无诈无虞，戒争戒杀而已，不必立万法矣。此朋友有信之公理也。父母固人所至亲，子者固人所至爱，然但自亲其亲，自爱其子，而不爱人之亲，不爱人之子，则天下人之贫贱愚不肖者，老幼鳏寡孤独废疾者，皆困苦颠连失其所教养矣。夫人类不平则教化不均，风俗不美则人种不良，此为莫大之害，即中于大众而共受之。且人人何能自保不为老幼鳏寡孤独废疾乎？专待之于私亲而无所恃也，不如待之于公而必可恃也。故公世人人分其仰事，俛畜之物产财力以为公产，以养老慈幼，恤贫医疾，惟用壮者，则人人无复有老病孤贫之忧，俗美种良，进化益上，此父子之公理也。分者限也，男子虽强，而各有权限，不得逾越；岿者巍也，女子虽弱，而巍然自立，不得陵抑；各立和约而共守之，此夫妇之公理也。更有二禁，世有公产，则巧者仰人之养而不谋农工之业，惰者乐人之用而不出手足之力，以公成其私而以私坏公，则大道隳矣。故不作业不出力之

人，公众所恶。然将已刑措，但恶之以示不齿，而人耸劝矣。然化俗久美，传种改良，人人自能去私而为公，不专己而爱人，故多能分货以归之公，出力以助于人。然人之恒言曰天下国家身，此古昔之小道也。夫有国有家有已，则各有其界而自私之，其害公理而阻进化甚矣。惟天为生人之本，人人皆天所生而直隶焉，凡隶天之下者皆公之。故不独不得立国界，以至强弱相争，并不得有家界，以至亲爱不广，且不得有身界，以至货力自为。故只有天下为公，一切皆本公理而已。[94]

天下与国家是公共的，为天下所共有，并不是由哪一个人、哪一家能够据为私有的，因此，应当在大众中公选贤能之人以任其职，不得世袭或传给自己的子孙兄弟。这是大同世界中关于君臣关系的公理。所谓“讲信修睦”，就是要讲究信用、睦邻友好。国与国之间，人与人之间，都各自平等，各自独立，不互相侵犯，互相订立和约并信守和约，根据不同时代的情况来确立社会法则，以促进人们之间的亲和与友好。所以，要把自己看成是大众中的一分子，对每个人都平等地去爱戴。况且，并不是每个人都能保证自己不成为老年人、儿童、鳏夫、寡妇、无子女者、有残疾的人，如果只靠自己的私亲来帮助自己，这是没有保证的，不如依靠天下大众之公助，这才是有保证的。所以，在天下为公之世，每个人都拿出一部分供养父母、养育妻子的物产、财力，以之作为公产，以抚养天下的老人和幼童，抚恤贫困的人和治疗有疾病的人。只有依靠天下的壮年人，每个人才不再有年老、疾病、孤独、贫困的忧虑，社会风俗才会变得非常美好，人种优良，社会才可能向更高级进化，这是大同社会关于父子关系的公理。大同社会中，男子虽然强壮，但各有其权限，不得逾越；女子虽然柔弱，但各自自立，不能对之欺凌、压迫；男女各立和约而共同遵守，这是大同社会关于夫妇关系的公理。

因为有公共财产的存在，一些投机取巧的人，就想靠别人养活，而自己不去从事农工生产；一些懒惰的人，就想别人为他服务而自己不肯出力为别人服务。以公共财产、公共服务的存在而成就其私心，或者以其私心而败坏公共事业，这样，大同社会就可能被毁坏。因此，不从事生产、不出力为公众服务的人，将为公众所厌恶。但大同社会已经没有刑罚措施，故公众对之表示厌恶，以示不齿，这样，他们就会因产生一种羞愧感而回归到正道上来。

社会风俗逐渐改变，时间长了，好的风气就形成了，人种也得到了改良，人人都能自己主动去除私欲而一心为公，不专只为自己考虑而爱他人，故大多数人都能拿出自己的一部分财产以归于公用，出力帮助别人。然而，人们常常说天下、国家、个人，这种说法体现的是古代的小康之道。因为，有国、有家、有自己，则在国、家、自己之间就会各自产生界限，而自私之心也就产生了，这对于大同社会的公理是有害的，对社会进化是相当大的阻碍。

故不但不能确立国界，因为这样会导致强弱相争，而且不能确立家庭的界线，这样会导致人与人之间亲近、爱护的范围不广，也不能确立人与人之间的界线，这样会导致物质财货和劳力只为自己所用。故只有天下为公，一切活动都本之于公理，才可以达成天下大同。

> 公者，人人如一之谓，无贵贱之分，无贫富之等，无人种之殊，无男女之异。分等殊异，此狭隘之小道也。平等公共，此广大之道也。无所谓君，无所谓国，人人皆教养于公产而不恃私产，人人即多私产，亦当分之于公产焉，则人无所用其私，何必为权术诈谋以害信义，更何肯为盗窃乱贼以损身名，非徒无此人，亦复无此思。内外为一，无所防虞，故外户不闭，不知兵革。此大同之道，太平之世行之。惟人人皆公，人人皆平，故能与人大同也。[95]

“公”就是人人整齐划一的意思，没有贵贱之分，没有贫富之等，没有不同人种的区分，没有男女之别。人与人之间有分别、有等级、有特殊、有不同，这是狭隘的小道。人与人之间平等、公共，这才是社会的广大之道。没有所谓君，没有所谓国，人人都因为公共财产而得以受教育，得以养育，而不用依靠私产。即便是人人都有较多的私产，也应当分一部分出来，归于公共财产，这样，人就不可能产生私心，不会使用各种权术、欺诈、阴谋之术损害信义，更不可能去做强盗、窃贼而损害自己的身体和名声。每个人都能做到内外为一，不用防范别人，夜不用闭户，没有兵革之事。这就是大同之道、太平社会的情景。只有人人都存公心，人人都平等，才能达到大同。

康有为把“三世”说看成是人类进化的阶段和必然规律。认为社会由升平之世再进化，就达到大同世界了，大同世界是“三世”进化的最高目标。在大同社会里，天下为公，人们无阶级差别，一律平等，无贵贱之分，无贫富之等，无人神之殊，无男女之异，君主制度废除了，人人相亲相爱，都把自己的财富分出一部分来，作为公共财产，以帮助社会上失去劳动力和无人抚养的成员。大同社会中无国界、家界、身界的区别，没有剥削、压迫和歧视。康有为所向往的大同之世，不是要回到三代的太古社会，而是面向未来，给人们描绘了一个高度现代化的理想社会蓝图，从而为资产阶级的变法维新提供了理论依据。在康有为看来，历史不是一治一乱、周而复始的循环，而是有一个发展的方向，这个方向就是未来的“大同”世界。

因此，人类社会的发展具有阶段性，在不同的阶段有不同的社会制度和形式与之相适应。康有为认为，大同社会是建立在政治正义和社会公平的基础之上的，社会历史之所以必须进步到大同社会，是由人类求乐免苦的本性所决定的。人的本性是功利的，但因此功利的目的，最终却能达到非功利的大同社会。也就是说，人的自利本性与幸福快乐并不是相矛盾的。人们求乐免苦的自利本性，终将引导人们走向幸福和快乐的大同社会。

通过对历史上孔子学说的改造，康有为建构起了一整套资产阶级维新变法的思想体系。由此看来，过去的历史并不只是供人们欣赏的化石，它在不同的历史时期可以不断地发生新的作用，对人们的行为产生影响。

四、严复、章炳麟的历史进化论

1. 严复的进化历史观

严复（1854—1921），字又陵，又字幾道，福建侯官（今福建闽侯县）人。曾被清政府派往英国海军学校留学。回国后，在北洋水师学堂任教。1895 年中日甲午战争后，他满怀爱国激情，发表《论世变之亟》《原强》《救亡决论》《辟韩》

等文章，又译述了赫胥黎的《天演论》（原名《进化与伦理》），翻译了亚当·斯密的《原富》、约翰·穆勒的《穆勒名学》和《群己权界论》、耶芳斯的《名学浅说》、孟德斯鸠的《法意》、斯宾塞的《群学肄言》等西方近代逻辑学、经济学、社会学著作，在思想界、知识界产生了强烈反响。他的译著由商务印书馆编为《严译名著丛刊》，其著作由后人辑为《严幾道文钞》。

（1）“质力相推”“物竞天择”的进化史观

鸦片战争后，被洋人“坚船利炮”震惊了的中国人民，为抵抗侵略，不断探索救亡图存的途径。

为什么清朝这样的天朝大国却被所谓的夷狄之邦侵侮，原因何在？一些先进的思想家对此进行了深入探讨。他们意识到，西方领先于中国已经是不争的事实，只有通过学习西方先进的东西，中国才不至于始终落后。魏源著《海国图志》，就已提出了“悉夷情”的愿望。此后，康有为、谭嗣同、严复等思想家都引进西方的进化论，来论述变法的必要性。其中又以严复贡献最大。

严复并不认为只要引进一些具体的自然科学知识和工艺制造技术就可以了，他还要从根本上改变人们“天不变，道亦不变”“中学为体，西学为用”等不思进取、保守落后的传统思想观念。严复译述了赫胥黎的《大演论》，强调了“质力相推”“物竞天择”等思想，向人们展示了自然、社会都是在激烈竞争中不断发展的，落后就将被淘汰。中国若以千年文明古国自居，不改弦更张，奋发图强，就难逃悲剧性的结局。

严复的进化史观，首先强调“质力相推”是进化发展的动力。

> 斯宾塞尔之天演界说曰：天演者，翕以聚质，辟以散力。方其用事也，物由纯而之杂，由流而之凝，由浑而之画，质力杂糅，相剂为变者也。……所谓质为杂糅，相剂为变者，亦天演最要之义，不可忽而漏之也。前者言辟以散力矣，虽然，力不可以尽散，散尽则物死，而天演不可见矣。是故方其演也，必有内涵之力，以与其质相剂。力既定质，而质亦范力，质日异而力亦从而不同焉。[96]

根据斯宾塞的“天演”说，天道的演化，收敛以聚集物之质，散开以辟散物之力。当天道演化时，事物由单纯变得复杂，由流动变得凝聚，由混乱而变得有条理，收敛和散开这两种力相互作用，形成变化。这也是天道运行最重要的含义。辟开而散去物之凝聚力，虽然这样，但力不可能散尽，散尽则事物就死亡了，而天道运行就终止了。因此，天道运行之时，必然在其内部有蕴含之力，和事物相济为用。力能导致物质聚在一起，而物质亦能将力聚在一起，物质每天变化而力也因此有所不同。

由于“质力相推”，自然和社会就处于不断变化和发展之中。这种变化和发展自然地带来了物种在生存上的“优胜劣汰”。因此，严复又重点译述了“物竞天择”“适者生存”的观点。

严复在《原强》一文中对“物竞天择”做了介绍和评述：“其一篇曰物竞。又其一曰天择。物竞者，物争自存也。天择者，存其宜种也。……此所谓天演之学，言生物之道进也。”[97]“物”指大自然的各种生物，“天”指整个自然界。自然界的各种动植物包括人为了自身的生存，都要争夺生存所必需的空间、阳光和食物。在激烈的相互竞争中，具有良好品质的、适应自然环境的优秀物种容易取胜，从而得以生存繁衍，而劣败的物种则逐渐被淘汰。这就是“物竞天择”。

“物竞天择”既是生物进化的规律，也是人类社会进化的规律。在世界各国、各民族之间同样存在竞争和淘汰，同样是适者生存。面对强国的侵略，中国应当变法维新。

> 存亡之间，间不容发；其种愈下，其存弥难。此不仅物然而已。墨澳二洲，其中土人日益萧瑟，此岂必虔刘朘削之而后然哉！资生之物所加多者有限，有术者既多取之而丰，无具者自少取焉而啬。丰者近昌，啬者邻灭。此洞识知微之士，所为惊心动魄，于保群进化之图，而知徒高睨大谈于夷夏轩轾之间者，为深无益于事实也。[98]

存亡之间，这个时候是不能马虎的，物种质量越低下，其生存就越艰难。事物如此，人也一样。有能力的人能够多取养生之资而富有，无能力者只能取得很少的物资而变得越来越贫穷。富有者趋于昌盛，而贫穷者近于灭亡。如果要保群进化，则只知道高谈阔论夷夏高低的人，是没有一点儿用处的。

严复呼吁中国人民奋起斗争，救亡图存。他说：

> 彼英、法、德、美诸邦之进于今治者，要不外数百年数十年间耳，况夫彼为其难，吾为其易也！嗟乎！有此无不有之国，无不能之民，用庸人之论，忌讳虚憍，至于贫且弱焉以亡天下，恨事孰过此者！是故考西洋各国，当知富强之甚难也，我何可以苟安；考西洋各国，又当知富强之易易也，我不可以自馁；道在去其害富害强而日求其能与民共治而已。[99]

我们的国家地大物博，无所不有；我们的人民勤劳、聪慧，无所不能。但因为采用庸俗之人的理论，使我们的国家既贫且弱，乃至于有亡国灭种的危险。考察西洋欧美各国，当知道国家要富强是很难的一件事，我们怎么可以苟且偷安；考察西洋欧美各国，又当知国家富强也是一件容易的事，我们不可以自暴自弃。治理国家之道就在于弃去危害国家富强的种种因素，而探索能与百姓共同治理的因素而已。

在《天演论》中，严复强调了“质力相推”“物竞天择，适者生存”是自然和人类社会共同的规律。社会在不断进步，优胜劣汰、弱肉强食是进化的必然结果。因此，当务之急是要破除对古制、古人的迷信，积极改革弊政，在激烈的竞争中求生存，求富强。严复将西方进化论的世界观与中国因循守旧的世界观作对比，指出：

> 中西事理，其最不同而断乎不可合者，莫大于中之人好古而忽今，西之人力今以胜古；中之人以一治一乱、一盛一衰为天行人事之自然，西之人以日进无疆，既盛不可复衰，既治不可复乱，为学术政化之极则。[100]

西方强调“力今胜古”的资产阶级进化史观，中国则强调“好古忽今”的倒退史观和历史循环论。“力今胜古”体现了发展、前进、创新的积极进取精神，认为社会历史进步的趋势是不可遏止的，今必胜古，后必胜今，从而勇于创新，使国家日益富强。而中国人的思想却受到“好古忽今”的复古主义和“一治一乱”循环论思想的束缚，崇古非今，缺乏自强奋进的变革精神。严复认为这是中国政治、经济、军事落后于西方强国的主要思想根源，为此，必须以进化史观取代厚古薄今的旧观念，才能使中国人民振奋精神，自强不息，挽救民族危机。他大力宣传进化论，是为了唤起民族的觉醒，认为中国人民只要顺应社会进化的规律，积极行动起来，就能改变落后挨打的局面，实现自强保国、民族复兴的目的。

在晚清封建制度严重阻碍社会发展、中国长期被西方列强侵侮的情况下，严复大力宣传进化论，把握住了时代和社会进步的脉搏。尽管他以自然界的进化规律类推人类社会历史发展是一种错误的理论和方法，但它反映了中国民族资产阶级要求发展生产力和资本主义生产关系的迫切要求，抓住了中国人要求自强自立的心理，对近代中国救亡图存的反封建、反侵略、反半殖民地化斗争和运动产生了深远的影响。

（2）“奠民抑君”，要求民主、自由的进步思想

严复看到了中国社会问题的症结在于，除了缺少坚船利炮、声光化电等先进科技之外，更重要的还要进行社会制度的变革，唤醒民族精神。

严复强调制度对于社会历史发展的重要性。社会要趋于进步，就需要有好的立法与制度，他认为，西方国家强盛的关键在于崇尚科学和实行民主、自由的政治制度，中国之所以衰败不堪则应归咎于封建专制制度。严复在《辟韩》一文中，通过对韩愈尊君思想进行批判，阐明了其“尊今判古”“尊民判君”的思想。

第一，他批评了韩愈把封建圣人看作人民的主宰的观点。他说：

往者吾读韩子《原道》之篇，未尝不恨其于道于治浅矣。其言曰：“古之时，人之害多矣。有圣人者立，然后教之以相生相养之道。为之君，为之师，驱其虫蛇禽兽而处之中土。寒，然后为之衣；饥，然后为之食；木处而颠，土处而病也，然后为之宫室。为之工以瞻其器用，为之贾以通其有无，为之医药以济其夭死，为之葬埋祭祀以长其恩爱，为之礼以次其先后，为之乐以宣其湮郁，

为之政以率其怠倦，为之刑以锄其强梗。相欺也，为之符玺斗斛权衡以信之；相夺也，为之城郭甲兵以守之。害至而为之备，患生而为之防。……如古无圣人，人之类灭久矣。何也？无羽毛鳞介以居寒热也，无爪牙以争食也。”如韩子所言，则彼圣人者，其身与其先祖父必皆非人也而后可，必皆有羽毛鳞介而后可，必皆有爪牙而后可。使圣人与其先祖父皆人也，则未及其生，未及成长，其被虫蛇禽兽寒饥木土之害而夭死者，固已久矣，又乌能为之礼乐刑政，以为他人防备患害也哉？[101]

韩愈关于道的论述太过肤浅。若像他所说的，古时候，人们面临着许多灾害，有圣人出来，教给百姓以相生相养之道。那岂不是说，如果古代没有圣人，人类早就灭绝了，因为人没有羽毛鳞介来应付寒暑冷热的气候，也没有锋利的爪子、牙齿来争夺食物。严复认为，如果真如韩愈所说的那样，则所谓的圣人，他和他的先祖、父亲必然都不是人，然后才有可能成为圣人；他们必然都生长有羽毛鳞介而后才可能成为圣人；他们必然都有锋利的爪牙而后才可能成为圣人。如果圣人与他的先祖、父亲都是人的话，则当他们还没有来得及出生，没有来得及长大，就已经因被虫蛇、禽兽、寒饥等残害以及因生活在树上、洞穴中而夭死了，又怎么能为百姓来制定礼乐刑政，为百姓防备各种祸害呢？

第二，他提出君因民而设、民为邦本的观点。

而韩子又曰：“君者，出令者也；臣者，行君之令而致之民者也；民者，出粟米麻丝作器皿通货财以事其上者也。君不出令，则失其所以为君；臣不行君之令，则失其所以为臣；民不出粟米麻丝作器皿通货财以事其上，则诛。”嗟乎！君臣相资之事，固如是焉已哉？夫苟如是而已，则桀、纣、秦政之治，初何以异于尧、舜、三王？且使民与禽兽杂居，寒至而不知衣，饥至而不知食，凡所谓宫室器用医药葬埋之事，举皆待教而后知为之，则人之类其灭久矣，彼圣人者，又乌得此民者出令而君之？而韩子胡不云，民者出粟米麻丝作器皿通货财以相为生养者也，其有相欺相夺而不能自治也，故出什一之赋而置之君，使之作为刑政甲兵以锄其强梗，备其患害。然而君不能独治也，于是为之臣，使之行其令，事其事。是故民不出什一之赋则莫能为之君，君不能为民锄其强梗防其患害则废，臣不能行其锄强梗防患害之令则诛乎？孟子曰："民为贵，社稷次之，君为轻。"此古今之通义也。而韩子不尔云者，知有一人而不知有亿兆也。老子言曰："窃钩者诛，窃国者侯。"夫自秦以来，为中国之君者，皆其尤强梗者也，最能欺夺者也。窃尝闻"道之大原出于天"矣。今韩子务尊其尤强梗最能欺夺之一人，使安坐而出其唯所欲为之令，而使天下无数之民各出其苦筋力劳神虑者以供其欲，少不如是焉则诛，天之意固如是乎？道之原又如是乎？呜呼！其亦幸出于三代之后，不见黜于禹、汤、文、武、周公、孔子也；其亦不幸不出于三代之前，不见正于禹、汤、文、武、周公、孔子也。[102]

韩愈说："君主，是颁布政令的人；大臣，是实行君主之政令，使之能传达到百姓中去的人；百姓，就是生产粟米、麻丝，制作器皿，流通货财，以侍奉在其之上的君主与大臣的人。"对此，严复很不理解。他认为，如果百姓不从自己的劳动成果中拿出十分之一作为赋税，则不可能有君主的存在；君主如果不能为百姓锄去其中的强梗者，防备其祸害，就可以将之废除；大臣不能执行君主锄强梗防祸害之政令则诛杀之。孟子说："百姓为贵，社稷国家次之，君主为轻。"孟子此论可以说是古今之通义。老庄之言，认为偷窃钩这样小件东西的人被诛杀了，但窃取国家大权的人却被封为侯王。自秦朝以来，在中国能成为君主的人，都是那些强梗的人、最能欺夺他人的人。而韩愈不那么说，是因为他只知道有君主一个人存在，而不知道有亿万百姓的存在。

第三，既然君臣之设乃不得已而为之，故君臣之道并不是不可以更改的"道之原"。他说：

且韩子亦知君臣之伦出于不得已乎？有其相欺，有其相夺，有其强梗，有其患害，而民既为是粟米麻丝作器皿通货财与凡相生相养之事矣，今又使操其刑焉以锄，主其斗斛权衡焉以信，造为城郭甲兵焉以守，则其势不能，于是通功易事，择其公且贤者，立而为之君。其意固曰："吾耕矣织矣，工矣贾矣，又使吾自卫其性命财产焉，则废吾事，何若使子专力于所以为卫者，而吾分其所得于耕织工贾者以食子给子之为利广而事易治乎？"此天下立君之本旨也。是故君也臣也，刑也兵也，皆缘卫民之事而后有也。而民之所以有待于卫者，以其有强梗欺夺患害也。其有强梗欺夺患害也者，化未进而民未尽善也。是故君也者，与天下之不善而同存，不与天下之善而对待也。今使用仁义道德之说，而天下如韩子所谓"以之为己，则顺而祥；以之为人，则爱而公；以之为心，则和且平"。夫如是之民，则莫不知其性分之所固有，职分之所当为矣，尚何有于强梗欺夺？尚何有于相为患害？又安用此高高在上者朘我以生，出令令我，责所出而诛我，时而扰我为后，时而虐我为仇也哉？故曰：君臣之伦，盖出于不得已也。唯其不得已，故不足以为道之原。[103]

君主、大臣，刑罚、军队，都是出于保护百姓的利益才有的，而百姓之所以要有人保护他们，是因为其中有强梗、欺夺、祸害之人，百姓进化不足，还没有达到尽善的地步。所以，君主是因为天下不完善才有存在的必要，天下完善则不需要君主。所以说，君臣之伦的存在是出于不得已。正因为其是出于不得已，故君臣之伦不足以成为道之原。

严复积极宣传资产阶级自由和民主，提出"以自由为体，以民主为用"[104]，向人们介绍西方资产阶级天赋人权的观念。他承认现在中国抛弃君臣制度是不行的。"然则及今而弃吾君臣，可乎？曰：是大不可。何则？其时未至，其俗未成，其民不足以自治也。"[105]因为时候还未到，风俗还未形成，中国的百姓还没有达到自己治理自己的境界。但是，民主与自由将是中国发展的方向。其谓：

是故使今日而中国圣人兴，彼将曰："吾之以藐藐之身而托于亿兆之上者，不得已也，民弗能自治故也。民之弗能自治者，才未逮，力未长，德未和也。乃今将早夜以孳孳求所以进吾民之才、德、力者，去其所以困吾民之才、德、力者，使其无相欺相夺而相患害也，吾将悉听其自由。民之自由，天之所畀也，吾又乌得而靳之！如是，幸而民至于能自治也，吾将悉复而与之矣。唯一国之日进富强，余一人与吾子孙倘亦有利焉。吾曷贵私天下哉！”[106]

百姓之所以不能自治，是因为其才能还不够，力量还没有长成，道德还未达到和顺。所以现在要时刻孜孜以求，看怎么样才能增进我们百姓之才能、道德、力量，弃去那些困扰我们百姓增进才能、道德、力量的因素，使百姓不再相互欺诈、掠夺，相互为患害之事。到那个时候，就将悉听百姓自由生活。百姓之自由，是上天所赋予的。

苟求自强，则古人之书且有不可泥者，况夫秦以来之法制！如彼韩子徒见秦以来之君。秦以来之君，正所谓大盗窃国者耳。国谁窃？转相窃之于民而已。既已窃之矣，又惴惴然恐其主之或觉而复之也，于是其法与令蝟毛而起，质而论之，其什八九皆所以坏民之才，散民之力，漓民之德者也。斯民也，固斯天下之真主也，必弱而愚之，使其常不觉，常不足以有为，而后吾可以长保所窃而永世。嗟乎！夫谁知患常出于所虑之外也哉！此庄周所以有《胠箧》之说也。是故西洋之言治者曰：“国者，斯民之公产也；王侯将相者，通国之公仆隶也。”而中国之尊王者曰：“天子富有四海，臣妾亿兆。”臣妾者，其文之故训犹奴虏也。夫如是，则西洋之民，其尊且贵也过于王侯将相；而我中国之民，其卑且贱皆奴虏子也。设有战斗之事，彼其民为公产公利自为斗也，而中国则奴为其主斗耳。夫驱奴虏以斗贵人，固何所往而不败！[107]

如果要求得国家自强，对于古人的某些书和有些说法是不可以拘泥的。

西洋欧美关于治理国家，有一种说法，认为国家是天下百姓的公共财产，王侯将相是国家和百姓的公仆。而中国那些尊崇君王的人说，天子富有四海，臣妾亿兆，则我中国之民，其卑贱皆如奴虏。假设国家有战斗之事，欧美之民是为了公产公利自己为自己去战斗，而在中国则是奴为其主去战斗。在这种情况下，中国总是打败仗就是可以理解的了！

严复认为，生存竞争、自然淘汰是不可逃避的规律。处于弱势的中国人必须向西方学习，变法维新，才能挽救民族之危亡。维新变法必须要反对封建复古主义和文化保守主义。

> 然而西学格致，则其道与是适相反。一理之明，一法之立，必验之物物事事而皆然，而后定之为不易。其所验贵多，故博大；其收效也必恒，故悠久；其究极也必道通为一，左右逢源，故高明。方其治之也，成见必不可居，饰词必不可用，不敢丝毫主张，不得稍行武断，必勤必耐，必公必虚，而后有以造其至精之域，践其至实之途。迨夫施之民生日用之间，则据理行术，操必然之券，责未然之效，先天不违，如土委地而已矣。……今设有人于此，自其有生以来，未尝出户，但能读三坟五典，八索九丘，而于门外之人情物理，一无所知。凡舟车之运转流行，道里之险易涩滑，岩墙之必压，坎陷之至凶，擿埴索涂，都忘趋避；甚且不知虎狼之可以食人，鸩毒之可以致死。一旦为事势所逼，置此子于肩摩毂击之场，山颠水涯之际，所不残毁僵仆者，其与几何？知此，则知中国由今之道，无变今之俗，欲求不亡之必无幸矣。盖欲救中国之亡，则虽尧舜周孔生今，舍班孟坚所谓通知外国事者，其道莫由。[108]

学术末流的大害，在于高谈阔论而远于社会人情物理，矜持骄傲而忘记实实在在的祸患。汉学考据是无用之学，不是说它真无用，这些考据之学应该是在国家富强之后，物阜民康，这个时候，人们用之作怡情遣日之用，但对于今天救弱救贫，则不切实用。对于宋明性理之学，包括顾、黄之学，严复认为它们也不实用，性理之学所托越高，离现实就越远，理想虽然很好，但却实现不了，不能用来救亡，对于民生没有帮助。

然而，西学中的格致之学，其方法与上述所说刚好相反。它们要明确一物之理或确立一个法律，都必须使这个物理或法则在万事万物当中得到验证，证明其可以通行，然后才将之确定为不变的准则。这种验证需要很多事物，所以博大；其收效也必然长远，所以能持久；对于事物都要究其极，所以能道通为一、左右逢源，故高明。

关于治理国家，西学认为不能根据成见，也不能依靠饰词，不能有丝毫的自作主张，也不敢稍行武断之法，而是强调应勤奋、耐心、公正、虚心地去探索事物之理，而后对事物的理解才可能达到至精之域，践行其至实之途。等到将这些物理施行于民生日用的时候，则根据此道理而践行，以这些必然的道理求取那些尚未实现的效果，这也可以算得上是先于事物的本性而行，但却能不违背事物的本性，又好比是把土放于地上一样，丝毫没有不相吻合的地方。

现在假设有人自出生以来从没出过门户，虽能熟读三坟五典、八索九丘等典籍，但对于门外之人情物理一无所知，包括舟车之运转流行、道路之险易涩滑、岩墙之倾压、坎陷之至凶，对这些都不知道趋避，甚至不知道虎狼会吃人、鸩毒之药可以置人于死地。这样的人一旦为情势所逼，或将之置于人肩相摩、车毂相击的繁盛地方或者山路颠簸、水际无涯的场所，又有几个人能不因此而残毁、僵仆呢？如果中国依然沿袭现在的治理之道，不改变当今之风俗，却希望能不亡国，是不可能的。如果想救中国之亡，则即使尧、舜、周、孔生于今天，除班固所说的彻底了解各国之事，没有其他的办法。

严复准确把握住了时代和社会的问题和症结所在。他认为，要解决中国的救亡图存问题，不仅要引进西方近代先进的科学技术，而且在思想观念和制度上也要改变，在封建专制制度这个腐朽母体内不能培育高度发达的科学技术。中国不但在技术层面上落后于西方，在社会政治体制方面，也落后于西方。因此，严复激烈地批评了封建专制制度，大力宣传西方资产阶级的自由民主思想，提倡平等，为资产阶级变法维新运动提供了理论的指导。

2. 章炳麟的“俱分进化论”

章炳麟（1869—1936），字枚叔，别号太炎，浙江余杭人。中国近代著名资产阶级民主主义革命家和思想家。其哲学著作主要有《訄书》《俱分进化论》《无神论》《建立宗教论》《四惑论》等。他的文集收在《章氏丛书》和《章氏丛书续编》中。

在历史观上，章炳麟著《俱分进化论》，提出“俱分进化”的思想。《俱分进化论》在1906年9月5日发表于《民报》第七号，所谓“俱分进化”，是说进化并不是某一方面的直线进步，而是对立双方并进，如善与恶、苦与乐等，都是双方共进的。

（1）“俱分进化论”

章太炎认为，近代社会谈论进化论是从黑格尔开始的。

> 近世言进化论者，盖昉于海格尔氏。虽无进化之明文，而所谓“世界之发展即理性之发展者”，进化之说已蘖芽其间矣。达尔文、斯宾塞尔辈应用其说，一举生物现象为证，一举社会现象为证。如彼所执终局目的，必达于尽美醇善之区，而进化论始成。同时即有赫衰黎氏与之反对。赫氏持论，徒以世运日进，生齿日繁，一切有情，皆衣食住，所以给其欲求者，既有不足，则相争相杀必不可已。沾沾焉以贫乏失职为忧，而痛心于彗星之不能拂地以扫万物而剿绝之。此其为说亦未为定论也。……虽然，吾不谓进化之说非也。即索氏之所谓追求者，亦未尝不可称为进化。若云进化终极必能达于尽美醇善之区，则随举一事无不可以反唇相稽。彼不悟进化所以为进化者，非由一方直进，而必由双方并进。专举一方，惟言智识进化可尔；若以道德言，则善亦进化，恶亦进化；若以生计言，则乐亦进化，苦亦进化；双方并进，如影之随形，如罔两之逐景，非有他也。智识愈高，虽欲举一废一而不可得。曩时之善恶为小，而今之善恶为大；曩时之苦乐为小，而今之苦乐为大。然则以求善求乐为目的者，果以进化为最幸邪？其抑以进化为最不幸邪？进化之实不可非，而进化之用无所取，自标吾论曰俱分进化论。[109]

虽然黑格尔没有明确地提出“进化”的概念，但他所谓“世界之发展即理性之发展”，就已经包括了进化之说。达尔文、斯宾塞等人应用了黑格尔的学说，达尔文举生物现象为证，斯宾塞举社会现象为证。他们所坚持的终极发展目的，必然达到尽美醇善地步，而进化论始能成立。同时，赫胥黎与他们的观点相反，他认为，因为世道日进，生物日益繁盛，一切生物都需要衣食住行，但能满足他们这种欲求的物质资源却非常匮乏，不可能满足所有生物的需要，则生物之间相互竞争、相互残杀必然是不可避免的。赫胥黎对物质资源的贫乏、生物间的相互残杀等问题忧心忡忡。章太炎认为，赫氏此说他不能为之定论。

章太炎并不否定进化之说，但认为以往的进化论没有意识到进化之所以称为进化，并不是由某一方单独直进，而必须由双方并进。只是说智识进化可以达到至善，但如果就道德而言，则善的方面进化，恶的方面也进化；如果就生计、生活而言，则快乐进化，苦难也进化，双方是并进的，好比影子与形体不可分。智慧、知识越发达，则对于进化中所存在的双方并进情况，只取其中一个方面而忽略另一个方面的片面性认识就越不可能出现。以前的善恶相比于现在只能算是小的，现在的善恶相比于以前都算是大的。以前的苦乐相比于现在而言为小，而现在之苦乐与以前的相比可算是大的。所以，进化本身是不能否认的，但对进化的作用则不能片面认识。在这种情况下，章太炎提出自己的进化论即“俱分进化论”。

> 善恶苦乐之并进也，且无以社会明之，而专以生物明之。今夫有机物界以乳哺动物为最高。在乳哺动物中又以裸形而两足者为最高。无爪牙而能御患，无鳞毛而能御寒，无羽翼而能日弛千里，此非人之智识比于他物为进化欤？以道德言，彼虽亦有父子兄弟之爱，顾其爱不能持久，又不知梳充其爱，组织团体，以求自卫；聚麀之丑，争食之情，又无时或息也。人于前者，能扩张之；于后者，能禁防之。是故佗物唯有小善，而人之为善稍大。虽然，人与百兽其恶之比，较为小乎？抑为大乎？虎豹以人为易与而啖食之，人亦以牛羊为易与而啖食之。牛羊之视人，必无异于人之视虎豹。是则人类之残暴，固与虎豹同尔。虎豹虽食人，犹不自残其同类，而人有自残其同类者。太古草昧之世，以争巢窟、竞水草而相杀者盖不可计，犹以手足之能，土丸之用，相抵相射而止。国家未立，社会未形，其杀伤犹不能甚大也。即而团体成矣，浸为戈矛剑戟矣，浸为火器矣，一战而伏尸百万、喋血千里，则杀伤已甚于太古。纵令地球统一，弥兵不用，其以智谋攻取者，必尤甚于畴昔。何者？杀人以刃，固不如杀人以术。与接为构，日以心斗，则驱其同类使至于悲愤失望而死者，其数

又多于战，其心又僭于战。此固虎豹所无而人所独有也。由是以观，则知由下级之乳哺动物以至人类，其善为进，其恶亦为进也。以生计言，佗物所以养欲给求者少，惟人为多。最初生物，若阿米巴，若毛柰伦，期于得食而止耳。视觉、听觉、嗅觉皆未形成，则所以取乐者少。鱼亦期于得水而止，鸟亦期于得木而止耳。供鳅以毛嫱、西施，乐鸮以《钧天》《九韶》，彼固无所于乐也。乳哺动物愈进化矣。幼眇之音，姝丽之色，芳泽之气，至于蝯狙而能乐之，其所乐者亦几微也。一昔而得之，而不为甚乐；一昔而失之，而亦不为甚苦。故苦乐之量必小。若人则非独有五官之乐也，其乐固可以恒久；自五官而外，其乐又有可以恒久者。于是摄受之念始成，衽席之情、床笫之乐、刍豢之味、裘帛之温，无不可以常住。其始徒以形质现前为乐，其后则又出于形质以外；由饱暖妃匹而思土地，由土地而思钱帛，由钱帛而思高官厚禄。土地欤，钱帛欤，高官厚禄欤，此固不可直接以求乐者，而求乐之方便必自此始；有此而后，饱暖妃匹之欲可以无往不遂也。虽然，其始之乐此者，为间接以得饱暖妃匹之欲；其卒则遂以此为可乐，而饱暖妃匹之欲亦或因此而牺牲之。又其甚者，则以名誉为乐，而土地、钱帛、高官厚禄亦或因此而牺牲之。此其为乐，岂他动物所敢望者？然而求此乐者，必非可以一踊获也，将有所营画而后获之。下者奔走喘息，面目黧黑，以求达其五官之欲，其苦犹未甚也。求土地者，求钱帛者，求高官厚禄者，非直奔走喘息、面目黧黑而已，非含垢忍辱则不可得。今夫动物之情虽异，而其喜自尊贵，不欲为外物所陵藉者，则动物之同情也。必不得已而至于含垢忍辱，笞我、詈我、骤我、践我，以主人藏获之分而待我，我犹鞠躬磬折以承受之。此其为苦，盖一切生物所未有也。虽求名誉者宁或异此，于世俗之名誉求之之道，固无以愈于前矣。道德功业学问之名誉，于名誉为最高，其求之亦愈艰苦。有时而求此道德功业学问之名，乃不得不举此道德、功业、学问之实而丧之；有时而求此道德、功业、学问之名，乃不得不举此可以受用道德、功业、学问之名者而亦丧之。杀身灭种，所不恤矣，此其为苦则又有甚于前者。以彼其苦而求是乐，其得之者犹可以自喜也，而不得者十犹八九。藉令得之，犹未知可以摄受否也；藉令可以摄受，受之愈乐，则舍之

> 也愈苦。佛说诸天终时现五衰相，其苦甚于人类。今观富贵利达之士，易箦告终，其苦必甚于贫子；贫子之死，其苦必甚于牛马；牛马之死，其苦必甚于鱼鳖；下至腔肠、囊状、桑葚诸物，而死时受苦之剂量亦愈减矣。是不亦乐之愈进者，其苦亦愈逝乎？[110]

善恶苦乐是齐头并进的。现今有机界中，以哺乳动物为进化的最高阶段。在哺乳动物中，又以裸形而两足的人为最高。他们没有爪牙，却能抵御祸患；没有鳞片、毛皮，却能抵御寒冷；没有羽翼，却能日行千里。从道德这个角度说，动物虽然也有父子兄弟之爱，这种爱并不能持久，它们又不知道扩充这种爱，组织团体以求自卫；互相争食的情况，没有哪个时候不存在，从无停息。人对于父子兄弟之爱能扩张之，于相互竞争之情能禁防之。因为这个缘故，其他动物只有小的善行，而人之所为善行要更大一些。这是一种进化。

然而，虎豹以人容易捕捉而吃人，人亦以牛羊容易捕捉而吃牛羊。牛羊看待人，必然与人类看待虎豹是相同的。既然这样，则人类之残暴，与虎豹是相同的。虎豹虽然吃人，但还不至于自相残害其同类，而人类却存在自相残害其同类的情况。在很久远的太古蒙昧时期，原始人就开始为争夺巢穴、水草而互相残杀，死伤者不计其数。但那个时候，由于生产力低下，原始人还只是以赤手空拳、土块石头之类相互抵御、攻击而已。国家还没有成立，社会还没有形成，这种相互攻击的杀伤力还不能算是规模大的。后来，人类结成了团体，相互攻击用上了戈矛剑戟，又用上了火器，一次战争下来，死者达到百万，流血超过千里，这种相互攻击的杀伤力与太古时期相比较，已经是大大地增强了。即便是将来地球统一，战争停止，但人与人之间以智谋相互攻取，必然又甚于往昔。以刀刃杀人，当然不如以智能谋术杀人。每天驱使同类以心智相斗，使之至于悲愤失望而死，其数目又远远多于战争，其心情之悲哀也远远超过战争。这些是虎豹所没有而为人类所独有的。由此，则知道由低级哺乳动物到人类，在善的方面是进化了，在恶的方面也是更进一步了。

从生计这个角度来看，其他动物繁衍生息需求的各种物质资料较少，而人所需求的则比较多。最初的低级生物，如阿米巴（变形虫）、毛柰伦这些微生物，只是希望得到食物而已。它们的视觉、听觉、嗅觉都没有形成，所感受的乐趣也少。鱼也只是希望有水而已，鸟也只是希望得木而栖而已。泥鳅对于毛嫱、西施这些人类认为的绝色佳人而言不会有任何乐趣；以天宫的《钧天》乐章、以舜那个时候的《九韶》之乐奏给鸟听，鸟类也是不会感兴趣的。

但对于人来说，则不仅仅只有五官感受方面的快乐，且这种快乐可以在人的意识中持久保存；在五官所感受的快乐之外，还有更多的其他快乐可以在意识中持久保存。于是，人的摄取、感受的意识便形成了，衽席之情、床笫之乐、刍豢之味、裘帛之温等这些快乐无不可以在人的意识中长久保存。因此，人虽然最初也只单单以形质方面的快乐为快乐，其后，在形质方面的快乐之外，由衣食饱暖、配偶的满足而想得到土地，由得到土地而想得到钱财，由钱财而想得到高官厚禄。土地、钱财、高官厚禄等这些固然不能直接带来感官上的快乐，但要取得感官快乐必然只有从此才能得到满足。由此而后，衣食饱暖、配偶之欲望可以无往而不得到满足。虽然，最开始对土地、钱财、高官厚禄感兴趣，只不过是想间接得到衣食饱暖、配偶之欲望满足，发展到后来，则直接以土地、钱财、高官厚禄本身的取得为快乐，而衣食饱暖、配偶之欲望也可能因此而牺牲之。更有甚者，则以名誉的取得为快乐，而土地、钱帛、高官厚禄抑或因此而牺牲之。然而，要求取这种快乐，必然不可能很容易地、直接地得到，而要有所谋划才行。处于社会底层的人，为生计奔忙，面目黧黑，只求满足其五官之欲望，他们的痛苦还不是那么令人难以忍受。而要求取土地、钱财和高官厚禄的人，则不仅仅是忍受奔走喘息、面目黧黑这种痛苦，还需要含垢忍辱，否则是不可能达到自己的目的的。

虽然动物之情状各异，但它们喜欢自己处于尊贵的位置，而不希望自己为外物所欺凌，则是一种共同的情感。而人类中所存在的、不得已而为之的含垢忍辱，甚至别人鞭笞我、辱骂我、践踏我，以主人对待奴隶的态度待我，我还鞠躬、腰弯得像磬的形状那样来承受之。这种痛苦，在一切生物中都是没有的。虽然有些求取名誉的人其情况与此相异，而在世俗社会中求取名誉的方法，却是不在前面所说的方法之外的。

人类社会中，道德、功业、学问之名誉品位最高，要想得到它也要付出最艰苦的努力。有时为了求得此道德、功业、学问之名誉，不得不牺牲此道德、功业、学问之实际；有时为了求得此道德、功业、学问之名誉，还不得不牺牲可以受用此道德、功业、学问之人的身家性命，杀身灭种也在所不惜。这种痛苦则又比前面所说的痛苦更甚。

以忍受上述种种痛苦而能获得相应的快乐，得到这种快乐犹可以自我安慰，但忍受了痛苦却不能得到相应的快乐，十个人中犹有八九个。即便是得到了这种快乐，还不知道这种快乐能否可以持久享受；即便所获得的这种快乐可以持久享受，在享受的时候愈快乐，则该当舍弃的时候就愈痛苦。佛陀说，六道中的天人相比于其他五道，可以享受更多的快乐，但他们临终之时，现出五种衰老之相，其痛苦更甚于人类。我们现在观察那些富贵得意之士，当他们临终之时，其痛苦必有过于贫者；贫者之死，其痛苦必有过于牛马；牛马之死，其痛苦必有过于鱼鳖；再往下至于腔肠动物、囊状动物、桑葚等低等动物、植物，它们死时痛苦之程度亦减低了。这难道不能说明，快乐越是进化，其痛苦亦越是进化吗?

人的历史或者说文明史之所以可能，在于其思想和理性活动所具有的可继承性，是一种可以积累的知识。因其有积累，故而有进步。每一代人可以利用前一代人的文明成果，在此基础上进行创造。但是，这并不意味着每一代人都比前人来得更加高明。人类的历史并不是直线进化的历史，对于人类文明而言，不仅有物质生产力方面的文明，还有精神文明、制度文明等；不仅有社会生产活动，还有属于精神审美、艺术创造等方面的活动。就物质生产能力而言，它的发展可能为人类带来更多的便利，也可能被用来破坏和毁灭人类社会，且生产力越进步，这种破坏能力就越强。故善与恶皆可以积累，进化不仅仅是善的进步，同时也意味着恶的进步。另外，虽然物质生产力可能呈现出一种直线的进步，但艺术、审美等精神活动是跟一个人的人生体验紧密相关的，这是不可能呈现出一种直线进步的。例如，我们不能说我们的艺术审美能力就一定高过古人。因此，直线进化的历史观在这一点上是存在缺陷的。

章太炎这种“俱分进化论”思想有其客观的社会基础。近代以来，人类在生产技术方面取得了突飞猛进的发展，而在道德、精神境界的提升方面却不尽如人意。

人剥削人、人压迫人、国家对国家的侵略、种族的歧视都没有得到改进，反而比以前更加严重。这种情况直接影响到章太炎对于社会历史进化的信念。

（2）“俱分进化”的原因

善恶为什么是齐头并进的呢？一个方面是因为人的熏习之性，另一方面是因为人类有我慢心。章太炎说：

上来所说善恶苦乐同时并进，唯举一二事证，今更求其原理，并举例以明之。善恶何以并进？一者由熏习性。生物本性，无善无恶，而其作用，可以为善为恶。是故阿赖耶识，惟是无覆无记；其末那识，唯是有覆无记；至于意识，而始兼有善恶无记。纯无记者，名为本有种子；杂善恶者，名为始起种子。一切生物，无不从于进化之法而行，故必不能限于无记，而必有善恶种子与之杂糅。不杂糅者，惟最初之阿米巴尔。自尔以来，由有覆故，种种善恶，渐现渐行，熏习本识，成为种子。……种子不能有善而无恶，故现行亦不能有善而无恶。生物之程度愈进，而为善为恶之力亦因以愈进，此最易了解者。

二者由我慢心。由有末那，执此阿赖耶识，以为自我念念不舍，于是生四种心；希腊古德，以为人之所好，曰真，曰善，曰美。好善之念，惟是善性；好美之念，是无记性；好真之念，半是善性，半无记性。虽然，人之所好，止于三者而已乎？若是三者，则人必无恶性。此其缺略可知也。今检人性好真、好善、好美而外，复有一好胜心。好胜有二：一有目的之好胜，二无目的之好胜。凡为追求五欲、财产、权位、名誉而起竞争者，此其求胜，非以胜为限界，而亦在其事其物之可成，是为有目的之好胜。若不为追求五欲财产权位名誉而起竞争者，如鸡，如蟋蟀等，天性喜斗；乃至人类，亦有其情，如好弈棋与角力者，不必为求博赆，亦不必为求名誉，惟欲得胜而止，是为无目的之好胜。此好胜者，由于执我而起，名我慢心，则纯是恶性矣。是故真、善、美、胜四好，有兼善、恶、无记三性。其所好者，不能有善而无恶，故其所行者，亦不能有善而无恶。生物之程度愈进，而为善为恶之力亦因以愈进，此亦易了解者。若在一人，善云恶云，其力皆强，互相抵抗，甲者必为乙者征服而止，固非善恶兼进，而就一社会、一国家中多数人类言之，则必善恶兼进。[111]

生物之本性，无善无恶，而其作用可以为善为恶。好比人所穿的衣服，本来并没有香味，如果以香熏染之，则衣服就有了香味。佛教唯识学所说的阿赖耶识，无思无虑、无善无恶；而末那识执着有我，有思虑而无善恶；至于了别境识（即眼耳鼻舌身意）中的意识，开始兼有善、恶、无记三种性质。纯粹的无记，称为本有种子；夹杂善恶之识，称为始起种子。一切生物都遵从进化原理而行动，因此不能仅限于无记状态，而必然有善恶种子与之杂糅在一起。无记与善恶不杂糅在一起者，唯有最初的低等生物如阿米巴之流才是这样。

自此以后，由于有熏习，种种善恶逐渐出现和流行，这种熏习影响到根本识，成为种子。因此，阿赖耶识也有善恶种子伏藏其间，如同清清流水中杂有鱼虫等物。种子不可能只有善而无恶，故现实的行为也不可能只有善而无恶。生物进化的程度越高，而为善为恶之力量也因此而越进化，这是最易了解的原理。

此外，人类有我慢心也是“俱分进化”存在的重要原因。由于有末那识，此识执着阿赖耶识以为是自我，念念不舍，于是生成四种心：我痴、我见、我慢、我爱。我痴则不懂无我之理，我见则认定身心为我所有，我慢则执着自我而倨傲自大，我爱则耽爱自我。

希腊的古代哲人以为人之所爱好的包括真、善、美三种品质。爱好善的意识，纯是善性；爱好美的观念，是无记性，即具无善无恶之性；爱好真的观念，则一半是善性，一半是无善无恶之性。然而，人之所喜好的，若仅只是真、善、美这三者，则人必然不会有恶性。章太炎认为，人性除了有喜好真、善、美之外，还有一好胜心。此好胜心有两种：一种是有目的的好胜心，一种是无目的的好胜心。凡是追求色、声、香、味、触五种欲求，追求财产、权位、名誉而起竞争，这种求胜心，并不以胜利本身为目的、界限，而在于所追求的事物之可以成就，这是有目的的好胜心。如果不为追求上述五欲、财产、权位、名誉而起竞争的情况，如鸡、蟋蟀等，这些动物天性喜斗，人类也存在这种情况，如他们喜好弈棋、角力，这样做并不是为了求得获胜的赠品，也不必是为了求取名誉，而只是想获得胜利而已，这是一种无目的的好胜心。这种好胜心，是由于执着有我而起，称为我慢心，则纯粹是一种恶性。

所以，真、善、美、胜四种喜好，更兼有善、恶、无记三种性质。人所喜好的不能有善而无恶，人类的行动也不能只有善而无恶。生物进化的程度越高，其为善、为恶的力量也越强，这也是容易了解的。若就一个人而言，善恶的力量都比较强，善恶可能互相抵抗，或者其中一方为另一方征服，这当然不是善恶兼进；而就一个社会、一个国家中的多数人而言，则必然是善恶兼进的。

章太炎还举欧洲国家的例子来说明“俱分进化”的原理：

> 一如欧洲各国，自斯巴达、雅典时代以至今日，贵族平民之阶级，君臣男女之崇卑，日渐划削，则人人皆有平等之观，此诚社会道德之进善者。然以物质文明之故，人所尊崇，不在爵位，而在货殖。富商大贾之与贫民，不共席而坐、共车而出。诸佣雇者之事其主人，竭忠尽瘁，犹必以佞媚济之；虽无稽首折腰之礼，而其佞媚有甚于是者。东方诸国，诚人人趋附势利矣！犹以此为必不应为之事，独欧洲则举此以为天经地义（除少数持社会主义者）。此非其进于恶邪？[112]

如欧洲各国，自斯巴达、雅典时代到今天，贵族、平民阶级之政治等级尊卑，君臣男女之尊卑，这种情况日渐铲除，人人趋于平等，这诚然是社会道德向善进化的一个重要方面。然而，由于欧洲重视物质文明的发展，社会中人人所尊崇的不在于其爵位的高低，而在于其物质财富的多少。富商大贾与贫民不会共一张桌席而坐，不会共同乘一辆车出行。那些被雇用的人侍候其主人，竭尽忠心，鞠躬尽瘁，对于主人必然以佞媚待之。虽然也许他们之间没有中国的稽首、折腰之礼，而他们佞媚之情相比于中国的稽首、折腰之礼有过之而无不及。中国等亚洲国家，虽然人人趋附势利，但仍然认为这是不应该做的事，只有欧洲社会认为这样做是天经地义的（少数持社会主义观点的人除外）。这难道不是欧洲社会在向善进化的同时又向恶的方面发展吗?

章太炎认为，从根本说来，认为社会是直线进化的观点不过是人们的一种幻惑。以为世界和社会存在公理、进化、唯物、自然这四种观点就是四惑。

进化者，以常识论之，必有所处而后能进。若无所处，则必不能进。虽然，进者必动，而动与处相反。是故伊黎耶派哲学之言曰：空间者，自极小之尘点成；时间者，自极小之刹那成。所谓动者，曰于极小之时间通过极小之空间耳。然当其通过空间也，不得不停顿于空间，第一刹那停顿于空间也，第二刹那亦停顿于空间也，第三刹那犹之停顿于空间也。始终停顿，斯不得谓之为动。飞箭虽行，其实不行也。然则所谓进者，本由根识迷妄所成，而非实有此进。就据常识为言，一切物质本自不增不减，有进于此，亦必有退于彼，何进化之足言？且有机物界，世见其进化之幻象也；而无机物界，并此幻象，亦不可睹。借观地球，无时不绕日，乃其所旋轨道，惟是循环周转，非有直进之途。譬若户枢常动，不能有分寸过于规外。夫既循环周转，则方见为进，即见其为退矣。又观月魄与海水者，终日折旋，而今月之明不能加于古月，今潮之盛不能过于古潮，安得所谓进化者？惟仅就有机界以言进化，则幻象略可睹耳。虽然进化者由外缘牵引以成，而人心所向，不悉在是。幸福增进，一部人类所盲从也，它部人类则或有反对此者。以善恶言，求增进幸福者，特贪冒之异名。所以者何？有所进者不得不先有所处，而最初所处之点，惟是兽性。循其所处之点，日进不已，亦惟是扩张兽性。始之兽性，鼷鼠陵鱼若耳，积久而扩张，其兽性乃若狻猊白虎。兽性则同，而反愈加之厉。是则进化之恶，又甚于未进化也。以苦乐言，资生养形之事必由操作致之，人人自宝爱其朽骨，无可奈何而忍形以就苦，斯已勤矣，更求增进，则乐必不能与苦相偿。而不见之耕稼之骊牛乎？藜蒿布野，足以疗饥，横为人伦牵引，喘息流汗以服劳于陇上，所得稻粱不为牛啖，纵令牛自耕田，牛自啖之，牛之所需本不在此，苦身以求稻粱之美，曷若自放而食藜蒿矣。人求进化，必事气机，欲事气机，必先穿求石炭，而人之所需本不在此。与其自苦于地窟之中以求后乐，曷若樵苏耕获，鼓腹而游矣。夫乐不与苦相偿，谁有白痴甘为此者。若曰以是利益后人，则无异牛之为人耕稼也。[113]

人们所坚持的公理，不过是以自己的意见来要求他人，这种意见并不为人类所公认。他认为进化就常识而论之，必然是有所安处而后能有所进化。如果无所安处，则必然不能进化。虽然进化意味着前进、运动，但前进、运动与安处是相反的。以此之故，伊黎耶（爱利亚）派的哲学认为，飞箭虽行，其实是不动的。既然这样，所谓进化，本来是由根识即阿赖耶识熏习、迷妄所造成，而不是说实际存在有此进化。就常识而言，一切物质本身是不增不减的，在某一个方面有所进化，必然在另一个方面有所退化，既然如此，哪里存在进化之可言呢?

在有机物世界里，人们看到的是其进化的幻象，而在无机物界，就不存在这种进化的幻象。我们观察地球，无时不绕着太阳旋转，然而其所旋转的轨道，只是循环周转，并没有直线进化的途径。如果仅仅局限在有机界来谈论进化，则进化的幻象还大略可以看到。虽然进化是由外缘牵引、熏习人之根识而成，但人们也无法形成共识。对于某个方面幸福的增进，人类中的一部分人可能赞同，另一部分则可能反对。以道德善恶而言，希望增进幸福，只不过是贪心的别名。在动物性的基础上，每日进化不已，也只不过是扩张其兽性罢了。开始时的兽性，不过是鼷鼠（小家鼠）、陵鱼（穿山甲）之类的兽性，进化积久而扩张之后，人类的兽性就如同狻猊、白虎。就兽性的本性而言，进化前后都是相同的，就兽性的程度而言，则反而越进化而越厉害了。因此，进化之恶果，又比未进化更甚。以苦乐等感官感受而言，资生养形的物质资料必然要通过劳动才能获得，人人都自我爱护其形体，但又无可奈何地要忍受形体之苦以求更好地资生养形。如果在资生养形方面更求增进，则所得之快乐必不能与痛苦相等。好比是从事耕田稼穑的骊牛，野地之中遍布藜蒿，这些东西足以满足其充饥的需要，却为人所牵引，喘息、流汗服劳役于陇田之上，所得稻粱也不能为牛所食。即便是牛自己耕田，自己享受其耕作之果实，但牛之所需本不在此，劳苦其身以求稻粱之美，还不如放纵自我而食藜蒿。又好比人，人求进化，必然要发展蒸汽机，要发展蒸汽机，必然先要掘地以求煤炭，而人的所需本不在此。与其自苦于地窟之中以求后来之乐，还不如打柴割草、耕田收获，自由自在地鼓腹而游。如果说这样做是为了后人，则这样做无异于牛为人耕稼。

在某种程度上，章太炎认为，人性不是越来越趋于进步，而是一种离本性越来越远的堕落。为什么会产生恶，章太炎用佛教唯识学的理论做出了说明，他认为恶是伴随着进化而来的，因为识有熏习，有熏习故有现行，从而形成了善与恶。人类的历史是人性受熏习而改变的过程，这个过程是善与恶共同进化的历史。

对于恶在社会历史发展中的作用，章太炎并不像西方的历史哲学家如康德、黑格尔所认为的那样，即恶在某种程度上恰恰是历史发展和进步的杠杆与动力，或者说正是人性之恶才把人类社会由自然的状态推进到文明的状态，人类的每一次灾难都成为人类走向进步的基石和台阶。章太炎认为，恶的进化对于善的进化是一种消极的抵消力量，甚至恶在某种程度上还要超过善给人们带来的种种好处。既然人类善的进化必然伴随着恶的进化，且恶的进化在相当程度上还要超过善的进化，那么人类的进化就是得不偿失的。由善恶同时进化，章太炎否定了进化的进步意义，而得出了不要进化的结论。

章太炎“俱分进化”思想的价值，在于当西方进化论思想不断得到近代科学发展的论证的同时，洞察到了进化论所存在的不足与缺陷。根据“俱分进化论”，不能简单地认为人类社会将无限地趋向于进步和发展，因为单凭科学技术并不能确保人类的生活比以往更加美满、幸福。虽然知识就是力量，知识可以积累，因此人类的力量将不断得到增强，但力量可以用来为善，也可以用来为恶。人类要求得善，但因此却引来了恶，所以进化对于人来说就不是像有些进化论者所鼓吹的那样对于人有着特别的意义。

但是，我们认为，伴随着人类社会的文明进步、政治制度的革旧创新，人类社会的历史也将朝前发展。广大民众并不是无知的群氓，他们是历史的真正主人。他们在创造历史的实践活动中，总能不断地发掘和升华出某种有价值的东西来。通过对历史实践的升华，可以不断促进人类社会向更高阶段发展。

注释

1 黄宗羲：《明夷待访录·原君》。

2 黄宗羲：《明夷待访录·原君》。

3 黄宗羲：《明夷待访录·原君》。

4 黄宗羲：《明夷待访录·原君》。

5 《孟子·梁惠王下》。

6 黄宗羲：《明夷待访录·原君》。

7 黄宗羲：《明夷待访录·原臣》。

8 黄宗羲：《明夷待访录·原臣》。

9 黄宗羲：《明夷待访录·原臣》。

10 黄宗羲：《明夷待访录·原臣》。

11 黄宗羲：《明夷待访录·原法》。

12 黄宗羲：《明夷待访录·学校》。

13 梁启超：《中国近三百年学术史》，55页，北京，东方出版社，1996。

14 王夫之：《周易外传·系辞上传第十二章》。

15 王夫之：《读四书大全说·孟子·离娄上》。

16 王夫之：《读四书大全说·孟子·离娄上》。

17 王夫之：《读四书大全说·孟子·离娄上》。

18 王夫之：《读四书大全说·孟子·离娄上》。

19 王夫之：《读四书大全说·孟子·离娄上》。

20 王夫之：《读四书大全说·孟子·离娄上》。

21 王夫之：《周易外传·系辞上传第十二章》。

22 王夫之：《周易外传·大有》。

23 王夫之：《周易外传·系辞上传第十二章》。

24 王夫之：《周易外传·系辞下传第三章》。

25 王夫之：《周易外传·系辞上传第十二章》。

26 王夫之：《读四书大全说·孟子·尽心上》。

27 王夫之：《张子正蒙注·太和篇》。

28 王夫之：《读四书大全说·孟子·尽心上》。

29 王夫之：《读四书大全说·孟子·尽心上》。

30 王夫之：《张子正蒙注·太和篇》。

31 王夫之：《周易外传·大有》。

32 王夫之：《周易外传·系辞上传第十二章》。

33 王夫之：《续春秋左氏传博议·士文伯论日食》。

34 王夫之：《思问录·外篇》。

35 王夫之：《思问录·外篇》。

36 王夫之：《思问录·外篇》。

37 王夫之：《张子正蒙注·太和篇》。

38 王夫之：《读四书大全说·孟子·尽心上》。

39 王夫之：《周易外传》卷六、卷七。

40 王夫之：《周易外传·说卦传》。

41 王夫之：《思问录·外篇》。

42 王夫之：《思问录·内篇》。

43 王夫之：《思问录·内篇》。

44 王夫之：《思问录·外篇》。

45 王夫之：《思问录·外篇》。

46 王夫之：《周易外传·说卦传》。

47 王夫之：《尚书引义·多方一》。

48 王夫之：《张子正蒙注·天道篇》。

49 王夫之：《周易外传·杂卦传》。

50 王夫之：《读通鉴论·秦始皇》。

51 王夫之：《读通鉴论·秦始皇》。

52 王夫之：《读通鉴论·秦始皇》。

53 王夫之：《读通鉴论·秦始皇》。

54 龚自珍：《乙丙之际著议·第七》。

55 龚自珍：《壬癸之际胎观·第一》。

56 龚自珍：《平均篇》。

57 龚自珍：《平均篇》。

58 魏源：《魏源集·默觚·治篇五》。

59 魏源：《魏源集·默觚·治篇五》。

60 魏源：《魏源集·默觚·治篇五》。

61 魏源：《魏源集·默觚·治篇五》。

62 魏源：《魏源集·默觚·治篇五》。

63 魏源：《魏源集·默觚·治篇五》。

64 魏源：《魏源集·默觚·治篇五》。

65 魏源：《魏源集·默觚·治篇五》。

66 魏源：《魏源集·默觚·学篇二》。

67 魏源：《皇朝经世文编叙》。

68 魏源：《魏源集·默觚·学篇九》。

69 魏源：《魏源集·默觚·学篇九》。

70 魏源：《魏源集·默觚·治篇一》。

71 魏源：《魏源集·默觚·治篇二》。

72 康有为：《孔子改制考叙》。

73 康有为：《孔子改制考叙》。

74 康有为：《春秋董氏学》。

75 康有为：《礼运注·礼运注叙》。

76 康有为：《孔子改制考叙》。

77 康有为：《孔子改制考叙》。

78 康有为：《礼运注叙》。

79 康有为：《孔子改制考叙》。

80 参见康有为：《孟子微》。

81 康有为：《进呈俄罗斯大彼得变政记序》。

82 康有为：《进呈俄罗斯大彼得变政记序》。

83 康有为：《进呈俄罗斯大彼得变政记序》。

84 康有为：《进呈俄罗斯大彼得变政记序》。

85 康有为：《春秋董氏学》。

86 康有为：《春秋董氏学》。

87 康有为：《大同书甲部·绪言》。

88　康有为：《大同书甲部・绪言》。

89　康有为：《大同书甲部・绪言》。

90　康有为：《大同书甲部・绪言》。

91　康有为：《大同书甲部・绪言》。

92　康有为：《礼运注叙》。

93　康有为：《礼运注》。

94　康有为：《礼运注》。

95　康有为：《礼运注》。

96　严复：《天演论・广义第二》。

97　严复：《原强》。

98　严复：《天演论・趋异第三》。

99　严复：《辟韩》。

100　严复：《论世变之亟》。

101　严复：《辟韩》。

102　严复：《辟韩》。

103　严复：《辟韩》。

104　严复：《原强》。

105　严复：《辟韩》。

106　严复：《辟韩》。

107　严复：《辟韩》。

108　严复：《救亡决论》。

109　章炳麟：《俱分进化论》。

110　章炳麟：《俱分进化论》。

111　章炳麟：《俱分进化论》。

112　章炳麟：《俱分进化论》。

113　章炳麟：《四惑论》。

下　编

西方历史观念

第五章

西方古代历史理论

被称为“历史之父”的希罗多德为西方古代史学奠定了基础，其后，修昔底德为西方史学确立了一种叙述历史的基本范型，这种范型在相当长的时间内支配着西方史学。古罗马时期的史学继承了古希腊时期历史学发展的成果，并在此基础上形成了自己的风格和特点，在西方历史学发展的历程中起到了承上启下的作用，开启了西方近代人文主义史学。

一、希罗多德：西方历史之父

希罗多德（Herodotus，约公元前484—约前425），出生于小亚细亚西海岸的哈利卡纳苏斯。其父吕克瑟斯是当地一个富有的地主，其叔父帕息斯是本地一位著名诗人。希罗多德从小受到了良好的教育，熟读古希腊一些著名诗人的诗作，尤其是《荷马史诗》。在希罗多德的青年时代，其家族因反对本城邦的僭主吕格达米斯的暴政而受到迫害，希罗多德受牵连遭到放逐，被迫移居到萨摩斯岛。后来，家乡政局发生变化，他返回故乡，不久又因同样的政治原因被迫离开家乡，一直到去世再也没有回去。

希罗多德从30多岁开始就在西亚、北非、希腊半岛、地中海沿岸等地游历。在漫长的游历过程中，他对各地的风俗民情、名胜古迹有了深切的了解，对各地的民俗传说、历史故事熟稔于心。游历不仅开阔了他的视野，丰富了他的学识，对他后来著述《历史》这一巨著也有直接的帮助。

《历史》一书以希波战争为主题，共有9卷，内容可分为两部分。从开篇至第5卷第28节为第一部分，以希腊、波斯战争的历史为骨架，主要叙述了吕底亚、米底、巴比伦、埃及、波斯、西徐亚等地区的情况，记录了许多传说、故事、地理、人种志等方面的资料。从第5卷第29节开始至第9卷为第二部分，集中记述了希波战争的经过，从爱奥尼亚城邦起义开始，至公元前478年希腊人的胜利结束。

《历史》一书是西方史学史上第一部真正的历史著作，它首创了西方历史编纂学上的一种正宗体例，即以某一历史事件为中心，记事前后连贯，叙事翔实生动的历史叙述体，并开始运用历史批判方法撰述历史，显示了对历史认识的远见卓识。

希罗多德的历史思想非常庞杂，但他的历史观还是比较明确的。他在《历史》的开篇就明确表达了对历史学性质的看法：

> 在这里发表出来的，乃是哈利卡尔那索斯人希罗多德的研究成果，他所以要把这些研究成果发表出来，是为了保存人类的功业，使之不致由于年深日久而被人们遗忘，为了使希腊人和异邦人的那些值得赞叹的丰功伟绩不致失去它们的光采，特别是为了把他们发生纷争的原因给记载下来。[1]

很显然，希罗多德很明确地意识到他的著作不是趣闻逸事，而是他的“研究成果”，他所记录的是“人类的功业”而非神的奇迹，而且他在著作中还力图揭示战争发生的原因，表现出了历史学家的自觉意识。

更为难能可贵的是，希罗多德在其著作中显示了进步的人本主义观念。希波战争的结局，促使古希腊人反思，希腊各城邦作为弹丸小国何以能击败强大的波斯帝国。人们开始意识到，拯救希腊的不是神而是人自身。希罗多德对这一问题的解释，吸收了当时希腊人觉醒的理性意识，没有从神的意志去解释希腊人的胜利，而是从历史本身去寻找原因。希罗多德将其归因于希腊人装备精良、纪律严整、行动敏捷、领导有方等因素，根本原因在于希腊公民享有优越的政治制度，即民主自由。希罗多德指出：

> 雅典“在它从僭主的统治之下解放出来之后，就变得更加强大了”[2]。
>
> 权利的平等，不是在一个例子，而是在许多例子上证明本身是一件绝好的事情。因为当雅典人是在僭主的统治下的时候，雅典人在战争中并不比他们的

任何邻人高明，可是一旦他们摆脱了僭主的桎梏，他们就远远地超越了他们的邻人。因而这一点便表明，当他们受着压迫的时候，就好像是为主人作工的人们一样，他们是宁肯做个怯懦鬼的，但是当他们被解放的时候，每一个人就都尽心竭力地为自己做事情了。[3]

当然，希罗多德历史观中的人本主义思想还不是很成熟，它经常与神定论思想交织在一起。他常常向人们昭示，天象与世事之间有一种神秘的联系，如他声称："当城邦或是民族将要遭到巨大灾祸的时候，上天总是会垂示某种朕兆的。"[4]《历史》一书中类似的宣称有很多处，但总的来说，希罗多德的人本主义思想还是主导性的，主要是以人类的活动和动机以及自然条件来解释历史事件的原因。

希罗多德颂扬雅典城邦的民主精神，向往奴隶主民主政治。在《历史》中，希罗多德对希波战争的立场非常鲜明，他公开谴责波斯国王，说他"不是一个正直的人；如果他是个正直的人，那么除了他自己的国土之外，他就不应当再贪求任何其他的土地，而现在也不应当再想奴役那些丝毫没有招惹他的人们"[5]。希罗多德研究历史重视其道德训诲作用，坚持"鉴戒史学"的原则，他认为，不可一世的暴君虽然能横行一时，但最终逃脱不了覆灭的下场，而在历史上做过好事的人，即使一时失意，终究也会为世人所景仰。但他并不是一个民族沙文主义者，不一味否定波斯，他所反对的只是波斯人入侵希腊的不义行为。希罗多德甚至能客观地描述波斯人的英雄行为，对其文化也给予肯定，体现了希罗多德开阔的胸襟和视野。

正是由于希罗多德开阔的治史视野，使他摆脱了狭隘的民族偏见，对东方各民族的历史和文化也给予了重视，认为应该尊重各民族长期以来形成的风俗习惯，并进而认为东方文化对希腊文化的发展具有重要影响。尽管由于当时历史条件的局限，希罗多德所引用的一些史料并不准确，但这无碍于他远大的历史眼光和卓越的史学智慧。

希罗多德《历史》一书的主题虽然是希波战争，但是他的视野并不局限于这一战争，他在撰史时把眼光投向了希腊以外的世界，强调所记乃全人类的功业。在希罗多德的书中，希腊之外的国家的历史占了相当大的篇幅，实际上他所写的是他那个时代希腊人的“世界史”。比他晚几个世纪的史学家狄奥尼修斯（Dionysius）就曾这样评价说：“希罗多德把历史提到更高的和更值得尊重的阶段：他决定写关于不是一个国家，不是一个民族的事情，但是他在自己的叙述中把许许多多的、各种各样的故事，欧罗巴和亚细亚的都结合在一起。”[6]

希罗多德的《历史》作为历史叙述体的初创著作，在史料的筛选、甄别方面难免还不成熟，因此史料的芜杂不可避免。《历史》取材广泛，史料宏富，但对待史料的态度，希罗多德既采取客观主义的态度，同时又持谨慎的批判主义态度。一方面，在他看来，他所听到看到的一切都是历史的材料，如他所声称的那样：“我的规则是我不管人们告诉我什么，我都把它记录下来。”[7]“我的职责是把我所听到的一切记录下来，虽然我并没有任何义务来相信每一件事情；对于我的全部历史来说，这个说法我以为都是适用的。”[8]如关于希波战争，波斯人认为希腊人攻占伊里翁（即特洛伊），是他们敌视希腊人的开端，而腓尼基人的观点则与此不同：

> 在谈到伊奥的事件的时候，腓尼基人的说法和波斯人的说法不同。他们否认在带她（伊奥——编者注）到埃及去的时候曾使用任何强暴的手段；他们说，伊奥本人在阿尔哥斯便和停泊在那里的一只船的船主有了来往，而在她发现自己已经怀孕的时候，羞于把这事告诉自己的父母并害怕给他们发觉，便在腓尼基人离开的时候心甘情愿地随着他们一同乘船走了。[9]

希罗多德没有对这两种说法哪一种更正确做出判断，他更想阐述的是幸福变幻无常的观点。他说：“先前强大的城邦，现在它们有许多都已变得默默无闻了；而在我的时代雄强的城邦，在往昔却又是弱小的。这二者我所以都要加以论述，是因为我相信，人间的幸福是决不会长久停留在一个地方的。”[10]

可见，在希罗多德的历史观中有着浓厚的神定论思想。但是，另一方面，希罗多德又表现出对史料的鉴别和批判。他并不总是无条件地相信他听到的一切，也并不总是对所有的说法不做评判。如斯奇提亚人（又译斯基泰人）和住在斯奇提亚的希腊人都说，每年每一个涅乌里司人都要有一次变成狼，过几天之后，再恢复原来的形状。希罗多德认为，这可能是巫师的说法，他明确宣称："我是不能相信这个说法的。"[11] 又如关于斯奇提亚人的祖先，他们自己的说法是一位名叫塔尔吉塔欧斯的男子，生活在一片荒凉无人的沙漠地带，其双亲是宙斯和包律斯铁涅司河（第聂伯河）河神的女儿。希罗多德也明确表示："人们虽然如此说，但我是不相信这个说法的。"[12]

对一些真伪难辨的史料，希罗多德既不盲从，也不武断，而是采取实事求是的态度，承认有所不知，暂且存疑。对此，他的态度是"这可能是真的"，或者说"我不知道是不是真有其事"。这些声明体现了希罗多德在历史研究和写作中的求真精神。

作为西方历史学的奠基者，希罗多德开创的编年史体例，经修昔底德的完善与发展，成为西方历史编纂的通用体例，影响深远。其《历史》不仅是一部重要的史学著作，而且也是一部文笔华美的文学著作，还是一部内容宏富、视野开阔的文化学巨著。深入研究希罗多德，对把握西方史学具有重要的意义。

二、修昔底德：政治与军事的历史范型

修昔底德（Thucydides，约公元前460—约前400），是古希腊继希罗多德之后的又一位著名的历史学家，人称"西方政治史之父"。

修昔底德出生在雅典一个显贵之家，其父奥洛若斯是色雷斯王奥洛若斯的后裔，其母与外祖母皆出身于色雷斯贵族家庭。修昔底德自幼受到了良好的教育和文化熏陶。据说他曾师从阿那克萨哥拉（Anaxagoras）学习哲学，师从安提丰（Antiphon）学习修辞学，这为其日后撰写史学巨著《伯罗奔尼撒战争史》奠定了良好的基础。

伯罗奔尼撒战争于公元前431年爆发，修昔底德当时就意识到了这场战争的重要性，并开始从各方面搜集史料，为写作《伯罗奔尼撒战争史》做准备。他说：

> 在这次战争刚刚爆发的时候，我就开始写我的历史著作，相信这次战争是

> 一个伟大的战争，比过去曾经发生过的任何战争更有叙述的价值。我的这种信念是根据下列的事实得来的：双方都竭尽全力来准备；同时，我看见希腊世界中其余的国家不是参加了这一边，就是参加了那一边；就是那些现在还没有参加战争的国家，也正在准备参加。这是希腊人的历史中最大的一次骚动，同时也影响到大部分非希腊人的世界，可以说，影响到几乎整个人类。[13]

公元前424年，修昔底德被雅典公民选为十位统领之一，并受命在色雷斯指挥一支舰队，援助色雷斯重镇安菲波利斯，与斯巴达将领布拉西达斯率领的两个远征军团作战。但修昔底德率领的舰队还未到达安菲波利斯，该城就已经失陷。修昔底德受到雅典当局的指控，说他贻误战机，有通敌之嫌，被判终身放逐。直到公元前400年，在被放逐20年后，修昔底德才被允许重返雅典。

在被放逐的20年间，修昔底德主要居住在色雷斯，他一直密切关注着战争的进程，并搜集战争材料。回到雅典后，他加紧撰写，然天不假年，只写到战争的第20年即公元前411年就与世长辞，没有完成他的著作。

后人通常把《伯罗奔尼撒战争史》分为8卷，第1卷为全书的引论，对撰写本书的目的和方法、古希腊早期的历史情况以及战争的远因和近因作了一些介绍。第2卷至第5卷第2章，记述了战争最初10年的历史，第6卷与第7卷，记述的是雅典海军远征西西里以及全军覆没的经过，第8卷记述战争的最后阶段，即西西里远征失败后的情况。这部分没有写完，内容上也没有进行修饰。

《伯罗奔尼撒战争史》仍采用历史叙事体，进一步把编年与记事结合起来，完善了希罗多德开创的体例。但在对待史料的态度上，他批判地继承了希罗多德的方法。与希罗多德广闻博记不同，修昔底德专治政治、军事方面的内容。与希罗多德搜集奇闻轶事不同，修昔底德强调言必有据，把与战争无关的传闻都剔除在史料之外，从而创立了政治与军事史的新范型。修昔底德善于分析神话传说，驳斥其中夸张或错误的成分，吸取材料的真实事实。他以十分严肃的态度和求真的精神，搜集史料，尤其重视第一手材料，其中有他实地考察的记录，有来自他亲身的经历，有当事者的口述。他不为了取阅读者而将传闻当作史实。为此，他非常重视史料的辨析与考证，提出了严格的史料批判原则，他说：

> 关于战争事件的叙述，我确定了一个原则：不要偶然听到一个故事就写下来，甚至也不单凭我自己的一般印象作为根据；我所描述的事件，不是我亲自看见的，就是我从那些亲自看见这些事情的人那里听到后，经过我仔细考核过了的。就是这样，真理还是不容易发现的；不同的目击者对于同一个事件，有不同的说法，由于他们或者偏袒这一边，或者偏袒那一边，或者由于记忆的不完全。[14]

修昔底德的这种治史原则对后世产生了重要影响，尤其为19世纪德国客观主义史学家们所推崇，修昔底德因此被称为西方史学史上第一位真正具有批判精神的历史学家。

修昔底德的《伯罗奔尼撒战争史》不仅史料翔实可靠，叙事力求客观公允，而且体现了朴素的唯物主义历史观，达到了他那个时代史学发展的最高水平。

修昔底德否认天人感应，试图以科学方法说明自然现象产生的原因。与希罗多德相信神明启示的各种征兆不同，修昔底德不相信一些迷信传言。如阿波罗神谶说："让皮拉斯基人的土地荒着，住在这里的人灾祸临头。"对此，修昔底德解释说：

> 照我看来，这个神谶的实现，和人们所预料的相反。雅典遭着灾难，不是由于此地的非法居住，而是由于战争，使人们不得不在此地居住。虽然可以预料到，如果这地方有人住，一定是雅典遭着困难的时候了；但是神谶中并没有提到战争。[15]

另有一个神谶说："和多利亚人的战争一旦发生，死亡与之俱来。"这个神谶流行的背景是，伯罗奔尼撒战争期间，雅典城正遭受着灾难，当时人们的生活异常艰难，城内的人们在死亡，城外的田地被蹂躏。在这么痛苦的时候，人们自然而然地就想起了过去的神谶。而关于这句神谶的解释也是不同的，修昔底德认为：

> 关于这句古诗曾经有过争辩。有人说，诗句中所用的字眼，是“饥馑”而不是“死亡”。在目前的情况下，自然主张“死亡”的占优势了；这就是人们使他们的记忆适合于他们的痛苦的一个例子。当然，我认为如果这次战争之后，再有一次和多利亚人的战争，而那次战争的结果引起饥馑的话，那么，很可能人们会采取这句诗的另一个解释了。[16]

修昔底德的解释表明所谓神谶是不可信的。他还进而揭露有些神谶是由于阴谋的需要而杜撰出来骗人的，因此就更不可信了。如斯巴达人控告国王普雷斯托安那克斯和他的兄弟亚里斯多克利向德尔斐的女祭司行贿，使她做出神谶，要斯巴达人接回普雷斯托安那克斯。这一事实表明，所谓神谶，有时候只不过是上层社会贵族政治斗争的一种工具而已。

修昔底德不仅质疑神谶，而且否认自然现象为灾异。公元前426年，地峡区域发生地震，地震引发海水猛涨，酿成水灾。伯罗奔尼撒人视地震为凶兆，没有侵入亚狄迦就回去了。修昔底德认为：“这些事情是由地震引起的。在地震最强烈的地方，海水就被吸引，离开海岸，然后更强烈地冲回来，因此产生水灾。如果没有地震的话，我不知道这样的事情怎样能够发生的。”[17]修昔底德对待自然现象的理性主义态度，在当时科学尚不发达的情况下是难能可贵的。

修昔底德力图从经济关系的角度来解释历史的发展，表明他已经意识到经济活动在人类历史发展中的重要作用。在叙述早期希腊历史发展的时候，他总是把社会历史进程与当时的经济发展状况结合在一起。

> 现在所称为希腊的国家，在古时没有定居的人民，只有一系列的移民；当各部落经常受到那些比他们更为强大的侵略者的压迫时，他们总是准备放弃自己的土地。当时没有商业；无论在陆地上或海上，没有安全的交通；他们利用土地，只限于必需品的生产；他们没有剩余作为资本；土地上没有正规的耕种；因为他们没有要塞的保护，侵略者可以随时出现，把他们的土地夺去。这

样，他们相信在别处也和在这里一样，可以获得他们每日的必需品，所以他们对于离开他们的家乡也没有什么不愿意的，因此，他们不建筑任何或大或小的城市，也没有取得任何重要的资源。[18]

在以后时期中，城市的位置不同了；因为航海事业比较普遍，有了资本储蓄，有城墙的新城市事实上是建筑在沿海一带的，有些地峡被占据着，以为商业和防御邻国侵略之用。[19]

在这个过程中，海军逐渐发展壮大起来，成为保护商业贸易和增加财富的有力工具。

修昔底德还是第一个尝试揭示历史事件发展中的真正因果关系的历史学家。希罗多德也曾试图解释历史事件的原因，但他只是从一些表面的、偶然的事件来解释希波战争爆发的原因。修昔底德没有这样草率，他力图分析重大历史事件所以发生的深层原因。如关于特洛伊战争，大家都熟悉荷马的说法，即因为特洛伊王子帕里斯引诱了斯巴达国王的王后海伦。修昔底德则看得更深更远，他说：

依我看来，阿伽美浓一定是当时最有权势的统治者；正因为这个原故，他才能够召集舰队，进攻特洛耶，而不是因为那些向海伦求婚者对丁达里阿斯宣了誓必须跟随他的原故。[20]

阿伽美浓正是继承了这个帝国（迈锡尼），同时他有比其他统治者更强的海军；因此，照我看来，他之所以能够募集远征军进攻特洛耶的原因，不是由于同盟者对他的忠顺，而是由于同盟者对他的畏惧。[21]

修昔底德对伯罗奔尼撒战争起因用了相当大的篇幅进行分析，对导致这场战争爆发的远因和近因都做了详尽考察。

当雅典人和伯罗奔尼撒人破坏了攻陷优卑亚后所订立的三十年休战和约时，战争就开始了。至于他们破坏和约的原因，我首先说明双方争执的理由和

> 他们利益冲突的特殊事件，使每个人都毫无问题地知道引起这次希腊大战的原因。但是这次战争的真正原因，照我看来，常常被争执的言词掩盖了。使战争不可避免的真正原因是雅典势力的增长和因而引起斯巴达的恐惧。[22]

科西拉事件和波提狄亚事件是雅典和伯罗奔尼撒同盟双方矛盾长期发展的结果，只不过是战争爆发的借口。

在分析雅典最后失败的原因时，修昔底德认为是雅典国内政党相互倾轧，削弱了领导力量所致。伯罗奔尼撒战争期间的领导人是伯里克利的继承人，他们互不服气，谁都没有伯里克利的权威，所以不能形成强有力的指挥力量，导致指挥失败。

> 他（伯里克利）的继承人，彼此都是平等的，而每个人都想要居于首要的地位，所以他们采取笼络群众的手段，结果使他们丧失了对公众事务的实际领导权。在一个统治着帝国的大城市中，这样的政策自然会引起许多错误，西西里远征就是这些错误之一。西西里远征不是一个判断上的错误，如果我们考虑到我们所要对付的敌人的话；这个错误是在于国内的人没有给予海外的军队以适当的支援。因为他们忙于个人的阴谋，以图获得对人民的领导权，他们让这个远征军失掉了它的动力；由于他们的不和，开始使国家的政策发生紊乱。……他们自己内部的斗争，毁灭了他们自己，他们最后才被迫投降。[23]

修昔底德的历史思想中也贯穿了可贵的人本主义精神。他把历史发展的兴衰过程归于人力而不是天意。他看重人的生命胜于财物，他借伯里克利的演讲说：“我们所应当悲伤的不是房屋或土地的丧失，而是人民生命的丧失。人是第一重要的，其他一切都是人的劳动成果。”[24] 在他为伯里克利撰写的《阵亡将士国葬典礼上伯里克利的演说》中，修昔底德借伯里克利之口盛赞那些为保卫雅典而捐躯的战士在战争中表现出来的大无畏英雄主义精神和气概：“因为他们的勇敢和美德，他们把这块土地当作一个自由国家传给我们。无疑地，他们是值得我们歌颂的。”[25] 修昔底德认为：

使我们的城邦光明灿烂的是这些人和类似他们的人的勇敢和英雄气概。……无疑地，他们中间有些人是有缺点的；但是我们所应当记着的，首先是他们抵抗敌人、捍卫祖国的英勇行为。他们的优点抵消了他们的缺点，他们对国家的贡献多于他们在私人生活中所作的祸害。他们这些人中间，没有人因为想继续享受他们的财富而变为懦夫，也没有人逃避这个危难的日子，以图偷生脱离穷困而获得富裕。他们所需要的不是这些东西，而是要挫折敌人的骄气。在他们看来，这是最光荣的冒险。他们担当了这个冒险，愿意击溃敌人，而放弃了其他一切。至于成败，他们让它留在不可预测的希望女神手中；当他们真的面临战斗的时候，他们信赖自己。在战斗中，他们认为保持自己的岗位而战死比屈服而逃生更为光荣。……

这些人无愧于他们的城邦。我们这些还生存的人们可以希望不会遭遇着和他们同样的命运，但是在对抗敌人的时候，我们一定要有同样的勇敢精神。……他们贡献了他们的生命给国家和我们全体；至于他们自己，他们获得了永远长青的赞美，最光辉灿烂的坟墓——不是他们的遗体所安葬的坟墓，而是他们的光荣永远留在人心的地方；每到适当的时机，永远激动他人的言论或行动的地方。……他们的英名生根在人们的心灵中，而不是雕刻在有形的石碑上。[26]

这篇激情洋溢、动人心弦的演讲，展现了修昔底德卓越的文学艺术才华，成为脍炙人口、传颂千古的散文作品。

在其著作中大量引用演说辞是修昔底德《伯罗奔尼撒战争史》的一大特点，演说辞占到了四分之一的篇幅。这些演说辞有的是修昔底德亲耳听到的，有的可能是听别人说的，但都经过了修昔底德的修改，他对此有一个说明：

在这部历史著作中，我利用了一些现成的演说词，有些是在战争开始之前发表的，有些是在战争时期中发表的。我亲自听到的演说词中的确实词句，我很难记得了，从各种来源告诉我的人也觉得有同样的困难，所以我的方法是这

> 样的：一方面尽量保持实际上所用词语的一般意义，同时使演说者说出我认为每个场合所要求他们说出的话语来。[27]

这些演说辞的运用是和全书的叙述有机联系在一起的。通过历史事件当事者亲口说出的演说辞，生动地表现出了他们的行动动机和背景，使读者对这场战争的军事行动意义有了更深刻的理解。

修昔底德在希罗多德的基础上将历史编纂学推进了一大步。希罗多德追求博大与宏伟，所记内容无所不包，成为社会文化史之祖；修昔底德则以内容集中见长，他剔除了与战争无关的一切内容，治史更为严谨，叙述更为严密，整体感更强，奠定了政治与军事史的编纂范型，对西方史学的发展产生了深远的影响。

三、李维：通史典范

李维（Livy，公元前59—公元17），出生在意大利北部的帕多瓦城。关于李维的身世，据现有史料记载，他的家庭属于当地的上流社会，但没有人在仕途上发达过。李维与家族成员一样，也无心于仕途。他在帕多瓦这座富裕的小城里受到了良好的教育，过着悠闲、安宁的著述生活。与古希腊史学家周游世界不同，李维一生安居罗马，躲在书斋写作。他不慕权贵，曾担任过屋大维之孙的老师，却无心捞取一官半职，毕生从事其钟爱的历史研究，以《建城以来史》享誉后世。

李维在世的岁月，亲身经历了早期罗马帝国的建立及强盛景况，也目睹了晚期罗马共和国的纷争及倾覆。公元前30年前后，李维开始写作《建城以来史》，并为此付出了毕生的心血和精力。

在《建城以来史》一书前言中，李维阐述了他写作本书的动机。他深知这一任务的艰巨性，他说：

> （1）倘若我详述自城开创以来罗马人民的业绩，我能否算是完成了一件值得做的事，我不太清楚，即使清楚，也不敢肯定；（2）因为我觉察到，这一

主题不仅陈旧，而且变得寻常了：新史家总是相信，他们或者在这一方面要提供更为确凿的东西，或者在写作技巧上会超过文风朴实的前辈。……（3）况且，这一主题需要浩繁之功，因为要追溯到700多年以前，还因为始于蕞尔的罗马，如今竟已发展到苦于自身宏大的程度；同时，我也不怀疑起源前后的情形将给大多数读者提供较少的乐趣，因为他们急于接触的是一个异常强大的民族的威力长期以来自行毁灭的新事物。[28]

但是，李维仍然知难而进，历史学家的责任和撰史的乐趣鼓舞着他，使他并不因为撰史存在的困难而退却，因为他相信：

（3）……无论如何，我也尽我个人之能置身于世界上最优秀民族业绩的记述，那将是一种乐趣；而且即使我的声誉在这么大的史家群体中默默无闻，我也会以湮没我名声的那些人的卓越和伟大慰藉自己。……（5）……我还对我的工作寻求这样一种酬劳：至少在我一心一意地追溯往事时，我可以避而不见我们时代多年来目睹的弊端，并免去即使不能使史家离开真实，也会使他心绪不宁的忧虑。[29]

李维在前言中对其历史观作了进一步的阐述。对以前流传下来的一些神圣化的传说，如关于罗马帝国的起源问题，他认为不是最重要的问题。对于以神人结合来粉饰自己民族起源的行为，他认为是可以宽宥的。他说：

我们允许先人通过神人结合以使城的开创更具威严；而且，如果可以允许哪个民族把自己的起源神圣化，并称他们的缔造者与神有关，罗马人民就有着如此大的军事声威——当其宣称他们和他们的缔造者之父是马尔斯时——以至于世上各民族以忍受罗马帝国的同样耐心来忍受这一点。但是，对于这些事物和与之相似的事物，无论怎样看待或评价它们，我个人并不予以特别的重视。[30]

那么，李维认为历史中什么东西最重要呢？这就是他对道德训诫作用的重视。这也是他勇于承担历史责任的内在原因。李维不慕权势，并不意味着他对社会和政治不关注，他虽然足不出户，但心忧天下；他闭门书斋，但并非不谙世事，他以学者的严谨勇挑史家重任。在他看来，历史的教训不仅历史学家应该关注，也是每个人都要关注的，那就是：

> 曾有过什么样的生活，什么样的道德；在和平与战争时期，通过哪些人以及运用哪些才能建立和扩大帝国；然后应注意到，随着纲纪逐渐废弛，道德可以说先是倾斜，继而愈加下滑，最终开始倾覆，直至我们既不能忍受我们的罪过，亦不能忍受补救措施的今日。[31]

李维高度重视道德在历史发展过程中的重要作用，他把道德状况的好坏看成是决定一个国家和民族兴衰的原因。对一个古代史学家来说，他当然不可能认识到历史发展是由社会基本矛盾所推动的，因而夸大了道德的作用，但他同时把历史训诫思想也发展到了他那个时代的最高水平。在他看来，罗马帝国的兴衰存亡，可以从道德状况的演变做出合理的解释。当罗马人崇尚节俭和清贫、在道德上处于强盛状态时，罗马帝国是兴旺发达的；而当罗马人开始变得纵欲、奢靡、贪婪时，道德的败坏就导致了罗马帝国日益衰退。“的确，财产越少，贪欲越小。晚近，财富带来了贪婪，泛滥的逸乐带来了因奢靡、纵欲而毁灭自身与毁灭一切的欲望。”[32]由此，我们很容易地想到“成由勤俭败由奢”这句总结中国历史的古语。可见，历史的教训都是相通的。尽管不能把道德本身作为历史兴衰的内在根据，但不可否认道德在历史中的确扮演着重要的角色。所以，李维深刻地指出：

> 在认识往事时，尤其有利而有益的在于：你可以注意到载于昭昭史册中的各种例子的教训，从中为你和你的国家吸取你所应当仿效的东西，从中吸取你所应当避免的开端恶劣与结局不光彩的东西。[33]

尽管罗马帝国最终走向了覆灭，但是，在李维的心中，罗马帝国仍然是值得骄傲和自豪的，因为：

> 没有哪个国家这样晚地受到贪婪和奢侈的侵袭，没有哪个国家的清贫和节俭在那里如此持久地受到如此大的推崇，而这或许是对所承担工作的热爱蒙蔽了我，或许是从来没有哪个国家更伟大、更富有好的例证。[34]

李维的《建城以来史》第一卷是保留至今的唯一一部出自罗马人之手的关于罗马早期历史的记录，因此，史料的获得及对待史料的态度，都是首先要面对的问题，从中也反映出史学家的历史观。对早期罗马帝国发展历史的了解，只能依靠第二手的史料和先前史学家的记载，李维的下面一段话表明他对待史料的态度：

> 那些建城前或即将建城时所流传下来的，与其说适合于纯粹的史记，还不如说适合于富有诗意的故事，对此，我既不想肯定，也不想驳斥。[35]

尽管他摆出中立的姿态，但他实际上还是试图对传说的真实性进行鉴别，尽量以可信的史料还原历史的真实。当然，李维并没有修昔底德那么严格的历史批判精神，因此，对史料的考订和辨析难免有些粗疏。就其《建城以来史》第一卷的情况看，他还是采用了一些传闻或传说。但李维充分发挥了其文学天赋和才华，他以深厚的拉丁文素养、华美的语言、畅达的叙事，继承了自古希腊以来的文史结合的传统，生动地展现了罗马自建城以来到他生活时代的长幅画卷，以通史之作的整体记述展现了“自城开创以来罗马人民的业绩”。

通史之作的意义还在于使其道德垂训更具有说服力，当然，个别的史实和例证也可以体现一定的道德教育意义，但是，罗马基于道德强盛而兴，基于道德衰颓而败的深刻教训，只有从罗马漫长的历史发展中，才能体现得更有说服力。此外，其历史著作的文学性也更容易取得读者感情上的认可，更容易感动读者，从而更容易接受他的道德教育。

四、塔西佗：《编年史》

普布利乌斯·科尔涅利乌斯·塔西佗（Publius Cornelius Tacitus，约55—约120），是古代罗马最伟大的历史学家。关于他的生平情况，几乎不见史料记载，现存关于他个人的历史，是从他自己的著作和几封书信中推断出来的。塔西佗可能出生于一个比较富裕的骑士家庭，其父可能是罗马皇帝在当地的财务代理官，与当时的罗马上层社会有着广泛的联系。在这样的家庭中，塔西佗受到了良好的教育，并曾拜罗马著名演说家马尔库斯·阿佩尔（Marcus Aper）和尤利乌斯·塞昆都斯（Julius Secundus）为师，成为当时颇负盛名的演说家。塔西佗的才华受到了当时罗马政界要人的赏识，公元77年娶当时的执政官阿格里科拉的女儿为妻，从此在仕途上更是平步青云，一帆风顺。81年，塔西佗出任某行省的度支官，88年任行政长官，并于同年成为保管西比拉预言书的祭祀团成员。此后，塔西佗在某行省担任军团将领，直到93年阿格里科拉去世才回到罗马。此后，塔西佗亲眼目睹了多米提安的暴政。96年，多米提安垮台，新皇涅尔瓦继任，政治气氛宽松了许多，塔西佗重新受到重用，并荣升罗马执政官。

在宽松的政治环境中，塔西佗开始发表作品，现在流传下来的共有五部，即《阿格里科拉传》《日耳曼尼亚志》《演说家对话录》《历史》和《编年史》。

《历史》是塔西佗第一部正式的历史著作，主要记录罗马帝国内战时期的历史，意在揭露多米提安的暴政，并对照涅尔瓦将权威与自由相结合而创造的盛世。在写作《历史》的过程中，塔西佗发现，罗马帝国如何从共和走向暴政需要作进一步的探索，必须对此寻根溯源才能揭示出罗马帝国专制形成的实质和真正原因，于是他开始了《编年史》一书的写作。

《编年史》记述的是从奥古斯都之死到《历史》一书开始前的一段时间。但全书没有被完整保存下来，我们现在所看到的是其记录的54年历史中的40年的情况。

与他的前辈史学家一样，塔西佗也非常强调历史对人生的价值和意义。他认为历史的首要任务是惩恶扬善，“保存人们所建立的功业，并且使邪恶的言行对后世的责难有所畏惧”[36]。对撰写历史怀有的崇高信念使塔西佗疾恶如仇，他以史家的洞察力不遗余力地揭露帝国暴政。因此，反对暴政、痛恨暴君成为塔西佗所有著作的主题。在他的笔下，那些尊贵的罗马帝国皇帝都被他剥下了神圣的外衣，露出了其虚伪、狡诈的本相。他借当时的舆论揭露奥古斯都的继承者提贝里乌斯：

> 久经沙场，但却有克劳狄乌斯家族那种古老的、与生俱来的傲慢习气，此外他还流露出一些残忍嗜杀的迹象，尽管他自己尽力想抑制它们。他从一降生，就是在皇室的环境中抚养大的。他年轻时，脑子里想的全都是执政官的职位和凯旋之类的事情。甚至在他居住于罗得岛的那几年里——表面上是退隐，实际上是被放逐——他心头充满了愤懑、伪善，并且暗纵情欲。[37]

提贝里乌斯继承王位后，其凶残、虚伪的本性就显露出来了。

> 新皇帝继位后所犯下的头一件罪行就是杀死了阿格里帕·波可图姆斯（奥古斯都的外孙——编者注）……提贝里乌斯在元老院里根本没有提这件事情。他借口这是他父亲奥古斯都的命令；他说他父亲曾指令负责监视阿格里帕的一位军团将领在他一去世的时候，立刻把阿格里帕杀死。毫无疑问，奥古斯都对这个年轻人的品行不断进行的严厉责难，曾促使元老院作出了放逐他的决定。但另一方面，他却从不曾冷酷无情到要杀死他自己的亲人的程度；而且，为了使自己的继子减轻顾虑而把自己的外孙杀死，这种事情也令人难以置信。比较可能的情况是，提贝里乌斯出于恐惧而里维娅出于继母的憎恶，这才赶忙杀死他们所怀疑和讨厌的青年人。但是当百人团长向提贝里乌斯作例行的军事报告，说他的命令业已执行的时候，他却说他从来没有发过这样的命令，并且表示干这件事的人必须向元老院说明自己这一行动的理由。[38]

尼禄是古罗马历史上一个有名的暴君，塔西佗自然也不会放过他。在塔西佗的笔下，尼禄为了抵制自己母亲的势力，使出了种种阴谋手段，最后不惜派杀手将其母亲杀死。为了掩盖自己的罪行，尼禄还将一大堆罪名加在他母亲的身上，把自己打扮成一个拯救国家的明君形象。

> 他说，她想同他分享帝国的统治大权，要近卫军士兵向一个女人宣誓效忠，并想使元老院和罗马人民也蒙受同样的耻辱。当她的这种野心遭到挫折的时候，她就蓄意同士兵、同元老院、同罗马人民作对，反对把慷慨的赠赐送给他们，还阴谋陷害重要的罗马公民。正是他尼禄费了极大的力量，才使得她不曾挤到元老院里面来接待外国使节！他还间接地指责了克劳狄乌斯的统治时期，把当时所发生的一切丑事的罪过都推到他母亲身上，并且把他母亲的死亡说成是国家之福。[39]

弑母之后的尼禄更加肆无忌惮，愈加胡作非为。他驾车狂奔，寻欢作乐，甚至吹拉弹唱，粉墨登场，无所不为，使罗马的社会风气每况愈下。塔西佗带着强烈的感情色彩谴责尼禄的不道德行为。

> 尼禄很久以来就有一个愿望，这就是驾着四匹马的马车参加比赛。另一个同样令人作呕的愿望就是在竖琴的伴奏下登台歌唱。……但是这种可耻的公开露面并没有给尼禄带来像他身边的顾问们期望他会取得的那种满足，而是进一步刺激了他。由于他相信，如果他把别人也引上堕落的道路，这便会冲淡他本人的耻辱，所以他便使那些显要家族的子弟，也就是那些因贫穷而堕落的人也登上了舞台。[40]
>
> …………
>
> 荒淫无耻的丑行层出不穷；罗马人的道德早就败坏了，然而从来还没有过像今天的恶棍们这样助长着人们的堕落。甚至在高尚的人士之中，谁想保持清白都不是一件容易的事情。在大家争相作恶的环境里，那就更谈不到任何贞操、谦逊或哪怕是一点点的清白了。[41]

尼禄还是诗歌爱好者，但塔西佗讽刺他，说他的诗作不过是他身边一群阿谀奉承的人“把尼禄本人胡诌出来的零碎诗句好歹全部凑成整篇的诗作”[42]，“这些诗既没有力量，又没有灵感，也没有统一的风格”[43]。

塔西佗谴责专制和暴君，歌颂共和制，对逝去的共和国充满了怀念。

> 布鲁图斯和卡西乌斯横死以后，共和国已丧失了武装力量。……屋大维放弃了三头之一的头衔，声称自己只不过是一个普通的执政官，只要有保护普通人民的保民官的权力便感满足。他首先用慷慨的赏赐笼络军队，用廉价的粮食讨好民众，用和平安乐的生活猎取世人对他的好感。然后再逐步地提高自己的地位，把元老院、高级长官乃至立法的职权都集于一身。反对他的力量已荡然无存，公然反抗的人或在战场上或在罗马公敌宣告名单的法律制裁下被消灭了，剩下来的贵族则觉得心甘情愿的奴颜婢膝才是升官发财的最便捷的道路，他们既然从革命得到好处，也就宁愿在当前新秩序之下苟且偷安，不去留恋那会带来危险的旧制度了。新秩序在各行省也颇受欢迎。元老院和人民在那里的统治却由于权贵之间的倾轧和官吏们的贪得无厌而得不到信任；法制对于这些弊端也拿不出什么有效的办法，因为暴力、徇私和作为最后手段的金钱早已把法制搅得一塌糊涂了。[44]

面对日益凋敝的罗马，塔西佗不由得大为伤感：“年轻一代的人都是在阿克提乌姆一役战胜之后出生的。甚至老一辈的人大部分也都是在内战时期诞生的，剩下来的人又有谁是真正看见过共和国的呢？”[45]他慨叹：“世界的局面改变了，浑厚淳朴的罗马古风业已荡然无存。政治上的平等已经成为陈旧过时的信念，所有的人的眼睛都在望着皇帝的敕令。”[46]

作为一个伟大的历史学家，塔西佗的写作态度是严谨认真的，他力求客观地展示历史本来的面目。因为他看到：

> 著名的历史学家已把古老的罗马共和国的光荣和不幸载入史册。甚至奥古

> 斯都当政的时期也不乏出色的作家为之执笔，但阿谀奉承之风一旦盛行起来，历史学家便不敢再动笔了。提贝里乌斯、卡里古拉、克劳狄乌斯和尼禄的历史都是人们在他们炙手可热时怀着惶恐心情胡编乱造出来的，而在他们死后撰述的作品，又受到余怒未消的愤恨情绪的影响。……我下笔的时候既不会心怀愤懑，也不会意存偏袒，因为实际上我没有任何理由要受这些情绪的影响。[47]

但事实上，绝对的客观是不可能的，任何史学家在处理史料的时候都是从一定的立场出发的，都带着自己特有的主观印记。我们相信塔西佗的出发点是力求客观的，但事实上他强烈的道德立场，在一定程度上影响了其著作的客观性，使他对历史人物不能做出全面、客观的评价。如塔西佗对提贝里乌斯的描绘就有失偏颇，在塔西佗的笔下，提贝里乌斯是一个十足的昏君，但事实上，此人在历史上曾起过积极的作用。提贝里乌斯性格虽然有些阴郁内向，但在治理国家上还是有一些可圈可点的功绩，不失为一个勤政爱民的好皇帝。这可能与塔西佗本人曾作为帝国的高级官员所受到的迫害有关。当然，塔西佗要求自己“不会心怀愤懑，也不会意存偏袒”，说明他作为一个史学家，撰史时还是很有理性意识的。尽管他对提贝里乌斯和尼禄这两个人非常鄙视，但他并不曾故意歪曲史实，也不曾相信舆论加在他们身上的丑闻。如当时传闻说提贝里乌斯曾亲手毒死了自己的儿子杜路苏斯，说尼禄有一次发脾气踢死了已怀孕的妻子波培娅。塔西佗经过分析认为，这些都是未经证实的说法，不足以采信，表现了一个严肃史学家的良知和求实精神。

注释

1 [古希腊]希罗多德:《历史》上册，1页，北京，商务印书馆，1959。

2 [古希腊]希罗多德:《历史》下册，373页。

3 [古希腊]希罗多德:《历史》下册，379页。

4 [古希腊]希罗多德:《历史》下册，412页。

5 [古希腊]希罗多德:《历史》上册，202页。

6 张广智:《西方史学史》, 21 页，上海，复旦大学出版社，2005。

7 [古希腊] 希罗多德:《历史》上册，165 页。

8 [古希腊] 希罗多德:《历史》下册，525 页。

9 [古希腊] 希罗多德:《历史》上册，3 页。

10 [古希腊] 希罗多德:《历史》上册，3 页。

11 [古希腊] 希罗多德:《历史》上册 306 页。

12 [古希腊] 希罗多德:《历史》上册，266—267 页。

13 [古希腊] 修昔底德:《伯罗奔尼撒战争史》上册，2 页，北京，商务印书馆，1960。

14 [古希腊] 修昔底德:《伯罗奔尼撒战争史》上册，17—18 页。

15 [古希腊] 修昔底德:《伯罗奔尼撒战争史》上册，119 页注释①。

16 [古希腊] 修昔底德:《伯罗奔尼撒战争史》上册，142 页。

17 [古希腊] 修昔底德:《伯罗奔尼撒战争史》上册，243 页。

18 [古希腊] 修昔底德:《伯罗奔尼撒战争史》上册，2 页。

19 [古希腊] 修昔底德:《伯罗奔尼撒战争史》上册，5 页。

20 [古希腊] 修昔底德:《伯罗奔尼撒战争史》上册，6 页。

21 [古希腊] 修昔底德:《伯罗奔尼撒战争史》上册，7 页。

22 [古希腊] 修昔底德:《伯罗奔尼撒战争史》上册，19 页。

23 [古希腊] 修昔底德:《伯罗奔尼撒战争史》上册，150—151 页。

24 [古希腊] 修昔底德:《伯罗奔尼撒战争史》上册，103 页。

25 [古希腊] 修昔底德:《伯罗奔尼撒战争史》上册，129 页。

26 [古希腊] 修昔底德:《伯罗奔尼撒战争史》上册，134—135 页。

27 [古希腊] 修昔底德:《伯罗奔尼撒战争史》上册，17 页。

28 [古罗马] 李维:《建城以来史·前言·卷一》, 19 页，上海，上海人民出版社，2005。

29 [古罗马] 李维:《建城以来史·前言·卷一》, 19 页。

30 [古罗马] 李维:《建城以来史·前言·卷一》, 21 页。

31 [古罗马] 李维:《建城以来史·前言·卷一》, 21 页。

32 [古罗马] 李维:《建城以来史·前言·卷一》, 21 页。

33 [古罗马] 李维:《建城以来史·前言·卷一》, 21 页。

34 [古罗马] 李维:《建城以来史·前言·卷一》, 21 页。

35 [古罗马] 李维:《建城以来史·前言·卷一》, 20—21 页。

36 [古罗马]塔西佗:《塔西佗〈编年史〉》上册，185页，北京，商务印书馆，1981。

37 [古罗马]塔西佗:《塔西佗〈编年史〉》上册，5页。

38 [古罗马]塔西佗:《塔西佗〈编年史〉》上册，6—7页。

39 [古罗马]塔西佗:《塔西佗〈编年史〉》下册，462页。

40 [古罗马]塔西佗:《塔西佗〈编年史〉》下册，464—465页。

41 [古罗马]塔西佗:《塔西佗〈编年史〉》下册，466页。

42 [古罗马]塔西佗:《塔西佗〈编年史〉》下册，467页。

43 [古罗马]塔西佗:《塔西佗〈编年史〉》下册，467页。

44 [古罗马]塔西佗:《塔西佗〈编年史〉》上册，2—3页。

45 [古罗马]塔西佗:《塔西佗〈编年史〉》上册，4页。

46 [古罗马]塔西佗:《塔西佗〈编年史〉》上册，5页。

47 [古罗马]塔西佗:《塔西佗〈编年史〉》上册，2页。

第六章

西方历史哲学的兴起

18 世纪意大利的思想家维柯的《新科学》一书，是最早把历史发展规律作为研究课题的专著，因此，他是第一个唤醒人们的“历史意识”的人。当然，维柯有如此重要的历史地位，也是以许多历史条件的发展为前提的。首先，文艺复兴时期所确立的人是历史主体的原则，使作为神的意志的外在体现的历史，第一次变成了人的历史，在抽象人性的概念中，人作为“类存在”所应遵循的一般客观规律的概念，也在其中得到了孕育。其次，整个世界的发现也使统一的世界成为可能。只有当历史成为世界史，人类才能意识到自己作为一个整体的存在而摆脱只关注各民族历史和区域史的狭隘性。最后，关于历史的哲学思想首先在意大利孕育，得益于意大利在经济上的率先发展和文艺复兴运动对人的解放，以及古典文化传统的熏陶。

一、维柯：《新科学》

坚巴斯塔·维柯（Giambattista Vico，1668—1744），是意大利历史哲学家和语言学家，近代社会科学的创始人。1668 年 6 月 23 日出生于那不勒斯，父亲是一个小书商。虽然家境并不富裕，但是父亲经营的书店对他产生了很大影响，使他有机会阅读各种书籍。维柯学识渊博，出版了大量著作，其中《新科学》是他的代表作。该书全名为《关于各民族共同性的新科学的原则》。

维柯是一个具有独创精神的思想家，其中把历史与哲学这两个过去截然分开的领域融合起来是他最重要的思想贡献。虽然他没有明确地提出“历史哲学”这个概念，但事实上他已经建立了一种历史哲学，从而为用哲学反思历史、用历史确证哲学的“新科学”开辟了道路，奠定了基础。

1. 建立“一种理想的永恒的历史”

维柯认为，柏拉图、塔西佗和培根是对自己影响最大的三位作者。他把柏拉图视为哲学的代表，把塔西佗视为历史的代表，把培根视为兼有二者之长的典型。他把柏拉图缺乏历史感的抽象实体的片面性与塔西佗缺乏普遍抽象的具体事实的片面性结合起来，力图把理性变成确定的，把确定事物变成符合普遍理性的东西，从而“发现各民族历史在不同时期都要经历的一种永恒的历史图案”。在这里，历史变成了哲学，哲学就来自历史，由此所产生的即维柯理想中的“新科学”，也就是我们所谓的历史哲学。

> 哲学默察理性或道理，从而达到对真理（the true）的认识；语言学（含有历史学的意义——编者注）观察来自人类选择的东西，从而达到对确凿可凭的事物（the certain）的认识。[1]
>
> 哲学家们如果不去请教于语言学家们的凭证，就不能使他们的推理具有确凿可凭性，他们的工作就有一半是失败的；同理，语言学家们如果不去请教于哲学家们的推理，就不能使他们的凭证得到真理的批准，他们的工作也就有一半失败了。如果双方都向对方请教，他们对他们的政体就会更有益，而且也就会比我们早一步构思出这门新科学了。[2]

维柯把培根视为开创历史哲学的先驱，但他认为，培根的整个思想体系缺乏历史感，对于哲学来说过于经验，对于经验来说又过于哲学。总之，在培根理论的基础上，还无法真正实现具体与抽象、确定与真实以及历史与哲学的完美结合。他认为“新科学”的诞生完成了培根未竟的事业，实现了使历史走向哲学，同时使哲学变为历史的目标。

维柯建立新科学的理想是向西方传统哲学挑战的结果。根据这种传统，永恒不变的东西才是真实的，而变化的因素则不具有真实性。这一传统在笛卡儿“我思故我在”的命题中得到了进一步的强化。在笛卡儿那里，思想不仅成了真理的标准，而且可以确证和认识一切外在的事物。因此，笛卡儿非常轻视历史学，对他来说，历史最好时不过是多方面事实的杂乱堆积，糟糕时则不过是一系列想象和虚构。

关于笛卡儿的观点，维柯早在其《论意大利的古代智慧》一书中，就进行了抨击，并提出了“真理就是创造”的命题，认为人类历史是由人类自己创造的，因此，人类可以认识、理解自己创造的历史。相反，外在的自然事物是由上帝创造的，人们是难以认识、理解它们的，只有上帝自己才能认识它们。

> 这个民族世界确实是由人类创造出来的，所以它的面貌必然要在人类心智本身的种种变化中找出。如果谁创造历史也就由谁叙述历史，这种历史就是最确凿可凭了。这种情形正像几何学的情形。几何学在用它的要素构成一种量的世界，或思索那个量的世界时，它就在为它自己创造出那个量的世界。我们的新科学也是如此（它替自己创造出民族世界），但是却比几何学更为真实，因为它涉及处理人类事务的各种制度，比起点、线、面和形体来更为真实。……因为……认识和创造就是同一回事。[3]
>
> 过去哲学家们竟倾全力去研究自然世界，这个自然界既然是由上帝创造的，那就只有上帝才知道；过去哲学家们竟忽视对各民族世界或民政世界的研究，而这个民政世界既然是由人类创造的，人类就应该希望能认识它。[4]

维柯的这一观点标志着西方思想史的一个新转向，具有深远的理论意义。它第一次将人的创造性活动提升到了具有本体意义的高度。以往的哲学，都强调本体是创造性力量，无论这个本体是物质性的还是精神性的。只有到维柯这里，人的历史活动变成了创造的本体。这样，创造与认识、行动与理解的统一，使建立“一种理想的永恒的历史”有了可能。

2. 历史创造与历史基础

在维柯的理论中，历史创造是一种充满激情和冲动的“诗性”活动，而不是深思熟虑的理智和谋划。当然，维柯并没有完全否认个人的意图或主观计划，只不过，这种意图或计划总是降为历史规律（即维柯所说的“天意”）的手段。

> 天神意旨作为治理者既然具有全能，它就能运用像人类自然习俗那样容易的手段来展开它的各种制度。天神意旨作为设计者既然具有无限智慧，凡是它所安排的在整体上就必然是制度方面的秩序。天神意旨既然以它自己的无限的善为目的，它所安排的一切就一定导向永远高于人类为自己祈求的那种善。[5]

也就是说，人们有意无意所抱有的特殊目的，总是不自觉地成为历史发展的手段，终究要为历史的一般目的服务。在维柯看来，尽管人的行动是有意图的，但是人并不总是按照预先设计的目的实现自己的计划。

> 这个世界所自出的那种心智往往是不一致的，有时是彼此相反的，而且经常超出人们自己所追求的那些个别特殊的目的；用这些狭小的目的来为较广泛的目的服务，人类心智经常用这种办法来把人类保存在这个地球上。[6]

维柯的这一论断，已经显示出历史辩证法思想的高度，当然，在根本上，维柯还是一个唯心史观的主张者。他认为人类历史就是人类的创造活动史，而任何人的活动，特别是创造活动，不可能没有精神的灵光照射，精神与行动在实践活动中是无法分离的，纯精神性的反思是在历史实践之后出现的。

> 在那些原始时代，一切对人类生活为必要的事物都须创造出，而创造是天才的特性。事实上，任何人只要对这个问题稍加思考，他就会看出：不仅是对生活为必要的事物，就连有用的、供安逸的、愉快的甚至是奢侈的和过剩的事物还在希腊哲学家们出现之前都已创造出了。……因此，最初的各族人民都是些人类的儿童，首先创造出各种艺术的世界，然后哲学家们在长时期以后才来临，所以可以看作各民族的老人们，他们才创造了各种科学的世界，因此，使人类达到完备。[7]

可见，不是理论决定实践，而是实践决定理论；不是行动来自理智，而是理智源自行动；不是先知后行，而是先行后知。但是，从根本上说维柯仍然是一个唯心史观论者。因为尽管维柯承认人类创造了自己的民族世界，但不是从无中创造的，而是从“有”开始的，这个“有”就是上帝创造的世界。在维柯那里，不仅自然界是上帝创造的，就连人本身也是上帝创造的，并成为人创造历史活动的起点。既然维柯相信上帝创造了人，那么，归根结底“神意”或“天意”成为最终引导历史达到一定目的的动力源。当人按照自己的意愿进行历史活动的时候，不过是在按照天意行事。人类的历史实践成为上帝神圣工作的延续。这就是维柯唯心史观的实质和依据。

3. 历史结构与历史过程

维柯历史哲学的贡献还在于，他把人类历史看成是一个有规律发展的过程，而历史的规律性又是以人类的共同本性为基础的。在他看来，既然人类世界由具有共同本性的人类所创造，那么各民族的制度就会向我们提供一些普遍永恒的原则。而且，正是根据这些原则，一切民族才被创造出来，并生存下去。

> 我们观察到一切民族，无论是野蛮的还是文明的，尽管是各自分别创建起来的，彼此在时间和空间上都隔很远，却都保持住下列三种习俗：（1）它们都有某种宗教，（2）都举行隆重的结婚仪式，（3）都埋葬死者。无论哪一个民族，不管多么粗野，在任何人类活动之中没有哪一种比起宗教、结婚和埋葬更精细、更隆重，根据第［144］条公理：“起源于互不相识的各民族之间一致的观念必有一个共同的真理基础。”一定就是这种共同真理基础支配了一切民族，指使他们都要从这三种制度开始去创建人类，所以都要最虔诚地遵守这三种制度，以免使世界又回到野兽般的野蛮状态。因此，我们把这三种永恒的普遍的习俗当做本科学的三个头等重要的原则。[8]

维柯认为，只有把握了这些作为基本结构的制度，才能深入到历史的深层结构里，研究具有普遍意义的长时期的历史。

要认识人类世界，只了解各民族共用的制度是不够的，还应该研究历史结构的历史发展过程。维柯受到埃及神话的启示，认为人类历史经过神的、英雄的和人的三个先后衔接的时代，并相信“诸民族都是按照这三个时代的划分向前发展”[9]。

> （1）神的时代，其中诸异教民族相信他们在神的政权统治下过生活，神通过预兆和神谕来向他们指挥一切，预兆和神谕是世俗史中最古老的制度；（2）英雄时代，其时英雄们到处都在贵族政体下统治着，因为他们自以为比平民具有某种自然的优越性；（3）人的时代，其时一切人都承认自己在人性上是平等的，因此首次建立了一种民众（或民主）的政体，后来又建立了君主专政政体，这两种都是人道政权的不同形式……[10]

这三个时代，各有不同的本性、习俗、自然法、政体、语言、文字、法律、所有制和理性。但差异并不排斥一致性，因为这三个时代在基本结构上是一致的，它们是三位一体的关系。

维柯特别强调第三个时代即人的时代的重要性，他认为在人的时代，人才真正变成为人，理性才成为人的本性。但他同时认为，第一个时代是基本的创造时代，当社会发展到一定阶段，历史创造力就会消耗殆尽，人们就会由安逸转入腐化。为了摆脱这种僵死局面，历史就会表现出某种复演，似乎重新回复到野蛮阶段，转入新的创造阶段，重演神、英雄和人三个阶段。这个过程尽管带有循环复演的特征，但它在本质上是开放的、不断创造的过程。这样，维柯通过历史波浪式前进和螺旋式上升特征的描述，初步揭示了历史是有规律的发展过程。

4. 历史发展与历史动力

维柯在其《新科学》中，不仅揭示了历史发展的结构与过程，而且也深刻地揭示了历史制度和时代特征演变、发展的动力。他认识到这种动力不是来自外部影响，而是来自社会内部的一种压力，即社会内部的阶级斗争。这是维柯历史观的一个伟大贡献。

维柯通过考察三个时代的交替发展和三种社会制度的历史变化，认识到了阶级斗争在社会发展中起着重要作用，是历史发展的主要动力。因此，维柯同意柏拉图的观点，即“各种政体都是靠武器的力量建立起来的”。法律和全部国家机器不过是阶级统治的暴力工具，例如：

> 在贵族政体下，贵族们要使法律成为本阶层的独占品，以便他们可凭自己的意志，用君主的铁腕来处理法律。[11]

把社会矛盾和阶级斗争说成是国家形成的原因，这表现了维柯深刻的历史洞察力。

通过阶级斗争，贵族统治的英雄时代终结了，人民获得了最高主权，人的时代来临。所以，维柯认为，政治统治的形式是根据被统治者的心智水平而定的，有什么样的人民，就有什么样的政府，政府的性质和优劣可以由它所治理的臣民的本性得到说明。

> 因为统治的政府必须符合被统治者的自然本性，实际上政府正是由被统治者的自然本性产生出来的。[12]
>
> 随着年月的推移和人类心智的远较巨大的进展，各族人民中的平民们终于对这种英雄体制的各种权利要求发生了怀疑，认识到自己和贵族们具有平等的人性，于是就坚持自己也应参加到城市中各种民政机关里去；到了适当的时机，各族人民自己都要当家作主了，天意就让先有一段时期的平民对贵族的英勇斗争；斗争的目的是要把原由贵族们独占的宗教方面的占卜权推广到平民方面去，以便达到把原来被认为都依靠占卜权的一切公私机构都推广到平民们；这样一来，正是对虔敬的关心和对宗教的依附就把民政最高权移交给人民了。[13]

民主自由是人的时代政体的第一个形式，它是对资产阶级抽象自由和平等的政治制度的描写。但是，维柯仍然深刻地洞察到了资本主义上升时期的社会矛盾，而且认为这些矛盾一旦激化，就会导致新的阶级斗争，使民主自由走向反面。

维柯不仅看到了阶级斗争在社会发展中的作用，而且也认识到了阶级斗争的必然性。这种必然就在于阶级斗争是以利益上的矛盾为现实基础的。政治斗争和法律斗争不过是经济利益冲突的继续，因为人们最终关注的是财富和经济利益，只有当法律和政治问题涉及自己的私人利益时，人们才会全身心地关注它们。维柯对经济基础在社会结构中的作用的认识，在当时是具有革命性意义的开创性研究，对唯物史观具有一定的启发意义。

5. 历史认识与历史理解

历史在时间上已成为过去，在其形态上表现为一个曾经发生过的事实。人们能否认识历史、理解历史？维柯对此做出了肯定性的回答。他认为，人类既然创造了历史，就能理解自己创造历史的意图和方式。但是，在认识、理解历史的过程中，由于人类自身存在的一些偏见在作祟，人类并不能总是正确地认识和理解历史，因而形成了一些非历史的观点。那么，如何克服人类自身的偏见，避免形成非历史观点呢？维柯主张，人是只能历史地加以理解的存在，因为人们的心智是随着时代条件的变化而变化的。比如，原始民族的情感和心智是属于他们的时代的，带有他们时代的历史特征，其真实面貌和意义只有通过追溯原始民族的起源和进化才能加以理解。

具体来说，维柯认为，对人的理解应该从他们所处理的题材开始时就开始，并随着历史的发展来寻找和理解题材。这些题材就存在于语言、神话和传说之中，但我们必须从以现有的情感和思维方式看历史的成见中解放出来。在这里，维柯实际上开创了一种崭新的历史批判方法。

首先，维柯认为，语言文献学（philology）可以通过对字源的考察，再现一个民族在其语言开始时的心智和生活状况。但各民族由于所处环境和条件的不同，会给语言带来多种多样的外在表达方式。维柯指出：

按照各种人类制度的本性，应有一种通用于一切民族的心头语言，以一致的方式去掌握在人类社会生活中行得通的那些制度的实质，并且按照这些制度在各方面所表现出的许多不同的变化形态，把它们的实质表达出来。一些格言、谚语或凡俗智慧中的公理对此提供了证明，这些格言谚语或公理在意义实质上尽管大致相同，却可以随古今民族数目有多少，就有多少不同的表达方式。[14]

其次，神话学也启示着历史学。维柯从神话传说中看到了古人家庭、经济和政治生活的面貌。维柯发现，各民族的历史全部都是从神话和寓言故事开始的，而神话和寓言故事就是各民族最古老的历史。因为它们反映着古代社会的现实内容。

瓦罗辛勤地搜集天神们的名称，搜到了三万种……这些神名都涉及最古时代身体的、精神、经济或民政的各方面生活的需要。[15]

最后，维柯提出了一种批判地使用文物和传说的研究方法。他认为，传说背后有确定的事实，但这种事实不是直截了当地存在的，不能逐字逐句地以为是真实的，只有通过把传说与创造传说的人的历史结合起来，才能真正理解它的意义。

总之，维柯是 18 世纪最先发现通向历史哲学道路的人，但他的影响在启蒙精神支配下的 18 世纪没有产生深远的影响，直到 18 世纪末和 19 世纪上半叶，德国的赫尔德和法国的米什莱才使他闻名欧洲。

二、孟德斯鸠：社会法则与历史规律

夏尔－路易·德·塞孔达·孟德斯鸠（Charles-Louis de Secondat，baron de La Brède et de Montesquieu，1689—1755），是 18 世纪法国杰出的启蒙思想家，资产阶级社会政治理论和法学理论的奠基人之一。其主要代表作为《罗马盛衰原因论》和《论法的精神》，在这些著作中，他试图以丰富的历史事实为根据，寻找政治和法律的一般规律的原则，即寻找出历史演进的规律。

1. 历史与人类社会发展的一般规律

孟德斯鸠的《论法的精神》，虽然"并非直接产生于对历史的兴趣"，但他却是法国启蒙运动中"为历史哲学建立基础的首次决定性尝试。这部著作开创了一个新纪元"[16]。当然，作为启蒙时代的思想家，孟德斯鸠和其他思想家一样，轻视历史研究，他们更关心历史事实是否符合一般的真理。他虽然不是极端轻视历史，比较重视历史的价值，但在他那里，一般原则总是占主导地位，他研究历史并非要把历史本身上升为原理，而是把历史当作原则的例证。世界上一切事物的发展都是按照固定不变的规律进行着的，因而规律本身不是历史地生成的，相反地，历史似乎是从一般原则和规律中演绎出来的。在《论法的精神》序言中，孟德斯鸠指出：

> 我建立了一些原则。……个别的情况是服从这些原则的，仿佛是由原则引申而出的；所有各国的历史都不过是由这些原则而来的结果；每一个个别的法律都和另一个法律联系着，或是依赖于一个更有一般性的法律。[17]

孟德斯鸠试图以历史为根据来寻找一般规律，然后反过来再用一般规律来说明历史。孟德斯鸠把这个"一般规律"看得至高无上，即使上帝也要服从。因为，在他看来，不仅人类社会和万事万物须服从一定的法则，即使上帝也不例外。孟德斯鸠指出：

> 从最广泛的意义来说，法是由事物的性质产生出来的必然关系。在这个意义上，一切存在物都有它们的法。上帝有他的法；物质世界有它的法；高于人类的"智灵们"有他们的法；兽类有它们的法；人类有他们的法。[18]

显然，孟德斯鸠所谓的"法"，主要是指事物的必然性、规律性，但由于这种法的本体性，就使它带有某种客观理性的色彩。因为孟德斯鸠认为："是有一个根本理性存在着的。法就是这个根本理性和各种存在物之间的关系，同时也是存在物彼此之间的关系。"[19]

承认人类社会也有其必然的客观规律，是历史成为科学的前提。但是，如何看待人类社会的“法则”或规律的问题，在当时是一个容易引起混乱的问题，孟德斯鸠在这个问题上也陷入了混乱，他把客观规律和人们所制定的法规混为一谈，弄不清二者之间的区别。他说：

> 人，作为一个“物理的存在物”来说，是和一切物体一样，受不变的规律支配的。作为一个“智能的存在物”来说，人是不断地违背上帝所制定的规律的，并且更改自己所制定的规律。[20]

把人的活动作为研究对象进行考察，必然涉及人类活动的自觉性与社会发展的客观规律性之间的关系这样一个问题，对孟德斯鸠来说，这是一个难解的谜。因为他无法理解人类社会的矛盾和历史发展的辩证性，不可避免地要陷入自我矛盾的境地。在《罗马盛衰原因论》一书中，他就曾陷入过这种自我矛盾。下面的这段话就充分地证明了他的这种自我矛盾。

> 支配着全世界的并不是命运。这一点从罗马人身上可以看出来：当罗马人根据一种办法来治理的时候，他们一连串的事情都是成功的，可是当罗马人根据另一种办法来行动的时候，他们就遭到了一连串的失败。有一些一般的原因，它们或是道德方面的，或是生理方面的。这些原因在每一个王国里都发生作用，它们使这个王国兴起，保持住它，或者是使它覆灭。一切偶发事件都是受制于这些原因的；如果偶然一次战败，这就是说一次特殊的原因摧毁了一个国家，那就必然还有个一般的原因，使得这个国家会在一次战斗中灭亡。总之，一个总的基础是会把所有特殊的事件带动起来的。[21]

孟德斯鸠否认人受神秘的命运支配，这已使他超出了斯多葛主义和基督教神学历史观的樊篱。而且他也意识到，人类社会的历史是人类自身法则与各种偶然因素相互作用的结果。但人类有意识的活动对历史的作用究竟有多大，孟德斯鸠就说不清楚了。他看到了历史发展的必然性对个人活动的制约作用，但他又将这种必然性归结为个人的命运。例如，他曾举例说："断送了查理的并不是波尔瓦多战役；如果他不在这个地方覆灭，也必然会在别的地方覆灭。命运中的偶然事故是易于补救的，而从事物的本性中不断产生出来的事件，则是防不胜防的。"[22] 由于不理解历史发展的辩证法，他只能在自我矛盾中兜圈子，找不到突破的出路。但这种矛盾和混乱在他那个时代是不可避免的，这是历史的局限性。

2. 法的精神

在社会生活中，各民族的生活状况依赖于各自的法律，但法律作为人为法是依赖于立法者的，这势必要夸大立法者等少数英雄人物的历史作用，并最终危及他关于事物发展均有客观规律的原则。为了解决这个难题，孟德斯鸠提出，法律的制定并不是人们主观任意的产物，并进一步引出了"法的精神"这一概念。法的精神是法律制定的依据，就法律的一般关系而言，法律应与某一国家的气候、土壤、面积大小等地理条件有关系，与某一民族的宗教、人口、风俗习惯有关系。

> 法律应该和国家的自然状态有关系；和寒、热、温的气候有关系；和土地的质量、形势与面积有关系；和农、猎、牧各种人民的生活方式有关系。法律应该和政制所能容忍的自由程度有关系；和居民的宗教、性癖、财富、人口、贸易、风俗、习惯相适应。最后，法律和法律之间也有关系，法律和他们的渊源，和立法者的目的，以及和作为法律建立的基础的事物的秩序也有关系。应该从所有这些观点去考察法律。
>
> ……我将研讨所有的这些关系。这些关系综合起来就构成所谓"法的精神"。
>
> ……这个精神是存在于法律和各种事物所可能有的种种关系之中……[23]

孟德斯鸠甚至认为法律是与一个国家人民的生活方式相适应的。

> 法律和各民族谋生的方式有着非常密切的关系。一个从事商业与航海的民

族比一个只满足于耕种土地的民族所需要的法典，范围要广得多。从事农业的民族比那些以牧畜为生的民族所需要的法典，内容要多得多。从事牧畜的民族比狩猎为生的民族所需要的法典，内容那就更多了。[24]

关于法的精神所涉及的一般法律关系，孟德斯鸠关注的比较多的是地理环境的作用问题，他分别论述了气候、土壤与国土面积大小对社会历史的影响。

首先，气候对各民族的性格、感情、宗教、法律和道德风尚都有强有力的影响。

炎热的气候使人的力量和勇气萎顿；而在寒冷的气候下，人的身体和精神有一定的力量使人能够从事长久的、艰苦的、宏伟的、勇敢的活动。

热带民族的怯葸常常使这些民族成为奴隶，而寒冷气候的民族的勇敢使他们能够维护自己的自由，我们不应当感到惊异。这是自然的原因所产生的后果。[25]

其次，土壤条件同人民的性格和国家的政治制度也有着密切的关联。

土地贫瘠，使人勤奋、俭朴、耐劳、勇敢和适宜于战争；土地所不给与的东西，他们不得不以人力去获得。土地膏腴使人因生活宽裕而柔弱、怠惰、贪生怕死。[26]

因此，土地肥沃的国家常常是“单人统治的政体”，土地不太肥沃的国家常常是“数人统治的政体”，这有时就补救了天然的缺陷。

肥沃的地方常常是平原，无法同强者对抗，只好向强者屈服；一经屈服，自由的精神便一去不复返了；……多山国家的人民，保存着比较宽和的政体，因为他们不那么容易被征服。[27]

最后，各民族居住地的疆界的大小也影响着各自的政治制度。

在亚洲，人们常看到一些大帝国，这种帝国在欧洲是绝不能存在的。这是因为我们所知道的亚洲有较大的平原，海洋所划分出来的区域广阔得多，而且它的位置偏南，水泉比较容易涸竭，山岳积雪较少，河流不那么宽，给人的障碍较少。

在亚洲，权力就不能不老是专制的了。因为如果奴役的统治不是极端严酷的话，便要迅速形成一种割据的局面，这和地理的性质是不能相容的。

在欧洲，天然的区域划分形成了许多不大不小的国家。在这些国家里，法治和保国不是格格不入的；不，法治是很有利于保国的；所以没有法治，国家便将腐化堕落，而一切邻邦都不能相比。

这就是爱好自由的特性之所以形成；因为有这种特性，所以除了通过商业的规律与利益外，每一个地方都极不易征服，极不易向外力屈服。

反之，一种奴隶的思想统治着亚洲，而且从来没有离开过亚洲。在那个地方的一切历史里，是连一段表现自由精神的记录都不可能找到的。那里，除了极端的奴役而外，我们将永远看不见任何其他的东西。[28]

显然，孟德斯鸠夸大了地理环境的作用。在马克思主义看来，只有物质资料的生产方式才是社会发展的最重要的决定因素。当然，我们也应承认，地理环境毕竟是人类社会生存和发展的一个必要的和经常的外部条件，没有这样一个条件，就无法从事物质生产。而且，孟德斯鸠也没有把地理环境看成是社会历史的决定性力量，他更看重的是“法的精神”，而这种精神并不是某一种因素决定的，而是由气候、宗教、法律、施政的准则、先例、风俗、习惯等多种因素共同作用下形成的。由此可见，孟德斯鸠并不是一个地理环境决定论者。

三、卢梭：历史进步的对抗性

让-雅克·卢梭（Jean-Jacques Rousseau，1712—1778），是18世纪著名的政

治哲学家，1712 年出生在日内瓦一个钟表匠家庭。幼年丧母，曾当过钟表匠学徒，因不堪师傅虐待而逃出日内瓦。一度到处流浪，后投奔瓦朗夫人，得到一些教育和照顾。1742 年他携自己创作的《新记普法》到巴黎求取功名，结识了孔狄亚克（Condillac）、狄德罗等思想家，在他们的影响下，卢梭开始进行学术研究，提出了一些惊世骇俗的见解和观点。主要著作有《论科学与艺术》《论人类不平等的起源和基础》《社会契约论》《爱弥儿》和《忏悔录》。

作为一个政治哲学家，卢梭关心的主要是比较符合人性的政治制度，但为了论证他的政治理想，他有时也以粗线条的历史演进过程来论证和支持自己的政治哲学。卢梭对历史的看法主要集中在《论人类不平等的起源和基础》一书中。尽管卢梭并未建立一种历史哲学，但他不拘历史细节的宏观构思，使他的历史观具有了深邃而又辩证的品格。

卢梭是启蒙运动的产儿，又是这一运动中的叛逆者。他以一种矛盾的方式属于启蒙运动：一方面，卢梭幻想人类有一个完全符合人性的历史时期；另一方面，卢梭又认为完全符合人性的人类与动物相差无几。就前一方面来说，完全符合人性的历史时期与整个人类的自我堕落的历史相对立，这本身就是启蒙运动的思想特征；就后一方面来说，完全符合人性的人类又是缺乏理性的，这显然具有反启蒙运动的倾向。但这恰恰体现了卢梭思想的深刻的辩证性，启蒙运动以理性作为衡量历史的尺度，但他们好像忘却了理性本身的历史性质，忘记了对理性本身也是要做历史考察的。正是从此，卢梭开始了启蒙意识的自我批判过程。当然，卢梭并没有完全走上启蒙运动的对立面，他对启蒙运动的反叛恰恰是启蒙运动本身的必然结果。较之启蒙运动的其他思想家，卢梭更深刻地认识到了理性与历史一样都有一个充满矛盾和对抗的发展过程，在这个过程中，善与恶、进步与退步是统一的。卢梭从对人类不平等的起源和发展的途径探讨开始，展开了对历史与理性之间矛盾的揭示。

1. 人的本质在于自由

按照卢梭的观点，人的本质在于自由。在自然状态下，人们可能随意利用自然满足自己微小的自然需要，因而人人都是自由的。卢梭指出：

> 在一切动物之中，区别人的主要特点的，与其说是人的悟性，不如说是人的自由主动者的资格。自然支配着一切动物，禽兽总是服从；人虽然也受到同样的支配，却认为自己有服从或反抗的自由。而人特别是因为他能意识到这种自由，因而才显示出他的精神的灵性。[29]
>
> 在禽兽的动作中，自然支配一切，而人则以自由主动者的资格参与其本身的动作。禽兽根据本能决定取舍，而人则通过自由行为决定取舍。[30]

卢梭把自由奉为人的本质，这与启蒙运动的主导精神是不一致的，启蒙运动的主导思想是把理性奉为人的本质，人只有脱离了自然状态才会上升为真正的人，而对于卢梭来说，人只有在自然状态下才是符合其本性的完整的、真正的人。在自然状态下的人完全按照人自己的自然本性生活，每个人除了自己之外，不需要任何人。

> 漂泊于森林中的野蛮人，没有农业，没有语言，没有住所，没有战争，彼此间也没有任何联系，他对于同类既无所需求，也无加害意图，甚至也许从来不能辨认他同类中的任何人。这样的野蛮人不会有多少情欲，只过着无求于人的孤独生活，所以他仅有适合于这种状态的感情和知识。他所感觉到的只限于自己的真正需要，所注意的只限于他认为迫切需要注意的东西，而且他的智慧并不比他的幻想有更多的发展。即使他偶尔有所发明，也不能把这种发明传授给别人，因为他连自己的子女都不认识。技术随着发明者的死亡而消灭。在这种状态中，既无所谓教育，也无所谓进步，一代一代毫无进益地繁衍下去，每一代都从同样的起点开始。许多世纪都在原始时代的极其粗野的状态中度了过去；人类已经古老了，但人始终还是幼稚的。[31]

显然，卢梭把自然状态理想化为人类的黄金时代，这与其说是对历史的冷静反思，毋宁说是对他那个时代的道德批判。因为在卢梭看来，自然状态下的人类朴实

无争，孤独单纯，免去了许多不幸。社会发展了，人性却堕落了，他甚至认为，人类的发展史就是一部人类的疾病史。我们理解卢梭的道德义愤，他是把自然状态作为抨击封建社会的道德武器。

自然人的幸福不在于理智和才华，也不在于奢侈和享乐，而在于自由和平等。当然他也意识到人们在自然天赋方面存在一些差异，但他认为这并不影响人们之间的自由和平等。因为：

> 在人与人之间几乎不可能发生任何关系的环境中，那些得天独厚的人们因受到自然偏爱而获得的好处，对于别人又有什么损害呢？在没有爱情的地方，美丽有什么用呢？对于没有语言的人，才智有什么用呢？对于不互通交易的人，狡诈有什么用呢？……一些人使用暴力来统治另一些人，后者呻吟于前者为所欲为的奴役之下，这正是在我们之间我所观察到的情形；但是我不理解如何能据此推断野蛮人也是这样，因为甚至使他们了解什么是奴役和统治都颇有困难。[32]

2. 人类不平等的起源

那么，自然状态下的人是怎样转入社会状态的呢？卢梭认为，只是在社会状态下，人类才变得不自由、不平等的。这一转变的原因在于奴役关系的形成。

> 每个人都会理解，奴役的关系，只是由于人们的相互信赖和使人们结合起来的种种相互需要形成的。因此，如不先使一个人陷于不能脱离另一个人而生活的状态，便不可能奴役这个人。这种情形在自然状态中是不存在的。在那种状态中，每个人都不受任何束缚，最强者的权力也不发生作用。[33]

不平等的产生还在于人除了自由的本质外，还有一种特质即“自我完善化的能力”，这是一种凭借智慧和技巧征服自然、从事社会文明的潜在能力。从这一点来看，人类具有从自然状态发展到社会状态的自在可能性。但是这种可能性只有在遇到合适的外部条件时，才会转变为现实必然性。卢梭指出：

> 完善化能力、社会美德，以及自然人所能禀受的其他各种潜在能力，绝不能自己发展起来，而必须借助于许多外部原因的偶然会合。但是，这些原因可能永不发生，而没有这些原因，自然人则会永远停留在他的原始状态。[34]

那么，什么样的偶然和外部条件促使人类自我完善的能力由可能转变为现实的呢？孤独自由的人怎样变成了社会的人？卢梭对此没有做出令人信服的解释。实际上，用偶然的、外部的原因来说明历史和社会的变化是不深刻、不科学的。卢梭自己也承认，他是通过一些猜测来做出推断的。例如，他认为人们的结合大部分是由自然变故引起的，像洪水的泛滥、火山的爆发、地震的摇动、雷电引起的火灾，使受到惊吓的人们聚集起来，相互壮胆。一定的地理环境也影响着人们的生存方式。

> 土壤、气候和季节的差异，必然会使人们不得不把这种差异带到他们的生活方式中去。荒年、漫长而严寒的冬季、炎热的夏季都能够毁灭一切，因而要求他们具有一种新的技巧。在沿海和沿河的地方，人们发明了钓线和钓钩而变成渔民和以鱼为食的人。在森林地带，人们创造了弓箭而变成猎者和善战的人。在寒带地方，人们就穿起被他们打死的野兽的皮。雷电的闪烁、火山的爆发或者某种侥幸的机会使他们认识了火。[35]

在这样的过程中，人们不知不觉地发展出了相互间存有义务及履行这些义务所带来的好处，并发展出了有关家庭的观念以及相当完善的语言和社会关系。

> 于是一切都开始改变了面貌。那些一向在森林中漂泊的人们，由于有了一个比较固定的地区，渐渐地互相接近起来，结合成各种集团，并终于在各个地方形成了有共同风俗和性格的个别民族。这些人所以形成个别民族并不是由于

规章和法律，而是由于过着同一方式的生活，以同样的食物为生，并受着相同气候的影响。[36]

看得出，卢梭试图用生活方式、食物和气候等客观原因来说明社会发展的历史过程，这无疑是一种有益的探索。历史不是一种主观的任意的进程，而是根据一定的客观条件向前发展的。其结果就是，个人结合为社会之后，抵御自然的力量得到了加强；交往的扩大，促进了智力的积累和增长；工具的发明，提高了劳动效率，增加了人们的闲暇和享受时间。尽管历史的发展带来了种种益处，卢梭却认为这些益处同时也无意中给人类自己套上了“第一个枷锁”，同时也是“给他们后代准备下的最初的痛苦的根源”[37]。卢梭更想告诉人们的是社会发展所带来的负面影响：

这些偶然事件曾经使人的理性趋于完善，同时却使整个人类败坏下去。在使人成为社会的人的同时，却使人变成了邪恶的生物，并把人和世界从那么遥远的一个时代，终于引到了今天这个地步。[38]

人类的“完善化的能力”是社会进步的重要依据，承认、相信人类的这种能力，是启蒙精神中进步历史观念的特点，但是启蒙思想总是抽象地理解人的理性和自我完善的能力，认为完善化就意味着进步和幸福。卢梭的更深刻之处就在于他对这种能力的怀疑，他认为，使人摆脱野蛮状态的自我完善的能力，同时也是人类一切苦难和不幸的根源。

这种特殊而几乎无限的能力，正是人类一切不幸的源泉；正是这种能力，借助于时间的作用使人类脱离了它曾在其中度过安宁而淳朴的岁月的原始状态；正是这种能力，在各个时代中，使人显示出他的智慧和谬误、邪恶和美德，终于使他成为人类自己的和自然界的暴君……[39]

如果人与人之间仅仅存在能力的不平等，还不足以产生人与之间的奴役和社会的不平等，奴役与社会不平等源于人们之间社会关系的加深和密切的相互信赖。

> 随着观念和感情的相互推动，精神和心灵的相互为用，人类便日益文明化。联系日多，关系也就日益紧密。……每个人都开始注意别人，也愿意别人注意自己。于是公众的重视具有了一种价值。最善于歌舞的人、最美的人、最有力的人、最灵巧的人或最有口才的人，变成了最受尊重的人。这就是走向不平等的第一步，同时也是走向邪恶的第一步。从这些最初的爱好中，一方面产生了虚荣和轻蔑，另一方面也产生了羞惭和羡慕。这些新因素所引起的紊乱，终于产生了对幸福和天真生活的不幸的后果。[40]

卢梭还具体而深刻地揭示出私有制是社会不平等产生的现实基础。他指出：

> 当人们满足于自己的粗陋的小屋的时候；当人们还局限于用荆刺和鱼骨缝制兽皮衣服、用羽毛和贝壳来装饰自己、把身体涂上各种颜色、把弓箭制造得更为精良和美观、用石斧作渔船或某些粗糙的乐器的时候；总之，当他们仅从事于一个人能单独操作的工作和不需要许多人协助的手艺的时候，他们都还过着本性所许可的自由、健康、善良而幸福的生活，并且在他们之间继续享受着无拘无束自由交往的快乐。但是自从一个人需要另一个人的帮助的时候起，自从人们觉察到一个人据有两个人食粮的好处的时候起，平等就消失了，私有制出现了，劳动就成为必要的了，广大的森林就变成了须用人的血汗来灌溉的欣欣向荣的田野；不久便看到奴役和贫困伴随着农作物在田野中萌芽和滋长。[41]

卢梭是深刻的，他超越了启蒙意识关于理性和进步的非历史观点，但是，他本人则又陷入了另一种非历史的观点，即希望人类永远停留在自然状态之中。启蒙意识认为，人性本恶，鼓吹合理的利己主义，但他们坚信人只有在社会中才能获得幸福，而相信人性善的卢梭，在某种意义上是反社会的，因为他认为人类一旦进入社会状态就必然走向堕落。启蒙意识是线性的历史，而卢梭的愿望则是使历史失去历史；启蒙意识是片面的乐观，卢梭则是片面的悲观；启蒙意识追求的是个人的完善和幸福，卢梭却宁愿保持整个人类的淳朴与天真。卢梭认为，从本性上说，人类生来是为了永远停留在自然状态中。

> 这种状态是人世的真正青春，后来的一切进步只是个人完美化方向上的表面的进步，而实际上它们引向人类的没落。[42]

当然，卢梭并不是让人类回到森林中，重新过着四足行走的生活，他很清楚人类再也无法返回到他所向往的自然宁静的状态中去了。他不过是借着对往古的神往来批判现世的私有制和社会不平等，一般而言，他仍然把它们看成是人类的进步与发展。人类既然已经失去了自然状态的乐园，就必然义无反顾地走向未来，人类失去了自然的平等，但可以寻求某种社会的平等。显然，卢梭还是承认在社会状态下人类的本质仍在异化的外衣下得到片面但却真实的发展。这一点从他对私有财产制度尽管在感情上否定但却理智接受的矛盾中可以得到认证。

> 谁第一个把一块土地圈起来并想到说：这是我的，而且找到一些头脑十分简单的人居然相信了他的话，谁就是文明社会的真正奠基者。假如有人拔掉木桩或者填平沟壕，并向他的同类大声疾呼："不要听信这个骗子的话，如果你们忘记土地的果实是大家所有的，土地是不属于任何人的，那你们就要遭殃了！"这个人该会使人类免去多少罪行、战争和杀害，免去多少苦难和恐怖啊！但是，很明显，那时一切事物已经发展到不能再像以前那样继续下去的地步了。因为这种私有观念不是一下子在人类思想中形成的，它是由许多只能陆续产生的先行观念演变而来的。人类在达到自然状态的终点以前，需要已经有了很大的进步，获得很多的技巧和知识，并把这些技巧和知识一代一代地传授下去，使它们不断增加起来。[43]

可见，卢梭对私有制产生的历史性和必然性是有着清醒而深刻的认识的，他并不只是幼稚地幻想着使人类退回到理想的自然状态。

卢梭在揭示私有财产制度产生的基础上，又进一步揭示了财产不平等所引发的社会矛盾与冲突，以及法律、政治制度的产生所带来的政治不平等。与其他启蒙学者相信好的法律是社会进入理想状态的保证不同，卢梭看到了法律的阶级性。

> 它们给弱者以新的桎梏，给富人以新的力量；它们永远消灭了天赋的自由，使自由再也不能恢复；它们把保障私有财产和承认不平等的法律永远确定下来，把巧取豪夺变成不可取消的权利；从此以后，便为少数野心家的利益，驱使整个人类忍受劳苦、奴役和贫困。[44]

政治的不平等源自经济的不平等，而这种不平等反过来又会促进经济不平等的进一步加剧，最终产生专制制度。卢梭认为，专制制度是不平等的顶点，但事物的发展往往是物极必反的，当专制制度发展到顶点之后，就会走向它的反面，成为新的平等的起点，因为：

> 政府契约已被专制政治破坏到这种程度，以致暴君只在他是最强者的时候，才是主子；当他被驱逐的时候，他是不能抱怨暴力的。以绞杀或废除暴君为结局的起义行动，与暴君前一日任意处理臣民生命财产的行为是同样合法。暴力支持他，暴力也推翻他。[45]

这不仅体现出了卢梭理论上的深刻，而且也体现了其在政治上的洞见，他似乎已经看到了法国革命的到来，并为这种革命找到了理论和道义上的根据。在《社会契约论》中，他进一步阐述了这种思想。

> 当人民被迫服从而服从时，他们做得对；但是，一旦人民可以打破自己身上的桎梏而打破它时，他们就做得更对。因为人民正是根据别人剥夺他们的自由时所根据的那种同样的权利，来恢复自己的自由的，所以人民就有理由重新

获得自由；否则别人当初夺去他们的自由就是毫无理由的了。[46]

在《社会契约论》中，卢梭增加了理性的、肯定性的、有建设意义的内容，开始设想在更高级的社会契约的基础上重建人类自由的可能性。在这里他似乎又接近了启蒙意识的主流。但是，卢梭是在更高基础上回归了启蒙意识的主流，他不是像启蒙意识那样形而上学地理解历史的进步，而是触及了历史发展的辩证性质。他的社会历史观包含了19世纪辩证法的某些形式，这使他成为历史辩证法理论的伟大思想先驱。

四、孔多塞：人类精神的进步史

孔多塞（Marie-Jean-Antoine-Nicolas de Caritat，Marquis de Condorcet，1743—1794），18世纪法国数学家、哲学家和社会改革家。他在数学方面颇有天赋，1769年成为科学院院士，1782年当选为法兰西学院院士。他积极参加狄德罗的《百科全书》编纂工作，同情伏尔泰的反教权主义思想，热情投身法国大革命，是共和制的积极支持者。

孔多塞的历史哲学思想主要集中在《人类精神进步史表纲要》一书中，但他的方法论原则却是在两篇重要的论文中奠基的，这两篇论文是《简论分析对从众多意见中作出决断的概率的应用》和《关于把科学运算应用于道德和政治的科学总纲》。在这两篇论文中，孔多塞主要阐述了用科学方法研究社会历史的问题，他试图把数学和物理科学的方法移植到社会历史领域。

孔多塞是西方历史哲学中历史进步观的奠基者之一，他把对社会的科学认识当作社会进步的前提条件，因而也把人类历史看作“人类精神进步”的历史。他坚定、乐观地相信人类历史会一直不断地走向进步。

自然界对于人类能力的完善化并没有标志出任何限度，人类的完美性实际上乃是无限的；而且这种完美性的进步，今后是不以任何想要遏阻它的力量为转移的；除了自然界把我们投入在其中的这个地球的寿命而外，就没有任何别的限度。毫无疑问，这种进步所经历的行程可能或快或慢，但是，只要大地在宇宙的体系中仍占有同样的地位，只要这个宇宙体系的普遍规律不会在这个大地上产生一场整个的天翻地覆，或者产生那样一些变化，以致人类在其中不再能保存并运用他们的这些能力或者再也找不到同样的这些资源，那么这种进步就决不会倒退。[47]

但是，孔多塞也意识到，人类进步的历史并不是一帆风顺的，而是"异常缓慢的"，"它只能是一点一点地做到，并且是在特殊环境的垂青之下"[48]。与他的启蒙运动的前辈一样，孔多塞对历史进步持坚定、乐观的态度，但他比其前辈更深刻之处在于，并不只是看到理性与谬误的矛盾，而且认识到理性自身也具有缺陷。

把我们引向错误或把我们留滞于其中的那种悟性的运作，经过一番巧妙的、似是而非的推论，竟可以掌握最开明的人们，使之陷入精神错乱的梦境，但这却也同样地是属于对我们个人能力的发展理论的正确推理方法或发现真理的方法。并且根据同样的理由，把普遍的错误引入到人民中间并且在那里传播、在那里蔓延、在那里持续的方式，也构成为人类精神进步的史表的一部分。正如使人类的精神完善化并照亮着它的那些真理一样，这些也都是它的活动的必然结果，是在它所知道和它所愿望的东西与它相信有必要知道的东西这二者之间所永远存在着的那种比例失调的必然结果。[49]

更难能可贵的是，孔多塞对各个阶级的历史局限性也有清醒的认识。他认为，不仅每一历史阶段都有其普遍的错误，而且社会中的每一个阶级或等级也都不可避免地有其特殊的错误，而这些错误是由其历史地位所决定的，是不可超越的。

我们甚至可以观察到，按照我们能力发展的普遍规律，我们的进步的每一个时代都是要产生某些偏见的，但是它们却远远延伸到了它们的诱惑力或它们的领域之外，因为人们仍然保留着自己幼年时的种种偏见、自己国家的和自己时代的偏见，哪怕是在已经认识到了全部必要的、足以推翻它们的真理很久以后。[50]

最后，在所有的国家、所有的时代，都有各种不同的偏见，随着各个不同阶级的人的教育程度，以及随着他们的行业而异。哲学家们的偏见有害于真理作出新的进步；那些不开明的阶级的偏见则延缓了已经为人所知的真理的传播，而某些有权有势的职业偏见则对真理设置下了种种障碍：这就是理性所不得不与之进行不断战斗的三种敌人，并且它往往只是在长期艰苦的斗争之后才能取得胜利。[51]

所以，孔多塞对人类精神本身的成长并没有做过多解释，而是更多地说明了精神在成长过程中对各种障碍的克服。从这个意义上说，人类历史可以说就是精神克服各种障碍为自己开辟道路的历史，是真理和谬误进行长期而艰难斗争的历史。

孔多塞在一定程度上深化了启蒙意识的历史进步概念，他看到了历史进步的历史性，认识到了历史发展的条件限制。换言之，历史发展是呈阶段性的。但孔多塞对历史的划分并不是科学的，往往带有经验的性质，具有任意性。

孔多塞把以往历史划分为九个时代，从法国大革命开始至未来则是第十个时代。

第一个时代是“人类结合成部落”。此时人类还处于野蛮时期，但是人们已经发展出了家庭关系、生产技术、语言，等等。更重要的是，“这同一个时代，也向我们呈现了人类精神史上的一项重要的事实”：

人们形成了一个阶级，他们掌握着科学原理或工艺方法、宗教的秘密和仪式、迷信的操作，甚至往往还有立法和政治的奥秘。我指的是人类之分裂为两个部分：一部分人注定了是来教导别人的，另一部分人则是被造就来接受信仰的；一部分人傲慢地隐蔽起来他们所自诩懂得的东西，而另一部分人则恭恭敬敬地接受别人所不屑于向他们宣示的东西；一部分人要把自己置于理性之上，而另一部分人则谦卑地舍弃了自己的理性并把自己贬低到人道的地位之下，他们承认别人具有比他们共同的天性更优越的特权。[52]

第二个时代是游牧民族时代。这一阶段，生产力水平得到了提高，家庭社会变得更加平稳了，同时社会财富的分配也更加不平等了。

我们必须把奴隶制和人与人之间在成熟时期所出现的政治权利上的不平等的起源，都归之于社会的这个时代。[53]

第三个时代是农业民族的进步时代。在这一阶段，历史有了新的进步，出现了土地占有制，社会分工扩大，阶级分化在前一个时代划分为主人阶级、家仆阶级和奴隶阶级的基础上增加了工人阶级和商人阶级，法律制度更加完善，教育、科学获得了长足发展。

第四个时代是人类在希腊的进步时代。孔多塞详尽、辩证地考察了古希腊人在文化发展上所取得的巨大成就。在盛赞希腊人成就的同时，孔多塞没有掩盖古希腊人精神方面的缺陷，例如，他认为：

（古希腊人）并没有发现真理，反而是在铸造各种体系；他们忽视了对事实的观察，为的是自己好投身于自己的想象之中；他们既然无法把自己的意见置于证明的基础之上，便力图以诡辩来维护它们。

然而正是这些人，成功地培植出了几何学和天文学。希腊这些科学的最初的知识就都有赖于他们，甚至于还有某些新的真理，或至少也是对真理的知识，它们是希腊人从东方带回来的，但并不是作为已经确立的信仰，而是作为他们认识了其原则及其证明的各种理论。[54]

第五个时代是科学的进步的时代，这一时代是以古罗马为代表的。孔多塞认为古罗马所取得的精神成就也是非常巨大的，他认为：“如果我们把印度和中国除外，罗马城已经把她自己的帝国扩张到了凡是人类精神已经超出它那最初的幼稚状态的脆弱性之上的所有国家。”

第六个时代是知识的衰落时代，基督教征服了西方，人类精神迅速衰落。孔多塞把这一时代称为“灾难深重的时代”。他说：

> 在这个灾难深重的时代，我们将会看到人类的精神迅速地从它所曾达到的高度降落下来，以及接踵而来的愚昧，在这里是凶暴，在那里又是精心制造的残酷，总之，到处都是腐化和背信弃义。难得有一些才智的光芒，难得有灵魂和善意的伟大心性，是能够穿透那个深沉的黑夜的。神学的梦境、迷信的骗局，成为了人类惟一的天才，宗教的不容忍成为了他们惟一的道德……[55]

作为法国大革命的亲历者，孔多塞表达了对扼杀人类理性的专制教权的强烈不满，他深刻地揭示了基督教反科学的本质和压制人类理性的恶行。

> 鄙视人间的科学，乃是基督教最初的特色之一。它必然向哲学的冒犯进行报复；它害怕那种考察和怀疑的精神、那种对自己的理性的信心，那对一切宗教信仰都是一种灾难。自然科学的知识对于它甚至是可憎的和可疑的，因为那对奇迹的成就是非常危险的，而且绝没有任何一种宗教是不强迫它的信徒们去吞噬某些物理学上的荒谬的。因此，基督教的胜利就是科学和哲学全面衰落的信号。[56]

第七个时代是科学在西方的复兴时代——从科学最初的进步到印刷术的发明。孔多塞认为，基督教虽然极力压制人们对科学的探索，但是自由精神和探索精神是压制不住的。政治、立法与公共经济各领域与基督教神性世界之间的矛盾与冲突，为人类精神的进步奠定了由印刷术的到来而引发的革命的基础。

第八个时代从印刷术的发明开始，到笛卡儿哲学出现为止。孔多塞高度评价了印刷术在人类精神进步中的巨大作用。他指出：

印刷术无限地（而且花费很小地）增多了同一部著作的印数。从此，凡是懂得阅读的人就都有能力可以有书并按照自己的兴趣和需要得到书，而且这种读书的便利又扩大并且传播了进行教育的愿望和手段。

这些大大增多了的印本就以更大的速度在传播着，不仅是各种事实和发现获得了更广泛的公开性，而且它们还是以更大的敏捷性而获得的。知识变成了一种积极的、普遍的交流的对象。[57]

孔多塞认为，知识公共性使理性获得了一种更为可靠和持久的力量，有利于形成公共意见，促进民主力量的发展，冲破专制主义的桎梏。

第九个时代从笛卡儿哲学诞生开始，到1789年法国大革命爆发为止。孔多塞认为，笛卡儿“在科学上秉有一种伟大的天才，他做出了一种典范的教诫，制订了发现和认识真理的方法”[58]，而且为人类精神进步开启了尊崇理性的进程。他指出：

他激发了人类的精神，那是他的对手们的智慧所未能唤醒的。他呼唤人们挣脱权威的羁轭，除了自己的理性所认可的而外，绝不再承认任何东西；而且人们服从他，是因为他以他的勇敢征服了人们，他以他的热忱引导了人们。[59]

法国大革命则表明“理性扬弃了它那枷锁，解开了其中的某一些锁链，并不断获得新的力量在准备着和加快着自己获得自由的时刻”[60]。

第十个时代是从法国大革命开始的人类精神未来的进步时代。在这个时代，人类将实现三个目标：废除各个国家之间的不平等、同一个民族内部平等的进步以及人类真正的完善化。[61]

但对孔多塞来说，平等并不意味着每个人在身体、财产和社会职业上都数学般严格地平等，而是意味着每个人都有与人的自然权利相联系的自由。他强调财产不平等的合理性，甚至认为只有有财产者才能被视为国家的真正公民。这显然是孔多塞政治平等学说的阶级性的体现。

孔多塞相信过去的进步必然导致现在的变革，现在的变革又必然会导致未来的进步。人类的进步和完善在其发展中是没有界限的，无限的进步是完全可能的。孔多塞坚定的历史进步乐观主义打破了人类历史的循环发展理论。但孔多塞仍然没有看到推动历史发展的内在客观规律的力量，他把历史的进步归结为理性，归结为教育，认为随着人类精神的进步，迷信和神学的消失，历史自然就会进步。这显然又是一种倒退。尽管如此，孔多塞比起他同时代的一些哲学家，在历史思想上仍先进得多，这得益于他的革命实践。因此，他的思想对后世产生了一定的影响。

五、康德：历史的目的性

伊曼纽尔·康德（Immanuel Kant，1724—1804），德国最重要的启蒙思想家，西方历史上伟大的哲学家之一。康德出生在东普鲁士柯尼斯堡的一个手工业者家庭。1740 年进入柯尼斯堡大学，1755 年获硕士学位并取得编外讲师资格，1770 年被任命为逻辑和形而上学教授，1797 年因年老体衰而停止教学活动，1804 年 2 月在家乡柯尼斯堡去世。

康德的主要著作有《自然通史与天体论》《纯粹理性批判》《实践理性批判》《判断力批判》《形而上学导论》《道德形而上学原理》《道德形而上学》《世界公民观点之下的普遍历史观念》《关于人类起源的猜想》《什么是启蒙？》《论永久和平》等。

康德的历史思想是从把形而上学的神圣理性变为人的认识形式、变成认识主体的构造物开始的。就此而言，康德与维柯一样，肯定了人只能认识自己的创造物。但与维柯所不同的是，维柯只把人的创造限制在民事社会，而康德则把理性的构造扩大到了全部经验世界。另一方面，维柯认为，人能认识社会与历史的本质，因为它们在本质上也是人类自身创造的；康德则断定人无法认识社会与历史的本质，因为对他来说，能够认识的只是经验的世界，至于经验世界背后的本质则属于自在之物，是人无法把握的。至善作为自在之物和社会的理想，是人们努力趋向于它而又无法达到的目标。

正如康德在知识论中把理性分为作为认识形式的范畴理性和作为认识界限的理

念范畴一样，在历史哲学中，他也把理性分为构成历史经验的构造理性和构成历史调整性目标的理想理性。构造理性是历史现象的形式，但它们本身都缺乏历史的性质。构造理性是存在于历史之外的，因而也不具备历史性，但却通过引导对历史发挥着调整性的功能。康德对理性历史的理解，只是表现为人类根据理性目标构造经验结构的过程。一方面，人类能够逐渐发现自身所固有的理性；另一方面，对于人来说，理想理性又永远只是一个无法达到的追求目标，因为人只是有限的理性存在。也正因如此，人才成为一种历史的存在。所以，对康德而言，历史性体现的是人类的有限性，理性则体现着无限与自由。康德看到，人只有摆脱自己在经验领域的必然性，才能达到自由的境界，但这又是不可能的。他并不想因此否定人的自由，但却无力摆脱经验世界所具有的必然性。所以，在康德那里，自由变成了先验的善良意志或道德命令，成为一种道德理想，而经验的历史过程则无法摆脱现象界不可避免的因果律的决定性质。这就形成了康德历史哲学中的“二律背反”。

由此，康德历史哲学就成了他的伦理学说的一个不可缺少的组成部分，他在探讨历史问题时，是以道德问题为前提的。至善的目的既是他的历史哲学得以展开的基础和出发点，也是他理论推论的最后归宿。

那么，道德问题是如何体现在历史之中的呢？我们知道，在康德那里，历史是一个受必然性支配的自然过程，属于现象界。但在现象界中是没有自由可言的，又如何谈到道德意志呢？在康德看来，自由对于人来说，恰恰是一个不断扬弃自然必然性的过程。他说：

> 一个有限的有理性的存在者只能从道德完善低级阶段，无穷尽地进步到高级阶段。不受时间限制的无限存在者，在这个对我们来说是无止境的系列中，看到和道德律一致的全部。……被造的存在者有指望在最高的善得到一份，只是在于他们意识到曾受得起道德律的考验。如果在过去他们曾经从道德的低级程度进步到高级程度，这样来证明他们决心的力量，那末他们就可以指望在将来，只要在今世活着或者在来世活着，能不断地进步。他们永远不能指望在今生，实际上不能指望在来生任何可想象的时候，和上帝的意志完全一致，但是

他们可以指望在唯有上帝才能测量的无穷尽的生存之时间中有这种的一致。[62]

可见，人的有限性即人的历史性存在已无情地限制了人的历史行为的界限，人在其历史存在中无法实现自由与必然的真正统一。对康德来说，自由并不是作为社会的人在现实经验世界中实现自己意志的现实的历史实践条件，而只是作为个人道德活动和道德品格之所以可能的条件。也就是说，在人类历史中，自由只是一种可能性，无法转变为现实。

无论人们根据形而上学的观点，对于意志自由可以形成怎么样的一种概念，然而它那表现，即人类的行为，却正如任何别的自然事件一样，总是为普遍的自然律所决定的。[63]

在康德看来，历史的目的不可能在每一种特殊情况下、在每一个个人的生活和命运中完全揭示出来。人的自然禀赋的全部理性力量和能力的有目的的全面发展，只有在整个人类整体中、在全部历史过程中才能达到。尽管历史目的只能通过人类自己的活动才能实现。但对人来说，这并不是一个彼岸的事情。但是，人类的目的和实现目的的过程归根结底是自然过程或自然目的的安排，也就是说，如果说自然中有规律性，那么人类的历史中也有规律性，因为后者只是前者的一部分。虽然人有所谓的自由意志、个人目的和计划，但那不过是自然实现自己总目的的一个手段而已，人的一切活动都是按照自然规律行事的。目的性恰恰就是大自然的目的，人的目的和历史的目的不过是实现自然的禀赋而已，即自然假人类之手实现自己的目的。康德认为：

人类的历史大体上可以看做是大自然的一项隐蔽计划的实现，为的是要奠定一种对内的、并且为此目的同时也就是对外的完美的国家宪法，作为大自然得以在人类的身上充分发展其全部秉赋的唯一状态。[64]

可见，自然被康德视为人类历史的最终动因，它包容着人类历史，人类无论怎样表现出自己的意志表象，也跳不出自然的掌控。自然一开始就追求着某种人所不知的意图或计划，并通过人类的活动来实现自己的目的。这正是自然的“隐蔽计划”，它引导或迫使人类沿着自然意图所规定的方向发展，尽管人在设计着自己的特殊计划，追求自己的特殊目的，但他摆脱不了自然对他的操纵，并由自然引导到自然给他规划的目标上去。康德说：

个别的人，甚至于整个的民族，很少想得到：当每一个人都根据自己的心意并且往往是彼此互相冲突地在追求着自己的目标时，他们却不知不觉地是朝着他们自己所不认识的自然目标作为一个引导而在前进着，是为了推进它而在努力着；而且这个自然目标即使为他们所认识，也对他们会是无足轻重的。[65]

康德的历史目的论是其整个目的论体系的一个组成部分，而他的目的论又是一个非常复杂的体系，充满了自身无法克服的矛盾。在康德看来，自然创造出它的任何创造物的目的，就是保证那种创造物的生存、发展并实现其本质，这种事物在实现自己本质的时候也就成为实现自然目的的一个环节。因而，康德认为其目的论是内在目的论而不是外在目的论。

通过引入内在目的性的概念，康德试图超越外在目的论的肤浅性，使各种自然事物都有了自身存在的内在根据，从而冲淡了“自然以人为目的”的神秘色彩。他在《判断力批判》中指出：

外界的自然远不是把人变为它的一种特殊的宠儿，或者是厚待它过于一切其他的动物的。因为我们眼见在自然的毁灭性的作用中——如瘟疫、饥荒、洪水、冷冻、大小动物的攻击，等等——自然却没有使人不遭受到，正如没有使任何其他动物不遭受一样。而且除这一切以外，内部自然倾向的不谐和还使人陷入他的自作之孽，而且使他自己的同类通过统治的压迫、战争的残酷，等等，受到这样的苦难，而人自己反尽其所能来对同类施行毁灭，结果就是，即令外界的自然有着最大的善意，而它的目的，就算它是以我们人的种类之幸福为其目标的，也永远不会在地上的一个系统中达到的，因为我们原来的本性是不能领受这种幸福的，所以人从来只就是自然目的链条的一环。[66]

因此，康德指出，这足以证明“人在世上的幸福”并不是自然的最终目的，但是，另一方面，他又确信，从整体来说，人就是自然创造的最后目的，因为没有人，一连串的从属于一个的相对目的就没有其完全的根据。

作为世上唯一拥有知性因而具有把他自己有意抉择的目的摆在自己面前的能力的存在者，他确是有资格做自然的主人的，而假使我们把自然看为一个目的论所说的体系，他就生成是它的最终目的的了。但是这总得具备这种条件，就是他具有理智而且决意要使自然和他自己有这种目的的关系，即能不依赖自然而自足，因而能成为一个最后的目的，可是必不可在自然里面去追求这样一个目的。[67]

康德在此又暴露出了其理论上的二元论：他从把人的一切计划和行为完全归结为受自然法则和自然目的支配而开始，但以得出必须在自然之外为其寻找一个最高目的的结论而告终。而所谓最终目的或最高目的，只能以不需要任何其他目的作为条件才是可能的。那么，作为人的最高目的是什么呢？康德认为，既然“幸福只能是一个有条件的目的，因而人只能作为一个道德的存在者才是创造的最后目的”[68]，只有人的善良意志才是超自然的、自由的和自足的。他指出：

只有在人里面，只有在作为道德律所适用的个体存在者这个人里面，我们才碰见关于目的的无条件立法，所以唯有这种无条件的立法行为才使人有资格来做整个自然在目的论上所从属的最后目的。[69]

至善既然是整个自然的最高目的，那么人类在历史过程中怎样才能实现这个目标呢？康德认为，人虽然在某些本能方面不如动物那样占有优势，无法依靠天赋的先天能力而生活，但是他能够创造自己的生活，有发展自己能力的能力。自然属性上的匮乏，恰恰成就了人发展理性的基本动力，因而也成为历史进步的基本条件。

为了保持人的创造力，自然把对抗性置入社会之中，以增加人类的痛苦与不幸。康德把社会对抗性视作一种必然性，并将之看作历史得以朝向理性目标发展的基本条件。

> 大自然使人类的全部秉赋得以发展所采用的手段就是人类在社会中的对抗性，但仅以这种对抗性终将成为人类合法秩序的原因为限。
>
> 这里的对抗性一词，我指的是人类的非社会的社会性；也就是指人类进入社会的倾向，而这一倾向又是和一种经常威胁着要分裂社会的贯穿始终的阻力结合在一起的。而这种秉赋显然就存在于人性之中。人具有一种要使自己社会化的倾向；因为他要在这样的一种状态里才会感到自己不止于是人而已，也就是说才感到他的自然秉赋得到了发展。然而他也具有一种强大的、要求自己单独化（孤立化）的倾向；因为他同时也发觉自己有着非社会的本性，想要一味按照自己的意思来摆布一切，并且因此之故就会处处都遇到阻力，正如他凭他自己本身就可以了解的那样，在他那方面他自己也是倾向于成为对别人的阻力的。可是，正是这种阻力才唤起了人类的全部能力，推动着他去克服自己的懒惰倾向，并且由于虚荣心、权力欲或贪婪心的驱使而要在他的同胞们——他既不能很好地容忍他们，可又不能脱离他们——中间为自己争得一席地位。于是就出现了由野蛮进入文化的真正的第一步，而文化本来就是人类的社会价值之所在；于是人类的全部的才智就逐渐地发展起来了，趣味就形成了，并且由于继续不断的启蒙就开始奠定了一种思想方式，这种思想方式可以把粗糙的辨别道德的自然秉赋随着时间的推移而转化为确切的实践原则，从而把那种病态地被迫组成了社会的一致性终于转化为一个道德的整体。没有这种非社会性的而且其本身确实是并不可爱的性质——每个人当其私欲横流时都必然会遇到的那种阻力就是从这里面产生的——人类的全部才智就会在这种美满的和睦、安逸

与互亲互爱的阿迦底亚式的牧歌生活之中，永远被埋没在它们的胚胎里。……因此，让我们感谢大自然之有这种不合群性，有这种竞相猜忌的虚荣心，有这种贪得无厌的占有欲和统治欲吧！没有这些东西，人道之中的全部优越的自然秉赋就会永远沉睡而得不到发展。[70]

从康德的论述中可以看出，他已经认识到，人们的私欲和利益斗争是社会进步与发展的基本条件，一切进步的真正动力存在于自私和社会本能的对立之中，存在于对抗与纷争之中。只有通过那些看来不怀好意和互相对抗的活动，才可能达到人类最伟大的任务——普遍合理的公民状态。

正是基于这样一种认识，康德肯定了战争在一定历史阶段是推动历史进步的必要力量。他说：

在人的一方面，战争是无意识的举动，为放纵的激情所惹起的，可以在那最高的智慧方面，它是一种深深潜藏着的，可能也是深谋远虑的企图，即令不是想建立合法的体系来控制国家的自由，至少是为它准备道路的，而这样来在奠基于道德的系统上完成各个国家的统一。虽然战争使人类受到种种的极其可怕的艰难困苦，而且在和平时期中不断备战，而使人类或者受苦更甚，然而由于持久民族幸福曙光的景色越去越远，它就更成为一种动机，叫我们把举凡有利于文化的才能发展到最高的程度。[71]

主张善良意志的康德，并未因道德的原因而否认战争的积极功能，这是他思想深刻的表现。但尽管如此，作为一个头脑清晰的思想家，他知道战争会给人类带来怎样的灾难。为此，他在《论永久和平》等著作中，探讨了实现永久和平的可能性。他相信，战争的破坏性和备战的紧张性，终有一天会把人们引导到理性开始向他们讲话的地方，他们会带着长期的不幸经验，开始从野蛮的混乱状态迈向国家之间的联盟。

那么，怎样实现永久和平呢？康德并没有天真地相信，仅凭国际法理论就可使人类免遭暴力和战争；他也不同意靠一个强国对所有国家吞并就可实现世界一统的理论，因为帝国损害着法律的力量，在它必然的衰退和解体进程中会分裂为许多小国家，从而重新陷入纷争。他认为，只有在世界主义的和谐、自由社会组织中，才能实现普遍的善。

> 人类的普遍意志是善的，但其实现却困难重重，因为目的的达到不是由单个人的自由协调，而只有通过存在于世界主义地结合起来的类的系统之中、并走向这个系统的地球公民的进步组织，才能够有希望。[72]

但是，在康德那里，公民的自由状态，至善、永久平等，仅仅是“希望”而已，它们无法转变为现实。因为超自然的历史进步的目的与达到这一目的的现实条件的脱节，使康德必然把实现最终目的时间，推迟到不可能和遥遥无期的未来。康德认为，人类生活的基本矛盾和冲突，只有在彼岸世界才能得到解决，这就意味着人类不能通过自己的社会实践——改造自然和社会的革命化的活动——来实现自己的理想。

然而，康德的思想也不完全是消极的，也有其积极的内容。这首先表现为，他对未来的乌托邦式的理想目标，毕竟把人类的历史规定为持续不断地向更加完善化而进步的过程，这要比那些认为很快就能建立“尘世天堂”的幻想家要深刻得多。其次，乌托邦式的观念毕竟体现了人类自我完善的愿望，它是社会进步的一个基本的精神动因。最后，康德尽管把最高理想变成一种可望不可即的东西，但他对人类的不断进步还是充满信心的，认为虽然历史有暂时的曲折，但绝不会倒退到野蛮状态去。他指出：

> 人类只有通过在许多世代的无穷尽系列中的进步，才能努力去追求他的规定性，在这里，他的目的终究是永远停留在展望之中。不过，虽然达到最终目的的这种倾向也许经常受到阻挠，却永远不会完全倒退回去。[73]

康德的历史哲学思想，是18世纪政治和历史观念的一个组成部分，同时，也开启了19世纪新的洞察力，他的思想中所包含的许多进步观念，在费希特和黑格尔的历史哲学思想中得到了进一步的发展。

六、赫尔德：历史与人道

约翰·戈特弗里德·赫尔德（Johann Gottfried Herder，1744—1803），德国文艺批评家、历史哲学家及路德派神学家，浪漫主义运动的先驱。1744年8月25日出生于东普鲁士小镇莫龙根（今波兰莫龙格）的一个教师家庭，1762年进入柯尼斯堡大学就读，师从康德、哈曼等人。

赫尔德的主要著作有《关于近代德意志文学的片断》《论语言的起源》《关于人类发展的另一种历史哲学》《关于人类灵魂的认识和感觉》《论人性进展的通讯》《基督教论集》《〈纯粹理性批判〉的总批判》等。其历史哲学思想主要是在其代表作《人类历史哲学大纲》中阐述的。

赫尔德的历史哲学思想是以批判18世纪启蒙运动的历史思想为出发点的。他意识到，启蒙意识的最大缺陷是忽视了历史本身的价值。首先，启蒙思想家以鄙视和厌恶的态度去看待以往的时代，把过去的历史看成是野蛮和无知的，是他们自己的启蒙活动，才把理性的光辉照进了一直处于黑暗状态的人类历史。赫尔德认为，历史学家不应采取启蒙思想家这样自高的态度，而应以同情的态度考察过去，从中发现有真正价值的和可贵的人类成就。在赫尔德看来，历史并不是一个以当代为最高点的简单跨越过程，所有其他时代都只不过是为达到终点而做的一种准备。这样一来，发展的观念就充实了启蒙时代的进步理论。事实上，每个时代都有其独立的价值，并非如康德所言只是实现至善目标的单纯工具。每一个时代都既是工具，又是目的。其次，赫尔德认为，启蒙家图解式地认识历史的方法是反历史的，他们割断了野蛮与文明、无知与理性以及过去与现在之间的历史联系，也抽象化了各民族历史的特殊性质。

与康德把一个彼岸的目标当作全人类甚至整个自然界的共同目的不同，赫尔德认为："任何一种不仅仅是僵死的工具的东西，其目的必然包含于自身之中。"[74]在赫尔德看来，任何事物自身存在的就是它的目的。对人而言，人存在的目的与其人性是统一的。

> 历史上任何一件好的事情完成了，人性都是获益者；任何愚蠢、邪恶、歹毒的事情都是与人性背道而驰的。因此，在所有现世的制度中，我们不能设想在人自身之外，即上帝赋予他的或柔弱或刚强、或卑贱或高尚的天性之外，还有什么其他目的。如果在整个造化的过程中，除非通过它所成就和它所产生的东西，我们一无所知，那么，人在大地上的目的也只有通过他的天性和历史才能显示出来，就如通过最清晰的证明一样。[75]

赫尔德对人类历史的考察是在探讨人类产生之前的自然发展和动物进化的基础上进行的。人类产生的自然发展和动物进化并不是历史哲学的内涵，但赫尔德是从有机整体的观点去看待世界的，从这个角度看，他对自然史的考察有助于建立一种具有普遍意义的历史哲学。赫尔德认为，空气和水是有机生命的源泉，在空气和水的作用下，地球上的物质出现了特殊的矿物构成，并从中产生出最初的有机组织。生命是有机组织的进一步高度复杂的发展或结晶化。动物生命是植物生命的进一步进化，人类生命又是动物生命更进一步的发展。在每一种情况下，不仅新的发展都存在于它由之而来的母体环境里，而且新的生命形式也是原有形式的完善化。人类就是完美的或典型的动物，动物就是完美的植物。生命的形式发展了，但生命之间的联系却是割不断的。自然界处于不断发展过程之中，是一个统一的整体。

从人类今天的处境以及人和自然、人和动物的关系看，赫尔德的这一思想具有重要的意义。如果人类更深刻地认识到自己与自然界中动物和植物不可分割的联系，那么，人类必将会有意识地、自觉地协调处理人和自然界的关系，使人类的实践活动与自然界相和谐，从而保证人类的可持续发展。

赫尔德作为一个牧师，他的宗教信仰不可避免地渗入了他的思想。他把自然生命发展甚至人类历史的基本动力归于上帝，但他又说上帝并不是外在的或彼岸的东西，而是就存在于世界和历史之中。他批评了上帝存在于世界之外的观点，指出：

> 我不懂，你们这些可爱的人们，想用“存在于世界之外”的上帝来干什么。如果世界上不存在上帝，世界上无论何地都没有上帝，而且到处都不是无限的，都不是完整而不可分的……那末无论何地也都不存在上帝了。世界之外是没有空间的，由于空间对于我们将是一个世界，所以空间只能成为现象的抽象性。有限的人格同样是不那末注意无限的本质的，因为人作为一种样式，或者作为一种靠统一的妄想而发挥作用的人的集合体，在我们这儿只能受限制。在上帝身上，这种妄想消失了：上帝是最高级的，最生动活泼的——不是在一切事物的身上，好像它们是他身外之物，而是通过一切事物，它们只是作为具体造物的具体表现而出现的。就像一切比喻一样，“世界灵魂”的形象是丰富多彩的；因为对于上帝来说，世界不是肉体，而是整个灵魂。[76]

由此看来，上帝作为历史的“动力”实际上已经与他的另一种说法完全一致了，即作为自然和生命的基本动力的东西就是内在于自然的有机创造力。这种有机创造力既属于物质的力量，也具有理性的力量，是它推动了自然的发展和生命的进化。

赫尔德从有机整体的观点去看整个世界，认为人类历史也是一个有规律地发展着的统一整体，而推动人类社会有规律地发展的起因是人的能动力量。赫尔德试图把人的内部因素和外部因素的相互作用看作社会发展的原因，其中内部因素如体态、教育和思维方式主要是由遗传决定的，外部因素主要是“气候”的作用。赫尔德所说的“气候”，不仅仅是自然意义上的，也包括人们生存竞争的社会环境。他还特别强调了劳动和工具在社会中的作用。

> 人们创造数量在不断增加的、大量越来越复杂的工具，他们学习着把彼此作为工具来加以利用。人类的体力在增大，进步的球在滚滚向前，应当去推动这个球的机器正在变得复杂、更精巧，功率更强大，更灵敏……人的本性就是有本领。人在其存在中喜好的一切将来都会成为他的本领的对象……自然对象

> 可能包括的联系是无限的；以利用自然对象为目的的发明的精神是不受任何东西限制的，它在向前发展。一种发明引起另一种发明，一种活动引起另一种活动。往往一种发明开辟成千上万种新的活动形式。[77]

可见，社会发展的主要动因还是人类内在的有机力量。但是赫尔德并没有充分地认识到人的社会力量和自然力量的区别，有时将二者混为一谈。有时他说不能把人归结为个人，但他又常常把人理解为一种自然存在。

在考察文化史时，赫尔德没有陷入欧洲中心论。赫尔德的视野涉及了亚洲和非洲众多的文明形态，他主张民族平等，反对殖民战争。但从他论述的文明形态来看，他所熟悉的还是欧洲的历史，并以欧洲历史发展的事实作为他的历史哲学的例证。他把希腊之后的欧洲文明划分为三个阶段。第一个阶段是罗马文化和日耳曼文化的混合，这种混合产生了欧洲的社会组织形式、政治制度和宗教。第二个阶段是文艺复兴和宗教改革。第三个阶段是赫尔德本人所处的时代，那个时代的前景还是很难断定的。赫尔德《人类历史哲学大纲》一书是一部未完成的著作，他只考察到了以前的人类文化发展。但他对未来的展望在《论人性进展的通讯》一书中已初露端倪。他认为，“人道”就是人类天性的目的，因而是我们在世界中追求的目标，历史的未来就是更加趋于人道。

所谓人道，在赫尔德看来，就是促进人的本性和人的本质的完善，就是对人权和人的尊严的尊重，就是对人类的热爱。根据人道的原则而活动，就必须参与促进整个人类幸福的事业，心甘情愿地为了全人类的利益而贡献出自己的智慧和才能。上帝已经把人道同人类的历史命运联系在一起，对于人来说，没有比人道更崇高的目标了。人的理性就是上帝为实现人道而赋予我们的一种手段，有了理性手段，仍是有限存在的人们尽管仍然会不断地犯错误，但可以在失误中学会更好地运用理性。人道是以理性为基础的，理性的进步是推进人道的主要手段。

一切事物的价值，在赫尔德那里，都是根据它们与人道的关系加以考察的。个体的人、国家、文学艺术、理论学说甚至宗教，越是能促进人道的发展，就越有价值。

个别人的完善在于他在自己的本性中就是自己或将成为自己，就是他将充分发挥大自然赋予他的力量和理性，来创造有利于他个人和所有人发展的环境和条件。

一种宗教越是纯洁和高尚，它就越是愿意和必然促进人道精神的发展。赫尔德与启蒙运动不同，他似乎又重新强调了宗教在人类历史中的作用。在他看来，宗教是最古老的文化的一个组成部分，没有宗教，是一个民族极端野蛮的证据。但是，他又认为，宗教的作用只有在它推动人道发展时才是积极的，宗教实质上就应是人的最高级的人道，一切把宗教引向其他目标的行为都是对宗教功能的误用。

哲学学说也依赖于它与人道的关系。他明确指出："如果哲学想要成为对人们有益的哲学，它就应当把人作为自己的中心问题。"[78] 在这里，赫尔德已经明确地开启了后来费尔巴哈人道主义哲学构想的先河。他写道：

> 立意为人民服务的哲学，应当把人民置于自己的问题的中心，即使为此而需要把自己的立场改变到这样的程度，就像哥白尼的体系对托勒密的体系所做的那样；因此，当全部哲学成为人本学的时候，那将会出现多么好的条件呵！[79]

可见，赫尔德的历史哲学是文艺复兴到费尔巴哈人本学人道主义思想发展过程中的一个重要的环节。

赫尔德把人道也看成是评价国家好坏的标准。一个国家越是良好，在它之中培养人道精神就越坚定和顺利，如果不讲人道，这个国家就必然陷入混乱、痛苦和不幸。一般说来，赫尔德对国家是持反感态度的，他倾向于把国家看成是和生命的自然本性相对立的，是缺少灵魂的僵死的机器。在他看来，国家是历史的产物，它建立在战争、奴役和压迫的基础之上。国家的出现有其历史必然性，但国家并不是理想的造物。人民在自己缺乏足够的理性之前需要统治者，随着人民在理性方面的发展，政府就应逐渐消减其功能，而且最终应当完全消失。但是政府往往就像自私的医生，他对病人的治疗是使他们经常依赖他。最好的统治者应是促进人类终于不需要任何统治者这样一种状况到来的人，因为统治者是与人道精神相对立的。因此，国家如果朝着促进人道的目标发展，实际上就是在促进自身的灭亡。根据这种认识，赫尔德不同意康德关于未来统一的世界政府的设想。他提倡以人道的世界主义取代维持“永久和平”的统一的世界治理机构的理想，倡导所有的有识之士超越国家、宗教、等级等偏见，身体力行地促进人道主义。但是，赫尔德的这一理想也是非常虚幻的，他不知道，那种超越历史偏见和属性的抽象人道主义原则是不现实的。

不管怎样，赫尔德学说是对 18 世纪历史哲学的总结，在他身上不仅体现了启蒙思想向浪漫主义过渡的跨世纪转变的特征，而且也直接开启 19 世纪的历史观念和人道主义思想。

注释

1 [意] 维柯:《新科学》, 86 页，北京，人民文学出版社，1987。

2 [意] 维柯:《新科学》, 87 页。

3 [意] 维柯:《新科学》, 145—146 页。

4 [意] 维柯:《新科学》, 135 页。

5 [意] 维柯:《新科学》, 143 页。

6 [意] 维柯:《新科学》, 573 页。

7 [意] 维柯:《新科学》, 231 页。

8 [意] 维柯:《新科学》, 135 页。

9 [意] 维柯:《新科学》, 459 页。

10 [意] 维柯:《新科学》, 26 页。

11 [意] 维柯:《新科学》, 119 页。

12 [意] 维柯:《新科学》, 478 页。

13 [意] 维柯:《新科学》, 568—569 页。

14 [意] 维柯:《新科学》, 92 页。

15 [意] 维柯:《新科学》, 96 页。

16 [德] E. 卡西勒:《启蒙哲学》, 203 页，济南：山东人民出版社，1988。

17 [法] 孟德斯鸠:《论法的精神》上册，序 37 页，北京，商务印书馆，1982。

18 [法]孟德斯鸠:《论法的精神》上册，1页。

19 [法]孟德斯鸠:《论法的精神》上册，1页。

20 [法]孟德斯鸠:《论法的精神》上册，3页。

21 [法]孟德斯鸠:《罗马盛衰原因论》，102页，北京，商务印书馆，1962。

22 [法]孟德斯鸠:《论法的精神》上册，146页。

23 [法]孟德斯鸠:《论法的精神》上册，7页。

24 [法]孟德斯鸠:《论法的精神》上册，284页。

25 [法]孟德斯鸠:《论法的精神》上册，273页。

26 [法]孟德斯鸠:《论法的精神》上册，282页。

27 [法]孟德斯鸠:《论法的精神》上册，280页。

28 [法]孟德斯鸠:《论法的精神》上册，278—279页。

29 [法]卢梭:《论人类不平等的起源和基础》，83页，北京，商务印书馆，1982。

30 [法]卢梭:《论人类不平等的起源和基础》，82页。

31 [法]卢梭:《论人类不平等的起源和基础》，106—107页。

32 [法]卢梭:《论人类不平等的起源和基础》，108页。

33 [法]卢梭:《论人类不平等的起源和基础》，108—109页。

34 [法]卢梭:《论人类不平等的起源和基础》，109页。

35 [法]卢梭:《论人类不平等的起源和基础》，112—113页。

36 [法]卢梭:《论人类不平等的起源和基础》，117页。

37 [法]卢梭:《论人类不平等的起源和基础》，116页。

38 [法]卢梭:《论人类不平等的起源和基础》，109页。

39 [法]卢梭:《论人类不平等的起源和基础》，84页。

40 [法]卢梭:《论人类不平等的起源和基础》，118页。

41 [法]卢梭:《论人类不平等的起源和基础》，120—121页。

42 [法]卢梭:《论人类不平等的起源和基础》，120页。

43 [法]卢梭:《论人类不平等的起源和基础》，111—112页。

44 [法]卢梭:《论人类不平等的起源和基础》，128—129页。

45 [法]卢梭:《论人类不平等的起源和基础》，146页。

46 [法]卢梭:《社会契约论》，8页，北京，商务印书馆，1982。

47 [法]孔多塞:《人类精神进步史表纲要》，2—3页，北京，生活·读书·新知三联书店，

1998。

48 [法] 孔多塞:《人类精神进步史表纲要》，3 页。

49 [法] 孔多塞:《人类精神进步史表纲要》，8 页。

50 [法] 孔多塞:《人类精神进步史表纲要》，8—9 页。

51 [法] 孔多塞:《人类精神进步史表纲要》，9 页。

52 [法] 孔多塞:《人类精神进步史表纲要》，15 页。

53 [法] 孔多塞:《人类精神进步史表纲要》，19 页。

54 [法] 孔多塞:《人类精神进步史表纲要》，41 页。

55 [法] 孔多塞:《人类精神进步史表纲要》，78 页

56 [法] 孔多塞:《人类精神进步史表纲要》，73 页。

57 [法] 孔多塞:《人类精神进步史表纲要》，101—102 页。

58 [法] 孔多塞:《人类精神进步史表纲要》，125 页。

59 [法] 孔多塞:《人类精神进步史表纲要》，125—126 页。

60 [法] 孔多塞:《人类精神进步史表纲要》，128 页。

61 参见 [法] 孔多塞:《人类精神进步史表纲要》，177 页。

62 [加拿大] 约翰·华特生编选:《康德哲学原著选读》，249—250 页，北京，商务印书馆，1963。

63 何兆武主编:《历史理论与史学理论》，91 页，北京，商务印书馆，1999。

64 何兆武主编:《历史理论与史学理论》，105 页。

65 何兆武主编:《历史理论与史学理论》，92 页。

66 [德] 康德:《判断力批判》下卷，94 页，北京，商务印书馆，1987。

67 [德] 康德:《判断力批判》下卷，94 页。

68 [德] 康德:《判断力批判》下卷，101 页注①。

69 [德] 康德:《判断力批判》下卷，100 页。

70 何兆武主编:《历史理论与史学理论》，96—97 页。

71 [德] 康德:《判断力批判》，97 页。

72 [德] 康德:《实用人类学》，246 页，重庆，重庆出版社，1987。

73 [德] 康德:《实用人类学》，235 页。

74 何兆武主编:《历史理论与史学理论》，192 页。

75 何兆武主编:《历史理论与史学理论》，193 页。

76 F. W. 卡岑巴赫:《赫尔德的主要著作和思想》, 载《哲学译丛》, 1989 (3)。

77 [苏] 阿·符·古留加:《赫尔德》, 70 页, 上海, 上海人民出版社, 1985。

78 [苏] 阿·符·古留加:《赫尔德》, 91 页。

79 [苏] 阿·符·古留加:《赫尔德》, 91—92 页。

第七章

历史的思辨体系

一、奥古斯丁：上帝之城

圣·奥古斯丁（Saint Augustine，354—430），基督教史上重要的思想家之一，基督教早期神学、哲学和政治法律思想的集大成者。他生于北非的塔加斯特。其父是异教徒，在当地颇有声望。其母是虔诚的基督徒，奥古斯丁自幼受母亲熏陶，但并未正式受洗礼。370年，奥古斯丁被送到迦太基学习雄辩术，在那里他失去了与基督教接触的机会，而且纵情声色，有了一个情妇，并生下了一个私生子。但奥古斯丁在学业上仍然勤奋刻苦，通过研读西塞罗的著作而喜欢上了哲学，先后受到摩尼教、怀疑论和新柏拉图主义的吸引。373年毕业后，奥古斯丁先后执教于塔加斯特和迦太基。384年，奥古斯丁获得在西罗马帝国首都米兰讲授雄辩术的职位。

在米兰，奥古斯丁受到了圣·安布罗斯主教的影响，并于386年夏天接受了安布罗斯的施洗。391年，他被委任为神甫，4年后，他成为主教，直到去世。在他任职的35年中，他倾全力维护和巩固大公教会在北非的正统地位，并为此积极参与和教内各派异端的论战。在如何对待异端的问题上，奥古斯丁先主张和平论战，后转而赞成动用行政惩罚手段，并为强迫改宗和迫害手段辩护。

参与各种论战并非奥古斯丁的“正业”，作为一名主教，他既要主持主教法庭，又要处理教会事务，还要裁决民事纠纷，以及频繁布道。此外，还要回复大量询问教诲的信函。但是，无论工作怎样繁忙，奥古斯丁都坚持挤出时间撰写著作。397年，《论基督教教义》一书前三卷完成，并于30年后最后完成该书的写作。与此同时，《忏悔录》一书也在写作中，于400年出版。410年，罗马被蛮族攻陷，他与两名罗马官员通信讨论教会和帝国的关系，由此开始了对《论上帝之城》一书的构思。

430年，汪达尔人侵入北非，8月28日，奥古斯丁在围城的一片混乱中郁郁而终。

《论上帝之城》一书的重要意义在于，它确立了基督教的世界史理论。全书分为两部分，第一部分（第 1 卷至第 10 卷）涉及的是历史事实的论辩，第二部分（第 11 卷至第 22 卷）阐发的是其历史理论。

在前 10 卷，奥古斯丁主要集中反驳异教徒将罗马覆灭的灾难归罪于基督教的论点。全书始自对罗马陷落后的观察。奥古斯丁首先探讨了异教给人们道德情操带来的灾难性影响。他认为，罗马的衰败并不是像异教徒所说的那样，是由于基督教的过错，而是由于罗马帝国出现的种种邪恶，是异教纵容的结果。异教从不向人们传授正确的教诲，从不为人们树立美好生活的规范。相反，他们纵容人们通过舞台剧散布许多有关他们自身的猥亵故事，腐败了人们的心灵，暗中助长了人们把自己看得比神还要高的不良倾向，异教徒在本质上都是魔鬼。奥古斯丁接着展现了信奉异教的种种弊端，基于此，奥古斯丁开始论证异教徒崇拜多神的荒谬性，并进一步论证了罗马的强盛和异教神祇无关。奥古斯丁批判异教徒的目的在于表明抛弃古代的众神，得来的将是基督教的唯一真神，这不仅不是失，而是大大的得。

但是，只有批判并不具有充分的说服力，为了增强自己理论的可信度，奥古斯丁在第二部分阐发了他的历史理论，他试图用两种“城”即上帝之城和世俗之城的对比，来说明现今由基督教所代表的两种社会的对比自始就隐藏在上帝的计划中。在他看来，上帝之城是上帝的天国，是光明、善良的象征；世俗之城是亚当的儿子该隐创造的，是黑暗、邪恶的象征。教会是上帝之城在人间的代表，它的使命就是在人间实现上帝之城的目的，而这一努力遭到了世间邪恶势力的抵抗，因此，整个世界的历史就成了上帝之城与世俗之城之间的对抗和斗争。

《论上帝之城》中的“城”，与今天我们所理解的城市不同，它是指人们根据某种原则组织起来的联盟和社团，或者指一种市民或公民的身份。在第 11 卷到第 14 卷中，奥古斯丁主要论证上帝之城与世俗之城的起源。他以《圣经》中多次提及“上帝之城”为根据，说明上帝之城是存在的。有关上帝的知识，只有通过上帝与人的中介——基督耶稣才能获取。有些知识可以用哲学家们的方法凭借理性取得，但进一步有关宗教的知识必须依赖信仰来求得。《圣经》在这方面具有毋庸置疑的权威性。奥古斯丁认为，试图了解世界被创造以前的时间和空间是徒劳的，因为在上帝创世之前是没有时间和空间的。在《忏悔录》中，他就曾指出，上帝“在一切时间之前，是一切时间的永恒创造者”[1]。在《论上帝之城》中，通过澄清他认为错误的观点，再次说明上帝是时间的创造者。

> 的确，有些人承认这个世界是由上帝创造的，但是他们也想说，尽管如此，但时间并没有一个开始，它始终是被创造出来的。他们这样说是因为，他们想为上帝辩护，即上帝创造世界不是出于一时的冲动。他们不希望人们相信上帝创造世界的念头是突然跃入脑海之中的，而且这样的念头以前从未有过；他们也不希望人们认为上帝创造世界的行为是突然想到的，尽管上帝完全不是反复无常的。[2]

显然，奥古斯丁认为，这些否定上帝创造时间的人是好心办坏事。因为世界不是在时间中创造的，而是和时间同时被创造的。时间并不是实在的，它只是上帝的创造物。人们编纂历史，回忆过去，都不过是对上帝创造世界的一种证明，上帝已经安排好了一切。历史与时间的联系始于“创世记”，而终于“末日审判”。奥古斯丁对历史与时间的说明，宿命地肯定了历史在时间中展现的事实。

奥古斯丁批驳了两种历史观。一种是认为人类历史延续了数千万年的观点。他认为，这是不正确的。

> 因为从《圣经》推断，人类自诞生不足六千年。所以，那些认为人类历史比现存时间长几千年的著作是无益的，没有任何说服力。[3]

另一种是循环的历史观。奥古斯丁指出：

> 另外一些人，尽管他们不相信这个世界是永恒的，但他们要么认为世界不是唯一的，而是有无数个，要么认为世界确实只有一个，但这个世界在固定的

时间内产生和灭亡，而且这个过程会无数次发生。

奥古斯丁认为，这种历史观也是不对的。他认为世界是有开端的。在他看来，只有上帝才是永恒的，世间万物作为上帝的创造物都不是永恒的。人也不是一种永恒的存在，每个人都应被看成是一个有别于他人的新的创造物。自然界的事物也是如此。从这个意义上说，基督为了人类的罪只死一回。奥古斯丁这一观点的意义在于他用基督教的创世说打破了久存于希腊罗马世界的历史循环论。

接下来，奥古斯丁讨论了人类的堕落：正是由于亚当和夏娃的罪孽带来了上帝对人类永久的惩罚。亚当和夏娃的堕落表明，欲望的罪恶已成为人类自身无法救赎的原罪，只有依靠上帝的恩典，人类才能获得救赎。亚当背叛上帝之后，由于存在两种不同的爱，于是就造就了两座不同的城。

> 那就是，那种爱自己以至轻蔑上帝的爱造就了世俗之城，那种爱上帝以至轻蔑自己的爱造就了上帝之城。因此，我们的良心可以作证：一个荣耀自身，一个荣耀上帝，一个从人身上寻找荣耀，一个在上帝那里发现至高的荣耀。[4]

奥古斯丁认为，自该隐开始，人类便堕入了黑暗与邪恶主宰的世界，而上帝之城的最终降临才能结束罪恶和不幸，迎来光明和善良。因此，人类历史在善与恶的斗争中，展现为由恶变善的进步过程。奥古斯丁从一个虔诚基督教徒的观点出发为我们展现了人类历史进步的发展历程。这一观点深刻地影响了后世历史学家，奠定了历史学家认识历史的基调，其积极意义和重要作用是极为深远的。

在第 15 卷至第 18 卷，奥古斯丁考察了上帝之城和世俗之城漫长的演进过程之后，得出最后的结论：

> 世俗之城与上帝之城自始至终混为一体，世俗之城只做对自己有利的事情而欺骗众神，上帝之城作为这个世界上的朝圣者，则从不欺骗众神。毋宁说，上帝之城就是由真正的上帝所创造的，就是他自己的牺牲品。世俗之城和上帝

之城都利用善的事物，都经受罪恶的折磨，但是它们在信仰、希望和爱上存在着巨大的差异，在末日审判来临时“两城”的不同就彰显出来了。[5]

这虽然是一个虔诚基督教徒的信仰，但对一个无神论者来说，其意义也是积极的。

二、黑格尔：理性与自由意识

黑格尔（Georg Wilhelm Friedrich Hegel，1770—1831），生于德国西南部符腾堡公国斯图加特城一个官吏之家。1780 年 10 月进入图宾根神学院学习哲学和神学。1793—1800 年，先后在瑞士伯尔尼和德国法兰克福担任家庭教师，1801 年在耶拿大学通过学位论文和授课资格的答辩。1805 年获副教授职务，1808 年 12 月去纽伦堡任中学校长，1816 年在海德堡大学任哲学教授，声名鹊起。1818 年，普鲁士国王任命他担任柏林大学教授，1829 年被推选为该大学校长兼政府代表。1831 年 11 月 14 日，因染霍乱逝世于柏林。

从黑格尔的主要经历和著述活动来看，社会历史问题，尤其是人类意识发展史的问题，是他关心的中心问题。同时，启蒙运动的科学精神和浪漫主义的历史性原则，在他身上得到了奇妙的结合。黑格尔把抽象的理性变成了不断自我发展、自我完善的过程，真理成了具体的东西。事实上，黑格尔的整个哲学都贯穿着深刻的历史主义原则，而这种历史主义原则又和理性的普遍性要求实现了辩证的统一。历史主义意味着发展和具体性，而思维正是在自己的发展中实现其与普遍性的联系，并构成“总体”的东西。

1. 历史哲学在黑格尔体系中的地位

我们可以从两方面来理解历史哲学在黑格尔体系中的地位：一方面，历史哲学是黑格尔整个哲学体系中精神哲学的一个组成部分，而且它作为部分还从属于黑格尔的国家学说；另一方面，整个黑格尔体系又表现为以逻辑的形式所表达的历史。

在这个意义上，甚至可以说，全部黑格尔哲学本质上是一种历史哲学，是对全人类社会史和人类意识史的一种哲学思考。在黑格尔看来，只有思想的发展过程才是真正的历史，或者说，真正的历史是思想史。全部黑格尔哲学，不过是一种逻辑化了的历史，或抽象地表达的历史。这正是黑格尔的“巨大功绩”，即他“把整个自然的、历史的和精神的世界描写为一个过程，即把它描写为处在不断的运动、变化、转变和发展中，并企图揭示这种运动和发展的内在联系”[6]。这也是黑格尔最显著的特点，他的每一部著作都体现了伟大的历史感。

黑格尔的历史主义色彩不仅表现在他的理论内容中，而且也成了他的一般方法论和表述手段。历史与逻辑一致的原则，即历史进程与理念里的那些概念规定的逻辑推演的次序是相同的，这是黑格尔辩证方法的突出特点之一。黑格尔哲学的泛历史主义性质，使我们不能撇开这种哲学的其他部分，孤立地研究他的历史哲学，而应当从他的全部哲学体系中去体会。但在另一方面，历史哲学在其哲学体系中又只是一个有限的环节，它从属于法哲学中的国家学说，它考察的客观精神处于自己发展的这样一个阶段上，这时客观精神已超出了单一的民族的界限并在世界历史中运动。在黑格尔看来，正像市民社会的矛盾是在国家中被克服和扬弃一样，国家的矛盾则是在世界历史中被克服和扬弃的。每个国家都体现了普遍理念的一个特殊阶段。在历史上，理念在时间中展现出它的各种阶段，在任何时代，处于统治地位的民族总是体现出占优势的阶段，这些阶段的连续便构成了世界历史。在这里，国家生活成了精神世界发展自己的工具，历史就是以民族精神更替的形式来发展的。黑格尔写道：

> 在世界精神所进行的这种事业中，国家、民族和个人都按其特殊的和特定的原则而兴起，这种原则在它们的国家制度和生活状况的全部广大范围中获得它的解释和现实性。在它们意识到这些东西并潜心致力于自己的利益的同时，它们不知不觉地成为在它们内部进行的那种世界精神的事业的工具和机关。在这种事业的进行中，它们的特殊形态都将消逝，而绝对精神也就准备和开始转入它下一个更高阶段。[7]

总之，尽管可以说全部黑格尔哲学是一种历史哲学，但不能反过来说，历史哲学就是黑格尔哲学。说黑格尔哲学是一种历史哲学，是从世界观和一般方法论而言的，作为部门哲学的历史哲学则是严格意义上的历史哲学。当然，我们不能脱离开整个黑格尔哲学来考察他的历史哲学，因为作为部门哲学的历史哲学是以他的世界观和方法论为基础的，并构成其整个哲学的一部分。

2. 历史方法论考察

根据黑格尔的观点，观察历史的方法大概可以分为三种：第一，原始的历史；第二，反思的历史；第三，哲学的历史。

第一种是原始的历史，它的突出特点就是直观性，这种历史研究的对象多是史学家本身亲身经历过的事件，运用的材料多出于作者的耳闻目睹。黑格尔认为，“历史之父”希罗多德、修昔底德等人就是这种史学方法的代表。原始历史的长处是可以给后人提供“最清楚的影像”，叙事生动形象；历史学家受其经历事件的影响，其精神和记述的那些动作的精神，是独一无二的；对事实的详细记述，可以使我们多闻博识。

但是黑格尔认为，这种历史也有很大的局限性。主要表现为：其一，这种历史所描绘的只是短促的时期、有限的范围，以及人物与事件的个别形态，所以不可避免地带有狭隘性。其二，这种历史缺少必要的反思，具有肤浅性。其三，这种历史带有片面性，不能把握历史本身的脉络和内在联系。

黑格尔极度轻视原始历史的观点有失偏颇，但他深刻地指明了拘泥于偶然的、个别的、孤立的历史事实，无法认识历史的内在联系和发展规律。

第二种是反思的历史，这是较高形态的历史。这种历史的特点是它超出了直接的见闻性，上升到了知性反思的水平。用“抽象的观念”对历史资料进行分析、整理和概括。这显然比原始的历史前进了一步，因为在黑格尔看来：

> 这种历史的范围是不限于它所叙述的那个时期，相反地，它的精神是超越

现时代的。

一部历史如果要想涉历久长的时期，或者包罗整个的世界，那末，著史的人必须真正地放弃对于事实的个别描写，他必须用抽象的观念来缩短他的叙述；这不但要删除多数事变和行为，而且还要由“思想”来概括一切，藉收言简意赅的效果。[8]

根据史料来源和编纂方法的不同，黑格尔又将反思的历史分为四类：普遍的历史、实用的历史、批判的历史、思想的各专门部门的历史。

所谓“普遍的历史”，就是对一个民族，或一个国家，或整个世界的历史的梗概式的考察。这种历史如果仅以叙述为目的，其长处在于记述事件生动感人，易使读者产生“仿佛亲临其境”的感觉。但这种历史的局限性也非常明显，即易陷入主观主义。不同的文化或不同时代的历史学家，由于“个人所特有的语调，常常不能随机应变，以适合他所记述的各个时代”。历史学家的著作中所体现的精神，往往不是他所记述的那些时代的精神。

所谓“实用的历史”，就是根据“现在”的兴趣和需要来“研究‘过去’的时代，研究遥远的世界”。实用的观念本质上“虽然是非常抽象的，但是它们属于‘现在’是确确实实的；它们使‘过去’的赋有‘现在’的生气”，使“史迹不属于‘过去’而属于‘现在’”。但是，这种历史也有两个缺点，即主观主义的性质和反历史主义的观点。黑格尔指出：

人们惯以历史上经验的教训，特别介绍给各君主、各政治家、各民族国家。但是经验和历史所昭示我们的，却是各民族和各政府没有从历史方面学到什么，也没有依据历史上演绎出来的法则行事。每个时代都有它特殊的环境，都具有一种个别的情况，使它的举动行事，不得不全由自己来考虑、自己来决定。当重大事变纷乘交迫的时候，一般的笼统的法则，毫无裨益。[9]

所谓“批判的历史”，研究的并不是历史本身，“而是一种历史的历史”。“它是对于各种历史记述的一种批判，和对于它们的真实性、可靠性的一种检查。”靠锐利的批判目光，人们可以从史料的字里行间寻找出一些记载里没有的东西来。这种历史对考证史料的真伪，对评价历史著作的价值是有助益的，但是如果把这种纯属批评的方法当作一种真正的历史，就有可能产生如下的缺点：其一，以批判史取代对历史本身的研究；其二，无法摆脱批判方法的主观主义性质。

第四类历史是部门思想或文化之类的历史，如艺术史、法律史、宗教史等。从时间上说，这类历史只是到了18世纪之后才得到了比较充分的发展，而且越来越受到人们的注意；从逻辑上说，这类历史尽管把思想或精神划分成局部的东西，但由于它们的观点是普遍的，从而“形成了达到哲学的世界历史的一种过渡”。

哲学的历史是第三种历史方法，也是最完善的一种方法，它表现为黑格尔的历史哲学所采用的方法。黑格尔断定，历史哲学无不是对“历史的思想的考察”。根据有三，第一个根据是，思想是人类的本质特征。这就是说：

> “思想”确是人类必不可少的一种东西，人类之所以异于禽兽者以此。所有在感觉、知识和认识方面，在我们的本能和意志方面，只要是属于人类的，都含有一种“思想”。[10]

据此虽然说明了“历史必须和思想发生联系”，但未阐明历史与思想必然一致。而据此治史，易陷入先验论，即把历史当作一种被动的材料，逼迫它去适应一种思想。因此，哲学的历史还要有第二种根据，即理性是历史的主宰和推动力。在黑格尔看来，理性或“‘精神’……无论过去和现在都是世界历史各大事变的推动者”[11]。就此，黑格尔把自己的理性启蒙意识中形而上学的抽象思想区别了开来。

> “理性”……就是实体，也就是无限的权力；它自己底无限的素质，做着它所创始的一切自然的和精神生活的基础，还有那无限的形式推动着这种“内容”。一方面，“理性”是宇宙的实体，就是说，由于“理性”和在“理性”之中，一切现实才能存在和生存。另一方面，“理性”是宇宙的无限的权力，就是说，“理

> 性”并不是毫无能为，并不是仅仅产生一个理想、一种责任，虚悬于现实的范围以外、无人知道的地方；并不是仅仅产生一种在某些人类的头脑中的单独的和抽象的东西。“理性”是万物的无限的内容，是万物的精华和真相。它交给它自己的“活力”去制造的东西，便是它自己的素质；它不像有限的行动那样，它并不需要求助于外来的素质，也不需要它活动的对象。……它既然是它自己的生存的唯一基础和它自己的绝对的最后的目标，同时它又是实现这个目标的有力的权力，它把这个目标不但展开在“自然宇宙”的现象中，而且也展开在“精神宇宙”——世界历史的现象中。[12]

上述论述表明，在黑格尔那里，既然理性是历史的基础、源泉和推动力，历史是理性的产物和作品，那么历史与思想就是统一的，而统一的基础就是理性。历史也因此获得了合理性，就不再是一串偶然或荒谬的事实，因而哲学就可以观察和认识历史——这也是哲学立法的第三个根据。黑格尔指出：

> 从世界历史的观察，我们知道世界历史的进展是一种合理的过程；知道这一历史已经形成了“世界精神”的合理的必然的路线——这个“世界精神”的本性永远是同一的，而且它在世界存在的各种现象中，显示了它这种单一和同一的本性。……这种本性必须表现它自己为历史的最终的结果。[13]

历史作为理性的产物而具有了合理性，历史的合理性就为以思想的形式认识历史的哲学方法提供了可能。由此，历史与逻辑在理性的基础上达到了一致。黑格尔重新规定了历史，即他试图扬弃传统的叙述的历史而建立起一种表现理性发展的单一的思想史。他把历史提到了普遍和哲学的层次，甚至使之成为了哲学的中心问题，但哲学的普遍性又伤害了历史自身的性质。在这里，哲学成了历史，而历史却成了非历史，因为哲学扬弃了历史，使历史成了哲学的一部分。当然黑格尔并没有完全否定经验历史存在的价值，他只是试图找出一种超出传统方法的更具普遍意义的方法。但是，黑格尔哲学毕竟是一次“形而上学”超越自己的界限的侵权行为，对历史作为一门独立学科构成了严重威胁。由此可以看出，哲学可以指导历史学，但并不能凌驾于历史之上；哲学的方法可以运用于历史研究，但不能取代历史研究。

3. 理性支配世界

对于所谓理性支配世界，黑格尔指出：

> “理性”支配着“世界”的这个思想——同我们所熟悉的一种应用的形式，就是宗教真理的形式有着连带关系：这种宗教的形式，就是世界并不听凭于偶然的原因和表面的变故，而是有一种神意统治着世界。……但是在这种信仰和我们的原理之间有着一种差别——也可以说是矛盾——自己表现出来……因为那个信仰也同样是不确定的；这是所谓信仰于一种普遍的“神意”，并不更进展到确定的应用，或者表现在它对全体——全部人类历史——的关系上面。……至于这一切所昭示的神意决定的办法，便构成了普通所谓“神意”的计划。可是这一个计划，据说却并不是我们所能够看得见的，假如想认识它，便算是僭越非分。[14]

这就是说，由于神意的不确定性和处在我们理解力的彼岸，神意的计划既不能阐明历史中发生的事情，也不能显示历史的合理性。黑格尔更愿意把支配世界的理性称作上帝，在他看来，上帝比神意确定且具体。

> 这种善，这种理性，在它的最具体的形式里，便是上帝。上帝统治着世界；而“世界历史”便是上帝的实际行政，便是上帝计划的见诸实行。哲学要理解的便是这个计划，因为只有从这计划所发生的一切事件，才具有真正的现实性。凡是不符合这计划的，都是消极的、毫无价值的存在。一个扑朔迷离的世界的幻象，便在这个神圣的“观念”——它不是单纯的理想——的清澈光辉下，完完全全地消散了。……因为“理性”便是要领悟上帝的神圣工作。[15]

显然，黑格尔支配世界的“理性”，在实体上仍然要归结为那种客观的绝对精神，是一种逻辑上先于人类的形而上学的精神实体。

那么，在理性的支配下，世界历史是如何发展的呢？对这个问题，黑格尔的一般性回答如下：

> 世界历史是专门从事于表现“精神”怎样逐渐地达到自觉和“真理”的欲望；它本身中的黎明来了，它开始发现要点，最后它达到了完全的意识。[16]

就黑格尔的具体论证和阐述来看，世界历史的行程表现为：第一，从历史的主体——人类的角度看，人类历史是一个从不自由逐渐向自由发展的过程；第二，从历史的存在方式看，人类历史是一个有内在必然联系的过程；第三，从历史的价值评价角度看，人类历史是一个由低级到高级、由不完善到完善的不断进步的过程；第四，从历史发展的动力来看，人类历史是一个内在矛盾不断产生和不断解决的过程。

第一，人类历史是一个从不自由逐渐向自由发展的过程。黑格尔明确断定：

> 世界历史无非是“自由”意识的进展；这一种进展是我们必须在它的必然性中加以认识的。[17]

事实上，黑格尔哲学所阐述的无非自由意识的产生和发展的问题，因为绝对理念从自身的“直接统一”，经过外化过程，再摆脱其现象形态返回到概念或思想的存在，就是自由的产生和发展的过程。

第二，黑格尔把历史的发展看作一种有内在必然联系的、有规律的过程。他确认世界历史是自由意识的进步，但他随之强调自由意识的进步“必须在它的必然性中加以认识”，历史哲学的任务不是对偶然发生的历史现象做直观肤浅的描述，而是透过现象甚至假象深入到实体性的东西中，去认识和获得历史过程的必然性联系。黑格尔批判了这样一种见解：

> 把种种变化、革命以及一切纯洁的理论和制度的废除，完全说成是出于偶然性或者疏忽所致——而尤其说成是由于人类的放僻邪侈和情欲作祟。[18]

黑格尔相信，历史的重要变化不是偶然的，而是必然的。因为：

> 发展的原则包含一个更广阔的原则，就是有一个内在的决定、一个在本身存在的、自己实现自己的假定作为一切发展的基础。这一个形式上的决定，根本上就是“精神”，它有世界历史做它的舞台、它的财产和它的实现的场合。“精神”在本性上不是给偶然事故任意摆布的，它却是万物的绝对的决定者；它完全不被偶然事故所动摇，而且它还利用它们、支配它们。[19]

第三，人类历史不仅是一个必然的发展过程，而且是一个由低级到高级、由不完善到完善的不断进步的过程。黑格尔认为，在这一点上人类历史与自然界有着本质的区别，因为：

> 凡是在自然界里发生的变化，无论它们怎样地种类庞杂，永远只是表现一种周而复始的循环；在自然界里真是“太阳下面没有新的东西”，而它的种种现象的五光十色也不过徒然使人感觉无聊。只有在“精神”领域里的那些变化之中，才有新的东西发生。精神世界的这种现象表明了，人类的使命和单纯的自然事物的使命是全然不同的——在人类的使命中，我们无时不发见那同一的稳定特性，而一切变化都归于这个特性；这便是，一种真正的变化的能力，而且是一种达到更完善的能力——一种达到“尽善尽美性”的冲动。[20]

第四，世界历史的进步是通过矛盾以及矛盾的解决来实现的，矛盾的每一次解决又是下一个矛盾的源泉。对于历史来说，矛盾并不是外在的东西，而是内在的和固有的。因为精神必须克服自身和无休止地反对自身的斗争，才能展示和实现自己。

> 所以精神是和它自己斗争着；它自己可以说便是它的最可怕的障碍，它不得不克服它自己。它在“自然”界里和平生长发展，在“精神”中却是一种反抗它自己的艰苦剧烈的斗争。“精神”真正欲望的便是要达到它自己的概念。但是它自己把那个概念遮蔽起来，而且傲然以与概念的隔绝为得意。[21]

支配世界的精神是自我矛盾的，因而社会发展的过程也不会是一帆风顺的和没有斗争的。黑格尔考察了许多社会矛盾，尤其是他看到了资本主义进步本身的矛盾，因此他比那些没有看到或不愿意注意到社会矛盾的启蒙思想家要高明得多。

4. 历史动力与历史行为

理性支配世界，因而历史才表现出合理的、有内在必然联系的和从低级向高级发展的矛盾运动过程，这个过程也是人类自由意识的进步。这是对历史的形而上学的规定，如果把这些规定融成历史哲学的原则，还必须进展到现实的历史动力和历史行为。只有把这些规定融于现实的人类历史活动中，才能真正解释和说明历史，才能体现本质与现象、必然与偶然的辩证性质。正如黑格尔所指出的：

> “自由”发展为一个世界，它所用的手段的问题，使我们研究到历史本身的现象。自由虽然是一个内在的观念，它所用的手段却是外在的和现象的，它们在历史上直接呈现在我们的眼前，我们对历史最初的一瞥，便使我们深信人类的行动都发生于他们的需要、他们的热情、他们的兴趣、他们的个性和才能；当然，这类的需要、热情和兴趣，便是一切行动的唯一的源泉——在这种活动的场面上主要有力的因素。[22]

黑格尔把自由的精神视为历史的实体性动力，把人们的由自私心产生的欲望和热情看作现象的动力，是一种深刻的洞察。

尽管黑格尔把自私、恶劣的欲望描述为历史发展的直接动因，但私欲的热情并不证明它不受理性的控制。因为：

> 理性是有机巧的，同时也是有威力的。理性的机巧，一般来说，表现在一种利用工具的活动里。这种理性的活动一方面让事物按照它们自己的本性，彼此互相影响，互相削弱，而它自己并不直接干预其过程，但同时却正好实现了它自己的目的。在这种意义下，天意对于世界和世界过程可以说是具有绝对的机巧。[23]

黑格尔在这里展示了其理论的辩证性，但由于找不到历史发展的真正的客观基础和客观规律，所以他的论述仍带有消极的性质。

在黑格尔的哲学中，个人都是世界精神的工具，但是不同的个人在历史中发挥的作用是不同的。他把社会成员分为两类：第一类是“再生产的个人”，即以个人利益为指南，追求自己个人目的的人；第二类是“世界历史个人”，即“伟大的历史人物”，这些人的特殊目的关联着世界精神意志所在的那些重大事件。前一类是群众，后一类是英雄，他们在历史过程中所起的作用是不同的。

黑格尔肯定了作为“再生产的个人”的群众的活动在历史发展过程中的作用，并清楚地知道，人们通过一定的工具和手段所进行的劳动是满足人类需要和维持历史发展的基础。如果说需要仅仅是个主观的环节，那么劳动及劳动工具则更具有现实性。黑格尔指出：

> 人类有了种种需要，对于外界的“自然”，结着一种实用的关系；为着要靠自然来满足自己，便使用工具来琢磨自然。自然的事物是强有力的，它们有各种方法抵抗。人类要征服它们，便采用了其他自然的东西；他发明了各种达到这种目的的工具，用“自然”来对付“自然”。这些人类的发明属于“精神”方面，这种工具应当被看做是高出于单纯的自然的事物。[24]

黑格尔的这些思想，已经接近了历史唯物主义的观点，并成为历史唯物主义的直接思想来源。

在对劳动范畴的探讨中，黑格尔也接触到了社会关系的内容。他看到利己的个体为了自身的特殊利益的互相利用，获得了相互依赖的性质，并且在满足他人福利的同时，满足自己。黑格尔指出：

> 需要和手段，作为实在的定在，就成为一种为他人的存在，而他人的需要和劳动就是大家彼此满足的条件。当需要和手段的性质成为一种抽象时，抽象也就成为个人之间相互关系的规定。这种普遍性，作为被承认的东西，就是一个环节，它使孤立的和抽象的需要以及满足的手段与方法都成为具体的，即社会的。[25]

尽管黑格尔承认劳动在历史发展中的作用，并由此肯定了人民群众在创造历史中的作用，但他更看重英雄人物在历史中的作用。在他看来，英雄人物的目的表现着那种必然得到进一步发展的普遍的东西，他们的活动不是仅限于满足自己的物质利益，而是把某种更高的东西当作自己生活的目的和使命，在这种对更高的东西的追求中，他们代表了历史发展的方向。

> 他们不是从现行制度所认准的、沉静有常的事物进行中，取得他们的目的和他们的事业，而是取自一个泉源——它的内容是隐藏着的，还没有达到现实的存在——取自那个内在的“精神”，这“精神”依然潜伏在地面之下，它冲击着外面的世界，仿佛冲击一个外壳，把它打成粉碎。因为他自己具有另外一个核心，而不是这一个外壳的核心。所以他们这种人在表面上像是从他们自身吸取了他们生命的冲动；而他们的行动产生了一种情况和世界的关系，这些在表面上好像仅仅是他们的事业，和他们的作品。[26]

黑格尔是英雄史观的鼓吹者，他对历史上的英雄人物充满了敬意和崇拜之情，甚至公开为英雄人物的罪行辩解，认为历史人物作为“世界精神的代理人”，他们的一切行为都有天然的合理性。他们所犯下的错误也是不可避免的，是可以原谅的。黑格尔认为：

> 一个“世界历史个人”不会那样有节制地去愿望这样那样的事情，他不会有许多顾虑。他毫无顾虑地专心致力于“一个目的”。他们可以不很重视其他伟大的甚或神圣的利益。这种行为当然要招来道德上的非难。但是这样魁伟的身材，在他迈步前进的途中，不免要践踏许多无辜的花草，蹂躏好些东西。[27]

不过，黑格尔并没有赋予英雄人物随心所欲创造历史的权力，对此他保持了一个伟大哲学家的理智、清醒和深刻。首先，他把伟大历史人物视为世界理性的工具和手段，认为伟人不能超越时代精神所给他划定的界限。

> 个人作为时代的产儿，更不是站在他的时代以外，他只在他自己的特殊形式下表现这时代的实质——这也就是他自己的本质。没有人能够真正地超出他的时代，正如没有人能够超出他的皮肤。[28]

其次，伟人与整个民族的关系是辩证的。英雄与民族相互依赖，只有人民追随他们，他们才成为英雄，否则，伟人也会变成软弱无力的矮子。再次，既然时势造英雄，那么不可替代的历史个人是不存在的。伟大人物不过是适应了时代需要和要求的人。黑格尔说：

> 谁道出了他那个时代的意志，把它告诉他那个时代并使之实现，他就是那个时代的伟大人物。他所做的是时代的内心东西和本质，他使时代现实化。[29]

最后，黑格尔发现，伟大人物均代表历史进程中革命性的否定力量，这是因为只有在现实中把握了历史未来才能掌握历史必然性，但代表未来的新精神恰恰是对现实的否定。

5. 民族精神和世界历史的地理基础

根据黑格尔的观点，民族精神事实上也只不过是世界精神在不同进展阶段中的特殊表现。一个民族尽管与其他民族有着种种的联系，可总是过着自己特殊的精神生活，这种特殊的民族精神生活在发展过程中也会给人类整体的精神生活打下阶段性的烙印。黑格尔指出：

> “精神”的主要的本质便是活动；它实现它在本身的东西——拿自身做它自己的事业、自己的工作——这样它成为自身的一个对象，它拟想自身为一种“有限的生存”。一个民族的“精神”便是……具有严格规定的一种特殊的精神，它把自己建筑在一个客观世界里，它生存和持续在一种特殊方式的信仰、风俗、宪法和政治法律里——它的全部制度的范围里——和作成它的历史的许多事变和行动里。[30]

在此基础上，黑格尔进一步认为，民族精神既在国家中得到最显著的体现，也依一定的自然条件而转移。在对地理环境的作用的认识方面，黑格尔显然批判地利用了孟德斯鸠的思想，但他比孟德斯鸠高明得多。黑格尔对地理环境的作用做了明确规定：从质的方面说，自然环境的联系是“精神”所从而表演的场地，即助成民族精神产生的一种主要的而且必要的基础；从量的方面说，我们不应该把自然界的意义估计得太高或太低。

黑格尔主要从以下几方面论述了地理环境对民族精神形成的作用。首先，不同的地理环境对人们的生产方式和生活方式有着很大的影响；其次，不同的地理环境对各民族的精神面貌也有一定的影响；再次，不同的地理环境对各民族的政治制度也有制约作用；最后，不同地理环境还制约着不同民族在历史发展中的可能的界限。

黑格尔几乎把全部的赞美都献给了欧洲地区，企图用自然条件的特殊性来论证欧洲在人类文明发展中的特殊作用。他断定，欧洲温和的气候，高山与平原、陆地与海洋的合理相互交错，都有利于促使自由概念的发展。至于亚洲与美洲，黑格尔认为是无法与欧洲相提并论的。

6. 世界历史的行程

根据黑格尔的观点，世界精神经历过许多阶段，呈现出许多形式，并随着时间的推移，不断地推陈出新。历史是以民族精神更替的形式来发展的。但是民族精神只有通过国家才能获得其现实性，国家是一个民族生活的基础和核心。事实上，在国家形成之前，确切地说根本没有历史。在世界历史的整个过程内，每一个民族只有一次体现着精神，因而国家生活就成为世界精神的工具。

> 一个世界历史性民族的特殊历史，一方面包含着它的原则的发展，即从它幼年潜伏状态起发展到它全盛时期，此时它达到了自由的伦理性的自我意识而进窥普遍历史；另一方面，它包含着衰颓灭亡的时期，其实，衰颓灭亡标志着在这个民族中出现了一个作为纯粹否定它自己的更高原则。这种情况指出，精神过渡到了那个更高原则，而另一个民族获得了世界历史的意义。从这一新时期开始，先前那个民族就丧失了它的绝对利益。诚然，那时它也会积极地接受更高原则，并按这个原则把自己组织起来。但是它对待这个原则，好像对待螟蛉子一样，缺乏内在的生气和活力。它可能丧失其独立，也可能作为一个特殊国家或一批国家而继续存在或苟延残喘，并偶然地卷入各种各样的内部事业和对外战争中。[31]

这就是说，世界历史经历了许多阶段，其中每一个阶段都是某种在质上独特的、确定的东西。每一历史阶段都体现着这一或那一民族的精神。

黑格尔把世界史分为四个主要的阶段，其重心逐渐由东方转移到西方：第一，东方世界（中国、印度、波斯）；第二，希腊世界；第三，罗马世界；第四，日耳曼世界。为了适应这种划分，黑格尔不惜歪曲历史事实，用臆造和武断的方式来构造世界历史。

首先，在黑格尔看来，世界历史是自由意识的进步，而自由意识的进步基本上与世界历史的行程相吻合。东方世界没有自由，希腊和罗马是少数人有自由，而日耳曼世界才实现了普遍的自由。黑格尔指出：

> 世界历史表现原则发展的阶程，那个原则的内容就是“自由”的意识。……第一个阶段就是“精神”汩没于“自然”之中，……第二个阶段就是它进展到了它的自由意识。但是这种和“自然”的第一次分离是片面的、不完全的，因为它是从直接的自然的状态里分出来的，因此是和那状态相关的，而且是仍然和自然相牵连着的，在本质上是它的一个相连的因素。第三个阶段是从这个仍然是特殊的自由的形式提高到了纯粹的普遍性，提高到了精神性本质的自我意识和自我感觉。[32]

其次，黑格尔按照生命发展的原则解释了历史的发展历程：东方世界代表了人类精神的朦胧童年；希腊世界代表充满诗意的青年时代；罗马世界是人类单调而务实的壮年时代；日耳曼世界标志着成熟的老年时代。这里，黑格尔把东方特别是中国放在历史的起点上，并没有那种对文明古国加以称赞的意义，而他说日耳曼世界是人类的老年时期，也并没有涉及那种老年人特征的消极意义。他说：

> 自然界的“老年时代”是衰弱不振的；但是“精神”的“老年时代”却是完满的成熟和力量，这时期它和自己又重新回到统一，但是以“精神”的身份重新回到统一。[33]

无论如何，黑格尔总是把蔑视放在东方民族身上，而把赞誉和同情留给西方世界。这时的他有失一个伟大哲学家宽容广博的精神，变得狭隘起来。

最后，由于黑格尔欧洲中心主义的偏见和唯心主义体系的需要，从全过程看，他对历史进程的理解最终变成了一种形而上学的直线上升过程，从而抛弃了圆圈式运动的辩证法。当然，与他的先驱者比起来，黑格尔还是提供了许多合理的东西，并成为马克思创立历史唯物主义的理论出发点之一。

三、斯本格勒：文化与文明的交替

奥斯瓦尔德·斯本格勒（Oswald Spengler，1880—1936，又译斯宾格勒），德国历史哲学家，西方文明没落的预言者。1880年5月29日生于德国布兰肯堡，先后在慕尼黑大学、柏林大学和哈雷大学就学，攻读数学和自然科学。此外，他也喜爱历史、语言和文学，并很早就显示出精神上的哲学性倾向。1904年，斯本格勒以一篇论赫拉克利特的论文在哈雷取得博士学位，随后任中学教师直到1911年，并于此年开始写作他的代表作《西方的没落》。本书一经出版，立即引起广泛的注意。斯本格勒终身未婚，晚年过着孤独的生活。1936年5月8日，在慕尼黑与世长辞。

1. 比较历史形态学的起源和方法

斯本格勒在创建自己的历史哲学思想的过程中颇为自负，对历史哲学领域里的前辈持极端蔑视的态度，企图一笔抹杀他与这些前辈之间的思想联系。与此同时，他却在历史哲学的主流之外寻找自己的理论先驱。他特别强调歌德和尼采对自己的重要性，断定自己的一切学问都来自歌德和尼采。歌德给其以方法，尼采给其以怀疑的能力。斯本格勒尤其推崇歌德，认为歌德代表了“生成变化中”的哲学，是抽象思辨的对立面。在他看来，传统的思辨哲学只能歪曲历史，只有靠诗意的直觉才能把握生成变化中的历史。正是在这个意义上，他认为自己的历史形态学是直观的，而不是推理的。然而，事实上，斯本格勒尽管从哲学外部感受到了某种超越僵死思辨的冲动，但他本人却无法超越哲学的思辨性，在形态学的原则和文化有机的理论后面，仍包含着一连串的形而上学的思辨假定。斯本格勒企图用诗与行动来否定理性和历史的普遍性。他写道：

> 这样一来，高级思维想具有一般的和永恒的真理的要求就落空了。真理只是在和某一特定人类的关系中才成为真理。我自己的哲学就只能表现和反映西方的（区别于古典的、印度的或其他的）心灵，只能表现和反映现存文明

状态下的西方心灵和在这状态下它对世界的概念、它的实际范围和它的有效领域。[34]

他还说：

在历史世界里没有理想，只有事实——没有真理，只有事实。没有理性，没有诚实，没有平等，没有最终的目的，却只有事实……[35]

由于文化相对论的基本立场，在涉及其他文化时，斯本格勒表现了某种谦虚的态度，这与他在哲学上唯我独尊的表白形成对照——他经常吹嘘，自己的世界历史的比较形态学，一旦被人们所理解，便无人能够反对，人们也无法提出异议。斯本格勒认为，在破除统一的世界历史的幻象和确认外在历史都只具有象征意义方面，自己是一个独创者。但正由于世界统一幻象的破碎，不同文化的灵魂之间可以沟通的假定也就破产了。根据他的观点，一种文化不能真正影响另一种文化，因为它们不能相互把握另一种文化的基本特征。就这样，斯本格勒在自己的理论体系中造成了一种内在矛盾，他试图用有少数直觉型的天才人物可以超越文化相对主义障碍的特殊判断，跳出这一矛盾。斯本格勒认为，真理与天才人物的生命是同一的，他们并非发现真理，真理是在他们的生命中呈现出来的。他说：

历史研究，用我的术语来说就是体相的事实，是由血气决定的，由扩展到过去和未来的知人论世的才能决定的，由对人物和形势、对事变、对那种必然是和必曾有的事物的天赋的嗅觉决定的。它并不在于单纯的科学鉴定和史料知识。对每个真正的史学家来说，科学形式的经验是某种附加的或从属的东西。历史研究，凭借理解和传达，辛劳地而且反复地把一刹那的启发已经并立即向存在表明的那种事物，证明给醒觉的意识。[36]

斯本格勒的理论和方法显然是非理性主义的，它是近代理性主义历史观的对立物。斯本格勒明确指出了自己与理性主义的对立。

> 过去的思想家认为外界的现实是认识及能动的伦理判断所产生的，但在未来的思维看来，更重要的是，它们全是表现和象征。世界历史的形态学不可避免地变成了一种普遍的象征论。[37]

在斯本格勒看来，理性主义往往用范畴和概念把历史变成僵死的存在，从而歪曲历史。但斯本格勒却干脆把外在的历史变成了一种象征符号，而把某种神秘的命运或有机逻辑当成了本体的历史。现实的历史过程失去了独立性，历史的发展与事件不过是命运的外在标记。这就是说：

> 一种现象不仅是一件可供理解的事实，同时也是一种精神表现，不仅是一件东西，同时也是一个象征，不论它是宗教或艺术的最高创造的象征，或仅是日常平凡生活的象征……[38]

历史形态学就是要通过这些外在象征的直觉式把握，来领会历史的有机命运和内在意义。在他看来，历史研究不能诉诸理性的抽象，而只能凭借心灵的直觉，因为历史几乎是纯粹的生成变化过程，所以属于艺术的领域。

在斯本格勒看来，要建立世界历史形态学，不仅要抛弃理性主义的思维方法，而且应根除在这种思维方式支配下所形成的所谓“古代—中古—现代”这一历史编纂模式或框架。这种历史框架，把西欧文化当成了历史的中心，而其他文化及其历史则成了环绕这一中心旋转的行星。斯本格勒把“古代—中古—现代”的历史框架称为“托勒密历史体系”。他对这一体系做了严厉的抨击：

> 由于把历史分成了“古代史”、“中古史”和“近代史”——这是一种令人难以置信地空洞无物且又毫无意义的体系，可是它却完全主宰了我们的历史思维——我们就无法认识高级人类在通史中的真正地位，无法认识德意志——罗

马帝国以来从西方——欧洲土壤中生长出来的小小的局部世界的真正地位，无法判定它的相对重要性，尤其是无法估计它的方向了。这种体系是简单地直线进展的，分配比例是无意义的，而且随着每一世纪愈来愈不合理，我们所不断知道的新的历史领域它也无法包括进去；尽管如此，它的正确性却从未被人全力攻击过，这在未来的诸文化看来，真是难以置信的。历来的历史研究工作者对于这种体系的批评方式是无意义的，它们只是取消了某种现行的方案，却未代以不同的方案。……[39]

他进一步指出：

问题不仅在于这种体系限制了历史的领域，更坏的是，它左右了历史舞台。西欧的土地被当做一个坚实的“极”，当做地面上一块独一无二的选定地区，理由似乎只是因为我们住在这里，而千万年来的伟大历史和遥远的强大的文化则都被派极其谦逊地绕着这个“极”在旋转。这是一种太阳和行星式的怪想体系！我们选定一个小块土地，把它当做历史体系的自然中心，当做中心的太阳。一切历史事件都从它获得真正的光，一切历史事件的重要与否都依它的透视受到判定。[40]

针对传统的“托勒密历史体系”，斯本格勒可能想到了康德在哲学领域里的“哥白尼式的革命”。所以，他指出，取代托勒密历史系统的，只能是“历史领域中的哥白尼式的发现，因为它不承认古典文化或西方文化比印度文化、巴比伦文化、中国文化、埃及文化、阿拉伯文化、墨西哥文化等占有任何优越地位——它们都是动态存在的个别世界，从分量看来，它们在历史的一般图景中的地位和古典文化是一样的，从精神上的伟大和上升的力量看来，它们常常超过古典文化。”[41]

斯本格勒对欧洲中心论的批判是有意义的，他给傲慢而头脑发热的西欧人泼了一盆冷水。但是，斯本格勒的批判缺乏建设性，他破除了欧洲中心论，但却使世界历史变成各不相关的文化之间的机械拼图，世界历史有了多样性，但却失去了共性和整体性。这样他实际上是取消了世界史。

2. 文化：历史相对论

与康德把自我当作中心的哥白尼式革命不同，斯本格勒的哥白尼式革命是把文化当成中心。事实上，在斯本格勒看来，历史就是文化。历史形态学研究的对象不是孤立的政治和经济现象，而是无所不包的文化。

斯本格勒认为，历史的主体不是民族，不是民族创造文化，而是文化塑造民族。他说：

> 伟大的文化是起源于性灵的最深基础上的原始实体；在一种文化的影响下诸民族的内在形式和整个表现是相似的，是文化的产物而不是它的创造者。……世界历史是各伟大文化的历史，民族只是这些文化中的人们借以履行他们的宿命的象征形式和容器。[42]

可见，文化是所有过去和未来的世界历史的基本现象，没有文化就没有历史，历史的基本单位就是文化。

斯本格勒识别出来的高级文化只有八种：埃及文化、巴比伦文化、印度文化、中国文化、古典文化（希腊—罗马文化）、阿拉伯文化、玛雅文化和西方文化。在这里，斯本格勒显然扬弃了欧洲中心论，但他并没有公平地看待所有民族和组成这些民族的不同社会阶层。他认为，代表各高级文化的风格的是民族国家，只有在国家之中才能潜存着文化理念。农民作为沉滞不变的永恒人类，存在于各大文化之外，他们的精神状态仍然沉睡在前文化的状态，他们不参与国家政治，因而也就没有历史。斯本格勒指出：

> 原始民族和费拉民族所经验的生活只是动物学上的沉浮往返，只是一种无计划的偶发事件，没有目标，也没有及时的有节拍的行进，其中事变很多，但最后全都缺乏意义。唯一的历史性民族、即其生存就是世界历史的民族是文化

民族。[43]

根据斯本格勒的观点，每一种文化的根基，都是一种关于世界的观念或世界的基本形式，它是这种文化所特有的，是这种文化的灵魂所先天拥有的东西。每一种文化都是一个封闭的有机体，正如斯本格勒所说：

> 每一种文化都以原始的力量从它的土生土壤中勃兴起来，都在它的整个生活期中坚实地和那土生土壤联系着；每一种文化都把自己的影像印在它的材料，即它的人类身上；每一种文化各有自己的观念，自己的情欲，自己的生活、愿望和感情，自己的死亡。[44]

文化的内在精神塑造着人们的灵魂和行为，使人们有了某些共同的世界感受和外在特征。每个人都是文化塑造的结果。

> 对于作为一种主要的存在物的每一文化所可能有的最高度的概括，是关于它自己的作为历史的世界的原始影像，并且对它来说也是象征的影像；个人的一切自我调节——都是与那种影像有关的。[45]

对于这些象征的影像，人们只能对其进行直觉、感受或体验，而无法用概念加以认识或用文字加以表达。象征的影像作为一个文化共同的原始感受，是一种纯粹无意识的创作，是不可言传的事物。

斯本格勒强调各民族文化的特性，本来是有合理根据的。但由于他过度强调这种特性，便走向了谬误。这种谬误的第一个表现是，斯本格勒对民族文化的特点和材料的解释，基本上是神秘主义与自然主义的奇特混合物。第二个谬误之处在于，他往往把某些历史发展或知识发展的阶段性差别归于民族或文化的差别。第三个也是最严重的谬误之处是他的绝对的历史相对主义。斯本格勒认为每一文化都是一个自我封闭的体系，它有不同于其他文化的内在本质和外在象征，而且排除了各文化之间相互影响、相互融合的可能性。

3. 从文化到文明

根据斯本格勒的观点，文化是有机体，它总是基于自己的内在潜力来实现自己。至于这种自我实现的动力究竟是什么，斯本格勒并没有告诉我们，他只是让我们相信，自然和历史是完全对立的。这是空间与时间、已生成的东西与正在生成的东西的对立。支配自然的是机械因果律，而控制历史行程的则是命运和"有机逻辑"。文化的实现类似于有机体的生命，具有诞生、生长、成熟和衰败的周期性特征。

在斯本格勒看来，文化的起源与发展是一件神秘的事情，我们除了接受与相信之外，无法深究。文化以一种我们无法理解的原因突然诞生，它一出现就像种子一样蕴含着自己的全部生命过程和内在动力。一旦在这个过程中实现自己，它就不可避免地要枯萎。这个从生到死的过程是每一文化的必然命运。

> 文化、民族、语言、真理、神祇、风光等等，有如橡树与石松、花朵、枝条与树叶，从盛开又到衰老……每一种文化都有它的自我表现的新的可能，从发生到成熟，再到衰落，永不复返。……在其本质的最深处，它们是各不相同，各有生存期限，各自独立的，正和每一种植物各有不同的花果、不同的生长与衰落方式是一样的。这种种文化是纯化了的生活精髓，它们和田野间的花儿一样无终极目的地生长着。它们和动植物一样属于歌德的活生生的自然，而不属于牛顿的死板板的自然。我把世界历史看成一幅无止境地形成、无止境地变化的图景，看成一幅有机形式惊人地盈亏相继的图景。[46]

这就是说，每一种文化都会像有机物一样，要经历出生、成长到死亡的过程。文化在挣扎着成为自己时所经历的过程就表现为历史。"在此以前，在此以后，在此以外，人是没有历史的"[47]，因为在这个过程之后的文化就僵死了，变成了文明。文明紧随文化之后，是文化不可避免的命运。斯本格勒指出：

> 文明是文化的不可避免的归宿，根据这一原则，我们得出一种看法，使历史形态的最深刻和最重大的问题可能获得解决。文明是一种发展了的人类所能作到的最表面和最人为的状态。它们是一种结束，已成的跟随着方成的，死跟随着生，僵硬跟随着扩展，理智时期和石建的、石化中的世界城市跟随着大地和多立斯时期、哥特时期的精神上的童年。它们是一种终结，不可挽回，但因内在的需要，一再被达到。[48]

在这里，斯本格勒揭示了文明概念与文化概念截然不同的规定和内涵。文化体现了历史生成的原则，而文明则反映了历史没落的意义；文化是宗教的感受，而文明则是非宗教的和无信仰的时代；文化是灵魂的直觉本能，而文明是理智的抽象延伸；文化人的能力指向内在，而文明人的能力则驰骛于外在事物之中；文化是命运的导向，而文明则是因果的支配；文化人是粗犷的，而文明人则是矫揉造作的；文化注重艺术精神，而文明强调功利的效用；文化使任何领域都渗透着艺术上的创造，文明则把艺术家也变成只在堆砌与雕琢的工匠；文化人的是天真的唯心主义幻想家，而文明人是现实的唯物主义者；文化人的道德是一种个人的直觉和行为，文明人的道德则成了一个社会的和理论的问题；文化人有着表里如一的真诚，而文明人却是虚无主义者；文化是一个活生生的有机体，文明却是灵魂僵死的木乃伊。

斯本格勒提供关于文化产生、发展与死亡的历史模式的目的，是为了展望西方文化的命运。他的贡献在于，他在西方文明似乎正胜利地和不可抗拒地征服整个世界的时候，洞察到了这种文明正在走向没落的必然命运。斯本格勒的历史形态学是对启蒙时代以来的历史进步观的反动，他断定历史根本就不存在进步或进化的可能性。斯本格勒的历史观是悲观的，他把西方资本主义文明的没落说成是西方历史的没落，说明他只是一个旧世界灭亡的预言者，而不是未来新时代到来的先知。当然，他的预言也有积极性的意义：一方面，他从资本主义内部为这种制度的死期下了诊断书，这对建立新社会的理想来说是一个推进因素；另一方面，他的警钟式的论述，事实上也促进某些清醒的资产阶级去对自己的制度进行某些调整，在一定程度上延缓资本主义灭亡的速度。

四、汤因比：文明的兴衰及其挑战与应战

阿诺德·汤因比（Arnold Joseph Toynbee，1889—1975），英国著名的历史学家和历史哲学家。1889年4月14日出生于伦敦一个颇有教养的中产阶级家庭，这个家庭出了许多颇有名气的学者，这对汤因比的学者生涯无疑是一个有利的起点。汤因比在青少年时期就受到了良好的古典教育，1911年被任命为伦敦大学教授，1920年受命担任了伦敦皇家国际事务学会年刊《国际事务概览》的主编。1937年，成为英国皇家科学院研究员。第二次世界大战期间，汤因比曾担任英国外交部研究司司长，战后作为英国政府代表团成员出席了巴黎和会。晚年，汤因比仍活跃在国际舞台上和学术活动中。1975年10月22日，这位蜚声世界的学者因病去世，终年86岁。

汤因比著述甚丰，其代表作是12卷本的鸿篇巨著《历史研究》，此外还有《文明经受着考验》《世界与西方》《一个历史学家的宗教观》等著作。汤因比不是一个传统意义上的历史学家，而是一位从历史学走向历史哲学的典型，他总是透过历史事件，发现历史的底蕴，研究如何发现支配演变的规律。他通过对六千年来人类历史的比较研究，试图揭示各种文化在起源、生长、衰落和解体过程中所表现出的某些“一般规律”，从而确立了他自己的历史哲学体系——文明形态史观。

1. 文明是历史研究的单位

汤因比的雄心是要比较各种文明的历史，以再现它们兴衰的原因和过程。与斯本格勒一样，汤因比也反对把民族国家当作历史研究的基本单位。在他看来，没有任何一个民族国家能够独立自足地说明自身的历史，同样地我们也不能脱离开整个古典文明而孤立地研究雅典史、斯巴达史或科林斯史。汤因比断定，只有在整个文明的范围内，民族国家的历史才能成为可理解的。因此，汤因比认为：

> 从文明的角度，而不是从国家的角度去考察历史，把国家仅仅看做是文明

的生命中相当次要和短暂的政治现象的原因。国家正是在文明的怀抱中诞生和消亡的。[49]

为了便于了解局部，我们一定要把注意焦点先对准整体，因为只有这个整体才是一种可以自行说明问题的研究范围。[50]

作为可以自行说明的整体社会有两类：一是原始社会，一是文明社会。由于原始社会是静态的，缺少历史性质，因而历史学家的主要任务是研究各个文明社会，文明才是持续不断的发展过程。汤因比并没有对“文明”加以明确和严格的规定，从其运用所指来看，文明不过是一定的时间与空间的某一群人类所构成的社会整体，这个整体一般包括若干同样类型的国家。汤因比研究了人类六千年的发展历史，确定了26个文明形态，其中有21个得到了发展。

根据汤因比的观点，每种文明形态都有三个侧面，它们是政治、经济和文化，其中文化乃文明的核心和精髓，而经济和政治则处于相对不太重要的地位上。因此，在文明中，最易改变的是经济和政治，相比较之下，文化则是文明中比较稳定的东西。在文化中，最基本的东西是宗教，宗教精神是文化的灵魂。在汤因比看来，文明形态最深厚的基础就是宗教，文明之间的差别事实就是以宗教为根据来划分的。

与斯本格勒把每一种文化都当作自我囿闭的孤立灵魂的观点不同，汤因比承认文明之间有某种共同的东西，因为人性有着共同的结构和特征。汤因比认为，文明之间的关联可分为两类：一是相互交流和碰撞，二是承袭关系。首先，在文明形态的交流和碰撞中，它们不可避免地发生相互影响和相互接受的联系。文明之间的交流既可能带来积极的结果，也可能给它们带来消极的影响。积极的结果在于吸取其他文明成果，成功地加以同化，另外还可以产生新的文明；从消极的意义上看，即使是无害的外来文化，也会产生一种破坏性的作用，对于处于劣势的弱势文明来说，外来文明可能会把自己完全湮没。汤因比指出：

事实在于，每一个历史文化模式都是一个有机的整体，其中各个部分都是相互依存的。因此，如果其中任何一个部分从原来的框架中被分离出来的话，

> 那么，这一孤立的部分和那残缺不全的整体都会有不同于模式完整时它们各自的表现。这就是为什么可以说“一个人的佳肴”会成为“另一个人的毒药”。另一个推断是“一事物将导致它事物”。如果一块裂片被从一种文化上剥落下来，并被输入另一个外国社会有机体，那么，这个孤立的裂片就会表现出这样一种趋势，即把它原来所在的、它从其中被强行剥离下来的那个系统的其他文化成分拖在后面，一起带进它已定居的那个外国社会中。已经破碎的文化模式，有着在自己某一分子已强行开辟出道路的那个外国社会环境中重新组建自己的趋势。[51]

文明之间还可能有真正的继承关系，一个文明可能是稍后的某一或几个文明社会的“母体”，而稍后的文明则是“子体”的文明。文明社会之间的这种历史继承性，并不像是一个人的生命过程，而恰似几代人的生命延续。尽管文明有亲子继承关系，但所有文明仍被看作是同时代的；尽管文明在周期性复演中表现出某种“进步”，但不同的文明在价值上是等同的，没有优劣之分。而且，正因为各种文明的同时代性和价值同等性，它们才是可比较的。汤因比正是通过对各种文明进行形态学的比较，才确定了文明社会起源、生长、衰落乃至解体的一般过程和性质的。

2. 文明的起源

根据汤因比的观点，要揭示人类如何从原始社会转化到文明社会，就必须先探讨两种社会的根本区别。他认为，二者之间的区别既不在于有无制度，也不在于有无分工，而是在于模仿的方向。汤因比说：

> 模仿行为本来是一切社会生活的属性。在原始社会和文明社会里都有这种行为……然而，在这两种社会里，模仿的方向却不同。……在原始社会里，模仿的对象是老一辈，是已经死了的祖宗，虽然已经看不见他们了，可是他们的势力和特权地位却还是通过活着的长辈而加强了，在这种对过去进行模仿的社会里，传统习惯占着统治地位，社会也就静止了。在另一方面，在文明社会

> 里，模仿的对象是富有创造精神的人物，这些人拥有群众，因为他们是先锋。在这种社会里，那种“习惯的堡垒”……是被切开了的，社会沿着一条变化和生长的道路有力地前进。[52]

显然，从原始社会到文明社会，表现为一种从静止状态到活动状态的过渡。这不仅可以解释文明社会在原始社会中的兴起，而且也适用于子体文明社会从母体文明中的产生。

那么，人们怎样才转变了自己的模仿方向，并使自己进入文明状态的呢？他不同意种族论和环境论解释，而是提出了“神话学的方法”这样一种独特见解。“神话是一种原始的认识和表现形式”，它可以用“虚拟”的方式发现文明起源的奥秘和线索。[53]这种神话方法引出了“挑战”与“应战”的思想：创造性活动只能是对一定环境的反应，即由于环境的困难和挑战激发起人们的热情和前所未有的努力。汤因比指出：

> 如果文明的起源不是生物因素或地理环境单独发生作用的结果，那么一定是它们两者之间某种交互作用的结果。换一句话说，我们企图发现的因素不是简单的事物而是复杂的事物，不是个统一体而是一种关系。我们可以自由选择，把这种关系或是想象成为两种非属于人类力量之间的交互作用，或是想象成为两种超人人格的遭遇。[54]

两种超人人格的冲突是许多神话和戏剧性作品的主题，一种完美的状态只有依靠外来因素的刺激，才能导致有创造性的变化。它给我们的启示是，尽管环境是一个相对静止不变的因素，可一旦它作为外在因素向人提出挑战，二者之间的冲突就成为创造的起源。人类之所以能够创造文明，就在于面对种种困难的挑战进行了成功的应战。汤因比没有认识到矛盾在人类文化发展中的推动作用，他只好借助神话的形式来克服自己所无法处理的辩证现象——矛盾。在他看来，绝对的完满需要外在的破坏力量来打破，这是一个矛盾，而“这一种逻辑上的对立是没有办法用逻辑来解决的”，它只有经“诗人和先知用形象直觉的办法”[55]加以解决。汤因比在这里没有抓住问题的关键，他的目的不过是用诗的隐喻来推出他那种形而上学理智思维方式所无法把握的矛盾，即“挑战”与“应战”问题。

3. 文明的生长

在解释了文明的起源之后，汤因比转向了“文明如何生长”的问题。在他看来，文明的生长仍须按挑战与应战的范畴加以解释，即社会的生长是一系列成功的应战回答了挑战的结果。当然并不是所有的文明都能应对挑战，因此，文明的生长并不具有必然性。有些文明社会虽然对最初的挑战做出了成功的应战，但是挑战太残酷了，全力的应战耗尽了一切精神力量，导致了文明的停滞。

文明的生长包括内外两个方面：外在的方面表现为对于物质挑战的征服，内在的方面表现为不断上升的精神自决。汤因比断定：

> 对于一系列挑战的某一系列胜利的应战，如果在这个过程当中，它的行动从外部的物质环境或人为环境转移到了内部的人格或文明的生长，那么这一系列应战就可以被解释为生长现象。只要这个现象生长和不断地生长，那么外部力量的挑战和对于外部方面应战的必要性，就要逐渐减少它的重要性，而在它的内部，在它对它自己之间的挑战作用就越来越大。生长的意义是说，在生长中的人格或文明的趋势是逐渐变成它自己的环境、它自己的挑战者和它自己的行动场所。换一句话说，生长的衡量标准就是走向自决的进度……[56]

这就是说，从发展方向的角度看，文明生长的标准不是成功地控制物质环境，也不在于控制人类环境的程度，衡量实际进步的尺度，是看挑战与应战的行动从物质水平过渡到精神水平的程度。

虽然汤因比清楚地认识到：“人基本上是一种社会动物，至少社会生活乃是人类从类人进化到了人的一个先决条件。”[57]但是在他看来，社会是行动的场所，行动的源泉则是组成社会的个人。不过，只有少数人，即那些具有普罗米修斯秉性的人，才是创造性活动的真正源泉。他指出：

> 所有的社会性的创造行为，都是个别的创造者的工作，或至多也不过是少数创造者的工作；而且在每一次继续不断的前进中，社会上绝大多数成员都是被抛在后面的。[58]

那么，少数人的创造力源自何处呢？在汤因比看来，少数人的创造力也是在社会之外获得的，“只有通过人格的内部发展，个别的人才能够在行为的场所的范围外进行那些创造性的行为，进一步造成人类社会的生长”[59]。在别的地方，汤因比干脆接受了非理性心理学的观点，把潜意识视为直觉、冲动和思维的源泉，认为意识不过是精神中外露的表层部分，就好像大部分沉在水下的冰山外露的一角，从而用心理学的观点解释社会历史的发展。

汤因比告诉我们，一个成长着的社会的领导权一般落入某个由少数人构成的集团手中，它准备通过一种所谓“退隐和复出的”典型体验来发挥创造作用。创造性的人物“首先是离开了行为进入了狂想的境界，然后又从狂想的境界中走出来，达到了一种新的和更高的行为水平”[60]。汤因比就是用这种神秘主义观点解释了“闲暇”的社会作用。

> 在历史上，空闲早已起过头等重要的作用，因为如果说需要是文明之母，那么空闲就是文明的保姆。文明的特点之一，就是这种新的生活方式发展它的潜力的速度；而这种推动力量，乃是少数人中的少数人（有特权享受空闲的特权阶级中有目的的少数人）给予文明的。人类在艺术和科学上所有的伟大成就，都是这些富于创造性的少数人善于利用空闲的结果。[61]

显而易见，汤因比是一个前后一贯的英雄史观的鼓吹者；不仅如此，他还为英雄史观制订了一个详细的理论体系。根据他的体系，必须把提出应战的创造性个人和少数团体与他们所领导的非创造性的广大群众区别开来。汤因比指出：

在每一个生长中的文明社会里，其中绝大多部分成员个人都是处于一种停滞不前的无声无阒的状态中，像静止的原始社会中的成员一样。除此而外，在一个生长中的文明社会成员中的绝大部分，除了被强加了一些教育而外，也都在感情上同原始人类毫无二致。我们在这里就发现了人性永远不变的真理。那些超等人格、天才、神秘家或超人们……都不过是一大块由普通人组成的面团里的酵母而已。[62]

4. 文明的衰落

既然文明的生长没有必然性，那么它在前进和任何一个阶段上，都有可能发生衰落。汤因比没有像斯本格勒那样给文明的生命全过程规定一个严格的时间表，在他看来，不同的文明都有可能在不同的阶段上发生衰落。但是，汤因比给我们描绘了一幅令人失望的世界文明全景图：除西方文明外，现有的文明都已停止了生长，它们在某个阶段都要衰落。他仍用挑战与应战的理论来解释文明的衰落，当应战敌不过挑战时，衰落就接踵而来，文明衰落表现为创造力的丧失和自决能力的终结。衰落的原因不是外在的、物质的和经济的，而是内在的、精神的和文化的。在汤因比看来，几乎每一种文明的案例都属于“自杀身死”，其衰落起因于内部的疾病。

……外部敌人的最大作用只是能在一个社会自杀而还没有断气的时候，给它最后一击。如果外来进攻以一种暴力打击的形式出现在一个文明历史的任何一个阶段，那么除了在它的最后的垂死的阶段以外，这些外来的进攻，看起来都不会起破坏的作用，反而会发出积极的刺激作用。[63]

文明的衰落或自决能力的丧失，可能有多种原因，但都可归结为“创造行为报应”的概念，即由于种种原因，应战的胜利致使创造性人物不能应付再次面临的挑战。具体来讲，自决能力的丧失有以下几种原因：

第一，模仿过程内含着使人类生活逐渐机械化的趋势，而机械化则是创造性的大敌；

第二，原来创造的旧有制度或组织成功地应付了过去的挑战，但可能不能适应变化了的新情况；

第三，少数创造者僵化为某种矛盾的偶像崇拜；

第四，把一种制度当作偶像来崇拜往往堵塞了成功地对付进一步挑战的道路；

第五，过于依赖一种曾经有效的技能会使人陷于停滞不前的境地；

第六，军事行为的自杀性，它源自因胜利冲昏头脑而追求不适当的目标；

第七，胜利的陶醉导致居功自傲并丧失公允的判断能力。

由于上述种种原因，少数创造性人物丧失了创造力，也就丧失了影响广大群众灵魂的魔力。“没有创造，自然也就不会有模仿行为。”[64] 失去了创造力的少数人不能用自身的魅力保证群众的效忠，就企图用武力来维持他们已经无法维系的地位，这种暴虐行为使群众离心离德，社会的统一便不断被瓦解。文明就由衰落进入解体阶段。

5. 文明的解体

随衰落而来的是解体。解体表现为无法应付反复出现的挑战。在解体的概念中也包含不断出现的重复的挑战的成分。然而，在这个时候，每一次应战却都是失败的。其结果非但不是每次挑战都具有与前不同的性质，反而是同一个挑战一次又一次地出现，社会却无力提出真正有效的应战方法。

文明在解体过程中，社会明显地一分为三：其一，原来的有创造力的少数人转化为“少数统治者”；其二，广大群众离心离德，开始退出社会，他们组成一个内部无产者集团；其三，那些生活在这种文明的周围并和平地接受其文化影响的各个民族，也对之采取敌视的态度，组成了一个外部无产者集团。在这里，汤因比划分阶级的标准不是物质生活状况，而是精神状态。他写道：

> “无产状况”是一种感情状态而不是一种实际上的物质处境。当我们第一次使用“无产者”这个名词的时候，为了我们的目的，我们曾把它的定义

> 说成是在一个社会历史的某一个阶段里的一个社会成员或社会集体，“在”该社会中而又不“属于”该社会……无产者的真正标志既不是贫穷也不是下等出身，而是一种心理上的自觉状态——还有由这种自觉状态所刺激出来的仇恨心理——认为是从他的社会上的世袭地位中被排挤出来了。[65]

毫无疑问，汤因比的阶级标准是不科学的，因为这个标准模糊了社会的真实的阶级界限。

面对文明解体的局势，不同的阶级各自持有自己的态度和策略。于是在文明的这个阶段就有了某种带有共性的现象：统一国家、统一教会和蛮族入侵。

首先，面对阶级冲突所引起的混乱，“少数统治者”企图把一种统一的政治制度即大一统国家强加于社会，妄想以此恢复社会的秩序和统一。但是这种大一统并不是真正强大的表现，它不过是像不肯死去的老年人所表现出的那种顽固的长寿欲望。

其次，统一教会往往是在一个衰落以后的混乱时期产生的，并且是在接着出现的统一国家的政治组织中发展起来的。它是由内部无产阶级所建立的，主要目的是逃避不可忍受的世界。统一教会虽然是文明衰落与解体阶段的产物，但却以某种方式与新的文明联系起来。汤因比指出：

> ……统一教会之所以具有存在的理由是因为：在一种人类文明崩溃和另一种文明产生以前的这一危险的间歇时期，它保存了宝贵的生命胚种，因而使活着的文明的种籽继续递嬗下去。因此，教会是文明繁殖系统的一个部分，充当从蝴蝶到蝴蝶之间的卵、幼虫和蛹体。[66]

这就是说，教会不是文明的破坏者，而是一种濒死文明与另一种新文明之间的桥梁。

最后，汤因比认为：“‘外部’无产者是所谓的蛮族，他们在历史上处于文明的边缘或外部。”[67]为了掠夺即将死亡的文明的遗产，外部无产者往往组成一个军事集团，通过民族大迁徙侵入文明社会，与内部无产者一起摧毁那行将就木的统一国家。与传统的观点不同，汤因比反对把蛮族当作新社会的创造者。

显然，根据汤因比的观点，从旧文明社会转变到新社会要有三个因素：作为旧社会最后阶段的统一国家；在旧社会里发展起来的而转过来又发展了新社会的统一教会；以及作为外部无产者的蛮族的入侵。在这三个因素中，统一教会的作用是最重要的，蛮族的征服则是最不重要的。

6. 文明的意义

汤因比对文明意义的探讨，是一种宗教精神的体现。他从研究文明兴衰本身转向研究文明为什么兴衰，以及文明兴衰背后有没有持久价值的问题，但是，由于他无法理解社会与历史的现实基础和意义，因而就转向了神学历史观。汤因比的神学历史观主要表现在如下几个方面。

首先，汤因比把宗教的发展当作文明兴衰的目的，使文明成了宗教发展的工具。根据这种观点，“我们应当把亲体文明设想为一种教会出现的序曲，把子体文明设想为从精神上已达到较高水平的退步”[68]。他说：

> 如果说宗教是一驾四轮马车，那么，看来它凭以奔向天堂的轮子也许就是地上文明的周期性兴衰。文明的运动看来似乎是呈周期性循环的，而宗教运动可能是一根单向连续上升的曲线。宗教的连续向上运动是由文明按照生、死、再生这一循环的周期运动来提供服务和加以促进的。[69]

他接着又明确指出：

> 按照宗教是文明的辅佐的理论，你可以期待，为了渡过一个文明与另一个文明之间的鸿沟，在每个适当的时候都有某些新宗教出现。如果另一种完全相反的观点是正确的话（即如果文明是工具而宗教是目的），那么文明可能再一次毁灭、破碎，但是一个高级宗教为另外一宗教所替换并非必然的结果。到此为止，如果我们世俗的西方文明毁灭了，那么，基督教作为世俗悲剧的新鲜经

验的结果，不仅将继续存在，而且将会生长出更多的智慧和美德。[70]

这就是说，在汤因比看来，虽然文明的运动是循环的，但宗教的运动可以是从一个文明到另一个文明持续进行的。

其次，汤因比认为，只有从宗教的观点看历史，才能赋予历史永恒的意义，因为宗教是文明的基础，是文明的核心内容。他指出：

……如果仅仅从每个参加历史的个人立场来看，历史是“愚人所讲的毫无意义的故事”。但是当人在历史中瞥见唯一真神的作用时，这个乍看起来毫无意义的“声音和愤怒”就含有精神上的意义了。[71]

这就是说，只有承认神对历史的控制，才能赋予原本毫无价值的人的努力以神圣的价值和意义。他甚至认为，如果人不信仰某种宗教，就不能算是个真正的人。

最后，汤因比把宗教当作拯救文明及整个人类的最有效的手段。尤其是到了晚年，汤因比越来越关心人类的未来，表现出强烈的使命感。他说：

在过去，随着旧文明的灾祸的黯然失色，接踵而来的往往是新文明的崛起，这种情况是真实的。但另一方面，在过去，人类没有力量去做任何压倒一切的事——无论是好事还是坏事。而现在，我们已经有力量去建立一个生物圈，它覆盖着这个行星表层上不适于居住的地方。我们已经有力量去结束历史，甚至结束生命。正是由于这个原因，我想，我们不能使自己跌到悬崖峭壁的边上。[72]

然而，汤因比无法找到社会发展的真正出路，他仍把社会的拯救寄托在宗教方面。他认为，人类必须从政治、经济和精神（宗教）三个方面去拯救自己，但从长远来看，宗教方面的任务是最主要的。

总而言之，汤因比的历史哲学是一个非常庞杂和充满内在矛盾的体系，但无论如何，我们应当承认，汤因比在一生的探索和追求中，在内在矛盾的不断挣扎中，接触到了许多深刻的历史智慧，他那到处闪现的灵感，对后人有许多启发。

五、尼布尔：人的本性与命运

莱茵霍尔德·尼布尔（Reinhold Niebuhr，1892—1971），美国基督教现实主义神学家，新正统主义代表人物。他出生于美国密苏里州，毕业于耶鲁大学。大学毕业后曾在底特律汽车工业区做过 13 年的牧师，1928 年重返学术界。他的主要著作有《道德的人与不道德的社会》《超越悲剧》《基督教现实主义与政治问题》《自我历史的戏剧》《信仰与政治：论技术时代的宗教、社会与政治思想》《光明之子与黑暗之子》《文明还需要宗教吗？》《基督教与权力政治》《基督教伦理学阐释》《信仰与历史》等。其最具代表性的著作是《人的本性与命运》一书，这部作品是 20 世纪上半叶极有影响的神学著作之一，尼布尔在美国和西方学术界的重要地位由此得以确立。他的历史哲学思想也是在这部重要著作中阐述的。

《人的本性与命运》主要阐述了两个重要问题：人的本性与人的命运。这两个问题也正是西方文化所着重强调的，是植根于《圣经》信仰之中的。尼布尔的目的，就是追寻这两个概念在西方历史中的发展、败坏与纯化的情形，以便更好地解释这些历史根源与现代文化中少数几门和人的处境有关的学科之间的关系。关于人的本性，又主要论述了两方面的内容，一是人的本性的基本构成，二是人的罪性。他的历史哲学思想，集中体现在关于人的命运的论述中。

1. 人的命运和历史

尼布尔认为，人与动物对生命的感知是不同的，人虽然和动物一样受制于自然的必然性，但能超越这种必然性。正是这种超越使人有别于动物，同时也展示了人的生存的历史性特征。尼布尔指出：

> 人超越自然变化进程的能力也赋予了他创造历史的能力。人类的历史根植于自然进程中，但这一历史既不是自然因果的确定的顺序，也不是自然世界的

> 反复无常的变异。它是人的自由和自然必然性这两者的综合体。人超越自然变化进程的自由使他能够把握住时限并以此认识历史。这一自由也使人能够将自然的因果顺序加以改变，进行重新安排和改造，从而创造出历史。[73]

这就是说，人的命运与历史进程具有悖论性，“每一个个体的人都既超越历史进程又属于历史进程”[74]。正是人与历史的这种悖论性关系，能够给予人一个恰当的定位，从而对人类中心主义观念有所扼制。尼布尔认为，自文艺复兴以来，人自以为取代上帝成为世界的中心，这种观念极大地膨胀了人征服一切的欲望，从而“人们把历史希望寄托在这样一个观点上：以理性征服自然将提高物质福利、增加物质的康乐”[75]。久之，

> 作为一种历史进步力量的这一对理性的推崇，无论它表现为什么形式，所有形式都表达了一个统一的哲学态势。作为进步观基础的哲学指导原则，是相信一种内在的“逻各斯”，它不再被认为是一种永恒形式，超越了历史，而被看成是历史中的一种操作体系，逐渐将各种混乱纳入理性的控制之下。[76]

毫无疑问，人类错误地把自己当成了“历史体系的核心、本源或目的”[77]。这正是尼布尔所忧虑的。因为在他看来，“人的视角按其本性是有限的”[78]。他认为：

> 文艺复兴运动知道人的视角是片面和有限的，但它想通过扩展人的心灵的能力来逐渐克服人的有限性。可它不懂得有限性与自由之间的矛盾必然导致更为严重的罪孽问题。[79]

举目当今世界所关注的全球性问题，我们就会承认，尼布尔所说的是有道理的。人类中心主义的狂妄的确造成了危害人类自身的巨大灾难，这是人类不恰当地运用自己的理性的结果。比较而言，尼布尔认为，宗教改革运动就比文艺复兴运动谦逊很多，因为：

它知道人生不能完成它自己，世人靠自己的智慧不能认识上帝，错误地将不适当的中心当做整个意义领域的联系，则必然陷入邪恶之中。[80]

但是，尼布尔并没有完全肯定宗教改革的作用，他认为，文艺复兴对人类命运过于乐观，而宗教改革又过于悲观。文艺复兴的历史进步观过于简单化了，没有充分认识到历史发展的曲折性和复杂性，宗教改革运动则又流于道德失败论或文化失败论，它会让我们感到人的一切努力最终都会归于失败。显然，这既不符合人类命运的实际，也不是历史发展的真相。所以，尼布尔提出一种“综合性立论方式”。

这种理论必须包括《圣经》里有关恩典的宗教原则的两个层面，而且还将近代史的思想运动、文艺复兴和宗教改革运动在解释历史时所投射到恩典观的悖论上的光辉也添加进去。简单地说，这意味着一方面我们必须把历史的人生视为充满着不确定的可能性；任何个体的或精神的状况，任何文化的或科学的任务，任何政治的或社会性的课题，都给人提出新的可能的“善”，提出了实现“善”的义务和责任。而另一方面，我们应当认识到，我们企图完成人生的每一努力或妄想，无论是个人的还是集体的，都必须放弃；每一试图超越历史冲突或消除历史的最后腐败的念头，也必须放弃。[81]

总之，尼布尔试图通过综合各种有价值的历史观，克服乐观主义和悲观主义的不足之处，帮助当代人找到人生的意义。

2. 历史的意义与人生的意义

历史的意义和人生的意义紧密相关，在不同的历史观中，对历史是否有意义这一问题有不同的认识，因而也决定了不同的人生观。尼布尔区分了两种不同的历史观：不期待基督的历史观和期待基督的历史观。他认为，不期待基督的历史观，“看不出历史是人生意义的根本”[82]，有两种情况：

> 一种把自然系统视为人必须顺应的终极现实；另一种则从人性角度看待自然，认为自然不是混乱无序就是毫无意义，人凭借自己的理性或自身的超越理性的某种能力和一致，就可以从这种混乱无序中解放出来。[83]

人必须顺应自然的历史观，“把历史看成是毫无意义的自然顺序的部分从而否认历史存在，这种意图最明显地可见于古典思想在思考死亡以及抗拒死亡恐惧的时候”[84]。

> 古典自然主义试图通过让人相信，怕死是毫无理由的幻觉，从而诱使人摆脱对死的恐惧。它的观点中包含两点。一点是：历史中没有人需要害怕的东西，因为其实本无历史，只有自然连续和自然循环。……另一个论点是，在超历史中，就像在历史本身中一样，同样没有什么值得害怕的，因为人不能超越他短暂的生命，所以不需要预想到死亡以外的审判。[85]

显然，尼布尔不同意这种否定历史、否定人生的观点，所以他认为“古典自然主义将历史视为自然的从属部分的试图是失败的。它否定历史，因而也否定了人生的意义”[86]。

同样，推崇理性的历史观和人生观在根本上也是否定历史意义和人生意义的。这种历史观由于对理性的信仰而否定了历史本身。总之，尼布尔认为，对基督没有期待的古典文化，没有救世的希望，他们或者把大自然视为神，或者把理性奉为神，这两者都不可能充分揭示历史中人生的终极权威，因此也不能揭示人生的意义。

与不期待基督的历史观相反，期待基督的历史观“把历史看成是具有潜在意义但需要我们去揭示和实现该意义”[87]。那么，如何去揭示和实现历史与人生的意义呢？尼布尔给出的答案是信仰基督。因为“人通过信仰把握真理，而这真理是没有信仰的人决不能把握到的”[88]。对基督和上帝的信仰才能确保人生和历史的意义得到启示和完成，因为“基督身上的智慧和真理是人生与历史的神性权威的旨意……

基督的力量与恩典就是人生与历史的神性具有的权威”[89]。这一权威就在于“基督之爱既启示出那支配历史的神圣的爱，也揭示出作为历史的‘不可能之可能’的人性之爱”[90]。这一信念具体体现在以下三个方面：第一，基督的完美与纯洁无罪（或曰历史的开始）之间的关系；第二，基督的完美与互惠之爱（或曰历史的本质）之间的关系；第三，基督的完美与永恒的完成（或曰历史的终结）之间的关系。

第一，基督的完美与纯洁无罪之间的关系，即基督与历史的开始之间的关系。在基督教信念中，“原罪之前亚当的无罪状态只能凭借基督的完美来恢复，就是断言人生只能通过争取它的无限的目的才能接近它原初的天真”[91]。因为，人类的历史状态中，不存在完美无瑕的纯洁，即使在最原始的社会中，人与人之间的相互关爱关系也不可能是完全天真的。

> 因此历史上没有纯粹的伦理规范，历史也没有可能逐渐使自己纯化从而达到那规范的标准。由此，那“本质性的”、作为规范的人，只能是“上帝化身的人”，他的自我牺牲之爱追求并维护着神圣的永恒的爱，追求并维护着生命与生命之间的终极和谐。[92]

第二，基督的完美与互惠之爱之间的关系，是基督完美与历史的本质之间的关系，“互惠之爱是自由领域内生命与生命之间的和谐”[93]。尼布尔认为：

> 历史的伦理道德规范，以人的天然禀赋、以人对事实的冷静思考、以人类的社会需求来衡量，就是互惠的爱。[94]

但是，人世间这种互惠的爱是不完美的，因为互惠之爱企图以从自我的立场追求自私的幸福这一手段来与人生关联起来，从而使互惠之爱总是半途而废，只有基督的完美能够使不完整的互惠之爱变得完整。

第三，基督的完美与永恒的完成之间的关系。尼布尔认为，历史的完成或终结并不是出现了救世主帮助义者战胜不义，以和平取代了冲突，或者扶弱锄强。“历史意义的完成只能在一种神圣的仁慈中寻找到，只有这一神圣的仁慈使历史不再是反复的审判。”[95] 人靠自身的力量不能完成人生的真正意义，只有通过对基督、上帝的信仰，在基督身上争取他的“智慧”和“力量”，才能实现和完成人生的意义。

3. 人的有限性与神的无限性

从尼布尔对人的命运、历史以及人生意义的揭示可以看出，他认为人的本质在于其有限性与短暂性，而神的本质则在于其无限性。但神的无限性与人的有限性并不是不能沟通的。沟通的基础在于神性规定着人性，有限的人性与无限的神性之间并不存在着不可调和的矛盾，因为在基督的身上既存在着神性也存在着人性，这种并存的神性与人性是“神的权威与善良的完美一致”[96]。人没有能力将有限性变为永恒，尼布尔指出：

> 人没有能力将自己从有限性解脱出来……以为人能够通过逃避历史来解决自己的问题或历史进程本身就能够解决那些问题，这样的错误观念在一定程度上来自于一切意识中最普遍的那一种，也就是人的妄自尊大，人的傲气，那不是某一特定的人或文化的傲气，而是人作为人本身就带有的傲气。[97]

但是，有限性的人又渴望着无限性，为了满足这一愿望，人只能通过信仰集有限与无限于一身的耶稣基督才能做到。耶稣兼具圣父、圣灵与圣子三重身份，以及耶稣受难与复生的隐喻，都体现了时间与永恒的关系。

只有上帝能够将永恒与时间统一起来，但是，尼布尔认为：

> 基督教所揭示的上帝因其至上的属性并不脱离人世，而是参与了人世的活动。因此，人取得存在的统一，达到摆脱自然和历史一切生机的境界，并不是最高的完美。最高的统一是爱的和谐，在那种和谐中，自由的我与自由的他人同在上帝的意志下发生关联。[98]

因此，人虽然不能摆脱有限性的命运，但是凭借对上帝的信仰，从而能够与永恒联系起来。这是因为永恒既超越时限，又处在时限之后。

> 说它超越时限，是因为它是一切附属性的存在之物的最后本源。它并不是一种单独存在的东西。……“永恒”是“有限”得以存在的基础与渊源。……
>
> 说永恒处于时间之后，是因为有限之进程不可能没有一个终点，而永恒则不可能有如此的终点。永恒比时间更长……[99]

永恒和时限的关系与个体的人密切相关，基督复活对个体的意义在于，

> 它强调永恒的意义时不是为了某个不具体的“我们”，某个与实际个体毫无关系的“我们”，而是为了有血有肉的真实个体自己。这一自我一方面具有有限存在的焦虑与不安，另一方面又能够接触到永恒的边界。复活，即是指望最终的有限性将从焦虑中解脱出来，自我将认识自己的本来面目，就如他被上帝所认识的那样。[100]

4. 历史的终结与完成

历史的终结与完成和人的有限性与神的无限性密切相关，因而与时间和永恒密切相关。在尼布尔看来，人类生活与历史中的一切事物都朝着一个终极的目的行进，但人受制于有限性的本质，其终极的目的就是完结，而完结对于最后的目的而言又是一种威胁，使生命达不到真正的最后的目的，所以，人的生命处于无意义的危险之中。为了摆脱这种危险，人常常做出一些努力，试图依靠自己的力量来完成人生和历史。尼布尔相信基督教的观念，认为“人没有能力解决时间的有限性对自己的束缚”，而且还认为，如果人企图以自己的能力解决这一问题，就会在历史上制造出邪恶。人作为有限性的存在，“既超越又从属于历史进程，人在这一进程中是找不到完美的实现的”[101]。只有借助于神的宽恕和恩典，人才能完成人生。正是

基于这一意义，尼布尔才同意把恩典与罪恶的关系问题看作人生的基本问题。

所以，在基督教恩典学说的观念中，“人类生活与历史不能完成它们自身，而且人徒劳地试图达到完成，这一行为等同于罪孽。……人只是通过信仰才能看到位于他的不完整以外的完整和处于他罪孽以外的神圣”[102]。但是，尼布尔认为，自近代以来，人的理性太过于膨胀，使得“‘进步’这一观念，作为近代人的信条中最坚固、最有特色的东西”[103]。尼布尔认为，进步观既有正确的一面，也有错误的一面，正确的一面在于，它意识到了历史充满了无尽的可能性；错误的一面在于，它没有认识到历史充满的是善与恶两方面的无穷可能性。

> 它（指进步观——编者注）相信，知识的积累和理性的壮大、对自然的逐渐征服和后来的社会组织联系的技术性扩展，那蕴藏在历史进步中的一切，都足以保证理性与秩序的力量能够逐渐征服混乱与邪恶。它不知道的是，人的每一种新潜能既是秩序的工具也是混乱的助手，所以历史提不出解决它自己问题的办法。[104]

对此，尼布尔说：“除了神的宽恕而外就没有别的解答。神的宽恕把历史性事物中的腐败清洗掉，使历史性不完整变得完整。”[105]尼布尔告诫人们说：

> 我们应该牢记，有限性使人不可能真正清楚地界定什么是完成。……基督教希望的人生与历史的完成，较之于那些试图从人的本身与人造的历史中去寻求能力来了解并实施人生的完成之说，其荒诞性毕竟还要少一些。因为基督教的指望和整个《圣经》中关于人生意义的说法是不可分割的，它将人生的意义和完成都归于一个超越人类本身的中心与本源。我们要参与意义的完成，那有一个条件，就是不骄傲自私，不把人生完成的意义当做自己的财产，不试图以自己的力量实现人生的完成。[106]

总之，尼布尔坚持证明，只有虔诚地信仰《圣经》，信仰基督和上帝，才能理解历史和人生，“凭借恩典，信仰弥补了我们的愚昧无知，但并不让我们以为自己所拥有的就是确定的知识；凭借恩典，忏悔之心灭除了我们骄横，但并不摧毁我们的希望”[107]。

注释

1 ［古罗马］奥古斯丁:《忏悔录》，257 页，北京，商务印书馆，1963。

2 Augustine，*The City of God against the Pagans*，p. 453，北京，中国政法大学出版社，2003。

3 Augustine，*The City of God against the Pagans*，p. 512.

4 Augustine，*The City of God against the Pagans*，p. 632.

5 Augustine，*The City of God against the Pagans*，pp. 907–908.

6 《马克思恩格斯全集》第 26 卷，26 页，北京，人民出版社，2014。

7 ［德］黑格尔:《法哲学原理》，353 页，北京，商务印书馆，1982。

8 ［德］黑格尔:《历史哲学》，43 页，北京，生活•读书•新知三联书店，1956。

9 ［德］黑格尔:《历史哲学》，44 页。

10 ［德］黑格尔:《历史哲学》，46 页。

11 ［德］黑格尔:《历史哲学》，46 页。

12 ［德］黑格尔:《历史哲学》，47 页。

13 ［德］黑格尔:《历史哲学》，48 页。

14 ［德］黑格尔:《历史哲学》，113 页。

15 ［德］黑格尔:《历史哲学》，76 页。

16 ［德］黑格尔:《历史哲学》，94 页。

17 ［德］黑格尔:《历史哲学》，57 页。

18 ［德］黑格尔:《历史哲学》，94—95 页。

19 ［德］黑格尔:《历史哲学》，95 页。

20 ［德］黑格尔:《历史哲学》，94 页。

21 ［德］黑格尔:《历史哲学》，96 页。

22 ［德］黑格尔:《历史哲学》，58—59 页。

23 ［德］黑格尔:《小逻辑》，394 页，北京，商务印书馆，1980。

24 ［德］黑格尔:《历史哲学》，285 页。

25 ［德］黑格尔:《法哲学原理》，207 页。

26 ［德］黑格尔:《历史哲学》，69 页。

27 ［德］黑格尔:《历史哲学》，72 页。

28 ［德］黑格尔:《哲学史讲演录》第 1 卷，56—57 页，北京，商务印书馆，1978。

29 ［德］黑格尔:《法哲学原理》，334 页。

30 ［德］黑格尔:《历史哲学》，115 页。

31 ［德］黑格尔:《法哲学原理》，354 页。

32 ［德］黑格尔:《历史哲学》，97 页。

33 ［德］黑格尔:《历史哲学》，154 页。

34 ［德］奥斯瓦尔德•斯宾格勒:《西方的没落》上册，76 页，北京，商务印书馆，1963。

35 ［德］奥斯瓦尔德•斯宾格勒:《西方的没落》下册，588 页。

36 ［德］奥斯瓦尔德•斯宾格勒:《西方的没落》上册，143 页。

37 ［德］奥斯瓦尔德•斯宾格勒:《西方的没落》上册，76 页。

38 ［德］奥斯瓦尔德•斯宾格勒:《西方的没落》上册，81 页。

39 ［德］奥斯瓦尔德•斯宾格勒:《西方的没落》上册，31—32 页。

40 ［德］奥斯瓦尔德•斯宾格勒:《西方的没落》上册，32—33 页。

41 ［德］奥斯瓦尔德•斯宾格勒:《西方的没落》上册，34 页。

42 ［德］奥斯瓦尔德•斯宾格勒:《西方的没落》上册，306 页。

43 ［德］奥斯瓦尔德•斯宾格勒:《西方的没落》上册，307 页。

44 ［德］奥斯瓦尔德•斯宾格勒:《西方的没落》上册，39 页。

45 ［德］奥斯瓦尔德•斯宾格勒:《西方的没落》上册，112 页。

46 ［德］奥斯瓦尔德•斯宾格勒:《西方的没落》上册，39 页。

47 ［德］奥斯瓦尔德•斯宾格勒:《西方的没落》上册，145 页。

48 ［德］奥斯瓦尔德•斯宾格勒:《西方的没落》上册，54 页。

49 ［英］汤因比:《文明经受着考验》，191 页，杭州，浙江人民出版社，1988。

50 ［英］汤因比:《历史研究》上卷，7 页，上海，上海人民出版社，1966。

51 ［英］汤因比:《文明经受着考验》，276 页。

52 ［英］汤因比:《历史研究》上卷，60 页。

53 ［英］汤因比:《历史研究》上卷，55 页。

54 ［英］汤因比:《历史研究》上卷，74 页。

55 ［英］汤因比:《历史研究》上卷，78 页。

56 ［英］汤因比:《历史研究》上卷，262 页。

57 ［英］汤因比:《历史研究》上卷，264 页。

58 ［英］汤因比:《历史研究》上卷，271 页。

59 ［英］汤因比:《历史研究》上卷，268 页。

60 ［英］汤因比;《历史研究》上卷，274 页。

61 ［英］汤因比:《历史研究》下卷，419 页。

62 ［英］汤因比:《历史研究》上卷，272 页。

63 ［英］汤因比:《历史研究》中卷，36—37 页。

64 ［英］汤因比:《历史研究》中卷，3 页。

65 ［英］汤因比:《历史研究》中卷，171 页。

66 ［英］汤因比:《历史研究》下卷，98 页。

67 ［英］汤因比:《汤因比论汤因比——汤因比与厄本对话录》，161—162 页，上海，三联书店上海分店，1989。

68 ［英］汤因比:《历史研究》下卷，132 页。

69 ［英］汤因比:《文明经受着考验》，201 页。

70 ［英］汤因比:《文明经受着考验》，203—204 页。

71 ［英］汤因比:《历史研究》下卷，129 页。

72 ［英］汤因比:《汤因比论汤因比——汤因比与厄本对话录》，100 页。

73 ［美］R. 尼布尔:《人的本性与命运》下卷，287 页，贵阳，贵州人民出版社，2006。

74 ［美］R. 尼布尔:《人的本性与命运》下卷，317 页。

75 ［美］R. 尼布尔:《人的本性与命运》下卷，430 页。

76 ［美］R. 尼布尔:《人的本性与命运》下卷，430 页。

77 ［美］R. 尼布尔:《人的本性与命运》下卷，431 页。

78 ［美］R. 尼布尔:《人的本性与命运》下卷，413 页。

79 ［美］R. 尼布尔:《人的本性与命运》下卷，414 页。

80 ［美］R. 尼布尔:《人的本性与命运》下卷，415 页。

81 ［美］R. 尼布尔:《人的本性与命运》下卷，466 页。

82 [美] R. 尼布尔:《人的本性与命运》下卷，291 页。

83 [美] R. 尼布尔:《人的本性与命运》下卷，292 页。

84 [美] R. 尼布尔:《人的本性与命运》下卷，292 页。

85 [美] R. 尼布尔:《人的本性与命运》下卷，293 页。

86 [美] R. 尼布尔:《人的本性与命运》下卷，294 页。

87 [美] R. 尼布尔:《人的本性与命运》下卷，290 页。

88 [美] R. 尼布尔:《人的本性与命运》下卷，329 页。

89 [美] R. 尼布尔:《人的本性与命运》下卷，331 页。

90 [美] R. 尼布尔:《人的本性与命运》下卷，351 页。

91 [美] R. 尼布尔:《人的本性与命运》下卷，352 页。

92 [美] R. 尼布尔:《人的本性与命运》下卷，355 页。

93 [美] R. 尼布尔:《人的本性与命运》下卷，353 页。

94 [美] R. 尼布尔:《人的本性与命运》下卷，355 页。

95 [美] R. 尼布尔:《人的本性与命运》下卷，307 页。

96 [美] R. 尼布尔:《人的本性与命运》下卷，348 页。

97 [美] R. 尼布尔:《人的本性与命运》下卷，567 页。

98 [美] R. 尼布尔:《人的本性与命运》下卷，365 页。

99 [美] R. 尼布尔:《人的本性与命运》下卷，553 页。

100 [美] R. 尼布尔:《人的本性与命运》下卷，560—561 页。

101 [美] R. 尼布尔:《人的本性与命运》下卷，496 页。

102 [美] R. 尼布尔:《人的本性与命运》下卷，372 页。

103 [美] R. 尼布尔:《人的本性与命运》下卷，417 页。

104 [美] R. 尼布尔:《人的本性与命运》下卷，417—418 页。

105 [美] R. 尼布尔:《人的本性与命运》下卷，496 页。

106 [美] R. 尼布尔:《人的本性与命运》下卷，552 页。

107 [美] R. 尼布尔:《人的本性与命运》下卷，567—568 页。

第八章

历史编纂学的形态

一、浪漫主义史学

浪漫主义是18世纪后期到19世纪中期席卷西方思想和文化领域的一股强大的时代思潮。这股思潮猛烈地冲击着史学领域，引起了近代西方史学思想革命。浪漫主义思潮的产生，部分原因在于人们对法国大革命的后果表示失望。特别是当拿破仑在启蒙和解放的旗号下将战争和独裁强加到其他民族身上时，这种失望进一步汇集成了一股世纪性的反抗潮流。

从思想发展的角度来讲，浪漫主义的产生，还在于对启蒙运动理性主义的反抗。启蒙运动崇尚理性主义，认为世界上的一切事物都依理而动，人生的一切行为都依理而行，而历史就是一部理性的历史。理性由此而演变成为裁判一切的基本标准，它替事实判断、替人生行动、替历史编写提供一个标准。18世纪被称为“非历史的”或“反历史的”，是与此密切相关的。对于这一点，柯林武德对启蒙运动的理性主义史学做了如下概括：

> 对人类历史的真正历史观点，是把人类历史中的每一桩事物都看做具有其本身的raison d’être（存在的理由），而且它的产生是为了以他们的精神共同创造出它来的那些人的需要而服务的。把历史的任何一个阶段都看做是全然非理性的，就不是作为一个历史学家在观察它，而是作为一个政论家、一个为当代写小册子的论战家在观察它了。因而，启蒙运动的历史观不是真正历史的；在它的主要动机上，它是论战性的和反历史的。[1]

不容否认，启蒙运动对历史学的发展功不可没。它按照自然科学的思想方法开辟了通往历史领域的新路，这一理性观为历史知识地位的首次确立奠定了认识论和方法论基础，它使历史学向哲学看齐，向自然科学归类。但正如前所述，启蒙思想家由于反宗教而强调理性，力图将情感、意志等非理性的东西统统排除掉，完全按照理性的标准和法则来建构世界和人自身。当理性变成理性教条时便极大地压制了人的情感，于是浪漫主义的反抗随之而来。汤普森就指出：

> 浪漫主义就是对非历史的推理即理性主义的形式逻辑的反抗。是感情和想象对纯理智主义的反抗，感情对形式的反抗，个人主义对体制专横的反抗，是为富于同情的创造性的想象呼吁，反对只讲形式和内容的做法。[2]

由于人们越来越难以容忍理性的专断，于是流露出一种所谓的浪漫主义的情绪。它“表现为情操上回复到过去，表现为政治家们维护那些值得保存的或与新生活合拍的制度”[3]。在长期受到理性主义的压抑之后，人们重新拾起旧日的地方风俗，重新回到教堂礼拜，重新唱起旧日歌谣，重新再做旧日的传奇梦。这样，中世纪的骑士生活、修道院生活、中世纪编年史和中世纪博物馆再次引起人们的同情和关注。

柯林武德在论述浪漫主义史学的起源时，指出：

> 在历史学思想能作出更进一步的任何进展之前，有两件事是必要的：首先，历史学的视野必须放得开阔，以一种更同情的态度去研究被启蒙运动看做是未启蒙的或野蛮的并听任其默默无闻的那些过去的时代；第二，人性作为某种一致的和不变的东西这一概念，必须加以抨击。正是赫尔德首先在这两个方面做出了实质性的进步，但是就前一方面而言，他得力于卢梭的著作。[4]

卢梭本身是启蒙运动的产儿，但是，他对启蒙运动原则的新解释及对情感因素的强调，使他又成了浪漫主义运动之父。在《论人类不平等的起源和基础》中，卢梭不仅用一种历史的观点看待不平等的起源和发展，而且对人类的语言、情感、私有制、阶级划分等精神和社会现象的解释，已经接近于历史唯物主义。除此之外，卢梭的儿童教育思想包含了这样的认识，那就是，即使儿童没有得到发展，但他却有自己的生命、自己的理性和概念；而教师一定要理解和同情这种生活，以尊重的态度对待他，并以一种对其本身是适当的而又自然的方式帮助他发展。在柯林武德看来，卢梭的这种儿童教育思想，包含着重要的史学理论意义。他认为，一旦将卢梭的教育思想应用到历史学上就意味着：

> 历史学家一定永远不要做启蒙运动历史学家所经常做着的事，那就是以鄙视和厌恶的态度去看待以往的时代；历史学家必须以同情的态度看待他们，并在其中发现真正的而又可贵的人类成就的表现。卢梭是如此陶醉于这种观念，乃至(在他的《论科学与艺术》中)肯定了原始的野蛮状态要优越于文明的生活；但是那种夸张的说法，他后来又撤消了。它那被浪漫主义学派保存下来作为一份永久财产的唯一部分，乃是这一习惯，即反观原始时代作为是代表着具有其自身价值的一种社会形式、具有一种已被文明的发展所丧失了的价值。[5]

尽管人们可以将浪漫主义思想追溯到启蒙思想家卢梭，并将其称为浪漫主义运动之父，然而，是赫尔德在他的著作《人类历史哲学大纲》中首次较为系统地体现了浪漫主义史学思想的根本内涵。

作为浪漫主义史学的重要代表，赫尔德对启蒙运动的理性主义传统做出了批判。首先，他否定了启蒙运动关于艺术和文化的价值在于其中所蕴含的普遍价值的观点。在他看来，艺术和文化的价值不在于蕴含着某种普遍的价值，相反，在于它是个人或群体的表达、言说和交流。其次，他否定了启蒙运动的普遍人性观，认为人们天生就归属于某个群体，如民族或种族，这些群体又由其生存的环境塑造出独特的体质和精神特征，因而绝不存在某种永恒不变的价值。最后，他否定启蒙运动关于各种理想可以兼容的观点。他认为不同种族的感受力和想象力不同，因而都有自己的幸福观和生活理想，这些理想之间也并不是相互兼容的。赫尔德的这些思想，大大开阔了人们的历史视野，使人们能够以更同情的态度去看待过去的时代，而这些时代过去只是被启蒙运动思想家作为未启蒙的或野蛮的时代来看待的。

柯林武德认为，赫尔德是第一个以系统的方式承认不同人种之间存在着差别，并承认人性不是一致的而是有差别的。赫尔德反对离开社会谈论抽象人性的做法，认为并不存在如启蒙哲学所说的抽象的、永恒的人性。他写道：

> 假如我把人身上的一切都归结为个人，并否定人们之间的相互联系和个人与整体的相互联系的链条的话，那么人的本性和人的历史对我们来说便始终是难以理解的了，因为我们中的任何一个人光靠自身都不能成为人。[6]

在赫尔德看来，一个社会的自然环境，它的语言、科学、艺术、手艺等文化因素，以及人的劳动与劳动工具的创造等活动，都在塑造着人的特性，促进着人的发展。他甚至认为人性是易塑的黏土，在不同的需要和不同的环境中呈现出不同的形式。因而，没有一个人、一个民族、一个国家是彼此一样的。因而，他们之中的真、善和美也不尽相同。

赫尔德强调，要理解各种文化现象，就必须进入其独特的生活条件。比如，一向在北海波涛中经受风浪打击的人，才能够充分理解古老的北方吟唱诗人的歌谣，这是那些从未见过北方水手搏击风浪的人所绝对做不到的；只有那些体验过约旦丘陵上那些原始牧民的经历的人，才能真正理解《圣经》。历史学家在认识和理解外在于自己的某种文化或历史时，绝不能采用理性主义那种按照自身已有的模式来理解他者的方式，而是应当通过移情原则，即设身处地的原则，努力使自己同化于被研究的对象来加以领悟。他认为，要领悟一个民族的一个愿望或行动的意义，就得和这个民族有同样的感受；为找到适于描述一个民族的所有愿望和行动的字句，要思索他们丰富的多样性，就必须同时感受所有这些愿望和行动。因此，赫尔德断言，根据一套所谓普遍正确的教条主义原理，给各个文化整体的优劣分出三六九等，是既徒劳又盲目的做法。

赫尔德的思想对浪漫主义史学的发展起了重要作用。在其思想的引导下，19 世纪的历史学家们开始在实践中运用浪漫主义思想，为历史提供新的解释。总而言之，浪漫主义史学具有以下基本特点：

第一，浪漫主义反对理性主义割裂历史和否定中世纪史学作用的做法，主张任何国家的文化演进都是一个自然演化和有机发展的过程，并且由一种精神的创造力在支配其发展；强调民族传统及观念的重要性，宣称任何民族和时代的文化都具有独特性和存在的价值，强调史学研究要探讨各种文化各自的个性和各民族固有的“民族精神”。

第二，用情感取代理性，通过著史抒发感情和理性。浪漫主义强调直觉和沟通，要求设身处地地去理解各时代、各民族的历史和文化；反对用抽象的理性原则来概括历史，要求通过深入挖掘和考证史料客观地展现具体历史事实。

第三，注重对伟大人物的描述，往往将一个国家制度、法律、文学及政府等方面的精神发展归功于民族天才。与此相一致，浪漫主义史学家通常是民族主义者，他们热衷于颂扬本民族的荣光，凸显本民族与众不同的个性。

浪漫主义史学的发展，是对启蒙理性主义史学的一次重要检讨，它对历史连续性的强调，对各民族独特价值和个性的关注，对历史主义史学、民族主义史学思想的形成和发展具有重要的引导意义。可以说，在19世纪史学中，任何表现出个体性、连续性和发展观的史学流派都应被视为浪漫主义的影子无处不在的表征。同时，浪漫主义史学还在时间和空间上拓宽了历史学家的视野，使历史学家以一种新的姿态和观点考察被启蒙学者所认定的“黑暗的时代”。也正因如此，柯林武德认为：

> 这种浪漫主义者对于过去的同情……并未掩饰把过去同现在分隔开来的那条鸿沟，而且实际上还假定了那条鸿沟存在，同时有意识地坚持今天的生活同过去的生活两者间的巨大的歧异。因而，启蒙运动仅仅关怀着现在和最近的过去的倾向就被它抵消了，于是人们就被引向认为过去全部都是值得研究的而且是一个整体。历史学思想的范围大为开阔了，于是历史学家就开始把人类的全部历史认为是从野蛮状态开始而以一个完全理性的和文明的社会告终的一场单一的发展过程。[7]

如此一来，浪漫主义思想将过去完全纳入了历史学家的兴趣之内，而对个体性的强调也使历史学家从此对不同国家或地方的文化的兴趣大大增加。这对史学的理论和实践的发展起到了良好的推动作用。

二、客观主义

客观主义史学理论的形成，是19世纪西方史学发展的一个重要标志。客观主义史学以近代历史批判方法为基础，力图使史学摆脱先验的历史理论束缚，反对长期以来所形成的以史论政、文史不分、影射比附等历史研究倾向。客观主义主张历史学家应该客观地、据实地撰写历史，还历史以本来面貌。

客观主义史学的创始者是尼布尔（Barthold Georg Niebuhr，1776—1831）。他生于丹麦霍尔斯坦省一个资产阶级家庭，颇有语言天赋，青年时代就已学会20多种语言。大学时代尼布尔专攻古典语言学，但对哲学、数学、物理学、化学、历史、考古学等也有广泛的研究。1806年，尼布尔应邀来到柏林，供职于普鲁士王国政府。1810年来到新创办的柏林大学讲授罗马史。他的讲座十分成功，前来听课的不仅有学生，还有柏林大学的一些同事以及普鲁士政府的一些官员。1811年，他将其讲稿整理为《罗马史》出版，名声大振。

尼布尔对罗马史的研究，秉承着严格的科学批判精神，努力摈弃历史中的虚构成分，在信实可靠的史料基础上构建罗马史的新框架，从而给人以耳目一新的感觉。他在历史研究中绝不盲目地轻信前人的著作和论断。尼布尔认为，过去的历史学家甚至是那些伟大的历史学家，也往往辗转抄袭，而不肯花费气力去研究史料，最终造成以讹传讹。因此，他坚持使用第一手资料，主张进行严格的考证，以便确立史料的可信度，研究史料的由来、史料的外来成分和外来途径等。尼布尔曾对学生们说：

> 如果我们不把我们发现的错误揭露出来……如果我们放下笔时，不能凭上帝和自己的良心对我们自己宣布说，我们决不想欺骗自己或欺骗别人……那

么，我们就是错误地、违反宗教地使用了文章和作品。[8]

正是本着这种求真的态度，尼布尔的《罗马史》被公认为这一研究领域当中最具批判力和最善于分析的著作。普鲁士陆军元帅毛奇对此所做的评价很具代表性：

尼布尔像一个外科医生，他的刀割去传说的腐肉，留下赤裸裸的真理的骨骼。[9]

尼布尔所确立的这种史学研究态度和研究方法影响很大，特别是对兰克的历史学研究产生了重要影响。

利奥波德·冯·兰克（Leopold von Ranke，1795—1886），生于图林根的维厄，后入莱比锡大学研究古典作品，对历史产生浓厚的兴趣。1824年他出版了自己的首部著作《拉丁民族和条顿民族的历史，1494—1514》之后，即入柏林大学任教，在那里担任了近40年的教授，并写出关于英国、法国、普鲁士历史的卷帙浩繁的多种著作。他在当时的史学界声名显赫，并有较高的政治声望，1865年被封为贵族，1882年成为枢密院顾问。

兰克之所以被西方历史学家尊为19世纪史学泰斗，不仅是因为他那些卷帙浩繁的著作，更重要的在于他在长期的史学研究中形成了一套史学理论和史学研究方法，即客观主义的史学和治史方法。兰克也被认为是客观主义史学的宗师。兰克一生将治史的真实性作为最高目标。他认为历史学的目的在于探索和发现客观存在的历史事实。这个真实是指曾经发生过的历史事实，而不是指总括历史事实的抽象概念。兰克在《拉丁民族和条顿民族的历史，1494—1514》的序言中写下了反映其史学特征的名言。他指出：

历史指定给本书的任务是：评判过去，教导现在，以利于未来。可是本书并不敢期望完成这样崇高的任务。它的目的只不过是说明事情的真实情况而已。[10]

这表明，兰克将弄清历史上的具体事实作为历史研究的根本任务，书写历史就是为已经发生过的历史事实和已经出现过的历史人物做“文字还原”。因而，“如实直书”就成为兰克客观主义史学的基本主张。兰克这一客观主义的史学研究方法，还体现在以下几个具体的方面。

第一，重视档案资料的收集整理。历史学家的任务是“如实直书”，再现历史的真相。在兰克看来，历史的真相只能存在于原始史料之中。要弄清历史的真实情况，必须追本溯源，研究原始资料。他认为，“要让亲临其境者说话”，要考察那些“目击其事的人”是怎样记载的。所以兰克十分重视当事人原始陈述等档案材料，认为档案之中埋藏着最可信和最有价值的记录。为了贯彻他的这一主张，兰克曾遍访柏林、维也纳、罗马、伦敦、巴黎等地的国家档案馆和私人图书馆。他认识到近现代档案才是历史研究的真正资料源泉，他的著作《奥斯曼人与16世纪、17世纪的西班牙君主国》便是利用档案资料的最初成果，兰克的每一部著作都大量利用了人们不太注意的档案文献。

第二，重视史料的考证。为了追求历史的客观性，兰克不仅重视档案资料的收集整理，还注重对材料的考证。兰克指出了史料考证的必要性：

> 有的人抄袭古人，有的人为未来的时代寻找历史教训，有的人攻击某些人或为某些人辩护，有的人只愿记录事实。对于每个人必须分别加以研究。[11]

对于原始史料，兰克认为应该采用“外证”与“内证”相结合的方法加以考证。所谓“外证”法，是指通过史料表现的形式，如语法、体例等是否合乎史料生成年代的规范来确定史料的真伪；通过对不同著作、不同版本的互相校勘，来确定材料的真假；而所谓“内证”法，是指通过对不同作者所著的相同内容的史料进行比较分析，并结合对撰述人的身世、性格、心理等各方面的考察，确定史料的可信度。

第三，强调价值中立。为体现“客观主义”原则，兰克主张应该对历史事件采取一种超然的态度，对于历史上的争议，历史学家应该置身于外，不允许以自己的好恶，特别是不能用政治和宗教信仰的好恶来抑此扬彼。因此他主张，历史是怎样发生的就应该怎样叙述。在具体的史学实践当中，兰克严格按照这一宗旨行事。他的名著《教皇史》的主要内容是论述反宗教改革运动的。尽管兰克本身是一个虔诚的路德教徒，但他在论述的过程中，却以理智和平静的笔调肯定了中世纪教皇统治在统一欧洲文明上的功业，该书一出版竟受到了天主教国家的欢迎。也正因如此，克罗齐说：

他（兰克）坚守这一目标（即说明事实的真实情况——编者注），从而获得了别人所得不到的声誉，甚至达到了替反宗教改革时期的教皇们编写历史的程度，虽则他是一个路德派，并且终身是一个路德派。这本历史在一切信仰公教的国家都受到欢迎。他的最大成就是以不得罪法国人的方式去写法国史。[12]

兰克的“客观主义”史学思想在史学界具有重要的影响。兰克通过在柏林主持的史学专题研究班，培养了一大批忠实的信徒。在德国，魏茨、吉泽布雷希特将其思想发扬开来。在德国以外，兰克的思想也有着广泛的影响。客观主义史学的忠实倡导者、英国的阿克顿在阐述《剑桥近代史》的写作原则时也重申了兰克的基本原则。他说：

我们将力避发挥不必要的议论或拥护某一立场。撰稿者必须懂得，我们所编写的滑铁卢战役必须使得不论法人、英人、德人与荷兰人阅后都能感到满意。[13]

1886年，英国史学的权威刊物《英国历史评论》在创刊词中也声明：

历史的任务是发现和陈述事实。为了避免党派之嫌，本刊拒绝接受涉及与当代论争有关的问题的来稿。[14]

以兰克为代表的历史客观主义，强调追求真实客观为治史目的，将史实准确作为治史的最高原则，认为修史必须以可靠的原始资料为基本依据，并进而提出一整套考证史料的严谨方法，从而将史学研究推向了科学化的轨道。这不仅使历史成为“科学的历史学”，而且为后人治史提供了重要的方法论借鉴。

尽管如此，客观主义史学也存在着明显的缺陷。它主张史学研究要绝对做到价值中立，主张不带感情地“直书历史”。但是，众所周知，历史学家在历史研究中，不可能置身于他们生活的时代和社会之外。因此，他们不可避免地要受到各种因素的影响。他们在材料的选择重点、历史叙述的角度等方面，不可避免地受到自身所处的特殊境遇的影响。他们在进行历史叙述时，不可避免地要表现自己的政治和价值观念。一旦忽视和否定了这一点，在历史问题上就不是本着一种客观的态度。

三、实证主义

进入 19 世纪以来，自然科学获得了前所未有的迅速发展。自然科学的发展已经从搜集材料进入整理材料的阶段，各个学科之间的联系日益显露出来。追溯事物的发生发展和通过了解事物的局部来了解事物的整体，已成为普遍的研究方法和思维方式。自然科学在改造自然和促进人类社会进步中所发挥的巨大作用，强化了人们对自然科学理论和方法的崇拜，人们开始坚信自己能依靠科学最终控制自然界，并认为科学以精确性为特征，通过它获得的知识是最可靠的。正是在这种背景下，19 世纪中期产生了实证主义史学。

在实证主义看来，研究任何事物，都应当从实证的（具体的、现实的、可以检验的）事实材料出发，而不应当从抽象的和先验的材料出发。实证主义反对空洞的哲学玄想，重视对具体材料的发掘、观察、实验和比较，强调人们对外界的经验和感觉，提倡对事物先进行分析后做出判断。实证主义史学家们也相信历史学同样可以成为一门实证科学，从而为历史学的职业化和科学化寻找到最牢固的根基，使历史学与自然科学具有更大的同一性，以便自然科学的“科学”观念同样能够涵盖历史学。

1. 实证主义思想的起源

奥古斯特·孔德（Auguste Comte，1798—1857），实证主义的创始人，现代社会学的奠基者。孔德在1817年担任法国空想社会主义者圣西门的秘书，受到了圣西门多方面的帮助和指导，但两人因政治上和理论上的重大分歧而分手。1826年孔德自设讲座，广招学生，开始讲授实证主义哲学，曾因疾病和婚姻问题的打击而中断讲座，1829年恢复讲座。1830年至1842年，他的讲稿陆续问世，这就是他的主要著作——6卷本的《实证哲学教程》。1847年以后，孔德又撰写了《实证政治体系》和《实证宗教教义问答》，建立了他的实证社会学和人道教。

孔德认为，人类理智的发展经历了三个不同的阶段，即神学阶段、形而上学阶段和实证阶段。他在《实证哲学教程》第一讲中非常自信地指出：

> 直到现代为止，自己认为已经发现了一条伟大的根本规律，为人类智力的发展永远必然遵守……这条规律就是：我们的每一种主要观点，每一个知识部门，都先后经过三个不同的理论阶段：神学阶段，又名虚构阶段；形而上学阶段，又名抽象阶段；科学阶段，又名实证阶段。[15]

在神学阶段，人类精神所探索的目标是万物的内在本性，力图寻求一切现象的根本原因或最后原因。人们总是以超自然的力量即神来说明世界万物，把世界万物的变化看成是神的力量作用的结果。这是一种天真的幻想，因此又称作虚构阶段。

形而上学阶段是神学阶段的变相。在这个阶段，人们用抽象的观念来代替人格的神，通过抽象推理来解释世界的一切现象，要求获得关于事物的本质的绝对知识，并独断地将这些抽象概念作为绝对知识。

实证阶段是理性的科学阶段，也是人类理智发展的最高阶段。在这个阶段中，人类不再想象式地追求绝对的知识，而是集中力量进行真实的观察。孔德认为从前两个阶段到实证阶段是一场革命性的变化，它标志着人类智慧的成熟。在这一阶段，人们认识到只能了解万事万物“形成的各种相互关系，而永远不会了解它们产生的奥秘”[16]。人们不再探索事物的根本，而是将推理和观察结合起来，以发现现象之间的联系。

> 人类的精神承认不可能得到绝对的概念，于是不再探索宇宙的起源和目的，不再求知各种现象的内在原因。[17]

孔德将“实证”作为其哲学的主导概念，并对其做了六点规定：第一，它指的是现实的，与空想和玄想相对立；第二，它表示有用，与空洞、无用、脱离生活实践相对立；第三，它表示“确实的”，与虚构和抽象相对立；第四，它是正确的，与错误、暧昧和模糊相对立；第五，它是积极的或建设性的，与消极、否定、静止、孤立相对立；第六，它是相对的，与绝对的相对立。

孔德将自己的实证哲学看作一场哲学的革命，其目的就在于将科学从臆测当中解脱出来，强调“观察优先于想象”，最终使哲学研究达到一种实证状态。他强调并指出：“除了以观察到的事实为依据的知识以外，没有任何真实的知识。”[18]毫无疑问，孔德的实证主义是接受了近代自然科学的启发，因为16世纪以来近代自然科学注重观察和实验，强调知识的确定性和实证性，同空洞荒诞的中世纪哲学形成了鲜明的对照。

依据其实证哲学思想，孔德明确阐述了其实证主义的历史观。在孔德看来，历史研究也要像实证科学一样，把对事实的发现、确立和检验作为起点，亦即要让积累和考证史料在历史学中占有重要的地位。这一点无疑与近代以来形成的自然科学研究方式是一致的。

同时，孔德将发现规律作为一切科学研究（当然包括历史研究）的最终目的。对此，他指出：

> 实证哲学的基本性质，就是把一切现象看成服从一些不变的自然规律；精确地发现这些规律，并把它们的数目压缩到最低限度，乃是我们一切努力的目标。[19]

孔德关于人类智力发展三阶段的描述本身是一种规律性的描述，这个规律表现出后一阶段是前一阶段的发展，更有价值，因此其中必然蕴含着进化或进步观念。事实上，孔德曾明确指出，实证精神便代表着一种进步的精神。他说：

> 实证精神，因其卓越的相对性，唯一能够适当地代表一切历史大时代，还体现同一基本演变的各个特定阶段；其中每一阶段，按不变的规律，从前一阶段而来，也为后一阶段作准备；按不变的规律，是指参与共同的进步，从而能始终前后一贯、不偏不倚地对所有任何协作作出正确的哲学解释。[20]

孔德的实证主义思想，为史学研究开辟了新的道路，它为史学研究从“臆测状态”摆脱出来，并形成一种科学化的研究奠定了基础。此后的实证主义史学家正是力图建立一种像自然科学一样以准确的观察和事实为基础的关于社会和历史的“实证”科学。

2. 实证主义史学思想

第一个将孔德的实证主义原则运用到历史研究当中的史学家，是英国的亨利·托马斯·巴克尔（Henry Thomas Buckle）。

巴克尔是一个自学成才的历史学家。他虽然出生于一个富商之家，但因自幼体弱多病，所以从未进过任何学校。他从母亲那里接受了启蒙教育之后，就开始刻苦自学，广泛涉猎了人文科学及自然科学的诸多领域，尤其爱好哲学和历史，并通晓十余种语言。他立志要撰写一部多卷本的综合性世界文明史著作，并为此进行了长期的准备，但是这项庞大的写作计划却由于他的早逝而夭折。流传于世的 2 卷本《英国文明史》（全称为《英国、法国、西班牙和苏格兰文明史》）仅仅是这部鸿篇巨制的导论部分，而且还是没有写完的导论，然而其一经出版就获得了巨大的成功，被誉为具有哲学思想的史学佳作，巴克尔也因此而进入 19 世纪欧洲史学大师的行列。

巴克尔的著作几乎表现出了实证主义史学的全部特征。作为杰出的实证主义史学家，巴克尔坚信历史学就是一门科学，而且与自然科学的各个学科一样，只要充分占有必要的材料和采用合适的方法，就能够准确地把握住历史发展的规律。巴克尔与兰克学派的史学家一样，也非常重视原始的第一手史料。为了撰写《英国文明史》，他竭毕生之力广泛搜集各种资料，从专著到论文、从档案到私人日记和书信，共搜集到600多种、约3000卷左右的文献资料。

在巴克尔看来，观察和收集资料，并不是历史研究的全部，而仅仅是历史研究的开始。在收集了足够多的资料以后，接下来应当着手进行整理分类，并找出史实之间的因果关系。只有这样，才能使历史从个别的、孤立的现象上升为连贯的、可以理解的记载。探索和揭示人类社会历史发展的规律性，这是巴克尔致力于史学科学化的最主要的动机，也是他向历史学提出的要求。他明确指出，历史学家的责任就是显示一切民族的活动都是有规律的，只有通过揭示因果关系，才能把历史上升为科学。这表明，巴克尔对当时已经非常流行的、热衷于堆砌史料的历史著作不以为然，他力图改变历史研究的现状。

通过对历史现象的实证考察，巴克尔得出了人类社会历史发展方向是趋向进步的基本观点。他还进一步指出，在这个历史进步的过程中有三种规律发挥着决定性作用：其一是自然规律，主要指包括地形、气候、土壤和食物等诸要素在内的自然环境对人类历史发展的影响作用；其二是道德规律，主要指道德规范对人类社会进步的影响作用，实际上这是一种抽象的人性规律，其标准类似于孔德所倡导的那种“普遍的爱”；其三是知识规律，它在人类社会进步过程中发挥了主导作用，因为人类在不断的实践中所获得的知识增长实现了社会进步。

作为早期实证主义史学家，巴克尔的观点不可避免地具有其时代的缺陷。为了使历史学成为一门真正的科学，巴克尔力图从自然科学当中获得新知识和新方法。但是在这一过程当中，他淡化甚至否定了历史学与自然科学之间的界限，甚至将自然科学的理论生搬硬套在历史资料上，结果将复杂的历史现象公式化和简单化。虽然巴克尔的史学理论和方法还存在着明显的缺陷，但他的努力却具有开拓性意义，它有助于西方史学从考订史料、记述历史现象之学向探索规律、研究历史本质之学转变，有力地推动了当时和后世的史学发展。

巴克尔的实证主义史学在实证主义哲学思想的故乡受到了人们的广泛接受，其代表人物是泰纳（Taine，1828—1893）。泰纳是法国著名的史学家兼文学评论家。他出生于一个律师家庭，自幼博闻强记，20 岁时以第一名考入巴黎高等师范学校，专攻哲学。曾任巴黎美术学校美术史和美学教授。著有《拉封丹及其寓言》《英国文学史》《19 世纪的法国哲学家》《论智力》《现代法国的由来》《意大利游记》《艺术哲学》等。在泰纳身上，实证主义的决定论原则得到了充分的体现。他指出：

> 有关人类的一切事实，不管是肉体的还是道德的，都有其原因，并受法则的支配；因此，一切人类创造——艺术、宗教、哲学、文学以及道德的、政治的或社会的现象，都只不过是那些必须由科学方法所确定的普遍原因所造成的结果。[21]

在泰纳看来，一个民族的经济、政治、社会制度和思想文化发展水平，取决于这个民族共同的心理状态，而共同的心理状态又取决于种族、环境和时代三大基本因素的综合影响。为了分析人的心理状态以及种族、环境和时代三大因素，泰纳求助于自然科学。泰纳认为历史就是“心理解剖学”。他在《英国文学史》中指出：“今天历史也像动物学那样找到了它的解剖术。”[22] 在《智力论》中他又指出：

> 史学就是应用心理学。历史家记录和探索一个人的分子或一群人的分子所表现出来的变化，并根据他们的心理来说明这些变化。[23]

《现代法国的由来》一书是泰纳运用心理解剖的典范。在该书当中，泰纳模仿昆虫学家对昆虫的变形进行研究的方法，去考察法国大革命以前旧制度的结构和各部分的功能。他像自然科学家那样先有了假设，然后搜集证据证实它。在解释当中，他借助自己所理解的人性的心理规律，运用生物分类学的方法将证据安排在合理的结构内，从而完成了他的历史解释任务。

19 世纪另一位著名的实证主义史学家是著名的中世纪史研究家菲斯泰尔•德•古

朗治（Fustel de Goulanges，1830—1889）。古朗治出生于巴黎的一个布列塔尼人家庭，父亲是一名海军军官。古朗治高中毕业以后曾先后就读于巴黎高等师范学校和雅典法兰西学院，同时因嗜读基佐的《法国文明史》而走上了历史研究的道路。《古代法国制度史》（共6卷）是古朗治生平最具有代表性的研究成果。

古朗治强调历史研究在方法上与自然科学研究的同一性。他认为历史学与自然科学具有同样的客观性，因此对历史的研究只要按照自然科学的方法那样提出假设，然后搜集资料并对它们进行分析归纳，最后进行概括便完成了历史学的所有任务。他认为，只要把数学的论证形式和逻辑原理运用到对史料的解释上就可以完成研究过程了。因此，古朗治特别强调文献史料，尤其是第一手文献史料的神圣性和绝对性。他认为，史学家在开始自己的研究时，首先必须弄清楚文献史料的存在状况。尽管他也知道现存的文献资料并非全部真实可靠，但他认为这是历史研究的唯一依据。与此同时，他要求历史学家在阅读史料和分析归纳的过程中，必须要做到像兰克史学所提倡的那样保持高度的客观性，不能怀有任何的偏见和情绪，因为只有这样，研究者最后概括出来的结论才可能是准确的。在古朗治身上，我们已经可以看到实证主义史学与客观主义史学之间相互融合的趋势。

在泰纳和古朗治等人的影响下，实证主义在法国产生了广泛而深远的影响。1876年，历史学家莫诺在《历史评论》的创刊号上发表了用实证主义方法改造历史科学的宣言，提出历史学家应该抛弃任何政治和哲学理论而把研究工作限于文献和事实的范围之内。这是实证主义史学在法国取得优势地位的标志。1898年，法国史学家郎格罗瓦和瑟诺博斯合著了《史学研究法导论》一书，这部书系统介绍和总结了实证主义的史学方法，并为法国及其他西方国家培养了众多实证主义的史学家。

3. 实证主义史学的贡献与困境

与传统史学相比，实证主义史学无疑具有重要的意义。一方面，实证主义史学继承了客观主义史学的基本原则，它与兰克的客观主义史学一样，强调史学研究过程中对史料的搜集和整理。因而，实证主义史学在历史资料的搜集与考证及对于西方历史知识的积累和历史批判方法的完善方面起到了积极的作用。另一方面，实证主义史学不满足于单纯的叙述史实，主张对历史材料进行分类、归纳和概括，力图从孤立的历史现象当中寻找到内在的本质联系。这使历史研究从资料编纂转变成为近代意义上的科学。正如克罗齐所指出的，“幸亏有了实证主义，历史著作才变得不那么幼稚”[24]。

在历史研究中运用自然科学的研究方法及心理分析，关注历史现象和事物之间的内在联系，把历史当作一个客观的有机整体进行研究，试图揭示出隐藏在历史活动背后的规律等，是实证主义史学的重要特征。实证主义史学家的这种做法反映了这样一个事实，即 19 世纪的史学家们越来越自觉地从“科学”的角度，重新思考历史的本质、历史研究的目的和方法等问题，而这种思考恰恰是历史学成为一门独立学科所必需的。

但是，实证主义所说的使“历史学科学化”的科学，指的是近代自然科学。实证主义的科学历史学，是以自然科学为楷模的历史学。实证主义史学家们力图用自然科学的方法和基本术语来重新建构历史学。在这一过程中，一大批自然科学的术语如变异、胚胎、解体、功能、机制等被引入了历史领域。实证主义史学家将自然科学作为楷模时，便将自然科学成果当作隐匿的前提，认为历史是客观的，并且历史发展是有规律的。如同几何学建立在公理的基础上，实证主义史学默认的前提就构成了科学历史学的公理系统。也正是在这一意义上，柯林武德指出：

> 实证主义可以定义为是为自然科学而服务的哲学，正如在中世纪，哲学是为神学而服务一样。但是实证主义者有着他们自己的有关自然科学是什么的见解（是一种颇为浅薄的见解）。他们认为它包含两件事：首先是确定事实；其次是构成规律。事实是被感觉所直接确定的。规律是根据归纳法来概括这些事实而构成的。[25]

这样，实证主义史学家就忽视了自然和历史的本质区别。他们在按照自然科学的方式建构历史学的同时，也就意味着历史学失去了自己的独特性。这也决定了实证主义史学必然遭到20世纪分析的历史哲学的坚决批判，并被新的史学理论和方法所取代。

四、历史主义

历史主义是18世纪末开始主要在德国得到发展的一种思潮。它是启蒙运动和法国大革命之后与浪漫主义的兴起相伴随而产生的。一般认为，历史主义是由赫尔德和洪堡特发起，由兰克集大成，并在普鲁士学派及狄尔泰等人那里得到进一步发展。

正如其他史学流派一样，历史主义在不同的代表人物那里呈现出不同的特征，但是透过这些差异，我们还是能够看到一些共同之处。德国著名历史学家梅涅克指出："历史主义的出现是西方思维所经过的伟大的精神革命之一。"[26]它是文艺复兴之后，德国思想对西方文化传统的又一重大贡献。梅涅克还进一步论述了历史主义的基本特征。他指出：

> 历史主义的本质在于以一种个别化的方式取代对人类历史和人类力量的一般化的考察方式。这并不意味着历史主义完全排斥对人类生活的普遍合规律性和类型的探索。它甚至必须这样做，并且把这与它关于个性的意识融合在一起。[27]

当代历史哲学家曼德尔鲍姆认为："历史主义是这样一种信仰，它认为对任何事物性质的恰当理解和对其价值的恰当估量，只有通过考虑它在某一发展过程中的所处地位和所起作用才能达到。"[28]

总起来看，历史主义反对近代自然法理论关于人性的普遍性以及一切民族、时代的理性统一性和永恒性的观点，它强调各民族、各时代的历史和文化都因其内外条件的差异而各自具有独特的价值。它主张应当要具体地研究各个民族、各个时代的历史和文化，从多样化的个性当中去理解历史的统一性。历史主义还强调历史发展的连续性和有机性，反对割断历史，认为每个时代、每个民族都是发展的产物，都是历史发展过程中不可缺少的环节，都有其存在的必然性和价值。

历史主义有着很深的历史渊源，在维柯的《新科学》中已经有了历史主义思想的萌芽。例如，维柯指出，人类一切知识和文明的起源不是由于理性思维，而是由于人类的原始心智；历史的过程就是人类逐步创造语言、风俗、法律、国家等体系的过程，是每个民族在出生、发展、成熟、衰微和灭亡过程中的历史；历史是不能割断的，不要夸大现代的历史意义和价值，不要否定各民族的独创性和价值等。但是令人遗憾的是，维柯的历史意识尽管不属于成熟的历史主义，但是它已经远远超前于他所处的那个时代，以至于在当时并没有产生太大的影响。在整个 18 世纪法国的启蒙运动中，启蒙思想家的历史观，除了卢梭以外，基本上都没有摆脱 17 世纪自然法学派历史观的影响。直到 18 世纪中叶的德国，由维柯开其端的历史主义，才真正形成一股影响整个 19 世纪思想的潮流。

在德国，第一个将历史主义态度运用于人类历史研究的是莱辛。莱辛关注的主要是宗教的历史。在他看来，一切过去的和现在的宗教都是特定历史时代的产物，对任何一种宗教都不能说是正确的或谬误的。它之所以与真理相符，是因为它反映了一定时代的人对宗教的需求；同样，它之所以是荒谬的，是因为它在新的更高的发展阶段上已经不适应人类精神发展业已达到的水平。基督教仅仅是追求人道理想的人类道德进化的一个阶段。

在德国历史主义思想的形成和发展过程中，赫尔德发挥了至关重要的作用。在总结前人积极成果的基础上，赫尔德建立起了一个以历史主义为基本特征的完整的历史哲学体系。他摈弃了普遍的人性观念；而代之以多样化的人性观念，摆脱了启蒙理性主义史学的欧洲中心论观念，转而关注各民族各时代的文化，注意挖掘各个民族的文化遗产，并历史地看待各个民族的文化价值，揭示出人类文化的多样性和个别性。[29] 在考察各个民族、各个时代的文化价值的过程中，赫尔德充分展示了其历史主义的原则。

从古埃及的背景和人类精神的青年时代挑出埃及人的个别美德，然后用不同时代的标准加以评价，这是何等的愚蠢！即便希腊人对埃及人的评判可能极其错误，即便东方人可能恨埃及人，但以我之见，我们的头一个念头应当是设身处地地看待埃及人。否则，我们就会看到——尤其在用欧洲人的观点时——一幅极度歪曲的讽刺画。[30]

与赫尔德一样，普鲁士政治家、教育部长、柏林大学的创办者洪堡特也是德国历史主义的重要奠基人。洪堡特通过对语言学的研究，阐述了其历史主义的基本思想，他对历史主义的贡献主要也是通过语言学问题的研究展现出来的。洪堡特是一个伟大的语言理论家、普通语言学的奠基者，他试图通过语言学找到一条能够更好地把握人类差异的途径。在他看来，语言在民族生活当中发挥着极其重要的作用。他指出：

一个民族所在的生活环境、气候条件，它的宗教、社会建制、风俗习惯等等，一定程度上都可以跟这个民族脱离开来。然而有一样东西性质全然不同，是一个民族无论如何不能舍弃的，那就是它的语言，因为语言是一个民族生存所必需的“呼吸”(Odem)，是它的灵魂之所在。[31]

洪堡特认为，民族语言与该民族的精神是密不可分的。他指出，民族的语言即民族的精神，民族的精神即民族的语言。精神是语言的核心，语言是精神力量的外在表现形式。不同的语言，不同的民族，都是人类精神的不同方式、不同程度自我显示的结果。语言是精神的创造活动，或者说是“精神的不由自主的流射”[32]。他对此还进一步指出：

语言的所有最为纤细的根茎生长在民族精神力量之中，民族精神力量对语言的影响越恰当，语言的发展也就越合乎规律，越丰富多彩。语言就其内在联系方面而言，只不过是民族语言意识的产物，所以，要是我们不以民族精神力量为出发点，就根本无法彻底解答那些跟最富有内在生命力的语言构造有关的问题，以及最重大的语言差异缘何而生的问题。[33]

精神的决定性作用决定了民族精神的差异必然带来民族语言的差异，这种差异就表现为语言的民族特征。洪堡特提出，语言这个词应包含两种相互关联的含义，一是指“语言”（die Sprache，单数），即人类语言；二是指“语言”（die Sprachen，复数），即具体的、个别的语言、民族语言。也就是说，语言既是一种统一的人类现象，也是一种民族现象，普遍统一的人类语言呈现为各具特色的民族语言。人类语言与民族语言的关系是一般与个别的关系。各民族的语言结构、属性、内涵以及各民族对客观世界的不同理解造成了语言的民族差异，语言差异也反映了语言的民族性。

洪堡特不仅阐述了语言基于民族精神的差异而呈现出鲜明的个性，他还展现了语言的动态的、创造性特征。在《论人类语言结构的差异及其对人类精神发展的影响》中，他指出：

> 在每一个人身上都必然存在着整个语言。就像人类的一个民族始终具有人类性一样，人也始终是人，它并不是从动物的存在逐渐上升到人的存在……我只想把语言（的发生）比作这样一种现象：在一个美妙的春夜里，一棵大树的花朵一下子全部盛开了。在这以后，语言中很少再产生新的质料，而只是利用既存的质料进行构造、再构造。[34]

在洪堡特看来，语言的创造性首先就要到赋予语言以生命力的言语活动中去发现。语言是连续进行、永无止境的言语活动的总和，因此，它的真正意义只能是“发生学”的，即动态的、开放的。语言是精神力量积极自主的活动，这一观点在洪堡特的著作里反复得到阐述。他说：

> 语言就其真实的本质来看，是某种连续的、每时每刻都在向前发展着的事物。即使将语言记录成文字，也只能使它不完善地、木乃伊式地保存下来，而

> 这种文字作品在以后仍需要人们重新具体化为动的言语。语言绝不是产品，而是一种创造活动。因此，语言的真正定义只能是发生学的定义。[35]

洪堡特通过对语言的考察，试图建立起一个文化的生活世界，从而揭示人的本质，即人的自我创造性、历史性和人的整体性，进而向人们展现了一种历史的、动态的、生成的画面。

1821 年，在他所写的《论历史学家的任务》一书当中，洪堡特阐明了历史主义的方法论原则。他认为，历史认识的本质在于确立历史现象的真实性，然后对这些现象进行理解，理解其中蕴藏着的理念。这是德国史学在 19 世纪的主流思想，从兰克的史学中我们也能看到这一点。兰克也像洪堡特那样认为历史现象内在的是精神的体现。在他看来，历史表现于精神的，是姿态各异、多种多样的个体或个性化的形态。历史世界是由各个个体构成的，个人、民族、国家、时代都是这样的个体，它们各自都是精神的载体，都具有独特的、不可替代的价值和意义，本身都是目的而不是服务于别的个体的手段。在兰克的著作中，我们时常看到他对个体性的关注，正是凭借这种认识，他将历史和哲学进行了区分。他认为："哲学企图将现实压缩成一个系统，牺牲了历史世界的独特性，而历史寻求在个别中理解普遍。"[36]

赫尔德和洪堡特的历史主义思想更多强调的是文化的多样性，因此我们可以将其称为文化本位的历史主义。从总体上看，由赫尔德和洪堡特所体现出来的"历史主义"思想强调了个体性和历史性，认为每个个体都是最真实、最鲜活的，也是独特的，每个时代都拥有自身的结构和特点，如果强行把它们划入统一的规则，往往就抹杀了它们最本真的东西。

从表面上看，这种历史主义思想具有纯粹的学术性和思想性。但是，值得我们注意的是，德国历史主义思想的发展，却具有明显的政治取向，进而呈现出强大的政治效力。基于对各个时代、各个民族自身特色和价值的强调，德国的史学家转而走向了对自己国家发展和价值独特性的强调。对民族性的强调发展到极端便具有了强烈的民族主义色彩，并由此形成了民族本位的历史主义或民族主义史学。民族主义史学对渗透在历史中的民族精神及本民族过去所创造的诗歌、艺术、宗教、文化加以高度赞誉，对民族英雄人物为祖国献身的精神及民族为实现自由神圣的目标而牺牲一切的行为大加赞赏。这一点在深受黑格尔历史哲学[37]影响的普鲁士学派身上表现得十分明显。

普鲁士学派是一个活跃在19世纪德国史坛上的政治史学派，以达尔曼为精神之父，主要代表有聚贝尔、德罗伊森和特赖齐克等人。这一学派鼓吹民族主义，力图通过历史著述论证普鲁士统一德国这一政治使命。强烈的历史责任感和民族主义情怀推动着这一学派的历史学家们为德意志的强大而效力，在他们的思想当中，历史主义也是其史学实践的政治意图得以实现的基础之一。

德罗伊森的史学著作充分表现了他所鼓吹的民族立场，他所要做的就是要为普鲁士统一德国做出历史的见证。他在其博士论文《亚历山大传》中就认为，希腊人自己并不能实现自己的民族统一，无论是雅典、斯巴达都不能置身于这个民族统一运动的前列。他们不断争夺霸权，城邦的观念支配着这些城邦的思想，他们从来也不追求一个统一的、伟大的希腊，而最终需要由一个野蛮人来做到这一点。德罗伊森认为，分裂的德国就如同希腊世界，而普鲁士就如同马其顿，俾斯麦就是腓力二世和亚历山大，只有普鲁士能够统一德国并将德国文化传播到全世界。

总之，无论是强调民族文化独特性的历史主义，还是具有高度政治抱负的历史主义，它们都突出了历史个体的独特性，从而力图将知识和经验形式置于历史变迁的背景中来加以看待。在对自然科学和人文科学的看法上，也体现了历史主义的这一观点。对此，伊格尔斯在评论历史主义的这一特点时指出：

> 历史主义观念的核心是假设在自然现象和历史现象之间存在着根本差异，由此在社会和文化科学中就需要有一种与自然研究方法完全不同的研究方法。它主张：自然是不断再现的事物活动的舞台，在那里各种现象本身缺乏有意识的目的；历史则由具有意志力和目的的、独特的、不可重复的人类行为所组成。人的世界处于不断变化的状态，尽管其中有一些稳定的中心（个人、制度、国家、时代），每一个都拥有内部结构、特点，而且每一个都处于与其自身内部发展原则相一致的不断的转变过程之中。……自然科学的抽象和分类方法

> 对于人类世界的研究来说是不适用的。历史所要求的方法是考虑到历史学家所面对的具体的人和集团曾经是鲜活的，而且拥有需要历史学家加以直观理解的独特个性。[38]

历史主义的这些特点，无论是在洪堡特、兰克身上，还是在狄尔泰身上都表现得十分明显。洪堡特就认为历史认识有赖于研究者将自己同化于研究对象。对历史的理解，仅凭借理智的态度是不够的，还需要创造性的想象力和直觉性的认识。这一点即使在客观主义史学奠基人兰克身上也是如此。兰克认为，每一个事物，无论是一般的还是个别的，都是精神生命的一种表现，而要把握历史中的个体，只有依靠直觉性的认识才能做到。狄尔泰更是明确地指出，历史研究不同于自然研究，这主要是因为历史研究的主客体都是同一个人类的精神，因而历史理解只能通过内心的体验来完成。这样，通过想象、直觉等方式来把握和理解历史对象，将个体置于变化过程中就其本身来进行考察，肯定个体的独特价值和意义，就成为了历史主义传统最为重要的特点。

历史主义史学的产生和发展，摆脱了启蒙哲学关于人性普遍性和理性统一性的观点，将研究的重点转向考察个体性与特殊性。当代思想家以赛亚・柏林高度评价了历史主义所产生的重要影响。

> 无疑地除了它（即历史主义史学——编者注）的历史和政治影响以及它改变了西方思想感情的一般方式之外，这种路数（无论它有什么形而上学方面的缺陷）比之它所强烈反对的实证主义学说而言，更加开阔了历史学家的视野。[39]

但是，我们也需要看到，历史主义史学也存在一些问题。例如，历史主义史学家强调历史事件、人物和国家的特殊性和个性，这使得他们往往忽视对一般模式和普遍规律的研究，因而他们对历史所做出的解释往往具有相对主义的倾向。与之相适应，历史主义力图脱离自然科学和社会科学来研究历史，认为历史学的唯一目的是真实地再现和理解过去。这就造成史学家为研究过去而研究过去的心态，养成埋头烦琐探索、穷究细枝末节的职业作风。这一点在兰克身上表现得十分明显。[40]

五、年鉴学派

年鉴学派是20世纪30年代开始萌芽、40年代中期开始形成的一个史学流派。年鉴学派的创始人被公认是吕西安·费弗尔（Lucien Febvre，1878—1956）和马克·布洛克（Marc Bloch，1886—1944）。他们在1929年初创办了《经济与社会史年鉴》（后屡经更名，并于1946年定名为《经济·社会·文化年鉴》，简称《年鉴》），成为半个多世纪以来持相同主张的史学家们的主要阵地，年鉴学派便因此得名。半个多世纪以来，年鉴学派的影响不断增强，成为了西方史学研究的典范与主流。

在1929年的《经济与社会史年鉴》的创刊号中，吕西安·费弗尔和马克·布洛克在“告读者”栏目中，指责历史学家和其他社会科学家处于分裂状态。他们指出：

> 现在，在历史学家之间，在从事其他研究的专家之间，存在一种不相往来的闭塞状况。当然，各行的研究家，都致力于自己的专业，在自己的庭院中辛勤劳动，如果他们再能关心一下邻居的工作，就十全十美了。可是却被高墙堵住了。我们之所以站出来大声疾呼，就是针对这种可怕的分裂。[41]

因此，年鉴学派反对以兰克为代表的旧的史学传统，他们试图糅合经济、社会、文化等因素，对历史进行总体性和综合性的研究。在他们那里，历史不再是政治史，而是社会的历史，是“总体史”。

1. 年鉴学派的思想渊源

年鉴学派在法国有着悠久的历史渊源，最早可以追溯到文艺复兴时期。法国史学家波贝利尼埃尔（Popelinière）首先明确提出了“总体的历史”，认为历史记述继史诗和散文阶段以后，他这一代史学家将创造一种新的历史类型——总体史。

伏尔泰为当代新史学勾画了一幅新的蓝图，他的《路易十四时代》不仅记述了路易十四个人的活动，而且综合考察了作为整体的法国内政、司法、商业、治安、科学、习俗等各个方面的情况，展示了当时的时代精神和人文风貌。在《风俗论》一书当中，伏尔泰进一步将视野投向了世界，勾勒出了作为整体的世界范围内的人类生活图景。这两部著作为后世提供了一种新的历史类型。布罗代尔的《腓力二世时代的地中海和地中海世界》等著作在很大程度上就是伏尔泰的翻版。

19 世纪上半叶，夏多布里昂（chateaubriand）和基佐（Guizo）进一步发挥了总体史思想。夏多布里昂在《历史研究》一书当中指出，近代历史是一部百科全书，从天文到化学，从金融到实业，从绘画、雕塑、建筑到经济，从经济法、民法、刑法到政治法，无所不包。夏多布里昂所说的“近代史”已经是当代的新史学。基佐则将无所不包的文明作为历史研究对象。在他看来，历史除了可见的物质事实之外，还有隐蔽的但也真实存在的精神事实，而文明则是汇集和概括了所有普遍的和最终的事实。

在年鉴学派思想形成的过程中，对年鉴学派影响最大的是法国历史学家亨利•贝尔（Henri Berr, 1863—1954）。贝尔于 1900 年创办了《历史综合评论》杂志，并在这一杂志中阐述了自己的一些史学观点。他主张拓宽历史研究的领域，历史学家不仅要注意政治史、军事史，也要注意社会其他方面的历史。他提倡历史学家打破过分专门化所造成的历史研究的狭隘性，主动同其他学科的专家进行合作，运用历史学、历史哲学、社会学、心理学等多学科的方法解释历史。他还坚持史学研究必须依靠理论的指导，认为理论指导是历史学获得科学性的前提。贝尔的史学观点后来得到了年鉴学派的高度评价。有人甚至把贝尔看成是年鉴学派的真正奠基人。《历史综合评论》还直接培养了年鉴学派的历史学家，年鉴学派的第一代人物吕西安・费弗尔和马克・布洛克就曾于 1907 年和 1912 年先后参加了《历史综合评论》的编辑工作。

贝尔虽然迈出了第一步，但这一步无疑是不太大胆的，他只是力图将历史学同社会学结合起来，而对经济学却一无所知。这一遗留工作正是由吕西安・费弗尔和马克・布洛克完成的。1929 年，费弗尔和布洛克退出了《历史综合评论》编辑部，联合创办《经济与社会史年鉴》，从此开创了一个与传统史学截然不同的新史学流派，即年鉴学派。

2. 年鉴学派的发展过程

年鉴学派的发展大致经历了三个阶段：第一阶段从 1929 年至 1945 年；第二阶段从 1945 年至 1968 年；第三阶段从 1968 年至今。

吕西安·费弗尔和马克·布洛克是年鉴学派第一阶段的主要代表人物。费弗尔生于法国洛林地区南锡市一个知识分子家庭，1902 年毕业于巴黎高等师范学校，1911 年获巴黎大学博士学位。费弗尔的主要著作有《腓力二世与孔德省：政治、宗教和社会史研究》《地理历史学导论》《马丁·路德：一种命运》《16 世纪的不信神问题：拉伯雷的宗教》。除此之外，费弗尔还出版了一本论文集，名为《为历史而战斗》，其中汇集了他 1929 年后在《年鉴》杂志上发表的大量关于史学理论的文章，全面系统地表达了年鉴学派的观点。布洛克出生于法国里昂的一个犹太人家庭，1908 年毕业于巴黎高等师范学校，1920 年在巴黎大学获博士学位，曾长期在斯特拉斯堡大学担任中世纪史教授。布洛克的主要历史著作有《创造奇迹的国王们》《欧洲社会历史的比较研究》《法国农村史的独特性质》《封建社会》。此外，布洛克还有一本历史理论方面的著作《为历史而辩护：历史学家的职责》。

以《经济与社会史年鉴》为阵地，吕西安·费弗尔和马克·布洛克开展了批判传统史学、宣传新史学的活动。他们积极倡导总体历史学，把研究的触角伸入到人类历史的每一个细节，并且对历史学进行跨学科综合研究，广泛应用历史学方法以外的社会学方法、心理学方法、计量方法和比较方法，并注意开拓史料的来源。

年鉴学派的第二阶段（1945—1968 年）是该学派的“制度化”和强化阶段。其标志是原来的《经济与社会史年鉴》改名为《经济·社会·文化年鉴》，这一阶段的主要代表人物是费尔南德·布罗代尔（Fernand Braudel，1902—1985）。布罗代尔生于法国东部的农村，20 岁大学毕业后被派往阿尔及利亚的一所中学教书，1935 年又到巴西圣保罗大学任教。1947 年，布罗代尔接替费弗尔任《年鉴》杂志主编。布罗代尔最著名、最有代表性的著作是《腓力二世时代的地中海与地中海世界》。全书由三部分组成：第一部分描写地中海地区 10 个国家的地理环境，力图说明地理与历史、空间与时间的辩证关系；第二部分主要研究 16 世纪地中海地区的社会和经济状况；第三部分涉及 16 世纪地中海地区的政治、军事史，主要描述土耳其和西班牙两大帝国争霸地中海的过程。显然，布罗代尔的地中海具有与传统史学不同的鲜明特色。他力图将 16 世纪西班牙国王腓力二世在位时期的地中海世界作为一个整体加以考察，而社会、文化、经济则随着漫长的历史缓缓流动，传统的政治事件和军事冲突似乎对局部历史并不发生根本的影响。该书的出版在年鉴学派发展史上具有划时代的意义。布罗代尔在该书的序言中首次提出了长时段理论，之后又在 1958 年发表的《历史与社会科学：长时段》中进行了详细说明。

在布罗代尔看来，历史学之所以不同于其他社会科学，主要体现在时间概念上。历史时间就像电波一样，有短波、中波和长波之分，他称其为短时段、中时段和长时段。所谓短时段，也叫事件或政治时间，主要是历史上突发的现象，如革命、战争、地震等。所谓中时段，也叫局势或社会时间，是在一定时间内发生变化形成一定周期和结构的现象，如人口的消长、物价的升降、时间的增减。所谓长时段，也叫结构或自然时间，主要指历史上在几个世纪中长期不变或变化极慢的现象，如地理气候、生态环境、社会组织、思想传统等。布罗代尔认为，短时段现象只构成了历史的表面层次，它是转瞬即逝的，对整个历史进程只起到很小的作用。中时段现象对历史进程起着直接和重要的作用。而只有长时段现象才构成历史的深层结构，构成整个历史发展的基础，对历史进程起到决定性和根本的作用，因此，历史学家只有借助长时段的观点，研究长时段的历史现象，才能从根本上把握历史。

布罗代尔的长时段理论冲击了传统史学狭隘的政治史观，进一步体现了年鉴学派总体史学的思想。它不仅在内容上扩大了历史研究的对象，广泛涉及地理、生态、经济、政治、社会、科技在内的各个方面，而且从地域上延伸了历史研究的范围，将历史学的视野投向地中海和整个世界。

1968 年法国发生了五月风暴。是年，布罗代尔辞去了《年鉴》杂志主编的职务，由年轻一代的史学家雅克·勒高夫（Jacques Le Goff）和勒瓦·拉杜里（Le Roy

Ladurie）接任，年鉴学派进入了第三个阶段。1975 年成立的社会科学高等研究院成为年鉴学派第三代的基地，继续出版《年鉴》杂志，并打出新史学的旗帜，从此它们被称为“年鉴 - 新史学学派”。年鉴学派发展到第三阶段，出现了一些引人注目的变化：传统的年鉴学派提倡总体史学，把社会看成是一个有机联系的整体。而第三代学者却认为历史的间断性是决定一切的因素，否认各种历史事件之间有任何联系。因此，他们研究的也都是一些历史上孤立的现象。与此同时，历史人类学研究得到重视。所谓历史人类学，就是把历史学和人类学结合起来，在历史学领域内回答人类学所提出的问题。由于历史人类学着眼于人们的日常生活，而且历史学家的写作往往又通俗易懂，所以在一定程度上受到读者欢迎。此外，精神形态史也有了进一步发展。20 世纪 70 年代以后，更多的学者开始转向精神形态史研究，涉及的问题有集团心理、生死观、对性和宗教的看法等。跨学科的研究倾向得到进一步加强。

3. 年鉴学派的理论特点

年鉴学派克服了传统史学的诸多弊端，突破了历史学的陈旧模式，建立了一种新的史学范式。具体说来，他们的史学理论特色主要体现在以下几个方面。

首先，他们认为，历史必须是总体史学或综合史学。历史学应该研究人，研究人类总体，这是年鉴学派的新史观确立的一个基本原则。费弗尔认为，新的历史学是“全体部分构成的历史”，它研究人及与人相关的一切方面，关心人的全部活动。布洛克则指出，唯一真正的历史就是总体的历史。年鉴学派的理想是建立一种“全面的历史学”，这种历史学通过研究某个问题，不仅将一个历史时期的政治状况反映出来，而且还把经济、社会、文化等领域全部纳入历史学的研究视野。

同时，年鉴学派坚持将研究对象放在普通群众上，重视基层社会的历史。在他们看来，历史著述中只见国王、将军和外交家纵横捭阖的现象必须要加以改变。历史学家需要写作自下而上的历史，需要把人民大众的日常生活，诸如对待生老病死的态度、家庭和社区生活纳入史学研究的视野。为此，历史学家需要突破文字档案的限制，细致地研究人类的一切创造物，如家庭遗嘱、土地制度、教区登记簿等，以便将人类丰富多彩的历史反映到历史中来。

第二代年鉴学派的代表人物布罗代尔，以著名的“长时段”理论进一步丰富和深化了总体史的思想。“长时段”理论使“总体历史”的设想有了实现的可能，将历史学家从“政治时间”转向“社会时间”和“地理时间”，从“事件的历史”转向“结构的历史”。如布罗代尔的《腓力二世时代的地中海与地中海世界》，就包括了山脉、平原、海岸、岛屿、气候、城市、交通、人口、劳动力、物价、商业、财政、运输、海盗、宗教、文化、战争等各个方面。他通过将历史事件置于宏观历史背景下考察，研究变化缓慢而又长期发挥作用的因素对历史发展的影响，从而找出历史发展的基本趋势。年鉴学派将历史研究的空间拓展到人类生活的各个领域，打破了历史学与其他学科之间的壁垒，走出封闭隔绝的小天地，广泛吸收其他学科的成果和方法。年鉴学派使历史学成为一门真正意义上的社会科学，并成为以各种观点对社会进行研究的一切科学的中心。

其次，年鉴学派主张用“问题史学”代替“叙述史学”。他们倡导跨学科的总体史研究，其研究范围从政治史、军事史和伟大人物的传记扩大到了社会史、经济史、心态史等领域。新的研究对象要求有新的研究方法。传统的史学研究方法已经不能胜任。在年鉴学派看来，传统史学是一种“叙述史学”，它只要求历史学家对史料进行鉴别，然后将其如实地叙述出来。但在年鉴学派看来，叙述史学的研究方法是没有什么实际意义的。他们认为，历史只有从叙述性的转变为解释性的，才能成为一种科学。因此，历史学家的工作不能纯粹依靠搜集和罗列事例进行。布洛克就认为，历史学家如果不能提供“合理的分类和不断提高的理解力以取代简单的、杂乱的而且实际上是无限的堆砌物的话”，便没有权利在严肃的知识形态当中占有一席之地。[42] 也正因为如此，在布洛克看来，历史学研究若要顺利展开，第一个必要的问题就是提出问题，需要用问题的分析来取代对事实的平铺直叙。

最后，要在现在和过去的交互作用中来考察历史。在年鉴学派看来，在作为历史认识主体的历史学家和在作为客体的史料之间，历史学家起着主导作用，历史认识的过程就是历史学家能够实现的创造过程。在历史认识过程中，并不存在所谓客观的、现成的史料。

年鉴学派在取得重大成就的同时，也暴露出越来越多的问题。例如，它把历史弄得支离破碎，所谓“全面的历史”，实际上无异于一个“万花筒”，而不是一个整体，在各种历史现象之间看不出内在的有机联系。同时，年鉴学派过分忽视政治史的研究，强调长时段研究的重要性，而对短时段的政治史不感兴趣。对历史上发生的一些重要的政治事件，年鉴学派在其历史学研究中往往一笔带过。实际上，政治史是人类历史的重要内容，长时段、中时段的影响最终要在短时段的政治事件中表现出来。因而忽视对政治史的研究，而过度强调对长时段的研究，也是不可取的。

尽管年鉴学派存在一些缺陷，但是，它对史学理论发展的重要性是毋庸置疑的。自20世纪50年代以后，年鉴学派的理论和方法开始渗透到欧美各国，在一定程度上导致了整个西方史学的变革。在德国，一批年轻史学家接受了年鉴学派的主张，创办了《历史与社会》杂志，宣传年鉴学派的观点，倡导作为整体的社会史研究。在英国，社会史学派和年鉴学派保持了密切联系，利用计量方法研究历史人类学和社会结构史。在美国，年鉴学派的观点得到了历史学界的高度评价，著名的研究年鉴学派的著作有伊格尔斯的《欧洲史学新方向》、斯多雅诺维奇的《法国史学方法：年鉴模式》等，在纽约州立大学还成立了布罗代尔研究中心。在日本、拉美，在东欧的波兰，年鉴学派都扩大了自己的影响。这样，年鉴学派不仅是法国重要的史学流派，更是西方史坛一支影响深远的重要力量。

六、社会科学新史学

社会科学新史学派是20世纪中叶以来，伴随着社会科学与历史学的融合而在美国出现的一个史学研究派别。20世纪50年代至60年代，美国社会科学获得了长足的发展，无论是在学科建制上，还是在研究的技术上，都达到了很高的水平。社会科学的发展对历史学产生了重要的影响。

实现历史学的科学化，在这一时期具有两种选择，一是历史学采用自然科学的研究方法，使自身自然科学化；二是借鉴和采用社会科学的方法，使自身社会科学化。如果说实证主义史学所采用的是前一种思路，那么历史学在20世纪50—60年代的发展采用的则是后一种思路。社会科学派史学的产生，就是社会科学与历史学相互结合，历史学到达社会科学化的产物。“坚定不移地推动历史学与社会科学或行为科学的结合是美国的显著特征。”[43]

1. 社会科学新史学的形成

1954 年，美国社会科学理事会发表了《历史研究中的社会科学》的专题公告。公告系统阐述了历史学与社会科学之间的密切关系，认为两者都以人类社会生活的全部内容作为自己的研究对象，都以全面地理解人类行为和人际关系作为它们的目标。公告指出，历史研究最重要的趋势是越来越强调和社会科学的接近或汇合。1963 年，该理事会在另一份报告中，号召历史学家要掌握心理学、美学、伦理学、社会统计学以及研究人与社会想象以及自然力之关系的其他科学。1971 年，该理事会又资助出版了《历史学即社会科学》一书，直接在历史学和社会学之间画上了等号。

在美国社会科学理事会的推动下，社会科学派史学得到了长足的发展，先后出版了一系列著作和刊物，如《社会和历史比较研究》（1958 年）、《历史与理论》（1961 年）、《社会史杂志》（1967 年）、《历史方法》（1967 年）、《跨学科历史杂志》（1970 年）等。

顾名思义，社会科学派史学采用社会科学理论和方法来研究历史。在这一学派看来，历史学应该而且能够作为一门社会科学加以研究。

> 应用各种可能的方法，尤其要鼓励在历史教学和研究中选择并应用相邻学科，特别是社会科学的有关理论和方法，来提高历史解释的质量。[44]

可以说，美国社会史学之所以被称为“新”社会史学，最重要的原因是与社会科学或行为科学的结合，特别是采用了新的数理分析模式和运用跨学科研究和比较研究的方法，注重使用“科学式”的论证模式。美国史学理论家伊格尔斯对此指出：

> 在这里，我认为我们必须区分以下两个方面的情况，一方面，计量分析模式的偶然应用在过去几十年中在社会史特别是在经济史的研究中已是非常普遍的了。另一方面，历史学由于对数理分析模式的应用而成为一个严密科学的概念。这两个方面的结合，在美国、法国和斯堪的纳维亚各国出现了一个新的史学研究方向，被冠名为“社会科学史学”。[45]

计算机的应用方便了社会史家对材料的分析和处理，增加了对诸如档案资料、人口统计资料、会议记录、宗教记录、地方和州报、历史小说、团体活动记录以及普通人的口述资料等的使用和把握。这不但扩大了史学研究的范围，同时也加强了社会科学作为科学的呼声。

从总体上看，社会科学新史学呈现出以下几个方面的显著特征：第一，注重群体历史，力图勾勒出大批人或社会集团的行为；第二，充分运用社会科学或行为科学的理论和方法，力图从明确的假设或概念出发，使研究达到科学化；第三，避免纯粹的事件叙述，注重系统的分析比较，通过对不同背景下的相同社会过程的分析，从中归纳和概括出科学化的结论；第四，注重反复重现的、可证实的史料，尤其是计量史料的运用。

总之，社会科学新史学力图将现代社会科学与历史学结合起来，使历史学达到真正的科学化。在这一过程中，历史学和经济学的结合产生了新经济史，政治学和行为科学的加盟使政治史成为了新政治史。计量方法的采用，不仅给经济史、政治史和移民史等方面的研究带来了新的手段和视角，更为实现从描述性史学向解释性史学转变提供了契机。可见，研究领域的扩大，自然要求理论和方法有所创新和发展，而理论和方法的革新，又有助于发掘新的研究课题和使用新的史料。

2. 社会科学新史学的派别

（1）新经济史派

20 世纪 50 年代，新经济史学家发起“新经济史革命”，直接的原因是他们对当时美国经济史的研究状况不满和对已有结论的怀疑。在他们看来，当时美国经济史研究面临以下突出的问题：第一，资料有限；第二，主要采用定性分析，并对资料进行简单的分类和归纳；第三，强调史料考证与罗列，与经济理论脱节。他们对这种资料与加工资料方法的不满进而发展为对原有的一些结论的怀疑。他们“怀疑对美国经济史的传统解释，深信新经济史要以可靠的统计资料作为坚实的基础”，他们希望以此为基础改写美国经济史。

1964 年，罗伯特·福格尔（Robert Fogel）发表《铁路与美国经济增长》一书，提出并运用“反事实度量法”。在福格尔之前，美国经济史学界都认为铁路运输在 19 世纪美国经济发展过程中起了不可替代的关键作用。福格尔认为，这种观点只是假设，没有经过验证，因而是可疑的。他指出，只有证明采用铁路比采用其他方法所带来的增值额直接地或间接地占 19 世纪美国经济产出的大部分，才能认为铁路是不可缺少的。如果要计算出铁路所带来的净收益，就要采用一种反事实模式，即假设—演绎模式，以推断出各种未发生的情况。通过对实际国民收入水平与假设没有铁路时国民收入水平进行比较，福格尔发现，铁路对美国经济增长的作用被经济史学家夸大了。在没有铁路的情况下，美国国民生产总值最多只减少 3%多一点，铁路并没有在美国经济增长中起决定性作用。换言之，美国经济增长的原因应该从铁路之外的方面去寻找。

福格尔与恩格尔曼（Engerman）合著的《苦难时代：美国奴隶制经济》是新经济史的又一座里程碑。他们花费了长达十八年的时间，搜集了几乎所有有关奴隶制的资料，进行了数千小时的计算机计算，声称第一次“科学地”叙述了奴隶制度的真实状况。他们根据诸如棉花价格和产量、价格水平和利息率等各种历史统计资料以及账簿、日记等大量前人不注意的资料，运用复杂的计算方法计算出 1860—1890 年间棉花价格和产量增长率、奴隶生活费变动率及奴隶价格增长率等。最后他们得出结论：南方奴隶制是高收益的经济制度，南方农业生产效率比北方要高，奴隶的实际收入比自由农业工人高，他们的生活状况也已经达到了很高的水平，黑人奴隶也并没有进行大规模的反抗行动。

福格尔与恩格尔曼的观点在学界引发了一场“文化战争”。最初《苦难时代：美国奴隶制经济》被誉为“研究美国奴隶制的《资本论》”，但不久就被斥责为“骗人的作品”。

《苦难时代：美国奴隶制经济》具有的重要性不在于该书本身，而在于由此所引发的文化争论。这场文化争论推动了史学界对整个史学理论和史学方法的关注，使人们认识到计量方法在历史研究中的使用限度。

（2）新政治史派

新政治史学是政治学和行为科学与史学研究相结合的产物。在新政治史学家看来，历史研究必须借鉴社会科学的理论与概念。他们认为，行为科学将心理学、社会学、人类学这些关于人类行为的知识融为了一体，可以为政治史学的研究开辟新的道路。根据行为科学理论，所有的政治活动都可以归结为一种社会行为，所有集体行动都是由个体的人类行为构成的。历史研究的任务就是剖析人类行为的模式，而一旦获得人类行为的知识，历史的其他方面就可以纳入恰当的范畴。

这样，新政治史在研究重点、研究的主题及研究方法等方面都与传统的政治史学形成了鲜明对照。它更加注重的是群众而不是杰出的人物，更加注重政治过程而不是孤立的政治事件，它强调的是定量分析而不是定性的描述，它注重深入的个案考察而不仅仅是笼统化的类比，它注重考察选票、唱名册、集体传记等新型的资料，而不是文件、手稿、报纸等传统的资料。在新政治史学家看来，只要采用上述科学的方法研究历史，若干年以后就可以发现人类行为的总规律。

新政治史学家用社会科学方法来研究美国的政治史。他们将美国政治发展过程看作一连串政治时代的更替，而政治系统从本质上说是政策系统，包括各种环境因素的投入、在政治过程中的转换、公共政策的产出及反馈等。他们主要从三个方面对美国的政治史进行了重新研究。首先，他们通过对立法、行政、司法部门唱名册的统计分析，重新评价了历届政府任期内的立法、司法以及领袖、政党、各种利益集团的作用；其次，通过对集体传记的研究，对诸如开国元勋、政党领袖、地方长官、政治活动家、政治改革家等各类杰出人物的经济、文化和社会背景进行群体分析，并将分析结果用于解释政治行为、权力分配、社会结构等重大问题。最后，通过对选举的研究，勾勒出政治势力的消长、选举周期的变化及政治体制的演变等。很显然，这是用社会科学的研究方法对历史的重新解读。

（3）新社会史派

20世纪60年代的美国社会，伴随着经济的高速发展，出现了诸如吸毒、犯罪、暴力、失业、环境恶化等社会问题。同时，20世纪60年代风起云涌的妇女运动、黑人争取民权运动、工人运动、青年学生运动及各种反越战抗议运动，造成了美国社会的动荡不安。这些问题的产生和存在为社会史研究提供了广阔的领域，从而也相应地增加了传统社会史学的研究范围。妇女问题、家庭结构、两性关系、黑人运动、工人运动、青年问题、人口流动等问题引起了史学家的极大关注。

随着各门社会科学研究的深入和交叉化趋势的发展，历史学家开始广泛地运用社会学、地理学、人类学、经济学、计量统计学、人口学等学科的方法和手段进行历史研究。这不仅深化了历史研究的内容，也开拓了新的领域，给历史学注入了新的活力。新社会史学随之在美国兴起，并逐渐成为主流学派。

美国新社会史学的突破口是社会流动研究，并以此确立了"社会流动模式"。新社会史学的代表人物是斯蒂芬•西恩斯特罗姆。西恩斯特罗姆于1964年出版了《贫穷与进步：一个19世纪城市的社会流动情况》。他以人口普查资料和农业年鉴为基础，用计量方法分析了马萨诸塞州纽贝里港1850—1880年间的人口流动状况。他得出结论：美国社会在工业化时期，蓝领、白领人群变动的可能性是十分有限的。继该书之后，一批学者对美国社会阶级变动、城市人口变动、少数民族、移民等诸方面的历史发展进行了研究，取得了一大批十分有价值的学术成果。西恩斯特罗姆又于1973年出版了《另一些波士顿人：美国都市的贫穷与进步》。该书以波士顿为例，分析了近一个世纪来美国城市化的情况，该书荣获班克罗夫特奖。

社会流动问题的研究，也带动了相关领域研究的开展。家庭史、地区史、"新"城市史等相继成为重要的研究主题。新史学派史学家力图通过详尽地考察特定地区的个人、家庭以及团体的经历，来探索出社会的基本结构和特征。

总体看来，新社会史学为史学的发展注入了新的活力，它不仅大大拓展了史学的研究领域，提出了诸多新的课题，还丰富了史学的理论、方法和研究手段，使之呈现出全新的面貌。因此，无论是从研究的理论和观念来看，还是从研究的领域和方法来说，这种经过社会科学改造的历史研究，已经成为名副其实的"新史学"。

但是，我们还需要看到，新史学的发展还面临着不少挑战。首先，新社会史学无力准确概括复杂多样的社会发展演变的主脉，新社会史学家只是描述了社会结构在不同历史时期的形态，对社会从一种结构形态转向另一种形态缺乏综合的理论解释。其次，新史学的研究存在“零散化”问题。社会新史学分类过多过细，历史学家难以准确把握本领域或本专业的研究现状，把握整个美国史研究的主线困难更大。使社会史研究缺乏综合性，导致社会史学者看起来不过是一群互不相关的实体，只在对普通民众日常生活关心注意的基础上被松散地糅杂在一起。最后，在研究方法上，社会新史学过于依赖社会科学的理论和模式，脱离了史学处理具体问题的本质特征。一些史学家发展到为计量而使用计量方法，只选取那些能够用来进行计量分析的题材和材料进行研究，从而使得社会新史学难以对历史做出整体的、综合性的分析与论证。

注释

1 ［英］柯林武德：《历史的观念》，125 页，北京，商务印书馆，1997。

2 ［美］J.W. 汤普森：《历史著作史》下卷，179—180 页，北京，商务印书馆，1992。

3 ［意］贝奈戴托·克罗齐：《历史学的理论和实际》，210 页，北京，商务印书馆，1982。

4 ［英］柯林武德：《历史的观念》，137 页。

5 ［英］柯林武德：《历史的观念》，138—139 页。

6 ［苏］阿·符·古留加：《赫尔德》，68—69 页，上海，上海人民出版社，1985。

7 ［英］柯林武德：《历史的观念》，140—141 页。

8 转引自［美］J.W. 汤普森：《历史著作史》下卷，210 页，北京，商务印书馆，1992。

9 孙秉莹：《欧洲近代史学史》，144 页，长沙，湖南人民出版社，1984。

10 ［英］乔治·皮博迪·古奇：《十九世纪历史学与历史学家》上册，178 页，北京，商务印书馆，1989。

11 ［英］乔治·皮博迪·古奇：《十九世纪历史学与历史学家》上册，180 页。

12 ［意］克贝奈戴托·罗齐：《历史学的理论和实际》，232 页。

13 ［英］乔治·皮博迪·古奇：《十九世纪历史学与历史学家》下册，617 页。

14 张广智、张广勇:《史学，文化中的文化》，78 页，上海，上海社会科学出版社，2003。

15 洪谦主编:《西方现代资产阶级哲学论著选辑》，25 页，北京，商务印书馆，1964。

16 [法] 奥古斯特·孔德:《论实证精神》，10 页，北京，商务印书馆，1996。

17 洪谦主编:《西方现代资产阶级哲学论著选辑》，26 页。

18 洪谦主编:《西方现代资产阶级哲学论著选辑》，27 页。

19 洪谦主编:《西方现代资产阶级哲学论著选辑》，30 页。

20 [法] 奥古斯特·孔德:《论实证精神》，44 页。

21 《新编剑桥世界近代史》第 11 卷，159 页，北京，中国社会科学出版社，1987。

22 [美] J.W. 汤普森:《历史著作史》下卷，613 页。

23 [美] 乔治·皮博迪·古奇:《十九世纪历史学与历史学家》上册，406 页。

24 [意] 贝奈戴托·克罗齐:《历史学的理论和实际》，244 页。

25 [英] 柯林武德:《历史的观念》，189 页。

26 Historism Meinecke，*The Rise of a New Historical Outlook*，translated by J. E. Anderson，London，Routledge & Kegan Paul，1972，p. Ⅳ.

27 Historism Meinecke，*The Rise of a New Historical Outlook*，translated by J. E. Anderson，London，Routledge & Kegan Paul，1972，p. Ⅳ.

28 见 Mandelbaum 在《哲学百科全书》(*The Encyclopedia of Philosophy*，vol. Ⅳ，New York，Macmillan Pub. Co & The Free Press，1967) 中为 Historicism 所写的词条。

29 对于这一问题，由于在前文的“浪漫主义史学”部分已做了比较详尽的阐述，在此不再重复。

30 [德] E. 卡西勒:《启蒙哲学》，224 页，济南，山东人民出版社，1988。

31 [德] 威廉·冯·洪堡特:《论人类语言结构的差异及其对人类精神发展的影响》，译序 39 页，北京，商务印书馆，1997。

32 [德] 威廉·冯·洪堡特:《论人类语言结构的差异及其对人类精神发展的影响》，20 页。

33 [德] 威廉·冯·洪堡特:《论人类语言结构的差异及其对人类精神发展的影响》，17 页。

34 姚小平:《洪堡特——人文研究和语言研究》，82—83 页，北京，外语教学与研究出版社，1995。

35 [德] 威廉·冯·洪堡特:《论人类语言结构的差异及其对人类精神发展的影响》，54 页。

36 [美] 格奥尔格·伊格尔斯:《历史主义的由来及其含义》，载《史学理论研究》，1998 (1)。

37 关于黑格尔的历史哲学思想，可参见第七章“二、黑格尔：理性与自由意识”。

38 ［美］格奥尔格·G. 伊格尔斯：《德国的历史观》，3 页，南京，译林出版社，2006。

39 柏林为《历史主义的兴起》（*The Rise of a New Historical Outlook*）一书所作的序言。

40 关于兰克史学的这一特点，可参见本章“二、客观主义”。

41 ［日］井上幸治：《年鉴学派成立的基础》，载《国外社会科学》，1980（6）。

42 ［英］杰弗里·巴勒克拉夫：《当代史学主要趋势》，56 页，上海，上海译文出版社，1987。

43 ［英］杰弗里·巴勒克拉夫：《当代史学主要趋势》，45 页。

44 J. M. Clubb，“History as a Social Science，” in *International Social Science Journal*，Vol. 33，1984，p. 596.

45 Georg G. Iggers，*Historygraphy in the Twentieth Century: From Scientific Objectivity to the Postmodern Challenge*，Lebanon, University Press of New England，1997，p. 43.

第九章

历史的意义

一、尼采：超人与世界的本质

弗里德里希·尼采（Friedrich Nietzsche，1844—1900），出生在德国萨克森州的勒肯镇。父亲是路德教牧师，在尼采4岁时就去世了，第二年尼采的弟弟也夭折了。家庭的悲剧在尼采心灵上产生了深刻的影响。尼采自幼接受贵族式的教育，聪明过人，性情孤傲，经常独自读《圣经》，企图找到人生意义的答案，被同学称为"小牧师"。但不久他便产生了反叛思想，认为上帝由于过分的慈悲而死掉了，他决心找到一个坚忍的新神，这就是他后来所塑造的"超人"。尼采先在波恩大学学习神学，后转到莱比锡大学学习古典语言学。1869年，尼采25岁，在毕业前夕被瑞士巴塞尔大学聘为古典语言学教授，次年成为正式教授。1879年因病辞职，在瑞士、意大利、法国等地养病、写作。1889年，尼采患精神分裂症。1900年，尼采逝世。

尼采著述丰富，先后著有《悲剧的诞生》（1872年）、《不合时宜的考察》（1876年）、《人性，太人性》（1876—1879年）、《曙光》（1881年）、《快乐的科学》（1882年）、《查拉图斯特拉如是说》（1883—1884年）、《善恶的彼岸》（1886年）、《论道德的谱系》（1887年）、《偶像的黄昏》（1887年）、《瓦格纳事件》（1888年）等作品。1889年尼采患精神分裂症期间写作的笔记在他死后以《权力意志》为题被编辑出版。

1. 重估一切价值

尼采的主要贡献在于对传统和现代的文化，特别是对传统理性主义、基督教道德和启蒙主义的文化进行了激烈的批判。"重估一切价值"是其思想的出发点，也是其哲学赖以存在的基础。

尼采自称是“第一个反道德者”，是现有的颓废文化堆下的“炸药”，是旧价值体系的彻底破坏者。尼采所主张的反道德，也就是对基督教道德的反动和否定。他说：

从根本上说，在反道德这个名词中，含有两种否定。第一，我否认以往被认为最高者那种形态的人，即善良的、仁慈的、宽厚的人；第二，我否定普遍承认所谓道德本身的那种道德，即颓废道德，或者用更不好的名词来说，基督教的道德。[1]

为此，在代表作《权力意志》中，尼采用“重估一切价值”作为副标题；而在《偶像的黄昏》中，他又用“如何用铁锤从事哲学”作为副标题。这样的标题设置，其基本意思是要将传统的文化和价值观念通通当作偶像打掉。在尼采看来，基督教所宣扬的道德理想，即“善良的、仁慈的、宽厚的人”，是“颓废的道德”“虚伪的意志”，因为这是对生命意志的违抗。他指出：

生命本质上就是掠夺、伤害、对陌生者和弱者的压迫、压制、严酷，把自己倾向加于人，吞并和剥削。[2]

尼采从不相信道德存在。在他看来，世间完全没有道德现象，所存在的只是对现象的道德解释。善与恶不是被人所发现的，而是由人所赋予的。因此，在伟大的时代，我们应该有将恶重新命名为善的东西的勇气。在尼采看来，应该将权力意志作为一切伦理价值的标准。

什么是善？凡是增强我们人类力量的东西，强力意志及本身都是善。什么是恶？凡是来自柔弱的东西都是恶。什么是幸福？幸福是一种力量增长和阻力被克服的感觉。[3]

基于重估一切价值的基本立场，尼采也不满当时历史学研究的基本状况。尼采“重估一切价值”的主张，在历史学中表现为对兰克学派基本原则的彻底批判。

在尼采生活的时代，兰克学派的客观主义史学在德国史学界渐居主导地位。这一学派的创始人兰克在历史本体论上强调上帝安排了人类历史的一切活动。“历史就是宗教”的观念几乎渗透了兰克的每一部著作。在研究方法上，兰克主张“直书历史”，并认为历史学家的工作在于忠实地再现过去。这些观点引起了尼采的极大反感。在尼采看来，历史绝非“上帝主宰一切”的“宗教活动过程”。他指出：

> 历史倘若并非总是乔装的基督教神正论，它倘若是满怀公正的和同情的热忱写成的，那它就绝不会被弄得像一种服役，像它现在侍奉的东西，像麻醉一切变革和革新的鸦片。[4]

尼采认为，“如实直书”的研究方式和穷尽于史料之中而不做更广泛和深入的思考，实际上是一种毫无价值的研究方式，它扼杀了人们思维与智性活力。并且，实际上并不存在什么客观历史真相可言。他指出：

> 实证主义坚持现象中“只有事实”，与之相反，我要说：不，恰好没有事实，只有解释。我们不可能确定事实本身，这样做的尝试也许是毫无意义的。[5]

他还进一步指出：

> 真理并不是那种凡是现存的、可以找到的和可以发现的东西，而是应当创造的东西，为某个过程命名的东西，更是为无穷尽的征服意志命名的东西：确定真理乃是一种无限过程，一种主动的决定，不是把固定和肯定的东西意识化。[6]

因此，真理并不是有待人们去加以发现的东西。真理的标准实质上是权力意志。这样，尼采在真理问题上将“本来如此这般”的信念转换成“应该如此这般”的意志。

如此一来，尼采在重估传统价值观念的过程中，将权力意志作为判断善恶、是非的基本标准，对原有的价值观念进行了彻底的颠覆。

2. 超人

尼采的“重估一切价值”，同时也是对价值的重建。尼采不但否定一切传统的和流行的价值观，而且致力于建立新的价值观。“超人”就是新价值的创造者，也是未来的创造者。

尼采认为，超人具有强大的权力意志，是具备无畏的征服欲望和支配力的英雄，他们是天才，是人类的精华，恺撒大帝、拿破仑就是超人的雏形。超人是价值与规范的创造者和占有者，他们本身就是真理和道德的化身，他们为人类立法，他们的意志、言论就是法律；超人企图占有一切，统治一切，他们毫无胆怯懦弱的性格；对于超人来说，重要的不是“我能做”，而是“我应做”；超人喜欢冒险，他们是疯狂的化身。

总之，超人是人的生命力和本能，即权力意志的理想化和人格化，是与基督教传统所确立的人的价值相反的新的价值观念的理想化和人格化。“超人是大地的意义。”[7]上帝死了，人们只能希望超人的出现。

超人的出现必须有适宜的环境。所谓适宜，并非指顺利，相反，它是指某种必要的险恶环境。在尼采看来，超人既然要摆脱传统习俗和道德标准的约束，就必须在恶劣的环境中成长。

> 仔细审查一下最优秀、最有成就之士的生平，然后反躬自问：一棵巨树如果昂首于天宇，是否有恶劣天气和暴风雨之助呢？外部的邪恶与对抗、仇恨嫉妒、顽梗猜忌、严酷贪婪和暴戾，是否应算作顺利环境的因素呢？没有这种顺利环境，甚至连德性上的巨大成长也不可能。[8]

在尼采看来，超人是某种巅峰体验，而不是可以一劳永逸地达到的理想目标。超人从众生中产生，但超人并不是人类进化的结果。人类并没有进化到更高的类型，而超人也不是进化后可以稳定的性质。尼采甚至认为，超人不曾存在过。他借查拉图斯特拉之口说：

> 我对于这些高等的人和最好的人已经厌倦了：我渴望从他们的“高处”上升得更高些、更远些，直达超人。[9]

尽管超人尚未出现，但超人是现存人类的目的和意义，现代人应积极地、勇敢地向超人迈进。

在宣布“上帝死了”之后，尼采用超人作为人类的奋斗目标和价值依托，这种观点具有重要的历史哲学意蕴。“上帝活着”，上帝决定着人类历史发展的前进方向；“上帝死了”，超人的出现，意味着人类创造力的解放和自主性的充分展现，意味着历史的发展不是既定的，而是由人们去自主创造的。

尼采特别突出了超人式的激情在历史中的作用。在他看来，并非人人都可成为创造世界的决定性力量，虽有知识而无雄心和勇气亦丧失责任感，只能导致人与现实生活的脱节。也就是说，仅有知识是远远不够的，如果没有超人式的激情，如果不能把强烈的自我感受付诸实践，世界历史仍将死气沉沉。只有将日神的理智与酒神的激情融为一体，才能使“不管现象如何变化，属于事物之基础的生命始终是坚不可摧和充满欢乐的”[10]。尼采将世界历史过程比作一件“自我生育”的艺术品，能否生育和怎样生育全看人的努力，为此，人必须用雷霆和烟火向迟钝而昏睡的灵魂说话，他应该是地球上“最勇敢的动物”，“高唱战歌征服一切痛苦”，即使在奋争中失败了也毫不在意，因为他以其自身活力赢得人们的尊敬。这就是创造世界历史的强者。历史的发展实际是一个无限毁灭和创造的过程，从而在发展上呈现出无限的可能性。

3. 世界的永恒轮回

在尼采看来，整个世界、整个生活都是权力意志自我创造、自我毁灭的永恒流转过程。他认为，作为表象的世界，在权力意志的推动下，形成一个奔腾泛滥的力量海洋，永远在流转易形。尼采对此做出了如下描述：

> 各种力量浪潮合演，亦多亦一，此起彼伏，一个奔腾泛滥的力量的海洋，永远流转易形，永远在自流，无穷多的回流，以各种形态的潮汐相间，从最简单的涌向最复杂的，从最静、最硬、最冷的通向最烫、最野、最自相矛盾的，然后再从丰盛返回简单，从矛盾的纠缠回到单纯的欢悦，在这种万化如一、千古不移的状态中肯定自己，祝福永远必定回来的东西，这是一种不知满足、不知厌倦、不知痛苦的迁化。这就是我所说的永恒的自我创造、自我摧毁和迪奥尼索斯世界。[11]

尼采的这一描述表明，永恒轮回是在毁灭中创造，在创造中毁灭的。它既没有开端，也没有结尾。在这一过程当中，过去的尚未过去，现在的还没有开始，将来的处于无限的可能性之中。世界万物永远不会停留在某个状态，除了不断流动、不断变化以外，没有任何永恒的东西。世界如此，作为历史主体的人也是如此。不存在永恒的价值，人们要做的是需要对价值做出重新的估计和判断，在摧毁原有价值的同时创造新的价值。

二、柏格森：时间与绵延

亨利·柏格森（Henri Bergson，1859—1941，又译昂利·伯格森），法国哲学家。生于巴黎，父亲是犹太裔波兰人，音乐家，母亲是爱尔兰籍犹太人。柏格森自小便接受典型法国式教育，对哲学、数学、心理学、生物学有浓厚兴趣，酷爱文学。1878 年进入巴黎高等师范学校，1881 年获哲学学士学位，1889 年获哲学博士学位。1897 年任巴黎高等师范学校讲师，1900 年任法兰西学院教授，1901 年当选为伦理政治科学院的研究员，1914 年当选为该科学院主席并被评选为法兰西科学院院士。第一次世界大战期间，他以学者身份步入政界，历任驻西班牙和美国大使。1919 年任法国政府文教最高会议委员，1922 年担任国际联盟文化合作委员会第一任主席。

柏格森的主要著作有《时间与自由意志》（1889 年）、《物质与记忆：身心关系论》（1896 年）、《笑的研究》（1900 年）、《形而上学导言》（1903 年）、《创造进化论》（1907 年）、《生命与意识》（1911 年）、《道德与宗教的两个起源》（1932 年）等。他的著作采用的不是哲学界通行的抽象法，而是在风格上具有孔狄亚克的严谨和简洁，又像柏拉图和培根的文章那样，充满了色彩和比喻，辞藻华丽，文体优美。1927 年，“为了表彰其丰富而生气勃勃的思想和卓越技巧”，他被授予诺贝尔文学奖。瑞典学院高度评价了柏格森的生命哲学在批判传统哲学的理性主义机械论和决定论、解放人类思想方面的巨大意义，认为《创造进化论》是“一篇震撼人心的雄伟诗篇，一个含蕴不竭之力与驰骋天际之灵感的宇宙论”。

1. 两种时间

柏格森的哲学是一种生成论哲学。他认为，整个宇宙是一个创造进化的过程，其动力来自生命冲动。

生命冲动是生物变化的内在动力，它没有明确的目的，也没有确定的方向，它只是依靠着本性向上向外喷发。在这一过程中，生命冲动与物质相结合，产生出植物、动物及人类等不同层次的物种。其中，生命冲动越高，越具有生命的创造性特征；反之，生命冲动越低，越具有物质的特征，而最高的生命冲动所形成的是人类，人类通过自己的不断选择和创造性活动，将生命冲动的创造进化无限进行下去。对此，柏格森指出：

> 一切生命都与一个巨大的推动力结合在一起，所有的生命都服从同一个巨大的推动力。动物以植物为支持，人类则跨越了动物性；在空间和时间当中，人性的整体就是一支庞大的部队，它在我们每个人的身边和前后急行军，并发起压倒一切的冲锋，它能战胜一切抵抗，能清除那些最严峻的障碍，甚至能战

胜死亡。[12]

在柏格森看来，生命冲动本质上是纯粹的时间之流，它每时每刻都在创新，它不可分析，不可定义。

时间问题是柏格森建立生成论哲学的起点。但柏格森所说的时间不是传统哲学或日常生活中所说的时间。他认为，通常人们用直线表示的时间概念是以空间来想象时间，这只是给时间一个形象的描述。正像人们用具体的可感事物代表数目，但数目的本质不在于可感事物，时间的线形表示法也不能表示时间的本质。

传统的时间观将时间的感性形象作为时间的本质，将时间分割成一系列独立的、连贯的单位。这实际上是一种空间化的时间，是由一个个同质而独立的瞬间一个接一个、彼此紧密排列所形成的连续序列，就如同空间的连续排列所构成的几何直线，虽然每个瞬间都是各自独立、一个个分别出现的，但彼此之间既无连续性，又不具有任何真正质的差别，它所具有的变化无非只限于量值的增减。这种时间将连续的生命之流空间化，它所留下的好比一张电影胶片上的一个个连续排列的图像。

柏格森认为，真正的时间不掺杂任何空间要素，它是质的连续不断的变化，它没有明显的边界和分离的迹象，没有量的因素渗透进来，是纯粹异质性的东西。在柏格森看来，这种真正的时间就是“绵延”。

2. 绵延

绵延不是事物一个跟随另一个的连贯性，而是状态的连续。在连续关系中，人们分别不出一个个彼此相关联的事物，因为在这当中不分彼此。连续出现的每个状态都包含了过去，预示着未来，但又与另一个状态有质的不同，如同乐曲中一个个音符既连续又有差别的状态一样。对于绵延。柏格森做了如下描述：

在这些峻峭的晶体和这个冻结的表面下面，有一股连续不断的流，它不能与我们任何时候见到的任何流相比较。这是一种状态的连续，其中每一种状态

> 都预示着未来而包含以往。确切地说，只有当我们通过了它们并且回顾其痕迹时，才能说它们构成了多样的状态。当我体验到它们时，它们的组织是如此坚实，它们具有的共同的生命力是如此旺盛，以至我不能说它们之中某一状态终于何处，另一生命状态始于何处。其实，它们之中没有哪一种有开始或终结，它们全都彼此延伸。[13]

绵延是真正的时间。柏格森认为，绵延具有以下基本特征：

第一，绵延是不间断的流动。在绵延当中，过去消融在现在里，并且朝未来"持续"地前进，生机勃勃，永不停息，绵延就是变化本身。对此，柏格森指出：

> 这是一条无底的、无岸的河流，它不借可以标出的力量而流向一个不能确定的方向。即使如此，我们也只能称它为一条河流，而且这条河流只是流动。[14]

第二，绵延是一个作为整体生命过程的"一"，它包含生命进化的连续性及方向性。也就是说，人的生命从孕育到死亡的整个过程是连续的，不能从中单独抽出任何一个独立的环节或瞬间。生命的每个瞬间都是彼此渗入、相互交融的，它们共同构成一个整体，你中有我，我中有你，携带着过去又预示着未来。绵延只有通过记忆才是可能的，因为过去完全积聚在记忆当中。只有记忆才能把过去、现在和未来交融成一片，正是记忆保证了世界的连续性。柏格森论述道：

> 内在的绵延就是一种记忆的连续生命，它把过去延长到现在，这个现在或者好似以一种清晰的形式包含了过去的不断增长的影响，或者是（而且也可能是）由其质的连续的变化而表明了：随着我们年龄愈来愈大，我们就拖着愈来愈重的负担。如果没有过去这种参与留到现在，就不会有绵延，而只能有顷刻性。[15]

第三，绵延是质的多样性。每一个瞬间汇集着整个过去之流，每个瞬间都是新的、不可重复的。生命不断从一种状态转化到另一种状态，每一种状态都带着过去所有的记忆，沿着时间之路发展。但它是纯质的，与量无关，因为它包含了更深层次的状态，如感觉、感情、欲望等，而这些状态都是纯质的。生命过程在状态的连续转化中不停地变化着，状态本身不是别的，就是质的变化，也就是创新。

> 宇宙延续着。我们越是研究时间，就越是会领悟到：绵延意味着创新，意味着新形式的创造，意味着不断精心构成崭新的东西。[16]

第四，绵延只有凭借直觉才能把握。柏格森认为，理智是用来把握空间中的事物的。理智的特征是分析，是从整体到部分、从运动到静止的几何与逻辑的方法。对于绵延，人们是不能用理智加以把握的。他认为，我们在外部世界里是不能把握绵延的，只有当我们撇开生活于其中的外部世界，专注于我们的内心体验，才能感受到这种纯粹的绵延。直觉正是通过内心意识状态的体验来把握绵延的。在这当中，本能和实在融为一体，精神直接地洞察精神，从而达到主观与客观的统一。

柏格森认为，绵延是世界的本质，没有绵延就没有运动变化，也就没有活的生命。为此，他主张建立一门新的形而上学。这种形而上学以真正的时间即绵延为研究对象。由于用变化的观点看待世界，就不会把宇宙看作一个封闭的体系，而是看作一个不断变化生成的开放过程。

3. 生成的存在

既然人的生命乃至整个宇宙是一个不断生成的过程，那么在历史哲学中，任何本质主义的观点都是难以成立的。

本质主义是指在现象与本质二元对立的前提下，力图透过现象追寻事物的本质，并由此探寻作为万事万物之共同的“终极实在”。本质主义不仅预先设定了事物的静态本质，而且还先在地设定事物的过程本质，它主张任何事物的发展都有一定的规律，发展的方式及最终的结果在事先都已经规定好了。按照本质主义的历史观，历史是由先在的东西预先规定好了的，历史的发展不过是这种先在本质的展开而已。

在柏格森看来，生命是一个伟大的创造过程，它像一件伟大的艺术作品，不断表现着无法预知的新奇事物。人是不断处于创造、变化和选择中的绵延。人就是自己生活的创造者，人生的每一个瞬间都是在创造。人没有先在本质，人的本质就在于人生的创造和在自主选择中不断生成。如此一来，人的生成过程不像本质主义所说的那样有着既定的路线和方向，这个非终极性的生成过程是不能用既定的东西加以预测的。

> 我们的行动若涉及我们的个性，若真正是我们的行动，那它就是不可预见的，纵使其先前行动在这个行动被完成时解释了它，也是如此。并且，尽管这个行动实现了一个意图，但它作为当前和新的现实，却不同于那个意图，而消除了再度开始或重新安排过去之外，哪个意图从来都不指向其他任何目的。[17]

这种生成论哲学塑造了一种全新的人的观念：人是一种生成的存在，人的存在实际上是一个不断自我创造和变化的过程。这一过程不是向着既定的目标展开的，而是向着未知的未来敞开的。因而这一过程充满着无限的可能性，而人具有自由意志，可以自由选择、自由创造。

> 对于有意识的生命来说，要存在就要变化，要变化就要成熟，而要成熟，就是要连续不断地进行无尽的自我创造。[18]

人的生成性存在，同时也表明了历史的生成性特征。绵延具有记忆。由于记忆，个人的生命就有了与人类的整体生命共同延续下去的能力，人类历史的每一时刻汇集了过去所有生命的全部记忆；也由于记忆，自我能够理解人类共同生命即历史生命。这样，作为生命的积淀的历史生命就与自我之间有了可以直接接触的共通点。一旦联系起来，历史就吸收了生命的特征——流变的、连续的、整体的、多样的、创造的特征。历史的发展就与个体的生命一样，是一个不断创造、不断发展的连续不断的过程。历史如同个体的生命一样，是一个无限敞开的未来运动过程。

三、海德格尔：时间与历史性

马丁·海德格尔（Martin Heidegger，1889—1976），出生于一个天主教家庭，早年在教会学校读书。17 岁时，从一个神甫那里借到布伦坦诺的《亚里士多德所说的存在的多重意义》一书，对存在意义的问题产生兴趣。他在大学先学神学，两年后转入哲学，1913 年于弗赖堡大学在李凯尔特的指导下完成博士学位论文《心理主义的判断学说》，他的讲师资格论文题目是《邓斯·司各脱关于范畴的学说和意义的理论》。在弗赖堡大学任教期间，他参加了胡塞尔主持的研究班。1922—1926 年，他在马堡大学任副教授，讲授亚里士多德、柏拉图、笛卡儿、康德等人的著作，把他们的问题转变为关于存在的问题。1927 年，为晋升教授职称，他发表未完手稿《存在与时间》，该书后来成为 20 世纪重要的哲学著作之一。1928 年，海德格尔接替胡塞尔，任弗赖堡大学哲学讲座教授。海德格尔后期讲授赫拉克利特、巴门尼德及莱布尼茨、尼采等人的著作，研究语言、艺术（诗）及技术等问题。除了上面提到的著作和讲稿之外，他的主要著作还有《什么是形而上学》（1929 年）、《现象学基本问题》（1923 年讲稿）、《真理的本质》（1943 年）、《林中路》（1953 年）、《演讲与论文集》（1954 年）、《走向语言之途》（1959 年）、《技术与转向》（1962 年），还有一些从他的观点研究哲学史的著作，其中对赫拉克利特、康德、尼采的研究最为精彩。

1. “此在”的概念

海德格尔哲学的根本问题是以对“存在”本身的研究为核心的本体论。海德格尔认为，哲学本体论的基本问题是“存在”问题。对此，他指出：

> 任何存在论，如果它未首先充分地澄清存在的意义并把澄清存在的意义理解为自己的基本任务，那么，无论它具有多么丰富、多么紧凑的范畴体系，归

根到底它仍然是盲目的，并背离了它最本己的意图。[19]

海德格尔认为，传统哲学混淆了“存在”与“存在者”。传统形而上学以“何者存在”的方式去追问，并自称为本体论，但其实它们所关心和讨论的都只是“存在者”，而不是“存在”这个更为根本的东西。存在被遗忘、被隐蔽了起来，因此，这种本体论只是一种“无根的本体论”。

在海德格尔看来，“存在”与“存在者”不同，存在者是已经存在且已显示出存在的东西。存在是确定存在者作为存在者的那种东西，是使一切存在者得以成为其自身的先决条件。因此，与存在者相比，存在具有优先地位。存在没有现实的、独特的本质，因而是不能定义的，它不能由某种认识形式和逻辑结构所构成。因此，对于存在的研究不是去追问存在是什么，而是追问存在者怎样存在，也就是追问存在者存在的意义。

海德格尔认为，任何一个存在者都有其存在，人们可以追问任何一个存在者的存在。存在论的出发点就是存在者。他认为，要从存在物上拷打出它的存在。但是，存在论的出发点不能是任何一种存在者，而必须是这样的一些存在者，它们的存在是其他存在者的存在的基础，通过对它们的分析可以导出对一般存在的把握。人就是这样的存在者。只有通过人的存在，其他存在者才能显示自己，人的存在是其他存在者存在的前提条件。海德格尔给人这种独特的存在者一个专门的名称，即“此在”(Dasein)，以此与日常生活、科学及传统哲学中的人和主体概念区分开来。

在海德格尔看来，相比于其他存在者，“此在”具有明显的优势。“此在”只是它的存在本身，先于任何其他的规定。它不是现成的、实体性意义的存在，而只是一种显现、一种可能性。同时，“此在”不仅包含了对其本身的存在的领会，也包括了对其他一切存在者的存在的领会。因此，它打开了通往其他存在者的门户。这样，“此在”是存在论的出发点，对人的存在的分析把存在与存在者沟通起来，是对一切存在者的存在所做的存在论分析，是存在论的基础，因此被称为“基础存在论”。

2.“此在”的时间性

在海德格尔看来,“此在”的存在方式是“在世之在”和“与他人共在”。在“此在”的“在世之在”当中，所有事物都与“此在”的生存及其环境不可分割地联系在一起，都是作为“器具”而存在，即使那些看起来独立于人的自然物，也都是“器具”。同时，“此在”的存在也是“与他人共在”。“共在”是一种把自我和他人同时显现出来的存在方式。“在世之在”和“与他人共在”都是人的存在和显现的过程。“过程”是一个时间性概念，人的存在是在时间中被揭示的，可以说，时间是更普遍、更深刻的显现存在的方式。此在的存在就是时间性的存在。

在海德格尔的思想中，此在的时间性是“原始的本真的时间性”，它不同于物理学时间和传统形而上学时间。海德格尔将后者称为流俗时间，以区别于他自己的存在论时间。在流俗的时间观当中，正像存在被当作存在者一样，时间也被当作对存在者的一种运动的计量。过去、现在和未来表现为一种直线性的无限的流逝过程。而海德格尔对时间做出了一种生存论的理解，他确立了时间性与“此在”存在状态之间的联系。此在的存在有三种状态，即沉沦状态、抛置状态和生存状态。这三种状态分别对应于时间的三部分：过去、现在和未来。此在的存在、人生是一个不间断的绵延的过程，其过去、现在和未来是不可分割的。过去并未消失，未来也不只是过去和现在的继续，而是规定着现在和过去。也就是说，对于此在的存在而言，其过去、现在和未来总是在场，构成一个统一的整体。海德格尔用一个专有的名词组表示此在的这种全部存在过程——“先行于自身的——已经寓于的——在世之在”。该词组表达了一个三联式，第一式是将来式，第二式是过去式，第三式是现在式。每一式都依附于其他两式，三者相互依存，连成一个完整的过程，表示此在的完整存在状态。

3.“此在”的历史性

“历史”也常常被人们理解为已经发生了的“历史事件”。但是，由于这些事件与人相关，所以，它们的存在就遭到来自人的“理解”的侵袭。这样，历史这一概念本身就具有双重意义，既包括事件，又包括对事件的“理解”。在海德格尔看来，历史这一概念更主要的是指后者，因为只有在“人”的理解中，历史才会真正出现。单纯的事件堆积还不能构成生存论意义上的“历史”。

海德格尔以古董为例对此做了说明。一件古董之所以具有历史性，并不在于它属于“过去”，而在于它曾在的“世界”过去了。对此他指出：

> 什么“过去”了？无非是那个它们曾在其内来照面的世界；它们曾在那个世界内属于某一用具联系，作为上手事物来照面并为有所繁忙地在世界中存在着的此在所使用。那世界不再存在。[20]

在海德格尔那里，世界并不是通常意义上的客观世界（作为意识对象的自然界）。客观世界并不是原始世界。因为它对其本身并不能有所觉察和揭示，只能在与此在的联系中由此在所领悟和揭示。这样，海德格尔把古董的历史意义的存在论根据澄清了，把它交给了“此在”的组建。通过这一分析，海德格尔得出了一个与传统观念有别的结论：

> 诸如此类的存在者只由于它属于世界才是历史的。但世界之所以具有历史事物的存在方式，是因为它构成了此在的一种存在论规定性。[21]

如此一来，对历史性的阐明就转化到对此在的源始时间性的分析之上。海德格尔的分析表明，是“人”作为此在，才给予历史事件以“历史性”。这样，这种“过去”在此在这里就是此在的“曾在”。此在的演历就是从它向来已经在其中的曾在或过去向着自己的“将来”开启其自身的过程。这一过程就是此在的历史性所在。而一切世界历史事物都是在这一源始的历史性中才成为可能的。这样，海德格尔将历史性看作“此在”的历史性而不是事件的“过去”。过去的事件作为存在者的历史性，是以此在存在于其中的“世界”为前提的。在此基础上，海德格尔对流俗的历史性观念做出了批判：

首要地具有历史性的是此在。而世内照面的东西则是次级具有历史性的……可以显示：流俗的“世界历史”概念的源头恰恰在于依循这种次级的历史事物制订方向。[22]

在海德格尔看来，流俗的历史观将历史事物直接当作历史来看待，它脱离了“人”。尽管在这种观念中自然事物也同样会获得“历史”，但真正说来，只有人的世界才有“历史”。当我们说自然物有“历史”时，是把自然物纳入到人的生存论中加以理解的。例如，当我们说自然有历史时，只有把自然物当作村园、居住区和垦殖区或战场、祭场等人文产物时，这话才有意义。人们总是认为在外在时间性中理解事件是一种客观的历史态度，而实际上，这根本不是对待历史的生存论态度。因为人的此在才是历史的首要主体。不能因为某事件距离我们越久远就认为它越具有历史性。存在者的历史不在于它距离我们在外在时间性上有多遥远，而在于此在对它的生存论观照。

海德格尔通过对此在这种特殊的存在者所做的生存论分析，对历史的意义做出了不同于“流俗历史观”的新的理解。海德格尔向我们阐明，我们所置身、所与之发生关系的世界，是一个可以利用的世界，世界上一切东西只有在此在使用它们或与之发生关系的过程中，才被揭示出来。在这个意义上，世界是相对于此在而存在的。世界只是当它在我的筹划、计划、可能性显现出自己时，才有意义。世界并不是作为简单的、现实的东西向我们显现的，而是作为可能的为人类服务的方式呈现给我们的。历史同样也是如此，它绝不是已经发生了的事件的堆积，也不仅仅是一个个的体验之流。这样的历史只是“历史事件”或“经验的历史”。真正的历史，实际上是此在在源始时间性基础上的演历。

四、雅斯贝尔斯：历史轴心期理论

卡尔·雅斯贝尔斯（Karl Jaspers，1883—1969，又译雅斯贝斯），德国哲学家、精神病理学家，存在哲学的主要代表人物之一。1883 年 2 月 23 日生于德国北海岸附近的奥尔登堡。他自幼体弱多病，但却具有坚强的独立精神和自由不羁的性格。1901 年入海德堡大学攻读法律，后在柏林、格丁根和海德堡等地的大学学医，1909 年获海德堡大学医学博士学位。1909—1915 年任海德堡大学精神病医务室志愿助理研究员。后来，雅斯贝尔斯将兴趣转向哲学，并很快展示了他思想的深邃和思维的缜密特征。1921 年他应聘任海德堡大学哲学系教授。1937 年受纳粹迫害而被解除教职。1945 年德国投降后，他参与了重建海德堡大学的工作，并任大学评议会主席。后来，由于雅斯贝尔斯撰文认为德国政府和人民对战争负有不可推卸的责任，引起了他的同胞们的怨恨和攻击。为此他不得不于 1948 年迁居瑞士，并赴巴塞尔大学任教。最后，雅斯贝尔斯放弃了德国国籍，并加入了瑞士籍。1969 年 2 月 26 日，刚刚过了自己 86 岁生日的雅斯贝尔斯与世长辞。

雅斯贝尔斯一生写了 30 余部著作，主要有《普遍精神病理学》（1913 年）、《世界观的心理学》（1919 年）、《大学的观念》（1923 年）、《时代的精神状况》（1930 年）、《哲学》（1933 年）、《生存哲学》（1938 年）、《罪责问题》（1946 年）、《论欧洲精神》（1947 年）、《真理论》（1947 年）、《哲学信仰》（1948 年）、《哲学导论》（1950 年）和《我们时代的理性与非理性》（1950 年）等。雅斯贝尔斯的历史哲学思想主要集中在《历史的起源与目标》（1949 年），这部著作是他建立世界哲学宏伟计划的一个部分，目的是为世界哲学寻找一个统一的基础。

雅斯贝尔斯不是专门的历史哲学家，他的历史哲学只是他整个哲学发展中的一个必要环节，从这种意义上说，雅斯贝尔斯对历史的思考类似于黑格尔的“历史哲学”。然而，历史哲学在雅斯贝尔斯那里并不是一个无关宏旨的赘疣，相反，它是构成其存在哲学与世界哲学的一个重要组成部分。根据雅斯贝尔斯的观点，哲学的核心是认识人的生存，但人的生存只有通过历史才能加以认识，因为人的生存要通过使自己内部的实际活动“获得历史基础而得到实现”[23]。就此，雅斯贝尔斯指出：

> 对于我们的自我意识来说，没有哪一种实在比历史更为重要。它向我们展示了人类最广阔的视野，给我们带来了传统的种种内容——我们的生活正是建立在这些内容之上的；它也为我们指示那些衡量“现在”的尺度，它还使我们

摆脱无意识的束缚而趋向我们自己的时代，并教诲我们从人的最高潜能与不朽的创造中去认识人。[24]

另外，走向历史哲学也是雅斯贝尔斯干预社会的一种方式。面对经历过两次世界大战的现实，他试图以某种方式改造人类的精神状态。他在《自传》中写道："由于我无从参加积极的政治合作，我只能思考、写作、发表讲演。这种思考引导到历史的基本问题，引导到关于世界历史的问题和关于我们自己在世界历史中的处境问题。"[25]

1. 世界历史的结构

雅斯贝尔斯认为，历史研究的对象是整个人类及其意识。在《历史的起源与目标》中，他从人类历史发展的整体性和共同精神基础出发，把人类历史划分为四个时代。

第一，史前时代。雅斯贝尔斯称之为普罗米修斯的时代。这时，由于语言的应用、工具的发现、火的使用和人类共同体的形成，人第一次超出了生物学物种的规定而变成真正的人。在时间上，史前可分为两段：绝对史前，即公元前4000年以后到早期文化开始之前的阶段；相对史前，即与古代文化同时发展的阶段。因为这绝不是一种直线性的向前发展，而是同时存在和相互接替的多重文化区域。史前阶段具有重要的地位，它是后来一切的基础，它"预先决定了此后的整个历史进程"[26]，即"人类在史前的进化，就是构成人性之基本因素的发展"[27]。

第二，古代文明。公元前5000年到公元前2000年，古代高级文明相继在三个地区出现了。首先是苏美尔—巴比伦、埃及和爱琴海文明；其次是雅利安印度河文化；最后是黄河流域的古代中国文明。这三种古代文明均有自己的特殊精神，它们都是早已遍布地球的广大人群间的一些光明小岛。

第三，轴心期。从公元前800年到公元前200年，以公元前500年为中心，人类的精神基础同时并独立地在中国、印度、波斯、巴勒斯坦和希腊开始奠定，并且至今仍然发挥着影响。

第四，科技时代。它是自轴心期以来在精神领域、物质领域的第一次全新发展，这一过程在中世纪末期萌发于欧洲，17 世纪建立了理论基础工作，18 世纪末进入一个广泛发展的时期，并在 19 世纪末到 20 世纪初以急速的步伐向前迈进。现代科学技术使欧洲产生了有别于其他文化的特征，把欧洲与世界其他地区特别是亚洲分离开来。由于技术发展的结果，自 16 世纪起，当代世界在缓慢发展的过程中，已在事实上变成了一个联络体。欧洲则成了世界的中心。

从各个历史阶段的本质看，四个时期的历史意义不能等量齐观。史前与古代文明可以说是间歇期，而轴心期是突破期，科技时代则是第二个间歇期。在这段间歇中，人们可以聚集起来，鼓起为世界历史行动的力量，并逐步获得进行新的征途所需要的知识和技术的装备。根据雅斯贝尔斯的观点，轴心期成了历史的重心和中心。对于轴心期来说，在它之前的时代可以在一般意义上理解为前历史或者历史的准备期，在它之后的时代可以理解为始终由它参与决定的历史。当然，经过第二次间歇和准备，世界历史有可能进入新的轴心期，雅斯贝尔斯指出：

> （第二次间歇）……与新普罗米修斯时代即科技时代一起开始，它将通过与古代文明的规划和组织相类似的建设，或许会进入崭新的第二个轴心期，达到人类形成的最后过程。这个过程仍十分遥远，隐而不露。[28]

当然，人类未来的发展究竟如何，这个问题已超出了世界历史结构的界限，它的内容具有形而上的意义。根据雅斯贝尔斯的观点，可把它放在过去、现在与未来的相互观照中加以理解。

2. 轴心期的特征和后果

轴心期的具体表现是充满了不平常的事件。

第一，涌现出众多的先哲。中国诞生了孔子和老子，中国所有的哲学流派，包括墨子、庄子、荀子等诸子百家，都出现了；印度出现了《奥义书》和佛陀，探究了一直到怀疑主义、唯物主义、诡辩派和虚无主义的全部范围的哲学可能性；在伊朗，琐罗亚斯德教创始人琐罗亚斯德（Zoroaster）提出了一种挑战性的论点，认为宇宙的过程和人世的生活属于善与恶之间的斗争；在巴勒斯坦，从以利亚、以赛亚和耶利米到第二以赛亚，先知们纷纷涌现；希腊也贤者如云，其中有诗人荷马，哲学家巴门尼德、赫拉克利特和柏拉图，以及许多悲剧作家，还有修昔底德和阿基米德。

第二，“这个时代产生了我们至今仍在其中思想的基本范畴，创造了人们至今仍赖以生活的世界宗教。”[29] 三个进入轴心期的地区出现了新特点，人们开始意识到整体的存在、自身和自身的限度。人类体验到了世界的恐怖和自身的软弱。在探寻根本性问题时，人们为追求解脱和赎罪，已接近了深渊。可是，在自我身处和在超然存在中，人也体会到了自己的独立自存。

第三，人性发生了全盘改变，“在轴心期，首次出现了后来所谓的理智和个性”[30]。“以前无意识接受的思想、习惯和环境，都遭到审查、探究和清理。”[31] 对生命公认的解释动摇了，截然相反的事物间的平静，变成了对立和矛盾的不宁。人不再封闭于自身之中，变得不能再确定自己，因此向新的无限的可能性开放。人们虽然意识到了自己所处的位置，但却不知道结局。人们内心充满了骚动和不安，出现了精神上的纷乱。同时，虽然人性变化的成就是个人获得的，杰出人物的能力“和芸芸众生之间的鸿沟变得异常之大。然而，个人的变化间接地改变了大众。人性整体进行了一次飞跃”[32]。

第四，“人们试图通过交流思想、理智和感受而说服别人，与此同时就产生了精神冲突。”[33] 人们尝试了各种最矛盾的可能性，对不同的道路全都试探过。争辩、党派偏见和精神王国的分裂，造成了濒临精神错乱边缘的不宁和运动。一切皆被卷入旋涡。至于仍具有生命力和现实性的传统实体，其表现形式被澄清了，因此也就发生了质变。从社会方面看，无数的小国和城邦展开了全面相互矛盾的斗争，但却形成了惊人的繁荣景象。

第五，“神话时代与其心灵的平静和自明的真理终结了。”[34] 人们开始根据理性和理性阐明的经验向神话发起了一场斗争，导致了反对诸伪神不真实形象的伦理反抗，人们开始向往一种超然存在、普天归一的上帝。宗教伦理化了，神话则成为蕴含寓意的语言材料。在此转变过程中，神话得到了改造，并被注入了更为奥妙的寓意。

根据上述现象可知，轴心期是人类精神的第一次真正觉醒，那时的所有变化都可归属于“精神化”的过程。相互交流在三个进入轴心期的地区分别建立了精神传播运动。哲学家们云游各地，成为智囊和导师。人们殚精竭虑地寻求人类和睦生活的方式和最佳统治管理的方法。这是一个革新的时代，因而历史意识开始出现了。

> 只有在轴心期，我们才遇到了不遵循普遍规律、相反却构成了一个具有包罗万象性质的、独一无二的、特殊的历史事实，它本身包容了所有的精神现象。[35]

轴心期并不为全人类共同占据，而只有少数人，相对来说是极少数人，在三个地区朝前迈进了一步。但轴心期是一种精神酵素。它奠定了人类精神存在的基础，开创了真正的人类历史。轴心期使世界历史结构发生了变化，它的作用具体表现如下：

第一，在所有地方，轴心期结束了千年的古代文明，它融合、吸收或淹没了古代文明。古代文化的某些因素进入了轴心期，并成为新开端的组成部分。相对于古代文明，轴心期的飞跃如同是第二次诞生，并通过这次新的诞生，奠定了世界历史的崭新基础。

第二，直到今天，人们的精神生活仍然导向轴心期的时代。人类一直靠那时所产生、思考和创造的一切而生存。诚然，伟大的新的精神创造也曾出现过，但它们也是被轴心时代获得的观念所推动的。每一次新的飞跃都回顾轴心期，并被它重新燃起火焰。轴心期潜力的苏醒和对那时的回忆，总是提供精神上的动力。中国、印度和西方都曾经出现过企图恢复它的自觉的努力，如文艺复兴。

第三，轴心期虽然在一定的空间限度里开始，但它在历史上却逐渐包罗万象。它充满了对交往的无限渴望，将自己的一切展示给他人，把自己暴露在任何检验与核实面前。在这之后，生活在三个进入轴心期的地区以外的民族，要么与这三个精神辐射中心保持隔绝，要么与其中的一个开始接触。任何未同轴心期获得联系的民族仍保持“原始”，继续过着非历史生活；一旦与这三个地区发生接触，就会把整个民族和人性纳入到历史的进程之中去。西方的日耳曼民族和斯拉夫民族，东方的日本人、马来亚人和暹罗人，都被拖进了历史。

> 对于这些民族说来，他们都通过改变和占用传播给他们的文明，才在与这些文明妥协的过程中创造了新的文化形态。[36]

第四，世界开始了相互联系成一个整体的过程。三个进入轴心期的地区在各自的扩张中相遇时，“它们之间就可能存在一种深刻的互相理解”[37]。尽管相隔遥远，但各历史民族一接触就相互理解、相互融合、相互影响，并关切同样的问题，因为这些民族或人在人性生存上都有超越的要求。

但雅斯贝尔斯认为，轴心期不尽表现为一种趋向完美的直线上升运动。他指出：

> 不能把这个经历了所有这些跨越世纪的发展的时代，看做是一个简单的上升运动。它是一个既创造又毁灭的时代。它并没有达到最终的尽善尽美。个别贤哲实现的最高思想潜力及其实际表达，没有成为共同的财富，因为大多数人跟不上他们的步伐。因自由意向而开始的运动，结果却变成无政府状态。当这一时代丧失其创造力时，三个文化区就都出现了教条僵化和水平下降。[38]

而且，当混乱发展到无可忍受的地步，人们就开始寻求新的桎梏和新的安定。这种终结最初表现为政治上的发展。庞大的专制帝国差不多同时出现在中国（秦朝）、印度（孔雀王朝）和希腊（希腊帝国和罗马帝国）。到处从崩溃中涌现出了工业技术、系统的秩序和组织，目的是维持冰冷僵化的文化。无论是本民族还是由其他民族完成建立帝国的任务，都表现为缺乏精神创造的过程。在中国和印度，帝国表现为文化衰退；在西方，这一过程仅表现为文化的空间传播。在西方，建设新兴帝国政治的民族是马其顿人和罗马人。他们精神的贫乏在于突破的经验没有触及他们灵魂的内核。为此，他们虽然能够处在历史的世界中，能够征服、管理、组织、获取和维持文明的形式，能够保护文化传统的连续性，但却不能够推进或加深对突破的体验。雅斯贝尔斯将帝国的建立和工业技术的发展看作文化衰落的表现。不过，看起来他并不那样悲观。虽然轴心期也以失败而告终，但历史仍继续发展。

3. 现在与未来

雅斯贝尔斯认为，目前时代完全新异的因素是现代欧洲的科学技术，它不仅与亚洲的产物迥然不同，甚至与希腊的成果也不是一脉相承的。雅斯贝尔斯指出：

> 在最近几个世纪里，一种在本质上与各方面都是新颖的独特现象出现了：科学及其技术后果。自从有记载的历史开始以来，没有一个事件像它那样里里外外地彻底改变了世界。它带来了前所未有的机会与冒险。我们在技术时代生活了刚刚一个半世纪，这个时代只是在最近几十年中才获得了充分的统治地位。这一统治现在正增强到其限度是无法预见的地步。至今为止，我们只不过部分地认识到这惊人的后果。现在，整体存在的新基础不可避免地奠定了。[39]

根据轴心期理论，科技时代并不表现为精神生活的丰富，然而，雅斯贝尔斯在上面关于科技时代的论述中则是流露出难以抑制的自豪感。需要指出的是，他将普遍的科学与西方民族的文化特性联系在一起，并狭隘地割断了科学认识逐步积累的历史联系。虽然雅斯贝尔斯在政治上抵制了纳粹的沙文主义，但在文化上却无法抵御民族自大感的诱惑。他这样写道：

> 科学技术的根源与日耳曼—罗马民族一起奠定。由于科学技术，这些民族完成了历史的突变，他们开始了真正世界性的、全球的人类历史。只有这些民族，才仍然能在决定人类命运方面发挥积极的作用。他们使科学技术成为自己所有，并因此而承担了对人性可能造成的危险。人性是与西方的知识和技术密切联系在一起的。[40]

在雅斯贝尔斯看来，似乎只有欧洲通过实际成就证实了它的卓越。因为欧洲的发展路线单独地通到技术时代，这给予整个世界以一种欧洲的面貌。

当然，在雅斯贝尔斯以一种自豪感历数着现代科技时代的成就时，他并未完全丧失其理智的清醒。他指出：

> 客观的历史分析虽然揭示了西方在世界形成过程中发挥的首要作用，但也发现了西方的不完善和不足。[41]

首先，雅斯贝尔斯公正地认识到，科学虽然在现代社会中发挥了巨大作用，但它并不能解决一切问题。可是，人们却对科学有不正确的态度。一方面是对科学的迷信，把科学对事物的假设性总体解释看成是完成的指示，人们期待它解决一切问题，深入理解全部存在，帮助满足任何一种需求。这种错误的期望是对科学的迷信。另一方面，只要这种希望遭到破解，便会导致对科学的轻视。正如雅斯贝尔斯所说的：

> 当对科学的迷信变为失望时，其反应便是否定科学，转而诉诸感情、本能和冲动。那时一切祸患又都归咎于现代科学的发展。指望不可能实现的东西，这种迷信的必然后果就是幻灭。[42]

其次，“与轴心时期相比，最明显的是现在正是精神贫乏、人性沦丧，爱与创造力衰退的下降时期”[43]。尽管科技时代是一次新普罗米修斯时代，其创造的灵感、坚韧持久的劳动和尝试的勇气都达到了很高的水平。但是在这个时代，精神本身被技术过程吞噬了。人们变得越来越片面，众多的技术家在其任务之外智力极其贫乏，一切都变得没有个性特征，个人的成就消失在整体成就之中。对此，雅斯贝尔斯描绘道：

> 这是现时代的基本特征之一，虽然科学具有真实的性质，但它在精神上仍

然无能为力，因为大多数人只是占有技术发现，或通过问答方式学到一些被认为恰当的实际是教条主义的事实，他们根本没有进入科学之门。[44]

再次，雅斯贝尔斯重申了关于“异化”的现象。随着手工业被大机器生产无情地摧毁，大多数人被卷入了以机器为基础的劳动方式之中，这种生产方式把人变成了机器中的部件。本来技术应当服务于人类，而非人类服务于技术，现代技术却“竭力追求把最初的状况颠倒过来，以便随意使人成为劳动单位服从于技术和经济的目的”[45]。同时，现代技术造成的新形式使人更加依附于自然。为了控制自然，人类从技术上造成了第二自然，结果自己被从纯粹的自然的环境中撕开，这使“人类成为在地球上无家可归的人”[46]。

最后，传统价值的解体导致了虚无主义，因为信仰不再成为生活内容的基础，除了否定的空无之外一无所剩。虚无主义是没有信仰的沉沦。虚无主义不仅造成精神的堕落和玩世不恭行为的流行，而且它会导致最恶劣的信仰。人类不能没有信仰而生活，因为人类不能忍受虚无主义的根本态度，在普遍缺乏信仰的情况下，人类宁可屈服于一种盲目的信仰。

根据以上论述，现在的状况涉及一些与轴心期表现十分不同的东西。那时是丰富，而现在则是空虚。现在的时代是一种真正的技术和政治的改造，还不是永久的精神创造。科技文明并没有给精神生活提供可靠的基础，它们既可有助于恶也可有助于善。然而，雅斯贝尔斯试图超越悲观论调，他对现状并未给予很高的评价，而是认为这是一个为未来做准备的间歇阶段。雅斯贝尔斯指出，虽然我们今天正生活于一个充满着最可怕的灾难的年代，但是，

面对未来的全部情景，我们敢断言，人类不会全部迷失，因为他是以“上帝的形象”创造的，他不是上帝，但与上帝有着经常被忘记的、总是难以察觉的、但根本无法割断的联系。人类不会全部不是人类。昏睡、失落和遗忘自己是可能的。但在历史进程中，人类完全不会变成猿猴或蚂蚁，现在也不会变成反映的机器，这就会在他濒临可怕的境地时，救助他复归自我，只要他作为个

人尚未死去。[47]

不仅如此，

我们可能已面临新的轴心期，它一定会建立统一的世界范围的实体，一定是超出我们的想象力的。以幻想期待它也意味着要去创造它。没有人知道它会带来什么。[48]

雅斯贝尔斯认为，虽然未来轴心期究竟怎样很难预测，但是，可以预料，

如果我们现在进入人性的新的急剧质变，那么它不是轴心期的重复，而是与其根源不同的事物。[49]

雅斯贝尔斯认为，未来新的轴心期具有以下特征：

首先，第二次轴心世界能接受第一次轴心世界的经验又适合于它的思想，所以它一开始就具有更加多样的意义和更加巨大的精神财富。从这个意义上说，第二次轴心世界可能获得更卓越的成就，因为当它对西方文化的延续做出创造贡献、同时站在他人的肩膀上更加一览无余地欣然眺望时，它就达到了更广的广度和更深的深度。然而从另一种意义上说，必须把新的轴心期贬至第二位，因为它没有完全依靠自己的来源为生，原有的遗产会制约它的发展。

其次，新的轴心期是人类作为一个整体而进行的，而第一次似乎分裂为几次相互对立的地方性行动。第二次可能不仅在意义上（即人性起源上）是同一的，而且在空间实体上也是单一的。将来所发生的事件将成为世界性的和包罗一切的，不可能再存在中国、欧洲或美洲的界限。决定性的事件将是整体性的，因而也是空间广大的。

最后，与第一次三个轴心区独立地突起相比，第二次轴心世界完全是欧洲的现象，然而，同时，轴心期的到来恰恰是要结束欧洲的中心地位；一方面，世界一体

化的完成取消了欧洲的特殊地位；另一方面，成功地使用欧洲技术的民族正转过来反对欧洲。事实上，作为旧欧洲的欧洲已不再是世界占统治地位的因素，美国和苏联使欧洲相形见绌，欧洲的命运已操纵在美苏的手中。另外，现在不掌握决定权的中国和印度的重要性将日益增长，它们拥有不可取代的深厚文化传统和大量的人口，这在剧变中是一些重要的因素。

对未来的具体发展，雅斯贝尔斯拒绝予以描述。在他看来，真实的是现存，只有接受对现存的责任，才能对未来负责。预测未来与其说属于未来的范畴，倒不如说属于现实，因为预测未来的知识，就是促使它发生的因素。我们活动的目的是在我们相信它是可能实现的范围内确立的。正确的未来意识应该是一个开放的过程，因为任何确定无疑的目标都会使人丧失精神活动力。雅斯贝尔斯指出：

> 在我们生活中，最有推动力的因素是……我们确实不知道未来，但我们推动它的实现，并看着它出乎意料地全部隐现在我们面前。知道未来必定是我们灵魂的死亡。[50]

当然，对雅斯贝尔斯来说，虽然无法知道未来的形象，但可以思考“现在的倾向”并通过这些倾向对未来提出问题。他认为，有三种倾向今天已在全世界发展。

第一，社会主义。即人类群众正在力求秩序，社会主义显示出合法群众组织的要求。

第二，世界统一。尽管世界统一的时代是不能预先描绘的，但他断定真正实现这种统一的不应是世界帝国而应是世界秩序，因为战争必须被从人类事务的进程中排除出去；世界秩序来源于某种类似于康德永久和平计划的东西。即使这种计划作为具体理想不能实现，但它仍是一项超出把它变为现实的可能性的无限任务。

第三，信仰。共同信仰的传统立足点已坍塌了，人类正向着解答人类起源和归宿的真正信仰的根源前进，而最真实的选择应是以爱克服虚无主义。

4. 历史的内涵与意义

在雅斯贝尔斯看来，并不是所有事物都具有历史意义，甚至在历史中也包括非历史的因素，如简单的物质基础和千篇一律地周期性发作的、有规律的因果关系。他认为，具有历史意义的事物应满足下列两个特点：

> 首先，这种事物作为一个唯一性的事件，在人类历史共同的唯一的总进程中清清楚楚地占有它的位置；其次，它具有交流人性和延续人性的现实性和必要性。[51]

在这里，第一个条件是历史事件的独特性，它与自然的普遍性和事物发展的可重复性区别开来；第二个条件则是历史事件的主观性一面，即“历史既是曾经发生的事件，同时又是关于该事件的意识；它既是历史，同时又是历史认识”[52]。历史的一切基本内容，就是那些曾经作为事件客观地发生过、并将继续通过人类的记忆和意识存在于现实与未来之中的东西。历史遗产总是通过现有意识而非历史地呈现，只有进入人类意识的“历史”才是真正的历史。

根据历史的标准，雅斯贝尔斯进一步从“历史的分界线”、“历史的基本结构”和“历史的统一”三个方面，进一步探讨了历史的内涵和意义，并批驳了一些他认为是非历史的历史观念。他认为，在这三个方面，历史都好像被各个深渊包围着，如果落入其中一个，就不再是历史。

第一，“历史具有将它从其他各方面的实体、自然和宇宙划分开来的分界线。”[53]从时间的观点看，人类历史是地球上生命历史的极微小的一部分。与动植物的历史相比，人类历史非常短暂；与漫长而非历史性的人类历史相比，六千年有文字记载的历史也极短暂。从空间的观点看，在人类历史活动的周围是一般存在的无限空间。自然是非历史的，在自然中是相同事物的重复，而且自然是纯粹的事件，它没有自我意识，也不能认识自己。我们人类既是自然，同时又是历史。但人类历史不是自然存在的历史，而是精神存在的历史。

第二，“历史通过个别事物的纯实体和纯瞬态（the purely transient）的变化而具有内在结构。它仅因统一了全体与个别才成为历史，但以这种方式，它展示出的内在个性具有不可取代的意义，即一种独一无二的普遍性。它是完成存在的变迁。”[54]这就是说，从实体的方面看，我们称为历史的东西是客观的，它发生在时空里的一个特殊位置。但是，个体未必就是历史，在那种作为普遍法则、典型形式和普遍有效的个体中出现的普遍也未必就是历史的。那种被重复的个别，那种被另一种个体取代的个体，那种相当于普遍原则的一个实例，诸如此类的东西都不是历史。要成为历史，个别必须是独特的、不可替代的和独一无二的东西。另外，从主观的方面看，历史事物是被融入意识中的生机勃勃的现实，历史的个体只能为不断生长的洞察力与直觉力所披露。人类在主观性上的千差万别，造成历史事件具有独特性、不可替代的特点。然而，通过真诚的爱的无限扩展，历史上存在的一切事物又都走向关于一个唯一个体的全部历史。

第三，人类的历史性一开始就是多样化的历史性，可是多样性似乎要趋向统一，而且人类的统一只能扎根在这些历史特殊性的相互关系之中。根据雅斯贝尔斯的观点，“统一不是事实，而是目标”[55]。这就是说，统一存在于对趋向的臆测中。这种趋向就是要导致世界上所有仍默默无闻的民族一步一步地加入到整体的文化中来。共同的目标成了历史统一的根据。这样的目标包括：文明与博爱，自由和自由的意识，通过杰出人物的精神创造能力和文化生产而达到人性和精神上的交往与理解，上帝在人类中的显现。

统一的目标是无止境的任务，历史的意义不能用一个有限的目的来加以概括。因为对我们而言变得明晰起来的任何统一目标都是特殊的，充其量不过是可能统一的前提。就此，雅斯贝尔斯指出：

> 历史的统一将永远不以完成人类的联合而达到顶点。历史位于起源和目标之间，统一的思想在历史中活动着。人类沿着伟大的历史大道前进，但永不因意识到历史的最终目标而终止历史。更确切地说，人类的统一是历史的目的地，即获得圆满的统一将是历史的终结。在统一及统一的思想和观念指引下，历史保持运动。[56]

作为有神论的存在主义者，雅斯贝尔斯把这个最深刻的统一提高到无形的宗教、精神的王国以及与灵魂相和谐的显现上帝的秘密王国。这体现了雅斯贝尔斯历史观中的非理性主义和神秘主义成分。这种非理性的成分，既是他世界观的必然产物，也反映出他无力认识历史的真正起源和发展规律。

注释

1 ［德］尼采:《瞧！这个人》，110 页，北京，中国和平出版社，1986。

2 Karl Schlechta ed., *Nietzche Werke*，Munich，1955，vol. Ⅱ，p. 576.

3 ［德］尼采:《上帝之死（反基督）》，61 页，台北，台湾志文出版社，1996。

4 ［德］尼采:《悲剧的诞生》，120 页，北京，生活·读书·新知三联书店，1986。

5 Nietzsche，*The Will to Power*，New York, Vintage，1968，Sec. 481.

6 ［德］弗里德里希·尼采:《尼采遗稿选》，159 页，上海，上海译文出版社，2005。

7 ［德］尼采:《查拉图斯特拉如是说》，7 页，北京，文化艺术出版社，1987。

8 Karl Schlechta ed., *Nietzsche Werke*，vol. Ⅱ，p. 527.

9 ［德］尼采:《查拉图斯特拉如是说》，173 页。

10 ［德］尼采:《悲剧的诞生》，28 页。

11 洪谦主编:《西方现代资产阶级哲学论著选辑》，19 页，北京，商务印书馆，1993。

12 ［法］昂利·柏格森:《创造进化论》，230 页，北京，华夏出版社，2000。

13 ［法］帕格森:《形而上学导言》，5 页，北京，商务印书馆，1963。

14 ［法］柏格森:《形而上学导言》，28 页。

15 ［法］帕格森:《形而上学导言》，20 页。

16 ［法］昂利·柏格森:《创造进化论》，16 页。

17 ［法］昂利·柏格森:《创造进化论》，44 页。

18 ［法］昂利·柏格森:《创造进化论》，13 页。

19 ［德］海德格尔:《存在与时间》，15 页，北京，生活·读书·新知三联书店，1987。

20 ［德］海德格尔:《存在与时间》，447 页。

21 ［德］海德格尔:《存在与时间》，448 页。

22 [德]海德格尔:《存在与时间》,448页。

23 [德]卡尔·雅斯贝斯:《历史的起源与目标》,1页,北京,华夏出版社,1989。

24 [德]卡尔·雅斯贝尔斯:《智慧之路——哲学导论》,67页,北京,中国国际广播出版社,1988。

25 [德]卡尔·雅斯贝斯:《雅斯贝斯哲学自传》,84—85页,上海,上海译文出版社,1989。

26 [德]卡尔·雅斯贝斯:《历史的起源与目标》,42页。

27 [德]卡尔·雅斯贝斯:《历史的起源与目标》,36页。

28 [德]卡尔·雅斯贝斯:《历史的起源与目标》,33页。

29 [德]卡尔·雅斯尔贝斯:《智慧之路——哲学导论》,70页。

30 [德]卡尔·雅斯贝斯:《历史的起源与目标》,10页。

31 [德]卡尔·雅斯贝斯:《历史的起源与目标》,9页。

32 [德]卡尔·雅斯贝斯:《历史的起源与目标》,10页。

33 [德]卡尔·雅斯贝斯:《历史的起源与目标》,9页。

34 [德]卡尔·雅斯贝斯:《智慧之路——哲学导论》,70页。

35 [德]卡尔·雅斯贝斯:《历史的起源与目标》,19页。

36 [德]卡尔·雅斯贝斯:《历史的起源与目标》,65页。

37 [德]卡尔·雅斯贝斯:《历史的起源与目标》,15页。

38 [德]卡尔·雅斯贝斯:《历史的起源与目标》,12页。

39 [德]卡尔·雅斯贝斯:《历史的起源与目标》,73页。

40 [德]卡尔·雅斯贝斯:《历史的起源与目标》,73—74页。

41 [德]卡尔·雅斯贝斯:《历史的起源与目标》,80页。

42 [德]卡尔·雅斯贝斯:《历史的起源与目标》,111页。

43 [德]卡尔·雅斯贝斯:《历史的起源与目标》,112页。

44 [德]卡尔·雅斯贝斯:《历史的起源与目标》,109页。

45 [德]卡尔·雅斯贝斯:《历史的起源与目标》,121页。

46 [德]卡尔·雅斯贝斯:《历史的起源与目标》,114页。

47 [德]卡尔·雅斯贝斯:《历史的起源与目标》,169—170页。

48 [德]卡尔·雅斯贝斯:《历史的起源与目标》,113页。

49 [德]卡尔·雅斯贝斯:《历史的起源与目标》,159页。

50 [德]卡尔·雅斯贝斯:《历史的起源与目标》, 173页。

51 [德]卡尔·雅斯贝斯:《历史的起源与目标》, 6页。

52 [德]卡尔·雅斯贝斯:《历史的起源与目标》, 268页。

53 [德]卡尔·雅斯贝斯:《历史的起源与目标》, 268—269页。

54 [德]卡尔·雅斯贝斯:《历史的起源与目标》, 269页。

55 [德]卡尔·雅斯贝斯:《历史的起源与目标》, 294页。

56 [德]卡尔·雅斯贝斯:《历史的起源与目标》, 304页。

第十章

历史的解释

一、施莱尔马赫：历史解释的循环

弗里德里希·施莱尔马赫（Friedrich Schleiermacher，1768—1834），德国的神学家、哲学家、解释学家、传教家和古典语言学家。他对德国宗教、生活和文化影响重大，被公认为现代基督教新教神学的缔造者。

施莱尔马赫生于布雷斯劳（现波兰境内）。幼年在莫拉维亚兄弟会虔敬派学校读书。1785 年入巴比神学院。1787 年进哈雷大学攻读神学和哲学。1794 年在兰德斯堡任牧师。1796 年起先后在柏林、斯托尔普（今属波兰）等地任牧师。1804 年任哈雷大学神学教授。1807 年拿破仑入侵普鲁士后被迫离开哈雷。1810 年后任柏林三一教堂牧师、新柏林大学神学教授和柏林学院秘书等职。施莱尔马赫一生为人类做出了巨大的贡献，主要著作有《论宗教》（1799 年）、《独白》（1800 年）、《批判迄今为止的伦理学说》（1803 年）、《基督教信仰》（1821—1822 年）以及《新约导论》、《耶稣传》等。

1. 理解是重构作者思想

在施莱尔马赫以前，解释学已经有了很大的发展。但是，以往的解释学研究对象主要是《圣经》和法律文本，而且解释方法只是零散片段的，没有形成一种普遍的方法论。施莱尔马赫克服前人的缺陷，构造了一门适用于一切文本解释的普遍解释学。这样，他就把解释学从独断论的教条束缚中解放出来，解释不再是基督福音的宣告，也不再是对古典作品的模仿和仿效，解释学从此摆脱了为教义服务的地位而变成了一种普遍的解释工具和方法论，走上了独立发展的道路。

施莱尔马赫指出，解释学的出发点是误解；哪里有误解，哪里就有诠释学。因此，他将解释学看作避免误解的技艺学。他区分了两种解释学实践，即不严格的（松弛的）解释学实践与严格的解释学实践。前者是自发出现的，而在后者看来，自发出现的东西都是误解，解释学就是避免误解的技艺。所谓避免误解，也就是重构和把握作者的“原意”。在施莱尔马赫看来，文本都有其自在的意义，但由于时间的流逝，文本远离了它的原始境遇而成为不可理解的陌生物，带给理解者一种“疏异化”。解释学的任务就是要在“理解中重建一部作品的原本规定”[1]，即通过解释来重构当初的历史境遇，恢复历史的本来面目，只有这样，历史的意义才能展现出来。

施莱尔马赫之所以要选择一条重构的道路，这是因为，在他看来，

> 当艺术作品原来的关系并未历史地保存下来时，艺术作品也就由于脱离这种原始关系而失去了它的意义。
>
> 因此，一部艺术作品也是真正扎根于它的根底和基础中，扎根于它的周围环境中。当艺术作品从这种周围环境中脱离出来并转入到交往时，它就失去了它的意义。它就像某种从火中救出来但具有烧伤痕迹的东西一样。[2]

这实际上是说，如果我们脱离了一定的历史环境，就不可能把握历史的意义，而为了把握历史的意义，我们就必须重构历史的原貌。方法就是我们必须尽可能详细地搜集与当时历史情况有关的资料，以便重现当时的历史境况。只要用历史知识追溯出了历史的真实状况，那么，历史知识就弥补了历史在时间过程中丧失的东西，对历史的理解就具有了一个相对可靠的前提，我们就能够比历史的创造者更好地理解历史。

在施莱尔马赫看来，理解活动必须从思想上、心理上和时间上去“设身处地”地体验作者的原意，体验文本所属的原始世界，并且也要求作品写作风格的“重演”，而这些都是对文本真正意义的揭示和把握。

2. 语法解释与心理解释

为了重构作者的原意，施莱尔马赫提出了语法的解释和心理学的解释。在他看来，理解必须从语法和心理两个层面上来加以把握。对此，他指出了语法解释和心理解释在理解中的重要性。首先，必须从语法上加以解释：

> 话语如果不被理解为一种语言的关系，那么它就不被理解为精神的事实，因为语言的无赋性限制精神。[3]

与此同时，还需要从心理上加以解释：

> 话语如果不被理解为一种精神事实，那么它就不被理解为语言的样态，因为所有个人对语言的影响的根据就在于讲话，而语言本身是由讲话所决定的。[4]

语法诠释的规则共有四十四个之多，但最重要的是两个：一是对某一文体的理解必须参照作者当时所处的语言环境；二是某个词的意义必须参照与它同时出现在某个句子中的其他词的含义来确定。也就是说，对于任何讲话和书面语言而言，只有将其与整个语言联系在一起，置身于其中才能得到理解，因为我们的思想是由对文化的语言上的继承才可能形成的。

在施莱尔马赫看来，语法的解释只是一种比较的解释，它只能成功地展现作品表层的文字意义，而对于作品背后的作者的精神状态、语言分析和解释的方法则是无能为力的。因此，要真正达到对文本的理解，还需要深入到作者的精神世界当中。

心理的解释实际上是一种他所谓的“预感行为”，即一种心理转换和心理体验，一种将解释者置于原作者的整个创作活动中，通过想象、体验去对这种创作活动进行重构或再创造的过程。“这样，理解就是一种对原来生产品的再生产，一种对已认识的东西的再认识，一种以概念的富有生气的环节、以作为创作组织点的‘原始决定’为出发点的重新构造。”[5]

这种心理的解释，可以形象地被描述为一种由自我走出，进入他人内心的过程。为了真实地理解作者的内心世界，解释者必须否定自己的思想状态，走出自己，以此作为进入作者心境的先决条件。在这一过程中，解释者需要放弃自己的先见，放弃精神上原属于自己的东西，以便完全接受作者的心境。如此一来，理解也就变成了一种在心理上重现他人心境的艺术。横亘在解释者和作者之间的张力或距离消失了，理解者与原作者也就处于同一层次，好像"变成了作者的第二个自我"。理解由原来单纯的语法理解，扩大到整个精神生活乃至人生之中去。

但是，我们需要认识到，这种再创造和再生产并不是对原文的一种机械模仿，解释者会比作者更好地理解作者的思想。对此，施莱尔马赫指出：

> （解释学的——编者注）任务也可以这样来表述，要与讲话的作者一样好甚至比他更好地理解他的话语。因为我们对讲话者内心的东西没有任何直接的知识，所以我们必须力求对他能无意识保持的许多东西进行意识，除非他自己已自我反思地成为他自己的读者。对于客观的重构来说，他没有比我们所具有的更多的材料。[6]

这表明，理解者和解释者更优于作者自己的理解，理解并不是简单的重复和复制，而是更高的再创造。作者并不是自己作品的理想解释者，他并不比解释者具有更大的权威性，解释者的时空差距可能是更真实接近作者精神状态的条件。对于施莱尔马赫的这一观点，伽达默尔给出了很高的评价。

> 解释的唯一标准就是他的作品的意蕴，即作品所"意指"的东西。所以，天才创造学说在这里完成了一项重要的理论成就，因为它取消了解释者和原作者之间的差别。它使这两者都处于同一层次，因为应当被理解的东西并不是原作者反思性的自我解释，而是原作者的无意识的意见。这就是施莱尔马赫那句背理的名言所想表示的意思。[7]

3. 解释的循环

理解作为一种通过语言在心理上重现他人心态意图的过程，必须由正确的方法来保证。这种方法无论在语法理解上还是在心理理解上都是适用的，它被称作“解释循环”。从方法上看，理解是一种推理过程。人们总是用已知来推导未知，已有的知识会作为未知的参照系而存在。

对于语法解释而言，从逻辑上讲解，在理解作品的部分之前，必须要对作品的整体有所理解和把握，只有这样，作品的部分意义才能得到理解。而在实际的过程中，理解又总是从作品的部分着手。心理解释也面临同样的情况，心理解释不仅需要将作品置入作者的生活脉络中和时代的历史里，而且也是通过个别经验而确立这种生活脉络和时代历史的知识的。这样，在理解过程中就存在着一个矛盾现象，即理解必须从部分（个别）开始，而理解又只能在把握整体时才能实现。

在此，我们面临着一个逻辑上的难题，即解释者不可能理解整体，因为他无法由理解局部去把握整体。但事实上，理解的发生过程与其说是一个机械的过程、一个逻辑推理和演绎的过程，毋宁说类似一种艺术创造的过程。在解释过程中，会出现一种顿悟现象，它的出现，使部分和整体之间同时达到理解。在施莱尔马赫看来，这种认识和理解上的顿悟，不是逻辑所能解释的，直觉的因素必须要考虑进去。他认为，解释循环在顿悟活动当中达到顶峰，而理解者凭借直觉把握到作者创造的一切方面，包括作者自己未曾意识到的东西。通过这种直觉或顿悟，理解者可以完全置身于作者的精神之中，从而消除了关于文本的陌生和难解之处，这时解释循环也就消失了。

二、狄尔泰：历史理性与客观精神

威廉·狄尔泰（Wilhem Dilthey，1833—1911），19 世纪末 20 世纪初德国唯心主义哲学家，生命哲学的主要代表人物。1833 年 11 月 19 日，狄尔泰出生在莱茵河畔比布里希德一个牧师家庭。在家乡上过一些学校之后，狄尔泰在威斯巴登完成了自己的中学教育。1852 年，进入海德堡大学学习神学，约在一年之后就转到柏林。在柏林他遵从父母的希望，继续攻读神学，但他逐渐意识到自己缺乏宗教信念，并对历史和哲学产生了越来越大的兴趣。狄尔泰有着不断深思的精神，不愿把自己局限在任何狭隘的领域中，所以他的学生生涯拖得很长。直到 1864 年，狄尔泰才以一篇关于施莱尔马赫伦理学的论文获得博士学位。他曾先后在巴塞尔大学和基尔大学任教，1882 年起任柏林大学哲学教授，直到 1911 年 9 月 30 日染病而突然逝世。

狄尔泰涉猎领域极广，他在学术研究和著述的范围和数量上都是令人瞠目的。可是，虽然狄尔泰毕生从事研究和写作，但直到 1911 年逝世为止，他仅仅发表了 3 部著作和一些论文。为了著作的质量，他似乎并不急于出版自己的作品。即使他生前出版的著作，也只有两部是原有计划的一部分，它们是《施莱尔马赫传》（1870 年）第 1 卷和《人文科学入门》（1883 年）第 1 卷。狄尔泰生前出版的最后一部著作是《体验与诗》（1905 年）。然而，狄尔泰留下了数量惊人的文稿，因而他的许多著作都是由他的学生整理出版的。狄尔泰从青年时代起直到晚年，都致力于根据康德批判的模式来写一部历史理性批判方面的巨著，但这一任务终究未能完成，只留下了一大堆没有整体系统的构思计划和文稿。

1. 历史理性批判

狄尔泰青年时期在哲学上走过一条由黑格尔转向康德的道路。发挥和改造康德对理性的批判是狄尔泰哲学理论的出发点。但他并不同意康德以认识自然为主旨的认识论模式，认为哲学不应该从认识自然开始，而应从阐述历史开始。他要求用历史理性批判取代康德的纯粹理性批判。

狄尔泰的思想，最基本的是他对自然科学与人文科学所做的划分。在自然科学中，我们是对象外部的观察者和旁观者；在这里，我们观察现象，描述它们的规则，但却从不曾进入它们内部去理解它们的实在性。然而，在人文科学中，我们则从内部来了解主题材料，在这里，我们所研究的对象与我们的存在本身密切相关，我们都体验着生命，因而可以从内部来理解生命。在人文科学中，理解和解释是通用的方法；在自然科学中，通用的方法则是抽象与说明。当然，人类的行为也可以采取自然科学的方式从外部加以研究，但那只能描述生命的现象，无法把握其实在性。狄尔泰指出：

> 如果说在自然科学中，任何对规律性的认识只有通过可计量的东西才有可能……那么在精神科学中，每一抽象原理归根到底都是通过与精神生活的联系获得自己的论证，而这种联系是在体验和理解中获得的。[8]

人文科学与自然科学的区别还在于，自然科学的知识是对自然现象普遍必然性的概括，人文科学要处理的对象则均是特殊的、个别的，因而历史之中并无规律可言。研究个体性与特殊性的人文科学如何才能获得具有普遍性和客观有效性的知识呢？这个问题似乎又使人文科学处在劣势的地位上，好像人文科学根本无法获得确定可靠的知识。但是，也正是这个问题，使人们看到了历史在人文科学中的核心地位。狄尔泰认为，人并非孤立地存在着，而是与所处的环境紧密地联系在一起的。我们不可能通过抽象的观念理解人的本质，“人只能通过历史来认识他自己，而不是通过反省”，换句话说，我们只能“寻求历史中的人类是什么”[9]。

在历史研究中，人们必然会追问，历史学家能够说出有意义的知识吗？历史学家何以能够根据一般的概念来把握和传达变化的事件，又何以能够跨越把个人同个人甚至这一时代的个人同另一个时代的个人之间隔离开来的鸿沟呢？回答这些问题就是“历史理性批判”的任务。狄尔泰用“历史理性”来表示我们认识历史世界或整个人类世界的能力，而历史理性的批判就在于考察历史认识何以可能的问题。

狄尔泰同意康德关于先验性乃人的自主能力的观点，从而接受了基本的先验论立场。但是，另一方面，他又批评了康德先验性的反历史性。他指出：

> 康德的先验性是死板的，因为这些先决条件（按照我的理解，它们确实制约着我们的意识）乃是活生生的历史过程的组成部分，它们发展着，并有自身的历史……历史之充满活力的过程甚至还影响着我们进行思想的那些表面上看来是僵硬的和死板的条件。[10]

按照狄尔泰的观点，康德之所以不能解决人类和历史领域里的实在性问题，就在于它把先验的认识条件或范畴看成了只符合逻辑规律的、无时间的和纯形式的原则。狄尔泰认为，康德所说的那些永恒有效的范畴，不过是在历史中运用并根据条件的变化不断加以修正的一些假设而已。狄尔泰阐述了生命的历史性特征，从而进一步说明了非历史的先验范畴的不可能性。他认为，生命的本质只能在历史性的存在当中寻找，也就是说，人们只有在历史的进程中才能领悟到生命的真谛。在他看来，生命的首要特征就在于它的时间结构。人们所经验到的生命时间并不是一些独立的时间单位的机械组合，而是一个人一生连续不断、由生到死所限定的境域。个人的生活通过与环境、他人及事物的关系而不断得到丰富。每个人是无数交叉系统当中的一个点，无数的个人聚合成生命网络。对此，狄尔泰指出：

> 生命以及对生命的体验是对社会—历史世界的理解的生生不息、永远流动的源泉；从生命出发，理解渗透着不断更新的深度，只有在对生命和社会的反应里，各种精神科学才能获得其最高意义，而且是不断增长着的意义。[11]

通过对生命历史性的阐述，狄尔泰表明，人类的理性能力，以及这种能力所运用的概念，作为认识的先决条件本身就是在历史发展过程中发展起来的。

2. 客观精神

狄尔泰认为，在历史科学中，不能仅仅依靠发现事件之间的因果关系来认识历史。历史事件之间的关系是意义关系，而不是像物理事件那样的因果关系。历史是人们在时间中所做的和遭遇到的一切，包括人类所创造的各种典章制度、风俗习惯以及它们产生的影响、作用等。个人对历史的理解必须在客观精神的广阔境域之中才能完成。只有通过生命客观化的观念，我们才能够洞察到历史的本质。所谓“客观精神”，狄尔泰又将之称为“生命的客观化”，是精神生活各种表现的总和，它以稳定与持久为其特征并构成了我们称为社会环境的那种东西。客观精神包括工具、社团、城镇、语言、法律、文献和精神文化系统等。狄尔泰对客观精神一词做了如下规定：

> 我所理解的客观精神是这样一些不同的形式：在这些形式中，存在于个人之间的共同性已将自身客观化在感觉世界中。[12]

在狄尔泰看来，客观精神的存在对于我们而言是十分重要的。

> 从我们呱呱坠地时起，我们就从这个客观精神世界获取营养。这个世界也是一个中介，通过它我们才能理解他人及其生命表现。[13]

客观精神暗含着一种表达与被表达或外在与内在之间的关系。正是以此关系为基础，每种具体的客观精神形式才不仅仅是属于外在的自然世界，不仅仅是一种外在的符号，而且还是代表和指称着某种内在精神内容的、具有一定意义的符号。客观精神将精神生命的所有外在表现包含于其中，从而形成一个独特的整体领域。正因为如此，我们可以通过客观精神这种外在之物去深入把握它所包含的精神性内容。

历史利用了精神的这些客观表现，以便再次进入创造了这些东西的各个精神。这就决定了生活于同一文化背景下的不同个体之间有某种一致，或他们的精神表现出某种共同结构。在这种共同结构的基础上，历史理性就可获得客观有效的历史知识。这就是说，每个特定时代的一切思想、制度和关系都彼此具有内部的联系，而脱离了整体，它们就不能得到理解。历史研究的任务就在于，在具体的目的、价值、思想方式中，发现作为这一时代特色的一般性的特征。

3. 历史思维的形式

狄尔泰认为，一个人的一生，尤其是伟大人物的一生，就是一个小宇宙的生命历程，它反映着个人周围的社会活动和文化活动的大宇宙。这个人是由他所参与导演的思想运动和政治运动的一部分，也是传统的继承者，他或者助长这个传统的继续存在，或者促使其发生新的转折。个人与影响他反过来也接受他的影响的其他个人、社会组织和制度处于相互作用的系统之中。正因为如此，个人的生命便构成了历史的关节点，而反映这一生命及其背景的传记作品便成了历史的基本建筑材料。

根据狄尔泰的见解，历史思维可分为自传、传记和历史编纂学三种形式。

历史思维的第一种形式是自传。在狄尔泰看来，“自传是理解我们面临的生命的最高级和最有建设性的形式”[14]。他指出：

> 这里我们接近了所有历史理解的根基。自传只是人反思自己生命过程的文字表达。尽管它的关联可能是有限的，但这种反思是每一个人经常进行的。它总是以新的形式表现或表达自己。……唯有它使历史洞察力成为可能。我们自己生命的力量和广度．以及我们以此反思它们的潜能是历史理解的基础。唯有它使我们赋予过去那毫无生气的阴影以生命。[15]

自传之所以具有如此重要的作用，是因为在自传当中，对生命进程的认识属于纯粹内在的活动，“理解它的人与创造它的人是同一个人”[16]。狄尔泰接着说：

> 历史探讨者同样是创造者的事实，是使科学的历史学成为可能的第一个条件；在这里，我们就有了解决历史认识论问题的第一个有意义的因素。[17]

实际上，狄尔泰在此表明了精神能够理解精神所创造的东西。从历史学家必须根据他个人的经验来研究他人和过去的事件来看，自传也是传记和历史编纂学的基础。在狄尔泰那里，历史学家与其说是生活在自己的客体里，毋宁说是他使客体生活在自己的精神之中。

尽管自传有其优点，但是它所涉及的关联是十分有限的，个人的有限性往往不能表现广泛的历史联系，从而造成理解上的片面性。为了克服自传的有限性和片面性，狄尔泰非常重视历史思维的第二种形式，即传记。狄尔泰说：

自传是个人反思其生命的文字表达。当这种反思转变为对他人存在的理解时，它就出现在传记的形式中。[18]

狄尔泰认为，在历史研究中传记的重要性将越来越突出。传记有“超出自传的优点”，也就是说，生命从生到死的所有外部事件，都可以成为理解的主题材料；唯一的限制是保存资料的数量。[19]

这样一来，历史思维就大大扩展了其理解活动的关联范围。但是，同时也提出了一个新的问题：对他人的真实理解是可能的吗？显而易见，个人与个人之间存在着相当大的差别，而在不同时代和不同文化的人们中间，这些差别就更大。传记作家能真正地理解他的主人公吗？为了解决这个问题，狄尔泰又引入了形而上学的“共同的人性”概念。在他看来，为了获得对他人的理解，必须假设人们之间存在着一个共同的人的本性，或某些共同的基本特征。这种假设的共性是什么呢？在狄尔泰看来，只能是生命激情对生命的体验。

理解首先起源于世界生命的兴趣，在那里人们依赖于相互交流，他们必须相互理解。[20]

对历史活动者来说，人类行为不仅仅是一些事件，而且也是精神或“生命符号”的姿态的表现形式，人们的行为、姿态和表情，暴露着生命的体验和精神的内容。尽管如此，历史学家对他人“理解”的成功，仍有赖于用我们自身内部的体验来补充我们用感官所观察到的东西。根据假设，我们内心隐秘的深处，包含着共同的生命激情、苦难及人类的命运。在这里，对他人的理解就引入了同情和移情的概念。

虽然传记形式非常重要，但它也有局限性。事实上，狄尔泰意识到，我们不可能孤立地理解个人，相反地，只有在社会关系的关联中，并根据他们所经受的文化影响，才能理解这些人。人的个人特性是在社会和文化中被决定的，我们不应当把文化和历史现实同生命对立起来，生命是在历史中、在文化上被构成的，因此不能把生命囿于个人的世界中。对此，狄尔泰指出：

> （历史的）意义和重要性只源自人及其历史的可能性，不是来自孤立的个体，而是来自作为历史存在的人。因为人是某种历史的存在。[21]

这样一来，对社会系统的知识要“依赖于对个体的生动领会”，反过来，“对个人的理解也完全需要系统的知识”[22]。对于传记形式的局限性，狄尔泰指出：

> 传记受这样一种事实的限制，普遍的运动与个人的生命交叉；如果我们要理解它们，我们必须寻找个人之外的新基础。这对于自传成为科学来说，是不可能的。我们必须转向新的范畴、生命的形态和形式，它们不是来自个人的生命。个人只是文化系统和组成的交叉点……[23]

交叉点只是交叉点，还缺乏过程感，按狄尔泰的话说就是，“关于个体的体验或理解还未告诉我们任何有关进步意义上的发展”[24]。这里的“进步”与“发展”只意味着基于过去丰富成果上的持续变化，并没有去想实现特定目标的意思。可见，对单个人的理解应当为对历史的理解所补充，这就要向历史编纂学本身过渡。

历史编纂学的任务是研究“客观精神”或各种不同的“精神的客观化”，即通过以往人类精神的客观化的体现物，如建筑物、工具、书籍、图画、艺术品、法律等揭示人类精神发展的过程。在这里，狄尔泰遵循施莱尔马赫的解释学传统，把理解客观精神的任务规定为恢复作为历史世界内容的文献、文物和活动所反映的本来的生活世界。

狄尔泰将认识者当时所处的历史情境的价值消极化，认为只能像历史的当事者理解自己那样来理解他们。在狄尔泰看来，历史文本和历史活动所具有的意义与作者的主观意图是相同的。但是，理解者由于受到自身所处历史环境的限制，不可避免地带有偏见和主观意图，这是历史解释者努力要超越的。从这个意义上说，所谓历史理性的能力就是人类在多大程度上消除这种偏见的能力，历史科学的客观性也取决于这种偏见所能消除的程度。在狄尔泰看来，消除这些偏见的办法就是从当时的历史环境和历史条件出发，搜集到充分的资料和证据，以揭示历史的本来面目和意义。

但是，我们看到，狄尔泰实际上忽视甚至力图回避历史认识者自身的历史处境。实际上，历史文本的意义的发现是历史认识者和历史文本本身之间的复杂的交流过程。离开了历史认识者的历史处境，历史认识也是难以成为可能的。狄尔泰的历史编纂学恰恰忽视了历史认识者在历史文本意义的建构中所具有的作用。

三、柯林武德：重演的历史

罗宾·乔治·柯林武德（Robin George Collingwood，1889—1943），20 世纪英国著名的哲学家、历史学家和考古学家。1889 年 2 月 22 日出生于兰开夏郡科尼斯顿。自小受到良好的家庭教育，1908 年入牛津大学读书。毕业后任牛津大学潘布鲁克学院研究员。1934 年起，开始担任牛津大学维因弗莱特学院的形而上学讲座教授。1941 年因病退休。1943 年 1 月 9 日病逝。

作为一个视野开阔、思想活跃的学者，柯林武德著述甚丰。他的主要著作有《宗教与哲学》（1916 年）、《心灵之镜》（1924 年）、《艺术哲学纲要》（1925 年）、《罗马统治时期不列颠考古学》（1930 年）、《哲学方法论》（1933 年）、《牛津英国史·第 1 卷》（1936 年）、《历史哲学》（1936 年）、《自传》（1939 年）、《艺术原理》（1938 年）、《形而上学论》（1940 年）和《新利维坦》（1942 年）等。《自然观念》（1945 年）和《历史的观念》（1946 年）是柯林武德死后由他的学生和朋友诺克斯编辑整理后出版的。

1. 历史学与自然科学

柯林武德的历史哲学理论以强调历史学与自然科学的区别开始，以探讨历史思维的独特性质和方法等问题为中心。柯林武德的历史哲学的目的就是创立一种历史主义，以便使历史学作为一门科学获得自主性，并确立起高于自然科学的地位。

柯林武德强调历史与自然科学的区别，认为历史思想有其独特的对象。他认为，历史学之所以不同于自然科学，就在于二者的对象不同：

> 科学的对象不是事实，而是抽象的型式或形式；历史的对象则是非常真实的事实。[25]

说自然科学的对象不是事实，对我们来说，这有些异想天开。但是，柯林武德的意思是说，自然科学是一种抽象的思维，他的观念具有普遍性，因而并不特指某一真实存在的事实。科学的判断是假设的，即“如果A，则B”，至于现实之中是否真的存在A，这是不必涉及的。可是历史则不同，它所处理的对象均是独特的或不可替代的，所以历史的判断必须是定言判断。这就类似于我们常说的“历史不能假设”。认识对象的不同，就决定了知识性质的不同。虽然历史与科学一样，其知识是推论的或推理的。但是，科学知识是一个抽象的共相世界，而历史知识则是具体的，与空间和时间并不是漠然无关的，而是有自己具体的地点和时间的。一般说来，科学的结论可以适用于所有时空条件，而历史结论却只能在确定的时空范围内发挥效用。

历史与科学的区别还表现在方法上。柯林武德认为，科学所发现的真理都是通过观察和实验才被人知道是真的，而观察和实验是由人们实际感知的东西提供例证的。历史面对的是过去的事实，因而不能靠实验和观察对其加以证实，它是通过被统称为“证据”的文献所解释而进行的。在这里，柯林武德又把问题给颠倒了过来，没有“事实”对象的科学要通过实际观察来进行，而以事实为对象的历史，却必须在文献证据中运用自己的“主观性”。

> 对科学家来说，自然界总是并且仅仅是“现象”……但历史事件却决不是单纯的现象。[26]

自然界只有事件及其外表，历史的对象却不是单纯的现象，而是行动，人的行动背后还有内心思想。因此，自然科学家没有必要研究自然事件背后的思想，而历史学家必须去理解事件内部的思想。在这种意义上，历史比自然科学更科学。根据这种分析，柯林武德就引出了自己最基本的结论：

> 自然的过程可以确切地被描述为单纯事件的序列，而历史的过程则不能。历史的过程不是单纯事件的过程而是行动的过程，它有一个由思想的过程所构成的内在方面；而历史学家所要寻求的正是这些思想过程。一切历史都是思想史。[27]

这就是说，在柯林武德看来，历史学家不能仅仅只关心事件，而应关心事件背后的思想。因为人只有具有某种思想，才会从事某种行动。思想在历史中所起的作用，与原因在科学中所起的作用一样。思想就是历史的原因。只有发现了历史行动的思想，才能说历史地解释了事件。

2. 一切历史都是思想史

在柯林武德看来，真正的历史不是研究时代，而是研究问题，人们无法知道整个时代的思想，他们只能了解因问题而引发的个人行为背后的思想。然而，历史事件均是过去的行为，人们怎样才能理解那些行为者的思想呢？过去绝不是一件历史学家通过知觉就可以从经验上领会的既定事实，也不是通过记忆和回忆来再现的东西，它必须而且只能在自己的心灵中重演历史人物的思想。比如，对于恺撒的外在行为，我们是怎样也无法感知的，前人的记载也可能出现偏差和错误，但是，我们可以透过这些外在行为理解在恺撒的心中是什么思想决定了他采取这些行动的。因此，柯林武德认为：

> 一切历史，都是在历史学家自己的心灵中重演过去的思想。[28]

重演过去的思想，就涉及过去的事实与现在的认识主体两个方面的问题。在柯林武德看来，一方面，历史学家当然应该从一定的证据材料出发，所以历史学也应涉及思想的外壳，否则，就会把历史变成纯粹想象的产物或浪漫主义的虚构。但是，另一方面，历史学家根本不关心各种事件本身，他仅仅关心成为思想的外部表现的那些事件，而且是仅仅就它们表现思想而言才关心那些事件的。由此看来，事实材料是由历史思想本身所提供的，对于整个历史思想来说，它们绝不是出发点，而只是结果或结论。如果毫无思想地消极对待证据材料，那只不过是摘抄、复述和编排文献资料。柯林武德把这种由摘录和拼凑各种证词和材料而建立的历史学，称为“剪刀加糨糊的历史学”。在他看来，这种历史学“实际上根本就不是历史学，因为它并没有满足科学的必要条件”[29]，即它只涉及外在的事实，而没有透过材料发现历史行动的思想。

根据柯林武德的观点，迄今为止的历史学大多是停留在剪刀加糨糊的水平上，其实质在于没有发现历史思维的自律性和能动性，不是把立足点放在内在的思想上，而是放到了外在的材料和证据上。即使历史学家的“考证”，也是为了找到确实的材料，而不是为了获得积极的思想。这样的历史学家所运用的方法，是一种前培根的哲学立场。培根提出要主动地质问大自然，从而导致了自然科学的革命；历史学也应把历史资料或权威证据押到审判台上，通过主动的审问，从中榨取出原始陈述中所隐瞒的情报。柯林武德认为，是维柯首先提出了新的关于历史的哲学立场，而德国哲学家所说的世界历史就是世界法庭的名言也体现了新的哲学观点。当然，只有他本人的理论才可能真正导致史学领域中的“培根式的革命”[30]，或借用康德的概念称为“史学理论中的哥白尼式的革命”[31]，柯林武德声称：

> 在科学历史学中，或者说在严格的历史学中，培根式的革命却已经完成了。科学的历史学家无疑地花费了大量时间来阅读剪刀加糨糊的历史学家所一直在阅读着的同样书籍——希罗多德、修昔底德、李维、塔西佗，等等——但是他是以一种完全不同的精神在阅读他们的，事实上是一种培根式的精神。剪刀加糨糊的历史学家则是以一种简单的接受性的精神来阅读他们，找出他们都说过些什么。科学的历史学家在自己的心灵中带着问题去阅读他们，由于为自

> 己决定了他想要从其中发现什么，他就采取了主动。再者，剪刀加糨糊的历史学家是根据这种理解来阅读他们的，即凡是他们用那么多的话所没有告诉他的东西，他就永远也不会从他们那里面找到；科学的历史学家则在考问他们，要从一段话里公然提炼出某种完全不同的东西来构成对他已经决定要询问的那个问题的答案。[32]

这样，柯林武德把积极能动性引入了历史认识论。在他看来，对于历史研究来说，事实材料是不可缺少的，不过，历史学家远不是依赖外在的材料，使他的思想符合关于证据的权威陈述。相反，历史学家就是其自身的标准、他的思想史自律的标准，有关事实材料的陈述必须依据这种标准受到批判。如果从自身的思想和标准出发，哪怕他接受了材料或权威们所讲的话，那么也不是被动地接受外在的东西，而是因为外在的材料满足了在他那里是真理的标准。

3. 历史是一幅先验想象的图画

历史认识过程中，想象力发挥着重要的作用。比如，我们的权威们告诉我们说，有一天恺撒在罗马，后来又有一天他在高卢，而关于他从一个地方到另一个地方的旅行，他们却什么也没告诉我们，于是，历史学家便根据完美的良知插入了这一点。历史学家关于他的主题的图画，虽然也包括直接从他的权威们那里所引证的陈述，但主要是按照他自己的标准所推论出来的陈述。对此，柯林武德解释说：

> 历史学家的权威们告诉了他一个过程的这种或那种形态，却留下了中间的形态没有加以描述，于是他就为他自己插进了这些形态。[33]

这种插入的办法具有两个意义深远的特征。首先，它绝不是任意的或纯属幻想的，而是必然的或者先验的。

> 如果我们用幻想出来的细节（例如，他在路上遇到那些人的名字以及他对

他们所说的话）来填补对恺撒的行动的叙述，那么这种构造就是任意的；事实上它就会是一种由历史小说家所完成的构造了。但如果我们的构造并不包含有任何不为证据所必需的东西，那么它就是一种合法的历史构造，没有它就根本不可能有历史学。[34]

其次，以这种方式推论出来的东西，本质上是某种想象出来的东西。如果我们眺望大海，看见有一艘船，五分钟之后再望过去，又看见它在另一个不同的地方，那么对这艘船在两个地点之间所占据的各个位置，我们就不得不借助于想象力了。中间当我们不曾眺望的时候，我们就会发觉自己不得不想象它曾经占据过各个中间的位置。

这种具有这两个特点的活动被柯林武德称为“a priori（先验的）想象”。在他看来，“正是这种活动沟通了我们的权威们所告诉我们的东西之间的裂隙，赋给了历史的叙述或描写以它的连续性”。也正因为如此，人们不应该忽视历史想象力的作用。

历史想象力严格说来并不是装饰性的而是结构性的。没有它，历史学家也就没有什么叙述要装饰了。想象力这种“盲目的但不可缺少的能力”，没有了它（就像康德所表明的）我们就永远不可能知觉我们周围的世界，它也同样是历史学所不可缺少的；这就是历史的构造的全部工作所进行的活动，它不是作为幻想在随心所欲地活动着，而是以其先验的形式在活动着。[35]

在柯林武德看来，当我们认识到构造性的想象在历史学中所起的作用时，那基本上就是在思考着历史的工作了。但是，他提醒我们，不能一味强调想象而忽视了批评的力量。我们应该认识到，

历史的想象在其间结网的那些假定的固定点不是现成地赐给我们的，它们必须是靠批判的思维来获得的。[36]

也就是说，为了获得历史的真相，我们不能生吞活剥权威们告诉我们的东西，而是要积极地批判它。

4. 重演是积极的批判

从重演历史人物的思想出发，柯林武德也必然走上“一切历史都是当代史”[37]的立场。在他看来，

> 历史学家不仅是重演过去的思想，而且是在他自己的知识结构之中重演它，因此在重演它时，也就批判了它，并形成了他自己对它的价值的判断。[38]
>
> 一切思维都是批判的思维，因此重演过去思想的思想也就是在重演它们的过程中批判它们。[39]

因此，重演历史并不是消极地屈服于别人的心灵的魅力，而是积极地批判。这样，有些观念虽然属于过去的观念，但那不是死掉了的过去，通过历史地理解它们，我们就把它们合并到我们现在的思想里来了，并使我们通过批判地利用遗产来促进我们自己的进步。重演历史人物的思想，也就使之变成我们自己的思想。柯林武德写道：

> 历史的过去并不像是自然的过去，它是一种活着的过去，是历史思维活动的本身使之活着的过去；从一种思想方式到另一种的历史变化并不是前一种的死亡，而是它的存活被结合到一种新的、包括它自己的观念的发展和批评在内的脉络之中。[40]

柯林武德关于历史是一种积极的批判活动的观点，表明了在历史“重演”过程当中历史认识者所具有的主动性和能动性的一面，从而摆脱了关于历史是一种对纯粹客观的再现的观点的局限性。但是，柯林武德却将这一观点片面化到了极致，将

认识过程同作为认识对象的客观过程混为一谈，从而有了用主观思辨构造历史事实之嫌。请看柯林武德的下列论述：

> 历史的知识是关于心灵在过去曾经做过什么事的知识，同时它也是在重做这件事；过去的永存性就活动在现在之中。因此，它的对象就不是一种单纯的对象，不是在认识它的那个心灵之外的某种东西；它是思想的一种活动，这种活动只有在认识者的心灵重演它并且在这样做之中认识它的时候，才能被人认识。对于历史学家来说，它所正在研究其历史的那些活动并不是要加以观看的景象，而是要通过他自己的心灵去生活的那些经验；它们是客观的，或者说为他所认识的，仅仅因为它们也是主观的，或者说也是他自己的活动。[41]

很清楚，这里的要害是，不是客观决定主观，甚至也不是主观与客观的相互作用，而是主观成了客观存在的条件。这是典型的唯心主义观点。

四、伽达默尔：效果历史与视域融合

伽达默尔（Hans-Georg Gadamer，1900—2002），德国哲学家。解释学的主要代表之一。1900 年生于马堡，曾在布雷斯劳、马堡、弗赖堡、慕尼黑等大学学习哲学、历史和语言学。1922 年在 P. 纳托尔普的指导下获哲学博士学位。1949 年起在海德堡大学任教授。曾任莱比锡大学校长、德国哲学总会主席、国际黑格尔协会主席。2002 年 3 月伽达默尔在海德堡去世，享年 102 岁。伽达默尔著有《真理与方法》（1960 年）、《科学时代的理性》（1976 年）、《美的现实性》（1977 年）、《对话和辩证法》等。

1. 效果历史

从海德格尔思想当中，伽达默尔吸取了关于存在的历史性思想，历史性是“此在”存在的根本特征。“此在”的存在过程是时间性，“此在”在时间中展开和实现，就是其历史性。在《真理与方法》一书中，伽达默尔指出：

> 海德格尔对人类此在的时间性分析已经令人信服地表明：理解不属于主体的行为方式，而是此在本身的存在方式。本书中的"诠释学"概念正是在这个意义上使用的。它标志着此在的根本运动性，这种运动性构成此在的有限性和历史性，因而也包括此在的全部世界经验。既不是随心所欲，也不是片面夸大，而是事情的本性使得理解运动成为无所不包和无所不在。[42]

人们总是生活在特定的历史处境之中并从这个处境进行理解，因此理解也是特定传统的一部分。既然人们不可能超越自己的处境来理解，那么任何人都具有无法消除的历史特殊性和局限性，人们总是带着这种特殊性和局限性看待问题。这就是历史理解的前见。前见既是个人理解活动的特殊背景和视野，也是他的理解得以可能的起点和前理解结构。伽达默尔继承了海德格尔的历史性的思想，肯定前见在理解中的积极作用。他指出：

> "前见"其实并不意味着一种错误的判断。它的概念包含它可以具有肯定和否定的价值。[43]

伽达默尔反对启蒙运动对前见的贬低，认为贬低前见的观念是受方法论意识支配的，是对前见的偏见。古典诠释学追求历史客观性的观点，认为解释者自身的处境是偏见和误解的根源，是正确理解的障碍，因而应该努力克服传统所带来的前见，以保证解释的客观性。但伽达默尔认为，前见是历史实在和理解的前提条件，历史性是"此在"存在的基本事实，是无法取消的历史自身的规定性。历史学家不可能摆脱前见去研究历史，因为他与他所要研究的对象一样是历史地存在着的，他自身就是历史的创造物。把理解的历史性归结为我们必须抛弃的前见，这样理解并不能真正理解自身。对此，伽达默尔指出：

> 在理性的绝对的自我构造的观念下表现为有限制的前见的东西，其实属于历史实在本身。如果我们想正确地对待人类的有限的历史的存在方式，那么我们就必须为前见概念根本恢复名誉，并承认有合理的前见存在。[44]

历史并不是我们认识的“客观”对象，更不存在“对象本身”，因为我们本身就生活在历史之中，亦即生活在这个“对象”之中。我们没有办法跳出历史的前见，从而把历史作为一个“客观”的对象来看待。历史性是我们的存在本身中固有的一个因素，是不可消除的。

伽达默尔也反对历史主观性的观点。在他看来，虽然我们不能达到历史的客观性，但这并不意味着我们可以对历史进行随意的想象。随意的想象绝不具备理解的资格，它脱离了理解的条件和历史处境，这样的想象是没有意义可言的。只要是正常的思维活动，就不可能有脱离任何先决条件的任意想象，在“随意”的背后必定存在着不随意的东西作为根据。历史的理解必定是对某种历史实在的理解，这一理解既受历史实在的制约，也受历史理解者所处的历史处境的制约。

这样，在伽达默尔看来，历史既不是人的主观创造，也不是对过去的客观事实的重新发现或复制。历史既是理解的前提，又是理解的产物，它表现为理解的处境与视域之间相互作用的合力。这种意义上的历史就是“效果历史”。伽达默尔对效果历史观做了如下描述：

> 一种真正的历史思维必须同时想到它自己的历史性……真正的历史对象根本就不是对象，而是自己与他者的统一体，或一种关系，在这种关系中同时存在着历史的实在以及历史理解的实在。一种名副其实的历史诠释学必须在理解本身中显示历史的实在性。因此我就把所需要的这样一种东西称之为“效果历史”。理解按其本性乃是一种效果历史事件。[45]

可见，历史是理解的历史，是历史与历史理解的统一体，是这两者之间相互作用的一种综合效果。这样，伽达默尔“效果历史”理论的提出，消除了主观主义的历史观与客观主义的历史观之间的争论。

2. 视域融合

按照伽达默尔的理解，人总是处于一定的处境之中，并且在处境中而非在处境之外进行理解。因此，处境是人的理解范围的界限，这种界限被伽达默尔称为视域（horizont）。可见，视域与处境有着本质的联系，视域正是由处境的限制所产生的。

> 一切有限的现在都有它的局限。我们可以这样来规定处境概念，即它表现了一种限制视觉可能性的立足点。因此视域概念本质上就属于处境概念。视域就是看视的区域，这个区域囊括和包容了从某个立足点出发所能看到的一切。[46]

视域不是固定的区域，而是理解在其中游动，并随着理解而移动的生成变化过程。现在的边缘视域与过去的相接触，并且向未来的视域开放，不断扩大、拓展。这种视域的生成流动就是“视域融合”。在这一过程当中，“处境”是效果历史的产物，具有相对对立性和静止性；“视域”则是效果历史的过程，具有流动性和开放性，是“效果历史”变动的动力。

理解的过程就是不同视域的融合过程。任何视域都不是独立地或自为地存在的，都是从过去的视域发展来的。我们对历史或某个文本的理解，实际上就是从我们的视域出发对过去的或他人的视域进行的理解。任何视域都不是封闭的，而是开放的，过去的和他人的视域是向我们开放的，因而我们可以进入他人的视域；同时我们的视域也是开放的，我们通过对他人的视域的理解而不断扩展我们的视域，修正我们的前见。因此，视域不是一成不变的，而是永远处于变化过程之中的，在历史运动中不存在绝对的立足点，即不存在绝对的视域。

这种“视域融合”并不意味着理解者要放弃自己的视域，相反地，理解者总是先前具有视域的。我们无须与他人一致就可以理解他人，如通过谈话我们能够了解他人的立场和视域，但我们仍然可以保持自己的观点。历史理解也同样如此。在历史理解过程中，我们总带着某种视域将自身置入一种处境之中，这是人类自身存在的本质规定。这种先前的视域规定赋予了历史理解者理解的筹划性和可能性。

> 理解一种传统无疑需要一种历史视域。但这并不是说，我们是靠着把自身置入一种历史处境中而获得这种视域的。情况正相反，我们为了能这样把自身置入一种处境里，我们总是必须已经具有一种视域。[47]

要理解历史，也需要将自己置入他人的处境即视域当中，这种置入也就是要放弃自我，使自我暂时变为他人。不过这种置入并不是将我的个性移入另一个个性当中，也不是使另一个个性放弃自身，而是向一个更高的普遍性提升。

> 这种普遍性不仅克服了我们自己的个别性，而且也克服了那个人的个别性。[48]

通过这一提升，就形成了一个更大的视域，从而使历史理解者和理解对象都进入一个更为广阔的视域之中。通过融合所形成的新的视域，既包括理解者的视域，也包括理解对象或文本的视域，但是二者无法明确区分了。它们已你中有我、我中有你，融为一体，成为我们置身于其中的新的传统了。新的视域超越了它们融合的视域的最初的问题和前见，给我们新的经验和新的理解以可能性。

注释

1 ［德］汉斯－格奥尔格·伽达默尔：《真理与方法》上卷，218 页，上海，上海译文出版社，2004。

2 ［德］汉斯－格奥尔格·伽达默尔：《真理与方法》上卷，219 页。

3 ［德］施莱尔马赫：《1819 年讲演纲要》，见洪汉鼎主编：《理解与解释——诠释学经典文选》，51 页，北京，东方出版社，2001。

4 ［德］施莱尔马赫：《1819 年讲演纲要》，见洪汉鼎主编：《理解与解释——诠释学经典文选》，51 页，北京，东方出版社，2001。

5 ［德］汉斯－格奥尔格·伽达默尔：《真理与方法》上卷，243 页。

6 ［德］施莱尔马赫：《1819 年讲演纲要》，见洪汉鼎主编《理解与解释——诠释学经典文选》，61 页。

7 ［德］汉斯－格奥尔格·伽达默尔：《真理与方法》上卷，250 页。（引文有改动）

8 《狄尔泰全集》第 7 卷，333 页，1961 年德文版。转引自刘放桐：《新编现代西方哲学》，125 页，北京，人民出版社，2000。

9 ［英］H.P. 里克曼编：《历史中的意义：W. 狄尔泰关于历史和社会的思想》，138 页，乔治·艾伦和温文出版公司，1961 年英文版。

10 ［英］H.P. 里克曼：《狄尔泰》，241—242 页，北京，中国社会科学出版社，1989。

11 《狄尔泰全集》第 7 卷，333 页，1961 年德文版。转引自刘放桐：《新编现代西方哲学》，126—127 页。

12 洪汉鼎主编：《理解与解释——诠释学经典文选》，97 页。

13 Wilhelm Dilthey，*Selected Writtings*，Cambridge, Cambridge University Press，1976，p.25.

14 ［英］H.P. 里克曼编：《历史中的意义：W. 狄尔泰关于历史和社会的思想》，85 页。

15 ［英］H.P. 里克曼编：《历史中的意义：W. 狄尔泰关于历史和社会的思想》，86—87 页。

16 ［英］H.P. 里克曼编：《历史中的意义：W. 狄尔泰关于历史和社会的思想》，86 页。

17 ［英］H.P. 里克曼编：《历史中的意义：W. 狄尔泰关于历史和社会的思想》，67 页。

18 ［英］H.P. 里克曼编：《历史中的意义：W. 狄尔泰关于历史和社会的思想》，89 页。

19 ［英］H.P. 里克曼编：《历史中的意义：W. 狄尔泰关于历史和社会的思想》，90 页。

20 ［英］H.P. 里克曼编：《历史中的意义：W. 狄尔泰关于历史和社会的思想》，119 页。

21 ［英］H.P. 里克曼编：《历史中的意义：W. 狄尔泰关于历史和社会的思想》，168 页。

22 ［英］H.P. 里克曼编：《历史中的意义；W. 狄尔泰关于历史和社会的思想》，94 页。

23 ［英］H.P. 里克曼编：《历史中的意义；W. 狄尔泰关于历史和社会的思想》，92—93 页。

24 ［英］H.P. 里克曼编：《历史中的意义；W. 狄尔泰关于历史和社会的思想》，137 页。

25 ［英］柯林武德：《历史哲学的性质和目的》，见张文杰等编译：《现代西方历史哲学译文集》，160 页，上海，上海译文出版社，1984。

26 ［英］柯林武德：《历史的观念》，243 页，北京，中国社会科学出版社，1986。

27 ［英］柯林武德：《历史的观念》，244 页。

28 ［英］柯林武德：《历史的观念》，244 页。

29 [英]柯林武德:《历史的观念》，292 页。

30 [英]柯林武德:《历史的观念》，305 页。

31 [英]柯林武德:《历史的观念》，268 页。

32 [英]柯林武德:《历史的观念》，305 页。

33 [英]柯林武德:《历史的观念》，268 页。

34 [英]柯林武德:《历史的观念》，273 页。

35 [英]柯林武德:《历史的观念》，273—274 页。

36 [英]柯林武德:《历史的观念》，275 页。

37 历史学家克罗齐就提出了“一切历史都是当代史”的著名论题。具体内容参见第十一章“一、克罗齐：一切历史都是当代史”。

38 [英]柯林武德:《历史的观念》，244 页。

39 [英]柯林武德:《历史的观念》，245 页。

40 [英]柯林武德:《历史的观念》，256 页。

41 [英]柯林武德:《历史的观念》，247—248 页。

42 [德]汉斯－格奥尔格·伽达默尔:《真理与方法》上卷，序言 4 页，上海，上海译文出版社，2004。

43 [德]汉斯－格奥尔格·伽达默尔:《真理与方法》上卷，349—350 页。

44 [德]汉斯－格奥尔格·伽达默尔:《真理与方法》上卷，358 页。

45 [德]汉斯－格奥尔格·伽达默尔:《真理与方法》上卷，387 页。

46 [德]汉斯－格奥尔格·伽达默尔:《真理与方法》上卷，390—391 页。

47 [德]汉斯－格奥尔格·伽达默尔:《真理与方法》上卷，394 页。

48 [德]汉斯－格奥尔格·伽达默尔:《真理与方法》上卷，394 页。

第十一章

批判的历史哲学

一、克罗齐：一切历史都是当代史

贝奈戴托 · 克罗齐（Benedetto Croce，1866—1952），著名的现代意大利哲学家、历史学家和文艺批评家。1866 年 2 月 25 日，克罗齐出生于阿奎拉省佩斯卡洛里的一个名门望族家庭。在罗马大学读书期间，曾受安东尼 · 拉布里奥拉（Antonie Labriola，1843—1904）的影响，一度研究马克思主义，但很快就失去了兴趣。作为资产阶级自由派的代言人，克罗齐的思想对意大利文化思想界产生了很大影响。他对政治活动也颇感兴趣，曾任参议员和教育部长等职。墨索里尼上台后，克罗齐不畏强权，坚决反对法西斯主义，从而为自己赢得了很大的声誉。法西斯政权垮台后，他曾领导了重建自由党的工作，并担任主席职务。1948 年，他被授予终身参议员的称号。1952 年 11 月 20 日，克罗齐在那不勒斯逝世。

克罗齐的主要著作有《作为表现的科学和一般语言学的美学》（1902 年）、《作为纯概念科学的逻辑学》（1905 年）、《实践哲学—经济学和伦理学》（1909 年）、《历史学的理论和实际》（1917 年）、《作为思想与行动的历史学》（1938 年）、《1871—1915 年意大利史》和《19 世纪欧洲史》。

1. 历史是精神不断创造的过程

克罗齐认为，精神是唯一的实在，所以根本没有任何别的东西可以在优先地位方面与之竞争。他认为精神之外不存在外在的事物。不过，在他的哲学中，关于一个超越的精神实体或上帝的观念，同关于一个独立的自然的观念一样，遭到了完全的否定。在克罗齐看来，那些寻求超验目标的历史哲学和自然主义的历史决定论，无法摆脱历史“物自体”的幻觉。自然主义无法融化掉决定着精神且又与之异在的外部世界，历史哲学也不能使超验的硬核溶解在心灵的直觉中。克罗齐认为，他本人的一个重要任务就是要把历史性从决定论和外在超验论中解放出来。为此，他指出：

> 思想从超尘世的随心所欲和盲目的自然需要的奴役中要求解放，从超验论和假内在论（它也是一种超验论）要求自由，它把历史看成人类的作品，看成人类意志和心智的产物，这样，它就进入了那种我们将称之为人本主义历史的历史形式。[1]

由此看来，克罗齐既反对关于历史的唯物主义解释，也反对超验唯心主义的解释，历史被视为人类精神与文化的一个纯粹内在的过程。

但是，我们不能认为，在克罗齐学说中，历史是纯粹个人精神活动的产物。在他看来，历史永远不知疲倦地工作，而个人无法把它的开端和结尾连接起来。根据克罗齐的观点，历史既不是自然或一个超尘世的上帝的作品，也不是经验性的和非真实性的个人的软弱无力的、随时中断的作品。历史不从思想或意志的一宗特殊活动去寻找进行说明的原则，不从单个的个人或一群个人去找，不从假定一宗事件为其他事件的原因去找，不从形成一宗单一事件的原因的一群事件去找，而从进程的本身去找，并把进行说明的原则放在进程本身上面。在克罗齐看来，

> （历史进程）生于思想而又回到思想，它通过思想的自知性而成为可知的，它决不需要求助于外在于自己的任何事物去理解它自己。[2]
>
> 除非我们从这样一个原则出发，就是认定精神本身就是历史，在它存在的每一瞬刻都是历史的创造者，同时也是全部过去历史的结果，我们对历史思想的有效过程是不可能有任何理解的。所以，精神含有它的全部历史，历史和它本身是一致的。[3]

因此，历史是精神不断创造的过程，同时，精神也内在于历史之中，二者是完全同一的。

既然历史是精神的产物，二者是同一的，那么历史就是可以理解的。历史“物自体”或难以理解的事实，纯是唯物主义或超验历史哲学的“错觉”。

在思想中，实在与性质、存在与本质，全是一回事，肯定一宗事实是真的而不同时知道那件实事是什么，即不予以质的规定，那是不可能的。[4]

2. 一切都是历史，历史就是一切

顺着精神与历史同一的逻辑，克罗齐不断地强调历史的价值。对他来说，一切都是历史，历史就是一切。因为：

一旦生活与思想在历史中不可分割的联系得到体现以后，对历史的确凿性和有用性的怀疑立刻就会烟消云散。[5]

既然历史就是全部生活和精神过程，谁要是否定历史的价值，谁就是否定生活和精神的价值；只要存在着精神生活，也就存在着历史。

在《历史学的理论和实际》中，克罗齐更是提出了历史与哲学同一的思想。他指出：

我们所已达成的历史观是，历史的文件不在本身之外而在本身之内，历史的究竟方面的和原因方面的说明不在本身之外而在本身之内，历史在本身以外无哲学，它和哲学是重合的，历史的确切形式和节奏的原由不在本身之外而在本身之内；这种历史观把历史和思想活动本身等同起来，思想活动永远兼是哲学和历史。[6]

他还写道：

> 精神就是世界，它是一种发展着的精神，因而它既是单一的，又是分歧的，是一个永恒的解决，又是一个永恒的问题；精神的自我意识就是哲学，哲学是它的历史，或者说，历史就是它的哲学，二者在本质上是同一的……[7]

历史与哲学同一的原则，一直为克罗齐所坚持。到晚年，他进一步发展了自己的思想，把历史提到高于哲学的位置。在《作为思想与行动的历史学》中，克罗齐把历史视为“完全的知识”，认为“历史的判断不是知识的一种，而是知识本身”。他写道：

> 说历史是历史的判断还不够，必须补充说，每个判断都是历史的判断，或简言之，就是历史。如果说判断是主词或宾词的联系，那么主词或事件，不管正在判断的是什么，总是一件历史事实，一个变化，一个进行中的过程，因为没有不变动的事实，在现实世界中也看不到这样的事物。[8]

既然人类精神均体现在历史中，而且历史就是完全的知识，那么，随之而来的结论就是，哲学只有作为历史知识才能存在。在克罗齐看来，任何判断都是事实的判断，而由于判断的主词是个别，一般则是谓语，所以哲学只是思想中的一个因素，是历史知识的一个组成部分。这就是绝对历史主义的含义：一切实在都是历史，而一切知识都是历史的知识；哲学仅仅是历史学内部的一个组成部分，即作为具体思想之中的普遍成分而存在。历史，从备受轻视的地位，一跃而成为完全的知识；甚至连过去高居知识之巅的哲学也俯伏在历史的脚下。

3. 一切历史都是当代史

表面上看，克罗齐似乎提出了一种绝对历史主义，从而克服了历史相对论。然而，他实际上却埋葬了历史主义，因为他所理解的并不是真实的历史，客观的历史已被融化掉了。既然精神之外没有实在，那么，

> 历史就是思想，因而是关于普遍的思想，是关于具体的普遍的思想，所以总是用一种特殊方式加以规定的。[9]
>
> 真正的历史是作为普遍的个别的历史，是作为个别的普遍的历史。[10]

由于克罗齐持主观唯心主义的立场，因而将“具体的普遍的思想”局限在精神自身的内在性之中。将现实的历史归结为思想过程，而思想又是普遍的，那么历史就不是对过去的考证与叙述。能思想的精神永远是活生生的现存之物，死去的东西不是精神。由此，克罗齐提出了一个大胆的命题，即“一切真正的历史都是当代史”。这就是说，“当代性”不是某一类历史的特征，而是一切历史的内在特征。不具有当代性的历史不是真正的历史，它们充其量不过是历史的尸体。他认为：

> 历史决不是关于死亡的历史，而是关于生活的历史。[11]

这是因为：

> 人类所真正需要的是在想象中去重现过去，并从现在去重想过去，不是使自己脱离现在，回到已死的过去。[12]

正是基于这一思想，克罗齐主张应严格区分历史与编年史。他认为，历史是活生生的精神生命，编年史则是僵尸般的文献汇编。二者的区别不是因为不同的写作方式，而是因为它们隶属于两种不同的精神态度。一旦精神态度发生变化，二者是可以相互过渡的。克罗齐指出：

> 历史是活的编年史，编年史是死的历史；历史是当前的历史，编年史是过去的历史；历史主要是一种思想活动，编年史主要是一种意志活动。一切历史当其不再是思想而只是用抽象的字句记录下来时，它就变成了编年史，尽管那些字句一度是具体的和有表现力的。甚至哲学史由不懂哲学的人去写去读

> 时，也是编年史：甚至历史也会变成我们现在倾向于把它当做编年史去读的东西……[13]

这样，在克罗齐看来，编年史不过是灵魂出壳后的历史，是历史的死尸。因此，与通常人们所假设的相反，不是先有编年史而后有历史，而是先有历史，后有编年史。道理很简单，即必须先有活人，才会有死尸。这表明，历史永远是合乎精神的活生生的当代史，利用外在事物的“资料”和编年文献来写历史时，不过是做抄录资料的工作。

克罗齐还从一切历史都是当代史的观点，得出了这样的结论：“历史是愈来愈丰富、愈来愈深刻的。”[14]他指出：

> 从希腊人的时代到我们自己的时代，对于历史的理解一直在丰富和加深，不是因为重新找出了人类事物的抽象的原因和超验的目的，而只是因为对于人类事物的意识不断获得了增长。政治与道德，宗教、哲学与艺术，科学、文化与经济变成了更复杂的概念，同时，在其本身方面及与整体的关系方面也得到了更好的规定与统一。[15]

由于历史认识不断深化，精神生活不断发展，因而就有必要不断地重写历史。克罗齐写道：

> 历史当然是一切都应改革的，历史无时无刻不在力图使自己变完善，就是说，它在丰富着自己和更深入地探索自己。没有一部历史都能使我们完全得到满足，因为我们的任何营造都会产生新的事实和新的问题，要求新的解决。因此，罗马史、希腊史、基督教史、宗教改革史、法国革命史、哲学史、文学史以及其他一切题目的历史总是经常被重写，总是重写得不一样。但历史革新自己时仍旧总是历史，它的发展力量恰恰在于它能这样持续下去。[16]

“一切历史都是当代史”这一命题，是对消极实证主义观点的一个补充。它包含着重要的意义和价值。

从历史认识的内容看，只有现在仍具有生命力的东西才会进入人们的历史思想。按照克罗齐的话说就是：

> 在历史进程中所保存和丰富的是历史本身，是灵性。过去不异于在现在而活着……它融化和转化于现在中。[17]

从认识的方式看，只有现在生活中的兴趣才能使人去研究过去的事实，而且人们总以现在的心灵状态来理解和阐释过去。没有进入人们兴趣和视野之内的所谓过去史，不过是死历史；只有当生活的发展需要它们时，它们才复活，过去史才会再变成现在的。从过去是可以复活的角度讲，克罗齐也承认历史学家搜集事实材料的合理性。

> 这些事实在暂时尽管是无形式的，不连贯的，无意义的，对于未来的史学家和需要用它们的人们却是宝藏。[18]

罗马人和希腊人躺在墓室中，直到文艺复兴时期欧洲人的精神有了新的发展时，才把它们唤醒。在克罗齐看来，

> 这种过去的事实只要和现在生活的一种兴趣打成一片，它就不是针对一种过去的兴趣而是针对一种现在的兴趣的。[19]

总体说来，“一切历史都是当代史”这一命题包含着如下积极意义。首先，这一命题指出，历史不是纯粹客观的知识，人们对它的理解，往往因不同的时代、不同的文化背景、不同的阶级立场和不同的认识水平而呈现出不同的面貌。其次，它表明，历史不是一种形而上学的、固定不变的铭文，人类对历史的认识是一个不断

深化、发展的过程。最后，它还说明，历史研究是具有现实意义的活动，它与现实生活密切相关，我们不能对其采取学究式的态度。

但是，克罗齐在“一切历史都是当代史”命题当中，过于强调历史的主观性，忽视甚至否定了历史的客观性一面。克罗齐在论证历史的当代性一面时，大有否认“过去”的倾向，他认为历史就存在于我们每一个人身上，它的资料就在我们自己的胸中，只能是现在决定过去，而过去不能决定现在。对此，他指出：

> 历史像哲学一样，没有历史性质的开端，而只有一种观念性质的或形而上学性质的开端，如果它是一种思想活动的话，因为思想活动是在时间之外的。[20]

他甚至认为，不是过去在先而现在在后，相反，是现在在先而过去在后，正像先有活人才能有死尸一样。真正的历史不应以事实证据为依据，决不应让凭证或根据去代替人类的思想，因为：

> 以证据为依据的历史归根到底完全是一种外在的历史而决不是根本的、真正的历史，根本的、真正的历史是当代的和当前的。[21]

这样，克罗齐就过于强调历史的主观性，从而走向了片面化。因而他的错误不在于意识到了历史认识的现代性，而在于以历史认识的现代性完全排斥了历史的过去性；他的错误也不在于发现了历史认识中所具有的主观性，而在于把主观性放到了第一性的位置上，甚至完全否认了历史认识的客观对象。在历史唯物主义看来，历史是认识主体对历史事实的认识和理解，在这种认识过程中，认识者应采取实事求是的态度，一切从实际出发，尽可能客观地、真实地反映历史事实。

二、文德尔班：历史与自然科学的区别

威廉·文德尔班（Wilhelm Windelband，1848—1915），著名的德国哲学家和哲学史研究者。1848 年 5 月 11 日出生在波茨坦，先后求学于耶拿、柏林和格丁根等地。1876 年到瑞士苏黎世讲授哲学，次年回到德国，先后在弗赖堡大学、斯德尔班大学任教，1915 年 10 月 22 日去世。文德尔班是新康德主义西南学派（也称弗赖堡学派或巴登学派）的创始人。主要著作有《论偶然》《序曲》《历史与自然科学》《哲学史教程》《论意志自由》《逻辑原理》《哲学导论》和遗作《历史哲学文稿》。

1. 科学分类的方法

文德尔班认为，科学分类不能以对象的物质特征为根据，而应按形式的原则凭主观评价进行分类。分类就是以范畴为标准规定事物作用的有效范围，所以分类也就是评价。文德尔班在《历史与自然科学》中指出：

> 我们在这里提出了一种纯粹方法论上的、以严格的逻辑概念为依据的经验科学分类法。分类的原则是它们的认识目标的形式性质。有一些科学研究一般的规律，另一些科学则研究特殊的历史事实；如果用形式逻辑的语言来说，有一些科学的目标是普遍的定然判断，另一些科学的目标是单称的实然命题。……我们应当说：经验科学在现实的事物的认识中寻找的，要末是自然规律形式下的共相，要末是历史规定形态下的殊相；它们所考察的，有的是常住不变的形式，有的是现实事件的一次性的、特定的内容。有一些是规律科学，有一些是事件科学；前者讲的是永远如此的东西。……科学思想在前一种场合是制定法则的，在后一种场合是描述特征的。[22]

在文德尔班看来，历史与自然科学的划分不是以知识的内容而是以科学思维的类型为依据的。如果我们在考察现实时注意的是一般的东西，那么现实就变成自然界；如果我们在考察现实时注意的是特殊、个别的东西，那么现实就变成历史学的

对象。这就是说，同样的东西既可以成为制定法则的研究对象，也可以成为描述特征的研究对象。例如，同样研究人，对其肉体性质的普遍规律的探寻属于自然科学，而对其独特的个人生涯和个性生活的描述，则属于历史学家的工作。我们也不应认为，自然科学研究的是物质的、物理的东西，而历史学则研究心理的东西。事实上，心理的东西作为直接给予的现实，也是用自然科学的一般化方法加以研究的。这样，在文德尔班看来，科学分类不应从对象出发，而应以主体为中心，从主体的规范出发，科学分类反映的无非是思维形式的差异，在自然科学中，抽象概括和归纳的逻辑占主导地位；在历史中，描述个体的思维则占主导地位。

概括规律与描述特征这两种思维形式并非绝对对立，二者之间还存在着一些共同点，它们都属于经验科学的范畴。首先，二者都以经验或感觉事实作为出发点和逻辑推论的前提；其次，二者都不满足于诉诸淳朴的直接经验，它们都要求以一种经过科学提炼的、经过批判磨砺的，并且在概括活动中受过考验的经验作为它们的基础；再次，这两类工作都不是人们生下来就能顺利从事的，都要经过长期的理智训练和资料积累的过程；最后，二者都须遵循经验科学的原则，即要求一切有关同一对象的表象要素均要契合一致，不自相矛盾。

2. 历史与自然科学的区别

寻找历史与自然科学的共同性质并不是文德尔班的主要目标，他的主要任务是强调二者之间的区别。文德尔班写道：

> 自然研究与历史的分别，首先开始于利用事实来构成知识的时候。这时候我们就看到，前者追求的是规律，后者追求的是形态。在自然研究中，思维是从确认特殊关系进而掌握一般关系，在历史中，思维则始终是对特殊事物进行亲切的摹写。对于自然科学家来说，他所观察的个别特定对象本身根本就没有什么科学价值；他之所以利用它，只是因为他认为自己可以把它看成一个类概念的典型和特例，并且可以从它推演出这个类概念；它在特定对象中只是对一些特征进行思考，以便洞察到一种合乎规律的普遍性。对于历史学家来说，任

务则在于使某一过去事象丝毫不走样地重新复活于当前的观念中。[23]

显然，在文德尔班看来，历史科学与自然科学有以下区别：

首先，从目标上看，自然科学是为了获得一般规律，而历史则是为了描述事件的具体形态。其次，从方法上看，自然科学倾向于抽象，它的思想过程是从特殊过渡到一般，而历史学则倾向于直观，它的思维过程执着于特殊性上。最后，从结果上看，自然科学所得到的是舍弃了许多具体事象的“类概念”，而历史学则试图在观念中再现关于过去事物的形象，这种描摹的形象应该尽可能多地包容事物的独特性质。

因此，文德尔班公开声称，历史学家的工作类似于艺术家，而历史学则与文艺相近似。简言之，历史认识的目的，永远在于把那种在现实中只呈现一次的人的生活如实地描绘出来，加以了解。历史学科这种对独特价值的研究，是它区别于自然科学的关键，按照文德尔班的话说就是：

规律与事件乃是我们的世界观中最后的不可通约数，永远处在对峙状态中。[24]

在文德尔班看来，人类的全部活生生的价值评价，关键就在于对象的单一性，因为人们的全部价值感就根源于对象的一次性和独一无二的性质。即使是人的活动，如果是重复性的，也都应排除在历史领域之外。生命的交替如果是次次重复的刻板文章，那还有什么价值可言！不仅如此，整个历史之所以有价值，也仅仅在于它是一次性的。

历史是有个人特征的人物的王国，是本身有价值而又不可能重演的个别事件（Einzelheiten）的王国。[25]

历史学拥有一项不可转让的形而上学权利，它的第一个伟大而且坚强的感觉，就是要为人类的记忆保存下这个一去不复返的现实中成为过去的东西。[26]

任何要求在历史中寻求普遍概念和规律的主张，只不过是一种“从历史中建立一门自然科学”的企图。这种实证主义企图的要害，就是抹杀历史学与自然科学的本质区别。

在讨论历史学与自然科学之间的关系时，文德尔班的目的是维护历史学的自主性。他向历史学家们呼吁，要按照自己的方式进行自己的研究，不要受自然科学研究方式的束缚。他认为，历史科学具有自己独立性的研究方式和目标，并有着不可替代的实践价值。自然科学因其一般规律的预见功能，是人能够有目的地干预事物的进程，人们依照一定的法则制造一些工具，不断地扩大对自然的支配力量。然而，历史科学具有更重要的社会文化价值。文德尔班写道：

> 人类共同生活中的一切有目的的活动也同样依靠历史认识的经验。……人是有历史的动物。人的文化生活是一种世代相承愈积愈厚的历史联系：谁要是想参加到这个联系中去通力协作，就必须对它的发展有所了解。只要这个线索一断，就必须……努力设法把它重新接上。不管在我们这个星球的外部构造中，还是在人类世界的内部结构中，只要一旦发生了某种带根本性的事变，我们今天的文化就会烟消云散……就是由于这些道理，人类必须背起巨大的历史书包……[27]

在这里，文德尔班不仅申明了历史遗产的重要性，而且也暗含了文化遗产与客观历史的真实性，历史不是某种可以任意丢弃和虚构的东西，历史对当前文化的发展和性质有着某种决定性的影响。

3. 一项未竟的工作

基于对历史科学独特性的理解，文德尔班提出了一种历史批判的见解。他认为，历史是一门批判的科学。

> 它的职责不只是记录和阐述，而且还是，当我们认识和理解历史发展过程时，我们要估计什么可算作历史发展中的进步和成果。没有这种批判观点，就没有历史。一个历史学家是否成熟，其根据就在于他是否明确这种批判观点，因为如果不是这样，在选材和描述细节时他就只能按本能从事而无明确的标准。[28]

但是，对于批判而言，这种批判又不是任意的，它需要有两个基本的限定条件。首先，批判并不是诉诸个人任意性，对此，他指出：

> 批判的标准不应是历史学家个人的理论，甚至也不是他的哲学信念；如若应用了个人的这样一种标准，至少就会使据此标准而应用的批判失去科学普遍性的价值。[29]

其次，历史的批判应遵循历史是关于个体性的科学的原则。这就是说：

> 历史的批判在对它所陈述的东西加工制作的时候，尽管需要进行一些非常细致复杂的概念工作，但是它的最终目的永远在于从大量素材中把过去的真相栩栩如生地刻画出来。它所陈述出来的东西是人的形貌、人的生活及其全部丰富多彩的特有的形成过程，描绘得一丝不苟，完全保存着生动的个性。[30]

在这里，前一个限制是为了克服主观任意性，而后一个限制则是为了抵抗抽象性。

把批判意识引入历史学，体现了文德尔班关于历史应超出朴素经验水平而成为一门自主科学的要求。可是，事实上，由于文德尔班试图局限在个体性中发现关于历史的科学概念，从而将个别与一般割裂了开来，最终不能完成这个任务。文德尔班承认：

> 对于我们来说，在一切历史上的和个别的经验事项中永远留下一个不可理解的剩余物——一个不可言传、无法界说的东西。所以，个性的最后的、最内在的本质是不能用一般的范畴来分析的，而这个不可把握的东西在我们的意识面前就表现为一种感情，觉得我们的本质、即个人的自由是没有原因的。[31]

结果是，文德尔班的工作本来是要维护历史学在科学中的自主地位，可他的全部论证过程都排除了历史成为科学的可能性。当 1914 年出版《哲学导论》时，他把全部精神活动分为两部分，一是知识理论，二是价值理论。历史就属于价值理论的部分。这实际上等于宣布历史学已经从知识的领域被驱逐了出来。这种结局，对于文德尔班乃至整个新康德主义来说，都是一个极大的讽刺。

事实上，不仅历史科学，甚至连同自然科学在内，都是通过个体事物发现事物的本质。因此，个别与一般的关系问题，既存在于自然界，也存在于社会生活和历史领域。历史科学的特点仅在于，它不是力图把历史事件归结为一个普遍适用的抽象概念，而是要在时间发展的过程中寻觅某种结构性总体观念。只有在个别与一般的辩证关系之中，我们才能从事科学的认识。

三、李凯尔特：历史的文化科学

亨利希・李凯尔特（Heinrich Rickert，1863—1936），现代德国哲学家，新康德主义弗赖堡学派的主要代表人物。1863 年 5 月 25 日，李凯尔特出生在但泽（现为波兰的格但斯克）；1888 年在斯特拉斯堡大学获博士学位；1891 年开始在弗赖堡大学任教，1894 年升任教授；自 1916 年起，接替文德尔班任海德堡大学教授；1936 年 7 月 28 日病逝。李凯尔特继承、论证和发展了文德尔班的基本思想，使新康德主义弗赖堡学派的理论有了较为系统的形态。主要著作有《认识的对象》（1892 年）、《自然科学概念形成的界限》（1896—1902 年）、《历史哲学问题》（1905 年）和《作为现代文化哲学家的康德》（1924 年）。

1. 自然科学与历史科学的区别

在李凯尔特看来，自然科学和历史科学之间的原则性区别，不是由这两门科学研究对象的特点决定的，而是由研究的观点和方法决定的。如果人们在考察现实时注意的是一般的东西，那么现实就变成自然界；每一种现实，也包括心理现实，都可以通过普遍化的方法被理解为自然的一部分，因而也必然被当作自然科学去把握。如果人们在考察现实时注意的是特殊、个别的东西，那么现实就变成为历史；每一种现实，甚至包括自然本身的发展，如地质史，都可以通过个体化的方法被理解为文化的一部分，因而也必须被当作历史科学去把握。因此，认识论将这样划分经验科学：一切对现实进行研究的专门科学活动，或者形成普遍的概念，或者形成个别的概念，或者含有这两种概念的混合物。可是，由于只有了解纯粹的形式才能了解混合的形式，因此，认识论首先要研究概念形成的两种基本方式，即普遍化的方式和个别化的方式。

为了论证一般与个别两种观点的分类原则，李凯尔特还进一步提出了一种分类逻辑——现实的连续性和异质性原理。一方面，现实中的一切都在流动着，但没有任何飞跃。每一个占有一定空间和一定时间的形成物，都具有这种联系性；另一方面，每个现实之物都表现出一种特殊的、特有的、个别的特征，人们无法在现实中找到某种绝对同质的东西。

在形成概念的过程中，数学是把现实的异质的连续性改造为同质的连续性，注意的只是现实的量的方面；历史学则把现实的异质的连续性改造为异质的间断性，它以分割现实的连续性为代价而保持现实的异质性。根据形成概念的这种逻辑差别，就构成了文化科学与自然科学的对立。

> 自然科学致力于用它的概念去把握为数众多的，甚至可能是无限多的各种各样的对象，而历史学则力求使它的叙述仅仅符合于它所研究的某个与所有其他对象不同的对象，这个对象可能是一个人物，一个世纪，一个社会运动或一个宗教运动，一个民族或者其他等等，历史学借助于这种方法使听众或读者尽可能接近于它所指的个别的事件。[32]

对于历史的文化科学来说，只有那些个别化和一次性的事物，才是本质的。与文化科学相反，自然科学则把个别、特殊之物当作非本质的成分予以舍弃，只在众多对象中抽取共同的性质概括到自己的概念之中。自然科学的兴趣在于发现对于这些事物和现象都有效的普遍联系和规律。

2. 历史学概念的特性

在李凯尔特看来，历史科学的目的不是提出自然规律，甚至一般说来也不仅仅是要形成普遍概念。这种科学不想缝制一套对保罗和彼得都同样适合的标准服装，也就是说，它想从现实的个别性方面去说明现实，这种现实决不是普遍的，而始终是个别的。

> 历史学不愿像自然科学那样采用普遍化的方法。对于逻辑学来说，这一点是具有决定性意义的。[33]

然而，如果从逻辑上承认历史学的科学性，我们必须给科学找到一个新的标准，以使它与一般经验区别开来。李凯尔特指出：

> 普遍化的科学在其概念中不仅消除了它的对象的个别性，而且消除了它们的直接的直观性。历史学就其作为一门科学来说，同样也抛弃了直接的直观性，把直观性转变为概念，但它力求保存个别性。[34]

显然，科学的标准是消除经验上的直观性，从而上升到概念。在任何科学中，包括在历史学中，对经验现实的直观只具有次要的意义，或者只是达到目的的手段。作为科学的历史，绝不能就是对个别事实的单纯“描述”，一切个别事物的初步描述，只应被看作进一步普遍构成概念的准备工作或材料汇集工作。对此，李凯尔特指出：

> 只有在历史学由以形成它的往往非直观的概念的那种方式中，才能发现历史学的科学性质。只有从研究历史学如何把直观改造为概念这样一种观点出发，才能从逻辑学上对历史学有所理解。[35]

显然，根据李凯尔特的观点，科学与经验的对立并不在于普遍性与个体性的区别，而在于概念性与直观性的区别。只有明确了这一点，才能为历史科学概念的形成提供逻辑上的依据。在《自然科学概念形成的界限》中，李凯尔特也曾集中地讨论了这个问题。

> 经验直观是不能为任何科学所描述的，因为它在任何情况下都是无限多样的，不可能纳入任何概念。而个别性则有所不同。尽管它是由直观给予的，却不能由此就推论出它必定与直观相等。所以历史概念的构成问题就在于：能不能对直观的现实作出一种科学的处理和简化，而又不至于像在自然科学的概念中那样，在处理和简化中同时失掉了个别性；而且经过处理和简化所得到的并不是一个还不能视为科学表述的单纯事实“描述”。[36]

李凯尔特要求历史认识必须超出经验直观，并上升为关于个体事物的概念。问题只是，历史学中的概念与自然科学的概念有着不同的意义。诚然，历史学不构造关于一般的概念，可是它必须形成关于个体的概念。例如，历史学家必须构造关于恺撒、关于拿破仑及关于某一次战争的“思想”。这些“思想”不具有一般的内容，可是它们从现实中把本质的东西与非本质的东西划分开来，从这个意义上说，它们毕竟也是“概念”。

不过，关于个体性的概念在逻辑上是可能的吗？为解决这一问题，李凯尔特提出了一种用一般性“要素”组合成个体性“整体”的设想。他写道：

> 科学概念的那些要素简单地看必定是一般的，然而……要素本身还完全不

> 是科学的“概念”，只有组合起来才对科学有意义，而这种组合根本无须总是以那样一种方式来进行，使产生出来的又是一个具有一般内容的概念；倒是也可以用另一种方式来进行组合，使一般要素合成的整体所包含的内容仅仅出现在一次性的、特殊的对象上，恰恰表明该对象与其他一切对象之所以不同。[37]

这就是说，概念都能分解成若干作为要素的判断，这些判断当然都是一般的，但它们合在一起既可表述某些一般的东西，也可表述某些一次性的个别的东西。历史概念就是用来表述个体性事物的。

根据李凯尔特的观点，尽管任何思维都需要一般性的东西，但它在历史科学中的运用与在自然科学中的运用是有着截然不同的性质的。

首先，对于自然科学来说，一般的东西是目的，而对历史学来说，它只不过是手段。历史学也使用一般的东西，因为它要做出判断，但历史学是借助于一般的东西来叙述个别的东西。

其次，就推论的过程来看，自然科学是从个别到一般，而历史科学则是从一般到个别。自然科学概念是从许多个别事物中抽出它们所共同的东西，撇开它们的单一、个别的东西；历史概念则通过一系列一般判断来表示这些个别事物赖以相互区别的那些东西，而撇开它们所共同具有的东西。

最后，甚至历史学在利用自然科学的概念时，也不能抹杀历史作为一种关于个别事物的科学的性质。自然科学概念所起的作用只不过是作为一般的概念要素，它们对于历史学来说决不能具有奠基性的意义，因为：

> 关于历史学家以个别化方法形成概念的原则，亦即关于历史学家如何挑选因素以及如何把因素和本来的历史概念连续起来的方式，普遍化科学什么也没有告诉历史学家。[38]

李凯尔特关于历史思想包括判断和一般因素在自身之内的构想，将历史与一般经验直观区分开来，并且因此也为区分历史和艺术找到了根据。李凯尔特承认，在易于造成直观并激发人们的想象力方面，历史与艺术有相似的地方，而且从一定的意义上说，历史学和艺术这两门学科都比自然科学更加接近于现实。但实质上，艺术和历史学相互之间是对立的。这是因为，在艺术中，直观是本质的，而在历史中，概念却是本质的；历史的陈述是要求真实的，而这种历史的真实性对于艺术作品来说恰恰是不考虑的。艺术不是从直观的个别性方面去理解直观，而历史则力求保存个别性。

3. 价值是历史科学的基础

既然历史学必须表现一次的、特殊的和个别的事物，那它如何能够成为科学呢？李凯尔特不能不回答这个问题，因为不解决这个问题，他就会同他的个体性原则一起被由无数琐碎的个体性事件组成的浩瀚汪洋所淹没。

李凯尔特认为，对于历史的文化科学来说，并不是所有个体事物都具有本质的意义。既然文化科学的对象是文化，因而只有那些具有文化意义的事件才是历史科学研究的对象。那么，是什么东西把文化与自然区别开来并赋予事件以意义呢？李凯尔特认为，这个作为标准的东西应该是“价值”。

李凯尔特将价值理解为某种超验的东西。在某种意义上，价值类似于康德道德哲学中的绝对命令，但具有了比绝对命令更广泛的形而上学的意义。李凯尔特指出：

> 关于价值，我们不能说它们实际上存在着或不存在，而只能说它们是有意义的，还是无意义的。文化价值或者事实上被大家公认为有效的，或者至少被文化人假定为有效的，因而那些具有价值的对象的意义也被假定为具有一种不仅是纯粹个人的意义。而且，文化就最高意义而言，一定不是与纯粹需求的对象相关，而必定是与财富相关。当我们一般地想到价值的有效性时，我们为了自己生活于其中的集体或者由于其他的理由而或多或少对于财富的评价或关怀感到“负有责任”；但是，我们不能仅仅从道德的必要性方面来思考它们。价值能够作为“应为的东西”与我们相对立。[39]

价值是被认为有效的，却获得了普遍“应为”的客观性。它既不属于主体或心理，从而与主观任意性划清界限；它也不属于客体，从而与唯物论区别开来。

价值是李凯尔特历史哲学中最基本的范畴。在他看来，没有价值，也就没有任何历史科学。[40]价值范畴在李凯尔特历史哲学中所具有的重要性，主要表现在以下几个方面：

第一，价值是区分自然和文化的标准。李凯尔特对价值做了如下理解：

> 价值是文化对象所固有的，因此我们把文化对象称为财富，以便使文化对象作为富有价值的现实同那不具有任何现实性并且可以撇开现实性的价值本身区别开来，自然现象不能当成财富，因其与价值没有联系。[41]

这就是说，只有通过与价值是否有联系，人们才能把文化和自然这两类对象区分开来。自然没有价值，它不需要从价值的观点加以考察；文化产物必定具有价值，因而应该从价值的观点加以考察。

第二，价值也是区分自然科学和文化科学的标准。对此，李凯尔特认为：

> 只有借助于价值的观点，才能从文化事件和自然的研究方法方面把文化事件和自然区别开。……因此，为了使这种区别的特性更加清楚地显现出来，我们必须明确地把历史的、个别化的方法标志为与价值联系的方法，反之，自然科学是一种对规律的或普遍概念的联系进行的研究，它不研究文化价值，也不研究它的对象和文化价值的关系。[42]

第三，价值还是历史学家挑选材料时赖以区分本质成分或非本质成分的标准。历史学家在叙述某一历史过程时，必须有一个标准，以确定哪些材料是“本质的”“重要的”和“有意义的”，哪些材料是“非本质的”“不重要的”和“无意义的”。历史学家会根据“价值联系原则”来确定材料的取舍。

> 在无限众多的、个别的即异质的对象中，历史学家首先研究的，只是那些在其个别特性中或者体现出文化价值本身或者与文化价值有联系的对象。[43]

第四，价值是个体性的真正保证，而有了这种保证，历史科学才获得了它对自然科学的自主性。李凯尔特认为，只有价值才能提供历史统一性的根据。或者说，历史的个别之物的统一，是建立在与价值的关系上的。

> 一次性的，人的个性的统一性或不可分性并不是任何其他的什么统一性，而仅仅是和某种价值有关的个体的统一性。[44]

正因为有了这种不可分割的个体统一性，个体在历史中的发展和全部多样性的表现才会表现为个别化的历史过程。也正因为如此，在历史中的人物，都被作为个体而看待，没有任何一个人的个别性会像一小块煤的个别性那样毫无意义。

四、波普尔：历史决定论批判

卡尔•赖蒙德•波普尔（Karl Raimund Popper，1902—1994），英籍科学哲学家，批判理性主义的创始人。1902 年，波普尔出生在奥地利维也纳一个犹太人家庭，1918 年进入维也纳大学，1928 年以一篇心理学方法论的论文获哲学博士学位。为躲避法西斯主义的排犹浪潮，1937 年他前往新西兰，任克里斯彻奇坎特伯雷大学学院讲师。第二次世界大战后，他定居英国，在伦敦经济学院任教，1949 年起任该学院逻辑与科学方法教授，直到 1969 年退休。1976 年他当选为皇家科学院院士，1982 年获颁荣誉侍从勋章。1994 年 9 月 17 日逝于英国伦敦。波普尔的主要著作有《研究的逻辑》（1935 年）、《开放社会及其敌人》（1945 年）、《历史决定论的贫困》（1957 年）、《猜想与反驳——科学知识的增长》（1963 年）和《客观知识——一个进化论的研究》（1972 年）等。

1. 批判理性主义

从理论上说，波普尔关于历史的学说，是以他的证伪主义的方法论为前提的。波普尔批判了逻辑实证主义的“可证实性标准”和归纳主义方法。他认为，归纳根本不存在，它只是一个已经被休谟戳穿了的神话。经验归纳只能说明过去和现在，不能说明理论的未来；一旦发现否定的例证，理论就会被推翻。这样一来，任何科学理论都不能被经验证实。为了给科学找到根据，波普尔提供了一个独特的解决方法，即衡量一种理论的科学性的标准，是它的可证伪性或可反驳性。他认为，在证实与证伪之间存在着逻辑上的不对称现象。比如，尽管报道白天鹅观察事实的观察陈述不能使我们在逻辑上得出普遍陈述“所有的天鹅是白的”，但是报道黑天鹅存在事实的唯一观察陈述，足以使我们在逻辑上得出“并非所有天鹅都是白的”这一陈述。在这种逻辑意义上说，一种科学理论尽管不能通过经验归纳加以证实，但却可以被证伪。

知识无法一劳永逸地被证实，却可以通过一次反例而被证伪。这样，所有的知识都带有猜测的性质，科学理论基本上类似于神话的创作。从这种观点看，科学理论的增长不应被看作搜集、积累观察资料的结果，相反，观察及其积累应当被看作科学理论增长的结果。观察只用于意在反驳的检验，它在拒斥、排除和批判理论中发挥作用。知识通过试验和排除错误而成长。知识的科学成长与前科学之间的主要区别是，它自觉地在自身内搜寻错误，自觉采取批判方法成为成长的主要工具。在这个意义上，波普尔甚至认为：“科学史也像人类思想史一样，只不过是一些靠不住的梦幻史、顽固不化史、错误史。”但是，他也反对悲观主义的绝对怀疑论观点，因为在他看来，科学可以对错误“系统地加以批判，并且还往往可以及时改正”[45]。波普尔相信知识有某种真实的成分，认为科学的目的是追求逼真性，人们可以把科学方法和历史研究解释为越来越接近真理的合理过程。人们只能尽可能地推测真实的理论，“却不能提出任何对绝对确定性的要求：我们是真理的探索者，但不是真理的占有者”[46]。这样，启蒙时代以来自信的与基本静态的理性就应变成一种自我批判的精神。理性主义者不应渴望一成不变的真理，而应准备接受批判，渴望自我批判。正是在这种意义上，波普尔把自己的哲学称为“批判理性主义”。

根据这种批判理性主义的观点，进化是通过不断地尝试和纠正错误而实现的。从阿米巴到爱因斯坦，知识的增长过程总是相同的，即试探着解决问题，并通过淘汰过程获取某些接近合适的东西。波普尔提出了一个表现这种持续发展过程的公式：

$$P_1 \to TT \to EE \to P_2$$

在这里，P_1是初始问题，TT是提出的“试探性理论”，EE是对尝试性理论进行消错的过程，P_2是结果，即新问题的产生。

2. 历史知识的性质

从反归纳主义和证伪主义的方法论出发，波普尔不同意自然科学方法和社会科学方法有原则性区别的主张。在他看来，“解决问题的方法即猜测与反驳的方法，是这两种科学都采用的”[47]。波普尔反对把理解的方法说成是人文科学的特点，他认为，我们既可以由于共同的人性而去理解别人，也可以因为自己是自然的一部分而去理解自然；理解活动本质上就等于解决问题的全部活动。因此，波普尔指出：

> 行为，因而连同历史，可以解释为解决问题；而利用猜测和反驳的图式（……$P_1 \to TT \to EE \to P_2$）所做的分析可以适用于历史。[48]

这就是说，关于历史的知识与关于自然的知识一样，都只是猜测的产物。人们不可能有一部真正如实表现过去的历史，只能对历史做出各种不同的假定和解释。因此，在历史方面，我们的描写只是根据某种观点所做的一种极为有限的选择。

从猜测与反驳的观点出发，波普尔得出了应不断重写历史的结论。波普尔写道：

> 不可能有一部“真正如实表现过去”的历史，只能有各种历史的解释，而且没有一种解释是最后的解释，因此每一代人有权利去作出自己的解释。每一代人不仅有权利，并且也有义务去这样做，因为的确有一种迫切的需要等着

解决。[49]

在这里，波普尔认为，既然每一代人都有自己的困难和问题，从而有他们自己的兴趣和观点，那么每一代人就有权按照自己的方式来观察历史和重新解释历史，去修正或补充别人的不足。

基于主观主义的认识论，波普尔认为，历史并无自在的目的、命运和意义，所谓上帝的意志、人性的基本规律、进步与退步、善与恶、幸福与痛苦、民族发展和阶级利益，都是人们加在历史之上的。人们之所以倾向于认为历史本身有某种隐秘的意义，大概多是因为政治史中充满了罪恶和混乱。面对混沌的现实，人们或企图寻找某种人性的支点，以提高生存的信心，或企图推卸责任，把我们的幼稚行为归因于某种超现实的隐含的意图。这种把意义归因于历史本身的观点，波普尔称为“历史主义”。他指责历史主义是人们对自己的理性和责任“感到绝望的一种产物”，是一种卑鄙的希望和信仰，它试图用命运去代替那种发自“道德热诚和藐视得失的希望和信仰”。因此，波普尔认为，历史主义不仅在理论上站不住脚，而且有负人类自主的崇高责任。他指出:

> 诚然，我们需要希望；行动和生活没有希望是我们力所不能及的。但我们并不需要比希望更多的东西，我们也不应该得到比希望更多的东西。我们并不需要必然性。[50]

历史没有意义，因而人们不应把希望寄托在历史的必然性上。自然和历史都不能告诉我们应该做些什么，也不能为我们做出决定，更不能决定我们所要选择的目标。把目的和意义引入自然和历史的，是我们自己。按波普尔的话说就是:

> 历史虽然没有目的，但我们能把这些目的加在历史上面；历史虽然没有意义，但我们能给它一种意义。[51]

3. 历史决定论批判

波普尔不仅指出了所谓历史中客观的、铁的必然规律只不过是人们强加于它的东西，还对上述观点的理论表现形式进行了严厉批判，即对历史决定论进行了严厉的批判。这一工作可以说是他的历史哲学的中心任务。他指出：

> “历史决定论”是探讨社会科学的一种方法，他假定历史预测是社会科学的主要目的，并且假定可以通过发现隐藏在历史演变下面的“节律”或“模式”或“倾向”来达到这个目的。[52]

显然，在波普尔看来，所谓历史决定论就是强调历史发展受内在必然性支配，并基于这种认识力图做出关于社会发展进程的预言的观点。他认为，历史决定论的中心论点可以表述为：

> 人类历史保藏一个秘密计划，如果我们能成功地揭示这个计划，我们将掌握未来的钥匙。[53]

波普尔认为，历史决定论是一种古老迷信的残余，而不是一种新颖、进步、革命和科学的理论。它有许多表现形式，如神学历史决定论、自然主义历史决定论、心灵的历史决定论、经济的历史决定论，等等。无论何种类型的决定论，它们的共同点在于相信历史有固有的运动规律。波普尔反对“对历史的神化”，拒绝接受历史决定论的论点，而他自己的基本论点是，历史命运与历史规律之说纯属迷信，从纯粹逻辑的理由看，无论是科学的还是任何别的合理方法，都不可能预测人类历史的未来进程。在《历史决定论的贫困》一书的序言中，波普尔把自己对历史决定论的反驳概括为五个论题：第一，人类历史的进程受人类知识增长的强烈影响；第二，由于知识源于猜测，不可能用合理的或科学的方法来预测科学知识的增长；第三，因此历史的未来进程是不能预测的；第四，没有一种科学的历史发展理论能作为预测历史的根据；第五，历史决定论方法的基本目的是错误的，历史决定论根本不能成立。

然而，波普尔既然断定知识就是猜测，那为什么不能对历史进程进行猜测呢？如果不进行某种预测，我们怎样进行科学的检验与反驳呢？如果我们没有一定的理论预测，我们怎样去改造世界呢？为了摆脱这些矛盾，波普尔辩解说，他并不一般地否定“对社会进行预测的可能性”，而“知识根据历史发展可以受到我们知识的增长影响这一点，来反驳对历史发展进行预测的可能性”[54]。在他看来，应严格区分“科学的预测”和“无条件的历史预言”[55]。前者是有条件的，即某些变化将随着其他变化，比如，在商品缺乏、价格控制及缺乏有效的惩戒制度的社会条件下，黑市就会猖獗起来。由于科学预测是有条件的，它也是可检验的，预测某些当下的发展在某些条件下发生，这可用来检验社会理论。与之不同，无条件的长远语言不具备可检验性。

波普尔提出了“渐进社会工程”理论。这种理论的实质就是对社会发展持改良主义的观点。波普尔不是反对理论干预社会，而是认为这种干预应该是渐进的尝试。正像他本人所指出的：

> （渐进观点——编者注）与历史决定论者的方法之间的区别，其标志与其说在于它是一种技术不如说它是一种渐进的技术。仅就历史决定论是一种技术而论，它的方法是渐进的，而且是“整体主义的”。[56]

不难看出，与马克思主义所主张的对社会进行彻底和总体改造的方法不同，波普尔认为社会改造只能渐渐地或局部地进行。具体说来，波普尔认为，他的渐进工程与历史决定论特别是马克思主义有以下几种区别：

第一，在基础上，历史决定论依赖于所谓历史规律的信念，而渐进工程则基于社会变化的趋势。波普尔严格区分规律和趋势这两个概念，前者是无条件的必然过程，后者则是有条件的统计性倾向。

> 趋势不是规律，断定有某种趋势存在的命题是存在命题而不是全称命

题……断定在特定时间和空间有某种趋势存在的命题是一个单称的历史命题，而不是一个普遍的规律。[57]

波普尔断定，规律根本不存在，马克思主义所说的规律只是把趋势当作规律了，因为它认识不到必然规律与可变趋势之间的区别。波普尔还嘲讽性地指出：

把社会看做如同实际物体那样，可以作为一个整体沿着一定的道路、按着一定的方向运动的这种想法，纯属集体主义的胡思乱想。[58]

第二，在方法上，历史决定论因认定发现了客观的历史规律，坚信制订一整套关于彻底改造社会的正确计划是必然的和可能的，而渐进工程则在改革的范围中不抱成见地提出自己的问题，并准备在尝试和错误中学习，通过批判而逐步取得进展。但实际上我们知道，真正的马克思主义并不是教条化的抽象理论，而是主张一切从实际出发的，坚持具体问题具体分析的原则。波普尔所批判的马克思主义实际上是为马克思所批判的东西。

第三，在规模上，历史决定论主张整体上的变革，认为"鲁滨孙式的"小规模孤立试验，不能使我们了解现代大社会的联系。而波普尔则认为，无论在什么意义上，整体都不能成为科学研究的对象，也不能成为控制或改造的对象，变革只能是局部的和渐进的。波普尔断定，既然历史决定论企图用不可能的方式来研究和改造社会，那么它就必然导致乌托邦主义。可是，历史唯物主义的产生就是为了克服以往社会主义理论的乌托邦性质，它把现实社会的运动当作我们行动的出发点，因而从根本上扬弃了社会改造的空想性质。波普尔指责马克思主义为乌托邦主义是毫无根据的，相反，从满足于现状与醉心于点滴改良的意义上，他本人倒有些乌托邦式的幻想。

第四，在过程上，波普尔认为，历史决定论主张彻底改造，必然导致割裂传统纽带的激进主义，而他本人的渐进工程则采取以传统为依托的稳健步骤。他批评历史决定论者想彻底"清洗干净"这个世界，"用崭新的理性世界把过去一笔勾销，一切从头开始”[59]。可是，一旦抹掉了传统，也就失去了创造的基地。他指出：

> 一旦我们毁灭了旧世界的传统，建造一个新世界的动机和愿望也必定随之消失。……合理的做法是去纠正它，进行革命的改造，而不是去清除。[60]

在这里，波普尔至少误解了马克思主义。马克思主义认为，社会革命不是割断历史，更不是否定一切，而是在批判地继承历史上一切优秀文化财富的基础上的创造。它要扬弃过去的传统，抛弃其陈旧的内容，而保存和发展其积极成果。实际上，波普尔机械地理解了社会革命与传统的关系，无法把继承与批判辩证地统一起来。而且他似乎对传统还稍抱一点儿保守的态度。传统不能完全毁灭，这是正确的，因为毁灭了传统，文明也随之消失。但对于革命来说，毁灭旧传统与发展传统是一致的。正像科学的发展必须站在前人的肩膀上一样，我们也必须站在传统的基础上，才能创造新社会；我们利用传统。因为，毕竟新理论的产生总是伴随着驳倒旧学说的过程，而新社会的建立也必然是破旧立新的过程。

综上所述，波普尔批判理性主义的历史哲学，虽然有科学思维的外观，但其实质是带有相当政治倾向的。历史唯物主义者应充分重视这位“批判者”，以迎接其尖锐的挑战。

注释

1 ［意］贝奈戴托·克罗齐:《历史学的理论和实际》，71 页，北京，商务印书馆，1982。

2 ［意］贝奈戴托·克罗齐:《历史学的理论和实际》，76 页。

3 ［意］贝奈戴托·克罗齐:《历史学的理论和实际》，13 页。

4 ［意］贝奈戴托·克罗齐:《历史学的理论和实际》，57 页。

5 ［意］贝奈戴托·克罗齐:《历史学的理论和实际》，4 页。

6 ［意］贝奈戴托·克罗齐:《历史学的理论和实际》，90 页。

7 ［意］贝奈戴托·克罗齐:《历史学的理论和实际》，249 页。

8 [意]克罗齐：《作为思想与行动的历史学》，见[美]M. 怀特：《分析的时代》，42页，北京，商务印书馆，1981。

9 [意]贝奈戴托·克罗齐：《历史学的理论和实际》，42页。

10 [意]贝奈戴托·克罗齐：《历史学的理论和实际》，81页。

11 [意]贝奈戴托·克罗齐：《历史学的理论和实际》，69页。

12 [意]贝奈戴托·克罗齐：《历史学的理论和实际》，220页。

13 [意]贝奈戴托·克罗齐：《历史学的理论和实际》，8页。

14 [意]贝奈戴托·克罗齐：《历史学的理论和实际》，31页。

15 [意]贝奈戴托·克罗齐：《历史学的理论和实际》，57页。

16 [意]贝奈戴托·克罗齐：《历史学的理论和实际》，31页。

17 [意]贝奈戴托·克罗齐：《历史学的理论和实际》，68页。

18 [意]克罗齐：《美学原理美学纲要》，140页，北京，外国文学出版社，1983。

19 [意]贝奈戴托·克罗齐：《历史学的理论和实际》，2页。

20 [意]贝奈戴托·克罗齐：《历史学的理论和实际》，142页。

21 [意]贝奈戴托·克罗齐：《历史学的理论和实际》，108页。

22 [德]文德尔班：《历史与自然科学》，见洪谦主编：《西方现代资产阶级哲学论著选辑》，55—56页，北京，商务印书馆，1964。

23 [德]文德尔班：《历史与自然科学》，见洪谦主编：《西方现代资产阶级哲学论著选辑》，59页。

24 [德]文德尔班：《历史与自然科学》，见洪谦主编：《西方现代资产阶级哲学论著选辑》，67页。

25 [德]文德尔班：《哲学史教程》上卷，24页，北京，商务印书馆，1987。

26 [德]文德尔班：《历史与自然科学》，见洪谦主编：《西方现代资产阶级哲学论著选辑》，64页。

27 [德]文德尔班：《历史与自然科学》，见洪谦主编：《西方现代资产阶级哲学论著选辑》，61页。

28 [德]文德尔班：《哲学史教程》上卷，28页。

29 [德]文德尔班：《哲学史教程》上卷，29页。

30 [德]文德尔班：《历史与自然科学》，见洪谦主编：《西方现代资产阶级哲学论著选辑》，60页。

31 ［德］文德尔班：《历史与自然科学》，见洪谦主编：《西方现代资产阶级哲学论著选辑》，66页。

32 ［德］李凯尔特：《文化科学与自然科学》，30页，北京，商务印书馆，1986。

33 ［德］李凯尔特：《文化科学与自然科学》，51页。

34 ［德］李凯尔特：《文化科学与自然科学》，68页。

35 ［德］李凯尔特：《文化科学与自然科学》，68页。

36 ［德］李凯尔特：《自然科学概念形成的界限》，见张文杰等编译：《现代西方历史哲学译文集》，6页。

37 ［德］李凯尔特：《自然科学概念形成的界限》，见张文杰等编译：《现代西方历史哲学译文集》，7页。

38 ［德］李凯尔特；《文化科学与自然科学》，63页。

39 ［德］李凯尔特：《文化科学和自然科学》，21页。

40 参见［德］李凯尔特：《文化科学和自然科学》，76页。

41 ［德］李凯尔特：《文化科学和自然科学》，21页。

42 ［德］李凯尔特：《文化科学和自然科学》，76—77页。

43 ［德］李凯尔特：《文化科学和自然科学》，73页。

44 ［德］李凯尔特：《自然科学概念形成的界限》，见张文杰等编译：《现代西方历史哲学译文集》，20页。

45 ［英］卡尔·波普尔：《猜想与反驳——科学知识的增长》，310页，上海，上海译文出版社，1986。

46 ［英］卡尔·波普尔：《客观知识——一个进化论的研究》，50页，上海，上海译文出版社，1987页。

47 ［英］卡尔·波普尔：《客观知识——一个进化论的研究》，196页。

48 ［英］卡尔·波普尔：《客观知识——一个进化论的研究》，178页。

49 ［英］卡尔·波普尔：《开放社会及其敌人》，见田汝康、金重远选编：《现代西方史学流派文选》，155页，上海，上海人民出版社，1982。

50 ［英］卡尔·波普尔：《开放社会及其敌人》，见田汝康、金重远选编：《现代西方史学流派文选》，167页。

51 ［英］卡尔·波普尔：《开放社会及其敌人》，见田汝康、金重远选编：《现代西方史学流派文选》，166页。

52 ［英］卡尔·波普尔:《历史决定论的贫困》, 2 页，北京，华夏出版社，1987。
53 ［英］卡尔·波普尔:《猜想与反驳——科学知识的增长》, 482 页。
54 ［英］卡尔·波普尔:《历史决定论的贫困》, 序言 2 页。
55 ［英］卡尔·波普尔:《猜想与反驳——科学知识的增长》, 483 页。
56 ［英］卡尔·波普尔:《历史决定论的贫困》, 56 页。
57 ［英］卡尔·波普尔:《历史决定论的贫困》, 91 页。
58 ［英］卡尔·波普尔:《历史决定论的贫困》, 90 页。
59 ［英］卡尔·波普尔:《猜想与反驳——科学知识的增长》, 185 页。
60 ［英］卡尔·波普尔:《猜想与反驳——科学知识的增长》, 186 页。

第十二章

分析的历史哲学

1938年，雷蒙·阿隆的《历史哲学导论》和曼德尔鲍姆的《历史知识的问题》相继问世，这标志着与传统的“思辨的历史哲学”相对立的“分析的历史哲学”的兴起。分析的历史哲学是对历史思维的探讨，终将把历史解释问题提上议事日程。1942年亨佩尔发表《普遍规律在历史中的作用》一文，把科学解释模式——“覆盖律模式”推及历史领域，认为历史解释也必须服从科学解释模式，从而引发了西方哲学界和史学理论界关于历史解释的旷日持久的讨论。亨佩尔的观点既得到了许多支持，也引来了各种各样的批评或修正。在支持者中，加登纳的理论比较具有代表性，而在批评者中，德雷和雷克斯·马丁的观点则比较引人注目。

一、亨佩尔：覆盖律模式

卡尔·居斯塔夫·亨佩尔（Carl Gustav Hempel，1905—1997），德裔美国哲学家，逻辑实证主义学派的晚期代表人物。1905年1月8日生于德国奥拉宁堡，曾先后在格丁根大学、海德堡大学和柏林大学攻读数学、物理学和哲学。1934年获柏林大学哲学博士学位。之后，他前往布鲁塞尔从事研究工作。1937年移居美国，并于1944年加入美国国籍。曾先后在芝加哥大学、纽约市立学院、耶鲁大学、普林斯顿大学和匹兹堡大学任教。1981年曾来中国讲学。亨佩尔关于历史认识论的思想，主要集中在1942年发表在《哲学杂志》(*The Journal of Philosophy*）第39卷上的著名论文《普遍规律在历史中的作用》(*The Function of General Laws in History*）中。亨佩尔主张社会科学与自然科学研究在方法上是一致的，因而我们可以联系他关于科学哲学的思想来考察他的历史哲学观点。

1. 历史科学与自然科学的统一

相比较而言，亨佩尔是一位纯粹的“分析哲学家”，他几乎未涉及任何历史事实，而仅仅关心历史认识的性质和方法问题。他之所以论及历史认识问题，并不是因为他关心实际历史过程，而在于他致力于论证所有经验科学在方法论上的一致性和相似性。他比波普尔更有力地阐明了历史科学与自然科学的统一，并系统地发展了波普尔所提出的关于历史解释的覆盖律模式。

从倾向上说，正如利科所说的：“亨佩尔是从与柯林武德截然对立的哲学立场——逻辑经验主义——出发研究历史问题的，他主张，并没有把历史说明的方式与典型的自然科学说明方式原则地分割开来的区别，并严厉地批判了理解（Verstehen）或历史理解的‘移情作用’模式中所包含的华而不实的神秘化。”[1] 柯林武德认为，从历史事件追溯其原因，基本上是一个再现行为者思想的过程，而不是把它们纳入经验的规则性体系中。根据柯林武德的观点，历史学家在研究过程中，自己应处于那些卷入了他要解释的事件之中的人的地位上，尽量了解他们在其中行动的环境和影响他们行为的动机。靠这种与历史人物认同的移情作用，他可获得对历史事件的合理解释。亨佩尔反对这种观点。首先，在他看来，历史学家虽运用移情法，但移情法只起一种启发作用，“它本身并不构成解释”。移情的作用是提出在思考时可以作为解释原则的心理学假设，“但它保证不了由它导致的历史解释的可靠性。历史解释的可靠性更依赖于这种理解法可能会提出的对事实概括的正确性”。其次，移情法“也并非是历史解释所必不可少的”。“一个历史学家能否与历史人物自我认同和他的解释的正确性无关”[2]，比如，一个历史学家也许不能进入一个有偏执狂的历史人物的角色，但他完全能用变态心理学的原理来解释这个人的某些行为。就此，亨佩尔说：

> 科学解释，特别是理论解释的目标不是这种直觉的和高度主观的理解，而是一种客观的洞察力，这种能力是依赖系统的统一，依赖将现象展现为符合明确规定、可检验的基本原理的一般基本结构和过程的表现而获得的。[3]

但也有人——如德国哲学家阿佩尔（K. O. Apel）——认为,“亨佩尔使‘理解’与‘移情作用’等同起来”了，他无非“在使‘理解’脱离非理性的或超逻辑的成分的意义上”，把原来移情的方法综合到其解释模式中去了。[4]然而，我们觉得阿佩尔的观点至少是表述不当的，因为把移情方法综合进逻辑解释的模式中，并不是把二者“等同”起来，而是使移情法屈从于逻辑方法的支配。事实上，亨佩尔不过是遵循休谟的主张，认为历史学家在使用因果性词语时，实际上是在暗中诉诸规律，而这些规律在原则上是可以检验的。

从哲学立场上看，亨佩尔也是与文德尔班和李凯尔特为代表的新康德主义相对立的。文德尔班等人主张，历史学是关于过去特定事件的描述，而不是对可能支配那些事件的普遍规律的探究，因而与自然科学是截然不同的。与之不同，亨佩尔则强调历史研究与自然科学的统一性。他提出了自己关于科学理论的两个主要原则：

> 第一，把经验科学的“纯粹描述”与“假设的概括化和理论—构建”割裂开来是无根据的；在建立科学知识中，两者是不可分割地联系在一起的。第二，同样无根据和无用的是，企图在科学研究的不同领域之间划出严格的界限并且使每一个领域都自主发展。[5]

在亨佩尔看来，历史科学与自然科学都属于经验科学的范畴，普遍规律在两个领域具有非常相似的作用。普遍规律作为“普遍形式的假设”，不仅在自然科学中起着关键的作用，而且也是历史研究的一个必不可少的工具。普遍规律是自然科学与社会科学的共同基础。

2. 覆盖律模式

根据亨佩尔的观点，在经验科学中，普遍规律的作用是以解释和预见的功能把事件连接起来的。“在科学解释中引入规律也可称为被解释现象的覆盖律（covering laws），而解释性的论证可说是把被解释项纳入这些规律之下。”[6]正像包括历史科学在内的经验科学都须引入一般规律一样，在包括自然科学在内的经验科学的所有分支中，描述和解释的对象总是某一类的事件（如温度下降、月食、政治谋杀）在特定的地点和时间内发生或在一定时间内特定的经验客体（如某一汽车的水箱、行星系、特定的历史人物等）中的发生。普遍规律或假设（L）可以这样认定：在一特定种类的事件（C）于某地某时发生的每一种情况下，一个特定种类的事件（E）就会于某地某时发生，并以特定的方式与前一事件发生的地点和时间相联系。如通常所表示的那样，对某一特定种类的事件 E 于一定的时间和地点发生的解释在于指出 E 的原因或决定因素。断言一组事件（如 C_1，C_2，……，C_n）引起将要被解释的事件，就等于说某一 E 类事件是按照一定的普遍规律有规则地伴随着这一组事件而发生的。因此，对事件 E 的科学解释包括：第一，一组断定一些事件（如 C_1，……，C_n）于一定的时间和地点发生的陈述；第二，一组普遍假设，诸如，(a) 这两组陈述都由经验证据充分而合理地加以确证，(b) 断言事件 E 发生的语句可从这两组陈述中逻辑地推演出来。这就是覆盖律的第一种形式即“演绎—定律论解释”（deductive-nomological explanation），简称为“D—N 模式”，可用公式表示为[7]：

$$\left.\begin{array}{l} L_1,\ L_2,\ \cdots\cdots,\ L_r \\ C_1,\ C_2,\ \cdots\cdots,\ C_k \end{array}\right\} \text{解释语句}$$

$$E \qquad\qquad \text{被解释语句}$$

在这个公式中，L_1，L_2，……，L_r 是指一组普遍规律或普遍假设；C_1，C_2，……，C_k 表示初始条件，即发生于一定时间和地点的特定事件；E 则是被解释的事件，是初始条件和普遍规律的逻辑推演结果。

亨佩尔对这种覆盖律模式有以下几种规定和解释，首先，“在演绎—定律论解释中，规律起着根本的作用。规律提供了一种联系，据此特定的环境（由 C_1，C_2，……，C_k 描述）可以用来解释给定事件的发生”[8]。可见，演绎—定律论解释所重视的是依据规律对事件做出解释，而不是对个别事件进行完全描述。这就是说，历史学涉及个别事物与自然科学涉及个别事物一样，没有特殊的意义。亨佩尔指出：

历史学和各门自然科学之间没有区别：两者都只有依靠普遍概念才能说明

它们的课题，历史学正如物理学和化学一样能够“把握”它的研究对象的“独特个性”。[9]

亨佩尔断言，即使历史学家想要把他的研究只限制在对过去的“纯粹描述”中，而没有任何提供关于关联和决定的解释和陈述的企图，他也必须不断地利用规律。因为这些间接的对象不能被直接审视，只能利用把现有的材料与那些过去的事件联系起来的普遍假设。在亨佩尔看来，对独特事件的完全描述需要陈述在这一事件发生的时期内涉及的空间或个别物体展示的所有特征，这样的任务是永远不能全部完成的。他认为：“虽然可以对发生在特定地点和时间内的事件逐渐作出越来越具体和全面的解释，但要依靠普遍假设来说明它的全部特征从而作出对独特事件的完全解释则是不可能的。”[10] 这种忽视历史学特性的极端主张，甚至引起了覆盖律的创始者波普尔的不满，他指责亨佩尔“忽视了历史学家对独特事件所特有的兴趣”[11]。

其次，亨佩尔认为：“使用普遍经验假设作为解释原则，可把真解释与假解释区别开来。”[12] 在他看来，历史学实际提出的说明，不是把所研究的对象纳入科学解释（或解释框架），就是试图把它们纳入某种经不起任何经验检验的一般性观念。在前一种情况下，可以得出真解释；在后一种情况下，它相当于一个假解释。如使用“历史使命”“注定的命运”或类似的一些概念来解释某一特定人物的成功，就是假解释。假解释是建立在隐喻而不是规律之上的，它们表达了形象化和感情的要求而不是洞察到实际联系；它们用含糊的比拟和直观的“可能性”代替根据可检验的陈述做出的推论。虽然这种假解释可能具有感情的感染力并唤起栩栩如生的联想，但它不会推进我们对所研究的现象的理论认识。当然，也不是说只要运用普遍规律作为解释原则，就必然得出符合实际的知识。一个科学的演绎—定律论解释必须满足四个条件：第一，解释项必须正确；第二，被解释项必须在逻辑上可以从解释项中演绎出来；第三，为了演绎，在解释项中至少必须有一条定律；第四，解释项必须在原则上能够经受经验的检验。[13] 对科学性解释的检验包括：（a）对阐明限定条件的语句的经验检验；（b）对解释赖以成立的普遍假设的经验检验；（c）对解释在逻辑上是否成立的审查。

再次，亨佩尔认为，覆盖律模式既可以用来解释，也能用来进行预见。演绎—定律论解释或许可以在最强的意义上满足解释相关的要求，它们提供的信息以演绎的方式蕴含着被解释语句，这就合乎逻辑地说明了我们为什么可以预见被解释现象的发生。“科学预见的逻辑结构与……科学解释的逻辑结构是一样的”[14]，二者的区别只在于，对解释来说，已知最终事件发生，要探求的是它的限定条件；对预见来说，正好相反，初始条件是给定的，要预测的是它们还没有发生的结果。结构的一致使解释同时也能起到预见的作用，否则这个解释就是不完整的。如果最终事件可以从解释里所阐明的初始条件和普遍假设中推导出来，那么，在它实际发生之前，基于初始条件和普遍规律的知识，或许也可以预见到它。这“不仅适用于经验科学其他任何分支的解释，而且也适用于**历史中的解释**”[15]。亨佩尔指出：

> 历史解释的目的也在于表明，所研究的事件不是“偶然的事”，而是鉴于某些先行要件或同时性条件而被料想到的。所提到的这种料想不是预言或占卜，而是建立在普遍规律的假定之上的科学预见。[16]

强调历史科学同其他经验科学一样具有某种预见功能，这也是亨佩尔与波普尔不同的地方。但是，在历史预见方面成功的例子并不太多，这种事实迫使亨佩尔对演绎—定律论解释的预见功能做了某种限制。他承认，阐释得如此完整以至显示出预见性的解释，是很少见的；相当普遍的是，人们对一个事件所做的解释是不完整的。例如，我们可以听到这样的解释——一个牛棚失火，是“因为”一根仍燃烧的烟蒂掉进了干草里；或者某一政治运动取得了惊人的成功，是“因为”它利用了广为散布的种族偏见。在这样的解释陈述中，许多其他因素和条件被省略了。不过，亨佩尔认为，在某些情况下，“一个给出的解释的不完整可以被视为是无关紧要的”，因为我们有理由假定，“我们知道在这种情境中有关的那种决定性条件和普遍规律”[17]。

最后，亨佩尔自己也意识到了演绎—定律论解释的局限性，因为“并非一切科学解释都建立在严格普遍形式的规律的基础上”[18]。事实上，历史学或社会学提供的大部分解释并没有包含对预先假定的普遍规律的明确陈述。这种现象的出现至少有两个原因：第一，平时被视为普遍规律或假设的东西，往往与个人心理或社会心理有关，或许并不真正具有普遍意义；第二，充分精确明晰地阐述基本假设，并且使那些假设符合所有可获得的有关经验证据，通常总是很困难的。例如，如果用大部分人对现状的不满越来越强烈来解释一场特定的革命，那么在这个解释中显然假定了一条普遍规律。但是，我们几乎不能阐明导致一场革命的不满必须正好达到何种程度和采取何种特定的形式，以及必须具备哪些外界条件。类似的情况也适用于阶级斗争、经济或地理环境、集团利益等形式的历史解释，在给出这些解释时所假设的内容，只能非常近似地被重建。这就引出了覆盖律的第二种形式——“概率性解释”（probabilistic explanation），或称“归纳统计解释”（inductive-statistical explanation）。

概率性解释同相应的演绎—定律论解释一样，具有某些共同的基本特征。在这两种类型中，给定事件都是用其他事件来加以解释的，这些事件与被解释项用规律联系起来。不过，在演绎—定律论解释中，规律是属于普遍形式的；而在概率性解释中，规律则是属于概率形式的。在前一种情况下，根据在解释项中所包含的信息，可以用演绎的确定性来预期被解释项；而在后一种情况下，根据在解释项中所包含的信息，只能用高度的概率或者“实用的确定性”来预期被解释项。前一个模式是演绎的，而后一个则是归纳的。概率性解释论证的一般形式可以用公式表示为：

p（O，R）接近于 1

i 是 R 的一个事例［使之具有高度的可能性］

i 是 O 的一个事例[19]

在这里，P 代表概率，R 标志随机实验，O 则为预期的某种结果。这种结果只具有概率的性质。因此，在大部分情况下，历史事件的解释提供的并不是必然的确定性，而只是可被称为“解释框架”或略图的东西。“对被视为有关的初始条件和规律的多少有点模糊的指示，构成了这种框架，它需要‘扩充’以便成为成熟的解释。

对这种扩充，需要做进一步的经验研究，而框架则为这种研究指出了方向。”[20] 尽管解释框架并不被要求与完整的解释同样程度的经验检验，然而，在科学上可接受的框架与假解释之间是有区别的。科学尚可接受的解释框架或略图提出了一个可供经验检验的概率性规律，而假解释则无法提供某种能经得起检验的解释。

鉴于科学研究往往不能提供完整的解释，亨佩尔试图用各种规律的系统相关作为其科学性的支撑物。亨佩尔在《自然科学的哲学》中指出：

> 科学的系统化要求依据规律或理论原理在经验世界的不同方面建立多种多样的联系，这些联系可以用科学概念来表征。因此，科学的概念就是系统关联之网的结，而规律和理论原理则形成这张网的绳。[21]

历史科学也是如此，亨佩尔在另一个地方指出：

> 在历史学中正如在经验研究的其他任何部门中一样，只有依靠合适的普遍假设或作为有系统关联的假设群的理论，才能获得科学的解释。[22]

可见，亨佩尔既反对波普尔的反整体主义主张，也不同意维也纳学派孤立地谈论一个词或一个句子的经验意义的做法。在他看来，任何科学假设的提出都不可能是孤立的，认识意义有解释系统的特征。一个科学陈述只有在这个知识系统的其他陈述的逻辑关系的整体之中，才能得到检验和说明。对知识的系统性和相互联系的强调，是亨佩尔超出其他逻辑实证主义者和分析哲学家的地方。分析哲学因其狭隘而琐细的探究，日益暴露出局限性。

不过，亨佩尔的历史哲学显然并没有真正解决历史认识的科学性问题。他在解决这个问题的尝试中，不过是把历史科学简单地等同于自然科学了。这似乎是又回到了 18 世纪启蒙思想家的“理想”上去。然而，二者还是有区别的，虽然都强调历史研究可类同于自然研究，但启蒙思想家主要是就研究的内容而言的，亨佩尔则只涉及研究方法上的一致。正像 P. L. 奎因所指出的，“亨佩尔在科学哲学方面的工作却是着重于经验科学方法论的统一。……他并不固执地认为所有的经验科学都可被还原为一种像一个完美的物理学那样的基础科学，或最终被这样的学科代替。不过，他确实相信，所有的经验科学在方法论上都有重要的相似之处”[23]。由于把历史研究的方法简单地类同于自然科学，事实上，他根本没有涉及历史研究的逻辑，因为他注意的只是对某一事件的解释和预见。可历史并不是事件，而是表现在许多事件中的发展过程。亨佩尔的覆盖律模式恰恰未能表示历史的过程性。事实上，亨佩尔的模式“显得不太适于进行历史解释”，人们注意到，亨佩尔“告诉历史学家们，他们应该怎么做而非他们实际上如何做的”[24]。尽管如此，亨佩尔的“新的‘科学逻辑’的威信”还是非常之大，“新的精确性标准”也是“令人畏惧”的和“有威慑力”的[25]，从而为欧美历史方法论的探讨定下了基调。分析哲学的“剃刀”，剔除了历史领域中许多梦呓般的废话，使那些形而上学的幻想家也变得谨慎多了。所谓“思辨历史哲学”的衰落，恰恰是“分析的历史哲学”发展的必然结果。

亨佩尔的覆盖律模式提出之后，在西方哲学界和历史理论领域引起了广泛而又持久的讨论。基本赞同的有莫尔顿 • 怀特（Morton White，1917—2016）、恩斯特 • 内格尔（Ernest Nagel，1901—1985）、莫里斯 • H. 曼德尔鲍姆（Maurice H. Mandelbaum，1908—1987）和加登纳，提出批评和修正意见的有奥兰•唐纳根（Alan Donagan，1925—1991）、库恩（T. S. Kuhn. 1922—1996）、德雷和雷克斯 • 马丁等。在支持者中，加登纳的理论比较具有代表性。在批评者中，德雷以其对亨佩尔的严厉批评及在批评的基础上所提出的新的理论模式，最为人们所重视，而雷克斯 • 马丁的实践推断解释理论则代表了一种对解释和理解加以综合的观点。

二、帕特里克 • 加登纳：《历史解释的性质》

帕特里克 • 加登纳（Patrick Gardiner，1922—1997），英国牛津大学著名哲学教授、牛津日常语言学派的主要代表之一，由于以语言分析的方法而强调历史解释的相对性而著称，因而也是叔本华和克尔恺郭尔思想研究的国际权威之一。加登纳于1985年当选为英国学术院终身院士。其主要著作有《历史解释的性质》《叔本华》《克尔恺郭尔》等。在关于规律在历史中的作用问题上，加登纳与亨佩尔的观点是基本一致的。但加登纳把抽象的理论思考与历史学家研究工作的具体程序和过程联系起来，所以他在某些方面又超越了亨佩尔。因为他不仅告诉我们规律在历史解释中有作用，而且还让我们清晰地看到它如何起作用，有哪些作用。但是，加登纳历史解释理论具有一种明显的相对主义倾向。

他的《历史解释的性质》一书反映了牛津哲学在处理历史解释性质上的主要观点。该书首先对科学与日常生活中的解释的性质进行了考察。在加登纳看来，科学和日常生活中的解释都可以用规律性来加以分析，其基本形式是休谟的因果理论及波普尔和亨佩尔的覆盖律模式。科学解释所采取的一般模式大纲，也是许多常识解释所采取的一般大纲，它们“都蕴含着对规律或普遍性的阐述”[26]。加登纳所说的规律性和普遍性解释模式基本上指的是一种因果解释模式。但是，他也指出了科学解释和日常解释之间所存在的差别。加登纳认为，科学和日常生活属于不同的语言层次，它们的因果概念要根据其各自领域的语言层次而加以调整。针对同一个事件的发生，普通人和专家会从不同的利益和兴趣出发给出不同的原因，尽管这些原因通常并不冲突。用加登纳的话来说，“究竟什么应当被称做是某个瞬间中的事件的‘原因’，这是一个取决于所涉及的研究领域和说话者的兴趣与目的才能确定的问题”[27]。与科学解释相比，常识性解释仅仅满足于看到相关性现象之间的前后相继，而不会对它们进行更为细致的结构分析。因此，常识所提供的解释通常是模糊的和不可靠的。但是，我们不能因此就认定科学解释优越于常识解释。在加登纳看来，这两种解释方式都各有其用处。

> 每一单个的解释必须从它出现的研究背景中去加以审视和解说，而不能仅仅批评它没有符合某个在天堂中的永恒观念。……哲学家的建设性任务，就在于作出系统的分析而不只是证明和谴责。[28]

那么，加登纳关于解释的这种分析，能够在多大程度上合理地推广到历史解释的领域，又能够在多大程度上有助于解决一般的历史解释问题呢？加登纳在该书中用了相当大的篇幅考察了一种关于历史学自成一体或高度自律的论证。我们在奥克肖特那里可以看到这类论证，另外，狄尔泰和柯林武德也基本上持类似的观点。在他们看来，历史的主题在种类上不同于其他被宽泛地称作“自然科学”的研究主题。历史是一种不同的“经验方式”，历史学家处理历史的方法必定完全不同于自然科学的方法；科学家的归纳和实验技术，科学家对材料的分类方法在历史中毫无用武之地，甚至都无法看到。因此，他们或者认为历史是自我解释的（奥克肖特），或者认为只有“重演以往经验”（柯林武德）和“重新体验他人思想”（狄尔泰）才是唯一恰当的历史解释范畴。

加登纳承认，历史著作具有自己的显著特征，其中的一个特征是历史证据的在场性，也就是说，我们关于过去历史的知识是由此时此刻呈现于我们感官的证据构造出来的。不管这种证据是历史文献还是考古发现，它们都是可见可触的。另一个特征是历史事件的不可重复性。我们无法通过在实验室条件下做一个实验，来肯定假设发生的某个给定事件是另一个特别事件或一系列事件的后果。我们可以把某些化学成分混合起来，然后观察其结果是否符合这种混合结果的预测，但却无法复制我们认为是导致了罗马帝国崩溃的那些条件，然后再去观察其后果。加登纳认为，这些特征当然是历史解释必须要加以考虑的。但是，在他看来，历史和科学之间的这种差异被唯心主义哲学家过分夸大了，历史和其他知识形式之间不存在泾渭分明、无法逾越的鸿沟。

因此，他既反对奥克肖特等人历史完全自主性的理论，也不同意实证主义者将历史学同化为科学的做法。加登纳采取的是一种折中路线。

> 保持历史作为一门研究分支的自主性，而同时又避免把人类经验分作完全不同的领域，并最终避免认为我们的知识必须限定在严格密闭的范围内。[29]

在他看来，也不能因为历史事件具有唯一性，我们就放弃对它们的分类和概括。因果规律对历史学领域一定程度的侵入是难免的，也是正当的。加登纳认为：“历史学家在全心关注特殊性和唯一性时无法在他的重建工作中不考虑一般规律。”[30]这就如同建筑师和工程师在设计房屋和建造桥梁时不可能不考虑力学规律一样。总之，加登纳试图表明，认识到历史著作与科学著作之间的差别，并不证明历史主题是完全独特的，也并不意味着我们完全不可以将因果关系用作历史解释的合法范畴。

加登纳指出，历史著作中某些语句完全适合规律性的模式，蕴含着某种普遍性的陈述。他还认为，因果解释是历史研究过程中的一个重要的构成性因素，如果没有它，历史学家的活动将无法进行。所以，任何拒绝因果解释的观点都是站不住脚的。世间万物都有着千丝万缕的联系，一件事情的发生不会是没来由的、孤立的，而总是与其他事物纠结在一起。历史学家要想获得关于“已经死去的过去”的认识，要同时依靠证据和事物间的联系来不断考察，不断假设，不断修正。加登纳坚持历史解释也要像科学解释那样求助于规律或普遍概括。规律或普遍概括是历史中因果联系的根据。规律或普遍概括在历史中的作用表现在历史学家的思维中，引导他进行研究。当历史学家依靠证据确立历史事实时，规律或普遍概括又作为历史解释的组成部分出现在历史著作中。总之，历史解释需要预先假定规律，并且它们发挥着不可或缺的作用。

但是，加登纳不承认历史中存在某种抽象的“根本原因”。在他看来，

> 历史过程并不像一部机器，可以由幕后形而上的发电机使它保持运动。没有绝对的真正原因等待历史学家以足够强大的放大镜去发现。存在的只有根据不同程度和在不同地方写作的历史学家，在不同背景中和从不同观点来写作的历史学家。[31]

也就是说，给出一个事件的原因就是从许多条件中挑选一个，至于挑选哪一个，这要求助于历史学家的观点。历史学家的确经常提到“根本的”或“真正的”原因，他们这样说有他们的理由，要弄清这种“根本的”原因的含义，必须参考历史学家的着眼点。例如，第一次世界大战为什么爆发？这个问题可用各种方式来回答——可根据个体的目的、愿望、能力，可根据民族政策、外交传统，还可根据经

济趋势、社会组织、政治原则、意识形态等。问第一次世界大战的真正原因是什么，要看这个问题被解释成是对为什么它发生在 1914 年 8 月 4 日而不是其他事件的信息的提问，还是被解释成是对即使塞尔维亚事件没有发生，有可能导致战争发生在 20 世纪前 20 年某个事件的形势是什么的信息进行提问。在加登纳看来，这种情况产生的原因在于问题的模糊性，它们没有任何特殊背景可供参考，或者提供答案的规则。例如，希特勒的崛起是第二次世界大战的原因吗？没有他会发生第二次世界大战吗？这种问题是难以回答的，原因不在于我们缺乏知识或经验，而是由于这种问题本身是复杂的，有多重侧面，总是为任何一种观点的反对理由留有空间。任何一种回答都是不完全的，因此，答案可以有很多。所以说，“X 是 Y 的原因”和“Z 是 Y 的真正原因”之间并不存在必然的矛盾。所谓的“真正原因”或“根本原因”都是历史学家从不同的观点、不同的兴趣、不同的目的等角度得出的。这些观点有时是不可通约的，有时可能是相互冲突、相互矛盾的。历史解释是多元的，而不是一元的。

人类社会中的事情是纷繁复杂的，任何一种观点都不可能无一遗漏地把生活的各个方面包揽下来，从不同的视角、不同的兴趣和目的出发，会看到生活折射出来的不同问题和色彩。历史作为对人类过去的理解和重建，除了具有人类社会本身的复杂性外，还要依靠具有不同学识、性情、兴趣、意图等的历史学家。历史问题应是仁者见仁、智者见智的，而不应把哪一个一家之言奉为权威。当然，一种历史见解必须是言之成理的。所以，在历史解释问题上，应持一种多元的立场，也就是说，某一历史学家在阐述自己真知灼见的同时，并不意味着其他的解释没有道理。“根本原因型”解释就是这样一种应有共容特征的问题，尽管历史学家对一种观点的抒发，名之为“根本的”或“真正的”，事实上，只是一种强调，而不是一种绝对意义上的东西。在这一问题上，加登纳的相对主义倾向是显而易见的。

三、威廉·德雷：合理解释模式

威廉·德雷（William Dray，1921—2009），青年时先在多伦多大学攻读历史，后去牛津大学攻读哲学，这两方面的兴趣和训练很自然地使历史哲学成了他终生的研究事业。多年来，他一直在加拿大各大学任教并多次去英美一些大学讲学，1989年从渥太华大学退休后，仍从事研究和写作。他的主要著作有《历史学中的规律和解释》（1957年）、《历史哲学》（1964年）、《历史分析与历史》（1966年）、《历史的透视》（1980年）、《历史的实质和形式》（1981年）、《历史哲学和当代史学》（1982年）、《论历史与历史哲学家》（1989年），他主编过几部书籍，并发表过多篇论文。

在《历史学中的规律和解释》（*Laws and Explanation in History*）中，德雷对亨佩尔的覆盖律模式进行了严厉的批评。德雷否认一般规律在历史认识中有关键的作用，认为亨佩尔的分析是不能成立的。在历史学的研究实践中，虽然人们确实偶尔提到一些普遍规律，并借助于它们使人们相信自己的解释。但是，混入历史解释的一般陈述都被证明是非普遍的。事实上，亨佩尔自己也意识到了这个问题。一方面，他认为，尽管历史学家通常只能提出近似于科学的解释，不过，只要他们用科学观念作为指导，他们就将解释纳入了科学解释的范畴；另一方面，他又承认，即使在自然科学中，普遍规律和演绎关系常常也不得不给假设和归纳留下可能的地盘。因为，自然科学所能获得的适当规律往往不是普遍的，而是统计学的。由此看来，在深究之前，亨佩尔模式的弱点就已经暴露出来了。

> 这样放松科学原型的必要条件只是贪图便利，却放弃了原则。一种理论，一开始就事先精心设计解释的基本意义，而不试图揭示本学科的从事者称做解释的东西是什么，它当然是建立在一种虚弱的基础上，一旦它面对使用上的困难，它就会放松自己的必要条件。[32]

显然，与亨佩尔完全反柯林武德的立场不同，德雷从柯林武德那里获得了某些建设性的成分。[33]德雷认为，历史事件是不可能重复出现的，历史事件和进程都有自己的独特表现，而这些特点是覆盖律模式所不能解释的。

在批评亨佩尔的基础上，德雷提出了自己的合理解释模式（model of rational explanation）。德雷认为，合理解释适用于某些（尽管还不是全部）历史学家试图用以使人类过去成为可以理解的现象的公认方式。在他看来，历史解释的作用就在于其指出，历史人物的行动按照他们各自的信仰、目的和原则来看是适当的。这种想象或移情的理解虽然被某些唯心主义的历史哲学家所夸大，但也为他们的实证主义的对手所忽视了。事实上，“主观性”因素或许为很多因果解释所固有，至少在大量的历史争论中，“道德考虑起着无法消除的作用”[34]。历史学家在对一般陈述和因果因素做出判断和选择时，往往主要取决于他的道德观点，而这种观点很可能不为其他历史学家所接受。因此，历史与其是一个科学解释的问题，不如说是一个合理解释的问题。合理解释注意的是历史行为和历史事件的独特原因，而不是普遍适用的因果关系。

在阐释其合理解释模式的过程中，德雷还提出了以下三种具体的模式：

第一，事件的连续性模式（continuous series model）。根据这一理论，每一个历史事件在细节上都应该联系到它的先行事件，合理的历史解释应该是能从之前的事件充分说明之后的事件的出现的。也就是说，不必通过引入普遍规律来解释历史事件，只要把历史事件按时间先后依次排列，事件的起源就自然得到了解释。在德雷看来，历史学家的职责并不是要去发现普遍规律，而是要解释具体的历史事件；他们所寻求的是足以解说某一历史事件的充分条件，而并非证明其必然性的必要条件。德雷认为，以往的历史研究大多属于纯叙述性的历史学，包括叙述历史事实和叙述所谓历史的普遍规律；但是今后随着批判的历史哲学自觉意识的提高和增强，纯叙述型的历史学行将消逝而让位给解释型的历史学。

第二，可能性解释模式，即解释历史事件如何可能发生，而不是做出必然的判断。一切历史解释可以说都是要回答两个问题：①某一事件“何以”（why）的问题，即它是由于什么原因而发生的；②某一事件“如何”（how）的问题，即它是怎样演变而来的。当我们问“如何”这个问题时，我们是要解释某一历史事件如何可能如此。如果我们能够回答这个问题，所发生的历史事件就是可以理解的，而不需要我们知道是什么原因使得它发生的，即它服从的是什么样的普遍规律，或者所发生的事件是由于什么原因。我们此处所需要加以解释的，并非“是什么使得它发生的”或“人们这样做的动机是什么”，而是“就如此这般的情况而言，它是怎么可能发生的”。历史学家所需要解释的，仅仅是那些在某种情况之下似乎是不可能发生的事。[35]这就是“历史解释”的含义。因此，德雷就提出历史学家应该用“如何—可能”（how-possibly，即它可能如此）这一模型来代替“何以—必然”（why-necessarily，即它必然如此）这一模型。后一模型就是覆盖律模型，它认为要解说一桩历史事件，就意味着必须表明它是必然的，即它是决定论的，是可以预言的。在包括德雷在内的反对者看来，这就全然排除了人类的自由意志和自由行为。而“如何—可能”这一模型，却既可以说明人类的行为又可以避免陷入决定论的困境。

第三，概念解释模式，即通过普遍概念可以把一些个别事件综合为一个整体，它注意的不是事件的共性，而是事件的联系。也就是说，对于一个历史事件，不应该孤立起来就事论事，而应该就其全部反复性的联系而论事，至少，对待历史上的重大事件应该如此。德雷指出：

> 在这种情形里，起决定作用的观念不是发现什么必要条件和充足条件，而是将部分联合为（开始并没有这样）某种整体。于是，历史学家把15世纪意大利发生的一大批事件解释为“文艺复兴”；把18世纪法国发生的一系列事件解释为“革命”。这样做时，历史学家无疑要追踪个别事件之间的联系，而且，这些联系可以有多种多样——有些甚至可以是科学模型所设想的那种联系。但是，解释的责任是将部分综合成一个新的整体。[36]

这就是说，我们应该把历史事件置于某种格局中加以考察，使人能够看到一个历史事件和其他事件的联系和关系，从而能发现并把握它们所共同构成的那个历史整体。这便是所谓的“整体概括”，即部分与整体相关的理论，它来自沃尔什，而沃尔什又受到了奥克肖特的影响。这一理论的重要性在于，它以这种方式排斥了历史学中所流行的单线的因果式或因果模型的思维模式。

我们可以把德雷的观点看作历史认识中科学解释和移情理解的某种综合。他的合理解释模式既充分适应必然性和决定论的合理因素，又充分承认在历史中人们意向性（intentional）因素的重要性，从而也就承认了道德因素的合法地位。这种综合因为表面上弥合了科学解释和移情理解之间的鸿沟而受到了较广泛的欢迎。但是，仔细分析就会发现，德雷往往迁就历史事件的表面排列。因此，同其他的西方思想家一样，他也没有解决关于历史认识的方法论问题。

四、雷克斯·马丁：实践推断解释理论

雷克斯·马丁（Rex Martin），美国堪萨斯大学哲学教授，当代分析历史哲学的主要代表之一，主要研究政治哲学和法哲学，以及政治思想史和历史哲学，代表作有《历史解释：重演和实践推断》（*Historical Explanation: Re-enactment and Practical Inference*）、《罗尔斯和权力》（*Rawls and Rights*）和《权力体系》（*A System of Rights*）等。其历史哲学思想主要体现在《历史解释：重演和实践推断》一书中。

在该书导言中，雷克斯·马丁指出，由于历史哲学中分析的转向，哲学家和历史学家对历史哲学的兴趣已经大大提升。他认为，分析的转向极大地提升了历史哲学的地位，从原来一种声名狼藉的学问成为了一门至少同历史学一样合法的学科。在区分了历史哲学的形而上学风格（思辨的历史哲学）和分析风格（分析的和批判的历史哲学）之后，作者点出了该书的焦点主题——历史解释和理解问题。在这一主题下，作者探讨一种重要的历史解释类型，根据这种解释类型，我们是通过把行为归结为个人的“思想”（归结为他们的意图，与处境相关的概念，手段或目的信念，等等）以解释行动。[37]

显然，这种所谓的实践推断解释理论源自柯林武德的重演理论。马丁高度评价了柯林武德的《历史的观念》（1946年）对于历史哲学的贡献，认为它与亨佩尔的《普遍规律在历史中的作用》（1942年）和赖尔的《心的概念》（1949年）同为分析的历史哲学的奠基之作。

因此，马丁考察了被柯林武德用作历史学解释原则的重演理论。在柯林武德那里，自然科学的解释不同于历史学的解释。自然科学的解释是一种普遍化解释，它倾向于分类和一般规律的使用；历史学的解释是一种重演解释，它倾向于深入事件的内部，探测它们所表达的思想。就历史学的研究而言，普遍化的使用既不是固有

的也不是逻辑所必需的。“历史学家的所为根本不指向普遍化，甚至可能将普遍化限制在一个非普遍的范围中。”[38] 对于柯林武德来说，历史解释和理解是同一的，当历史学家通过洞察行动者的思想并想象他自己参与某个理性行动时，他就理解了这个行动，而在以一种叙述方式表达了这种重演之后，历史学家也就完成了对这一行动的解释。在马丁看来，虽然柯林武德认为普遍化在重演解释中没有逻辑上的必然作用，但是他也没有为了提出解释联系的原则而求助于直觉。柯林武德把重演构想为解释推理的一种特殊模式，它既不依靠直觉的深入也不依靠普遍化的分类。

虽然马丁的实践推断解释理论极大地受益于柯林武德的重演理论，但是，他的研究并没有拘泥于柯林武德的著作和思想，而是对《历史的观念》中所提出的问题进行了深入的思考。为了指出重演的逻辑特征不同于重演的心理特征，马丁还对柯林武德的重演概念进行了重构的分析。分析的目的是要制订出重演在其中起建设性作用的解释的逻辑结构，并提出参照思想解释行为时所涉及的标准。通过吸取沃尔什、德雷、多纳根、亨佩尔、阿瑟·丹托、莫顿·怀特、葆拉·丘奇兰德和冯·赖特等人的看法，马丁将柯林武德的“行动者做 A 是因为 T（思想）”的重演解释模式扩展为“行动者做 A 是因为(1)—(7)的陈述”。也就是说，当且仅当满足条件(1)—(7)的情况下，柯林武德式的重演解释才是令人满意的。这 7 个条件或标准分别是：

(1) 行动者察知自己所在的特定处境，并且针对这个处境倾向于以某种明确的方式行动（例如，恺撒倾向于阻止不列颠人的敌意侵扰）。

(2) 对在（1）中描述的行动者的处境动机，有许多可供选择的行动过程（指定为 A——例如，入侵以及 B、C 等等）是行动者愿意考虑的。

(3) 行动者确实想达到或完成这样的目的（如，征服），他相信这个目的将符合他的处境动机。

(4) 在所描述的环境中，行动者相信行动 A 是完成或者部分地达到他所宣称的意图的一种方法。

(5) 除了 A，行动者不相信或者没有看到其他行动是优先达到其目的的一种方法，或者甚至没有将其看做是同样可以达到其目的的一种方法。

> （6）没有其他意图能够压倒行动者要如此这般实现的意图。
>
> 我们也许还可以说（7）行动者知道如何去做A，行动者的身体条件能够做A，在特定的处境中能够去做，有机会去做……[39]

马丁将这种行动解释的图示称为R（R在这里代表“重演”），并认为它是任何适当性的重演解释的基本原则。在他看来，这一公式“不但支配着重演，而且在文献和日常生活中为许多人类的行为提供解释起着支配作用”[40]。马丁还认为，可以用“如果满足(1)—(7)，那么行动者做A”这个公式来代替图示R，前者被称为R′，它表述了一种逻辑的意义。这两个图示是对亨佩尔的“覆盖律”解释模式的一种让步，是力图使柯林武德的重演解释避免完全主观化的一种尝试。公式R或者R′就是所谓的“实践推断”，“它指的是一个具体的解释样式，在这个样式中，通过参照行动者的处境动机、目的、手段／目标信念等等来说明一个行动”[41]。马丁所提倡的解释样式是一种把重演的主题和实践推断结合在一起的模式。

我们看到，马丁的解释模式是对柯林武德的唯心主义和亨佩尔的实证主义的一种折中或调和。正如马丁所说：

> 我努力想使人性科学和历史主义，更精确地说，使“覆盖律”和理解的观点，能在一个中间立场上达成和解。我的目标是通过考虑每一个观点的积极成分，发现它们的价值，并在它们之间逐步发展出一种中间立场。[42]

可以说，马丁的历史解释理论是在新的哲学形势下对柯林武德重演理论的丰富和发展。马丁说：

> 我最终提出和为之辩护的历史解释理论，可以被看做是对柯林武德原来理论的彻底修改版，它是在当代哲学事实的压力下形成的。但它同样可看做一种尝试，试图把重演理论和更全面的我自己关于历史解释本质的理论合成一体。[43]

马丁并不主张哲学上的真理总是和折中联系在一起的。但是，他认为，为了达到对他那个时代哲学的建构，历史哲学可能只有在相互冲突的观点实现和解的过程中才能最好地继续向前发展。

注释

1 ［法］保罗•利科：《哲学中的主要趋向》，英文版，173 页。

2 ［美］C. G. 亨佩尔：《普遍规律在历史中的作用》，载《哲学译丛》，1987（4）。

3 ［美］C. G. 亨佩尔：《自然科学的哲学》，英文版，83 页。

4 参见［德］K. O. 阿佩尔：《解释 – 理解争论的历史回顾》，载《哲学译丛》，1987（6）。

5 ［美］C. G. 亨佩尔：《普遍规律在历史中的作用》，载《哲学译丛》，1987（4）。

6 ［美］C. G. 亨佩尔：《自然科学的哲学》，英文版，51 页。

7 ［美］C. G. 亨佩尔：《自然科学的哲学》，英文版，51 页。

8 ［美］C. G. 亨佩尔：《自然科学的哲学》，英文版，54 页。

9 ［美］C. G. 亨佩尔：《普遍规律在历史中的作用》，载《哲学译丛》，1987（4）。

10 ［美］C. G. 亨佩尔：《普遍规律在历史中的作用》，载《哲学译丛》，1987（4）。

11 ［英］卡尔•波普尔：《历史决定论的贫困》，115 页注①，北京，华夏出版社，1987。

12 ［美］C. G. 亨佩尔：《普遍规律在历史中的作用》，载《哲学译丛》，1987（4）。

13 参见［美］P. L. 奎因：《C. G. 亨佩尔及其解释理论》，载《哲学译丛》，1987（6）。

14 ［美］C. G. 亨佩尔：《普遍规律在历史中的作用》，载《哲学译丛》，1987（4）。

15 ［美］C. G. 亨佩尔：《普遍规律在历史中的作用》，载《哲学译丛》，1987（4）。

16 ［美］C. G. 亨佩尔：《普遍规律在历史中的作用》，载《哲学译丛》，1987（4）。

17 ［美］C. G. 亨佩尔：《普遍规律在历史中的作用》，载《哲学译丛》，1987（4）。

18 ［美］C. G. 亨佩尔：《自然科学的哲学》，英文版，58 页。

19 ［美］C. G. 亨佩尔：《自然科学的哲学》，英文版，67 页。

20 ［美］C. G. 亨佩尔：《普遍规律在历史中的作用》，载《哲学译丛》，1987（4）。

21 ［美］C. G. 亨佩尔：《自然科学的哲学》，英文版，94 页。

22 ［美］C. G. 亨佩尔：《普遍规律在历史中的作用》，载《哲学译丛》1987 年第 4 期。

23 ［美］P. L. 奎因：《C. G. 亨佩尔及其解释理论》，载《哲学译丛》1987（6）。

24 [美]伊格尔斯:《欧洲史学新方向》,37 页,北京,华夏出版社,1989。

25 参见[德]K.O. 阿佩尔:《解释 – 理解争论的历史回顾》,载《哲学译丛》,1987(6)。

26 [英]帕特里克•加登纳:《历史解释的性质》,4 页,北京,文津出版社,2005。

27 [英]帕特里克•加登纳:《历史解释的性质》,10 页。

28 [英]帕特里克•加登纳:《历史解释的性质》,22 页。

29 [英]帕特里克•加登纳:《历史解释的性质》,28 页。

30 [英]帕特里克•加登纳:《历史解释的性质》,42 页。

31 [英]帕特里克•加登纳:《历史解释的性质》,104 页。

32 [加]威廉•德雷:《历史哲学》,13 页,北京,生活•读书•新知三联书店,1988。

33 参见[法]保罗•利科:《哲学中的主要趋向》,英文版,174 页。

34 [法]保罗•利科:《哲学中的主要趋向》,英文版,175 页。

35 参见[加]威廉 • 德雷:《历史学中的规律和解释》,英文版,160 页,牛津,牛津大学出版社,1957。

36 [加]威廉•德雷:《历史哲学》,39 页。

37 参见[美]雷克斯 • 马丁:《历史解释:重演和实践推断》,3 页,北京,文津出版社,2005。

38 [美]雷克斯•马丁:《历史解释:重演和实践推断》,38 页。

39 [美]雷克斯•马丁:《历史解释:重演和实践推断》,73—74 页。

40 [美]雷克斯•马丁:《历史解释:重演和实践推断》,75 页。

41 [美]雷克斯•马丁:《历史解释:重演和实践推断》,200 页。

42 [美]雷克斯•马丁:《历史解释:重演和实践推断》,278 页。

43 [美]雷克斯•马丁:《历史解释:重演和实践推断》,12 页。

本章主要参考文献

1 韩震:《西方历史哲学导论》,济南,山东人民出版社,1992。本书重点参考了其中的第十三章“分析哲学的历史哲学”。

2 何兆武、陈启能主编:《当代西方史学理论》,上海,上海社会科学院出版社,2003。本书重点参考了其中的第八章“分析的历史哲学(下)——德雷的史学理论”。

第十三章

社会学视野中的历史

从学派归属上来说，孔德是实证主义历史学的开创者，齐美尔和韦伯是在从新康德主义的立场出发进行理论思考的，而列维－斯特劳斯则是运用结构主义方法从事社会学和历史学研究的代表人物。从时间跨度上来说，孔德是19世纪中叶西方重要的思想家之一，齐美尔和韦伯是19世纪末20世纪初反实证主义社会学思潮的代表人物，列维－斯特劳斯则是一位活跃在20世纪学术舞台上的思想家。我们之所以把他们放在一起来考察，主要根据在于他们都是著名的社会学家，他们都是从社会学的角度出发来思考历史问题的。另外，除孔德外，其他三位思想家都具有反历史实在论的倾向——齐美尔认为，历史不是心灵对实在的简单复制，人的心智具有建构历史的力量；在韦伯看来，“理想类型”是一种主观建构，历史的客观性与价值相关联；对列维－斯特劳斯来说，历史观念与历史实在不相符合，历史叙述具有必然的神话性和阐释性。

一、孔德：三阶段定律

奥古斯特·孔德（Auguste Comte，1798—1857），实证主义的创始人、实证主义在法国的最大代表，被认为是现代欧洲历史上重要的思想家之一。孔德生于法国蒙特比利尔一个笃信天主教的税务官家庭，但在他14岁时宣布不再信奉天主教。1817—1824年曾担任著名空想社会主义者圣西门的秘书，并形成了他的实证主义思想。孔德最主要的著作是6卷本的《实证哲学教程》（1830—1842年），此外重要的还有《论实证哲学的精神》（1844年）、《实证主义概论》（1848年）、《实证政治体系》（4卷本，1851—1854年）、《实证宗教教义问答》（1853年）等。孔德在这些著作中企图建立一个几乎是无所不包的实证主义体系，把哲学和科学、社会和政治、宗教和道德等各个方面的理论"综合"为一个统一的整体，都当作"实证"理论。孔德对当今学术词汇做出了突出的贡献。在试图通过《实证哲学教程》系统阐述科学整体的过程中，孔德发明了"社会学"这个学科术语，而且成为"实证主义""实证主义者"甚至"生物学"这样一些术语的实际发明者。

1. 人类精神发展的三个阶段

孔德实证哲学的基本思想与他所提出的人类精神发展三阶段论密切相关，后者是对前者的论证。他认为实证哲学以自然科学的产生和进步为前提，而自然科学的产生和进步又是人类精神历史发展的结果。因此，为了说明实证哲学的实质和特性，他着手探讨人类精神发展的总体进程和规律。

> 于是我研究人类智力在各个不同的活动范围内的整个发展，从最早的极其简单的发端开始，直到现代为止，自己认为已经发现了一条伟大的根本规律，为人类智力的发展永远必然遵守，我觉得可以或者根据认识我们的自己的机体组织时所获得的合理证据，或者根据详细考察以往的经过时所得到的历史印证，把它切实地确定下来。这条规律就是：我们的每一种主要观点，每一个知识部门，都先后经过三个不同的理论阶段：神学阶段，又名虚构阶段；形而上学阶段，又名抽象阶段；科学阶段，又名实证阶段。[1]

在神学阶段，人类精神试图探索万事万物的固有本性，以及一切现象的根本原因，总之是试图探索绝对的知识，但此时的人类无能为力。于是他们不得不诉诸一些超自然的力量来解释各种现象的前因后果，因此，这时宗教在各种思想体系中占主导地位。形而上学阶段其实是前一个阶段的改头换面。在这个阶段，人们用超经验的抽象概念取代了超自然的力量，用这些抽象的力量来独立地解释一切现象。最后，在实证阶段，人类精神承认自己不可能获得绝对的知识，于是不再探索宇宙的起源和目的，不再寻求各种现象的内在原因，而只是满足于把推理和观察结合起来，从而发现现象的实际规律。对事实的解释被严格限制在现实的范围内，只是把各种特殊现象与某些一般事实联系起来。孔德认为，神学阶段是人类智力（精神）发展的必然的出发点，实证阶段是人类思想发展的最高阶段，而形而上学阶段则构成了由神学阶段到实证阶段的过渡阶段。孔德认为，人类精神发展的这种三阶段定律可以由每个跟上时代水平的个人思想的发展特征来加以印证。我们每个人的历史也会相继经历三个阶段，在童年时期是神学家，在青年时期是形而上学家，而到了壮年时期则成了物理学家。

孔德把人类精神的发展同社会政治制度以及历史时代的发展联系起来，认为一定的社会政治制度与一定的精神发展形态相一致。与神学阶段相适应的是欧洲古代和中世纪的神权政治和军事统治的社会秩序；与形而上学阶段相适应的是 14—18 世纪欧洲“启蒙时代”的由抽象的民主和平等原则所支配的政治制度；与实证阶段相适应的是工业社会，二者在精神、起源和目的方面都很相似。正像实证阶段是人类精神发展的最高阶段一样，与之相适应的工业社会也是人类社会历史发展的最高阶段。在工业社会中，经济生活成为人们关注的焦点，科学家成为社会的支配者，他们按照科学所体现的永恒不变的自然规律去考察和调节社会，他们不仅借助自然科学控制其物理环境，也借助社会学来控制社会环境，从而使整个社会成为以“和谐”“秩序”和“进步”为特征的社会。

孔德提出三阶段定律的目的是把实证哲学当作体现了现代科学精神的最完善的哲学，同时也把工业社会说成是最完善的社会。但是孔德并没有因此而否认前两个阶段的合理性。他对人类精神和社会的发展采取了一种历史的态度，肯定三个阶段是一个由低到高的不断发展的过程，其中的每一个阶段都是下一个阶段的必要前提。他认为神学和形而上学的出现在一定历史阶段上是必然的，它们为实证的思想方法的产生准备了条件。如占星术、炼金术是以神学的思想方法为基础的，是荒唐的。然而，要是没有占星术那些诱惑人心的妄想，没有炼金术那些言之凿凿的欺骗，人们就无从获得必要的恒心和毅力，去搜集大量的观察和经验材料，作为后来为这两类现象建立初步实证理论的基础。

另外，与孔多塞不同，孔德认为，虽然“神学”是一种对知识和道德的歪曲，但它不仅没有阻碍历史的进步，而且自身就构成了进步，其三个前后相继的亚阶段

（拜物教、多神教和一神教）各自具有一些有价值的方面，比如，多神教的艺术。一神教阶段的顶点是中世纪天主教，它所创造的经院哲学为形而上学的出场铺平了道路。一般说来，与大部分世俗的人道主义者不同，孔德对宗教特别是天主教持一种同情的态度。在完成了《实证哲学教程》之后，孔德花了很多精力去致力于创建一种“实证主义教派”，它实际上是一种礼仪和等级都很完备的新型的人道主义宗教。孔德的不少追随者就是由于这一原因而疏远了他。

2. 科学分类和科学方法

在孔德所说的实证阶段，根据所研究现象的复杂程度，不同科学学科之间有低级和高级之分，高级科学以低级科学的成果为前提和基础，从而构成了一个复杂性和差异性递增的科学体系。最基本的五种理论科学依次是天文学、物理学、化学、生理学和社会学。其中天文学、物理学和化学研究的是无机的自然现象领域，而生理学和社会学研究有机现象领域。这每一种基本科学之下又可细分为一些技术性的亚科学。社会学下面是社会统计学和社会动力学，它们相互依赖、相互补充。社会动力学和大部分的社会统计学基本上属于实证主义历史学，它构成了政治科学的基础。但是，在孔德看来，他那个时代还没有形成一种严格意义上的实证社会学，因此他有关社会学的描绘不过是一种思辨的设想。与我们马克思主义者对意识形态的理解不同，孔德认为：“思想观念支配世界，并使之革命化……整个的社会系统最终将诉诸意见。”[2] 因此，“作为一种包含所有重要级别的自然现象的实证概念图式”，孔德的等级体系试图为普通教育提供必要的条件，“重建大众的心智……为所有规划提供永久的基础；它将铸造我们子孙后代的精神”[3]。孔德相信，在他这一概念图式的指导下，当时知识无政府状态所导致的思想混乱将会结束，也就是说，“那折磨着文明人的革命狂热将会消失”[4]。

与各种形式的经验实证主义不同，孔德反对那种认为感知就是对纯粹事实的记录和联结的现象主义观点。在他看来，只有当某个事物得到一种预先具有的理论的阐释时，这个事物才会被感知，因此，科学解释总是源自施莱尔马赫所说的解释学循环。孔德说：

> 如果从一方面说，任何实证的理论都一定要建立在一些观察上面，那么另一方面也同样很明显：人类精神必须要有某种理论，才能进行观察。如果我们在思考各种现象的时候不立刻把它们联系到某些原则上去，我们就不但不可能把这些孤立的观察结合起来，从而得出某种结论，甚至于根本无法把它们记住；而且，最常见的情形是面对着事实视而不见。[5]

他坚持认为，在社会科学中，“纯粹的经验观察”是没有什么价值的，因为每个事物都会受到它同社会整体之间关系的限制。孔德谴责历史学家单纯罗列“事实”，反对孔多塞有关统计计算是社会科学基础的思想。他还认为，无论社会现象还是生物学现象都是极其复杂的，不能简单地将其置于“可计算的和精确的规律”之下。[6]另外，他也反对休谟将概率计算看作历史可靠性判断的基础，认为那样会推导出“荒谬的结论”。这些思想都是与通常的实证主义立场相背离的。

孔德认为，所有社会的根本特征是“共识和协同”，它们都是一些“有机体”，需要做整体论的解释。对于社会有机体中的单个成分，只有根据其在整体中的功能才能得到理解。如中世纪的王权、土地占有制和天主教，它们在历史形成和发展的过程中都是相互制约、相互影响的。孟德斯鸠和赫尔德都认为，若没有外力的影响，不同的社会结构将会沿着自己固有的轨道，在各自的社会环境中无限地演化下去。孔德不同意这种观点。在他看来，在历史的“固定秩序”中存在一种“人性的总体运动”，人性最终会演化成为一种单一的“集体有机体”，形成“一个巨大的社会统一体”。人类的协同意识将成为“实证道德的理性基础”。总之，孔德的科学方法强调各门科学都必须从整体观点来看待所研究的事实和现象，否则就不会成为科学。人们越是从整体上去认识事物就越能较完整地认识事物。

孔德自信已经发现了历史过程的发展方向和规律。一旦那些支配社会现象的“永恒的自然规律”被揭示出来，人类除了服从这些规律就不会有其他作为了。科学历史学家只需将人类事件安排在一个“协调的系列”中，以便说明人性“指向一个最终的目标”。在他看来，这就要求历史学家将其研究局限在充分体现历史进步的“人类杰出群体”上。他肯定地说，欧洲各伟大民族很快就会展开协作，并最终在法国的领导下联合起来。可见，孔德的理论具有较浓厚的独裁主义和欧洲中心主义的意味。

3. 孔德实证主义对历史编纂学的影响

孔德的实证主义对后来历史研究的发展有着实质性的影响。它有力地推动了历史记录的考证和历史材料的积累，使得实证主义史学成为了 19 世纪历史编纂学的一大特色。正如沃尔什所指出的那样，虽然历史学家对实证主义者的“从事实中推导出支配社会变化的普遍规律”的要求不感兴趣，但是，“历史学家受到实证主义要使历史成为科学这一理想的感动，满怀热情地投入了被认为是获得这种理想的第一步，即要确定确实发生了的事，而这就得出了丰富的资料搜集（例如拉丁和希腊铭文的搜集），经过考证的原始文献以及其他基本数据的积累，它们对后人是有极大的价值的”[7]。在实证主义的影响下，19 世纪中期以后的西方史学界相继出现了一些实证主义史学的代表人物。在英国有亨利·托马斯·巴克尔（Henry Thomas Buckle，1821—1862），法国有泰纳（Hippolyte Taine，1828—1893）和古朗治（Fustel de Coulanges，1830—1889），德国则有卡尔·兰普雷希特（Karl Lamperecht，1856—1915）。他们都力图在历史研究中贯彻实证和科学的原则，在考订史实、分析综合的基础上，建立历史发展的规律。

从总体上说，与以前历史学家注重叙述的传统不同，实证主义史学家强调对历史事实进行科学处理。由于他们的努力，历史学获得了科学的面貌。然而，实证主义史学家低估了把人性研究置于科学基础之上的困难，忽视了历史学原本具有的文学性，否认历史学作为一门学科的自律性，从而必将阻碍历史学的进一步发展和创新。20 世纪 70 年代以后兴起的叙述主义历史学实际上就是对实证主义史学的一种反叛或逃离。

二、齐美尔：驳斥历史实在论

格奥尔格·齐美尔（Georg Simmel，1858—1918），德国社会学家和新康德派哲学家。1881年获柏林大学博士学位，后在该校任副教授、编外教授。齐美尔直到1914年才在斯特拉斯堡大学获得一个有薪水的教授职位，此前他一直用自己的私人收入来支撑自己广泛的学术生活。齐美尔是19世纪末20世纪初反实证主义社会学思潮的主要代表之一，主要以研究社会学方法论而著名。他把社会学划分为一般社会学、形式社会学和哲学社会学三类。他还对文化社会学有突出贡献。齐美尔的社会学思想直接影响到以后的德国社会学家，同时对美国社会学也产生了很大影响。卢卡奇把他称为那个时代最伟大的“过渡哲学家”，韦伯和哈贝马斯也曾对齐美尔的研究给予了极高的评价。齐美尔的著作主要有《历史哲学问题》《道德科学引论：伦理学基本概念的批判》《货币哲学》《康德〈在柏林大学举行的16次讲演〉》《宗教》《社会学：关于社会交往形式的探讨》《社会学的根本问题：个人与社会》。齐美尔的历史哲学思想集中体现在其《历史哲学的问题》（*The Problems of Philosophy of History*）一书中。该书首次出版是在1892年，1905年再版时做了较大的修订。该书的主旨是批评在齐美尔看来非常幼稚的“历史实在论”。

1. 反历史实在论

《历史哲学的问题》一书的主题是批判历史实在论，从原则上确立历史知识的先在性。在齐美尔看来，被我们称作历史的理论建构从当下的经验实在中发展而来，其过程要比历史实在论者所设想的复杂得多。对于历史实在论来说，历史不过是对事件的复制，历史和事件的差别纯粹是数量上删减的结果。从新康德主义的立场出发，齐美尔坚决反对这种观点，不认为心灵能够复制或重现实在。齐美尔认为，人的心智也具有建构历史的力量，如同康德认为心智具有建构自然或者为自然立法的力量一样。康德已经成功地使心灵获得了对于自然的独立性，齐美尔也试图使心灵获得对历史的自主性。

在认识论的实在论者那里，真理是思想与客体的符合。但在齐美尔看来，任何一种知识形式所代表的是直接给定的数据向一种新语言的转化，这种语言具有自己内在的形式、范畴和要求。为了能够成其为科学，事实（无论是内在的不可观察的还是外在的可观察的）都必须回答一些在实在中绝不会遇到的问题。为了能够成其为知识的对象，事实的某些方面将被悬置起来，而另外一些方面则被推向后台。某些特性将被强调，而某些内在的关系将被确立为观念和价值的基础。所有这些都是被强加给实在的，因而也就超越了实在。作为知识对象的事实被转化成为一些新的建构，而这些建构又具有各自的规律和特性。

齐美尔也同样反对认识论的自然主义。在自然主义者那里，知识是实在的镜像。但根据齐美尔的观点，知识是一种新奇的、自足自适的建构，有自己一套独立的运作方式。没有哪一门科学能够完全表达真实存在的复杂性和丰富性。对于历史学来说，即使从质和量上对事件做到了完全描述，我们也不能说历史学是历史实在的镜像，因为它仍然不过是对历史实在某些方面的捕捉。这正如一张彩照虽然精确地拍摄到某个对象，但它依然不过是对该对象某些特性和方面的抓拍一样。

因此，在齐美尔看来，历史学家不可能“按照事情的本来面目”（兰克语）去重现历史事件，他们在运用自己范畴的过程中必定会扭曲历史事件，而且，任何一种历史知识形式都根源于某种有限的“观点”。

> 历史真相不是一种纯粹的重现；它是一种智力活动。历史真相从其原始材料中制造出某些新东西……它并不就是对于细节的一种删减了的概要。相反，历史对其原始材料提出问题并将意义赋予个别现象……历史在其原始材料中揭示出意义和价值。这些意义和价值通过某种方式构筑了过去，从而产生了一种新的建构，这种建构符合我们所强加的标准。[8]

这意味着对历史决定论（那种认为历史事件是由条件或者超个人力量所决定的理论）的驳斥，因为自我通过运用自己的范畴“建构”历史这一点证明了自我的自主性。在这一方面齐美尔又重复了狄尔泰的观点。范畴本身不仅在历史的“生命”过程中不断发生变化，而且在不同种类的历史中也呈现出不同的面貌，各自具有其内在的“真实性”标准。有的学者认为，齐美尔历史思想中的这种“相对主义”是一种假象，其主流是“反相对主义”倾向。[9] 因为，在齐美尔看来，个别“自我”所运用的范畴并不是自由发明的，而是从其所参与的广泛文化环境中吸取的。

齐美尔在《历史哲学的问题》中用大量篇幅探讨了对他人心灵的理解问题，亦即“直觉重建”[10] 或者“对历史的、精神的事件的移情重构”[11] 问题。在他看来，这个问题是“历史理解之根本的心理和认知问题”。齐美尔有关这方面的论述是混乱的和自相矛盾的。一方面，他似乎暗示，这样的精神重建具有“跨越主体或超越个人的有效性”[12]，并认为它是有可能实现的，因为人类具有“不断进化地传承的阐释能力”[13]。换句话说，我们人类共享一种集体无意识，在此基础上，我们能够达成相互理解，或者说，我们可以通过某种方式“复制”他人的思想内容。但是另一方面，齐美尔又认为历史学家的心灵状态不能机械地复制历史人物的思想状态[14]，而且拒不承认“‘投射’这样一种幼稚的观念”[15]。他也因此拒斥兰克的以下主张：为了了解历史人物的思想状态，历史学家必须压制自己的个性。在齐美尔那里正好相反，为了达成对他人的移情理解，历史学家必须通过某种方式强化自己的主观性。[16]

另外，齐美尔还探讨了历史意义的性质问题。迈耶尔（Eduard Meyer）在其《论历史的理论和方法》（*On the Theory and Method of History*，1902 年）一书中首先提出了这个问题。迈耶尔认为，历史事件的意义或重要性取决于它所导致结果的数量。但在齐美尔看来，迈耶尔这样说等于把这个问题规避掉了，因为甚至微不足道的事件也会“产生”无数的未来事件。不过，他通过强调评价中的“数量界限”问题也认可了历史判断中的数量的重要性。

2.“生命”概念

与李凯尔特和韦伯相比，齐美尔与狄尔泰有更多相似之处。同狄尔泰一样，齐美尔也把“生命”这个概念作为其哲学的核心范畴，将历史学看作心理学的一个分支。他也同样坚持狄尔泰式的“新康德主义”，认为历史思想的先验范畴或形式本身都是历史的产物，都是转瞬即逝的“生命形式”（Lebensformen）。齐美尔将“生命”看作“形而上学的基本事实，是所有存在的本质”[17]。在齐美尔那里，“生命”是一种无穷无尽的涌流，需要不断地创造包容自身的界限和形式，但它又不可能长久地容忍这种“固化”，因为界限和形式会阻止和遏制生命力的张扬。因此，生命“既是永不停歇的流动，也是承载物或者容器中的某种东西，在中点附近被形式化，并被具体化，因而总是一种有边界而又不断越过边界的形式”。生命“既是固定的，又是变动的；既具有完全的形态，又具有进一步发展的空间；既具有形式，又不拘于形式”[18]。在齐美尔看来，“绝对意义上的生命是某种包含了相对意义上的生命及其对立面的东西”，也就是说，生命实质上是一种“矛盾”[19]和“自我异化”[20]。事物从根本上来说是处于动态对立状态中，这样一种思想并非是齐美尔的独创，它直接来自叔本华和尼采，并可以间接地追溯到兰克、赫尔德、歌德甚至恩培多克勒、毕达哥拉斯及赫拉克利特。在齐美尔那里，“生命”虽不是一种新的上帝，但具有上帝的某些功能，它实际上是一种具有泛神论性质的宇宙第一原则。

齐美尔还从不同的层面上去阐明“生命”的含义。在他看来，由于生命的驱动，人类既渴望安宁与稳定，同时又憎恶安宁所带来的无聊和平庸。生命是社会变化的主要因素，从时装的变化到道德和政治的变革，无不体现着生命的作用。他将各种知识形式看作生命的特殊形式，当生命突破这些形式和界限而转向其他东西的时候，这些知识形式也将会发生变化并最终解体。但根本的问题在于，“生命”这一形而上学的或者本体论的范畴，是对“历史决定论”的克服还是让步。如果历史过程和历史学家的活动都不过是盲目的、永恒的宇宙动力的瞬间闪现，那么，历史真相将不复存在了。

三、马克斯·韦伯：历史与真相

马克斯·韦伯（Max Weber，1864—1920），德国著名社会学家、社会哲学家、历史学家，社会行动理论的首倡者和理解的社会学的奠基人。韦伯曾在海德堡大学和柏林大学攻读法律，兼修中世纪史、经济理论和哲学课程。1889 年获博士学位。毕业后，曾先后在弗赖堡大学（1893—1896 年）、海德堡大学（1896—1898 年、1902—1919 年）和慕尼黑大学（1919—1920 年）任教。1903 年与桑巴特等人共同发起创办《社会科学和社会政策文库》杂志。1910年与滕尼斯、齐美尔等人联合发起成立德国社会学会，对社会学在德国的发展起了重要推动作用。韦伯一生著述颇丰，主要有《宗教社会学论文集》(3卷本，1920年，其中包括著名的《新教伦理与资本主义精神》)、《政治论文集》(1921年)、《经济与社会》(2卷本，1921—1922年)、《科学论文集》(1922年)、《社会学和社会政策论文集》(1924年)等。韦伯的知识范围和学术研究视野非常广泛，他在经济、政治、法律、宗教、音乐等社会生活领域到社会科学方法论都有重要成果，成为在社会学史上与涂尔干(Durkheim)等齐名的重要思想家。

韦伯的很多文章都是匆匆写成的，又没来得及修改，因此，其句法复杂烦琐，行文晦涩难懂。韦伯想当然地接受了李凯尔特的许多观点，因此，如果不熟悉后者的思想，就不大容易理解前者的某些观点。比如，在李凯尔特看来，由于经验实在是无限的，科学中选择的先验标准就是必不可少的；他还认为，人文科学所涉及的题材实质上是与价值相关的，其核心是个别的“意义”，这些意义归根结底不能够通过科学推理来加以了解，而只能够通过对他人心灵的移情重建来理解。这些观点成为了韦伯思想的当然前提或起点。不过，作为一个原创性较强的思想家，韦伯在很多方面都与李凯尔特存在分歧。与李凯尔特不同，韦伯虽然提出了“终极价值”的观念，但他否认人能够获得一种基于“普遍价值”的客观历史。在韦伯看来，期望文化科学在一系列“永远普遍有效的”假设下运作是毫无意义的。

1. 理想类型

自亚里士多德以来,“类型”(types)这个术语一直被用作理解人性的一种手段。在其《伦理学》中，亚里士多德曾经对“吝啬鬼”和“宽宏大量”等类型的人进行过一些描述，但并没有说我们会在经验中遇到这样纯粹类型的人。在经济理论中，韦伯提到了一种历史现象的“理念”概念，它所提供的是有关商品市场社会事件的理想图像。这种概念模式将历史生活的某些关系和实践结合成为一个具有内在连贯性的复杂系统。这种建构本身实质上是一个乌托邦，它是通过彰显实在中的某些因素而获得的。但这种抽象的建构的确与经验数据存在某种关系，因为它所指涉的那些关系是实在中或多或少存在的。为了说明建构和实在之间的这种关系，韦伯引入了“理想类型”这个范畴。

一个“理想类型”或者是通过片面强调一个或几个观点，或者是通过综合许多分散的个别现象而形成的。那些支配某个时代人们行为的“观念”只能通过“理想类型”的形式来加以阐述。假如我们能够把某个时代（如中世纪）人们的那些宗教精神生活因素完全描述出来，我们自然会得到一片包含无数差别和充满尖锐矛盾的各种观念和情感的混沌。如果我们要探究处于这一混沌中的中世纪“基督教”是什么，那么我们就势必会将这一时期的各种信仰、教会的法律和道德规范、行为准则和无数具体的相互关系结合为一个“观念”，从而得到“基督教”这样的一个“理想类型”。

在韦伯看来，无论出于解释的目的还是出于启发的目的，“理想类型”都是不可或缺的，它有助于我们训练研究中的归因（imputation）技巧。如果运用得当，理想类型对于研究和说明问题都是很有用处的。它不是一种“假设”，但它指出了构建假设的方向；它不是对实在的描述，但它为描述实在提供了明确的表达手段。概念建构不等于历史实在，这种作为乌托邦的心灵的建构不可能经验地存在于实在中，但我们可以通过它来判断我们的想象力对于实在的适当性。历史研究的任务就在于，确定这种理想建构在多大程度上接近于或者不同于历史实在。韦伯指出，中世纪“城市经济”和“手工业”观念等就是一些“理想类型”。虽然这些乌托邦中的任何一个都不能够在经验实在中作为实际存在的现象而被观察到，但却可以声称自己是资本主义文化“观念”的某种表达，因为它的确从我们文化的经验实在中提取出某些有意义的特性，并将它们结合成为了一个统一的理想建构。

有些人并不认同韦伯的“理想类型”。他们将概念的乌托邦视为儿戏，认为它们会危害历史研究的公正性。在他们看来，有关历史实在的知识应该是对“客观”事实的“无前提条件的”复制。韦伯辩解说，抽象理想类型的建构不是作为目的而是作为方法提供给我们的。在他看来，概念模式的应用对于历史学家描述文化意义来说是必不可少的。韦伯说：

> 只要仔细考察一下历史说明的概念因素就会明了：一旦历史学家试图超越单纯确立具体关系去确定哪怕最简单的个别事件的文化意义，以便描述它的特征，他必定会运用一些只有以理想类型来加以精确和明确界定的概念。我们通常用“个人主义”、“帝国主义”、“封建主义”、“重商主义”、“传统的”等诸如此类的概念来分析地和移情地理解实在，那么，这些概念实质上是通过对某种具体的现象的“无前提条件的”描述来建构的呢，还是通过对许多具体现象所共有的那些特性的抽象综合而建构的呢？[21]

韦伯所肯定的当然是后者。他坚信，如果历史学家拒绝构建“理想类型”，认为它们对其具体的启发目的没有什么用处，那么，其后果要么是有意无意地使用措辞不当的或者未经逻辑加工的类似概念，要么就仍然滞留在感觉模糊的领域中。

但是，韦伯反复提醒我们，“理想类型”是一种乌托邦，是一种研究和分析的工具；它是一种逻辑的抽象，而非事实本身。他反对自然主义者将理论混同于历史。在他们看来，历史实在的“真实”内容和本质可以通过理论建构描绘出来，历史可以被强行塞入概念模式的普罗克路斯忒斯之床（procrustean bed），将“观念”看作历史事件背后真实的“力量”和实在。韦伯说：

> 所有关于概念“本质”比如基督教“本质”的说明都是理想类型。当这些理想类型被视为对经验事实的历史描述的时候，它们仅仅具有某种必然非常相对的和成问题的有效性。相反，当这些理想类型被用作比较和衡量实在的概念手段时，它们对于研究具有高度的启发价值，对于阐述具有高度的系统化价值。在用于这些目的时，它们是不可或缺的。[22]

马克思主义理论也被韦伯视为一种理想类型，而且在他看来是一种最重要的理想类型。他认为所有马克思主义有关发展的合理规律和建构都称得上是理想类型。像所有其他理想类型一样，当马克思主义的理想类型被用来评价实在的时候，它们具有突出的和独特的启发意义，而当这些理想类型被认为在经验上是合理的或者被视为事件背后真实的“有效力量”和“趋势”的时候，它们的危害性也是明显的。韦伯还想当然地认为，凡是从以上任何一个角度运用过马克思主义概念和假设的人都会同意他的这一看法。但我们不敢苟同。在我们看来，马克思主义虽然是一种主观建构因而也可以被视为一种理想类型，但它并不是一种乌托邦，而是对客观规律的正确反映。马克思主义方法论的有效性是以其世界观的科学性为前提的。在马克思主义理论中，客观规律性和主观能动性达到了高度的统一。

2. 历史与真相

韦伯指出，长期以来，人们虽然一直在努力确定历史概念的“真实”意义，但从来没有成功过。尽管观念体系对于理解那些有意义的历史片段来说是不可或缺的，但它们不可能穷尽历史的无限丰富性。因为这些观念所概括的仅仅是我们兴趣范围内的事实，而我们的概括又是以我们当下的知识状况和现有的概念模式为基础的。由于兴趣和知识结构的差异，我们过去所获得的有关历史实在的知识总是与后来的知识相冲突。也正是在这种冲突中，在概念的不断重构中，文化科学才会取得进步。

韦伯并不否认客观知识的可能性。但在他看来，所有经验知识的客观有效性都是以对给定实在的整理为基础的，而整理实在所使用的范畴都是以价值前提为基础的，因而是主观的。在无限丰富的历史事件中，有些事件对我们来说是至关重要的，而有关它们的知识无不与我们的价值观念相关联。这些价值观念的有效性并不是从经验数据中推导出来的，也就是说，经验数据从来都不能证实价值观念的有效性，反倒是经验数据的意义源自我们的价值观念。韦伯一方面相信，世间存在某些终极的价值观，我们存在的意义就根植于它们；而另一方面他又认为，我们据以从经验实在中获取意义的具体视角又是在不断变化的。在他看来，这两种看似矛盾的观点实际上是彼此协调一致的。由于非理性的实在和丰富的意义，生活的内容是不会枯竭的，价值关联的具体形式也会变动不居。终极价值观念的光辉将照亮事件混沌中的有限片段。

因此，韦伯反对费希尔（F. Th. Vischer）所说的“题材专家”，他们仅仅满足于搜集档案材料和调查表格从而丧失了对新观念的敏感性。比如，在知识专门化的时代，一旦某种文化科学研究指向某个给定的题材，它往往会把数据分析视为终级本身，不再根据与终极价值观念的关系来评判个别事实的价值，更没有认识到个别事实的价值归根结底来源于一般价值观念。但所有这些都不应该被误解为社会科学的根本任务应该是不断追逐新奇的观点和新颖的分析结构。韦伯也同样反对费希尔所说的“阐释专家”，他们只是一味贪图新观念的精妙从而泯灭了对事实的感受力。在韦伯看来，真正卓越的历史学家总是善于将熟悉的事实和观点关联起来从而产生新的认识，致力于认识具体历史联系的文化意义才是社会科学的最终目的。

韦伯对于职业学术研究的信念是双重的。他一方面认为，学术研究的最终动机是对真理的追求，对于历史学家来说，其“良心”和“责任”就在于弄清事件的真相；但另一方面他提醒人们，真理的目标将永远不会达到，甚至也不存在任何向这个终极目标逐渐接近的希望，因为随着“科学观点”的不断转换，目标也在不停地改变。他说：

> 在某个时刻，气氛改变了。由于未经反思，被运用的观点的意义变得不确定了，道路迷失在昏茫中。伟大的文化问题的光芒继续前行。于是科学也准备改变自己的立场和概念分析体系，从思想的高度俯视事件之流。[23]

但韦伯从来没有从哲学上去详细阐述他的以上观点。后来，存在主义者卡尔·雅斯贝尔斯充分发挥了韦伯的这一理论，使之成为了自己整个哲学思想的基本原则。

另外，韦伯也不相信历史正朝着某个终极的目标前进，尤其不相信西方科学发展是进步的动力和源泉。实际上，在韦伯看来，西方所形成的“工具—目的合理性”（Zweckrationalität）正在腐蚀着人类的本性，因为这种单调乏味的合理性被转化成了目的自身，从而使人类远离了那些对存在终极目标的关怀。所谓的终极目标，韦伯指的是世界上所有伟大宗教的主题。这个日益被工业化、官僚化和“祛魅化”的现代世界变成了一个“牢笼”，牢笼中的人们除了赚钱没有其他共同的理想或目的，各自无望地追寻生活的“意义”。韦伯甚至将这一分析运用到对人性的研究中。这种对现代文化的控诉延续了赫尔德对启蒙的谴责。在韦伯看来，为了逃离这一困境，人类只能等待一个全新“先知”的出现或者“古老观念和理想的伟大复兴”[24]，但这几乎是不可能的。韦伯虽然没有详尽地阐发这些有关世界历史的主题，但它们体现在韦伯许多作品的字里行间。韦伯对启蒙乐观主义的这种悲观主义的颠倒影响了海德格尔等后来的许多思想家。

四、克劳德·列维－斯特劳斯：历史的神话

克劳德·列维－斯特劳斯（Claude Levi-Strauss，1908—2009），法国社会学家和哲学家，结构主义的代表人物。毕业于巴黎大学，早年攻读法律、哲学和心理学。1935 年至 1939 年间在巴西圣保罗大学教授社会学，同时到原始部落进行人类学调查，曾任巴黎人类博物馆副馆长，1959 年成为法兰西学院社会学教授。第二次世界大战期间移居美国，结识了语言学家雅各布森，并将其结构主义方法运用于社会学研究。主要著作有《悲伤的热带雨林》（1955 年）、《结构主义人类学》（2 卷本，1958—1973 年）、《神话学》（4 卷本，1964—1971 年）、《今日图腾》（1962 年）、《野性的思维》（1962 年）等。

在一些哲学家看来，时间维度具有特殊的权威性，历时性所确立的可理解性不仅优于共时性所提供的可理解性，而且还特别适合人类的本性。多亏有了时间维度，历史才使本来彼此分离的状态成为一个连续的统一体。而且，历史知识是与我们自身内在的连续性变化的感觉相一致的。历史并不仅仅从外部描述存在物，它还重建了我们与变化本质之间的关联。在他们那里，历史是作为一个具有整合作用的自我连续体的外化，而自我的历史观念与历史实在之间存在相互对应的关系。他们因此强调历史知识的权威性，从而在某种意义上轻视人类学，后者被认为仅仅是在空间上展开人类社会的各种状态。

列维－斯特劳斯从一个人类学家的立场出发驳斥了以上观点。列维－斯特劳斯尊重历史，将其作为人类学研究的有益补充，因为二者之间的差别并不像看起来那样大。但他并没有像以上哲学家那样赋予历史以某种特殊价值，认为历史具有某种特权地位。在他看来，所谓的自我连续体实际上是社会生活要求所需要的幻想，而

不是一种必然的经验对象，历史观念与历史实在之间也并不存在相符合的关系。列维－斯特劳斯认为，历史记叙必然是阐释性的，因为“历史事实这一概念本身就包含着双重矛盾”。对此，他解释说，一个历史事实是“实际发生的事情”，但它究竟是在哪里发生的呢？任何一个历史插曲——比如在一场革命或战争中的插曲——都能被分解成“大量的个人心理感受”。每一种心理感受又可以被转化为一种更基本的“无意识过程”的显现，这些无意识又可分解为大脑的、内分泌的或神经的现象，这些现象又与物理的和化学的“秩序”有关。因此，列维－斯特劳斯得出结论说，历史事实对历史学家来说绝不是“给定的”，而是由历史学家自己“通过抽象，且似乎是在无限回溯的威胁下”“构建”而成的。

此外，列维－斯特劳斯指出，如果历史事件经由了历史学家的建构，而非既成的，那么同样地，这些事件也经过了史学家们的“甄选”，而非未加选择地成为叙事要素。面对一大堆杂乱的“事实”，历史学家必须根据叙事意图，“对它们进行选择、分离和划分”。简言之，最初由历史学家建构出来作为史料的历史事实，必须经过再一次的重构，以作为言语结构的元素，而这种言语结构总是出于某种特定的（明显的或隐含的）的目的写成的。这意味着，在他看来，“历史”绝非简单的历史，而总是“为……的历史”。尽管历史声称自己是公正和全面的，但它不可避免地带有某种偏见，因而总是片面的。[25]

在其《生食与熟食的序曲》中，列维－斯特劳斯指出，历史编纂学在阐释方面特别具有神话性。在评论有关法国大革命的过多的著作时，他说：

> 在这些著作中，作者们并不总是运用相同的事件；即使他们使用了相同的事件，这些事件也会显示出全然不同的意义。然而，这些事件是一些变体，与之相关的是同一个国家、同一个时期和同样的事件——这些事件的真实性分布在一种多层结构的每一个层面上。[26]

这就是说，用以评价历史叙述之有效性的标准并不在于它们的“要素”，亦即其假定的“事实”内容。相反，列维－斯特劳斯指出：“若单独考察，每个要素都将表明是难以把握的。但是，它们中的某些要素由于能够整合为一个系统而具有连贯性，当这个系统的各个要素与系列的整体连贯性相比照时，它们或多或少是可信的。”然而，这种“系列的连贯性”不可能是编年史系列的连贯性，亦即按原来发生的时间先后顺序排列起来的“事实”序列的连贯性。因为，事件的“编年史”亦即历史学家从中编造“所发生事情”的故事的那些事件，已经被提前编码了。那么，系列的连贯性就只能是神话的连贯性。正如列维－斯特劳斯所说：

> 尽量生动地再现历史中的某一时刻并努力掌握它，是值得的也是必不可少的，但是，一种有洞察力的历史学应当承认，它从来就不能完全摆脱神话性质。[27]

的确，在《野性的思维》中，列维－斯特劳斯承认，历史学与神话不同，因为前者依赖“日期”并对之负责，这些日期构成了历史学客观性的框架。他说，日期是历史的必要条件，历史全部的独特性和特殊性正在于理解“之前和之后的关系”，如果历史的各个事项不被标以日期的话，历史就不复存在了。但是，他坚持认为，即使存在这种对按时间先后顺序记录的依赖现象，历史学家也无法避免对其材料的神话性阐释。因为，事实上，不仅存在“热的”和“冷的”年代顺序（热和冷的划分依据是，在任何一个对“所发生的事件”的完整描述中所包含的日期数量的多或少），而且，更重要的是，呈现在我们面前的日期本身已经被划分为“各类日期”，它们构成了假定的“历史领域”。总之，对年代顺序的诉求并不能摆脱历史叙述本质上的神话性。因为，作为一种对过去的记录，与历史学家在编年史基础上所构造的叙事一样，编年史本身也是历史学家根据自己的意志建构出来的。在从历史记录的各个领域里整理出一种综合叙述的过程中，任何可能融入这种叙述的“所谓历史连续性”，“都不过是凭借虚假的轮廓来获得”，而这些轮廓也是历史学家本人强加在历史记录之上的。

列维－斯特劳斯认为，这些“虚假的轮廓”构成了历史学家有关过去结构和过程的那些假定“解释”的总体。这些“解释”是历史学家为了获得一种纯粹再现形式上的一致性而忽略了一些特殊领域的产物。这就是说，历史阐释似乎是两种冲动相互斗争的结果，一种是解释的冲动，一种是传递信息的冲动。或者，像列维－斯特劳斯所说的那样，“就历史学家所放弃的每一历史领域而言，他总是在两种历史之间进行两难选择，一种是传递多于解释，一种是解释多于传递”[28]。

根据列维－斯特劳斯的分析，历史学家必须决定，他们是想解释过去（在这种情形下，他们受制于神话的再现模式），还是在要求这种再现的一堆“事实”之上再增添一些事实。他认为，要摆脱这一困境只有一种办法，那就是我们必须认识到，“历史学是一种方法，它没有确切的客体与之相对应”；作为一门学科，它没有一种专属自己的特殊主题。在有些人看来，历史反思的特定对象是人或一般的人类，与这种人本主义的信念不同，列维－斯特劳斯坚持认为，历史学“既不局限于人，也不局限于任何特定的客体”。他说，历史学“无非是一种方法，经验证明，对于划分任何（无论是人类还是非人类的）整体结构的要素来说，这种方法都是必不可少的”[29]。因此，历史学绝不是一门科学，尽管作为一种“方法”，它的确因其分类功能而对科学作出了贡献。历史学家所提供的是对过去的结构和过程的解释，形式上表现为一些叙事，它们不过是那些本质上是神话的“虚假轮廓”的形式化而已。

注释

1　洪谦主编:《西方现代资产阶级哲学论著选辑》，25页，北京，商务印书馆，1982。

2　Auguste Comte，*The Essential Comte*，London, Croom Helm，1974，p. 37.

3　Auguste Comte，*The Essential Comte*，p. 35.

4　Auguste Comte，*The Essential Comte*，pp. 35–39.

5　洪谦主编:《西方现代资产阶级哲学论著选辑》，27页。

6　参见 M. Pickering，*Auguste Comte, An Intellectual Biography*，vol.1，Cambridge, Cambridge University Press，1993，p. 216。

7　[英] 沃尔什:《历史哲学——导论》，164页，桂林，广西师范大学出版社，2001。

8　Georg Simmel，*The Problems of Philosophy of History: An Epistemological Essay*（second edition 1905), New York, Free Press, 1977, p. 78.

9 参见 M. Mandelbaum, *The Problems of Historical Knowledge*, New York, Harper Torchbooks, 1967, ch. Ⅳ .

10 Georg Simmel, *The Problems of Philosophy of History: An Epistemological Essay* (second edition 1905), p. 63.

11 Georg Simmel, *The Problems of Philosophy of History: An Epistemological Essay* (second edition 1905), p. 73.

12 Georg Simmel, *The Problems of Philosophy of History: An Epistemological Essay* (second edition 1905), p. 76.

13 Georg Simmel, *The Problems of Philosophy of History: An Epistemological Essay* (second edition 1905), p. 97.

14 Georg Simmel, *The Problems of Philosophy of History: An Epistemological Essay* (second edition 1905), p. 93.

15 Georg Simmel, *The Problems of Philosophy of History: An Epistemological Essay* (second edition 1905), p. 76.

16 参见 Georg Simmel, *The Problems of Philosophy of History: An Epistemological Essay* (second edition 1905), p. 88。

17 Georg Simmel, *The Problems of Philosophy of History: An Epistemological Essay* (second edition 1905), pp. 386–387.

18 Georg Simmel, *On Individuality and Social Forms*, University of Chicago Press, 1972, pp. 363–364.

19 Georg Simmel, *On Individuality and Social Forms*, p. 370.

20 Georg Simmel, *On Individuality and Social Forms*, p. 372.

21 Robert M. Burns & Hugh Rayment-Pickard ed., *Philosophies of History: From Enlightenment to Postmodernity*, Blackwell Publishers Ltd., 2000, p. 211.

22 Robert M. Burns & Hugh Rayment-Pickard ed., *Philosophies of History: From Enlightenmeent to Postmodernity*, pp. 212–213.

23 Robert M. Burns & Hugh Rayment-Pickard ed., *Philosophies of History: From Enlightenment to Postmodernity*, p. 217.

24 Max Weber, *The Protestant Ethic and the Spirit of Capitalism*, Cambridge, Cambridge

University Press，1992，p. 182.

25 参见［法］克劳德·列维－斯特劳斯：《野性的思维》，257 页，伦敦，1966。

26 ［法］克劳德·列维－斯特劳斯：《生食与熟食的序曲》，见雅克·厄尔曼编：《结构主义》，47—48 页，纽约，Doubleday & Company, Inc., 1966。

27 ［法］克劳德·列维－斯特劳斯：《生食与熟食的序曲》，见雅克·厄尔曼编：《结构主义》，47—48 页。

28 ［法］克劳德·列维－斯特劳斯：《野性的思维》，258—262 页。

29 ［法］克劳德·列维－斯特劳斯：《野性的思维》，258—262 页。

本章主要参考文献

1 刘放桐等编著：《新编现代西方哲学》，北京，人民出版社，2000。本书重点参考了其中的第一章第二节“孔德的实证主义”。

2 Rober M. Burns & Hugh Rayment-Pickard ed., *Philosophies of History: From Enlightenment to Postmodernity*, Blackwell Publishers Ltd., 2000.

3 Hayden White, *Tropics of Discourse: Essays in Cultural Criticism*, Baltimore, The Johns Hopkins University Press, 1978. 编写有关列维－斯特劳斯部分时，重点参考了该书第二章的相关内容。

第十四章

西方马克思主义的历史哲学[1]

自产生之日起，马克思主义始终是作为一种社会批判理论发挥作用的。本章我们要介绍的几位西方马克思主义者，都以不同的方式继承和发扬了马克思的批判精神，强调了哲学对文化和社会历史的批判作用。他们所关注的焦点是理论与实践之间的关系问题。他们一致认为，历史话语理论不应仅仅反映历史，还应该在历史内部发挥积极能动作用。

一、卢卡奇：总体性与历史辩证法

匈牙利思想家格奥尔格·卢卡奇（Georg Lukacs，1885—1971），出生于布达佩斯的一个富裕的犹太人家庭。早年的学术兴趣主要在文化领域，而不是经济学或政治学领域。他的思想深受狄尔泰、齐美尔和马克斯·韦伯的影响。早期历史哲学具有悲观主义色彩，认为他那个时代的文化已经呈现出式微的趋势。在《灵魂与形式》（1910年）和《小说理论》（1916年）等早期作品中，卢卡奇认为，历史是悲剧性的，没有任何的形式，它是对生命的一种无休止的耗费，永远不会获得某种模式，也不会成就完满。1918年之后，卢卡奇开始自觉捍卫列宁对历史唯物主义的阐释。《历史与阶级意识》（1923年）标志着卢卡奇在思想上向马克思主义的转变。卢卡奇的理论研究视野开阔，在美学、文艺学、哲学、哲学史、政治理论等方面都有著作问世。除了以上三部作品，卢卡奇的其他主要著作还包括：《审美文化》（1913年）、《青年黑格尔》（1948年）、《存在主义还是马克思主义？》（1948年）、《理性的毁灭》（1954年）、《审美特征》（1963年）、《关于社会存在的本体论》（1971年）等。他的著作对其他很多西方马克思主义者产生了深远的影响。其中的《历史与阶级意识》是卢卡奇所有哲学著作中影响最大、争议最多而且也是最重要的，被瓦尔特·本雅明称作20世纪早期重要的著作之一。

《历史与阶级意识》是一部论文集，收录了卢卡奇1919—1922年间所写的8篇文章，其宗旨是批判第二国际的领袖们对马克思主义哲学的曲解，总结十月革命后匈牙利等国无产阶级革命失败的教训。卢卡奇在书中深刻论述了他对有关马克思主义及其辩证法本质的一系列极其重要的哲学问题的理解，提出了他对历史及其主体以及物化问题的解释，阐明了无产阶级及其阶级意识的历史作用。

在卢卡奇看来，马克思主义哲学的本质特征在于它的辩证法。他提出：

> 正统马克思主义并不意味着无批判地接受马克思研究的结果。它不是对这个或那个论点的"信仰"，也不是对某本"圣"书的注解。恰恰相反，马克思主义问题中的正统仅仅是指方法。它是这样一种科学的信念，即辩证的马克思主义是正确的研究方法，这种方法只能按其创始人奠定的方向发展、扩大和深化。[2]

卢卡奇认为，即使马克思的每一个具体论点都被驳倒，只要坚持马克思的辩证法，就是坚持了马克思主义的正统。

卢卡奇认为，马克思辩证法的本质是具体的总体（Die konkrete Totalität，Das Ganze）的范畴，总体性观点是马克思主义与资产阶级思想的根本区别之所在。他说：

> 不是经济动机在历史解释中的首要地位（Vorherrschaft），而是总体的观点，使马克思主义同资产阶级科学有决定性的区别。总体范畴，整体对各个部分的全面的、决定性的统治地位（Herrschaft），是马克思取自黑格尔并独创性地改造成为一门全新科学的基础的方法的本质。……**总体范畴的统治地位，是科学中的革命原则的支柱**（Träger）。[3]

卢卡奇自己认为："《历史与阶级意识》的重大成就之一，在于使那曾被社会民主党机会主义的'科学性'打入冷宫的总体（Totalität）范畴，重新恢复了它在马克思全部著作中一向占有的方法论的核心地位。”[4] 在卢卡奇看来，马克思所有著作中一以贯之的方法论便是总体范畴，而这一范畴是来自黑格尔的。他认为马克思一系列经常使用的具有决定意义的范畴都是直接来自黑格尔的《逻辑学》。因此，要正确对待具体的、历史的辩证法，若不比较详细地考察这一方法的创始人黑格尔及其与马克思的关系是办不到的。黑格尔认为，思维的最完善的形式是高度系统的，不仅是内在连贯的，而且是完全的和具体的，也就是，最高的思维形式导致这样一种体系，在其中个体没有被抹杀，而是被保存下来。黑格尔把这个观点凝练成《精神现象学》序言中的这样一句名言：“真理是总体。”卢卡奇认为，这个总体性概念被马克思从黑格尔那里拿来，进行了唯物的改造，从而成为了马克思主义的根本方法。

那么，什么是卢卡奇所说的总体性呢？概括而言，他所使用的总体性概念是要强调，人类社会并非各个组成部分的简单组合，而是这些部分的有机统一；这个统一体在历史中形成，在历史中辩证地运动发展，表现为一个有机的整体。作为一种方法，它要求把社会作为总体来认识，亦即作为整个社会的辩证地发展着的历史过程来认识。这种辩证的总体观似乎远离直接的现实，但在卢卡奇看来，它实际上是能够在思维中再现和把握现实的唯一方法。他说：

> 黑格尔辩证法的革命原则之所以能够在这种颠倒（即马克思对黑格尔唯心主义辩证法的唯物主义颠倒——编者注）中并通过这种颠倒而显露出来，是因为马克思维护了这种方法的本质，总体的观点，把所有局部现象都看做整体——被理解为思想和历史的统一的辩证过程——的因素。马克思的辩证方法，旨在把社会作为总体来认识。一方面由于研究对象的实际分离，另一方面由于科学的分工和专门化，产生了专门科学和方法论上必要的和有用的某些抽象概念，资产阶级科学或者朴素现实主义地把某种“现实”，或者“批判地”把某种自律归因于那些抽象概念；相反，马克思主义却通过把它们提升为和归并为辩证的因素而扬弃了这些分离。……对马克思主义来说，归根结底就没有什么独立的法学、政治经济学、历史科学等等，而只有一门唯一的、统一

的——历史的和辩证的——关于社会（作为总体）发展的科学。[5]

具体分析起来，卢卡奇的总体性范畴是一个内容极为丰富的概念，具有以下理论维度：

第一，总体性首先表现为社会生活各个部分之间的有机联系，表明它们是一个统一的整体。卢卡奇不满意庸俗唯物主义者的做法，认为：

> （庸俗唯物主义者）没有超出再现社会生活的各种直接的、简单的规定的范围。他们以为把这些规定简单地拿过来，既不对它们作进一步的分析，也不把它们融为一个具体的总体，他们就特别“精确”了。他们只用抽象的、与具体的总体无关的规律来解释事实，事实还是抽象的孤立的。[6]

第二，总体性的最重要的表现是在社会的历史运动之中，因为作为总体的社会是历史的产物，与此相应，总体性原则也要求人的认识在历史中再现社会的现实的具体的存在。卢卡奇指出：

> 只有在这种把社会生活中的孤立事实作为历史发展的环节并把它们归结为一个**总体**的情况下，对事实的认识才能成为对**现实**的认识。这种认识从上述简单的、纯粹的（在资本主义世界中）、直接的、自发的规定出发，从它们前进到对具体的总体的认识，也就是前进到在观念中再现现实。这种具体的总体绝不是思维的直接素材。马克思说：“具体之所以具体，因为它是许多规定的综合、因而是多样性的统一。”[7]

在卢卡奇看来，单独的孤立的部分所经历的变化，并不能清楚地、明确地说明社会发展的各个阶段的真正区别。这些区别只有在各阶段与整个社会的关系的历史总过程中才能真正辨明。

第三，总体性是在历史中形成的，总体性原则要求在历史中再现社会的现实与具体，但是历史是在社会内在矛盾的推动下的辩证运动过程，因此总体性要求分析社会的内在矛盾，以便揭示社会的整体的辩证历史运动。卢卡奇指出：

> 具体的总体是真正的现实范畴。但是，这一看法的正确性，只有在我们集中注意力于我们的方法的真正物质基础，即资本主义社会及其生产力和生产关系的内在对抗性时，才完全清楚地表现出来。自然科学的方法、一切反思科学和一切修正主义的方法论理想，都拒不承认它的对象中有任何矛盾和对抗。……但是我们认为，就社会的现实而言，这些矛盾并不是对现实的科学理解还不完全的标志，而是相反，它们密不可分地属于现实本身的本质，属于资本主义社会的本质。它们在对总体的认识中不会被扬弃，以至停止成为矛盾。完全相反，它们将被视为必然产生的矛盾，将被视为这种生产制度的对立的基础。[8]

卢卡奇认为，这种注重分析社会内在矛盾的辩证法，是理解历史从而解释总体性的必不可少的方法。

第四，卢卡奇特别强调实践的作用，强调辩证法就是主体和客体的相互作用，思维和存在、理论和实践的统一。卢卡奇有关这一方面的思想是他的总体性理论的关键所在，也是引起争论最多的地方。

由于卢卡奇把总体性原则作为马克思主义的根本方法，又把总体性局限于社会现象，所以当他强调要把社会作为辩证发展的历史过程从总体上加以理解时，他所说的辩证法仅仅是社会辩证法。而社会的辩证发展，其动力不是人以外的自然界，而是主体对客体的作用——人的实践活动。因此，他赋予体现主体和客体的相互作用以及思维和存在、理论和实践的统一的实践活动以巨大的意义。他说：

> 历史不再是在人和事物身上发生的难以捉摸的过程，只有用超验力量的介入才能加以说明，或者只有同对历史来讲是超验的价值联系起来才能变得有意义。历史一方面主要是人自身活动的产物（当然迄今为止还是不自觉的），另一方面又是一连串的过程，人的活动形式……[9]

在卢卡奇看来，历史的本质在于它是人类活动的产物。历史是实体，是人类社会实践的客观历史过程；历史又是主体，是人类自己的能动创造。所谓历史，不过是历时态的人类社会实践，其本质是社会的和实践的。这样，借助黑格尔的充满历史感的“绝对观念”，卢卡奇依托历史概念彻底超越了盲目崇拜自然物质的旧唯物论。卢卡奇以其对历史概念的理解表明，马克思以实践唯物主义重建的唯物主义基础不是自然，而是历史。费尔巴哈至多使其哲学从天上回到人间（不是自然界），而马克思在批评费尔巴哈将“人间”重新自然化、抽象化的同时，使其哲学返回了历史，返回了社会，返回了人的社会实践活动。从此，社会历史作为“自然历史过程”只能被理解为人类社会的实践过程，而不是单纯的自然过程。社会历史犹如自然界的一般规律性，说到底毕竟是人类社会发展的规律性，而不是自然界的规律。马克思主义哲学的研究对象并不是自然，而是人与自然之间的历史关系，以及处于实践关系（即社会历史）之中的人或自然。卢卡奇把现实理解为我们的行为，而我们的“行为实际上就是历史”[10]。在卢卡奇看来，马克思主义哲学不是自然辩证法，而是历史实践的辩证法。他在批评恩格斯关于辩证法是自然界、社会和人的思维的普遍规律的说法时说道：

> 他（指恩格斯——编者注）对最根本的相互作用，即历史过程中的主体和客体之间的辩证关系连提都没有提到，更不要说把它置于与它相称的方法论的中心地位了。然而没有这一因素，辩证方法就不再是革命的方法，不管如何想（终归是妄想）保持“流动的”概念。[11]

卢卡奇认为自然界不是人创造的，因此无辩证法可谈，他说：

> 这里把这种方法限制在历史和社会领域，极为重要。恩格斯对辩证法的表述之所以造成误解，主要是因为他错误地跟着黑格尔把这种方法也扩大到对自然界的认识上。然而辩证法的决定性因素，即主体和客体的相互作用、理论和

实践的统一、在作为范畴基础的现实中的历史变化是思想中的变化的根本原因等等，并不存在于我们对自然界的认识中。[12]

第五，由于卢卡奇把总体理解为整个社会及其辩证历史运动，所以对他来说总体不是既定的存在，而是人这一主体的创造物，是人的设定。他认为，这样的主体不是个人而是阶级，对马克思主义而言，就是无产阶级。他说：

> 总体的观点不仅规定对象，而且也规定认识的主体。资产阶级科学——自觉地或不自觉地、天真地或理想化地——总是从个人的观点来考察社会现象。而从个人的观点里不会产生出总体，最多能产生某一局部领域的一些方面，而且大多只能产生一些零碎不全的东西：一些无联系的“事实”或抽象的局部规律。只有当进行设定的主体本身是一个总体时，对象的总体才能加以设定；所以，为了进行自我思考，只有不得不把对象作为总体来思考时，才能设定对象的总体。[13]

卢卡奇所说的“设定”，就是创造。谁能把历史作为总体创造出来？当然不会是个人，这样的主体自身必须是总体，即必须是能从总体上认识、理解和创造历史的主体。卢卡奇指出，这样的主体只能是自身就作为总体、整体存在的阶级。在资本主义社会，它就是无产阶级和资产阶级。由于只有无产阶级才能把握历史的方向，才代表历史的未来，所以归根结底这样的主体就是无产阶级。正是基于这一认识，卢卡奇把无产阶级的阶级意识，即无产阶级对自己的历史使命的清醒认识，视为现实中社会主义取代资本主义这一历史进步的决定性力量，提出“历史与阶级意识”的问题。

二、瓦尔特·本雅明：过去的真实图景

瓦尔特·本雅明（Walter Benjamin，1892—1940），出生于柏林一个富裕的犹太家庭，学生时代积极参与激进的文学活动，后来转向理论研究。第一次世界大战

后他在柏林为报纸杂志撰写文章，并成为法兰克福社会研究所的成员，与布洛克、阿多尔诺、布莱希特等人过从甚密。1933年纳粹上台后，本雅明移居巴黎。1940年，纳粹德国占领法国，他在逃往西班牙的途中被困自杀。本雅明的主要作品有《德国悲剧的起源》（1928年）、《单向街》、《机械复制时代的艺术作品》、《发达资本主义时代的抒情诗人》、《关于波德莱尔的几个主题》和《拱廊计划》（*Arcades Project*）等。本雅明的历史理论主要体现在他的两个文本中，一是他自杀前的绝笔《历史哲学论纲》（*The Theses on the Philosophy History*）（1940年），二是他在1927—1940年写成的《拱廊计划》中有关知识和进步的那一部分。

本雅明是法兰克福学派中极富想象力的哲学家。他在自己的时代默默无闻，但在当今学术界享有极高的声誉，被认为是20世纪重要的思想家之一。本雅明的哲学是多种思想因素的奇特结合，既有19世纪的超历史思想，也有尼采的虚无主义，既有康德对经验的分析，也有犹太教神秘哲学。这使得后来的研究者很难对本雅明的著作予以归类。正如汉娜•阿伦特所说，“似乎是那些无法被归类的人们的命运，他们的著作既无法嵌入当时已有的秩序中，也不引进一个可在将来被归类的新文类”，“本雅明所有著作的麻烦在于它们全都自成一类”[14]。

与叔本华类似，本雅明是通过改造康德的认识论而提出自己的哲学思想的。虽然康德详细分析了人类精神的先验结构，但他却疏于探讨那些作为概念基础的“赤裸裸的、原始的和自明的经验”。因此，在其早期作品中，特别是在《未来哲学的纲领》(1918年)中，本雅明阐发了一种“高级的经验概念”，亦即对世界之可见“表面”的一种动态的和多方面的接触。在本雅明看来，经验不是以概念的形式而是以意象的形式向我们呈现的，而意象则是对线条和色彩的表面“构型”(configuration)。这些构型并不像康德的先验美学那样将经验固定下来，而是向我们展露了经验本身所固有的无限性。康德认为，作为物自体的“绝对”无法为人们所经验，而本雅明则坚持，经验构型的无限性是绝对的。康德仅仅在理性的界限内提倡形而上学，而本雅明则在经验的界限内主张形而上学。当本雅明说认知的形而上学时，他实际上指的是一种具体的经验总体。另外，本雅明还对康德及其“启蒙”后继者们赋予自我的那种优先权提出了挑战。对于康德来说，先验自我亦即“统觉的综合统一体”

位于知识构成的核心。这种康德式的自我被本雅明视为一种神话。在他看来，自我是由经验过程本身构成的。

本雅明对康德认识论的这种改造对于理解他的历史观念至关重要。在本雅明看来，像其他事物一样，过去也是作为经验呈现给我们的。

> 过去的真实图景稍纵即逝，唯一被我们捕捉到的不过是一种意象，它在某一瞬间向我们闪现，而后便一去不复返。“真实不会离我们远去。”在历史主义的历史观中，哥特弗里德·凯勒的这句话标明了历史唯物主义戳穿历史主义的确切点。因为每一个没有被现在视为与自身休戚相关的过去的意象都有永久消失的危险。（过去的历史学家心脏狂跳着带来的好消息或许在他张口的一刹那就已经消失在虚空中。）[15]

这里所说的“闪现”指的是历史事件自身，它只能在过去某个特定的“当下”（now-time）产生，而且只有在那一瞬间才能被把握。历史没有连续性，没有秩序，没有进步，也没有模式，有的只是无数个等待被历史揭示的瞬间。

根据这样一种认识论，人类永远也不会窥探到历史整体，因为过去事件都是作为昙花一现的意象一闪而过的，无法成为稳定的认知对象。尽管如此，本雅明还是借用保罗·克利（Paul Klee）画作中的天使形象来想象了一个宇宙观察者的视角。

> 保罗·克利的《新天使》画的是一位天使，他看上去正要从他凝神注目的某个事物旁边离开。他瞪大双目，张开嘴巴，展开翅膀。人们也是这样描绘历史天使的。他的脸朝向过去。在我们看来是一连串事件的地方，他看到的只是一整场灾难。这场灾难不断堆积着残骸，将其抛在脚下。天使想停下来唤醒死者，把残破的东西弥合完整。但一阵风暴从天堂吹来；它猛烈地吹击着天使的翅膀，以至他再也无法将它们合拢。风暴势不可挡，把天使吹向他背对着的未来，而他面前的残垣断壁越积越高，直逼天际。这场风暴就是我们所说的进步。[16]

在这里，历史天使就是把过去看作一种“单一”的总体，它被所谓“进步”的风暴刮向了未来。这幅触目惊心的悲凉画面的确是对历史的总体性描绘。这样，本雅明也像他的那些超历史主义的先辈那样，陷入了个别反映和总体描述的悖论之中。

20世纪30年代早期，本雅明的思想转向马克思主义。然而，对于本雅明来说，我们应该谨慎地使用“马克思主义者”的标签，因为，正如汉娜·阿伦特所指出的那样，他是“(法兰克福学派中)最特别的一个马克思主义者”[17]。休·雷蒙特-皮卡德(Hugh Rayment-Pickard)认为，本雅明特别的历史唯物主义观点从他的意象理论发展而来。[18]在本雅明那里，“意象”就是历史的“原始现象”，由于它构成了具体经验的单元，因而是物质的。这样一来，经验自身的局限性也就成为了历史的局限性，历史也必然会采取“连续多样性”的形式。历史永远不会聚合成为一个连续的故事或者总体性的描述。如同本雅明在对其《拱廊计划》的注解中所说的那样，“历史分解成为意象，而不是故事”[19]。这种意象和叙事的分离意味着，历史并不像电影画面那样是连续的事件序列，也就是说，“历史陈述的连续性是很难达到的”[20]。

本雅明还认为，革命瞬间不是理性的结合点，而是历史中的“震动”，是一种“紧急状态”，它将我们有关历史是一个理性体系的观念摧毁。在本雅明看来，这一瞬间只能从神学上来理解，它实际上就是一种非理性的弥赛亚现世。瞬间闪现并不是另一个神圣世界闯入世俗世界的结果，它们本身就是人类世俗世界的根本特征：“弥赛亚世界就是综合的和完整的现实性世界。”[21]这种现实性也并不仅仅是现在的特征，而且还是未来摆脱压迫获得自由的基础，也是结束历史的基础。由于不存在朝向未来的逐渐进步，有的仅仅是“闪现”。

> 只有弥赛亚自己才会结束所有的历史，也就是说，只有他自己才会救赎、完成和创造与弥赛亚世界的联系。正是由于这个原因，任何一个历史的事物都不可能由于其自身的缘故而与弥赛亚的事物相关联。因此，天国并不是历史动

> 态的终极目的；它不能被设定为一个目标。从历史的观点来看，天国不是目标，而是终结。[22]

对于弥赛亚主义在本雅明思想中的重要性，批评家们存在不同的看法。但有一点是确定无疑的，那就是，如果不考虑他的神学，我们就无法理解他的历史唯物主义。与其他所有正统的马克思主义不同，本雅明认为，只有在神学的前提下，人们才能够真正理解历史。他说："我的思想与神学相关，如同吸墨纸与墨汁相关。它（我的思想）完全被神学浸染。"[23]《历史哲学论纲》的第一条就强调了神学在他的历史唯物主义中的重要地位。

> 据说有这么一种自动装置，它能和人对弈，你每走一步，它便回应一招。一个身着土耳其服装、口叼水烟袋的木偶坐在一张大桌子前，上面摆着一副棋盘。一组镜子创造出一种幻觉，好像这张桌子从各个侧面看起来都是透明的。其实，一个棋艺高超的驼背侏儒就坐在里面，通过线绳操纵木偶的手。我们可以想象这种装置的哲学对应物。这个木偶名叫"历史唯物主义"，它总是会赢。如果得到神学的辅佐，它可以轻易地战胜任何对手。但我们知道，神学如今已经枯萎，不得不退出人们的视线了。[24]

指出本雅明著作中的弥赛亚成分并不是将它非政治化。在本雅明的思想中，神学和历史唯物主义相互促进和加强。有了神学的辅助，历史唯物主义将战无不胜。本雅明还指出了马克思与弥赛亚主义之间的联系。他说："在无阶级社会这个概念上，马克思是将弥赛亚时代的概念世俗化了。"[25]而本雅明自己则是用一种相反的方式达成了历史唯物主义和弥赛亚的结合。正如鲁尔夫·梯德曼（Rolf Tiedemann）指出的那样："如果不深究一下本雅明何以会用这种方式来写作，对《历史哲学论纲》的阐释就会半途而废。从某些方面来说，他是将马克思已经世俗化的神学语言又翻译了回去。"

另外，本雅明终生都致力于批判一种线性进步的历史观。在上面那段描述新天使的文字中，我们已经见识到了本雅明对“进步”的否定态度。在我们凡人的眼中，历史是一连串因果相继的事件，构成了不断的进步和发展，而在天使的视角中，历史是一场“灾难”。到处是“残骸”和“残垣断壁”。本雅明不仅批判线性进步观，而且反对以此为基础的各种形式的改良主义和渐进主义。在他看来，社会民主党的政治纲领就体现了这种线性的历史进步观。

> 社会民主主义的理论甚至实践都是围绕着“进步”观念形成的。但这个观念并不依据现实，而是创造出一些教条主义的主张。社会民主党人心中描绘的进步首先是人类自身的进步（而不仅仅是人的能力和知识的提升）。其次，它是一种无边际的东西，与人类无限的完美性相符合。第三，进步被认为是不可抗拒的，它自动追随一条直线的或螺旋的进程。所有这些断言都引起了争议，并招致了批评。但赌注一旦投下，批评必须穿透这些断言并专注于它们中间共同的东西。人类历史的进步观念无法与一种在均质的、空洞的时间中的进步观念分开。对后一种进步观念的批判必须成为对进步观念本身批判的基础。[26]

本雅明认识到，这种线性进步观实际上是资产阶级的虚假意识形态，具有很大的危害性，它极大地麻痹了德国工人阶级的神经，使他们丧失了革命的意识和激情。虽然也有人在批评这种进步观，但没有认识到它存在的基础和前提。在本雅明看来，线性进步观的基础就是那种“在均质的、空洞的时间”中的进步观念。一旦无阶级社会被视为一种永恒的任务，均质的、空洞的时间就会将自己转变成为接待室，人们就可以在里面静静地等待革命的到来。因此，当务之急就是打破这种连续性，促使革命的发生。实际上，在本雅明看来，每一瞬间都蕴含着革命的潜能。[27]时间的分分秒秒都可能是弥赛亚侧身步入的门洞。

三、于尔根·哈贝马斯：重建历史唯物主义

于尔根·哈贝马斯（Jürgen Harbermas，1929— ，又译尤尔根·哈贝马斯），德国

哲学家、社会学家，法兰克福学派第二代哲学家的主要代表，当代西方极具影响的思想家之一。哈贝马斯出生于德国杜塞尔多夫一个中产阶级家庭，先后在格丁根大学、苏黎世大学、波恩大学学习，1954年获哲学博士学位，1955年进入法兰克福大学社会研究所，成为法兰克福学派的成员。1969—1971年曾任社会研究所所长。1971年曾辞去所长职务并离开法兰克福。1983年重回法兰克福大学担任哲学和社会学教授,1994年退休。主要著作有《理论与实践》(1963年)、《认识与兴趣》(1968年)、《作为意识形态的技术与科学》(1968年)、《晚期资本主义的合法性问题》(1973年)、《重建历史唯物主义》(1976年)、《交往行动理论》(1981年)等。

哈贝马斯的著作是对霍克海默、阿多尔诺、马尔库塞等先辈的社会批判理论方案的延伸，属于某种“新批判理论”。哈贝马斯的理论旨趣在于反对现代和后现代的相对主义，从而为启蒙理性辩护。在创建自己理论体系的过程中，哈贝马斯吸取了各种社会科学思想，尤其是马克斯•韦伯的“合理性”理论和尼克拉斯•鲁曼的“系统理论”。哈贝马斯以擅长跨学科综合性研究著称，范围涉及社会学、哲学、政治学、语言学、心理学、历史学、经济学等领域。在哲学上，他对认识论问题、解释学问题、语言学问题，特别是历史哲学，都有深入的研究。

1. 重建历史唯物主义

哈贝马斯指出，迄今为止的任何一种社会理论，无论是历史唯物主义还是其他社会学理论，都不能创立一种具有丰富内容的和可以加以检验的社会进化的理论。它们只能说明某一社会现象领域。作为解释类的历史的理论，历史唯物主义有它的局限性，它主要适用于解释社会运动和阶级冲突。从其交往理论观点出发，哈贝马斯认为历史唯物主义理论传统中存在着三个方面的问题：第一，不加反思的历史客观主义；第二，从存在和意识的关系上批判资产阶级的规范内容时，也同时否定了资产阶级的规范和价值中的内在的有用的因素；第三，忽视了道德规范在社会进化中的重要意义。

哈贝马斯提出，历史唯物主义要想重新成为一种富有生命力的普遍化的社会进化理论并达到他原来所确立的目标，就必须重建。对于重建历史唯物主义，哈贝马斯有自己独特的理解。他说：

> 复辟似乎意味着回到在此期间已经腐朽了的最初状态上。但是，我对马克思和恩格斯的［研究］兴趣不是教条主义的，也不是历史—语言学的。复兴似乎意味着对一种在此期间已被人们所抛弃了的传统的更新。马克思主义没有必要复兴。我们所说的重建是把一种理论拆开，用新的形式重新加以组合，以便更好地达到这种理论所确立的目标。这是对待一种在某些方面需要修正，但其鼓舞人心的潜在力量仍旧（始终）没有枯竭的理论的一种正常态度，我认为，即使对马克思主义者来说，也是正常的态度。[28]

实际上，哈贝马斯对历史唯物主义的重建绝非简单的重新组合，而是借此提出了一整套自己的社会进化理论。说到底，他所说的历史唯物主义的重建，只是为了用自己的交往行为理论取代原有的历史唯物主义的基本原则。

2. 交往行为理论

哈贝马斯对历史唯物主义的重建，关键的一点是赋予人的思想观念、价值追求、世界观、关于社会结构的种种设想以独立性，使它们摆脱经济基础的制约。他认为，社会问题的解决，社会的进化，不再由生产力的发展所决定，而是取决于人们以语言为中介的思想交流，即人们的交往活动和在交往活动中取得的共识。社会变革的目标不再是发展生产力，而是使交往行为合理化。人的解放主要体现在合理化了的交往行为中。

谈到自己的历史理论时，哈贝马斯说："我的出发点是把劳动（labour）与相互作用（interaction）从根本上区别开来。"[29] 他强调，劳动是一种有目的—合理的行为，是一种工具性的活动。劳动遵循技术规则，依靠对自然知识的学习而进步，追求的是生产力的增长、技术控制力的扩大。相互作用是以符号为媒介的主体之间的交往活动，通过语言人与人在交谈中达成共识，达成妥协，并渐渐地产生共同的行为规范，这些规范内化为人们共同遵守的规则，以维护既有的制度。这是两个相互独立的系统。工具性活动属于技术领域，交往活动属于文化领域；前者涉及人与自然的关系，后者涉及人与人的关系。两者都在进化发展，前者的进化是靠自然知识的学习，后者的进化依靠的是关于主体际关系知识的学习；前者的进化表现为技术的进步，后者的进化表现为社会制度的进步，如家庭、国家等制度框架的演化，它们各自有着自己的逻辑。

工具性的活动，亦即有目的—合理的活动，与交往活动，是人类社会最基本的活动。按照哈贝马斯的说法，社会是这样进化发展的：在劳动过程中人通过学习促进了工具的发展，工具的发展提高了生产力，与现有的制度结构发生矛盾，也引起了人与人之间的矛盾；社会为了不至于解体，自身的制度结构也必须发生相应的变化。在这个过程中，生产力的发展并不具有决定性的意义。

> 生产力的发展可以被理解为某种问题产生的机制——它触发了、但没有导致生产关系的废除和生产方式的进化性更新。……导致第一个文明的出现或导致欧洲资本主义产生的伟大的、内在的进化性进步，尽管是跟随着生产力有意义的发展，却不是以生产力有意义的发展为条件。[30]

生产力的发展只是一种产生问题的机制，即只是提出社会的制度结构必须加以变革这样一个问题。

至于对于人与人的新的社会关系（包括生产关系），亦即社会的新的组织框架和新的一体化形式（即新的政治、家庭等制度，新的国家制度、国家机构），是如何产生的。哈贝马斯说：

> 我想建议用下面的思路回答：（人类）物种所学习的，不仅是对生产力发展具有决定意义的、技术性的有用知识，而且包括对相互作用结构具有决定意义的道德—实践意识。交往行为规则确实对工具行为和战略行为领域内的变化作出了反应，并推进了后者，但在这样做的时候，它们是遵循着自己的逻辑。[31]

哈贝马斯突出强调的是，社会制度结构独立于生产力，它是一个自我进化的过程。他认为这种进化有如下几个步骤：

首先，人具有内在的学习机制，社会的个体成员或边缘集团获得了某种新的知识、新的学习能力，这种能力和知识作为范例性的学习过程，通过交往进入社会的译解系统中，成为集体享有的意识结构和知识储存，成为可以由社会加以运用的认知潜能。

其次，生产力的发展发出的进化挑战超出了既有社会形式的适应能力，“社会能通过应用包含于世界观中的认知潜能于重组行为系统，进化性地进行学习。这个过程可以被呈示为某种已经在世界观中发展了的理性结构的制度体现”[32]。就是说，世界观和道德—实践意识方面的学习创新及交往活动，可以使人们的行为系统得到重组，新的制度结构、组织原则、社会一体化水平便建立起来。

最后，新形成的制度结构“反过来又使提供（或制造新的）可利用的技术—组织知识成为可能，它创造了一种可能性，也就是，生产力的某种增长和系统复杂性的某种延伸。这样，对于社会进化来说，道德—实践意识领域中的学习过程就作为领步者发挥着功能”[33]。这就是说，得自个体的思想创新和交往活动的道德—实践知识的学习，以及由此决定的社会制度结构的发展，不仅是独立的，而且在引领着社会的发展。

总之，社会发展是两个各自独立的系统——物质生产系统和人与人的交往活动系统——的相互作用。物质生产系统中生产力的发展使原有的社会结构陷入危机，生产力自身的运用和发展受到阻碍。人们在交往活动中可以使新思想形成世界观并得到普遍认同，可以建立维护社会一体化的道德观念、行为规范、社会结构，提出各种各样的走出危机的方案。一旦新的社会结构建立起来，危机就会消除，社会就会获得进步。

这就是哈贝马斯重建后的历史唯物主义。在这里，不是生产力决定生产关系、经济基础决定上层建筑，而是人们在交往活动中取得的共识，自主发展着的思想观念，决定了社会的制度结构，从而回答生产力的发展提出的问题，引领社会进化。

这种历史唯物主义把社会发展视为一个不间断的学习过程，而且赋予了道德—

实践领域、交往行为和克服冲突并达成共识过程中的学习以特别的重要意义。哈贝马斯认为这也是对文化在历史发展中的意义的强调，这是他对历史唯物主义所做的贡献。他说："文化一直是一种上层建筑现象，尽管它在向新的发展水平的过渡中，似乎发挥着比迄今为止的许多马克思主义者所承认的更为突出的作用。据我看来，这种突出性已经解释了交往理论可能对历史唯物主义的更新作出贡献。"[34]

这种新贡献是什么？我们可以看哈贝马斯的如下一段话：

> 我甚至认为，这些规范结构的发展是社会进化的起搏器，因为新的社会的组织原则意味着新的社会一体化的形式。这些新的社会一体化形式，使现有的生产力使用或者新的生产力的产生，以及社会复合性的提高有了可能。[35]

人们的行为规范是社会的组织原则，行为规范的更新将产生新的社会的一体化，进而为生产力的发展运用开辟道路，增进社会的组织程度，因而它成为社会进化的"起搏器"。新的规范结构又从何而来？来自人们的交往活动。

在《1844 年经济学哲学手稿》和其他一些地方，马克思在对唯物主义的认识中包含了如社会结构、理论视角和语言等方面的内容。哈贝马斯试图彰显的正是这样一些内容。马克思从社会生产力和"有意识的能动活动"的角度来认识人类的本质，而哈贝马斯则是把人类看作社会劳动和语言的结合体。生产关系依赖语言，而不是相反，因此，哈贝马斯提出了新版的历史唯物主义，即历史的主体是作为语言和劳动实体的人类，历史唯物主义所关注的不仅仅是社会劳动的历史，而且还包括交往行为的历史。这样，哈贝马斯便用他的交往行为理论完成了对历史唯物主义的重建。

注释

1 编写本章涉及卢卡奇和哈贝马斯的两部分时，笔者使用了安启念先生的《新编马克思主义哲学发展史》（北京，中国人民大出版社，2004）中有关内容。详见该书 243—252 页和 301—311 页。特此说明。另外的参考文献包括：Rober M. Burns & Hugh Rayment-Pickard

ed., *Philosophy of Histories: From Enlightenment to Postmodernity*, Blackwell Publishers Ltd., 2000.

2 [匈] 乔治·卢卡奇:《历史与阶级意识》,47—48 页,北京,商务印书馆,1992。

3 [匈] 乔治·卢卡奇:《历史与阶级意识》,77 页。

4 [匈] 乔治·卢卡奇:《历史与阶级意识》,15 页。

5 [匈] 乔治·卢卡奇:《历史与阶级意识》,77 页。

6 [匈] 乔治·卢卡奇:《历史与阶级意识》,56—57 页。

7 [匈] 乔治·卢卡奇:《历史与阶级意识》,56 页。

8 [匈] 乔治·卢卡奇:《历史与阶级意识》,58 页。

9 [匈] 乔治·卢卡奇:《历史与阶级意识》,274 页。

10 [匈] 乔治·卢卡奇:《历史与阶级意识》,228 页。

11 [匈] 乔治·卢卡奇:《历史与阶级意识》,50 页。

12 [匈] 乔治·卢卡奇:《历史与阶级意识》,51 页。

13 [匈] 乔治·卢卡奇:《历史与阶级意识》,77-—78 页。

14 Walter Beniamin, *Illuminations*, London, Fontana, 1973, p. 3.

15 Robert M. Burns & Hugh Rayment-Pickard ed., *Philosophies of History: From Enlightenment to Postmodernity*, p. 269.

16 Robert M. Burns & Hugh Rayment-Pickard ed., *Philosophies of History: From Enlightenment to Postmodernity*, p. 269.

17 Walter Benjamin, *Illuminations*, p. 11.

18 参见Robert M. Burns & Hugh Rayment-Pickard ed., *Philosophies of History: From Enlightenment to Postmodernity*, p. 257.

19 G. Smith ed., *Benjamin-Philosophy, Aesthetics, History*, Chicago, University of Chicago Press, 1989, p. 67.

20 G. Smith ed., *Benjamin-Philosophy, Aesthetics, History*, p. 60.

21 Walter Benjamin, *Gesammelte Schriften*, I(3), Frankrurt, Suhrkamp, 1972, p. 1238.

22 P. Demetz ed., *Reflections: Essays, Aphorisms, Autobiographical Writings*, New York, Harcourt Brace Jovanovich, 1978, p. 313.

23 Walter Benjamin, *Gesammelte Schriften*, I(3), p. 1235.

24 转引自 *Philosophies of History: From Enlightenment to Postmodernity*, pp. 267–268.

25 Walter Benjamin，*Gesammelte Schriften*，I（3），p. 1231.

26 Robert M. Burns & Hugh Rayment-Pickard ed., *Philosophies of History: From Enlightenment to Postmodernity*，p. 270.

27 参见 Walter Benjamin，*Gesammelte Schriften*，I（3），P. 1244。

28 ［德］尤尔根·哈贝马斯:《重建历史唯物主义》，3 页，北京，社会科学文献出版社，2000。

29 俞吾金、吴晓明主编:《二十世纪哲学经典文本·西方马克思主义卷》，418 页。

30 ［德］哈贝马斯:《交往与社会进化》，150—151 页，重庆，重庆出版社，1989。

31 ［德］哈贝马斯:《交往与社会进化》，152 页。

32 ［德］哈贝马斯:《交往与社会进化》，165 页。

33 ［德］哈贝马斯:《交往与社会进化》，165 页。

34 ［德］哈贝马斯:《交往与社会进化》，101 页。

35 ［德］尤尔根·哈贝马斯:《重建历史唯物主义》，32 页。

第十五章

叙述主义历史哲学

虽然历史是由故事构成的这一点似乎很明显，但历史哲学家们只是从 20 世纪 60—70 年代才开始认真地探讨历史和叙事之间的关系问题。在此之前，许多历史学家都对叙事历史持批判态度。比如，在 20 世纪 30 年代，法国年鉴学派就强烈反对叙事历史，而主张采用更为“科学的”方式去识别问题和提出假设。20 世纪 40—50 年代，卡尔 · 波普尔和卡尔 · 亨佩尔一致认为，叙事解释是不充分的，历史学要想成为严肃的学科，就必须提出自己的一般规律。在英美世界，叙述主义历史观的发展开始于 20 世纪 60 年代中期，分析的历史哲学家阿瑟 · 丹托和 W. B. 加利（W. B. Gallie）先后发表了《分析的历史哲学》（1965 年）和《哲学与历史理解》（1968 年）。丹托认为，历史实质上是一种叙事运作，加利则试图说明历史意识的叙事性。随后，在罗兰 · 巴尔特、海登 · 怀特、安克施密特和汉斯 · 凯尔纳（Hans kellner）等人的推动下，历史学界出现了“语言学转向”，历史哲学进入了后现代主义阶段。

叙述主义历史哲学的主要任务就是描述历史文本和历史事件之间的关系，正是在这一问题上，历史哲学家们的观点产生了重大的分歧。一方面，罗兰 · 巴尔特、海登 · 怀特和安克施密特等极端叙述主义者认为，要确定文本和世界之间的相互关系是不可能的，因为所有文化都以语言的形式存在；另一方面，保罗 · 利科和大卫 · 卡尔等温和叙述主义者承认，世界和文本之间的关系是错综复杂的，但他们依然坚信，叙事中所记载的事件和世界上实际发生的事件之间存在着某种关联。

一、罗兰 · 巴尔特：历史的话语分析

罗兰 · 巴尔特（Roland Barthes，1915—1980），当代法国结构主义思潮的代表人物之一，著名的符号学家、美学家和文学批评家。他曾于巴黎大学攻读古典文学，

毕业后任教于国内外各大学；20 世纪 50 年代任全国科学研究中心（CNRS）研究员，1962 年起任巴黎高等学术研究教授。巴尔特从 1953 年的名著《零度写作》问世以来，陆续发表了大量作品，20 世纪 60 年代中期被西方学术界公认为当代极具影响力的思想家之一。他的符号学研究广泛涉及美学、文学和历史等各人文学科，对 20 世纪 60 年代以来的西方人文科学研究中的结构主义新倾向有很大影响。

20 世纪 20 年代，瑞士语言学家费尔南多・索绪尔（Ferdinand de Saussure）提出了一种崭新的语言观。他认为，语言是一个自我指涉的符号系统，其意义并不取决于同世界相符合。索绪尔的语言理论为人们重新看待历史和语言之间的关系提供了哲学基础。索绪尔的结构主义后继者们用他的语言理论分析来分析一般的文化现象。如同列维－斯特劳斯所指出的那样，结构主义对历史编纂的意义在于，历史的语言（langue）或神话结构是历史研究的真正主题。历史的言语（parole）亦即事件本身只有在作为历史一般体系内的细节时才具有意义。结构主义者强调的是体系而不是偶发事件，他们只把前者看作历史的本质。我们马克思主义者也把历史看成是一个社会从低级到高级不断进步发展的体系，并试图揭示这一体系内部的演变规律。后结构主义者不同于马克思主义者的地方在于，前者把历史看作一个符号体系，而后者把历史视为一个事件体系；前者试图破译历史文本的代码，而并不像后者那样去发现历史事件的逻辑规律。

虽然罗兰・巴尔特不是历史学家，但他对文化生产的关注必然导致对历史的兴趣。作为一个后结构主义者，巴尔特想要揭示的历史不是本体意义上的历史，而是作为文本建构的历史。在其最早的著作《零度写作》中，巴尔特对隐含在文学表面现象之下的结构图式进行了考察。他认为，作为文学的文本就必须根据“文学”的方式来加以编码。因此，他试图历史地追溯这种文学的编码是如何发生的。巴尔特指出，在 19 世纪中期之前，文学都是幼稚的现实主义，想当然地认为语言可以描绘出这个世界的逼真画面。19 世纪中期，这种所谓的“经典作品”让位给了一种更为自觉的文学。后者不仅认识到自己的技巧和兴趣，而且还注意到自己的自我辨明性。这种文学的自觉导致了统一的经典文学观念的瓦解。对巴尔特来说，历史不过是另一种形式的文学。因此，他认为历史叙事的作用类似于小说。

> 在这两者中，我们都会发现一个自足自适的世界建构，它阐述自己的范围和界限，在它自己的时间、空间、人口、客体和神话中进行情节编排。[1]

可以看出，在巴尔特这里，语言自身及其结构转换构成了历史的实质内容。

历史的文本性凸显了写作和阅读活动本身的重要性。历史作家受到传统文学视界的限制，因而其所能够表达的意义也是有限的。用巴尔特自己的话来说，他们所撰写出来的东西不过是“引自无数文化中心的一连串引语”[2]。然而，这些分散的写作来源在阅读中统一起来，因为读者形成一个平面，“组成作品的所有引语都毫无遗漏地铭刻在上面；一个文本的统一性并不存在于它的发源地，而是存在于它的目的地”[3]。读者以及巴尔特所说的阅读中的“愉悦”构成了真正的“历史主题”。[4]

在巴尔特看来，历史的文本并非那些忠实地再现过去的文本，而是那些能够产生“历史效果”的文本。所谓历史效果，指的是文本内部代码的一种编排方式，它向读者暗示历史叙述正在进行中。在《S/Z》（1970 年）一书中，巴尔特辨识出五种叙事代码——诠释学代码、意义代码、象征性代码、情节性代码和文化代码。一段叙述的每一个要素都可以归入这些代码中的某一种，而这些代码在文本中相互交织，从而形成了一个总体的结构。

情节性代码和诠释学代码对于历史叙述的阐释至关重要。情节性代码涉及的是行为的次序问题，它向读者提供的是一种固定的行为模式，当一系列行为（比如，“见面”“打招呼”和“握手”等）被读者安排到这一模式中时，它们就获得了一种意义。诠释学代码关注的是叙述——通过暗示、悬念和延迟——向读者表示真理正在被揭示的方式。诠释学代码与读者试图发现叙事的意义的欲望密切相关。在情节性代码和诠释学代码之间是巴尔特所说的叙述的“旋律”与“和谐”。对巴尔特来说，这两种代码在本质上是复数的，行为的序列可以呈现许多意义；一个叙述的真实性永远是一个悬而未决的问题。20 世纪 60 年代后期巴尔特对结构主义的态度是否发生了转变，这是学术界争执不休的一个问题。但似乎很明显的是，巴尔特越来越强调文本结构的复数性，反对任何还原性的结构模式。巴尔特在《S/Z》一书中强调，文本的意义是无限的，不能将它们还原成为“一种叙事结构、一种语法或一种逻辑”。在《作者的死亡》(1968年)这篇稍早的文章中，巴尔特指出，一个叙事的结构并不能提供一种基本的阐释根据。叙事结构的意义源自“历史”的观点更是一种“神学的”假设。无论历史叙事还是其他叙事，都不是确定意义的栖息地，而是“一个多维空间，其中各种各样的写作没有一种是原初的，它们彼此混合着和冲突着”[5]。

罗兰·巴尔特在1966年至1968年发表了三篇关于叙事问题的论文。其中最重要的是《历史的话语》(*Le discours de l'histoire*)；另外两篇分别是《叙事结构分析导论)(*Introduction a l'analyse sturcturale des recits*)、《论实在的效果》(*L'Effect du reel*)。

在《历史的话语》(1967年)一文中，巴尔特把“话语”定义为“超越句子层次的词语系统”。在他看来，历史话语实质上是意识形态的制作，或更准确地说，是想象力的制作。他反对历史学过分依赖真理符合论。巴尔特对叙事的分析否定了历史学独特的认识论地位。巴尔特对“历史的”和“虚构的”话语之间的区分提出了挑战。他对那种主张通过叙事形式再现过去事件和过程的历史编纂学进行了抨击。他质问道：

> 总的说来，从希腊时代开始，在我们的文化中，对过去事件的叙述都必须经过历史“科学”的批准认可才能生效，都受到“真实”这一根本标准的约束，都要由“理性”解释原则来证明其正当性——在某种特殊的品质上，在某种十分明确的特色上，以上这种叙述难道真的不同于我们在史诗、小说和戏剧中所发现的那种虚构的叙述吗？[6]

巴尔特将科学、真实和理性等概念都放在了引号中，这说明，他的主要目的是攻击传统历史编纂学所夸耀的那种客观性。他提醒历史学家，他们撰述历史实际上就是在将过去转译成某种历史阐释的叙事。他们运用历史事件的细节，在叙事中谨慎地控制时间，尽力抹掉其作为作者的身份，他们的这些所作所为都是为了获得某种实在论的效果，使人相信他们真的直接把握了外在的指涉物。

巴尔特运用结构主义语言学的概念，进一步对现代历史学进行了批判。他提出，由于历史学家必须用语言来研究和写作历史，因而历史学就包含了三个方面：第一是能指，第二是所指，第三是指涉物（relerent）。指涉物也就是通常意义上的历史过程或事件。但是，为了表示历史学的“客观”和“真实”，近代历史学省略了能指和指涉物之间的所指，而将所指与指涉物相等同，似乎历史就是历史真相的反照。可是，这一省略并不表明历史学与历史真相保持一致。相反，指涉物却成了“忸忸怩怩的所指”，即历史学家对历史的总结与概括。[7]

对他来说，19 世纪小说中的“实在论”和这一时期历史编纂学中的“客观性”并肩发展起来并不是偶然的。它们都依赖于一种话语的特殊叙事模式，这种叙事模式的主要目的是暗中把它自称仅仅去描述的指涉物替换成一种概念内容（所指）。在他那一篇具有开创性的论文《叙事结构分析导论》（1966 年）中，巴尔特说：

> 有关叙事“实在论”的主张应受到怀疑……叙事的功能不是去“再现”，它是要去建构一种景观……叙事并不显示，并不模仿……从指涉（实在）的角度看，叙事中“所发生的”简直就是虚无（nothing）；“所发生的”仅仅是语言，是语言的冒险，是对它即将来临的不断称颂。[8]

这里指的当然是一般叙事，但是此处所阐发的原则也可以引申到历史叙事上。因此，在《历史的话语》的结尾，巴尔特坚持认为，在“客观”历史中，“真实”永远不过是一种躲藏在貌似强大的指涉物背后的未曾表述的所指。这便是所谓实在效果（realistic effect，effet du réel）的特点。[9]

总之，在巴尔特那里，历史写作不可能与真实的历史相一致，前者总是对后者的选择。历史学家不是事实的收集者，而是能指的收集者和整理者。自巴尔特之后，后现代主义者总是把“事实”或“客观实在”置入括号之中，认为任何历史叙述都无法超出表达事实的话语之外。

巴尔特对历史叙事的探讨远远不同于分析哲学家在 20 世纪 40—50 年代对这一

问题的争论。最明显的区别在于，分析哲学家始终如一地捍卫叙事作为一种再现模式和解释模式的地位，而巴尔特则对它进行了无情的攻击和批判。分析哲学家们仍然在历史学中为“客观性”和“真实性”保留了一席之地，但是，在巴尔特这里，目标便是不遗余力地解构传统的历史编纂学，掏空历史叙事的一切实在性和客观性，并最终抹平历史叙事和虚构叙事之间的界线。在后现代主义者攻击历史实在论的战斗中，巴尔特吹响了进攻的号角，而海登•怀特则充当了一名冲锋陷阵的战士。

二、海登・怀特：历史的想象

海登 • 怀特（Hayden White，1928—2018），美国加州大学圣克鲁兹分校的思想史教授与史学研究的资深教授，斯坦福大学比较文学系教授，当代著名思想史家、历史哲学家和文学批评家。主要著作包括：《元历史学：19 世纪欧洲的历史想象》（*Metahistory*: *The Historical Imagination in Nineteenth-Century Europe*，1973 年）、《话语的转义：文化批判论文集》（*Tropics of Discourse*: *Essaysin Cultural Criticism*，1978 年）、《形式的内容：叙事话语与历史再现》（*Content of the Form*: *Narrative Discourse and Historical Representation*，1987 年）和《比喻实在论：对模仿结果的研究》（*Figural Realism*: *Studies in the Mimesis Effect*，1999 年）。在过去几十年里，海登 • 怀特成为了极端叙述主义最有力的倡导者。对怀特来说，历史的作用就是生产出对当前具有启示意义的故事，至于这些故事的真实性则无关紧要。重要的是通过提供新的视角激发人们对这个世界的新看法，并使历史学家积极参与到把现在从历史的负担下解放出来的活动中去。

1. 历史解释模式

在康德的作为认知范畴的情节编织概念的基础上，特别是在加拿大诺斯洛普 • 弗莱（Northrop Frye）的文学批评理论的基础上，海登 • 怀特宣称，历史是历史学家将一种叙事强加于过去的产物，因而是一种文学制品。这就是说，历史知识和理解不是根据经验主义的方式获得的，而是由历史学家的美学决定造成的。根据这一观点，在很大程度上，我们有关过去的知识是文化实践形式的产物。怀特在《元历史学：19 世纪欧洲的历史想象》中提出了一个历史想象的形式模式，它是每个历史学家在重构历史时都会使用的各种历史解释策略之间形成的一个关系框架：

历史想象的形式模式表

转义形式	情节编织	论证	意识形态立场
隐喻	浪漫剧	形式主义	无政府主义
换喻	悲剧	机械主义	激进主义
提喻	喜剧	有机主义	保守主义
反讽	讽刺剧	语境主义	自由主义

在以上的形式模式中，隐喻、换喻、提喻和反讽这四种转义形式是所有历史解释的基础，其次是三列解释方式，每列又各自包含四种解释形式，即浪漫剧、悲剧、喜剧和讽刺剧四种情节编织形式，形式主义、机械主义、有机主义和语境主义四种论证形式，以及无政府主义、激进主义、保守主义和自由主义四种意识形态立场。在撰写历史的过程中，历史学家可能首先在四种编织形式中选择一种来编织叙事，然后再选择一种论证形式，在做出前两种选择后，历史叙事便具有某种意识形态含义，这种意识形态的伦理立场同时也就将先前审美的和认知的解释策略有机地结合在了一起。怀特对这一模式做了一个概括：

> 这些亲和关系不应该被看作某个特定历史学家所用方式的必然结合。相反，每个伟大历史学家的著作都表现出一种辩证张力，他通常会努力把一种情节编织方式同某种与其不协调的论证方式或意识形态含义结合在一起。比如……米什莱就试图将浪漫剧的情节编织方式和形式主义的论证方式同一种明显是自由主义的意识形态结合在一起。同样，布克哈特也曾运用讽刺剧的情节编织方式和情景主义的论证方式，来服务于一种显然是保守主义的而且实质上是反动的意识形态。黑格尔则是从两个层面上来编织情节的——微观上是悲剧的，宏观上是喜剧的——这两个层面都诉诸一种有机主义的论证方式，结果，我们从他的著作中既可以读出一种激进主义的意识形态，也可以读出一种保守主义的意识形态。[10]

很显然，出于结构上的考虑，怀特将他的模式安排得工整有序甚至有点呆板。但是，正如怀特本人说明的那样，这些解释方式之间的关系并不那么绝对和死板。伟大的历史学家往往能够灵活多变地驾驭这些解释模式，在它们之间保持一种辩证的张力。怀特认为，除了确凿的证据，任何历史意识都应该认识到以上这种复杂的转义安排以及相关的解释层次，即情节编织、论证理论和意识形态倾向。下面我们就首先介绍一下情节编织、论证形式和意识形态这三种解释形式的运作方式，然后再考察转义解释形式。

文学批评家诺斯洛普•弗莱曾经提出四种基本的"情节编织模式"，即浪漫剧、悲剧、喜剧和讽刺剧。怀特认为，弗莱的这一理论对于我们理解历史文本具有重要意义。当我们根据"这件事情发生，然后是那件"这样的形式安排历史事件的时候，我们就是在编织一种故事情节。通过援引证据和因果关系，形成了历史叙事。在他看来，历史学家选择故事类型的过程也是一个解释历史的过程。也就是说，在叙述故事的过程中，如果历史学家采取一种悲剧情节，他便提供了一种历史解释方式；如果采用一种喜剧结构，他则是在提供另一种解释方式。[11] 对于怀特来说，历史叙事的形式和意义根本不存在于历史中，而是存在于历史学家的话语中。对于怀特来说，故事不是我们所亲身经历的，而是由我们自己讲述出来的。如同他所说的那样，历史情境并不内在地具有悲剧性、喜剧性或浪漫性，"为了把一个悲剧性情景转变成为一个喜剧性的，历史学家只需转变他的视角，或者改变他的感知范围"[12]。怀特甚至认为，历史学家可以采用一种自己所喜欢的情节结构来与某一组事件相匹配，从而赋予这组事件某种特别的意义。

我们再来看一看作为论证的解释方式。所谓的论证解释，就是历史学家利用一些有关历史变化或人类行为的规律来解释历史事件。例如，形式主义论证旨在识别出过去事件、人物和行为之独特的、原子的或分散的性质。这类论证能够使我们形象生动地再现个体事件，进而从这些个体事件中得出有意义的概括。大规模战争或内战的胜利或失败成为了伟大历史变化的起因；或者，个别伟大男人和女人的生平意味着历史变化的性质。例如，某个出身贫贱的人物日后成了总统，或者克服社会偏见成长为一名民族领袖，等等。有机主义论证是整体性的，它使我们将过去的事件、人物和行为理解为一个综合过程的组成部分。[13] 机械主义论证通常是还原的，而不是综合的，表示的是一种部分与部分之间的关系，这些部分服从于一个超历史的规律。语境主义论证往往也是整体性的，历史学家用它来表示事件、人物或行为之间在一个复杂过程中的相互关系。

怀特的历史解释模式中的最后一种策略便是意识形态。根据怀特的理论，意识形态是历史学家在选择情节和论证过程中所持的道德立场。他认为，历史学家不可能超然于历史之外，其主观性必然会以这样或那样的方式渗透到历史认识和叙述中，他也不可能保持完全的中立和客观。根据怀特的定义，意识形态是历史学家"为了在社会实践的现时世界中采取某种立场，并为了依据这一立场展开行动，而制定的一套规定"[14]。根据德国哲学家卡尔 · 曼海姆的意识形态理论，怀特假定了以上四种意识形态立场。[15] 怀特认为，历史学家可以自由地做出自己的道德选择。影响这四种意识形态立场的主要是历史学家对历史变化的性质和步调的态度。比如，与其他三种立场相比，保守主义最不相信变化，它支持现存社会制度的渐变，反对任何形式的激变。无政府主义者主张社会的激变或巨变，以便建立一个新的社会。自由主义倾向于一种适中的、有节奏的社会变化。激进主义也提倡一种剧烈的社会变化，但是与无政府主义有所不同，它对怀特所说的"遗留制度的惰性拉力"有更为清醒的认识，因此它比无政府主义要温和一些。

怀特的确认为，叙事形式优先于证据内容，从而彻底修正了知识的符合理论，但是，不能因此就说怀特赋予历史学家一种绝对的自由，可以随心所欲地选择任何一种转义—情节—论证—意识形态模式，并把这种模式强加于证据之上。怀特并不否认证据的存在，他也承认，建立在证据基础上的事实是由个别的指涉性的陈述所构成的，而且这些陈述在某种程度上也可能是精确的和真实的。但是，怀特又认为，事实总是经过描述的事件，它们只有在被历史学家编织成故事情节后才有意义。某个指涉性陈述，只要它与其他具有相同指涉物的陈述相符合，我们就可以说它是真实的。但是，在怀特看来，这种陈述与陈述之间内在一致性的符合并不能保证历史学家的叙事阐释必然与实在相符合。怀特并不否认过去的存在，但是他又认为，过去只能够通过语言来加以再现。历史学家在运用语言再现过去的过程中，必然会出于某种解释的、意识形态的或者政治的理由而把某些叙事形式强加给过去。而叙事不可能成为传达过去实在的有效手段。[16]

2. 历史转义理论

在上面所提到的历史解释模式中，怀特最感兴趣的是转义解释形式，他称之为"意识的深层结构"。在他看来，转义结构具有决定和构成其他历史解释层次（怀特称它们为"表层结构"）的能力，它始终是其他三列模式的基础或支撑。转义形式提前决定了历史学家描述资料的方式，并且预示了历史叙事的情节编织、论证和意识形态的层面。

怀特的转义理论最早出现在他的《元历史学：19 世纪欧洲的历史想象》中，随后在《话语的转义：文化批评论文集》中得到了进一步阐发。在后一部论文集中，怀特讨论了所有话语（无论是实在论的还是想象的）的转义因素，即人文科学中话语的转义功能。根据怀特的考察，Tropic（转义）这个词来自古希腊文的 tropikos，Tropos，原意是指在道路和方式上的"转向"，在古希腊通用语（Koiné）中意思是"方法"或"方式"。它以 Tropus 的形式进入印欧语言，在古拉丁语中意指"隐喻"或"比喻"；在晚期拉丁语中，尤其是在被用于音乐理论时，意思是"基调"或"节拍"。所有这些意思后来都沉积在早期英语的 Trope（转义）一词中。与"转义"直接相关的是"转义行为"，它"是从关于事物如何相互关联的一种观念向另一种观念的运动，是事物之间的一种关联，从而使事物得以用一种语言表达，同时又考虑到用其他语言表达的可能性"[17]。

在怀特看来，历史学不是科学，它没有一套自己的技术语言。也就是说，历史学不同于物理学和化学等学科，它所使用的语言没有特殊的术语系统，也不具有明确的句法和语法规则。因此，历史学家不得不使用普通语言，"历史学家进行编码、交往和交流的独特工具是普通的有教养的语言"[18]。对于怀特来说，普通语言是通过隐喻的方式运作的，也就是说，隐喻是人们通过熟悉的东西认识陌生东西的唯一手段。因此，修辞转义并不是外在的文体装饰，它是普通语言内在的构成性因素。

正是从这种意义上，怀特指出，所有致力于再现历史事件和事实的叙事都具有一种先在的比喻性质。这起码意味着两种意思：第一，被看作纯粹是语言制品的历史叙事，呈现出一种比喻话语的特色；第二，转义先在于情节编织，并预示了历史叙事。[19]

受杰弗里·哈特曼（Geoffrey Hartman）的启发，再通过对维柯、黑格尔和肯尼思·柏克（Kenneth Burke）转义理论的研究，怀特逐渐认识到，所有的历史知识似乎都要通过四种主要的比喻形式来加以表达。这四种转义形式便是隐喻、换喻、提喻和反讽。怀特说：

> 我自己的看法是——而且，我发现我的这一看法也与黑格尔对非科学话语本质的观点相一致——类似历史学这样的研究领域还没有规范化，还没有建构起一套正规的术语系统来描述其研究对象，在这样的领域，正是各种比喻话语形式规定着有待研究的资料的基本形式。[20]

这意味着，实际上，研究领域内的研究对象似乎固有的关系形态是由历史学从外部强加上去的。换句话说，由于过去的历史事件本身不能够描述它们自己及它们之间的关系，那么，历史学家只能通过辨识和描述对象的行为，通过用以描述对象的比喻性语言，来将他们的主题构建成历史再现的可能对象。怀特说，这种假说是他的《元历史学：19 世纪欧洲的历史想象》一以贯之的原则。

在怀特看来，以上这四种转义形式预示并决定了论证、情节编织和意识形态这三种解释模式描述过去的方式。也就是说，正是这些语言转义形成并最终界定了历史叙事的类型。对于怀特来说，无论语言多么清晰，也不能成为再现真实过去的透明中介。实际上，过去事件之所以相互关联，完全是由于语言的运作方式。修辞转义通过将部分与整体、整体与部分相互连接的方式使事物之间产生了有意义的关系。怀特进一步解释说，在这四种转义形式中，隐喻是最为重要的，换喻、提喻和反讽是隐喻的不同类型。不过，其他三种转义形式不仅彼此之间各不相同，而且与隐喻概念也存在差异。在字面意义上，它们有的表示还原，有的表示综合，而在比喻意义上，它们阐明意义的方式也有区别。在怀特看来，“隐喻实质上是再现的，转喻是还原的，提喻是综合的，而反讽则是否定的”[21]。

所有这一切都意味着，如果一个历史学家采取了某种对历史的态度从而导致他倾向于某种转义形式的话，那么这种态度和转义方式就会体现在他再现历史的方式中。从表面上看，这种语言转义是在历史事件中被发现的，但实际上是由历史学家强加上去的。怀特说：

> 历史叙述声称是对历史过程的特殊片断的言词模式或肖像。但是，这是由于文献记载本身不能够描述有关自己的清晰肖像才需要这类模式……因而，为了描述出过去“真实发生的事件”，历史学家必须首先把过去文献中记载的整套事件预示为一种可能的知识对象。这种预示的行为是诗性的……在这种先于对历史事件的形式分析的诗性行为中，历史学家既创造了他的分析对象，也预先决定了他用以解释对象的概念策略的形态……简言之，转义理论提供给我们一种基础，可以用来划分历史想象在某个给定的发展阶段的深层结构形式。[22]

也就是说，根据怀特的观点，历史学家在分析历史证据和事实之前，他已经通过转义的形式提前预示了它们。虽然历史学家的叙事声称是对过去某一方面的真实再现，但它总是面向某些问题。这些问题是由历史学家通过转义的方式确立的，然后再通过各种解释论证来加以解决。过去本身是不存在什么“问题”的,“历史问题”是历史学家自己创造出来的，然后再由自己来加以解决。

总之，在怀特看来，隐喻、转喻、提喻和反讽这四种转义形式构成了历史意识的深层结构，它决定了历史学家描述资料的方式，并且预示了历史叙事的情节编织、论证和意识形态的层面、通过将部分与整体、整体与部分相互连接的方式，修辞转义使事物之间产生了有意义的关系。修辞转义并不是外在的文体修饰，而是语言内在的构成性因素。在这四种转义形式中，隐喻是最为重要的，换喻、提喻和反讽是隐喻的不同类型。历史语言是通过隐喻的方式运作的，也就是说，隐喻是人们通过熟悉的东西认识陌生东西的唯一手段。从这种意义上说，所有致力于再现历史事件和事实的叙事话语都具有一种先在的比喻性质。因此，这种深层的转义结构决定了历史理解的诗学性质，即历史意识具有一种不可还原的想象维度。

3. 形式的内容

海登·怀特从1979—1986年陆续发表了一些文章，对后结构主义做出了积极反应，并对叙事理论和历史再现问题进行了研究。后来怀特将这些论文编辑成册，取名为《形式的内容》。这是一部体现作者后现代史学思想的重要著作。在该文集中，怀特一改早期著作中对转义理论的研究，将重心放在了叙事的意识形态或政治意义及历史的崇高性等问题上。

根据传统的历史观，历史文本的文体或风格不过是再现历史实在的外在修饰，是一些可有可无的东西。历史叙事不过是一种可用可不用的话语形式，仅仅是一种反映客观实在的语言媒介。

> 在历史研究领域，叙事大多既不被看做是一种理论的产物，也不被看做是一种方法的基础，而被看做是一种话语形式。这一话语形式可不可以用来再现历史事件，要看其主要目的是描述一个情景，分析一个历史过程，还是讲述一个故事。[23]

但是，在怀特看来，叙事远非某种文化用来为经验赋予意义的诸多代码中的一种，它是一种元代码（meta-code）、一种人类普遍性，在此基础上有关共享实在之本质的跨文化信息能够得以传递。[24]在现实生活中，我们离不开叙事，每时每刻我们都在向自己或者向别人叙述着自己的故事和经历。我们通过叙事来整理自己的经验，一方面过滤掉一些无关紧要的信息，另一方面通过情节捕捉和巩固住某些东西。而且，这种再现实在的叙事形式本身便是内容的一部分。不存在实在与再现形式相分离的问题。如果实在是作为陈述和言语呈现给我们的，那么言语的形式和内容同样重要，我们无法加以区分。在历史撰述甚至历史知识中，语言形式是内容的主要载体。从这种意义上来说，是叙事形式决定了历史内容，而不是相反的。这里所说的“内容”当然指的是实在，即外在的历史事件、行为和过程。

另外，叙事“不仅仅是一种可以用来也可以不用来再现在发展过程方面的真实事件的中性推论形式，而且更重要的是，它包含具有鲜明意识形态甚至特殊政治意蕴的本体论和认识论选择”[25]。叙事不只是历史再现的一种可用或不可用的话语形式，它还必然包含着意识形态。叙事远非仅仅是可以塞入不同内容（无论这种内容是实在的还是虚构的）的话语形式，实际上，内容在言谈或书写中被现实化之前，叙事已经具有了某种内容。这里所说的“内容”主要指的是意识形态。历史思想中叙事话语的这种“形式的内容”正是该书的几篇论文所要考察的。也主要是在这种意义上，怀特将这篇论文集定名为《形式的内容》。

很多历史学家都承认，在他们所从事的研究中存在意识形态因素。而怀特观点的独特之处在于，他认为意识形态不仅与再现的内容有关，也同样与形式有关。意识形态已经存在于形式中了。作为一个形式主义者，怀特在叙事形式中发现了意识形态的潜质。在怀特看来，叙事形式无不受意识形态的浸染，每个充分实现了的故事都暗示某种道德，或者赋予事件某种仅仅作为一个事件序列所不具备的意义。

> 存在一种将实在道德化的冲动，即，将实在等同于作为我们能够想象到的一切道德源泉的社会制度的冲动，而叙事性（当然是事实故事讲述中的，不过，也可能是虚构故事讲述中的）如果不是这种冲动的功能，也肯定与之紧密相关。[26]

也就是说，我们内心具有一种无法遏制的冲动，力图通过叙事形式强加给实在某种意义，这种冲动会导致我们有意无意地接受社会的某些法律和道德限制。怀特认为：“在任何对实在的记述中，凡是叙事性出现的地方，我们可以肯定，道义或一种道德说教的冲动也会出现。”[27]在怀特看来，叙事化的话语符合道德教化的目的。比如，历史故事对结尾的要求就是一种对道德意义的要求，就是出于某种道德教化的目的。

> 难道曾经有过一种历史叙事在被写作时不但没有受到道德意识而且特别是没有受到叙述者的道德权威的影响吗？在19世纪这个历史叙事的经典时代所创作的历史著作中，我们很难想到一部著作，其述及的事件没有被赋予一种道德判断的力量。[28]

也就是说，叙事具有一种将实在或事件道德化的倾向，并因此发挥了一种意识形态教化的功能。

形式的内容中的“内容”还有一个含义，那就是“意义”。传统叙事史家和历史理论家大多认为，在传递信息和知识的方式上，叙事代码没有增添任何不能由其他一些话语编码系统传递的东西。一个特定的历史学家实际创作的叙事作品在内容上多少会有些“厚实”（thick），在再现手法上会多少有些“艺术性”（artistic），在阐述方式上多少会有些高雅，与不同报务员发报时所再现出来的情形一样。但是，持这种观点的人会说，这更多的是一种个人风格问题，而不是内容问题。因此，在这些人看来，“在历史叙事中，只有内容才有真值，所有其他方面仅是装饰”[29]。但是，怀特却认为，叙事作为一种话语结构，它不仅传达意义，也创造意义。“话语被看作是一种生产意义的手段，而不仅仅是一种传递有关外部指涉物信息的工具。”[30]改变话语的形式可能不会改变有关其明确指涉物的信息，但肯定会改变它所产生的意义。比如，一个事件列表可能仅是一种“薄薄”的编年史（如果列表中的各项都按时间先后呈现的话）或者“小型的”百科全书（如果根据话题组织的话）。在这两种倾向中，传达的是同样的信息，但产生的是不同的意义。[31]在这里，我们能够看出后结构主义和符号学对怀特的影响。

按照我们通常的理解，在历史内容和形式的关系上，应该说内容具有形式，形式取决于内容。而怀特则反向思之，提出了“形式的内容”。在他看来，形式具有内容，形式是一种决定性因素，形式是以语言为媒介的知识的构成性因素。通过对叙事形式和历史再现的考察，怀特揭示了叙事形式所蕴含的意识形态因素，突破了传统历史观在历史形式和内容上的看法。

三、安克施密特：隐喻的兴衰

安克施密特（F. R. Ankersmit，1945— ），荷兰格罗宁根大学教授，国际权威学术刊物《历史与理论》的编委，具有国际影响的著名历史哲学家。著有《叙述的逻辑：对历史学家的语言的一种语义学分析》（*Narrative Logic*: *A Semantic Analysis of the Historian's Language*，1983 年）、《历史与转义：隐喻的兴衰》（*History and Tropology*: *The Rise and Fall of Metaphor*，1994 年）、《关于历史学的思考》、《历史再现》、《政治再现》、《审美政治学：超越事实和价值的政治哲学》，主编《新历史哲学》和《隐喻与知识》等。安克施密特是历史哲学界继海登·怀特之后的又一位叙述主义的代表。从一定意义上说，安克施密特是接着海登·怀特往下讲的。

1. 三个基本论题

安克施密特在 1983 年出版了《叙述的逻辑：对历史学家的语言的一种语义学分析》一书。在该书中，安克施密特批评传统历史哲学（如覆盖律模式）忽视了历史知识最具实质性的问题。在他看来，对覆盖律、价值在历史编纂中的作用和诠释理论等问题的争论所探讨的不过是历史研究的本质，而历史学家叙述阐释的问题则完全被冷落了。而“一部历史作品的史学价值不在于它所揭示的事实，而在于对事实的叙述阐释”[32]。安克施密特不满足于当时人们对历史叙述（narratio）问题的零星研究，决心就叙事哲学的本质和任务等问题展开全面和深入的探讨。他试图透过历史叙述的芜杂表象探究它们内部的哲学逻辑。在此基础上，他希望确立一个稳固而连贯的叙事哲学结构，以支撑厚重的历史实践。

在这部著作中，安克施密特捍卫了三个基本的论题。首先，“不存在使我们把过去‘投射’到其历史编纂再现的叙述层面上的翻译规则；所以，‘历史叙述’（narratio）不是过去的‘图画’或‘肖像’”[33]。安克施密特将历史学家们的历史作品与著作称为“历史叙述”（narratio），它包含一切叙述性与非叙述性的文本。安克施密特认为，即使是最不具故事性、叙述性的，而擅长与着重于结构分析的历史作品也与叙事哲学相关联。在安克施密特看来，对历史叙述的研究应该采取逻辑的方法而不是心理分析的路数。历史叙述内在的问题不能被还原成关于陈述的问题，有关“历史叙述的真和（或）假”的概念是没有意义的。这个论题暗示着对思辨历史哲学的批判，也表示不赞成把历史转化成为社会科学。在历史学家从事研究工作的时候，那些包含在社会科学理论或模式中的翻译规则的确对他们是有用的，然而一旦当他们开始将历史研究的结果整合成为一种客观历史叙述的时候，这些翻译规则就会给他们带来混乱。在安克施密特看来，覆盖律模式仅仅适用于历史研究领域而非历史叙事写作领域。对于历史编纂来说，对过去的社会科学研究是一种有用的辅助手段，但它绝对不会替代历史编纂本身。单纯运用覆盖律模式将会导致历史叙述的狭隘化。

其次，历史学家的叙述总体向我们提供了某种对过去的阐释，这种阐释体现在“叙述实体”（narrative substance）中。在安克施密特那里，“叙述实体”不同于历史实体（historical reality）。例如，“文艺复兴运动”这个词在传统历史学家看来，指的是一个过去实际存在的文化运动，而根据安克施密特的观点，“文艺复兴运动”作为一个“叙述实体”，并非过去发生的事件，而只是有关过去的叙述阐释的一个专有名词而已。安克施密特认为，“叙述实体”是通过历史学家叙述历史而创造出来的，它包含着历史学家在“历史叙述”中表现的所有关于过去的看法、观点和立场。安克施密特试图以历史主义的核心观念“历史观念”（historical ideas）或“历史形式”（historical form）与他的“叙述实体”相结合。根据安克施密特的观点，去本质化后的历史主义的“历史观念”，便成了叙述主义的“叙述实体”。他指出，历史主义的学说如进步（progress）、连续性（continuty）等形而上学信仰已经失去其基础，但历史主义的核心观念“历史观念”在历史实践中仍有其存在价值。安克施密特试图修正历史主义的学说。对安克施密特而言，任何历史撰述者在某种意义上都是历史主义者（historicists）。

最后，他证明了关于过去的叙述性阐释的隐喻特征，即“隐喻陈述和叙述之间有类似性”。“隐喻陈述和叙述都规定着一种‘观点’，我们从它出发来看实在。”[34] 在安克施密特看来，历史学中的隐喻具有两种功能：第一，隐喻具有经验的描述性，从这一方面来说，隐喻有真假之分。比如，“张三是一只狼”这个隐喻陈述的描述性意思是，张三具有一种凶残的非人本性。如果张三的行为确实具有狼一般的凶残性，那么，这个陈述就是真实的；如果后来经过人们的经验观察，张三实际上是一个本性善良的人，那么，这个隐喻陈述就是虚假的。第二，隐喻“界定了一个‘观点’”，即一种看待话题的方式。也就是说，隐喻向我们提供了根据某个事物去看待另一个事物的视角。从这一方面来看，隐喻没有真假之分。[35]在安克施密特看来，这是隐喻最重要的一个功能，它说明隐喻陈述不可能被完全还原为仅仅具有描述性或认知性的陈述。

安克施密特认为，隐喻陈述包含一种描述性陈述所无法表达的额外维度，亦即一种非认知性的内容。而且，这种“剩余意义”决定了隐喻陈述和描述性陈述之间的本质区别。在安克施密特看来，隐喻远不只是一种可有可无的语言装饰，也不仅仅是一种诗意地表达字面意思的尝试。如果语言被剔除了隐喻维度的话，我们关于世界的看法就会分解为断裂的和难以驾驭的信息碎片。“隐喻把我们有关世界的知识综合起来。隐喻一旦被废弃，我们的历史意识所赋予世界的那种连贯性以及我们在实在中辨识同一性的能力也会随之消失。”[36]最后，安克施密特得出结论说，过去只能根据某种特定的方式或者从某个“观点”来看待，也就是说，对过去的隐喻阐释“不是描述而是建议（proposal）”，而“建议……从本质上来看，不可能具有经验的真实性或虚假性”[37]。一方面，安克施密特似乎并不完全否认隐喻的真实性，因为他承认隐喻在经验描述性方面具有真假之分。但是，另一方面，他更强调的是隐喻的视角性或建议性功能。在他看来，隐喻仅仅提供了看待过去的某种观点，而观点具有相对性和复杂性，因此隐喻也就无所谓真假。

由此我们可以看出，安克施密特基本是持一种反历史实在论的态度。他并不关心历史语言之外的客观实在，而仅仅关注历史学家与其叙述之间的关系。他研究叙述逻辑的目的在于揭示叙述作品中的陈述与叙述实体之间的关系，试图揭示历史学家如何通过历史叙述的结构与语言陈述来表达自己对于现实的态度和立场。

2. 历史经验理论

20 世纪哲学最明显的特点是哲学家们为语言现象所吸引。罗素（Russell）开创并在逻辑实证主义那里得到发展的理想语言的分析，逐渐让位于后期维特根斯坦（Wittgenstein）、赖尔和奥斯汀等人社会维度中的语言。因此，历史哲学自 20 世纪 50—60 年代起也转向对历史文本的研究。安克施密特在《历史与转义：隐喻的兴衰》一书中，主要研究了历史哲学中语言转向所带来的变化。

安克施密特认为，正是从海登·怀特开始，历史哲学明确放弃了认识论方法，转而成为语言哲学。这种历史哲学被安克施密特称做叙述主义历史哲学，指的是那种把历史文本作为一个整体进行分析的语言哲学，它与认识论的历史哲学相对。安克施密特这样评价海登·怀特的《元历史学：19 世纪欧洲的历史想象》："语言学的、叙述主义的历史哲学只是伴随着海登·怀特的《元历史学》的出版才以其真实的色彩而出现。"[38] 叙述主义历史哲学把精力集中在历史学家所使用的语言工具上，倾向于停留在历史语言的领域，其主要的目标之一"就是确定历史学家的语言和它所涉及的内容之间的差异"[39]。如果说批判的或分析的历史哲学主要关注的是历史解释问题，那么叙述主义的历史哲学则主要与阐释相关。

根据安克施密特的理解，海登·怀特的历史叙述是出于表明部分过去的目的而建构的语言结构。也就是说，历史学家的语言不是我们借以透明地观看信笺内容的玻璃镇纸，而是"与观景楼有更多共同之处：我们并不是通过历史学家的语言去看过去，而是从它建议的优势观点去看过去"[40]。安克施密特同意拉卡普拉对海登·怀特的评论，认为怀特的理论以牺牲实证主义模仿认识论总是津津乐道的"对应"功能为代价，强调叙述的"构成"或"诗性"功能。总之，安克施密特极力推崇海登·怀特对于历史哲学的贡献，认为他的著作实现了从认识论到叙述主义历史哲学的革命，"这个革命使历史哲学终于赶上了从奎因（Quine）、库恩和罗蒂（Rorty）以来哲学上的发展"[41]。但是，在安克施密特看来，海登·怀特早期著作中的转义理论存在着矛盾，这一矛盾影响了其革命的彻底性："转义学似乎把怀特的船吹离了安全的科学港湾，而刮到了充满危险的文学和艺术的大海之中。《元历史学》把历史编纂转变成文学了。"[42] 而根据马克斯·布莱克和玛丽·海塞等人的研究，科学概念的形成在本质上也是隐喻的。人们由此认为，布莱克、海塞和怀特等人的论证"是脱离科学而走向文学的明确安排"[43]。安克施密特不同意这种看法。在他看来，"《元历史学》的确开创了历史理论走向文学的转向，可是它设法以并不消除历史编纂的科学阐释的方式进行这个进程"[44]。怀特的转义学并不必然意味着与科学和科学认知理念的激进断裂，甚至可以说转义学处于这些科学认知理念的核心。

为了说明怀特历史转义理论的认知或科学维度，安克施密特通过考察怀特在《话语的转义》中对转义理论的进一步阐发，从而认为："怀特（与狄尔泰一样）试图提出准康德式的历史知识批判，紧密地把他的历史理论与给人以深刻印象的西方科学思想顶峰联系起来。"[45]具体到隐喻，安克施密特认为，它是"科学认知思想的延续，而不是它们的对立物"[46]。因为隐喻本质上等同于隐喻观点的个体化，它要求我们根据这种观点去看部分的历史现实。这种隐喻观与康德的先验论具有很大的可比性。从认知上说，这两种理论都实现了相同的功能。二者都是能够使我们构造关于混沌而多样的世界的知识。"先验论哲学内在地是隐喻的，而隐喻内在地是先验的。"[47]安克施密特还指出了先验论和隐喻观点的另外一个重要的相似之处，即二者都试图"把陌生的东西熟悉化，使我们在这个世界上有'在家的感觉'"[48]，也就是说，二者都力求对过去进行驯化或占用（appropriation）。因此，安克施密特认为，怀特历史哲学仍然没有彻底消解"基础"认识论的奠基石，毋宁说，"怀特的转义学本质上是基础认识论的另一种变种"[49]。接下来，安克施密特试图寻找一种走出先验论和隐喻观点的新路径，从而完成对基础认识论的彻底消解。

安克施密特在海登·怀特的后期著作《形式的内容》中辨识出了一种反转义学的倾向。他注意到，这本书几乎没有提到转义这个概念。而且，在该书的《阐释的政治学》一文中，在探讨有关19世纪以来历史编纂学规范化的性质问题上，怀特提出了美和崇高这两个范畴。怀特认为，历史编纂的规范化主要在于在历史再现中将崇高替换成为美。"美是依靠转义便可以理智地加以把握的东西，是自愿屈从于转义把握的企图的东西；在把握面前，崇高则逃避甚至放弃竭尽全力的努力。"[50]崇高这一范畴暗示历史学家除了对过去的转义学把握，还存在另外一种可能的选择，那就是"向读者表现过去可怖的奇异性和崇高的事物"[51]。但是，怀特在对比美和崇高的过程中虽然体现出一种反转义的步骤，但它不是反康德先验论的而是在其范围内的步骤。这样，怀特也没有避免对实在的占用，最终没有“走出康德先验论秩序井然的房子”[52]。安克施密特要做的则是在怀特停留的地方继续前进，寻找能够避免占用的非康德模式，这构成了安克施密特这本文集的一个整体背景。安克施密特解释说：

> 当前四章仍然在康德假设的基础上活动的时候，后三章——尽管每一章都是以不同的方式——则探讨了历史编纂和历史意识的这种非康德的、非隐喻的形式的可能性。这就是为什么说，这本文集同时揭示了历史编纂中隐喻的兴衰，就如同它的题目所指的那样。[53]

安克施密特同样试图在康德的体系内实现避免占用的努力，当然，这种努力必然要求某种相当激进和戏剧性的步骤。由于康德的先验论主要是经验和经验如何转化成知识的理论。“所以，历史经验，关于过去的经验，将是我们出发的天然起点。”[54]但是，安克施密特并不满意当代有关历史经验的理论，因为它们所说的经验基本上都是有关现在的经验，而不是过去的经验。他也同样不满足于德国和英美阐释学所提供的经验理论，它们所感兴趣的是“真相是对经验的这种复制而不是经验（关于过去）自身”[55]。安克施密特转向了伽达默尔的本体论诠释学，期待伽达默尔能够在寻求新的经验理论时提供最好的向导。伽达默尔的“效果史”在削弱他之前的康德主义、认识论的阐释学的主张方面是决定性的。但是，让安克施密特失望的是，伽达默尔是对经验的历史性感兴趣，而并非对历史性的经验感兴趣。过去在这里让位于书写过去的阐释性文本，历史经验的重点从文本本身转换到对它的阐释。因而，安克施密特在伽达默尔那里也没有找到他所可意的那种历史经验理论。

终于，在亚里士多德那里，特别是在他的《论灵魂》（*De Anima*）中，安克施密特找到了他所需要的理论资源。亚里士多德的知识和经验概念的全部倾向是与笛卡儿和康德以来我们所习惯的现代主义概念正好相反的。在亚里士多德看来，知觉的对象和感觉或知觉行为之间存在某种最大化的连续性，甚至存在着感知和感知对象的同一性。形式、经验和知识并没有把我们与世界分开，而是把我们与世界结合起来。“作为笛卡儿以来所有先验论和认识论思想明显特征的主体和对象的分离，在亚里士多德那里是不存在的。”[56]安克施密特发现，弗洛伊德的精神分析观察与亚里士多德的感觉理论具有某种亲和性。根据弗洛伊德的精神分析，精神病患者的行为表达了对他过去创伤经验的回忆，因此，在精神病患者的行为与他的创伤经验本身之间通常存在着惊人的相似之处。安克施密特的意思似乎是说，在某种意义上，我们过去的经验促成了我们现在的存在或本质，然而，我们对当下的理解使得过去疏离了我们，成为了某种独立于我们的东西，并因而成为了某种陌生的东西。安克施密特将他所提出的历史经验与歌德、迈纳克和赫伊津哈所描述的历史感觉（historical sensation）概念相比较。另外，关于过去的怀乡病经验也被安克施密特看作其历史经验的发源地之一。

总之，关于过去的经验不是对外在于我们的实在的占用，而是对那从来就是我们自身组成部分的东西的发现，这些东西只是在时间的进程中获得了某种独立性。如果说先验论和隐喻观的作用在于对实在的驯化和占用，亦即把陌生的东西转变为熟悉的东西，那么，安克施密特的历史经验则是走向了一条相反的路径，旨在“对熟悉的东西的非熟悉化：在我们的内心，我们成为自己的陌生者”[57]。或者拿安克施密特的一个隐喻来说，当我们在过去之镜中观察时，我们是在观察我们自己，看到的是一个陌生人。这样，安克施密特终于找到了走出康德先验论和隐喻观秩序井然的房子的出口，进入了一个充满奇异和刺激的经验世界。到这里，安克施密特给我们提供了这本文集的一幅整体图画。“如果本文集能够说是讲故事，那么它将是如何从历史的隐喻的、先验的概念转向历史编纂的亚里士多德—弗洛伊德概念的故事。”[58]

就像该书导言最后所提到的那样，安克施密特“欠海登•怀特的东西最多”[59]。他和另外一个历史哲学家汉斯・凯尔纳基本上是在海登・怀特叙述主义历史哲学的旗帜下从事历史理论研究的。然而，安克施密特的历史哲学也体现出一种背离怀特路线的倾向。他一方面向海登・怀特表示欢呼，认为他通过引进转义理论，引领历史哲学走出了认识论的困境，并开启了叙述主义的新转向。另一方面，安克施密特也表达了对怀特思想的遗憾，认为怀特的转义理论仍然没有摆脱认识论的纠缠，依然徘徊在康德先验论批判的门口。在安克施密特看来，在对过去的驯化和占用方面，转义理论和康德的先验论异曲同工。因此，安克施密特决心寻求一种反先验论或非隐喻的路线。最后，他诉诸亚里士多德和弗洛伊德有关过去经验的思想资源，形成了自己独特的历史经验理论，以期与先验论和隐喻观相抗衡。

我们并不赞同安克施密特对先验论和隐喻观的极端态度。在我们看来，先验论和隐喻观是我们人类认识陌生和未知领域的有效思维方式，能够使我们不断把自在之物变成为我之物，有助于使这个世界变成对我们和我们的子孙来说更好和更安全的家园。具有讽刺意味的是，安克施密特的这本致力于非隐喻化的文集本身就充满了隐喻的表达。因此，安克施密特有关隐喻兴衰的论断是很值得怀疑的，它更像是安克施密特为了凸显自己的历史经验理论而采取的方便之举。但是，安克施密特的确击中了笛卡儿—康德的认识论和隐喻认知观点的要害。精神家园的安全和舒适是以奇异和崇高的缺失为前提的，对主体认知和驯化实在的过分强调必然会削弱主体精神的丰富性和新奇性。安克施密特的历史经验理论强调主体和客体的连续性甚至同一性，试图恢复关于过去经验的本真状态，这对于克服主客二分认知模式所带来的消极因素，建构一种主客和谐统一的认知理论，无疑具有重要意义。另外，难能可贵的是，安克施密特很注重挖掘哲学的金矿，有意识地将哲学的最新成果应用到历史学领域，不断追求历史哲学的新突破。正因如此，历史经验理论不仅是对历史哲学的一种贡献，而且对于哲学本身也是一种有益的启示。

四、保罗·利科：时间与叙事

保罗·利科（Paul Ricoeur，1913—2005），第二次世界大战之后法国重要的思想家之一，也是为中国学界所熟悉的法国哲学家之一。利科先后就读于雷恩大学和巴黎大学，深受胡塞尔和马塞尔的影响。他曾长期在国外讲学，特别是美国的耶鲁大学和芝加哥大学。利科曾在 1955 年和 1999 年先后两次来中国讲学。利科的主要著作有《神秘的哲学与悖论的哲学》（1948 年）、《意志的哲学》（3 卷本，

1950—1990 年)、《历史与真理》(1955 年)、《解释的冲突》(1969 年)、《隐喻的规则》(1975 年)、《时间与叙事》(3 卷本,1983—1985 年)、《从文本到行动》(1986 年)、《致现象学派》(1986 年)、《作为他者的自我》(1990 年)、《阅读笔记》(1991—1992 年)等。

我们很难对利科的哲学进行归类。他不是萨特那样的存在主义者,不是梅洛-庞蒂那样的现象学者,不是巴尔特那样的结构主义者,也不是福柯那样的后结构主义者,但在利科的理论中,我们可以找到所有这些人的思想成分。他是一个宗教哲学家,但不像巴特(Barth)、布尔特曼(Bultmann)和拉内(Rahner)那样撰写传统的基督教护教学。他的作品内容包罗万象,包括《圣经》批评、政治理论、伦理学、形而上学、语言理论、精神分析学和诠释学,他总是试图在不同学科之间建立某种联系。利科的思想有其独特的路径,基本上是介于二元论和极端论之间的,并具有某种独立性和完整性,这使他在哲学界赢得了一种独特的尊重。

1. 解释与理解

像同时代的其他许多思想家一样,利科早年曾迷恋胡塞尔的思想。胡塞尔主张,所有的理解形式都是以个人意识为基础的。因此,在《历史与真理》中,利科非常强调历史学家自身的主观创造活动。在他看来,历史学家要构建客观的历史,就必须运用自己的主观想象力。历史学家并不是消极被动的,他通过"观察"、"解释"和"理解"积极地构筑了历史的客观性。具体说来,历史学家通过"观察"文献和证据,试图把过去"重构"为历史"事实";针对证据归入各种叙事次序的位置和方式,他提出自己的"解释";他试图对那些赋予证据以连贯性的"有机结合物"进行"理解"。历史的客观性要受到四种主观性偶然因素的限制:第一,历史学家必须对数据进行选择和取舍;第二,历史学家必须运用某种解释理论;第三,历史学家必须利用想象力来连接过去和现在之间的距离;第四,历史学家的主观经验是理解历史主体的基础。因此,利科认为,历史哲学必须揭示历史意识的主观基础,因为"没有一种……日常主观性的悬搁……就没有历史"[60]。这里所说的主观性,不仅包括历史学家的主观性,还包括历史读者的主观性。这就意味着,历史的阐释必然是主体间性的，因此也会产生“一种源自组织中心的多样性的意义辐射”[61],“多元性是历史戏剧和历史著作的前见中所固有的”[62]。

20 世纪 70 年代，有关主观性和多元意义的问题仍然是利科所关注的焦点。然而，在这一时期的著作中，利科开始强调语言在历史理解中的关键作用。他认为，由于语言言说的层面和意义差异，便产生了诠释学的问题。这里还涉及语言的象征性问题。利科将“象征”界定为一种“含义结构”，它既能产生字面意义，也能产生比喻意义。历史学家就常常面对这样一些语言方面的阐释问题，因为文献、人工制品和其他一些历史证据本身就具有语言性。对于历史学家来说，来自诠释学的挑战在于运用历史证据去连接过去文化与当下文化。利科还将这种不同文化的连接称为“诠释学拱桥”，它搭建起一座连接“文本”与“生活”、历史证据与鲜活经验的桥梁。阐释便是一种跨越诠释学拱桥的双向运作。在我们阐释过去证据的同时，过去证据也会作用于我们。[63]这样一来，阐释就会导致一种新的“自我理解”，利科称之为“自得”(appropriation)，类似于伽达默尔的“视域融合”。

从总体上讲，对分析哲学家特别是明克 (Mink)、丹托、加利和德雷等人所提出的很多有关叙事解释的论点，他都深表赞赏。在他看来，叙事所提供的解释虽然与逻辑—演绎的解释并非截然相反，但毕竟存在差异。他认为，历史编纂学中的叙事更有助于对其所论及事件的理解，而不利于科学的因果解释。领会一系列复杂人类事件的意义是一回事，能够解释这一系列所包含的特殊事件发生的原因甚至方式是另一回事。一个人或许能够解释一个事件系列中的每个事件是为何和如何发生的，但可能仍然不理解整个系列的意义。不过他并没有把理解和解释完全对立起来，而是坚持认为，理解和解释这两种认知方式是“辩证”相关联的，它们都是有关(人类)行为而非(自然)事件的知识，只不过一种是“无条理的”(unmethodical),而另一种则是“有条理的”(methodical)。在理解过去行为的过程中需要各种各样的解释，如同在充分阐述故事的过程中需要对故事中的“发生事件”进行各种解释一样。但是，这些解释只是充当理解“发生事件”的手段，而不是作为自在的目的。历史研究的正当目标应该是对人类行为的诠释学理解。[64]

2. 时间与叙事

利科是在20世纪80年代提出自己成熟的叙述主义思想的，但在早期的学术活动中，他已经表现出了某些叙述主义的动机和倾向。他从一开始就比较关注结构与历史之间的关系问题。在《历史与真理》这部体现现象学思想的早期作品中，利科试图在人类主观性结构与历史客观性之间建立某种联系。在20世纪60年代和70年代之间的诠释学作品中，利科转向了有关历史与语言结构之间关系的研究。在后来的《时间与叙事》中，利科指出，叙事是连接主观性、语言和历史的本质结构。

利科主张，在历史编纂学中，对有意义的行为的理解要受到对行为要素“塑形”（configuration）或排列亦即情节的影响。与很多历史叙事评论家不同，利科认为，情节不单单是小说或神话的结构成分，它对于事件的历史再现也是至关重要的。但是，历史学中的情节并不是历史学家强加给事件的，也不是一种纯文学的代码。历史情节能够指示出事件的“历史性”。在这一方面，利科不同于海登•怀特，对后者来说，情节是由历史学家赋予历史事件的。但是，利科又认为，一个特殊的历史事件并不是一种作者可以随意塞入故事中某个地方的事件；它应该是一种能够“促成”“情节发展”的事件。情节似乎是一种不断发展的实体，它先于任何特定事件的发生，任何特定的事件都必须根据它促成这一情节发展的程度而被赋予历史性。从这一点上来看，利科又与海登•怀特殊途同归了。[65]

在利科的理论中，“历史性”是一个关键性的概念。在利科看来，历史性就是时间本身的一种结构模式或层次。利科把时间划分为三个“结构层次”，即“内时性”（within-time ness）、“历史性”（historicality）和“深时性”（deep temporality）。它们又依次反映在意识内部对时间的三种经验或再现中，第一种是“普通的时间再现……事件‘在其中’发生”；第二种再现“着重于过去的影响力，甚至……在‘重复’中恢复生与死之间‘延伸’（extension）的能力”；最后一种再现试图掌握“未来、过去和现在的多元统一体”[66]。在历史叙事中，正如在任何叙事中一样，正是叙事性“把我们从内时性带回到历史性，从‘考虑’时间到‘回忆’时间”。总之，“叙事功能提供了一种从内时性向历史性的过渡”，并且它是通过显示时间自身的“情节”性做到这一点的。[67]

在利科看来，历史叙述的编年史层面再现的是存在“于时间内”的事件，而叙事层面指涉的是时间方面。他认为，叙事和时间之间存在着某种相互渗透、相互依存的关系。

> 时间性是那种在叙事性中影响语言的存在结构，而叙事性则是一种把时间作为其终极指涉物的语言结构。[68]

这说明，历史叙事是把“时间性”(temporality)本身作为自己的“最终指涉物”。在怀特看来，利科所建构的这种“叙事的形而上学”是对史学理论的一大贡献。[69]利科把历史叙事归入象征性话语的范畴，这种话语的主要力量既不是源于它的信息内容，也不是源于它的修辞效果，而是源自它的意象功能。[70]对他来说，叙事既不是相关事件的肖像，不是对那些事件的解释，也不是一种为了劝说效果而对“事实”进行的修辞重构。它是一种符号，通过在一个意象中“构造”其关系的辩证法，从而在不同的意义领域之间进行调解。这个意象只不过是叙事本身，即通过展露其“情节”性而实现的对编年史所陈述事件的“排列”。

利科认为，在讲述故事的过程中，历史学家必然会展示一个情节。这一情节通过调和事件“在时间内”的存在状态与事件作为这些事件所参与的“历史性”之指示物的状态，从而“表征”着事件。这种历史性只能被指示，永远不能被直接再现出来，因此，像所有的象征性结构一样，历史叙事“言外有意并且……结果，能抓住我的心，因为它在其意义中创造了一种新意义”。利科承认，如此界定象征性语言的特点，他只不过是把它等同于讽喻。这并不是说，象征性语言仅是幻想，因为对于利科来说，讽喻是一种表达“意义剩余”(excess of meaning)的方式，这种意义剩余作为一种“人类欲望”和“宇宙表象”的辩证法存在于对“实在”的理解中。[71]历史叙事可以说是对“内时性”经验的讽喻化，而“内时性”的比喻意义便是时间结构。编年史是一种“普通的时间再现……事件‘在其中’发生”，而叙事表达的是一种不同于编年史所表达的意义的“他”意。

可见，对利科来说，叙事不仅是一种解释方式，不仅是一种代码，更不仅是一种传递信息的工具。它不仅是一种历史学家根据某种实用的目标或目的可用可不用的话语策略，它是一种表征事件的手段，没有它，事件的历史性就无法表示出来。在编年史中，我们可以在不做表征的情况下做出有关事件的真实陈述；在社会科学中，我们甚至能够在不做表征的情况下解释事件。但是，我们却不能在不做表征的情况下再现历史事件的意义，因为历史性本身既是一种“实在”(reality)也是一种“神秘”(mystery)。所有叙事都展示这种神秘。通过科学的方法加以“解释”的事件，既不是神秘的，也不特别具有历史性。换句话说，能够被解释的历史事件构成的是那些非历史的或与历史无关的内容。事件被解释后所剩下的既是历史的也是有意义的，这种剩余物只能通过叙事在象征中加以理解或领会。

正是叙事在揭示事件的含义、一致性和意义方面所取得的成功，证实了历史编纂学中叙事实践的合法性。也正是历史编纂学在叙述历史事件方面的成功，证明了叙事自身的“真实性”。在体现于历史叙事中的象征化过程中，人类拥有了一种话语工具。由此，人们可以断言：人类行为世界既真实又神秘，也就是说，神秘莫测而地真实；不能被解释的东西原则上能够通过叙事的形式被理解。

利科并不打算消除虚构和历史之间的区别，相反，他认为二者是相互交织的。当我们试图进行历史的思考时，我们必然会像写小说那样构建过去。因此，我们的历史思维也需要虚构的策略。另一方面，当我们编造一个故事时，我们的叙述也会具有历史的维度，仿佛是在描述一个真实的过去。这样的话，我们的虚构思维也同样需要历史的策略。利科说：

> 所谓虚构和历史之间的相互交织，我指的是基本的结构（认识论的和本体论的），根据这种结构，通过借用对方的意向性，历史和虚构分别将各自的意向性具体化。[72]

从这一方面看，利科与巴尔特和海登·怀特等人的观点似乎没有什么不同。但是，利科还相信，虚构的和历史的叙事是实在的延续。因此，与海登·怀特等极端叙述主义者不同，利科属于温和的叙述主义者。

注释

1 Roland Barthes，*Writing Degree Zero and Elements of Semiology*，London, Cape，1967，p. 26.

2 Roland Barthes, *Image Music Text*，London, Fontana，1977，p. 146.

3 Roland Barthes, *Image Music Text*，p. 148。

4 参见 Roland Barthes，*The Pleasure of the Text*, Oxford, Blackwell，1990，p. 62。

5 Roland Barthes，*Image Music Text*，p. 147.

6 Roland Barthes, "Le Discours de L'histoire," *Social Science Information*（Paris，1967）, in English，"The Discourse of History," in E. S. Schaffer ed., *Comparative Criticism: A Yearbook*，vol. 3，Cambridge，Cambridge University Press, 1981，p. 7.

7 参见 Roland Barthes，"The Discourse of History," in Keith Jenkins，ed.，*The Postmodern History Reader*，London, Routledge，1997，pp. 120—123。

8 Roland Barthes，"Introdnction to the Structural Analysis of Narratives"，p.124.

9 参见 Roland Barthes，"The Discourse of History," in E. S. Schaffer *Comparative Criticism*：*A Year book*，vol. 3，ed. E. S. Schaffer，Cambridge，1981，p. 18。

10 Hayden White，*Metahistory: The Historical Imagination in Nineteenth-Century Europe, Baltimore*, The Johns Hopkins University Press，1973，pp. 29–30.

11 参见 Hayden White，*Metahistory*：*The Historical Imagination in Nineteenth-Century Europe*，1973，p.7。

12 Hayden White，*Tropics of Discourse*：*Essays in Cultural Criticism*，Baltimore, The Johns Hopkins University Press，1978，p. 85.

13 参见 Alun Munslow，*Deconstructing History*，London and New York，Routledge，1997，p. 158。

14 Hayden White，*Metahistory, The Historical Imagination in Nineteenth-Century Europe*，p. 24.

15 参见 Alun Munslow，*Deconstructing History*，p. 159。

16 参见 Alun Munslow，*Deconstructing History*，p. 140。

17 Hayden White，*Tropics of Discourse*: *Essays in Cultural Criticism*，pp. 2–3.

18 Hayden White，*Tropics of Discourse*: *Essays in Cultural Criticism*，p. 94.

19 参见 Hayden White，*Tropics of Discourse: Essays in Cultural Criticism*, pp. 94—95。

20 Hayden White，*Tropics of Discourse*: *Essays in Cultural Criticism*，p. 95.

21 Hayden White，*Metahistory: The Historical Imagination in Nineteenth-Century Europe*，p. 34.

22 Hayden White，*Methistory: The Historical Imagination in Nineteenth-Century Europe*，pp. 30-31.

23 ［美］海登 · 怀特：《形式的内容：叙事话语与历史再现》，34—35 页，北京，文津出版社，2005。

24 ［美］海登·怀特:《形式的内容：叙事话语与历史再现》，2 页。

25 ［美］海登·怀特:《形式的内容：叙事话语与历史再现》，前言 1 页。

26 ［美］海登·怀特:《形式的内容：叙事话语与历史再现》，19 页。

27 ［美］海登·怀特:《形式的内容：叙事话语与历史再现》，31 页。

28 ［美］海登·怀特:《形式的内容：叙事话语与历史再现》，28 页。

29 ［美］海登·怀特:《形式的内容：叙事话语与历史再现》，58 页。

30 ［美］海登·怀特:《形式的内容：叙事话语与历史再现》，59 页。

31 ［美］海登·怀特:《形式的内容：叙事话语与历史再现》，59—60 页。

32 F. R. Ankersmit，*Narrative Logic: A Semantic Analysis of the Historian's Language*，Hague and London, Martinus Nijhoff Publishers，1983，p.1.

33 F. R. Ankersmit，*Narrative Logic: A Semantic Analysis of the Historian's Language*，p.248.

34 F. R. Ankersmit，*Narrative Logic: A Semantic Analysis of the Historian's Language*, p. 249.

35 参见 F. R. Ankersmit，*Narrative Logic: A Semantic Analysis of the Historlan's Language*，pp. 209-213。

36 F. R. Ankersmit，*Narrative Logic: A Semantic Analysis of the Historian's Language*，p. 212.

37 F. R. Ankersmit，*Narrative Logic: A Semantic Analysis of the Historian's Language*，p. 217.

38 ［荷］F. R. 安克施密特：《历史与转义：隐喻的兴衰》，77 页，北京，文津出版社，2005。

39 ［荷］F. R. 安克施密特:《历史与转义：隐喻的兴衰》，52 页。

40 ［荷］F. R. 安克施密特:《历史与转义：隐喻的兴衰》，78 页。

41 ［荷］F. R. 安克施密特:《历史与转义：隐喻的兴衰》，81 页。

42 ［荷］F. R. 安克施密特:《历史与转义：隐喻的兴衰》，10 页。

43 ［荷］F. R. 安克施密特:《历史与转义：隐喻的兴衰》，11 页。

44 [荷] F. R. 安克施密特:《历史与转义：隐喻的兴衰》，11 页。

45 [荷] F. R. 安克施密特:《历史与转义：隐喻的兴衰》，13 页。

46 [荷] F. R. 安克施密特:《历史与转义：隐喻的兴衰》，14 页。

47 [荷] F. R. 安克施密特:《历史与转义：隐喻的兴衰》，15 页。

48 [荷] F. R. 安克施密特:《历史与转义：隐喻的兴衰》，15 页。

49 [荷] F. R. 安克施密特:《历史与转义：隐喻的兴衰》，86 页。

50 [荷] F. R. 安克施密特:《历史与转义：隐喻的兴衰》，19 页。

51 [荷] F. R. 安克施密特:《历史与转义：隐喻的兴衰》，19 页。

52 [荷] F. R. 安克施密特:《历史与转义：隐喻的兴衰》，21 页。

53 [荷] F. R. 安克施密特:《历史与转义：隐喻的兴衰》，23 页。

54 [荷] F. R. 安克施密特:《历史与转义：隐喻的兴衰》，23 页。

55 [荷] F. R. 安克施密特:《历史与转义：隐喻的兴衰》，24 页。

56 [荷] F. R. 安克施密特:《历史与转义：隐喻的兴衰》，32 页。

57 [荷] F. R. 安克施密特:《历史与转义：隐喻的兴衰》，34 页。

58 [荷] F. R. 安克施密特:《历史与转义：隐喻的兴衰》，34 页。

59 [荷] F. R. 安克施密特:《历史与转义：隐喻的兴衰》，38 页。

60 Paul Ricoeur，*History and Truth*，Evanston, Northwestern University Press，1965，p.31.

61 Paul Ricoeur，*History and Truth,* p.39.

62 Paul Ricoeur，*History and Truth,* p.74.

63 参见 Paul Ricoeur，*Hermeneutics and the Human Sciences*，Cambridge, Cambridge University Press，1981，p. 162。

64 Paul Ricoeur，“Explanation and Understanding: On Some Remarkable Connections among the Theory of the Text，Theory of Action，and Theory of History，” in Charles E. Reagan and David Stewart ed.，*The Philosophy of Paul Ricoeur: An Anthology of His Work,* Boston，Beacon Press, 1978，pp. 153-165.

65 参见 Paul Ricoeur，“Narrative Time，” in *Critical Inquiry* 7，no.1（1980），p. 171。

66 参见 Paul Ricoeur，“Narrative Time，” in *Critical Inquiry* 7，no.1（1980），p. 171。

67 参见 Paul Ricoeur，“Narrative Time，” in *Critical Inquiry* 7，no.1（1980），p.178。

68 参见 Paul Ricoeur，“Narrative Time，” in *Critical Inquiry* 7，no.1（1980），p.169。

69 参见 Hayden White，*Content of the Form: Narrative Discourse and Historical Representation*，

Baltimore, The Johns Hopkins University Press, 1987, p. 52。

70 参见 Paul Ricoeur, "Existence and Hermeneutics," in Charles E. Reagan and David Stewart ed., *The Philosophy of Paul Ricoeur: An Anthology of His Work*, p. 98。

71 参见 Charles E. Reagan and David Stewart ed., *The Philosophy of Paul Ricoeur: An Anthology of His Work*, p. 233。

72 Panl Ricoeur, *Time and Narrative*, vol.3, Chicago, University of Chicago Press, 1988, p.181.

本章主要参考文献

1 Rober M. Burns & Hugh Rayment-Pickard ed., *Philosophy of History: From Enlightenment to Postmodernity*, Blackwell Publishers Ltd., 2000.

2 Hayden White, *The Content of the Form: Narrative Discourse and Historical Representation*, Baltimore, The Johns Hopkins University Press, 1987. 编写有关巴尔特和科利部分时，重点参考了该书第二章的相关内容。

第十六章

后历史理论

有关“历史的终结”的理论并非后现代主义的专利，它实际上是西方思想史上古老的观念之一。与源自古希腊思想的历史循环论不同，基督教信仰中的历史就是线性的和有限的，是一个具有开头和结尾的一次性叙事。基督教的历史是从上帝创造世界到末日审判的历史，体现的是上帝的目的和意志。到了近代，基督教的末世论被另一种形式的历史终结观念所取代，这便是人性自我完善的启蒙历史进步观。从文艺复兴开始，许多哲学家都认为，人类历史是不断进步的，它正朝着一个理想的逻辑目标前进，迟早会获得一种完善的世界秩序。但是，也有一些哲学家，如尼采，认为现代性已经走到了尽头，必须由更高级的超人历史来取代。而在阿多尔诺那里，反启蒙的悲观主义形成了自己最极端的形式；在他看来，现代性无异于野蛮，人类陷入了万劫不复的深渊。贾尼·瓦蒂莫据此认为，20 世纪晚期出现了“后历史”，因为我们丧失了启蒙时期那种对文化统一性和确定性的信仰。

下面我们要考察的几位思想家提供了有关历史命运和“后历史”状况的三种观点。福柯将历史看作一个非连续的序列；让 · 鲍德里亚认为历史已经“消失”，因为我们已无法区分幻象和实在，历史事件已经超出了我们理解它们的能力范围；最后，弗朗西斯 · 福山声称历史已经在“自由民主”中终结，后历史时期仅仅是一个自由民主得以巩固和完善的时期。

一、米歇尔 · 福柯：历史的断裂

米歇尔 · 福柯（Michel Foucault，1926—1984）被认为是 20 世纪晚期极重要的历史哲学家之一。他于 1946 年考入巴黎高等师范学校，1950 年曾一度加入法国共产党，后退党。大学毕业后在国外从事文化交流工作。1960 年获哲学博士学位。

1970年起任法兰西学院历史与思想体系史教授。主要著作包括《精神疾病与心理学》(*Maladie mentale et psychologie*，1954年)、《癫狂史》(*Histoire de la folie*，1961年)、《临床医学的诞生》(*Naissance de la clinique*，1963年)、《词与物：人文科学的考古学》(*Les Mots et les choses: Une archéologie des sciences humaines*，1966年)、《知识考古学》(*L'Archéologie du savoir*，1969年)、《话语的秩序》(*L'Ordre du discours*，1971年)、《规训与惩罚：监狱的诞生》(*Surveiller et punir: Naissance de la prison*，1975年)、《性史》(*Histoire de la sexualité*，1976—1984年)等。在福柯的作品中，历史和哲学是相互交织在一起的。他的著作被有的学者描述为"历史建筑遗址上的哲学碎片"[1]。这就是说，一方面，福柯的哲学反思以对历史特殊性的研究为基础，另一方面，他所关注的并不是历史的绝对真理，而是那些暂时的、零散的和多元的历史知识形式。但从总体上来说，福柯是一个哲学家。

1. 知识型

福柯方法的特点在《词与物》一书中表现得特别明显。这既是一部历史学著作，也是一部历史哲学著作。福柯通过历史研究试图说明，西方人理解世界和他们自己的方式发生了一系列根本性的变化，也就是说，历史分解成一系列的"知识型"(episteme)。福柯用"知识型"这个技术术语来描述"把某个特定时期的导致认知图像、科学和形式化结构的话语实践统一起来的一整套关系"[2]。福柯识别出以下三种知识型：

第一种是"16世纪的知识型"，其中，世界在理论上被理解为一种带有上帝标志的神圣"文本"。自然是上帝写的一本大书，事物是上帝在上面刻写的符号。世界被视为上帝有目的的创造物，人类与非人类之间的对立还没有出现，词与物是同一的，自然是一种语言，语言也是一种自然。这时的知识表现为揭示隐秘的神秘科学，相信书本、服从权威是这类知识的特点，他的主要内容是发现人与外物之间隐秘影响力的巫术、旁征博引的博学知识和对权威文本的注释。

第二种是"古典知识型"，其中，知识力图对世界进行整理和分类。在这一时期，心与物、主观与客观被对立起来。知识型的基本特征是表象，心灵如同自然的镜子，通过折射与其他心灵相辉映。表象型的知识型把自然作为主要的表象对象，自然科学是古典时期的主要知识形式。以理性方法为基础的科学把事物分析为可见的部分，按可见性质进行排序和分类。如林奈的自然史和博物学按照生物的可感性质区别种属门类，经济研究中把财富分析成土地和可见的商品，语法是对事物的命名。

第三种是“现代知识型”，其中，围绕着作为认知主体的“人类”，知识被组织成经验科学。在现代时期，自然不再是物体，而是非实体性的、功能性的力，如电、光、热、磁等。科学的对象是视觉所不可见的，只能被抽象地加以理解。在这种知识型中，人把客体视为主体的产物，人只有通过对自身的表象才能反映外物。“自我表象”是现代知识型的主要特征，人既是表象的主体，也是被表象的客体。人从语言、劳动和生理控制中摆脱出来，成为自我经验的中心。这一时期发展起来的人文科学以“人”为对象，心理学以“心理人”为对象，社会学以“社会人”为对象，文学以普遍的人性为描写对象。

通过对各种知识型的考察，福柯试图论证，我们所谓的“人”不是给定的，而是由特定历史条件下的知识体系创造的。当一个知识型让位给另一个知识型时，“人”的含义就会发生变化。福柯指出，在文艺复兴时期，人与万物是相似的；在古典时期，人虽然是知识的主体，但不被包括在知识之中；只是到了现代，生物学、经济学和文学的发展使得人文科学成为可能，“人”在此时才成为知识的对象。只是在现代知识型中，“人”才走到了表象的前台，成为世界的中心。正是在这种意义上，福柯才断言人是 19 世纪以来的产物。

在《词与物》的最后，福柯暗示了一个后现代的知识型，但没有予以具体命名和描述。福柯预言，现代知识型将会终结，“人”将会像海边沙滩上的面孔一样逐渐消失。这是现代知识型必然的逻辑后果，因为它一直试图将“人”还原为一个有限的和可知的实体。“人的死亡”实际上是有关人类的现代观念的死亡，这个观念也像其他观念一样有一个具有开头和结尾的历史。随着人类历史的终结，后现代知识型中将不会存在任何的知识中心。人类的后历史将会是视角式的，没有永恒不变的东西，没有指涉的界标或基点，有的只是偶然、随意和混乱。

在《词与物》中，福柯提出了一种“考古学的”研究方法，它旨在“按照每个事件自身的明显安排来审视该事件”。福柯对所谓的稳定结构不感兴趣。他并不关心知识型的逻辑和进步问题，而只是关心知识型的前后更迭。对福柯来说，历史是一幅从根本上断裂的图画。这也充分体现在他从尼采那里借取的“效果史”的观念中。

2. 效果史

在《论道德的谱系》一书，尼采运用一种谱系学的方法来探讨价值、道德、禁欲和知识等问题。他有时也把谱系学看作效果史（wirkliche historie），在很多情况下将谱系学概括为历史“精神”或“历史感”。福柯接受了尼采的这些概念。从20世纪70年代早期开始，福柯开始采用尼采的“谱系学”而非“考古学”来描述自己的研究方法。无论是效果史、谱系学还是历史感，它们都是与传统历史观念相对立的后历史观念。传统历史学家习惯于寻求起源，因为他们试图以此来“收集事物的确切本质、事物最纯粹的可能性以及精心加诸事物之上的同一性，以及先于所有外在的、偶然的和继替的东西的不变形式”[3]。但是，谱系学家反对追求事物的本源。在他们看来，事物也不存在什么本质，或者说，事物的本质是从异己的形式中构建出来的。谱系学丝毫不忽视历史的种种插曲，紧紧盯住每个开端的细枝末节和偶发事件，将一切过去的事件保持在其特有的散布状态上。它试图发现，真理与存在并不位于我们所知和我们所是的根源，而是位于诸多偶然事件的外部（exteriority）。

效果史颠覆了传统历史学根据形而上学确立的那些亲疏远近的关系。传统历史学喜欢将目光投向那些素称高远的东西，比如，最高贵的时代、最高雅的形式、最抽象的观念和最纯粹的个性等。效果史则乐于将目光放在那些所谓卑微的东西上，比如，身体、神经系统、营养、消化和精力等，它心甘情愿地审视衰败的时代，或者满怀喜悦地去探查兴盛时代的那些野蛮和混乱。它这样做的目的是获得不同的视角，展示散布和差异，保持事物本来的尺寸和密度。传统历史学更接近于哲学，它仇视身体和变化，青睐终极和本质；而历史感或效果史则更像是医学，它研究最贴近的东西，以便做出诊断，指明差异，从而摆脱它们。

历史学应当成为一种关于活力和衰败、高峰和退化、毒药和解毒的鉴别性（differential）知识。它的任务是成为一种治疗科学。[4]

效果史承认自己知识的视角性。在尼采和福柯看来，与那些诉诸真理、本质规律和永恒必然性的民众煽动家一样，传统历史学家通常会诉诸客观性、事实的精确性和过去的给定性，极力从其作品中剔除那些显示他们偏见、立场和激情的因素。尼采将这类历史学家归于禁欲者的家族，认为这种客观性颠倒了意志和知识之间的关系，是一种对神恩、终极因和目的论的必然性的信仰。历史感与此不同，它坦白地承认自己的视角性和倾向性，承认自己并非不偏不倚的体系。

> 它从特定的视角出发观察，带有特有的偏见加以褒贬，去追寻毒药的痕迹，找寻最佳的解药。在观察的东西面前，历史感并不刻意隐藏自己的视角，它也不找寻规律，把所有运动归结为这种规律；这种眼光既知道它从哪里来，也知道它观察的是什么。[5]

与传统历史不同，"效果"史没有常项，它将那些不朽的东西放在变的过程中。在人甚至人的身体中没有什么东西是足够固定的，可以作为自我认识或理解他人的基础。传统历史总是在历史的总体性中去把握过去，将过去看作一个被动的连续运动。福柯的工作就是摒弃这种历史的总体性和连续性，将历史展示为一种缺乏连贯性的事件系列，从而将传统历史转换成为效果史。福柯说：

> 当历史在我们自身的存在中引入非连续性时，历史就成为"效果"史了——因为历史使我们的情感分化，使我们的本能戏剧化，使我们的身体多样化，并让它们自相对抗。"效果"史从未囿于那种保证生命和自然的稳定性的自我，并且效果史不允许自身被冥冥之中一种顽固不变的力量带向千年王国的终点。它掏空了人们喜欢给它设立的基础，并猛烈地攻击人们妄称的连续性。这是因为知识并非是用来理解，而是用来分解（trancher）。[6]

效果史颠倒了人们在事件的爆发与连续性的必然性质之间通常确立的那种关系。神学和理性主义的传统都倾向于将独特事件归入一种连续性中，归入一个目的论运动或者一个自然的链条中，而效果史则是将事件的独特性和偶然性展现出来。效果史的世界只知道一个王国，在这里，不存在什么神意，也没有什么终极原因，有的只是偶然或机遇。在传统历史学家那里，世界是简单的，鲜活的历史事件都被还原成了本质特征、最终意义或终极价值。而在谱系学家的眼中，世界是由大量错综复杂的事件构成的，所谓深刻的意义背后是一大堆错误和幻觉。在传统历史学家看来，当下是奠基于深刻的意图和不变的必然性之上的，而真正的历史感则认定，人类存在于无数遗失的事件堆中，没有里程碑，也没有一个原初的坐标。

在《知识考古学》的开头，福柯比较详细地论述了非连续性对历史研究的影响，将非连续的历史观看作一种积极的历史研究方法。他说：

> 非连续性曾经蒙受时间混乱的污名，将它从历史中排除出去一度成了历史学家的任务。而现在，非连续性已经成为了历史分析的基本因素之一。[7]

福柯描述了非连续性既作为“手段”又作为“对象”而发挥作用的三种方式：第一，“阶段”“时代”或“时期”等概念在历史上并不是给定的，而是由历史学家强加的，从这种意义上来说，非连续性是一种手段；第二，恰恰是在试图发现历史进程之“界限”的过程中，历史学家创造出了非连续性，从这种意义上来说，非连续性也是工具性的；第三，非连续性本身也需要不断加以解释，从这种意义上来说，非连续性又是历史的对象。

福柯所说的这种“界限态度”[8]暗含着一种对现代性终结的微妙而复杂的理解。福柯不仅没有说我们已经走出了启蒙，他还特别强调启蒙理性在探讨历史事件上的反思作用。因此，现代性的终结并不意味着一个新时代的出现，而是现代时期的构成出现了问题。我们不能根据一种现成的后现代性或后启蒙理论来对待未来，而应该采用试验的方法，通过一种对现代性“界限”的“历史实践”检验来接近未来。

在《词与物》一书的前言中，福柯对比了两种历史终结论——“乌托邦”(utopia)

和“异乡国”（heterotopia），亦即圆满和分散。“乌托邦”是一派历史和谐完美的景象，而“异乡国”则是对历史统一性和历史完满性的一种挑战。福柯自己的“界限态度”就具有这样一种“异乡国”的性质。传统历史学家试图揭示的是历史的连续性和统一性，他们关注的是历史片断如何被匹配在一起，而福柯则致力于将历史展示为“界限”“断裂”“剧增”“转变”和“置换”等。福柯在《知识考古学》中指出，“界限态度”排除了“总体历史”（total history）的可能性。所谓的“总体历史”就是在启蒙观点中的“连续的理性编年史”。[9] 总体历史被福柯所说的“一般历史”（general history）所取代，后者将历史分析成为一个没有起源和目标的系列。福柯说：“总体历史是把所有现象积聚在某个中心周围……一般历史……则会展开一个散播的空间。”[10]

总之，福柯的后历史并非要发现人类的身份，而是要投身于对身份的分解。它并不追求独特的开端或起源，也不去寻找形而上学家向我们许诺的家园；它所孜孜寻求的仅仅是断裂性和非连续性。“问题不再是传统意义上的了，不再是追踪一条线的问题，而是一个分裂的问题、界限的问题；它不再是一个持久基础的问题。”[11] 福柯拒斥以下观念：无限制地尊重事实、客观性、进步、稳定性、连续性、确定性、起源，以及历史、意识形态、虚构和视角之间的截然区分。这种尼采式的观点标志着同经验主义历史学的一种彻底背离。

二、让·鲍德里亚：历史的消失

让·鲍德里亚（Jean Baudrillard，1929—2007），法国巴黎大学社会学教授、后结构主义者、社会学家和翻译家，是过去几十年中法国重要的思想家之一。他在求学期间主修社会学，其主要思想的形成受到了马克思、索绪尔、列维－斯特劳斯等人的影响。他的早期思想传承了马克思主义，以后接受并发展了符号学说，创建了自己独特的后现代主义理论。20 世纪 80 年代以后，对当代场景中主体与客体之间新型关系的形而上学研究，逐渐取代了他对后现代性的分析。鲍德里亚的主要著作包括《物体系》（*The System of Object*，1968 年）、《消费社会》（*The Consumer*

Society: Myths and Structures，1970 年）、《符号政治经济学批判》（*For a Critique of the Political Economy of the Sign*，1972 年）、《生产之镜》（*The Mirror of Production*，1973 年）、《象征性交换与死亡》（*Symbolic Exchange and Death*，1976 年）、《仿真与拟像》（*Simulacra and Simulations*，1981 年）、《2000 年将不会发生》（*The Year 2000 Will Not Take Place*，1986 年）等。鲍德里亚近乎极端的思想体系是后现代理论发展过程中一个不可或缺的重要环节。他的理论目前正深刻影响着我们的文化理论以及有关传媒、艺术和社会的话语。

1. 拟像理论

让·鲍德里亚是在 20 世纪 60 年代作为一个马克思主义社会学家开始写作的，他在这一时期把对"商品"的批判引申到对时尚、性行为和消费社会等"日常"现实的批判。在符号学（即对符号和语言的研究，它通过列维－斯特劳斯和巴尔特的工作而流行）的影响下，鲍德里亚逐渐背离了马克思主义。在《物体系》和《消费社会》中，鲍德里亚从符号学观点出发，认为商品不应该被理解成为具有经济价值的客体，而应该看作文化—语言代码中的符号。在《生产之镜》中，他运用符号学完成了对马克思主义的超越。在他看来，马克思主义不是"对资本主义的激进批判"，而是"对资本主义的辩护或其意识形态的最高形式"[12]。

在《象征性交换与死亡》中，鲍德里亚提出了著名的"拟像"理论。所谓"拟像"，指的是思考图像和表象的特殊方式。有关图像和表象的思想并不是鲍德里亚的发明。尼采早在 1889 年在《偶像的黄昏》中就曾预言，在未来的世界中，"真实的世界"将变成一个"神话"。在 20 世纪 30 年代，瓦尔特·本雅明在《机械复制时代的艺术作品》一文中指出，图像的大规模生产摧毁了"真实"的气氛。马歇尔·麦克卢汉在 20 世纪 60 年代曾经乐观地认为，大众媒体将带来一个交往和信息的崭新时代。在《景观社会》（1967 年）中，法国理论家盖伊·德波提出："在现代生产条件盛行的社会中，全部生活自身呈现为一个巨大的景观堆积。所有被直接体验过的东西都幻化成为一种表象。"[13] 在《人的领域》（1973 年）一书中，艾利亚斯·卡内蒂声称发现了现代历史的"死亡点"，在这一点上，"历史不再是真实的。不知不觉中，所有人类都突然离开了现实”[14]。

鲍德里亚的独特洞见在于他的“仿真”和“拟像”理论。在他看来，存在三个层次的仿真，它们与文艺复兴以来价值规律的不断变化相对应：

第一，从文艺复兴到工业革命，在这一“古典”时期，仿制（counterfeit）是主要模式。

第二，在工业时代，生产（production）是主要模式。

第三，在当前代码控制阶段，仿真（simulation）是主要模式。

第一个层次的拟像是根据价值规律的自然法则运行的，第二个层次的拟像依据的是市场价值规律，而第三个层次的拟像依据的是价值的结构规律。在大众文化出现之前，图像就已经存在，但在鲍德里亚看来，那时的图像还没有构成为“拟像”。在前技术文化中，人们也能够逼真地制造出某样物品的“赝品”，但这不过是模仿而不是取代这样物品。而在现代工业文化中，我们已经能够大规模地生产某样原物的复制品，复制品替代了原物，原物反而变得无足轻重了。在现代媒体文化中，我们还可以用另一种媒体（电影、电视和摄影）大量地模拟现实。鲍德里亚说：“仿真是伪造，以便得到我们没有的东西。”[15] 换句话说，仿真是创造而不是模仿现实。在超真实中，仿真从总体上取代了现实。

> 日常的政治、社会、历史和经济现实整个被融入到了超现实主义的仿真范围中去了，我们已经生活在现实的“审美”幻觉中。[16]

这种幻觉便是后历史的状况。

在《仿真与拟像》一书中，鲍德里亚进一步指出，我们时代的文化变成了一种自我指涉的符号系统，其中，我们已经无法区分图像和现实。正是鲍德里亚所说的这种“超真实”（hyperreality）形成了他思考后历史状况的基础。“超真实”是随着现代信息和交往技术的发展而出现的。无所不在的新闻、电视、广告、电脑和影像在现代文化中形成了一个图像王国。而且，我们现在越来越依赖这些图像来理解我们的文化、历史及我们自己。这种依赖是以“超真实”的出现和“真实生活”的消失为代价的。在现实被拟像替代的过程中，我们自己从作为媒体的观众转化成为了它的产品。虽然我们周围的世界看起来、感觉起来也很真实，但这个世界的面貌是提前被各种条件限定了的，我们只能通过这些条件来接触这个世界。

2. 历史的消失

鲍德里亚在20世纪80年代以后的形而上学思想首先体现在其《宿命策略》（*Fatal Strategies*,1983年）一书中，他描述了客体（大众、信息、媒体、商品等）无限增殖，最终逃脱了主体的控制，实现了主客体之间的角色逆转。他的理论改变了贯穿西方形而上学中的主体对客体的统治这条主线，他认为这种统治已经结束，并建议个人应当向客体世界投降，并放弃主宰客体的计划。他的这种理论充分反映在当代文艺作品中，西方科幻电影《矩阵》表现的就是他所描述的景象。在《2000年将不会发生》中，鲍德里亚描述了现代性中一些关键的东西（生产、社会、历史等）的消失，从而最终构成他对历史终结的讨论。在他的理论中，人们正面对着一个灰暗的没有未来的未来，一切都已完成了，只有同样的事件无限地重复，这就是后现代的命运。

在鲍德里亚看来，超真实的到来预示着历史的“消失”。对此，鲍德里亚提出了三个假设。第一个假设是，在技术的推动下，现代性加速发展，超真实事件发生得越来越快，经济交流、文化交流、政治交流甚至性交流也越来越快。我们已经被抛离了原来所处的时空，再也不能像原来那样持久地反思生活事件及其与自身的关系。这是因为，现代媒体把所有完整的事件或文化都原子化了，将所有的语言都简化为0和1的二进制符码，它可以把意义、信息和图像当作政治事件、历史事件或客观事件朝任何方向发送出去。没有什么人类语言能够跟得上光速。没有任何历史事件能够赶得上行星的运动。没有任何意义能够赶得上其增殖的速度。没有任何历史能够跟得上其事实向无限时空的离散。事件发生得如此之快，我们已经无法理解我们周围所发生的事件。另外，技术也带来了大量的信息。由于历史的这种速度和密度，我们已无法进行有效的历史分析，因而历史消失了。

第二个假设与第一个假设正好相反，如同光接近一个大密度的星体时速度会放慢一样，历史的步伐在接近“沉默的大多数”——民众时也会缓慢下来。民众之所以冷漠和迟钝，不是因为交流的减少和缺乏，恰恰相反，而是因为交流的增加和饱和。民众的惰性源自“超密度的城市、商品、信息和电路”[17]。民众是一个冰冷的社会星体，历史会在它周围冷却下来，缓慢下来，事件彼此相继并消失在冷漠中。所有社会的、历史的和时间的超越都被吸入民众弥漫的沉默中。我们到达了某个历史定点，在这里，政治和社会事件失去了推动我们的自主力量，而只是像沉默的胶卷那样徐徐展开。历史在这里停滞了，不是因为缺乏人群和事件，而是因为减速、冷漠和麻木。历史不再能够超越自己，不再能够正视自己的结局，想到自己的终结；它被掩埋在自己当下的效果中，在此时此地发生内爆。鲍德里亚认为，我们甚至不能够谈论历史的终结，因为历史根本没有时间赶上自己的终结，因为历史实际上已经被冷漠的社会人群所产生的重力拖住了。历史的作用会加快速度，而其行进的步伐则会放缓。历史最终将会停止，像密度极大的物质周边的光和时间那样消失。

第三个假设是，如同高保真音乐超过了某个限度就会导致音乐本身的消失一样，历史事件和信息被处理之后的复杂程度超越了某个界限也会导致历史本身的消失。事件与重新播放（replay）之间或者因与果之间差距悬殊，音乐、事件、试验等被复制得异常纯净，以至于我们会怀疑原来的因——比如技术处理之前的音乐——是否真的存在。鲍德里亚得出结论说，由于技术非常完美，我们既不能返回到原来真实的事件或者技术处理之前的音乐之中，也无法在更为广阔的层次上探寻出分辨真假历史的基础和根据来。这样，我们就离开了历史，进入到了拟像世界中。有人由此认为人类将会陷入一种更高级的异化中。鲍德里亚不这么认为。在他看来，人们恰恰是在历史中被异化了。如果我们离开了历史，也就远离了异化。

那么，我们如何回应这种后现代状况呢？盖伊・德波认为，他所说的现代“景观社会”中的这种“历史的停滞”是以“虚假的时间意识”为基础的。[18]他相信，通过耐心的、马克思主义的“实践批判”，我们是可以恢复真理的。相反，鲍德里亚并不认为借助于批判能够实现这种拯救。在他看来，超现实已经彻底污染了我们的思维和文化，因此，对超真实进行批判的基础已经不复存在。在这种宿命的处境下，鲍德里亚认为我们只能采取一些“宿命策略”，也就是说，通过过度和夸张的手段来促成超真实的崩溃。比如，在其 1991 年的一篇论文中，鲍德里亚曾经提出一个惊世骇俗的说法——海湾战争没有发生，它不过是一种仿真媒体影像或电脑游戏。普通观众所看到的有关海湾战争的电视影像，是由持某一政治倾向的摄影师捕捉、剪接和变形的结果，它们已远离了战争的真实情形。鲍德里亚的这个观点激起了人们的强烈反应，它启发人们思考，在这样一个媒体信息爆炸的时代，我们是否还能够捕捉到历史的真相?

三、弗朗西斯·福山：历史的终结

弗朗西斯 · 福山（Francis Fukuyama，1952— ），日裔美籍学者，美国霍普金斯大学高级国际问题研究院国际政治经济学教授。曾长期担任美国兰德公司高级社会科学学者。曾任美国国务院政策企划司副司长，具体负责中东及欧洲的政治与军事事务。1996—2000 年，担任乔治•梅森大学公共政策教授。其主要著作包括：《历史的终结及最后之人》（*The End of History and the Last Man*，1992 年）、《信任：社会美德和繁荣的创造》（*Trust: the Social Virtues and the Creation of Prosperity*）、《大断裂：人类本性和社会秩序的重构》（*The Great Disruption: Human Nature and the Reconstitution of Social Order*，1999 年）、《我们的后人类未来：生物工艺革命的后果》（*Our Posthuman Future: Consequences of the Biotechnology Revolution*，2002 年）、《国家建设：21 世纪的统治和世界秩序》（*State-Building: Governance and World Order in the 21st Century*，2004 年）。

福山的前期著作广泛涉及民主化和国际政治经济等问题。最近几年，福山关注文化和社会资本在现代经济生活中的作用以及技术变化导致的社会后果等问题。最具代表性的著作无疑是 1992 年的《历史的终结及最后之人》，它是福山在他于 1989 年美国《国家利益》期刊上发表的一篇论文《历史的终结？》的基础上进一步整理扩充而成的。《历史的终结及最后之人》出版以后，在整个世界引起了强烈反响。该书系统阐述了福山的政治哲学和历史哲学。其主旨是，自由民主的理念已无可匹敌，历史的演进过程已走向完成。目前的世界形势不只是冷战的结束，也是意识形态进化的终点；西方的自由民主已是人类政治的最佳选择，也是最后的形式。

在《历史的终结及最后之人》这部著作中，福山对西方的政治价值观进行了一种历史的辩护。他认为，20世纪晚期所发生的政治事件表明，西方的自由民主已经取得了全世界的认同。也就是说，历史终结了。

1. 历史的终结

在1989年发表的那篇题为《历史的终结？》的文章中，福山涉及了自由民主制度在全世界涌现的合法性问题，探讨了它战胜与之竞争的其他意识形态的原因。福山得出结论说，自由民主制度也许是“人类意识形态发展的终点”和“人类最后一种统治形式”，并因此构成了“历史的终结”。换句话说，在此之前的种种政体具有严重的缺陷，从而导致它们的衰落，而自由民主制度却不存在根本性的内在矛盾。这并不是说当今美国、法国或瑞士等国家的稳定的民主体制已不存在不公正或严重的社会问题，这些问题是因构建现代民主制度的两大基石——自由和平等的原理——尚未得到完全实现所造成的，并非原理本身的缺陷。或许当代有些国家能够实现稳定的自由民主制度，有些国家可能会倒退回其他更原始的统治方式，但人们却找不出比自由民主理念更好的意识形态。

根据福山自己的说法，他得出的历史终结观点，并不是指一个个历史事件的发生，而是“指一种在所有人在所有时期的经历基础上被理解为一个唯一的、连续的、不断变化的过程”[19]。福山承认，他对历史的这种领悟受到了黑格尔和马克思的启发。根据他的理解，黑格尔和马克思都曾相信，人类社会的发展是有终点的，会在人类实现一种能够满足它最深切、最根本的愿望的社会形态后不再继续发展。这两位思想家因此断言，会有“历史的终结”阶段。黑格尔将“终结”定位于一种自由的国家形态，而马克思则把它确定为共产主义社会。对于历史的终结，福山进一步解释说：

历史终结并不是说生老病死这一自然循环会终结，也不是说重大事件不会再发生了或者报道重大事件的报纸从此销声匿迹了，确切地讲，它是指构成历史的最基本的原则和制度可能不再进步了，原因在于所有真正的大问题都已经得到了解决。[20]

也就是说，历史事件当然还会一如既往地发生，但是那种人性不断发展意义上的普遍历史已经达到了它的顶峰。福山对普遍历史的理解直接来源于黑格尔，更准确地说，是来源于亚历山大·柯耶夫（Alexander Kojeve）对黑格尔的阐释。在20世纪30年代，柯耶夫对黑格尔《精神现象学》中所描述的主人—奴隶理论进行了重新阐释。根据柯耶夫的解读，黑格尔将人类历史的开始阶段看作一场战斗，其中，人们为了赢得他人的“认可”而冒生命之险。当一些人由于怕死而甘愿做奴隶的时候，获胜一方便成为了主人，并因此获得了认可。然而，这种主人—奴隶关系是不稳固的，原因在于，一方面，奴隶也希望得到认可；另一方面，主人想得到平等的认可。这些不满足所构成的矛盾推动了历史的进步。只有双方都从对方的认可中获益的时候，二者之间的关系才会达到一种均衡。福山同意柯耶夫的看法，认为“认可”是理解历史进程的关键，历史就是在人们对认可的追求中前进的。历史的终点便是一个人人平等和自由的完美社会。在他们看来，在当今美国式的自由民主中，人们已经获得了普遍的尊重和认可。

现代自由民主制度赋予并保护所有人的权利，这就是它对所有人的普遍认可。也就是说，在美国或法国或任何一个自由国家出生的儿童，只因为他(她)出生在这个国家便可获得某些公民权利。他（她）无论贫富，不论是白人还是黑人，除通过刑事诉讼程序起诉他外，任何人不得伤害这个孩子的生命。到一定时候，这个孩子还将有权获得自己的财产，而且他的财产受到国家的保护和他人的尊重。这个孩子将对任何观点有精神上的选择权，可以采取宗教信仰的形式完全自由地参加宗教活动。最后，当孩子长大成人时，他（她）还有权参与首先规定这些权利的政府管理，并参与关于最高、最重大的公共政策问题的辩论。这种参与权的形式为在定期选举中投票或直接进入政治进程（如竞选某个好职位），或撰写支持某个人或某个立场的社论，或在政府机构中任职。人

> 民的自治政府消灭了主人和奴隶之间的差别，每个人都有资格至少共享主人的地位。主人的作用现在表现为颁布按民主程序制定的法律，即由具有自我意识的主人自己制定的一整套普遍使用的规则。国家和人民互相认可，即国家赋予其公民以各种权利，公民同意遵守国家的法律。此时，认可实现了互惠互利。[21]

这样一来，历史便终结了，因为我们再也不能设想一种更好的政府形式。

福山的论证是以有关人性的假设为前提的。在他看来，人类被理性和欲望这两样东西所左右。福山自己也承认，这一观点源自柏拉图。在《理想国》的第四部分，柏拉图将人类灵魂或者人性分为三个部分：第一部分是理性、心灵或理智（nons）；第二部分是欲望或非理性的激情（epithemeia），比如，饥饿、口渴和性欲等；第三部分是精神（thymos），比如，高贵的义愤或者要求被尊重的欲望等。柏拉图用“精神”（thymos）这个概念来标示那些独特的人类情感。动物可以有饥渴和性欲，但只有人类才渴望正义或追求更好的社会。thymos 这个词源自另一个希腊语动词 thuo，意思是牺牲，那么，thymos 就意味着为了更高的目标而做出牺牲。在柏拉图那里，thymos 所追求的目标是抽象的爱、美、真、善和自由等。

在《历史哲学》的导言中，黑格尔运用理念和情感之间的区分来理解世界历史。

> 两种要素成为我们的研究对象：第一种要素是理念，第二种是复杂的人类情感；一种是普遍历史之巨大挂毯网络的经线，另一种则是纬线。在一个国家的各种道德条件下，二者的中和与结合便是自由。[22]

黑格尔认识到，历史既需要逻辑，也需要精神，因为后者提供了“实现行动的驱动力或推动力”[23]。福山接受了黑格尔的这一观点，也认为历史是心灵或理性与精神或高贵情感这两种因素相互作用的产物。高贵精神首先寻求的是对自我的认可，也就是说，它希望得到他人的尊重或敬重。但是，只有理性才能想象那种精神得以在其中实现的社会环境，也只有理性才能设想那种人们在其中相互认可的国家形式。历史便是理性逐渐实现这些目标的过程。

福山认为，是否能够同时满足人的理智、欲望和精神这三个方面是衡量一个社会制度好坏的标准。哪种制度能够最好地同时满足灵魂的三个部分，它就是最好的社会制度。在福山看来，自由民主社会就是这样一种理想的社会制度。“自由民主社会即使理论上称不上为最正义的社会制度，也可以算作实际上的最正义的社会制度。因为正如黑格尔所告诉我们的，现代自由主义并非建立于消灭获得认可的欲望，而是使欲望转变为更理性的形式的基础之上。”[24]

2. 最后之人

福山认为，冷战结束之后，在自由民主制度内部，基本的政治问题或意识形态问题都被解决了，而且今后也不会有无法解决的重大问题。在自由民主制度之外，不存在可以与之竞争的其他意识形态，并且将来也不会出现这样的意识形态。既然内无压力、外无对手，今后世界必定是一派太平景象，几个世纪以来由意识形态所主导的冲突和战争将永远消失，人类再也没有价值选择了，当然再也不必为意识形态之争而牺牲了。另外，在自由民主社会中，人类灵魂的三个部分也得到了很好的满足，理想人性也已基本上实现了。由此福山宣布，历史已经终结，世界将进入后历史。

但是，福山对后历史的态度是矛盾的。他一方面为自由民主制度即将在全球大获全胜而高兴，另一方面又为人类在历史终结后可能出现的精神颓废而担忧。尼采在 19 世纪末对自由民主的批评始终萦绕在福山的心头。尼采认为，现代民主制度不是把奴隶解放成为自己的主人，而是让奴隶和一种奴隶道德获得了全面的胜利。自由民主国家的典型公民是“最后之人”，这种人为保存舒适的自我，放弃了自己价值观中值得骄傲的信念。自由民主创造出的这种典型公民虽然是一种欲望和理性的组合，但却没有什么抱负和理想。这种“最后之人”只有自私自利的精打细算，而没有任何获得比他人更伟大的认可的欲望，因此就没有杰出感和成就感。由于完全沉湎于他的幸福而对不能超越这些愿望不会感到任何羞愧，所以，“最后之人”已经不再是人类了。福山担心，一旦争取认可的斗争宣告结束，人类精神(thymos)

会日渐萎缩，人类会由于自我满足而成为了毫无生命力的躯壳，从而真的成为尼采所说的“最后之人”。另外，福山同样感到危险的是，“如果我们在某个层面上感到幸福，而在另一个层面上却不满，由此而想把世界拉回到充满战争、偏见和革命的历史中去”[25]。他担心，精神（thymos）会在反社会的暴力中寻求一种极端的和病态的表达，人类可能回归到为毫无意义的名誉而进行血腥战斗的“最初之人”。

不过，尽管存在这样的一些担忧，但福山对于人类的前景仍然充满乐观。他完全相信，虽然不同的国家正在尝试不同的政治道路，但最终不得不承认，只有一条路，且只有一个终点，那就是自由民主制度。在《历史的终结及最后之人》一书的结尾，福山充分表达了自己的这种自信和乐观精神。

> 人类不是会盛开千姿百态美丽花朵的无数蓓蕾，而是奔驰在同一条道路上的一辆辆马车。其中有的马车飞速弛向城镇，有的马车将退回到沙漠荒野，要不就是循规蹈矩地翻山越岭。有几辆马车受到印第安人的袭击，被烧毁后浓烟滚滚地丢弃在路旁。还有少数几辆马车的驾驭者被战争吓破了胆，他们迷失了方向，并且暂时朝着错误的方向前进。偶有一二辆马车已经厌倦了旅途，决定沿路回到某一点，支起永久性的帐篷。其他马车都会发现到达主路的其他途径。即使他们也将发现如果要穿过最后山脉，大家都应该走同样的道路，大部分马车也会缓缓驶入城镇，而且绝大部分马车最后都会到达那里。[26]

3. 雅克·德里达对福山的批评

福山的《历史的终结及最后之人》一书曾名噪一时，在美国、法国和其他一些国家畅销不衰。正是由于这本书，人们开始重新思考和探讨思辨哲学的一些基本问题。但从总体上说，人们对福山历史哲学的态度是批判的。考虑到当今仍然存在的野蛮战争、极权主义和恐怖主义，很多人认为福山的理论是荒谬的。左派阵营的批评家指责他的思想是拙劣的资本主义必胜论；而右派阵营的批评家则认为，面对诸如共产主义等意识形态，自由民主绝对不会是一帆风顺的。而在福山的众多批评者中，最有名的当属法国解构主义大师德里达。

在《马克思的幽灵》(1993年)一书中，德里达解构了“历史的终结”的概念，认为它只是意识形态的欺诈和狡计，以此试图挽救未竟的民主进程。在德里达看来，福山的那些绝对性主张是自我矛盾的，存在一些自身无法解决的难题。首先，虽然福山声称历史终结了，但这不过是一种预言或期许，是一种宗教信仰式的理论设想，因为世界上仍有相当多的国家并没有坚持自由民主的价值观。[27] 其次，福山没有将历史的事实和理想区分开来。福山看到的是人们对自由民主理想热烈的欢迎和接纳，而德里达看到的则是人们对自由民主意识形态的困扰和围攻。“议会形式的自由民主从来没有这样稀少且为世界所孤立，我们所谓西方民主从来没有这样处于功能低下的状态，这点还要明言吗？”[28] 德里达罗列了他所观察到的自由民主的种种不足，从民众失业和无家可归者的困顿，到军工产业的阴谋以及大多数国际组织幕后的操纵。他尖锐地指出：

> 假如有人打着自由民主理念的旗号，宣称这样的福音：自由民主，作为人类历史理想已经最终实现，那么，我们必须大声疾呼：在地球和人类历史上，还没有这么多人经受过暴力、不平等、排外、饥荒以及随之而来的经济压迫的折磨。[29]

针对福山有关民主自由主义胜利和共产主义衰落的断言，德里达针锋相对地宣称，马克思不可能悄无声息地离去：“无论他们是否希望如此或者知道如此，所有的人们，全世界的人们，今天都在一定程度上是马克思和马克思主义的徒子徒孙……我们不可能不是它的徒子徒孙。”[30] 无论福山及其支持者对共产主义如何攻击和诋毁，马克思的精神和幽灵将依然回荡在这个世界上。

总之，虽然德里达也肯定了福山历史终结论的某些价值，但在他看来，历史的终结不过是自由和民主社会的一种希望和理想。历史的终结将遥遥无期，后历史是一种无休止的等待和期望。

注释

1 D. Macey，*The Lives of Michel Foucault*，London, Vintage，1994，p. 403.

2 Robert M. Burns & Hugh Rayment-Pickard ed.，*Philosophies of History: From Enlightenment to Postmodernity*，Blackwell Publishers Ltd., 2000，p. 303.

3 ［法］福柯：《尼采・谱系学・历史学》，见汪民安、陈永国编：《尼采的幽灵》，117 页，北京，社会科学文献出版社，2001。

4 ［法］福柯：《尼采・谱系学・历史学》，见汪民安、陈永国编：《尼采的幽灵》，131 页。

5 ［法］福柯：《尼采・谱系学・历史学》，见汪民安、陈永国编：《尼采的幽灵》，131 页。

6 ［法］福柯：《尼采・谱系学・历史学》，见汪民安、陈永国编：《尼采的幽灵》，128—129 页。

7 Michel Foucault，*The Archaeology of Knowledge*，London, Tavistock，1974，p. 8.

8 P. Ravinow ed., *A Foucault Reader*，Harmondsworth, Penguin Books，1991，p. 45.

9 参见 Michel Foucault，*The Archaeology of Knowledge*，p. 8。

10 Michel Foucault，*The Archaeology of Knowledge*，p. 10.

11 Robert M. Burns & Hugh Rayment-Pickard ed., *Philosophies of History: From Enlightenment to Postmodernity*，p. 303.

12 Jean Baudrillard，*Selected Writing*，Cambridge, Polity Press，1988，p. 4.

13 Guy Debord，*The Society of Spectacle*，Detroit, Black and Red，1983，ξ 1.

14 Elias Canetti，*The Human Province*，New York, Seabury，1978，p.69.

15 Jean Baudrillard，*Selected Writing*，p. 167.

16 Jean Baudrillard，*Selected Writing*，p. 146.

17 Robert M. Burns & Hugh Rayment-Pickard ed.，*Philosophies of History: From Enlightenment to Postmodernity*，p. 315.

18 参见 Guy Debord，*The Society of Spectacle*，ξ 158.

19 ［美］弗朗西斯・福山：《历史的终结及最后之人》，代序 2 页，北京，中国社会科学出版社，2003。

20 ［美］弗朗西斯・福山：《历史的终结及最后之人》，代序 3 页。

21 ［美］弗朗西斯・福山：《历史的终结及最后之人》，230—231 页。

22 Robert M. Burns & Hugh Rayment-Pickard ed., *Philosophies of History: From Enlightement to Postmodernity*, p. 309.

23 Robert M. Burns & Hugh Rayment-Pickard ed., *Philosophies of History: From Enlightement to Postmodernity*, p. 309.

24 [美]弗朗西斯·福山:《历史的终结及最后之人》, 380页。

25 [美]弗朗西斯·福山:《历史的终结及最后之人》, 354页。

26 [美]弗朗西斯·福山:《历史的终结及最后之人》, 381—382页。

27 参见 Jacques Derrida, *Specters of Marx*, London, Routledge, 1994, pp. 56–57, 59–61。

28 参见 Jacques Derrida, *Specters of Marx*, pp. 78–79。

29 Jacques Derrida, *Specters of Marx*, p. 85.

30 Jacques Derrida, *Specters of Marx*, p. 91。

本章主要参考文献

1 Rober M. Burns & Hugh Rayment-Pickard eds., *Philosophies of History: From Enlightenment to Postmodernity*, Blackwell Publishers Ltd., 2000. 在题目、结构和内容上，本章和上一章都直接参考了该书最后两章。特此说明。

2 赵敦华：《现代西方哲学新编》，北京，北京大学出版社，2001。本书重点参考了其中的第十章第二节“福柯”。

图书在版编目（CIP）数据

历史的观念/韩震主编. —北京：北京师范大学出版社，2021.5

ISBN 978-7-303-26944-0

Ⅰ.①历… Ⅱ.①韩… Ⅲ.①史学史－世界－高等学校－教材 Ⅳ.①K091

中国版本图书馆 CIP 数据核字（2021）第 059989 号

营 销 中 心 电 话 010-58805385
北京师范大学出版社 主题出版与重大项目策划部 http://xueda.bnup.com

LISHI DE GUANNIAN

出版发行：北京师范大学出版社 www.bnup.com
北京市西城区新街口外大街 12-3 号
邮政编码：100088

印　　刷：北京京师印务有限公司
经　　销：全国新华书店
开　　本：787 mm×1092 mm 1/16
印　　张：44.5
字　　数：716 千字
版　　次：2021 年 5 月第 1 版
印　　次：2021 年 5 月第 1 次印刷
定　　价：168.00 元

策划编辑：宋旭景　　责任编辑：赵雯婧　尹　栋
美术编辑：王齐云　　装帧设计：王齐云
责任校对：包冀萌　　责任印制：陈　涛

版权所有 侵权必究

反盗版、侵权举报电话：010-58800697
北京读者服务部电话：010-58808104
外埠邮购电话：010-58808083
本书如有印装质量问题，请与印制管理部联系调换。
印制管理部电话：010-58808284